KARL MARX · FRIEDRICH ENGELS

WERKE · BAND 43

INSTITUT FÜR GESCHICHTE DER ARBEITERBEWEGUNG BERLIN

KARL MARX
FRIEDRICH ENGELS

WERKE

DIETZ VERLAG BERLIN

1990

INSTITUT FÜR GESCHICHTE DER ARBEITERBEWEGUNG BERLIN

KARL MARX
FRIEDRICH ENGELS

BAND 43

DIETZ VERLAG BERLIN

1990

Der vorliegende Band
zur Ausgabe der Werke von Marx und Engels
fußt auf der vom Institut für Marxismus-Leninismus
beim ZK der KPdSU besorgten zweiten russischen Ausgabe
und dem Band 3.1 der Zweiten Abteilung
der MEGA.

Leitung der Editionsarbeiten:
Erich Kundel · Roland Nietzold · Richard Sperl
Hildegard Scheibler
Editorische Bearbeitung (Text, Anhang und Register):
Hildegard Scheibler (Leitung) · Gerda Lindner
Verantwortlich für die Redaktion:
Waltraud Bergemann · Ludwig Lehmann

Marx, Karl: Werke / Karl Marx ; Friedrich Engels.
Inst. für Geschichte d. Arbeiterbew. Berlin. – Berlin : Dietz Verl.
[Sammlung].
Bd. 43. [Ökonomisches Manuskript 1861–1863. Teil I] . –
1990. – XIX, 458 S. : 7 Abb.

Marx/Engels: Werke ISBN 3-320-00611-8
Bd. 43 ISBN 3-320-01412-9

Mit 7 Abbildungen
© Dietz Verlag Berlin 1990
Lizenznummer 1 · LSV 0046
Printed in the German Democratic Republic
Gesamtherstellung: INTERDRUCK, Graphischer Großbetrieb Leipzig,
Betrieb der ausgezeichneten Qualitätsarbeit, III/18/97
Best.-Nr. 738 684 4
01000

Vorwort

Der dreiundvierzigste sowie der folgende vierundvierzigste Band der Werke von Karl Marx und Friedrich Engels enthält das Manuskript „Zur Kritik der politischen Ökonomie", das Karl Marx von August 1861 bis Juli 1863 schrieb. Den größten und am weitesten ausgearbeiteten Teil des Manuskriptes bilden die bereits veröffentlichten „Theorien über den Mehrwert" (siehe Band 26.1—26.3 unserer Ausgabe).

Das Manuskript 1861—1863 besteht insgesamt aus 23 Heften. Der vorliegende Band 43 enthält die ersten fünf Hefte. Sie wurden erstmalig im Jahre 1973 als Band 47 der Ausgabe der Werke von Marx und Engels in russischer Sprache vom Institut für Marxismus-Leninismus beim ZK der KPdSU herausgegeben. In der Sprache des Originals erschienen diese Hefte 1976 im Band 3.1 der Zweiten Abteilung der Marx-Engels-Gesamtausgabe (MEGA).

Das Manuskript 1861—1863 ist die bei weitem umfangreichste Vorarbeit von Marx für sein Hauptwerk „Das Kapital". Es widerspiegelt eine wichtige Etappe bei der Erforschung und Darstellung des ökonomischen Bewegungsgesetzes der kapitalistischen Gesellschaftsformation und der Auseinandersetzung mit der bürgerlichen politischen Ökonomie. Bei der Ausarbeitung der ökonomischen Theorie von Marx ist es das wichtigste Bindeglied zwischen den „Grundrissen der Kritik der politischen Ökonomie" von 1857/1858 und dem „Kapital" (siehe Band 42 und Band 23 unserer Ausgabe). Mit der Arbeit an diesem Manuskript näherte sich Marx einer klaren Form und Struktur, in der er die Gesamtheit seiner Erkenntnisse über die Anatomie der bürgerlichen Gesellschaft darzulegen gedachte. Das Besondere ist, daß das Manuskript eine große Zahl neuer theoretischer Entdeckungen enthält, die weit über den in den „Grundrissen" erreichten Stand der Forschung hinausgehen. Das betrifft vor allem die weitere Ausarbeitung der Wert- und Mehrwerttheorie und die Lösung zahlreicher damit zusammenhängender, bisher nicht bearbeiteter Probleme der besonderen Formen des Mehrwerts.

Seit seiner Übersiedlung nach London hatte sich Marx im Jahre 1850 erneut der politischen Ökonomie zugewandt. Hier betrieb er für sein Hauptwerk über viele Jahre hinweg ein umfangreiches Literaturstudium. Im Britischen Museum arbeitete er die reichhaltigen Bestände an philosophischen, sozialpolitischen und ökonomischen Schriften durch. Bereits in Paris, Manchester und Brüssel entstanden im Zeitraum von Mitte bis Ende der vierziger Jahre etwa 30 Exzerpthefte zur politischen Ökonomie. Von Herbst 1850 bis Sommer 1853 kamen weitere 24 Hefte hinzu, auf die er in den folgenden Jahren bei der Ausarbeitung seiner Theorie immer wieder zurückgriff.

Die Exzerpthefte der vierziger und fünfziger Jahre fanden ihren ersten Niederschlag in den „Grundrissen der Kritik der politischen Ökonomie" von 1857/1858 und in der Schrift „Zur Kritik der Politischen Ökonomie. Erstes Heft", Berlin 1859 (siehe Band 42 und Band 13 unserer Ausgabe). Bis August 1861 entstanden zwei weitere Hefte: das „Zitatenheft" mit einem „Verzeichnis zu dem Zitatenheft" und ein umfangreicher Exzerptteil im Heft VII des Manuskriptes von 1857/1858. Beide Hefte besitzen für das Manuskript 1861–1863 außerordentlich große Bedeutung.

Marx plante die Publikation eines großen ökonomischen Werkes mit dem Titel „Zur Kritik der Politischen Ökonomie" in einzelnen in zwangloser Folge erscheinenden Heften. Das erste Heft mit den beiden Kapiteln „Die Ware" und „Das Geld oder die einfache Zirkulation" erschien 1859 (siehe Band 13 unserer Ausgabe). Bereits in diesem Teil der politischen Ökonomie des Kapitalismus wird Grundlegendes über die bürgerliche Produktionsweise ausgesagt. Er entwickelte hier ihren *spezifischen* gesellschaftlichen, keineswegs *absoluten* Charakter (siehe Band 29 unserer Ausgabe, S. 463). Jetzt ging es darum, die kapitalistischen Ausbeutungsverhältnisse selbst zu charakterisieren durch den theoretisch exakten Nachweis des antagonistischen Widerspruchs zwischen Kapital und Lohnarbeit – die systematische Darstellung der Mehrwerttheorie.

Marx begann im August 1861 das Manuskript 1861–1863 als unmittelbare Fortsetzung des ersten Heftes „Zur Kritik der Politischen Ökonomie". Es trug daher auch den gleichen Titel und für Heft I und II zusätzlich die Überschrift „Drittes Kapitel. Das Kapital im allgemeinen". Das Manuskript war zunächst als Reinschrift für den Druck des zweiten Heftes gedacht. Seinem Planentwurf vom Sommer 1861 folgend, strebte Marx nach einer überzeugenden, ausgereiften Darstellungsweise. Bei dem Bemühen, seinen theoretischen Erkenntnissen die endgültige Form zu geben, kamen ihm immer wieder Bedenken und neue Ideen. Zuweilen schrieb er seine Überlegungen nur stichwortartig nieder. Er begnügte sich oftmals mit bloßen Hinweisen auf noch Auszuarbeitendes und ging in sogenannten Abschweifungen auf Probleme ein, die gemäß seinem Plan erst später behandelt werden sollten. Er schrieb selbst darüber: „Dazu kömmt meine Eigentümlichkeit, daß, wenn ich nach 4 Wochen etwas fertig Geschriebnes vor mir sehe, ich es ungenügend finde und wieder total umarbeite" (siehe Band 30 unserer Ausgabe, S. 622). Diese „Eigentümlichkeit" brachte es mit sich, daß das Manuskript Marx' intensive Forschungsarbeit in starkem Maße widerspiegelt. Im Fortgang der Arbeit diente es immer stärker der Selbstverständigung über bedeutsame theoretische und methodische Fragen.

Das Manuskript 1861–1863 wurde in mehreren Phasen erarbeitet. In der *ersten Phase*, von August 1861 bis März 1862, entstanden die Hefte I–V (S. 1–210), die im vorliegenden Band wiedergegeben werden. Entsprechend dem wahrscheinlich im Sommer 1861 aufgestellten Plan behandelte Marx hier den Abschnitt „I. Der Produktionsprozeß des Kapitals", mit den Themen: 1. Verwandlung von Geld in Kapital, 2. Der absolute Mehrwert, 3. Der relative Mehrwert. In der gleichen Reihenfolge erscheinen sie später auch im ersten Band des „Kapitals". Die vorliegende Fassung verdient besonderes Interesse, weil in ihr deutlicher als im „Kapital" zu erkennen ist, wie sich Marx' Theorie entwickelt hat.

In der *zweiten Phase*, von März 1862 bis Ende November/Anfang Dezember 1862, widmete sich Marx in den „Theorien über den Mehrwert" theoriegeschichtlichen Untersuchungen, angefangen bei James Steuart und den Physiokraten über Adam Smith und David Ricardo bis hin zur Auflösung der Ricardoschen Schule. (Siehe Band 26.1–26.3 unserer Ausgabe.)

Die *dritte Phase* begann im Dezember 1862 und endete im Januar 1863. Die hier entstandenen Hefte XVI–XVIII sind unterschiedlichen Themen gewidmet.

In einer *vierten Phase*, von Januar bis Juli 1863, führte Marx die schon in Heft V begonnene Analyse zum relativen Mehrwert weiter (S. 211–219), wobei die Problematik dann vor allem in den Heften XIX und XX fortgesetzt wurde. In den folgenden drei Heften widmete sich Marx weiteren Schwerpunkten des Abschnitts „Der Produktionsprozeß des Kapitals". (Siehe Band 44 unserer Ausgabe.)

Mit der Beendigung des Gesamtmanuskriptes im Juli 1863 ist Marx zu einem relativen Abschluß seiner Arbeit am Hauptwerk gelangt. Er wußte jetzt, wie das „Kapital" zu schreiben ist.

Marx entwickelt im Manuskript 1861–1863 erstmals einige fundamentale Erkenntnisse seiner ökonomischen Theorie. Im vorliegenden Band gruppieren

sie sich im wesentlichen um zwei thematische Hauptkomplexe. Der erste umfaßt das Verhältnis zwischen Kapital und Arbeit, dem Austausch zwischen
beiden, verbunden mit der Ausarbeitung der Lehre von der Ware Arbeitskraft. Der zweite umfaßt die detaillierte Untersuchung der Produktion des
absoluten und relativen Mehrwerts. Beide Komplexe hängen eng miteinander
zusammen, besonders durch die Beantwortung des Problems, ob die Produktion des Mehrwerts auf der Basis und ohne Verletzung des Wertgesetzes erfolgt oder nicht.

Anknüpfend an die 1859 im ersten Heft „Zur Kritik der Politischen Ökonomie" veröffentlichten Kapitel über Ware und Geld, in denen er noch nicht
auf das Kapitalverhältnis eingegangen war, untersucht Marx im ersten Abschnitt des vorliegenden Bandes, wie und unter welchen Bedingungen sich
Geld in Kapital verwandelt. Er arbeitet den qualitativen Unterschied zwischen den Verhältnissen der einfachen Warenproduktion und den kapitalistischen Produktionsverhältnissen heraus, der darin zum Ausdruck kommt, daß
in der einfachen Warenzirkulation der Gebrauchswert im Vordergrund steht,
während unter kapitalistischen Bedingungen die Verwertung des Werts, die
Produktion von Mehrwert, Ziel der Produktion ist. „In der einfachen Warenzirkulation – W-G-W", erklärt Marx, „erscheint das Geld in allen seinen
Formen stets nur als Resultat der Zirkulation. In G-W-G erscheint es ebenso
als Ausgangspunkt wie als Resultat der Zirkulation, so daß der Tauschwert
nicht wie in der ersten Zirkulationsform bloß verschwindende Form der Warenzirkulation [...], sondern der Zweck, der Inhalt und die treibende Seele
der Zirkulation." (Siehe vorl. Band, S. 13.)

Das Kapital definiert Marx in diesem Zusammenhang als sich selbst verwertender, Mehrwert setzender Wert (siehe vorl. Band, S. 15). Es entsteht
aber erst unter bestimmten gesellschaftlichen Verhältnissen, nämlich, wenn
die Arbeitskraft des unmittelbaren Produzenten als Ware auf dem Markt erscheint, was voraussetzt, daß sich die Produktionsmittel in den Händen einer
Klasse befinden – Kapitalisten –, für die nicht die Produktion von Gebrauchswerten, sondern von Mehrwert die Triebkraft ist.

Der Begriff Kapital wurde ebensowenig wie die Begriffe Ware, Wert und
Geld zuerst von Marx angewendet. Er übernahm sie von den bürgerlichen
Ökonomen, ging aber im Unterschied zu ihnen an die Untersuchung der Kategorien von vornherein historisch heran, gab ihnen einen erweiterten Inhalt.
Wenn er sich in diesem Teil seines Werkes auch nicht das Ziel gestellt hatte,
die Entstehung, Entwicklung und den schließlichen Untergang des Kapitalismus zu untersuchen, betont er doch stets den historischen Charakter dieser
gesellschaftlichen Verhältnisse. „Die Bildung des Kapitalverhältnisses zeigt

also von vornherein, daß es nur auf einer bestimmten geschichtlichen Stufe der ökonomischen Entwicklung der Gesellschaft – der gesellschaftlichen Produktionsverhältnisse und Produktivkräfte – eintreten kann. Es erscheint von vornherein als ein historisch bestimmtes ökonomisches Verhältnis, ein Verhältnis, das einer bestimmten historischen Periode der ökonomischen Entwicklung der gesellschaftlichen Produktion angehört." (Siehe vorl. Band, S. 34/35.)

Durch die Analyse des kapitalistischen Produktionsprozesses weist Marx nach, daß die Produktion des Mehrwerts auf der Basis des Wertgesetzes erfolgt. Gerade an dieser Frage waren die Ökonomen vor ihm gescheitert, wie Marx ausdrücklich feststellt: „Die Ökonomen haben nie den Mehrwert mit dem von ihnen selbst aufgestellten Gesetz der Äquivalenz ausgleichen können. Die Sozialisten haben stets an diesem Widerspruch festgehalten und auf ihm herumgeritten, statt die spezifische Natur dieser Ware, des Arbeitsvermögens, dessen Gebrauchswert selbst die den Tauschwert schaffende Tätigkeit, zu verstehn." (Siehe vorl. Band, S. 84.)

Deshalb befaßt sich Marx so eingehend mit der allseitigen Untersuchung der Ware Arbeitskraft und deckt damit das Wesen der kapitalistischen Ausbeutung auf. Ökonomen vor Marx waren nicht über die Auffassung hinausgekommen, daß der Arbeiter dem Kapitalisten seine *Arbeit* verkauft – was falsch ist und ihnen allen verwehrt, zum Wesen der Mehrwertproduktion und zum objektiven Charakter der Ausbeutung vorzudringen. Erst Marx gelang es, die Ware des Arbeiters, die er dem Kapitalisten verkauft, genau zu bestimmen – nämlich seine *Arbeitskraft*. Marx wies ausführlich nach, daß die Arbeitskraft, das Arbeitsvermögen des Arbeiters, die besondere Eigenschaft hat, mehr Wert zu schaffen, als sie selbst wert ist, d. h., als sie zu ihrer Erhaltung bedarf. „Diese Differenz zwischen der Arbeitszeit, die den Tauschwert des Arbeitsvermögens selbst mißt, und der Arbeitszeit, während der es als Gebrauchswert vernutzt wird, ist Arbeitszeit, die es über die in seinem Tauschwert enthaltne Arbeitszeit hinaus arbeitet, also über den Wert hinaus, den es ursprünglich kostete – und ist als solche Mehrarbeit – *Mehrwert.*" (Siehe vorl. Band, S. 82/83.)

Von großer Bedeutung ist seine Analyse für die Größenbestimmung des Werts der Ware Arbeitskraft sowie seines Geldausdrucks, des Arbeitslohns. Marx stellt fest, daß ihr Wert „wie der jeder andren Ware gleich dem Quantum der in ihm [dem Arbeiter] enthaltnen und daher zu seiner Reproduktion erheischten Arbeit ist, und [...] exakt gemessen ist durch die Arbeitszeit, erheischt, um die zur Erhaltung des Arbeiters nötigen Lebensmittel zu schaffen." (Siehe vorl. Band, S. 48.) Bürgerliche Ökonomen betrachteten den Wert

der Arbeitskraft (sie sprachen vom „Wert der Arbeit") als eine unveränderliche Größe, die nicht vom Niveau der Entwicklung der Produktivkräfte abhängig ist. Sie entwickelten eine Konzeption „des Minimums des Arbeitslohnes", d. h., daß die Größe des Arbeitslohnes einmal und damit für immer
durch den Wert einer gegebnen Auswahl von Lebensmitteln, die für die physische Existenz des Arbeiters notwendig sind, bestimmt wird. Marx wider-
legte diese Konzeption und begründete gleichzeitig damit die Notwendigkeit
des Kampfes der Arbeiterklasse für die Erhöhung des Arbeitslohnes und die
Verkürzung des Arbeitstages. Der Wert des Arbeitsvermögens wird „nicht
durch das bloße Naturbedürfnis umschrieben", erklärte er, „sondern durch
das Naturbedürfnis, wie es in einem gewissen Kulturzustand geschichtlich
modifiziert ist" (siehe vorl. Band, S. 48/49). An einer anderen Stelle seines
Manuskriptes betont er, daß die notwendigen Mittel und damit die Höhe des
Lohns nicht nur natürlich, sondern auch historisch bestimmt sind. „Die Lebensmittel, deren der Arbeiter bedarf, um als Arbeiter zu leben, sind natürlich verschieden in verschiednen Ländern und in verschiednen Kulturzuständen [...], da der Umfang sog. erster Lebensbedürfnisse und die Art ihrer
Befriedigung großenteils von dem Kulturzustand der Gesellschaft abhängen – selbst historisches Produkt sind, gehört in einem Land oder in einer
Epoche zu den notwendigen Lebensmitteln, was in der anderen nicht dazu
gehört." (Siehe vorl. Band, S. 40/41.)

Mit einer großen Anzahl von Beispielen, die Marx statistischen Quellen
entnommen hat, erläutert er die dem Kapital eigene Tendenz, die Mehrarbeit
und damit die kapitalistische Ausbeutung unbegrenzt zu vergrößern. Die
Mehrarbeit führt zur Verkürzung der individuellen Reproduktionszeit des
Arbeiters und zur Zerstörung des Wertes seiner Arbeitskraft. Dazu schreibt
Marx: „Die kapitalistische Produktion ist [...] außerordentlich sparsam mit
der *vergegenständlichten Arbeit*, einer Arbeit, realisiert in Waren. Sie ist weit mehr
als jede andere Produktionsweise eine große Vergeuderin von Menschen, von lebendiger Arbeit, Vergeuderin nicht nur von Fleisch und Blut und Muskeln,
sondern auch von Hirn und Nerven. Es ist, in der Tat, nur durch die ungeheuerste Verschwendung von individueller Entwicklung, daß die Entwicklung
der Menschheit überhaupt gesichert wird in der Geschichtsepoche, die der
Entwicklung der sozialistischen Konstituierung der Menschheit vorausgeht."
(Siehe vorl. Band, S. 351.)

Die kapitalistische Produktion ist absolut ausgerichtet auf die übermäßige
Ausbeutung der Arbeiterklasse. Und nur durch ihren organisierten Widerstand ist sie fähig, diesen maßlosen Anspruch des Kapitals zu bändigen. Marx
analysierte den Kampf der Arbeiterklasse, der zu einer gesetzlichen Ein-

schränkung des Arbeitstages führte. Englische Fabrikinspektoren legten zum Beispiel in ihren Berichten ein ganzes System von Umgehungen der Fabrikgesetzgebung dar. Sie war auf die — wenn auch geringe — Einschränkung der Ausbeutung gerichtet. Marx erkannte ihren Einfluß an, welchen sie unter anderem dank der Tätigkeit der Fabrikinspektoren auf die Verbesserung des physischen, moralischen und intellektuellen Zustandes der Arbeiter nahm. Besonders diese Tatsachen unterstrich Marx in der „Inauguraladresse der Internationalen Arbeiterassoziation" (siehe Band 16 unserer Ausgabe, S. 10/11).

Wie jede andere Ware hat die Ware Arbeitskraft nicht nur Wert, sondern auch Gebrauchswert. Ihr Gebrauchswert realisiert sich im Arbeitsprozeß. Die Spezifik der Ware Arbeitskraft ist ihre Fähigkeit, im Produktionsprozeß mehr Wert zu schaffen, als sie selbst besitzt. Darum ist die Analyse des Produktionsprozesses von entscheidender Bedeutung für die politische Ökonomie. Das Wesentliche, betont Marx, besteht darin, „daß der besondre Gebrauchswert der Ware [Arbeitskraft] und seine Verwirklichung als Gebrauchswert das ökonomische Verhältnis, die ökonomische Formbestimmtheit selbst betrifft und daher in den Kreis unsrer Betrachtung fällt" (siehe vorl. Band, S. 50).

Bei dem zweiten thematischen Hauptkomplex geht es um die Untersuchung der Produktion des absoluten und relativen Mehrwerts. Der kapitalistische Produktionsprozeß ist nicht nur Arbeitsprozeß schlechthin, sondern zugleich Verwertungsprozeß. Die klassischen bürgerlichen Ökonomen haben nie die kapitalistische Form des Mehrprodukts, den Mehrwert, in seiner reinen Form dargestellt, sondern immer nur in den Erscheinungsformen als Profit, Zins und Rente. Aber in ihnen ist der Ursprung des Mehrprodukts verhüllt. Profit und Zins scheinen dem Kapital und die Rente dem Boden zu entspringen. Die Entdeckung des Mehrwerts beseitigte deshalb nicht nur den falschen Schein des Ursprungs des Mehrprodukts im Kapitalismus, sondern enthüllte zugleich den spezifischen Ausbeutungs- und Klassencharakter des kapitalistisch produzierten Mehrprodukts und dessen Funktion als Haupttriebkraft und Ziel der kapitalistischen Produktionsweise.

Davon ausgehend konnte Marx die Methoden der Produktion des Mehrwerts analysieren, die zugleich Methoden der Entwicklung der Produktivkräfte und der Produktion mit spezifisch kapitalistischem Charakter sind. Aus dem Arbeiter wird Mehrwert herausgepreßt entweder durch Verlängerung des Arbeitstages oder durch Reduzierung des Werts der Arbeitskraft. Schon in den „Grundrissen" prägte Marx für den auf die erste Art und Weise erzeugten Mehrwert den Begriff „absoluter Mehrwert", den auf letztere Weise

erzielten Mehrwert nannte er „relativen Mehrwert" (siehe Band 42 unserer
Ausgabe, S. 260–283). Beide Methoden zur Produktion des Mehrwerts werden im vorliegenden Band zum erstenmal systematisch dargestellt. Marx legt
ihre Spezifik sowie ihren Zusammenhang dar. Er weist nach, daß die Produktion des absoluten Mehrwerts in der Frühzeit des Kapitalismus, während seiner Entwicklung zur herrschenden ökonomischen Gesellschaftsformation,
überwog, was nicht heißt, daß sie dieser Zeitperiode allein und ausschließlich
angehört. Von Beginn des Kapitalismus an wurde auch die Produktion des relativen Mehrwerts angewandt, besonders durch die industrielle Revolution
gefördert, sie nahm mit fortschreitender Entwicklung des Kapitalismus an
Bedeutung zu. Beide Methoden existierten stets gleichzeitig nebeneinander,
doch die Produktion des relativen Mehrwerts trat historisch immer stärker in
den Vordergrund.

Marx hatte bereits in den „Grundrissen" herausgearbeitet, daß die Produktion des relativen Mehrwerts – die Verkürzung der notwendigen Arbeitszeit durch die Erhöhung der Produktivität der Arbeit vermittels der Produktivkraftentwicklung – den historischen Unterschied des Kapitalismus zu
anderen Gesellschaftsformationen ausmacht. Auf diese Erkenntnisse aufbau-
end, drang er im vorliegenden Band tiefer in das Wesen des relativen Mehrwerts ein. Die umfassende Herausarbeitung seiner Spezifik erlaubte es Marx,
das Gesetz des relativen Mehrwerts zu formulieren. Es besagt, „daß infolge
der steigenden Produktivität ein größerer Teil des Arbeitstags vom Kapital angeeignet wird" (siehe vorl. Band, S. 243).

Den historischen Hintergrund bildete die sich zu jener Zeit voll entfal-
tende maschinelle Großproduktion und der Übergang von extensiven zu in-
tensiven Formen der Ausbeutung. Der relative Mehrwert wurde zur bestim-
menden Ausbeutungsmethode, d. h., mit der Erkenntnis dieses Gesetzes
erbrachte Marx den wissenschaftlichen Nachweis, daß sich als Ergebnis der
Produktivkraftentwicklung gesetzmäßig die Ausbeutung verschärft, die Klas-
senlage des Proletariats verschlechtert und der Widerspruch zwischen Bourgeoisie und Proletariat zuspitzt.

Eine wesentliche Weiterentwicklung der Theorie des relativen Mehrwerts
bedeutete die Einbeziehung des Extramehrwerts in die Darstellung. Mit der
Feststellung, daß die Produktion des relativen Mehrwerts die Entwicklung
der Produktivkräfte voraussetzt, war noch nichts über die eigentliche Triebkraft und konkrete Art der Produktivkraftentwicklung ausgesagt. Es war aber
notwendig, dieses Problem zu klären, um den Entwicklungsprozeß der kapitalistischen Gesellschaftsformation erfassen zu können. Extramehrwert ist eine
Form des relativen Mehrwerts. Er wird dann erzielt, wenn ein Betrieb be-

stimmte technische und organisatorische Verbesserungen einführt, die in den meisten Betrieben desselben Produktionszweiges nicht vorhanden sind, das heißt, wenn die Steigerung der Produktivität in einem Produktionszweig noch nicht verallgemeinert worden ist. Da nur die gesellschaftlich notwendige Arbeit wertbildend ist, kann der Kapitalist, dessen Produktivität über dem gesellschaftlichen Durchschnitt liegt, zum Beispiel das Produkt von einer dreiviertel Stunde als Produkt von einer Stunde verkaufen. Nach Marx zählt die Arbeit, die über dem gesellschaftlich durchschnittlichen Niveau der Produktivität liegt, als „höhre Arbeit" (siehe vorl. Band, S. 315). Der relative Mehrwert resultiert auch hier daraus, daß eine geringere Arbeitszeit notwendig ist, um den Wert der Arbeitskraft zu reproduzieren. Mit der Einbeziehung des Extramehrwerts war das in den „Grundrissen" noch offene Problem, nämlich die Begründung des Strebens des Kapitals nach Mehrwert und damit der Zwang zur Produktivkraftentwicklung, geklärt.

Mit der Untersuchung des Extramehrwerts drang Marx gleichzeitig tiefer in die Wechselwirkung von Produktivkraft und Produktionsverhältnis ein, indem er die Triebkräfte für die Produktivkraftentwicklung in der kapitalistischen Gesellschaftsformation enthüllte. Der einzelne Kapitalist erhöht die Produktivität nicht mit dem Ziel, die notwendige Arbeit zu verringern, sondern sie als über dem Durchschnitt stehende zu verkaufen, also Extramehrwert zu erzielen. Das ist der Stachel des technischen Fortschritts, die Triebkraft der Produktivkraftentwicklung im Kapitalismus.

Im vorliegenden Band geht Marx ausführlich auf die drei historischen Stadien der Erhöhung der Produktivkraft der Arbeit auf der Grundlage der kapitalistischen Produktionsweise ein: 1. Kooperation, 2. Teilung der Arbeit in der Manufaktur und 3. Maschinerie sowie Anwendung der Wissenschaft. Damit unterzieht Marx erstmalig die Produktionsmethoden des relativen Mehrwerts einer systematischen Betrachtung. Zwar war er in den „Grundrissen" auch schon darauf eingegangen, hatte sie aber nicht in ihrer inneren Abfolge analysiert.

Die Kooperation bezeichnet Marx als „die *Grundform*, [...] die *allgemeine Form*, die allen gesellschaftlichen Arrangements zur Vermehrung der Produktivität der gesellschaftlichen Arbeit zugrunde liegt und in jeder derselben nur weitere Spezifikation erhält" (siehe vorl. Band, S. 247). Er kennzeichnete sie als „eine Naturkraft der gesellschaftlichen Arbeit, insofern vermittelst der Kooperation die Arbeit des einzelnen eine Produktivität erlangt, die sie als Arbeit des isolierten einzelnen nicht erhalten würde" (siehe vorl. Band, S. 249). Diese Produktivkraft der gesellschaftlichen Arbeit, die die Kooperation darstellt, wird unter kapitalistischen Bedingungen zu einer „Produktivkraft des Kapitals, nicht der Arbeit" (siehe vorl. Band, S. 252). Hier kommt zum Ausdruck, daß der kapitalistische Produktionsprozeß nicht nur Arbeits-, sondern vor allem Verwertungsprozeß ist. Ausgehend von dem erreichten kooperativen Zusammenwirken der Lohnarbeiter strebt das Kapital danach, durch Veränderung der Organisation des Arbeitsprozesses diesen profitabler auszubeuten, den Mehrwert zu vergrößern.

Die Arbeitsteilung in der kapitalistischen Manufaktur wird als weiterentwickelte Form der Kooperation gekennzeichnet, als mächtiges Mittel zur Erhöhung der Arbeitsproduktivität und damit zur Vergrößerung des relativen Mehrwerts. Marx unterscheidet zum erstenmal zwei Typen von Arbeitsteilung: Erstens die gesellschaftliche Arbeitsteilung, bei der die Produkte als Waren ausgetauscht werden, und zweitens die Arbeitsteilung in der Herstellung einer Ware, „also Teilung der Arbeit nicht in der Gesellschaft, sondern gesellschaftliche Teilung der Arbeit innerhalb eines und desselben Ateliers" (siehe vorl. Band, S. 261).

Die erste Form der Arbeitsteilung entspricht den Warenbeziehungen überhaupt, die Arbeitsteilung innerhalb eines Betriebes ist dagegen eine spezifisch kapitalistische Form, eine besondere Produktivkraft der Arbeit, die aber erst durch die Konzentration der Arbeitskräfte unter das Kommando des Kapitals zustande kommt. (Siehe vorl. Band, S. 258–312.) Beide Typen der Arbeitsteilung bedingen einander und greifen ineinander über. Marx untersucht ausführlich diese Wechselbeziehungen und bemerkt, die Arbeitsteilung sei „in gewisser Beziehung die Kategorie aller Kategorien der politischen Ökonomie" (siehe vorl. Band, S. 261). Marx beweist, daß die kapitalistische Manufaktur nicht durch die Verteilung der verschiedenen Arbeitsprozesse unter die Arbeiter gekennzeichnet ist, sondern umgekehrt, durch die Verteilung der Arbeiter auf die verschiedenen Arbeitsprozesse, „deren jeder ihr ausschließlicher Lebensprozeß wird" (siehe vorl. Band, S. 272). Die Arbeiter werden zu bloßen „Bausteinen" in der Manufaktur. Welche Stellung der Arbeiter im kapitalistischen Produktionsprozeß einnimmt, charakterisiert Marx zusammenfassend mit folgenden Worten: „Die *gesellschaftliche Form* dieser kombinierten Arbeiten ist das Dasein des Kapitals gegen den Arbeiter; die Kombination tritt ihm als übermächtiges Verhängnis entgegen, der er verfallen ist durch die Reduktion seines Arbeitsvermögens auf eine ganz einseitige Funktion, die getrennt von dem Gesamtmechanismus nichts ist und daher ganz von demselben abhängt. Er ist selbst zu einem bloßen Detail geworden." (Siehe vorl. Band, S. 274.) Er hebt hervor, daß die kapitalistische Produktionsweise hier bereits die Arbeit in der Substanz ergriffen und verändert hat. „Es ist nicht mehr bloß die *formelle* Subsumtion des Arbeiters unter das Kapital" (siehe vorl. Band, S. 273). Diese These von der zunächst nur formellen Unterwerfung der Arbeit unter das Kapital, die erst später zur reellen Unterordnung wird, entwickelt Marx, der die kapitalistische Produktionsweise in ihrer Entwicklung untersuchte und den Übergängen stets große Beachtung schenkte, im vorliegenden Band zum erstenmal. Schon im ersten Heft finden wir dazu eine entsprechende Darstellung. (Siehe vorl. Band, S. 87/88.)

Am Abschnitt über die Arbeitsteilung läßt sich sehr gut zeigen, wie Marx die eigene Lehre immer in Auseinandersetzung mit seinen Vorgängern in der politischen Ökonomie entwickelt hat. Weit ausführlicher als im „Kapital" verfolgt er die Entwicklung der Ansichten über die Arbeitsteilung von den Denkern der Antike – Homer, Thukydides, Plato, Xenophon, Diodor – bis zu den Theoretikern der bürgerlichen Epoche, wobei er besonders die Ausführungen von Adam Ferguson und Adam Smith heraushebt. Insbesondere setzt er sich mit Smith auseinander. Als dessen Hauptverdienst hebt Marx hervor, daß er die Arbeitsteilung „an die Spitze stellt und betont, und zwar direkt als Produktivkraft der Arbeit (i. e. des Kapitals)" (siehe vorl. Band, S. 268).

Wichtiger als diese Smith gezollte Anerkennung ist jedoch die Kritik an seinen Auffassungen, weil hier die Präzisierung und Weiterentwicklung der Theorie durch Marx einsetzt. Marx kritisiert Smith hauptsächlich deswegen, weil er die beiden Typen der Arbeitsteilung nicht unterschieden hat. „A. Smith hat die *Teilung der Arbeit* nicht als ein der kapitalistischen Produktionsweise Eigentümliches begriffen" (siehe vorl. Band, S. 265), stellt er fest. Dabei berücksichtigt er die Abhängigkeit „von der damaligen Entwicklungsstufe der *Manufaktur,* die noch weit von der modernen Fabrik verschieden", darum hat bei Smith die Arbeitsteilung ein relatives Übergewicht über die Maschinerie, letztere erscheint nur als deren Anhängsel. (Siehe vorl. Band, S. 268.)

Die der entwickelten kapitalistischen Produktion entsprechende Produktionsweise ist die maschinelle Großproduktion. In Heft V des Manuskriptes 1861–1863 beginnt Marx mit ihrer Untersuchung. Schon früher hatte er festgestellt, „daß die Entwicklung des menschlichen Arbeitsvermögens sich besonders zeigt in der Entwicklung des *Arbeitsmittels* oder *Produktionsinstruments* [...] vom einfachsten Werkzeug oder Gefäß bis zum entwickeltsten System der Maschinerie" (siehe vorl. Band, S. 52). Gleich zu Beginn des Abschnitts über Maschinerie wird auf einen wesentlichen Unterschied zu den vorhergehenden Stadien der kapitalistischen Produktion hingewiesen. Die Vermehrung der Produktivkraft durch die einfache Kooperation und die Arbeitsteilung hatte dem Kapitalisten nichts gekostet, es waren „unentgeltliche Naturkräfte der gesellschaftlichen Arbeit" (siehe vorl. Band, S. 317). Mit der Einführung der Maschinerie wächst der Umfang der Arbeitsmittel beträchtlich, und damit wird der Unterschied zwischen Arbeitsprozeß und Verwertungsprozeß „ein bedeutendes Moment in der Entwicklung der Produktivkraft und dem Charakter der Produktion" (siehe vorl. Band, S. 321). Hier kommt die Einheit von Arbeitsprozeß und Verwertungsprozeß im kapitalistischen Produktionsprozeß besonders deutlich zum Ausdruck. Ziel der kapitalistischen Produktion und daher auch Ziel bei der Einführung von Maschinerie ist nicht in erster Linie die Herstellung von Gebrauchswerten, sondern der Profit, der Mehrwert. Maschinen werden nur angewandt, um den Profit zu erhöhen, nicht aber, um die Arbeit zu erleichtern. Das wirkliche Anliegen der Kapitalisten charakterisiert Marx mit folgenden Worten: „Es handelt sich in der Tat darum, [...] wie bei aller Entwicklung der Produktivkraft auf kapitalistischer Grundlage, die Arbeitszeit zu verkürzen, die der Arbeiter zur Reproduktion seines Arbeitsvermögens, in anderen Worten, zur Produktion seines Salairs, bedarf, also den Teil des Arbeitstags zu verkürzen, den er für sich selbst arbeitet, den *bezahlten* Teil seiner Arbeitszeit, und durch die Verkürzung derselben den andren Teil des Tags zu verlängern, den er gratis für das Kapital arbeitet, den *unbezahlten* Teil des Arbeitstags, seine *Surplusarbeitszeit.*" (Siehe vorl. Band, S. 314.) Das Grundprinzip der Anwendung von Maschinen, erklärt Marx, ist die „Ersetzung geschickter Arbeit durch *einfache* Arbeit; also [...] Reduktion der Produktionskosten des Arbeitsvermögens auf die Produktionskosten des einfachen Arbeitsvermögens" (siehe vorl. Band, S. 316/317).

Ausführlich untersucht Marx die Folgen der maschinellen Großproduktion unter kapitalistischen Bedingungen auf die Arbeiter und nennt als ein wesentliches Resultat des technischen Fortschritts die Ersetzung der lebendigen Arbeit durch Maschinen. Die Anwendung von Maschinen führt nicht nur zur Steigerung der Arbeitsproduktivität, sondern auch zu einer enormen Intensivierung der Arbeit. Auf diese Tendenz der kapitalistischen Produktionsweise, die auch große aktuelle Bedeutung hat, geht Marx hier zum erstenmal ausführlich ein. Die Maschinerie bewirkt eine Kondensierung der Arbeitszeit, „indem jeder Zeitteil mehr mit Arbeit ausgefüllt wird; die Intensität der Arbeit wächst; nicht nur die Produktivität (also Qualität) der Arbeit vermittelst der Anwendung der Maschinerie wächst, sondern das *Arbeitsquantum* in einem gegebnen Zeitabschnitt wächst. Die Zeitporen werden sozusagen durch Kompression der Arbeit verkleinert." Die Folge ist eine Verkürzung der Lebensdauer der Arbeiter, zumindest eine Verkürzung der aktiven Lebenszeit, denn

das „Arbeitsvermögen wird so in derselben Arbeitsstunde rascher abgenutzt".
(Siehe vorl. Band, S. 330/331.)

Zunehmend leisteten die Arbeiter dieser verschärften Ausbeutung Widerstand. Marx schildert die Streikkämpfe der Arbeiter, die gegen die Herabsetzung des Lohns oder um Lohnerhöhung oder um die Festsetzung eines Normalarbeitstags geführt wurden. Die Kapitalisten begegneten den Streiks unter
anderem mit Einführung von Maschinen. Die Maschine, erklärt Marx dazu,
erscheint hier direkt als „Mittel des Kapitals – Macht des Kapitals – *über*
die Arbeit – zur Niederschlagung jeder Ansprüche der Arbeit auf Selbständigkeit. Die Maschinerie hier auch der *Intention nach als der Arbeit feindliche*
Form des Kapitals ins Spiel tretend." (Siehe vorl. Band, S. 336.)

Marx schloß durchaus nicht aus, daß sich die materielle Lage der Arbeiter
verbessern kann, betonte aber, dies ändere durchaus nichts „an der *Natur* und
dem *Gesetz des relativen Mehrwerts* – daß infolge der steigenden Produktivität
ein größrer Teil des Arbeitstags vom Kapital angeeignet wird". Als „Abgeschmacktheit" bezeichnet er die Versuche, „dies Gesetz widerlegen zu wollen
durch statistische Nachweise, daß die materielle Lage des Arbeiters hier oder
da, in diesem oder jenem Verhältnis, sich verbessert habe infolge der Entwicklung der Produktivkraft der Arbeit". (Siehe vorl. Band, S. 243.)

Bei allen Problemen, die Marx untersuchte, ging er stets von den Tatsachen aus. In dem vorliegenden Band sind viele Zusätze enthalten, die historisches und aktuelles Faktenmaterial seiner Zeit zum Inhalt haben. Diese Zusätze bezeichnete Marx zum Beispiel selbst als „Illustrationen zum
Mehrwert". Er zog eine Vielzahl von Quellen, Berichten und Statistiken heran, schätzte deren Zuverlässigkeit hinsichtlich der enthaltenen Fakten ein und
verschaffte sich ein genaues Bild von der wirklichen Situation. Mit ihrer Hilfe
erhärtete er durch unwiderlegbares und gleichzeitig erschütterndes Tatsa-
chenmaterial seine theoretischen Ausführungen über die katastrophalen Aus-
wirkungen der Profitjagd auf die Lage der Arbeiter und anderer unterdrück-
ter Klassen und Schichten. Erstmals in diesem Manuskript ist dermaßen
konzentriert und zahlreich historisches Quellenmaterial enthalten. Es beweist
überzeugend, daß die von Marx enthüllten Gesetze der bürgerlichen Gesellschaft ihre reale Basis in der kapitalistischen Wirklichkeit haben und seine
ökonomische Theorie die grundlegenden Merkmale der Realität der kapitalistischen Produktionsweise widerspiegelt. Eine wahre Fundgrube dazu waren
für ihn die halbjährigen Berichte der englischen Fabrikinspektoren, in denen
die Zustände und die Entwicklung der englischen Industrie geschildert wurden.

Während der Ausarbeitung des Manuskriptes 1861–1863 gab es Unterbrechungen durch die eigene Krankheit von Marx, Krankheit von Familienangehörigen sowie materielle Sorgen und Entbehrungen. Das alles behinderte die Arbeit an seinem Werk und brachte sie zeitweilig ins Stocken. Eine größere Unterbrechung gab es bei Heft V, dem letzten Heft des vorliegenden Bandes. Hier finden wir die erste größere Abschweifung, und zwar über die produktive Arbeit, wo Marx Überlegungen anstellte, wie er sein Werk fortsetzen sollte (siehe vorl. Band, S. 306/307). Der Plan vom Sommer 1861 wurde dadurch ergänzt und präzisiert, und er folgte auch weiterhin diesem Plan, wie der kurz darauf begonnene Abschnitt über Maschinerie zeigt.

Marx hat in der ersten Arbeitsphase das Heft V nicht beendet. Erst im Januar 1863 nahm er die Arbeit am Abschnitt über Maschinerie, der zu Punkt 3 „Der relative Mehrwert" gehört, wieder auf. Er beschrieb die letzten leergebliebenen Seiten von Heft V (S. 211–219) und setzte seine Ausführungen mit Heft XIX fort. Dieser letzte Teil des Manuskriptes wird auf der Grundlage des Bandes II/3.6 der MEGA im Band 44 unserer Ausgabe veröffentlicht.

Mit dem Erscheinen der Marx-Engels-Gesamtausgabe, die gemeinsam vom Institut für Geschichte der Arbeiterbewegung Berlin und vom Institut für Marxismus-Leninismus beim ZK der KPdSU herausgegeben wird, ist es möglich, die Herausgabe der Werke und Schriften von Marx und Engels auf ihrer Grundlage zu komplettieren.

In dem vorliegenden Band finden im Textteil, im Vorwort und im wissenschaftlichen Apparat die neuen Forschungsergebnisse des Bandes II/3.1 der MEGA ihren Niederschlag.

Der Text folgt der unveränderten Wiedergabe des Marxschen Manuskriptes in der MEGA. Offensichtliche Schreibfehler werden ohne Nachweis korrigiert, alle sinnverändernden Texteingriffe in Fußnoten nachgewiesen. Zum besseren Verständnis des Textes werden von der Redaktion an einigen Stellen erklärende oder ergänzende Worte in eckigen Klammern eingefügt. Die eckigen Klammern bei Marx sind durch geschweifte Klammern ersetzt.

Alle längeren Zitate erscheinen im Kleindruck. Fremdsprachige Zitate werden im Text erstmalig ins Deutsche übersetzt; ihr Originalwortlaut ist im Anhang zu finden. Soweit möglich, werden Übersetzungen der Zitate gebraucht, die Marx oder Engels in den „Theorien über den Mehrwert", im „Kapital" und in anderen Werken selbst gegeben haben.

Die Fußnoten von Marx sind durch Sternchen gekennzeichnet. Die von ihm in den Text eingestreuten fremdsprachigen Wörter und Sätze werden unverändert gebracht und in Fußnoten übersetzt. Diese sind durch eine durchgehende Linie vom Text getrennt und durch Ziffern kenntlich gemacht.

Die Nummern der Manuskripthefte von Marx werden durch römische Zahlen, die Manuskriptseiten durch arabische Zahlen zwischen senkrechten Strichen gekennzeichnet. Bei fortlaufendem Text erscheint die Seitenzahl nur einmal am Anfang jeder Manuskriptseite (z. B. ‖67‖); bei Umstellung des Textes sowie beim Übergang in ein anderes Heft wird sowohl Anfang (‖II–1‖) als auch Ende (‖II–28‖) des betreffenden Textes gekennzeichnet. Beginnt der Text inmitten einer paginierten Seite der Textgrundlage, die vorher noch getilgten oder anderen Text enthält, wird die arabische Zahl durch Schrägstriche eingeschlossen (z. B. /17/ oder /18/).

Rechtschreibung und Zeichensetzung sind, soweit vertretbar, modernisiert. Der Lautstand und die Silbenzahl in den deutschsprachigen Texten werden nicht verändert. Im Text vorkommende Uneinheitlichkeiten bei Währungsbezeichnungen werden vereinheitlicht. Abkürzungen und Schreibverkürzungen werden ohne Kennzeichnung ausgeschrieben, ausgenommen solche, deren Ausschreibung ungebräuchlich ist (bzw., d. h., etc., usw., z. B.). In einigen Fällen, wo verschiedene Ausschreibungen möglich sind, wird die Abkürzung beibehalten.

Der vorliegende Band enthält Anmerkungen, auf die im Text durch hochgestellte Ziffern in eckigen Klammern hingewiesen wird, ein Literatur- und Personenverzeichnis, ein Verzeichnis der Gewichte, Maße und Münzen, ein Abkürzungsverzeichnis sowie ein Sachregister.

Institut für Geschichte der Arbeiterbewegung
Berlin

KARL MARX

Ökonomisches Manuskript
1861–1863
Teil I

|I| Zur Kritik
der politischen Ökonomie

Drittes Kapitel
Das Kapital im allgemeinen [1]

|A| *August 1861. Drittes Kapitel. Das Kapital im allgemeinen*

I. *Der Produktionsprozeß des Kapitals*

1. *Verwandlung von Geld in Kapital*

a) Allgemeinste Form des Kapitals. b) Schwierigkeiten. c) Austausch des Kapitals mit Arbeitsvermögen. d) Wert des Arbeitsvermögens. e) Arbeitsprozeß. f) Verwertungsprozeß. g) *Kapitalistische Produktion*

|II−A| I. 1. h) *Die zwei Bestandteile des Verwandlungsprozesses* [2]

|1| I. Der Produktionsprozeß des Kapitals

1. *Verwandlung von Geld in Kapital*[3]

a) *G-W-G. Allgemeinste Form des Kapitals*

Wie wird Geld zu Kapital? Oder wie wird der Geldbesitzer (i. e. *Warenbesitzer*) zum Kapitalisten?

Betrachten wir zunächst die Form *G-W-G* — Austauschen von Geld gegen Ware, i. e. *kaufen*, um die Ware wieder gegen Geld auszutauschen, i. e. um zu *verkaufen*. Es ist schon früher [4] bemerkt worden, daß in der Form der Zirkulation W-G-W die Extreme W, W, obgleich sie gleiche Wertgrößen sind, qualitativ verschieden sind, daher in dieser Form wirklicher Stoffwechsel stattfindet (verschiedne Gebrauchswerte gegeneinander ausgetauscht werden), also das Resultat W-W — Austausch von Ware gegen Ware, in der Tat Austausch von Gebrauchswerten gegeneinander — einen selbstverständlichen Zweck hat. In der Form G-W-G (kaufen, um zu verkaufen) dagegen sind die beiden Extreme G, G qualitativ *dieselben*, Geld. Wenn ich aber G (Geld) gegen W (Ware) austausche, um die Ware (W) wieder gegen G (Geld) auszutauschen, also kaufe, um zu verkaufen, so ist das Resultat, daß ich Geld gegen Geld ausgetauscht habe. In der Tat, die Zirkulation G-W-G (kaufen, um zu verkaufen) zerfällt in folgende Akte. Erstens: *G-W*, austauschen von Geld gegen Ware, kaufen; zweitens: *W-G*, austauschen von Ware gegen Geld, verkaufen; und die Einheit dieser beiden Akte oder das Durchlaufen beider Stadien G-W-G, austauschen von Geld gegen Ware, um Ware gegen Geld auszutauschen, kaufen, um zu verkaufen. Das Resultat des Prozesses aber ist G-G, Geld gegen Geld auszutauschen.

Wenn ich für 100 Taler Baumwolle kaufe und die Baumwolle wieder verkaufe für 100 Taler, so habe ich am Schluß des Prozesses wie am Anfang 100 Taler; die ganze Bewegung besteht darin, daß ich durch den Kauf 100 Taler ausgebe und durch den Verkauf wieder 100 Taler einnehme. Das Resultat ist also G-G, daß ich in der Tat 100 Taler gegen 100 Taler ausgetauscht habe. Eine solche Operation erscheint aber zwecklos und daher abgeschmackt.* Am Ende des Prozesses wie am Anfang desselben habe ich Geld, qualitativ dieselbe Ware, quantitativ dieselbe Wertgröße. Der Ausgangspunkt und der Endpunkt des Prozesses (der Bewegung) ist Geld. Dieselbe Person gibt das Geld als Käufer aus, um es als Verkäufer zurückzuerhalten. Der Punkt, von dem das Geld in dieser Bewegung ausgeht, ist derselbe, zu dem es zurückkehrt. Da in G-W-G, dem Prozeß des Kaufens, um wieder zu verkaufen, die Extreme G, G *qualitativ* dieselben sind, so kann dieser Prozeß nur einen Inhalt und Zweck erhalten, wenn sie *quantitativ* verschieden sind. Wenn ich für 100 Taler Baumwolle kaufe und dieselbe Baumwolle für 110 Taler verkaufe, so habe ich in der Tat 100 Taler gegen 110 Taler ausgetauscht oder mit 100 Taler 110 Taler gekauft. Einen Inhalt erhält die Zirkulationsform ||2| G-W-G, kaufen, um zu verkaufen, also dadurch, daß die Extreme G, G, obgleich sie qualitativ dasselbe, Geld, quantitativ verschieden sind, indem das zweite G eine höhere Wertgröße, eine größere Wertsumme darstellt als das erstere. Ware wird gekauft, um sie teurer zu verkaufen, oder es wird wohlfeiler gekauft als verkauft.

Betrachten wir zunächst die Form G-W-G (kaufen, um zu verkaufen) und vergleichen wir sie mit der früher betrachteten Zirkulationsform W-G-W (verkaufen, um zu kaufen). Erstens zerfällt die Zirkulation G-W-G, wie die Zirkulation W-G-W, in zwei verschiedne Austauschakte, deren Einheit sie ist. Nämlich G-W, austauschen von Geld gegen Ware oder kaufen. In diesem Tauschakt steht sich ein Käufer und ein Verkäufer gegenüber. Zweitens W-G, Verkauf, austauschen von Ware gegen Geld. In diesem Akt stehn sich ebenfalls zwei Personen, Käufer und Verkäufer, gegenüber. Der Käufer kauft von dem einen und verkäuft an den andren. Der Käufer, von dem die Bewegung ausgeht, macht beide Akte durch. Erst kauft er, und dann verkauft er. Oder sein Geld durchläuft beide Stadien. Es erscheint als Ausgangspunkt im ersten Stadium und als Resultat im zweiten. Dagegen die beiden Personen, mit denen er austauscht, erfüllen jeder nur einen Austauschakt. Der eine verkauft Ware – der, mit dem er zuerst austauscht. Der andre kauft Ware, der, mit dem er zuletzt austauscht. Die Ware, die der eine verkauft, und das Geld, womit der andre kauft, machen also nicht die beiden entgegengesetzten Phasen der Zirkulation durch, sondern jedes vollzieht nur einen Akt. Diese beiden einseitigen Akte des Verkaufs und des Kaufs, die diese beiden Personen

---

* Dies ist ganz richtig. Nichtsdestoweniger findet sich die Form vor (und der Zweck dabei gleichgültig). Z. B. ein Käufer mag nicht imstande sein, die Ware teurer zu verkaufen, als er sie gekauft hat. Er mag gezwungen sein, sie wohlfeiler zu verkaufen, als er sie gekauft hat. In beiden Fällen widerspricht das Resultat der Operation ihrem Zweck. Dies hindert jedoch nicht, daß sie mit der ihrem Zwecke entsprechenden Operation die Form gemein hat G-W-G.

Seite 1 aus Heft I

vollziehen, bieten uns kein neues Phänomen dar, wohl aber der Gesamtprozeß, den der Käufer, von dem der Prozeß ausgeht, durchläuft. Betrachten wir dagegen die Gesamtbewegung, die der Käufer, der wieder verkauft, oder die das Geld, womit er die Operation beginnt, durchläuft.

G-W-G. Der Ausgangspunkt ist Geld, die verwandelte Form der Ware, worin sie stets austauschbar ist, worin die in ihr enthaltne Arbeit die Form der allgemeinen gesellschaftlichen Arbeit besitzt oder worin sie *verselbständigter Tauschwert* ist. Der Ausgangspunkt dieser Zirkulationsform, dieser Bewegung, ist also selbst schon ein Produkt der Warenzirkulation oder kömmt aus der Zirkulation her, denn erst in der Zirkulation und durch die Zirkulation erhält die Ware die Gestalt des Geldes, wird sie in Geld verwandelt oder entwickelt sie ihren Tauschwert, die bestimmten selbständigen Formen, die sich als verschiedne Formbestimmungen des Geldes darstellen. Zweitens, der so aus der Zirkulation herkommende und in der Form des Geldes verselbständigte Wert geht wieder in die Zirkulation ein, wird zur Ware, aber kehrt aus der Form der Ware wieder zurück zu seiner Geldform, indem aber zugleich seine Wertgröße gewachsen ist.

Das Geld, das diese Bewegung durchläuft, ist *Kapital,* oder der im Geld verselbständigte Wert, der diesen Prozeß durchläuft, ist die Form, worin Kapital sich zunächst darstellt oder erscheint.

Wir können die Form G-W-G übersetzen: Im Geld verselbständigter Wert (wenn wir das Wort *Wert* ohne nähere Bezeichnung anwenden, so immer darunter zu verstehn *Tauschwert* [5]), also aus der Zirkulation herkommender Wert, der wieder in die Zirkulation eingeht, sich in ihr erhält und vervielfältigt wieder aus ihr zurückgeht (als größere Wertgröße aus ihr zurückkehrt). Insofern das Geld stets von neuem diesen Kreislauf beschreibt, ist es aus der Zirkulation herkommender, in sie wieder eingehender, sich in ihr verewigender (erhaltender) und vervielfältigender Wert.

||3| Im ersten Stadium des Prozesses wird das Geld zur Ware, im zweiten wird die Ware wieder zu Geld. Das Extrem, wovon der Prozeß ausgeht, Geld – selbst schon eine aus der Zirkulation entsprungne Form der Ware, worin sie in ihrer Bestimmung als Tauschwert verselbständigt ist – der Ausgangspunkt ist zugleich der Rückkehrpunkt. Der Wert erhält sich also in dem Prozeß, den er durchläuft, und kehrt am Schluß desselben wieder zu seiner selbständigen Form zurück. Zugleich aber ist das Resultat der Bewegung, während sie an dieser Form (des Werts), Geld zu sein, nichts geändert hat, daß die Größe des Werts gewachsen ist. Der Wert erhält sich also nicht nur als Wert, sondern wächst zugleich, vervielfältigt, vermehrt sich in dieser Bewegung als Wertgröße.

("Kapital ... permanenter, sich vervielfältigender Wert." *Sism[ondi]*, „Nouv. Princ. etc.", t. I., p. 89.)

In G-W-G erscheint der Tauschwert ebensosehr als Voraussetzung wie als Resultat der Zirkulation.

Der aus der Zirkulation als adäquater Tauschwert (Geld) resultierende und verselbständigte, aber wieder in die Zirkulation eingehnde, sich in und durch sie erhaltende und vervielfältigende (vergrößernde) Wert *(Geld)* ist *Kapital.*

In G-W-G wird der Tauschwert Inhalt und Selbstzweck der Zirkulation. Verkaufen, um zu kaufen, ist der Gebrauchswert, Zweck; kaufen, um zu verkaufen, der Wert selbst.

Es ist hier zweierlei zu betonen. Erstens: G-W-G ist *prozessierender Wert,* der Tauschwert als ein Prozeß, der durch verschiedne Austauschakte oder Zirkulationsstadien verläuft, zugleich über sie übergreift. *Zweitens:* In diesem Prozeß erhält sich der Wert nicht nur, sondern er vermehrt seine Wertgröße, vervielfältigt, vermehrt sich, oder er schafft in dieser Bewegung einen *Mehrwert.* Er ist so nicht nur sich erhaltender, sondern sich *verwertender Wert, Wert, der Wert setzt.*

Erstens: Betrachten wir zunächst G-W-G seiner Form nach, abgesehn von dem Umstand, daß das zweite G größre Wertgröße ist als das erste G. Der Wert existiert erst als Geld, dann als Ware, dann wieder als Geld. Er erhält sich im Wechsel dieser Formen und kehrt aus denselben zu seiner ursprünglichen Form zurück. Er macht Formveränderungen durch, in denen er sich jedoch erhält, als deren Subjekt er daher erscheint. Der Wechsel dieser Formen erscheint daher als sein eigner Prozeß oder der Wert, wie er sich hier darstellt, ist prozessierender Wert, Subjekt eines Prozesses. Geld und Ware erscheinen jede nur als besondre Daseinsformen des Werts, der sich erhält, indem er aus der einen in die andre übergeht und stets zu sich in seiner verselbständigten Form als Geld zurückkehrt. Geld und Ware erscheinen so als die Daseinsformen des prozessierenden Werts oder des Kapitals. Daher die Erklärungen von Kapital. Einerseits die oben von Sismondi gegebne. Kapital ist sich erhaltender Wert.

„Nicht der Stoff bildet das Kapital, sondern der Wert dieser Stoffe." (*J. B. Say,* „Traité de l'Économie Politique", 3. éd., Paris 1817, t. II, p. 429.)

Andrerseits, wenn es nicht als Ganzes der Bewegung, sondern in jeder seiner Daseinsformen – in denen es jedesmal besteht – gefaßt wird: Kapital ist Geld, Kapital ist Ware.

„Kapital *ist* gleich Waren." (*J. Mill*, „*Elements of Polit. Econ.*", Lond[on] 1821, [p.] 74.) „Das *Zirkulationsmittel*, das zu produktiven Zwecken verwendet wird, ist *Kapital.*" (*M'Leod*, „The Theory and Practice of Banking etc.", Lond[on] 1855, t. I, ch. I.)

In der Zirkulationsform W-G-W läuft die Ware durch zwei Metamorphosen durch, deren Resultat ist, daß sie als Gebrauchswert zurückbleibt. Es ist die Ware – als Einheit von Gebrauchswert und Tauschwert oder als Gebrauchswert, von der der Tauschwert bloße Form, verschwindende Form ist, die diesen Prozeß durchläuft. Aber in G-W-G erscheinen Geld und Ware nur als verschiedne Daseinsformen des Tauschwerts, der einmal in seiner allgemeinen Form als Geld, das andre Mal in seiner besondren Form als Ware erscheint, zugleich als das Übergreifende und sich Behauptende in beiden Formen. ||4| Geld ist an und für sich die verselbständigte Daseinsform des Tauschwerts, aber auch die Ware erscheint hier nur als Träger oder Inkorporation desselben.

/16/ Man begreift sehr wohl, daß, wenn Klassen existieren, die an der Produktion von Waren nicht teilnehmen, dennoch Ware oder Geld besitzen, was nur Form der Ware ist, sie ohne Austausch durch hier nicht weiter zu erläuternde Rechts- oder Gewalttitel einen Anteil an den Waren besitzen. Der Warenbesitzer oder Produzent – einstweilen können wir den Warenbesitzer nur als Warenproduzent begreifen – muß ihnen einen Teil seiner Waren abgeben oder einen Teil des Geldes, den er für den Verkauf seiner Waren erhält. Vermittelst dieses Geldes, wofür sie kein Äquivalent gegeben, wären sie dann Konsumenten, Käufer, ohne je Verkäufer gewesen zu sein. Diese Käufer sind aber nur zu erklären als Teilnehmer an den Waren (Mitbesitzer) des Verkäufers, die sie durch einen hier unerklärlichen Prozeß erhalten. Wenn sie also Waren kaufen, so geben sie den Warenbesitzern und Produzenten nur einen Teil der Waren zurück im Austausch für andre Waren, für Waren, die sie ohne Austausch von ihnen erhalten haben. Es ist sehr erklärlich, daß, wenn alle Warenproduzenten ihre Waren über ihren Wert verkaufen, sie von diesen Käufern mehr zurückerhalten, als sie ihnen geben, aber sie erhalten nur mehr von einer ursprünglich ihnen gehörenden Wertsumme zurück. Wenn einer mir 100 Taler stiehlt und ich verkaufe ihm Ware, die nur 90 Taler wert ist, zu 100, so profitiere ich 10 Taler an ihm. Dies ist eine Methode, diesem Käufer, der Konsument ist, ohne Produzent zu sein, einen Teil der mir ursprünglich gehörigen Wertsumme von 100 Talern auf dem Weg des Handels wieder abzunehmen. Wenn er mir jährlich 100 Taler nimmt und ich ihm ebenfalls jährlich Ware für 90 Taler für 100 verkaufe, so gewinne ich zwar jährlich 10 Taler an ihm, aber nur, weil ich jährlich 100 Taler an ihn verliere. Ist dies sein Wegnehmen von 100 Talern eine Institution, so ist der nachfolgende

Handel ein Mittel, diese Institution zum Teil, hier zum $\frac{1}{10}$ Teil, wieder rück-
gängig zu machen. Es entsteht so jedoch kein Mehrwert, und der Umfang,
worin dieser Käufer von mir geprellt werden kann, d. h. die Anzahl der
Transaktionen, worin ich ihm Ware von 90 Taler für 100 verkaufen kann,
hängt genau von der Anzahl der Akte ab, worin er mir 100 Taler, ohne
irgendein Äquivalent zu geben, nimmt. Es ist also eine Transaktion, woraus
das Kapital, der sich in der Zirkulation erhaltende und vermehrende Wert
und noch weniger der Mehrwert des Kapitals erklärt werden kann. Daß aber
nicht nur Torrens, sondern selbst *Malthus* derartige Sprünge macht, ist ihm
von den Ricardians mit sittlicher Entrüstung vorgeworfen worden. Malthus
meint nämlich − und dies richtig unter gegebnen Voraussetzungen −, daß die
Einnahmen der bloßen Consumers[1], bloßer Käufer, vermehrt werden müssen,
damit die Produzenten Profit an ihnen machen können, damit Produktion en-
couragiert wird.

„Der Eifer für die ‚Ermunterung zum Verbrauch‘, wie er für den Handel im allgemeinen als notwendig erachtet wird, entspringt seinem wahren Nutzen für die Verkaufenden
eines einzelnen Handwerks." ([p.] 60.) „‚Was wir brauchen, sind Menschen, die unsere
Waren kaufen‘ ... Aber sie besitzen nichts in der Welt, was sie dir für deine Waren geben
könnten, außer dem, was du ihnen zuvor gegeben hast. Kein Eigentum kann in ihren Händen entstehen; es muß aus den euren kommen. Gutsbesitzer, Beamte, Aktienbesitzer,
Dienstboten, was immer sie sein mögen, alle ihre Mittel für den Kauf eurer Waren waren
einst die euren, und ihr habt sie ihnen zukommen lassen." ([p. 61/]62.) „Mit dem Verkauf
deiner Waren bezweckst du, eine bestimmte Summe Geld zu bekommen; es kann niemals
zweckdienlich sein, diese Geldsumme umsonst an eine andere Person wegzugeben, damit
sie diese dir dann zurückgeben kann und damit deine Güter kauft. Du könntest ebensogut
deine Waren sofort verbrannt haben, und du würdest in derselben Lage sein." ([p.] 63.)
(„An inquiry into those Principles respecting the Nature of Demand and the Necessity of
Consumption lately ||17| advocated by Mr. Malthus etc.", London 1821.)

„Herr Malthus redet zuweilen so, als gäbe es zwei verschiedene Fonds, Kapital und
Revenue, Zufuhr und Nachfrage, Produktion und Konsumtion, die Sorge tragen müssen,
miteinander Schritt zu halten und einander nicht zu überholen. Als ob neben der Gesamt-
masse der produzierten Waren noch eine andere wohl vom Himmel gefallene Masse erforderlich wäre, sie zu kaufen ... Der Konsumtionsfonds, den er benötigt, kann nur auf Kosten der Produktion gewonnen werden." (l. c., [p.] 49, 50.) „Wenn es jemand an *Nachfrage*
mangelt, rät ihm dann Herr Malthus, eine andere Person zu bezahlen, damit diese ihm
seine Waren abnehme?" ([p.] 55.)

/4/ In der Zirkulationsform W-G-W, als Gesamtmetamorphose der Ware
betrachtet, existiert zwar auch der Wert, erst als Preis der Ware, dann im
Geld als realisierter Preis, endlich wieder in dem Preis der Ware (oder über-

---

[1] Verbraucher

haupt ihrem Tauschwert); aber er erscheint hier nur verschwindend. Die vermittelst des Geldes ausgetauschte Ware wird Gebrauchswert; der Tauschwert verschwindet als gleichgültige Form derselben, und sie fällt überhaupt aus der Zirkulation heraus.

In der einfachen Warenzirkulation – W-G-W – erscheint das Geld in allen seinen Formen stets nur als Resultat der Zirkulation. In G-W-G erscheint es ebenso als Ausgangspunkt wie als Resultat der Zirkulation, so daß der Tauschwert nicht wie in der ersten Zirkulationsform bloß verschwindende Form der Warenzirkulation – innerhalb des Warenaustausches sich bildende und wieder verschwindende Form der Ware selbst ist –, sondern der Zweck, der Inhalt und die treibende Seele der Zirkulation.

Der Ausgangspunkt dieser Zirkulation ist das Geld, verselbständigter Tauschwert. Historisch geht die Kapitalbildung auch überall vom Geldvermögen aus, und die erste Auffassung des Kapitals ist, daß es Geld ist, aber Geld, das gewisse Prozesse durchmacht.

Die Zirkulationsform G-W-G, oder das prozessierende Geld, der sich verwertende Wert, geht aus vom Geld, dem Produkt der einfachen Zirkulation W-G-W. Es setzt daher nicht nur die Warenzirkulation voraus, sondern eine Warenzirkulation, die alle Geldformen bereits entwickelt hat. Nur wo die Warenzirkulation – der Austausch der Produkte als Waren und die Verselbständigung des Tauschwerts im Geld und seinen verschiednen Formen – sich bereits entwickelt hat, ist daher Kapitalbildung möglich. Um den Prozeß durchzumachen, worin der Tauschwert als Ausgangspunkt und Resultat erscheint, muß er vorher schon im Geld seine selbständige abstrakte Gestalt erhalten haben.

Der erste Akt der Form G-W-G, nämlich G-W, der Kauf, ist der letzte Akt der Form W-G-W, nämlich ebenfalls G-W. Aber in dem letzten Akt wird Ware gekauft, das Geld in Ware verwandelt, um die Ware als Gebrauchswert zu konsumieren. Das Geld wird *ausgegeben*. Dagegen in G-W als erstem Stadium von G-W-G wird das Geld nur in Ware verwandelt, gegen Ware ausgetauscht, um die Ware wieder in Geld zu verwandeln, um das Geld zurückzuerhalten, vermittelst der Ware wieder aus der Zirkulation herauszuholen. Das Geld erscheint daher nur ausgegeben, um zurückzukehren, nur in die Zirkulation geworfen, um ihr vermittelst der Ware wieder entzogen zu werden. Es ist daher nur *vorgeschossen*.

„Wenn ein Ding gekauft wird, um wieder verkauft zu werden, nennt man die hierzu verwendete Summe *vorgeschossenes* Geld; wird es gekauft, um nicht wieder verkauft zu werden, kann man sie als verausgabt bezeichnen." (*James Steuart*, „Works etc.", ed. by General Sir James Steuart, his son etc., v. 1, [p.] 274, London 1805.[6])

Betrachten wir die Form W-G-W, so erscheint in dem ersten Akt derselben, W-G, die Ware als bloße Materiatur des Tauschwerts (daher als bloßes
Tauschmittel) für den Verkäufer. Ihr Gebrauchswert ist Gebrauchswert als
solcher, nicht für ihn selbst – den Verkäufer –, sondern für einen Dritten,
den Käufer. Er verkauft sie daher, verwandelt sie in Geld, um mit dem Geld
die Ware zu kaufen, die Gebrauchswert für ihn selbst ist. Der Preis der Ware,
die er kauft, hat nur sofern Wert für ihn, als sie das Maß bestimmt – das
Maß der Gebrauchswerte – die er für sein Geld erhält. *Im Kauf* erscheint daher hier der Tauschwert der Ware nur als verschwindende Form derselben,
ebenso wie die Verselbständigung dieses Tauschwerts in Geld nur als eine
verschwindende. Dagegen hier, in G-W-G, ||5| wo der Kauf statt des zweiten
vielmehr den ersten Akt der Zirkulation oder der Austauschprozesse darstellt,
ist die Ware, worin das Geld verwandelt wird, ebenfalls nur Materiatur des
Tauschwerts für den Käufer, sozusagen nur eine verkleidete Form des Geldes. Hier erscheinen G und W beide nur als besondre Formen, Daseinsweisen
des Tauschwerts, von deren einer er abwechselnd in die andre übergeht; das
Geld als die allgemeine, die Ware als eine besondre Form des Tauschwerts.
Der Tauschwert verliert sich nicht in dem Übergehn aus der einen Daseinsweise in die andre, sondern wechselt nur seine Form und kehrt daher auch
stets zu sich in seiner allgemeinen Form zurück. Er erscheint als das Über-
greifende über seine beiden Daseinsweisen, Geld und Ware, und eben darum
als Subjekt des Prozesses, worin er sich bald als das eine, bald als das andre
darstellt, ebendaher als *prozessierendes Geld* oder *prozessierender Wert*.

Zweitens. G-W-G wäre jedoch, wie schon bemerkt, eine inhaltslose Bewegung, wenn die Extreme G, G, die qualitativ gleich sind, nicht quantitativ
verschieden wären, also in diesem Prozeß eine gewisse Wertsumme als Geld
in die Zirkulation hineingeworfen würde, um dieselbe Wertsumme in der
Form des Geldes wieder aus der Zirkulation herauszuziehn, und so durch
einen doppelten und entgegengesetzten Austauschakt alles beim alten, beim
Ausgangspunkt der Bewegung zu lassen. Das Charakteristische des Prozesses
besteht vielmehr darin, daß die Extreme G, G, obgleich qualitativ gleich,
quantitativ verschieden sind, wie quantitativer Unterschied überhaupt das
einzige ist, dessen der Tauschwert als solcher – und im Geld existiert er als
solcher – seiner Natur nach fähig ist. Durch die beiden Akte des Kaufs und
Verkaufs, die Verwandlung des Gelds in Ware und die Rückverwandlung der
Ware in Geld, kommt am Ende der Bewegung mehr Geld, eine vergrößerte
Geldsumme, also ein vervielfältigter Wert, aus der Zirkulation heraus als der
war, der im Anfang in sie hineingeworfen wurde. War das Geld z. B. ursprünglich am Anfang der Bewegung 100 Taler, so ist es am Schluß dersel-

ben 110 Taler. Der Wert hat sich also nicht nur erhalten, sondern einen neuen Wert oder, wie wir ihn nennen wollen, *Mehrwert* (surplus value) innerhalb der Zirkulation gesetzt. Wert hat Wert produziert. Oder der Wert erscheint uns hier zum erstenmal als sich *selbst verwertend.* So daß der Wert, wie er in der Bewegung G-W-G erscheint, aus der Zirkulation herkommender, in sie eingehender, sich in ihr erhaltender und sich selbst *verwertender* Mehrwert setzender Wert ist. Als solcher ist er *Kapital.*

In der Schatzbildung, an die man sich hier erinnern könnte, verwertet sich der Wert nicht. Die Ware wird in Geld verwandelt, verkauft und in dieser Gestalt der Zirkulation entzogen, beiseite gelegt. Dieselbe Wertgröße, die früher in der Form der Ware existierte, existiert jetzt in der Form des Geldes. Die Ware hat nicht ihre Wertgröße vermehrt; sie hat nur die allgemeine Form des Tauschwerts, die Geldform, angenommen. Es war dies ein bloß qualitativer, kein quantitativer Wechsel.

Hier ist die Ware aber schon in der Form des Geldes als Ausgangspunkt des Prozesses vorausgestellt. Sie gibt diese Form vielmehr vorübergehend auf, um sie als vermehrte Wertgröße wieder schließlich anzunehmen. Das Geld, das dagegen als Schatz in seiner Form als verselbständigter Tauschwert festgehalten wird, *verwertet* sich so wenig, daß es vielmehr der Zirkulation entzogen wird. Seine Macht, als Tauschwert zu wirken, wird für die Zukunft in petto gehalten, aber einstweilen suspendiert. Nicht nur, daß seine Wertgröße unverändert bleibt, verliert es seine Funktion, seine Qualität als Tauschwert — so lange es Schatz bleibt —, indem es nicht als Geld fungiert, weder als Kaufmittel noch als Zahlungsmittel. Da es nun außerdem als Geld keinen unmittelbaren Gebrauchswert hat, hat es noch dazu den Gebrauchswert verloren, den es als Ware besaß und den es nur wiedergewinnen kann, ||6| sobald es als Geld wirkt, in die Zirkulation geworfen wird und hiermit seinen Charakter als Dasein des Tauschwerts aufgibt[1]. Das einzige, was in der Schatzbildung geschieht, ist, daß der Ware die Form des Geldes, die adäquate Form des Tauschwerts gegeben wird, dadurch, daß die Ware zu ihrem Preis verkauft worden ist. Es findet aber statt einer Verwertung — d. h. Vergrößerung des ursprünglichen Werts, überhaupt keine Verwendung des als Schatz fixierten Geldes statt, das nur der Möglichkeit nach Wert hat, der Wirklichkeit nach wertlos ist. Also hat dies Verhältnis des sich verwertenden Werts oder Kapitals nichts mit der Schatzbildung gemein, als daß es beiden um den Tauschwert zu tun ist, die letzte aber ein illusorisches Mittel anwendet, um ihn zu vermehren.

---

[1] In der Handschrift: aufgebe

In der Form W-G-W, verkaufen, um zu kaufen, in der der Gebrauchswert und also die Befriedigung der Bedürfnisse der letzte Zweck ist, liegt in der Form selbst unmittelbar nicht die Bedingung ihrer Erneurung, nachdem der Prozeß durchlaufen ist. Die Ware ist vermittelst des Geldes gegen eine andre Ware ausgetauscht worden, die nun als Gebrauchswert aus der Zirkulation herausfällt. Damit ist die Bewegung am Ende. Dagegen in der Form G-W-G liegt es schon in der bloßen Form ihrer Bewegung, daß kein Ende der Bewegung vorhanden, ihr Ende schon das Prinzip und den Trieb ihrer Wiedererneurung enthält. Denn da das Geld, der abstrakte Reichtum, der Tauschwert, der Ausgangspunkt der Bewegung und seine Vervielfältigung der Zweck ist — da das Resultat wie der Ausgangspunkt qualitativ dasselbe ist, eine Geld- oder Wertsumme, bei der ebenso wie im Anfang des Prozesses ihre quantitative Grenze wieder als Schranke ihres allgemeinen Begriffs erscheint — denn der Tauschwert oder das Geld entspricht seinem Begriffe um so mehr, je mehr seine Quantität vergrößert wird —, (das Geld als solches ist austauschbar gegen allen Reichtum, alle Waren, aber das Maß, worin es austauschbar ist, hängt von seiner eignen Masse oder Wertgröße ab) — die Selbstverwertung bleibt ebenso notwendige Betätigung für das Geld, was aus dem Prozeß herauskommt, wie für das, das ihn eröffnete —, so ist mit dem Ende der Bewegung auch schon das Prinzip ihres Wiederanfangs gegeben. Es kömmt auch am Ende wieder heraus, als was es im Anfang da war, als Voraussetzung derselben Bewegung in derselben Form. Dies ist es — dieser absolute Bereicherungstrieb, des Reichtums in seiner allgemeinen Form habhaft zu werden —, den diese Bewegung mit der Schatzbildung gemein hat.

{Es wird bei dieser Stelle auf die Darstellung des Aristoteles, „Rep[ublica]", l. I, ch. 9, näher einzugehn sein.} [7]

Es ist der Geldbesitzer (oder Warenbesitzer, denn das Geld ist ja nur die verwandelte Gestalt der Ware), der sein Geld oder den in der Form des Geldes beseßnen Wert den Prozeß G-W-G durchmachen läßt. Diese Bewegung ist der Inhalt seiner Tätigkeit, und er erscheint daher nur als Personifikation des so definierten Kapitals, als *Kapitalist*. Seine Person ist der Ausgangspunkt von G (oder vielmehr seine Tasche), und sie ist der Punkt der Rückkehr. Er ist der bewußte Träger dieses Prozesses. Wie das Resultat des Prozesses die Erhaltung und Vermehrung des Werts — Selbstverwertung des Werts ist —, was als Inhalt der Bewegung, erscheint bei ihm als bewußter Zweck. *Die Vermehrung des von ihm beseßnen Werts* erscheint also als sein einziger Zweck, die stets wachsende Aneignung des Reichtums in seiner allgemeinen Form, des *Tauschwerts*, und nur, insofern dies als sein einzig treibendes Motiv erscheint, ist er Kapitalist oder bewußtes Subjekt der Bewegung G-W-G. Der Gebrauchswert ist also nie als sein direkter Zweck zu betrachten, sondern nur der Tauschwert. Das Bedürfnis, das er befriedigt, ist das der Bereicherung als solcher. Es versteht sich übrigens damit von selbst, daß er sein Kommando über den reellen Reichtum, die Welt der Gebrauchswerte, beständig vermehrt. Denn welches immer die Produktivität der Arbeit sei, ein größrer Tauschwert stellt sich auf einer gegebnen Stufe der Produktion immer in einer größren Masse von Gebrauchswerten dar als ein kleinerer.

||7| b) *Schwierigkeiten aus der Natur des Werts hervorgehend etc.*

Wir haben zunächst das Kapital betrachtet in der Form, worin es sich der Beobachtung unmittelbar darstellt oder erscheint. Es wird sich jedoch leicht zeigen lassen, daß die Form G-W-G – der in die Zirkulation wieder eingehende, sich in ihr erhaltende und verwertende ˙Wert – durchaus unvereinbar erscheint mit der Natur des Geldes, der Ware, des Werts und der Zirkulation selbst.

Die Zirkulation, worin die Ware bald als Ware, bald als Geld dargestellt ist, zeigt einen Formwechsel derselben; die Art und Weise, wie ihr Tauschwert sich darstellt, wechselt, aber dieser Tauschwert selbst bleibt unverändert. Seine Wertgröße wechselt nicht, wird nicht affiziert durch diesen Formwechsel. In der Ware, der Tonne Eisen z. B., ist ihr Tauschwert, die in ihr enthaltne Arbeitszeit ausgedrückt (dargestellt) in ihrem Preise, sage von 3 *l.* St. Wird sie nun verkauft, so verwandelt sie sich in 3 *l.* St., in das durch ihren Preis angezeigte Geldquantum, das gleichviel Arbeitszeit enthält. Sie existiert jetzt nicht mehr als Ware, sondern als Geld, als selbständiger Tauschwert. In der einen Form wie in der andren bleibt die Wertgröße unverändert. Nur die Form, worin derselbe Tauschwert existiert, hat sich verändert. Der Formwechsel der Ware, der die Zirkulation bildet, kaufen und verkaufen, haben an und für sich nichts mit der Wertgröße der Ware zu tun, die vielmehr als gegeben der Zirkulation vorausgesetzt ist. Die Geldform ist nur eine andre Form der Ware selbst, worin nichts an ihrem Tauschwert verändert wird, als daß er nun in seiner selbständigen Form erscheint.

In der Zirkulation W-G-W[1] (verkaufen, um zu kaufen) stehn sich aber nur Warenbesitzer gegenüber, von denen der eine die Ware in ihrer ursprünglichen Gestalt, der andre sie in ihrer verwandelten Gestalt als Geld besitzt. Wie die Zirkulation W-G-W, so enthält die Zirkulation G-W-G nur die beiden

---

[1] In der Handschrift: G-W-G

Akte des Verkaufs und des Kaufs. In der einen wird mit dem Verkauf begonnen und mit dem Kauf geendet; in der andren wird mit dem Kauf begonnen und mit dem Verkauf geendet. Man braucht nur jeden der beiden Austauschakte für sich zu betrachten, um zu sehn, daß die Reihenfolge nichts an der Natur desselben ändern kann. In dem ersten Akt G-W existiert das, was wir Kapital genannt haben, nur als Geld, in dem zweiten — W-G — nur als Ware, kann also in beiden Akten nur die Wirkung von Geld und Ware haben. In dem einen steht es dem andren Warenbesitzer als Käufer, Geldbesitzer, in dem andren als Verkäufer, Warenbesitzer, gegenüber. Nimmt man an, daß durch irgendeinen unerklärlichen Umstand es den Käufern gegeben sei, wohlfeiler zu kaufen, d. h., die Ware unter ihrem Wert zu kaufen und zu ihrem Wert oder über ihren Wert zu verkaufen, so ist zwar in dem ersten Akt unser Mann Käufer (in G-W) und würde daher die Ware unter ihrem Wert kaufen, aber im zweiten Akt ist er Verkäufer (W-G) und ein andrer Warenbesitzer steht ihm als Käufer gegenüber; hätte also wieder das Privilegium, die Ware von ihm unter ihrem Wert zu erstehn. Was er auf der einen Hand gewonnen hätte, würde er mit der andren verlieren. Andrerseits nimmt man an, daß er die Ware über ihren Wert verkauft, indem dies das Privilegium des Verkaufens sei, so war in dem ersten Akt, bevor er selbst die Ware erstand, um sie wieder zu verkaufen, ein andrer ihm gegenüber Verkäufer, der ihm die Ware zu teuer verkauft hat. Verkaufen alle die Ware z. B. 10 % zu teuer — d. h. 10 % über ihrem Wert —, und wir haben hier nur Warenbesitzer einander gegenüberstehn, sei es, daß sie ihre Waren in der Form der Ware oder des Geldes besitzen, sie werden sie vielmehr jeder abwechselnd in der einen oder der andren Form besitzen — so ist es ganz dasselbe, als ob sie dieselben einander zu ihrem wirklichen Wert verkauften. Ebenso, wenn alle die Waren etwa 10 % unter ihrem Wert kaufen.

Soweit der bloße Gebrauchswert der Waren betrachtet wird, ist es klar, daß beide Teile durch den Austausch gewinnen können. ||8| In diesem Sinn kann gesagt werden, daß

„der Austausch eine Transaktion ist, worin beide Seiten nur gewinnen". (p. 68, *Destutt de Tracy*, „*Élémens d'Ideologie. Traité de la volonté et de ses effets*" (bildet IV et V parties[1]), Paris 1826, wo es heißt:

„Der Austausch ist eine bewundernswürdige Transaktion, in der die beiden Vertragspartner *immer* beide *gewinnen*.")

Soweit die ganze Zirkulation nur eine vermittelnde Bewegung ist, um Ware gegen Ware auszutauschen, veräußert jeder die Ware, die er nicht als

---

[1] den IV. und V. Teil

Gebrauchswert bedarf und eignet sich die Ware an, die er als Gebrauchswert bedarf. Beide gewinnen also in diesem Prozesse und gehn ihn nur ein, weil sie beide in ihm gewinnen. Noch anders: A, der Eisen verkauft[1] und Getreide kauft, produziert vielleicht in einer gegebnen Arbeitszeit mehr Eisen, als der Getreidebauer B in derselben Zeit produzieren könnte, und dieser seinerseits produziert in derselben Arbeitszeit mehr Getreide, als A produzieren könnte. Durch den Austausch also, sei dieser durch Geld vermittelt oder nicht, erhält A für denselben Tauschwert mehr Getreide und B für denselben Tauschwert mehr Eisen, als wenn der Austausch nicht stattfände. Soweit also die Gebrauchswerte Eisen und Getreide in Betracht kommen, gewinnen beide durch den Austausch. Auch jeden der beiden Zirkulationsakte, Kauf und Verkauf, für sich betrachtet, gewinnen beide Seiten, soweit der Gebrauchswert betrachtet wird. Der Verkäufer, der seine Ware in Geld verwandelt, gewinnt dadurch, daß er sie jetzt erst in allgemein austauschbarer Form besitzt und sie so erst allgemeines Tauschmittel für ihn wird. Der Käufer, der sein Geld in Ware rückverwandelt, gewinnt dadurch, daß er es aus dieser nur für die Zirkulation erheischten und sonst nutzlosen Form in einen Gebrauchswert für sich umgesetzt hat. Es macht also nicht die geringste Schwierigkeit einzusehn, daß beim Austausch jede der beiden Seiten gewinnt, soweit es sich um den Gebrauchswert handelt.

Ganz anders jedoch mit dem Tauschwert. Hier heißt es umgekehrt:

„Wo Gleichheit ist, ist kein Gewinn." ([p.] 244, *Galiani, „Della Moneta", t.IV, Custodi, Autore etc., Parte Moderna* ... „Dove è eguaglità non è lucro.")

Es ist klar, daß, wenn A und B Äquivalente austauschen, gleich große Quantitäten Tauschwert oder vergegenständlichte Arbeitszeit austauschen, sei es in der Form des Geldes oder in der Form der Ware, beide denselben Tauschwert aus dem Austausch herausziehn, den sie in ihn hineingeworfen haben. Wenn A seine Ware zu ihrem Wert verkauft, besitzt er jetzt in der Form des Geldes dieselbe Quantität (oder Anweisung auf dieselbe Quantität, was praktisch für ihn dasselbe) vergegenständlichter Arbeitszeit, die er früher in der Form der Ware besaß, also denselben Tauschwert. Ebenso umgekehrt mit B, der mit seinem Geld die Ware gekauft hat. Er besitzt jetzt denselben Tauschwert in der Form von Ware, den er früher in der Form von Geld besaß. Die Summe beider Tauschwerte ist dieselbe geblieben, ebenso der Tauschwert, den jeder von beiden besitzt. Es ist unmöglich, daß A von B gleichzeitig die Ware unter ihrem Wert kauft und so in der Ware einen höhren Tauschwert zurückerhält, als er B in Geld gab, und daß B gleichzeitig die

---

[1] In der Handschrift: verkauft produziert

Ware über ihrem [Wert] verkauft und so von A[1] in der Form von Geld mehr Tauschwert erhält, als er ihm in der Form von Ware gab.

(„A kann nicht mehr Korn für die gleiche Menge Tuch von B erhalten, wenn gleichzeitig B mehr Tuch für die gleiche Menge Korn von A erhält.") („A critical Dissertation on the Nature, Measures and Causes of Value etc.", London 1825[, p. 65].) (Der ungenannte Verfasser ist Bailey.)

Daß die Waren *ihrem Wert gemäß* ausgetauscht oder mit Rücksicht auf die besondre Form des Austauschs, die im Zirkulationsprozeß stattfindet, verkauft und gekauft werden, heißt überhaupt nur, daß *Äquivalente*, gleiche Wertgrößen, ausgetauscht werden, sich einander ersetzen, i. e. die Waren ausgetauscht werden im Verhältnis, worin ihre Gebrauchswerte gleich große Arbeitszeit aufgearbeitet enthalten, das Dasein gleich großer Quanta Arbeit sind.

Es ist nun allerdings möglich, daß der eine verliert, was der andre gewinnt, so daß die beiden Austauschenden Nicht-Äquivalente austauschen, der eine also aus dem Austausch einen höhren Tauschwert herauszieht, als er hereingeworfen hat, und zwar genau in der Proportion, worin der andre einen niedrigeren Tauschwert aus dem Austausch herauszieht, als er in ihn hineingeworfen hat. Gesetzt, der Wert von 100 lb. Baumwolle sei 100 Schillinge. Verkauft A nun 150 lb. Baumwolle zu 100 Schillingen an B, so hat B 50 Schillinge gewonnen, aber nur, weil A 50 Schillinge verloren hat.

||9| Wenn 150 lb. Baumwolle zum Preise von 150 sh (der Preis ist hier nur ihr Wert in Geld ausgedrückt, gemessen) zu 100 sh verkauft werden, so ist die Summe beider Werte nach wie vor dem Verkauf 250 sh. Die Gesamtsumme des in Zirkulation befindlichen Werts hat sich daher nicht vermehrt, sich *nicht verwertet*, keinen Mehrwert gesetzt, sondern ist unverändert geblieben. Es hat innerhalb des Austauschs oder vermittelst des Verkaufs nur ein Wechsel in der Verteilung des ihm *vorausgesetzten*, schon vor ihm existierenden und unabhängig von ihm existierenden Werts stattgefunden. 50 sh sind von der einen Seite auf die andre übergegangen. Es ist daher klar, daß die Übervorteilung, die von der einen Seite oder der andren, sei es von seiten des Käufers, sei es von seiten des Verkäufers, stattfindet, die Summe der in Zirkulation befindlichen Tauschwerte (sei es, daß sie in der Form von Ware oder Geld existieren) nicht vermehrt, sondern nur ihre Verteilung unter die verschiednen Warenbesitzer alteriert (verändert). Nehmen wir im obigen Beispiel an, A verkauft 150 lb. Baumwolle zum Wert von 150 sh an B für 100 sh, der sie zu 150 sh an C verkauft, so gewinnt B 50 sh oder es scheint, daß sein Wert von 100 sh einen von 150 gesetzt hat. In der Tat aber sind nach wie vor der Transaktion

---

[1] In der Handschrift: B

vorhanden: 100 sh im Besitz von A, 150 sh im Besitz von B, Ware zum Wert von 150 sh im Besitz von C. *Summa summarum:* 400 sh. Ursprünglich waren vorhanden: Ware zum Wert von 150 sh im Besitz von A, 100 sh im Besitz von B, 150 sh im Besitz von C. *Summa summarum:* 400 sh. Es hat weiter keine Veränderung stattgefunden als eine in der Verteilung der 400 sh zwischen A, B und C. 50 sh sind aus der Tasche von A in die von B gewandert und A ist grade um soviel verarmt, als B sich bereichert hat. Was von einem Verkauf und einem Kauf, das gilt ebenso von der Gesamtsumme aller Verkäufe und Käufe, kurz, von der Gesamtzirkulation aller Waren, die in irgendeinem beliebigen Zeitraum zwischen allen Warenbesitzern stattfindet. Der Mehrwert, den einer oder ein Teil derselben der Zirkulation entzieht durch Übervorteilung des andren Teils, ist exakt gemessen durch den Minderwert, den die andren aus der Zirkulation herausziehn. Die einen ziehn nur mehr Wert aus der Zirkulation heraus, als sie hineingeworfen haben, weil und insofern die andren weniger Wert herausziehn, einen Abzug von, eine Schmälerung ihres ursprünglich eingesetzten Wertes erleiden. Die Gesamtsumme der vorhandnen Werte ist dadurch nicht verändert, sondern nur die Verteilung derselben.

(„Der Austausch von zwei gleichen Werten vermehrt weder die Masse der in der Gesellschaft vorhandenen Werte, noch vermindert er sie. Der Austausch zweier ungleicher Werte ... ändert ebenfalls nichts an der Summe der gesellschaftlichen Werte, da er dem Vermögen des einen zufügt, was er dem Vermögen des anderen wegnimmt." *J. B. Say,* „*Traité d'Éc. Pol.*", *3. éd.*, t. II, p. 443, 444, Paris 1817.)

Nehmen wir die Gesamtheit der Kapitalisten eines Landes und die Gesamtsumme der Käufe und Verkäufe unter ihnen während eines Jahres z. B., so kann zwar der eine den andren übervorteilen und daher mehr Wert aus der Zirkulation herausziehn, als er in sie hineingeworfen hat, aber durch diese Operation wäre die Gesamtsumme des zirkulierenden Werts des Kapitals um keinen Deut vermehrt worden. In andren Worten: Die Gesamtklasse der Kapitalisten kann sich nicht als Klasse bereichern, ihr Gesamtkapital nicht vermehren oder einen Mehrwert dadurch produzieren, daß der eine gewinnt, was der andre verliert. Die Gesamtklasse kann sich nicht selbst übervorteilen. Die Summe des zirkulierenden Kapitals kann nicht dadurch vermehrt werden, daß sich die einzelnen Bestandteile desselben verschieden zwischen seinen Besitzern verteilt haben. Es käme also durch derartige Operationen, noch so sehr vervielfältigt gedacht, keine Vermehrung der gesamten Wertsumme zustande, kein Neu- oder Mehrwert oder kein Gewinn auf das gesamte in Zirkulation befindliche Kapital.

Daß sich *Äquivalente* austauschen, heißt in der Tat nichts, als daß die Waren sich zu ihrem Tauschwert austauschen, zu ihrem Tauschwert gekauft und verkauft und gekauft werden.

„Äquivalent ist in der Tat der Tauschwert einer Ware, ausgedrückt im Gebrauchswert einer andren Ware." ([v.] I, [p.] 15.[8])

Soweit der Austausch aber sich zur Form der Zirkulation entwickelt hat, stellt die Ware im Preise ihren Tauschwert in Geld ausgedrückt dar (d[em] Material der Ware, die als Maß der Werte und daher als Geld dient). Ihr Preis ist ihr Tauschwert, in Geld ausgedrückt. Daß sie sich also gegen ein Äquivalent in Geld verkauft, heißt nichts, als daß sie sich zu ihrem Preis verkauft, d. h. zu ihrem Wert. Ebenso im Kauf, daß das Geld die Ware zu ihrem Preise kauft, d. h. zu einer gleichen Summe Geldes hier. ||10| Die *Voraussetzung*, daß Waren sich gegen *Äquivalente* austauschen, ist dasselbe, daß sie sich zu ihrem Wert austauschen, zu ihrem Wert gekauft und verkauft werden.

Es folgt daher zweierlei:

Erstens. Werden die Waren *zu ihrem Wert* gekauft und verkauft, so werden *Äquivalente* ausgetauscht. Der Wert, der von jeder Hand in die Zirkulation geworfen wird, kehrt wieder in dieselbe Hand aus der Zirkulation zurück. Er vermehrt sich daher nicht, wird überhaupt nicht affiziert durch den Akt des Austausches. Kapital, d. h. sich in und durch die Zirkulation verwertender, d. h. vermehrender, Mehrwert setzender Wert, wäre damit unmöglich, sobald die Waren zu ihrem Wert gekauft und verkauft werden.

Zweitens. Werden die Waren aber nicht zu ihrem Wert verkauft oder gekauft, so ist das nur möglich — Nichtäquivalente können überhaupt nur ausgetauscht werden, wenn die eine Seite die andre übervorteilt, d. h., wenn der eine im Austausch gerade soviel über den von ihm eingesetzten Wert erhält, als der andre weniger als den von ihm eingesetzten Wert erhält. Dadurch aber bleibt die Summe der ausgetauschten Werte unverändert, und es ist daher kein Neuwert durch den Austausch entstanden. A besitzt 100 lb. Baumwolle zum Wert von 100 sh. B kauft sie für 50 sh. B hat 50 sh gewonnen, weil A 50 sh verloren hat. Die Summe der Werte war vor dem Austausch 150 sh. So ist sie nach dem Austausch. Nur besaß B vor dem Austausch ½ dieser Summe; er besitzt nach demselben ⅔. A aber, der vor dem Austausch ⅔ besaß, besitzt nach dem Austausch nur noch ⅓. Es ist also nur eine Veränderung in der Verteilung der Wertsumme von 150 sh vorgegangen. Sie selbst ist unverändert geblieben.

Danach wäre Kapital sich verwertender Wert, als eine allgemeine Form des Reichtums, also wieder so unmöglich wie im ersten Fall, da dem sich vermehrenden Wert auf der einen Seite der sich vermindernde Wert auf der andren entspräche, der Wert als solcher sich daher nicht vermehrte. Der eine

Wert würde sich nur in der Zirkulation vermehren, weil der andere sich vermindert, also nicht einmal in ihr erhält.

Es ist also klar, daß der Austausch an und für [sich], sei es in der Form des unmittelbaren Tauschhandels, sei es in der Form der Zirkulation, die in ihn geworfnen Werte unverändert läßt, keinen Wert zufügt.

„Der Austausch überträgt keinerlei Wert auf die Produkte." ([p.] 169, *Wayland, F.*, *„The Elements of Polit. Economy"*, Boston 1843.)

Dennoch findet sich selbst noch bei namhaften modernen Ökonomen der Blödsinn, den Mehrwert überhaupt daraus zu erklären, daß teurer verkauft als gekauft wird. So z. B. Herr Torrens:

„Effektive Nachfrage besteht in dem Vermögen und der Neigung der Konsumenten, sei es durch unmittelbaren oder vermittelten Austausch, für Waren eine gewisse größere Portion von allen Ingredienzien des Kapitals zu geben, als ihre Produktion kostet." (*Col. Torrens, „An Essay on the Production of Wealth"*, Lond[on] 1821, p. 349.)

Wir haben hier bloß Verkäufer und Käufer vor uns. Der Umstand, ob nur der Warenbesitzer (der Verkaufende) die Ware produziert hat und der andre der Käufer (sein Geld muß aber auch aus dem Verkauf von Ware entstanden sein, ist nur verwandelte Form derselben), die Ware zum Konsum erstehn will, als Konsument erstehn will, ändert nichts an dem Verhältnis. Der Verkäufer repräsentiert immer den Gebrauchswert. Die Phrase heißt, wenn sie auf ihren wesentlichen Inhalt reduziert und ihre zufällige Einkleidung weggestreift, nichts, als daß alle Käufer ihre Waren über dem Wert kaufen, also der Verkäufer überhaupt über dem Wert seine Ware verkauft, und der Käufer stets unter dem Wert seines Geldes kauft. Das Hereinbringen von Produzent und Konsument ändert nichts an der Sache; denn in dem Austauschakt stehn sie sich nicht als Konsument und Produzent, sondern als Verkäufer und Käufer gegenüber. Wo aber überhaupt die Individuen nur als Warenbesitzer austauschen, muß jeder sowohl Produzent als Konsument sein und kann das eine nur sein, sofern er das andre ist. Jeder würde als Käufer verlieren, was er als Verkäufer gewinnt.

Einerseits also, wenn ein *Mehrwert,* wie wir hier noch jede Form des Gewinns nennen können, aus dem Austausch herauskommen soll, muß er durch irgendeinen Akt, der jedoch in der Formel G–W–G unsichtbar ist, nicht zu erkennen ist, schon vor dem Austausch vorhanden gewesen sein.

„*Profit*" (dies eine spezielle Form des Mehrwerts) „*wird* unter den üblichen Bedingungen des Marktes *nicht gemacht, indem man austauscht. Hätte er nicht zuvor existiert,* könnte es auch nach dieser Transaktion nicht." (*G. Ramsay, „An Essay on the Distribution of Wealth", Edinburgh* 1836, p. 184.)

Ramsay sagt daselbst:

„Der Gedanke, daß die Profite von den Konsumenten gezahlt werden, ist sicher völlig absurd. Wer sind die Konsumenten?" etc. (p. 183.)

Es stehn sich nur Warenbesitzer gegenüber, von denen jeder ebensowohl consumer wie producer[1] ist; und die das eine nur sein können, soweit sie das andre sind. Denkt man aber, vorweggreifend, an Klassen, die konsumieren, ||11| ohne zu produzieren, so kann deren Reichtum doch nur aus einem Anteil an den Waren der Produzenten bestehn, und die Vermehrung des Werts kann sich nicht daraus erklären, daß Klassen, denen Werte umsonst gegeben wurden, im Rückaustausch für diese Werte geprellt werden. (Siehe *Malthus.*[9]) Der Mehrwert oder die Selbstverwertung des Werts kann nicht aus dem Austausch entspringen, aus der Zirkulation. Andrerseits Wert, der als solcher Wert erzeugt, kann nur ein Produkt des Austauschs, der Zirkulation sein, denn nur im Austausch kann er als Tauschwert wirken. Für sich isoliert, wäre er Schatz, und als solcher verwertet er sich ebensowenig, wie er als Gebrauchswert dient. Oder wollte man etwa sagen: Der Geldbesitzer kauft Ware, die er aber bearbeitet, produktiv anwendet und ihr so Wert zusetzt und dann wieder verkauft, so entspränge der Mehrwert ganz und gar aus seiner Arbeit. Der Wert als solcher hätte nicht gewirkt, sich nicht verwertet. Er erhält nicht mehr Wert, weil er *Wert* hat: Sondern die Vermehrung von Wert aus Addition von Arbeit.

Jedenfalls, wenn Kapital eine eigne Form des Reichtums, eine Potenz des Werts ist, muß sie entwickelt werden auf der Grundlage, daß Äquivalente sich austauschen, d. h., daß die Waren zu ihrem Wert verkauft werden, d. h. im Verhältnis zu der in ihnen enthaltnen Arbeitszeit. Dies scheint andrerseits unmöglich. Wenn in G-W-G, sowohl in dem Akt G-W wie in dem Akt W-G, Äquivalente gegeneinander ausgetauscht werden, wie soll mehr Geld aus dem Prozeß herauskommen als hereinkam?

Die Untersuchung, wie der Mehrwert entspringt, hat daher von den Physiokraten bis zur neusten Zeit die wichtigste Frage der politischen Ökonomie gebildet. Es ist in der Tat die Frage, wie Geld (oder Ware, da Geld nur die verwandelte Gestalt der Ware), überhaupt eine Wertsumme, sich in Kapital verwandelt, wie Kapital entsteht?

Die scheinbaren Widersprüche, die in dem Problem – in den Bedingungen der Aufgabe liegen, haben Franklin zu dem Ausspruch bestimmt:

---

[1] Produzent

„There are only 3 ways of increasing the riches of state: the first is by war: that is robbery; the second is by commerce: this is cheating; and the third is by agriculture: this is the only honest way." („Works" of B. Franklin, ed. Sparks, vol. II, „Positions to be examined concerning National Wealth".) Also: „Es gibt nur drei Wege, den Reichtum eines Staates zu vermehren. Der erste besteht im Krieg: Das ist Raub. Der zweite besteht im Handel, der ist Prellerei; und der dritte besteht im Ackerbau: Dies ist der einzig anständige ehrbare Weg."

Man kann hier schon sehn, warum zwei Formen des Kapitals — das Kapital in zwei Funktionen; je nachdem es in der einen oder der andren funktioniert, erscheint es als eine besondre Sorte Kapital — die der gewöhnlichen Vorstellung von Kapital am nächsten liegen und in der Tat historisch die ältesten Daseinsformen des Kapitals sind — hier, wo wir vom Kapital als solchem handeln, gar nicht in Betracht kommen, vielmehr später als abgeleitete, sekundäre Formen desselben entwickelt werden müssen.

Im eigentlichen Kaufmannskapital zeigt sich die Bewegung G-W-G am augenscheinlichsten. Es fiel daher von jeher in die Augen, daß sein Zweck die Vermehrung des in die Zirkulation geworfenen Werts oder Gelds ist, und die Form, in der es dies erreicht, ist zu kaufen, um wieder zu verkaufen.

„Den Kaufleuten aller Arten ist gemeinsam, daß sie *kaufen, um wieder zu verkaufen.*" (p. 43, „*Réflexions sur la Formation et la Distrib. des Richesses*", (erschien 1766) in den *Œuvres von* Turgot, t. I, Paris 1844. Édit. von Eugène Daire. [10])

Anderseits erscheint hier der Mehrwert rein in der Zirkulation entstehend, indem er teurer verkauft als kauft, sei es nun, daß er wohlfeiler kauft, als er verkauft (die Ware unter ihrem Wert kauft und sie zu ihrem Wert oder über ihrem Wert verkauft), sei es, daß er sie zu ihrem Wert kauft, aber über ihrem Wert verkauft. Er kauft die Ware von dem einen, verkauft sie an den andren, vertritt dem einen gegenüber das Geld, dem andren gegenüber die Ware; und indem er die Bewegung von neuem beginnt, verkauft er ebenso, um zu kaufen, aber so, daß die Ware als solche nie sein Zweck ist, die letzte Bewegung daher ihm nur als ||12| Vermittlung der erstren dient. Er repräsentiert die verschiednen Seiten (Phasen) der Zirkulation abwechselnd gegen Käufer und Verkäufer, und seine ganze Bewegung fällt innerhalb der Zirkulation, oder er erscheint vielmehr als Träger derselben, als Repräsentant des Gelds, ganz wie in der einfachen Warenzirkulation die ganze Bewegung vom Zirkulationsmittel, dem Geld als Zirkulationsmittel, auszugehn scheint. Er erscheint nur als der Vermittler der verschiednen Phasen, die die Ware in der Zirkulation zu durchlaufen hat, und vermittelt daher auch nur zwischen vorhandnen Extremen, vorhandnen Verkäufern und Käufern, die vorhandne Ware und vorhandnes Geld vorstellen. Da hier zu dem Zirkulationsprozeß kein andrer hin-

zukömmt, also der Mehrwert (der Gewinn), den der Kaufmann durch das ab-
wechselnde Verkaufen und Kaufen macht – indem alle seine Operationen
sich in Verkäufe und Käufe auflösen –, so erscheint die Vermehrung des von
ihm in die Zirkulation gebrachten Geldes oder Werts überhaupt rein aus der
Übervorteilung der Parteien, mit denen er abwechselnd zu tun hat, zu erklären aus dem Austausch von Nichtäquivalenten, so daß er dadurch stets einen
größern Wert aus der Zirkulation herauszieht als hineinwirft. Sein Gewinn –
der Mehrwert, den sein in den Austausch gebrachter Wert ihm erzeugt –
scheint so rein aus der Zirkulation zu stammen und daher nur aus den Verlusten der mit ihm Handelnden zusammengesetzt. In der Tat kann Kaufmannsvermögen rein in dieser Weise entstehn, und die Bereicherung der Handelsvöl-
ker, die zwischen industriell weniger entwickelten Nationen Zwischenhandel
treiben, entstand großenteils in dieser Weise. Kaufmannskapital kann tätig
[sein] zwischen Nationen, die auf den verschiedensten Stufen der Produktion
und der ökonomischen Struktur der Gesellschaft überhaupt stehn. Es kann
daher tätig sein zwischen Nationen, bei denen keine kapitalistische Produktionsweise stattfindet, daher lange, bevor das Kapital in seinen Hauptformen
entwickelt ist. Soll aber der Gewinn, den der Kaufmann macht, oder die
Selbstverwertung des Kaufmannsvermögens nicht bloß aus Übervorteilung
der Warenbesitzer erklärt werden, also mehr als bloß andre Verteilung vorher
existierender Wertsummen sein, so ist sie offenbar nur aus Voraussetzungen
abzuleiten, die nicht in seiner Bewegung erscheinen, in seiner eigentümlichen
Funktion und sein Gewinn, seine Selbstverwertung erscheint als bloß abgeleitete, sekundäre Form, deren Ursprung anderswo gesucht werden muß. Vielmehr, wenn seine eigentümliche Form für sich selbständig betrachtet wird,
muß der Handel, wie Franklin sagt, als bloße Prellerei erscheinen und Handel
überhaupt unmöglich erscheinen, wenn Äquivalente ausgetauscht werden
oder die Waren zu ihrem Tauschwert verkauft und gekauft werden.

„Unter der Herrschaft unveränderlicher Äquivalente würde der Handel unmöglich
sein." (*[p.] 67, G. Opdyke, „A Treatise on Polit. Econ.", New York 1851.*)

(Engels sucht daher in ähnlichem Sinn in den „Deutsch-Französischen
Jahrbüchern", Paris 1844, „Umrisse einer Kritik der Nationalökonomie", den
Unterschied zwischen Tauschwert und Preis daher zu erklären, daß der Handel unmöglich ist, sobald die Waren zu ihrem Wert ausgetauscht werden. [111])
Eine andre Form des Kapitals, ebenfalls uralt, und aus der die volkstümli-
che Anschauung sich ihren Begriff vom Kapital gebildet hat, ist die des Geldes, das zu Zinsen ausgeliehn wird, des zinstragenden Geldkapitals. Hier sehn
wir nicht die Bewegung G-W-G, daß Geld erst gegen Ware und die Ware

dann gegen mehr Geld ausgetauscht wird, sondern nur das Resultat der Bewegung G-G; Geld wird gegen mehr Geld ausgetauscht. Es kehrt zu seinem Ausgangspunkt zurück, aber vermehrt. War es ursprünglich 100 Taler, so ist es jetzt 110 Taler. Es hat sich erhalten der in den 100 Talern dargestellte Wert und sich verwertet, d. h., einen Mehrwert von 10 Talern gesetzt. Fast in allen Ländern und Geschichtsepochen, wie niedrig auch die Produktionsweise der Gesellschaft und wie unentwickelt ihre ökonomische Struktur sei, finden wir zinstragendes Geld, Geld, das Geld setzt, also formell *Kapital.* Die eine Seite des Kapitals tritt hier der Vorstellung noch näher wie im Kaufmannsvermögen. ||13| (Das κεφάλαιον[1] der Griechen ist auch der etymologischen Bildung nach unser Kapital. [12]) Nämlich, daß der *Wert als solcher sich verwertet,* Mehrwert setzt, weil er als Wert, selbständiger Wert (Geld) (in die Zirkulation eintritt), vorher schon existiert, und daß nur Wert gesetzt wird, Erhalten und Vervielfältigung des Werts eintritt, weil Wert vorausgesetzt war, der Wert als Wert als sich selbst verwertend wirkt.

Es genügt hier zu bemerken: (*hierauf an einer andren Stelle zurückzukommen*[13]). *Erstens:* Wird Geld als Kapital ausgeliehn im modernen Sinne des Worts, so ist schon unterstellt, daß Geld – eine Wertsumme – an sich Kapital ist; d. h., daß der, dem das Geld geliehn wird, es als produktives Kapital, als sich verwertender Wert, anwenden kann oder wird und einen Teil des so geschaffnen Mehrwerts abzuzahlen hat an den, der ihm das Geld als Kapital geliehn hat. Hier ist also das zinstragende Geldkapital offenbar nicht nur eine abgeleitete Form des Kapitals – das Kapital in einer besondren Funktion, sondern das Kapital ist schon völlig entwickelt unterstellt, so daß jetzt eine Wertsumme – sei es in der Form von Geld oder Ware – nicht als Geld und Ware, sondern als Kapital verliehn werden kann, daß das *Kapital* selbst als eine *Ware* sui generis in die Zirkulation geworfen werden kann. Hier ist das Kapital schon als Potenz des Geldes oder der Ware, überhaupt des Werts vorausgesetzt und fertig, so daß es als dieser potenzierte Wert in die Zirkulation geworfen werden kann. Das zinstragende Geldkapital in diesem Sinne unterstellt also schon die Entwicklung des Kapitals. Das Kapitalverhältnis muß schon fertig sein, bevor es in dieser besondren Form erscheinen kann. Die sich selbst verwertende Natur des Werts ist hier schon vorausgesetzt als dem Wert angewachsen, so daß eine Wertsumme als sich verwertender Wert verkauft, an einen Dritten zu gewissen Bedingungen abgelassen werden konnte. Ebenso erscheint dann der Zins nur als eine besondre Form und Abzweigung des Mehrwerts, wie dieser sich überhaupt in verschiedne Formen

---

[1] Die Hauptsache

später spaltet, die verschiedne Revenuen bilden, wie Profit, Grundrente, Zins. Alle Fragen über die Größe des Zinses etc. erscheinen daher auch als Fragen, wie der vorhandne Mehrwert sich zwischen verschiedne Sorten Kapitalisten verteilt. Die Existenz des Mehrwerts überhaupt ist hier *vorausgesetzt*.

Damit Geld oder Ware, überhaupt eine Wertsumme als *Kapital* verliehn werden kann, ist Kapital schon als besondre potenzierte Form des Werts so sehr vorausgesetzt, daß, wie Geld und Ware als stoffliche Elemente gegenüber dem Kapital überhaupt, hier die Kapitalform des Werts als die gleiche inhärente Eigenschaft von Geld und Ware vorausgesetzt sind, so daß Geld oder Ware als Kapital an eine dritte Person übermacht werden können, da Ware oder Geld sich nicht als Kapital entwickeln in der Zirkulation, sondern als fertiges Kapital, *an sich Kapital*, als eine *besondre Ware*, die auch ihre besondre Form der Veräußerung hat, in die Zirkulation geworfen werden kann.

Auf Grundlage der kapitalistischen Produktion selbst erscheint das zinstragende Kapital daher als abgeleitete, sekundäre Form.

Zweitens. Das zinstragende Geld erscheint als die erste Form des zinstragenden Kapitals, wie Geld überhaupt als der Ausgangspunkt der Kapitalbildung, weil im Geld der Wert zuerst sich verselbständigt, also Vermehrung des Gelds zunächst als Vermehrung des Werts an sich erscheint und im Geld das Maß vorhanden ist, woran sich erst der Wert aller Waren, dann aber die Selbstverwertung des Werts mißt. Geld kann nun zu produktiven Zwecken ausgeliehn werden, also formell als *Kapital*, obgleich das Kapital sich noch nicht der Produktion bemächtigt hat, noch keine kapitalistische Produktion, also noch kein Kapital im eminenten Sinn des Worts existiert, sei es, daß die Produktion auf Grundlage der Sklaverei stattfindet oder der Mehrertrag dem landlord[1] gehört (wie in Asien und feudalen Zeiten), oder Handwerksindustrie oder Bauernwirtschaft und dgl. stattfindet. Diese Form des Kapitals ist also ebenso unabhängig von der Entwicklung der Produktionsstufen (nur vorausgesetzt, daß Warenzirkulation bis zur Geldbildung fortgegangen ist) wie das Kaufmannsvermögen und erscheint daher historisch vor der Entwicklung der kapitalistischen Produktion, auf deren Grundlage es nur eine sekundäre Form bildet. Wie das Kaufmannsvermögen, braucht es nur *formell* Kapital zu sein, das Kapital in einer Funktion, in der es existieren kann, bevor es sich der Produktion bemächtigt hat, und nur das letzte Kapital ist Grundlage einer eignen historischen Produktionsweise der Gesellschaft.

||14| *Drittens.* Es kann Geld geliehn werden (ganz wie Ware), um zu *kaufen*, nicht, um es produktiv anzuwenden, sondern um es zu konsumieren, depen-

---

[1] Grundeigentümer

sieren[1]. Hierbei findet keine Bildung von Mehrwert statt, bloß andre Verteilung, Deplacement vorhandner Werte.

Viertens. Es kann Geld geliehn werden, um zu *zahlen.* Das Geld kann als
Zahlungsmittel geliehn werden. Geschieht dies, um Konsumtionsschulden zu
decken, so derselbe Fall wie 3, mit dem Unterschied nur, daß dort Geld geliehn wird, um Gebrauchswerte zu kaufen, hier, um konsumierte Gebrauchswerte zu zahlen.

Aber die Zahlung kann als Akt des Zirkulationsprozesses des Kapitals erheischt sein. *Diskont.* Die Betrachtung dieses casus gehört in die Lehre vom
Kredit. Nach dieser Abschweifung zur Sache zurück.

Bei der Entwicklung des Kapitals ist es wichtig festzuhalten, daß die einzige Voraussetzung — das einzige Material, von dem wir ausgehn, Warenzirkulation und Geldzirkulation sind, Ware und Geld sind, und die Individuen
nur als Warenbesitzer einander gegenüberstehn. Die zweite Voraussetzung ist,
daß der Formwechsel, den die Ware in der Zirkulation durchläuft, nur formell ist, d. h., der Wert in jeder Form unverändert bleibt, die Ware, die einmal als Gebrauchswert, das andre Mal als Geld existiert, aber ohne ihre
Wertgröße zu ändern, die Waren also zu ihrem *Wert*, im Verhältnis zu der in
ihnen enthaltnen Arbeitszeit, gekauft und verkauft werden, in andren Worten,
nur Äquivalente sich austauschen.

Betrachtet man die Form W-G-W, so erhält sich allerdings auch in ihr der
Wert. Er existiert erst in der Form der Ware, dann des Gelds, dann wieder
der Ware. Z. B. Tonne Eisen zum Preis von 3 *l.*, dieselben 3 *l.* existieren dann
als Geld, dann als Weizen zum Preis von 3 *l.* Die Wertgröße von 3 *l.* hat sich
also in diesem Prozeß erhalten, aber das Getreide als Gebrauchswert fällt nun
aus der Zirkulation heraus in die Konsumtion, und damit wird der Wert vernichtet. Obgleich sich der Wert hier erhält — solange die Ware in der Zirkulation sich befindet, so erscheint dies rein formell.

Zusätze zu α

Um den Begriff des Kapitals zu entwickeln, ist es nötig nicht von der Arbeit, sondern vom *Wert* auszugehn, und zwar von dem schon in der Bewegung der Zirkulation entwickelten Tauschwert. Es ist ebenso unmöglich, direkt von der Arbeit zum Kapital überzugehn als von den verschiednen
Menschenracen direkt zum Bankier oder von der Natur zur Dampfmaschine.

---

[1] auszugeben

Sobald das Geld als Tauschwert gesetzt wird, der sich verselbständigt, nicht nur gegen die Zirkulation (wie bei der Schatzbildung), sondern sich in ihr erhält, ist es nicht mehr Geld, denn dies kommt als solches nicht über die negative Bestimmung hinaus, sondern ist *Kapital.* Daher ist auch das Geld die erste Form, worin der Tauschwert zur Bestimmung des Kapitals fortgeht, und historisch die erste *Erscheinungsform* des Kapitals und wird daher auch historisch mit dem Kapital selbst verwechselt. Für das Kapital erscheint die Zirkulation nicht nur, wie beim Geld, als Bewegung, worin der Tauschwert verschwindet, sondern worin er sich erhält und selbst der Wechsel der beiden Bestimmungen von Geld und Ware ist. In der einfachen Zirkulation dagegen wird der Tauschwert nicht als solcher realisiert. Er wird immer nur realisiert im Moment seines Verschwindens. Wird Ware zu Geld und das Geld wieder zur Ware, so verschwindet die Tauschwertbestimmung der Ware, die nur dazu gedient hat, für die erste Ware entsprechendes Maß der zweiten Ware (die zweite Ware im entsprechenden Maß) zu erhalten, womit letztere dann als Gebrauchswert der Konsumtion anheimfällt. Die Ware wird indifferent gegen diese Form und ist nur noch direktes Objekt des Bedürfnisses. Wird Ware gegen Geld ausgetauscht, so verharrt die Form des Tauschwerts, das Geld, nur so lange, als es sich *außerhalb* des Austauschs negativ gegen die Zirkulation verhält. Die Unvergänglichkeit, die das Geld anstrebte, indem es sich negativ gegen die Zirkulation verhielt, erreicht das Kapital, indem es sich grade dadurch erhält, daß es sich der Zirkulation preisgibt.

||15| γ) *Austausch mit Arbeit. Arbeitsprozeß. Verwertungsprozeß*

In dem Prozeß G-W-G soll sich der Wert (eine gegebne Wertsumme) erhalten und vermehren, während er in die Zirkulation eingeht, d. h., abwechselnd die Formen der Ware und des Geldes annimmt. Die Zirkulation soll nicht bloßer Formwechsel sein, sondern die Wertgröße erhöhn, zu dem vorhandnen Wert einen Neuwert oder Mehrwert hinzusetzen. Der Wert als Kapital soll gleichsam Wert auf der zweiten Potenz sein, potenzierter Wert.

Der Tauschwert der Ware ist das in ihrem Gebrauchswert vergegenständlichte Quantum gleicher gesellschaftlicher Arbeit, oder das Quantum Arbeit, das in ihm verkörpert, aufgearbeitet ist. Die Größe dieses Quantums mißt sich an der Zeit, der Arbeitszeit, die erheischt ist, um den Gebrauchswert zu produzieren, daher in ihm vergegenständlicht ist.

Geld und Ware unterscheiden sich nur durch die Form, worin diese vergegenständlichte Arbeit ausgedrückt ist. Im Geld ist die vergegenständlichte

Arbeit ausgedrückt als gesellschaftliche Arbeit (allgemein), die daher unmittelbar austauschbar ist mit allen andren Waren in dem Maß, worin sie gleich viel Arbeit enthalten. In der Ware ist der in ihr enthaltne Tauschwert oder die in ihr vergegenständlichte Arbeit nur ausgedrückt in ihrem *Preis*, d. h. in einer Gleichung mit Geld; nur ideell in Gold (dem Material des Gelds und dem Maß der Werte). Beide Formen aber sind Formen derselben Wertgröße und, ihrer Substanz nach betrachtet, Formen desselben Quantums vergegenständlicher Arbeit, also überhaupt vergegenständlichte Arbeit. (Das Geld kann, wie wir gesehn haben, sowohl als Kaufmittel wie als Zahlungsmittel in der innren Zirkulation durch Wertzeichen, Zeichen seiner selbst, ersetzt werden. Dies ändert nichts an der Sache, da das Zeichen denselben Wert vorstellt, dieselbe Arbeitszeit, die im Geld enthalten ist.[14])

Daß bei der Bewegung G-W-G, überhaupt beim Begriff des Kapitals, ausgegangen wird vom Geld, heißt weiter nichts, als daß ausgegangen wird von der selbständigen Form, die der in der Ware enthaltne Wert oder die in ihr enthaltne Arbeit annimmt; von der Form, worin sie Dasein der Arbeitszeit als allgemeiner Arbeitszeit – unabhängig von dem Gebrauchswert, worin sie sich ursprünglich verkörperte – besteht. Der Wert, sowohl in der Form von Geld wie Ware, ist *vergegenständlichtes* Quantum Arbeit. Wenn das Geld in Ware oder die Ware in Geld umgesetzt wird, ändert der Wert nur seine Form, aber weder seine Substanz – vergegenständlichte Arbeit zu sein, noch seine Größe, wonach er ein bestimmtes Quantum vergegenständlicher Arbeit ist. Alle Waren sind also nur formell vom Geld verschieden; Geld ist nur eine besondre Existenzform derselben, die sie in der Zirkulation und für die Zirkulation annehmen. Als vergegenständlichte Arbeit sind sie dasselbe, Wert, und der Formwechsel – daß dieser Wert bald als Geld, bald als Ware da ist – soll der Voraussetzung nach für das Kapital gleichgültig sein oder es ist – nach der Voraussetzung, daß es sich erhaltender Wert in jeder dieser Formen – eine Voraussetzung, ohne die das Geld und der Wert überhaupt gar nicht zu Kapital wird. Es soll überhaupt nur Formwechsel desselben Inhalts sein.

Den einzigen Gegensatz gegen die vergegenständlichte Arbeit bildet die nicht vergegenständlichte, die *lebendige Arbeit*. Die eine ist im Raum, die andre in der Zeit vorhandne Arbeit, die eine vergangen, die andre gegenwärtig, die eine in einem Gebrauchswert verkörpert, die andre als menschliche Tätigkeit prozessierend und erst im Prozeß begriffen, sich zu vergegenständlichen, die eine ist Wert, die andre ist wertschaffend. Wird ein vorhandner Wert mit der wertschaffenden Tätigkeit, vergegenständlichte Arbeit mit lebendiger, kurz, Geld mit Arbeit ausgetauscht, so scheint die Möglichkeit vorhanden, daß ver-

mittelst dieses Austauschprozesses der vorhandne Wert erhalten oder vergrößert wird. Nehmen wir also an, daß der Geldbesitzer Arbeit kauft, also der
Verkäufer keine Ware, sondern Arbeit verkauft. Aus der bisherigen Betrachtung des Verhältnisses der Warenzirkulation, wo sich nur Warenbesitzer ge-
genüberstehn, erklärt ||16| sich dies Verhältnis nicht. Wir fragen hier einst-
weilen auch nicht nach den Bedingungen desselben, setzen es bloß als
Tatsache voraus. Unser Geldbesitzer bezweckt durch den Kauf der Arbeit
nur, den von ihm beseßnen Wert zu vergrößern. Es ist ihm also gleichgültig,
welche besondre Art Arbeit er kauft, nur muß er nützliche Arbeit kaufen, die
einen besondren Gebrauchswert produziert, also eine besondre Art der Arbeit, z.B. die Arbeit eines Leinewebers. Über den Wert dieser Arbeit − oder
wie sich der Wert der Arbeit überhaupt bestimmt, wissen wir noch nichts.

/17/ Es ist also klar, daß ein gegebnes Quantum Arbeit dadurch seine
Wertgröße nicht ändern und noch weniger *vermehren* kann, daß es einmal in
der Form von Geld − der Ware, worin alle andren Waren ihren Wert messen − das andre Mal in irgendeinem beliebigen andren Gebrauchswert existiert, in andren Worten, daß es einmal in der Form des Geldes und das andre
Mal in der Form der Ware existiert. Es ist selbst nicht abzusehn, wie durch
einen solchen Formwechsel eine gegebne Wertsumme, ein bestimmtes Quan-
tum vergegenständlichter Arbeit, sich als solche *erhalten* soll. In der Form des
Geldes existiert der Wert der Ware − oder die Ware selbst, soweit sie
Tauschwert, ein bestimmtes Quantum vergegenständlichter Arbeit ist, in seiner unveränderlichen Form. Die Geldform ist eben die Form, worin sich der
Wert der Ware als Wert oder als bestimmtes Quantum vergegenständlichter
Arbeit erhält, konserviert. Verwandle ich Geld in Ware, so verwandle ich den
Wert aus seiner Form, worin er sich erhält, in eine Form, worin er sich nicht
erhält, und in der Bewegung des Kaufens, um zu verkaufen, würde der Wert
aus seiner unveränderlichen Form erst in eine Form verwandelt, worin er sich
nicht erhält, um sie dann wieder in Geld, die unveränderliche Form, zurück-
zuverwandeln − eine Umwandlung, die in der Zirkulation gelingen mag oder
nicht gelingen mag. Das Resultat wäre aber, daß ich nach wie vor dem Prozeß
die Wertsumme, die vergegenständlichte Arbeit in ihrer unveränderlichen
Form, als eine bestimmte Geldsumme besäße. Es ist dies eine ganz nutzlose
und selbst zweckwidrige Operation. Halte ich aber das Geld als solches fest,
so ist es Schatz, hat wieder Gebrauchswert und erhält sich als Tauschwert
nur, weil es nicht als solcher wirkt; gleichsam als versteinerter Tauschwert,
dadurch, daß es sich außerhalb der Zirkulation hält, sich negativ zu ihr verhält. Andrerseits, in der Form der Ware vergeht der Wert mit dem Gebrauchswert, worin er steckt, der ein vergängliches Ding ist und als solcher

durch den bloßen Stoffwechsel der Natur aufgelöst würde. Wird er aber wirklich als Gebrauchswert benutzt, d. h. konsumiert, so vergeht mit dem Gebrauchswert auch der in ihm enthaltne Tauschwert.

Vermehrung des Werts heißt nichts als Vermehrung von vergegenständlichter Arbeit; es ist aber nur durch lebendige Arbeit, daß vergegenständlichte Arbeit erhalten oder vermehrt werden kann.

||18| Wachsen könnte der Wert, die in der Form des Geldes existierende *vergegenständlichte* Arbeit nur durch Austausch mit einer Ware, deren *Gebrauchswert* selbst darin bestünde, den Tauschwert zu vermehren, deren Konsumtion gleichbedeutend wäre mit Wertschöpfung oder Vergegenständlichung von Arbeit. (Überhaupt für den Wert, der sich verwerten soll, hat *keine* Ware direkt Gebrauchswert, außer sofern ihr Gebrauch selbst Wertschöpfung; außer sofern sie brauchbar zur Vermehrung des Werts.) Einen solchen Gebrauchswert hat aber nur das *lebendige Arbeitsvermögen.* Der Wert, Geld, kann sich daher nur durch Austausch mit dem lebendigen Arbeitsvermögen in Kapital verwandeln. Seine Verwandlung in Kapital erheischt einerseits seinen Austausch gegen das Arbeitsvermögen und andrerseits gegen die sachlichen Bedingungen, die die Vergegenständlichung des Arbeitsvermögens voraussetzt.

Wir stehn hier auf der Grundlage der Warenzirkulation, wonach durchaus keine Abhängigkeitsverhältnisse, außer den durch den Zirkulationsprozeß selbst gegebenen, vorausgesetzt sind unter den Austauschenden, sie sich nur als Käufer und Verkäufer unterscheiden. Geld kann hiernach nur *Arbeitsvermögen* kaufen, soweit letztres als Ware selbst feilgeboten wird, verkauft wird von seinem Inhaber, dem lebendigen Besitzer des Arbeitsvermögens. Die Bedingung ist, daß der Besitzer des Arbeitsvermögens erstens über sein eignes Arbeitsvermögen disponiert, als Ware darüber verfügen kann. Dazu muß er ferner Eigentümer desselben sein. Sonst könnte er es nicht als Ware *verkaufen.* Die zweite, in der ersten schon enthaltne Bedingung aber ist, daß er sein Arbeitsvermögen *selbst* als Ware auf den Markt bringen, verkaufen muß, weil er seine Arbeit nicht mehr in der Form einer andren Ware, in einem sonstigen Gebrauchswert, *vergegenständlichter* (außer seiner Subjektivität existierender) Arbeit auszutauschen hat, sondern die einzige Ware, die er anzubieten hat, zu verkaufen hat, eben sein lebendiges, in seiner lebendigen Leiblichkeit vorhandnes Arbeitsvermögen ist. (*Vermögen* ist hier durchaus nicht als fortuna, fortune, sondern als Potenz, δύναμις[1], aufzufassen.) Damit er gezwungen ist, sein Arbeitsvermögen statt einer Ware, worin sich seine Arbeit vergegen-

---

[1] Möglichkeit

ständlicht, zu verkaufen – diese von allen andren Waren, ob sie in der Form
der Ware oder des Gelds existieren – spezifisch verschiedne Ware, dazu ist
vorausgesetzt, daß die gegenständlichen Bedingungen zur Verwirklichung seines Arbeitsvermögens, die Bedingungen zur Vergegenständlichung seiner Arbeit fehlen, abhanden gekommen sind, und vielmehr als Welt des Reichtums,
des gegenständlichen Reichtums, einem fremden Willen untertan, ihm als Eigentum Warenbesitzer in der Zirkulation fremd gegenüberstehn, als fremdes
Eigentum. Welches die Bedingungen zur Verwirklichung seines Arbeitsvermögens, oder welches die gegenständlichen Bedingungen der Arbeit, der Arbeit in processu[1], als sich in einem Gebrauchswert verwirklichender Tätigkeit
sind, wird sich später näher ergeben.

Wenn also die Bedingung zur Verwandlung des Gelds in Kapital sein Austausch mit lebendigem Arbeitsvermögen oder der Kauf des lebendigen Arbeitsvermögens von dem Inhaber desselben ist, kann das Geld sich überhaupt
nur in Kapital oder der Geldbesitzer sich nur in Kapitalisten verwandeln, sofern er auf dem Warenmarkt, innerhalb der Zirkulation, den freien Arbeiter
vorfindet, frei, insofern er einerseits über sein eignes Arbeitsvermögen als
Ware disponiert; sofern er andrerseits über keine andre Ware zu disponieren
hat oder frei, los und ledig ist aller gegenständlichen Bedingungen zur Verwirklichung seines Arbeitsvermögens und daher in demselben Sinne, wie der
Geldbesitzer als Subjekt und Träger der vergegenständlichten Arbeit, des an
sich selbst festhaltenden Werts, *Kapitalist*, so als bloßes Subjekt, bloße Personifikation seines eignen Arbeitsvermögens *Arbeiter* ist.

Dieser freie Arbeiter – und daher der Austausch zwischen dem Geldbesitzer und dem Besitzer des Arbeitsvermögens, zwischen Kapital und Arbeit,
zwischen Kapitalist und Arbeiter – ist aber offenbar selbst das Produkt, das
Resultat einer vorhergegangnen historischen Entwicklung, das Resumé vieler
ökonomischer Umwälzungen und setzt den Untergang andrer gesellschaftlicher Produktionsverhältnisse und eine bestimmte Entwicklung der Produktivkräfte der gesellschaftlichen Arbeit voraus. Die bestimmten historischen Be-
dingungen, die mit der ||19| Voraussetzung dieser Verhältnisse gegeben sind,
werden sich bei der spätren Analyse desselben von selbst ergeben. Die kapitalistische Produktion aber geht von der *Voraussetzung* aus, daß die freien Arbeiter oder Verkäufer, die nur ihr eignes Arbeitsvermögen zu verkaufen haben, innerhalb der Zirkulation auf dem Markt *vorgefunden* werden. Die
Bildung des Kapitalverhältnisses zeigt also von vornherein, daß es nur auf
einer bestimmten geschichtlichen Stufe der ökonomischen Entwicklung der

---

[1] im Prozeß

Gesellschaft — der gesellschaftlichen Produktionsverhältnisse und Produktivkräfte, eintreten kann. Es erscheint von vornherein als ein historisch bestimmtes ökonomisches Verhältnis, ein Verhältnis, das einer bestimmten historischen Periode der ökonomischen Entwicklung der gesellschaftlichen
Produktion angehört.

Wir gingen von der Ware aus, wie sie auf der Oberfläche der bürgerlichen
Gesellschaft als das einfachste ökonomische Verhältnis, das Element des bürgerlichen Reichtums erscheint. Die Analyse derselben zeigte auch bestimmte
historische Bedingungen in ihrem Dasein eingehüllt. Z. B., werden die Produkte von den Produzenten nur als Gebrauchswerte produziert, so wird der
Gebrauchswert nicht zur Ware. Es setzt dies historisch bestimmte Verhältnisse unter den Mitgliedern der Gesellschaft voraus. Hätten wir nun weiter
die Frage verfolgt: Unter welchen Umständen werden die Produkte allgemein
als Waren produziert oder unter welchen Bedingungen erscheint das Dasein
des Produkts als Ware als allgemeine und notwendige Form aller Produkte, so
hätte sich gefunden, daß dies nur auf Grundlage einer ganz bestimmten historischen Produktionsweise, der kapitalistischen, stattfindet. Eine solche Betrachtung hätte aber der Analyse der Ware als solcher ferngelegen, denn wir
hatten es bei dieser Analyse nur mit den Produkten zu tun, den Gebrauchswerten, soweit sie in der Form der Waren erscheinen, nicht aber mit der
Frage, auf welcher gesellschaftlich ökonomischen Grundlage jedes Produkt als
Ware erscheinen muß. Wir gehen vielmehr von den Tatsachen aus, daß sie in
der bürgerlichen Produktion als solche allgemeine elementarische Form des
Reichtums vorgefunden wird. Warenproduktion und daher Warenzirkulation
kann aber stattfinden zwischen verschiednen Gemeinwesen oder zwischen
verschiednen Organen desselben Gemeinwesens, obgleich der größte Teil der
Produktion zum unmittelbaren Selbstbedarf produziert wird, als Gebrauchswert, und daher nie die Form der Ware annimmt. Andrerseits die Geldzirkulation ihrerseits, und daher die Entwicklung des Geldes in seinen verschiednen elementarischen Funktionen und Formen, setzt nichts voraus als die
Warenzirkulation selbst, und zwar roh entwickelte Warenzirkulation. Dies ist
allerdings auch eine historische Voraussetzung, die jedoch der Natur der
Ware nach auf sehr verschiednen Stufen des gesellschaftlichen Produktionsprozesses erfüllt sein mag. Die nähre Betrachtung der einzelnen Geldformen,
z. B. der Entwicklung des Geldes als Schatz und des Geldes als Zahlungsmittel, deutete auf sehr verschiedne historische Stufen des gesellschaftlichen Produktionsprozesses hin, historische Unterschiede, die sich aus der bloßen
Form dieser verschiednen Geldfunktionen ergeben; allein das bloße Dasein
des Geldes in der Form als Schatz oder als Zahlungsmittel zeigte sich gleich-

falls jeder einigermaßen entwickelten Stufe der Warenzirkulation angehörig und daher nicht auf eine bestimmte Produktionsperiode beschränkt, vorbürgerlichen Stufen des Produktionsprozesses ebenso eigen wie der bürgerlichen Produktion. Das Kapital aber tritt von vornherein als ein Verhältnis auf, das nur das Resultat eines bestimmten historischen Prozesses sein kann und Grundlage einer bestimmten Epoche in der gesellschaftlichen Produktionsweise.

Betrachten wir nun das Arbeitsvermögen selbst in seinem Gegensatz zur Ware, die ihm in der Form des Geldes gegenübertritt, oder im Gegensatz zur vergegenständlichten Arbeit, zum Wert, der in dem Geldbesitzer oder Kapitalisten personifiziert ist und in dieser Person eignes Wollen, Fürsichsein, bewußter Selbstzweck geworden ist. Einerseits erscheint das Arbeitsvermögen als die *absolute Armut*, indem ihm die ganze Welt des stofflichen Reichtums sowohl wie die allgemeine Form desselben, der Tauschwert, als fremde Ware und fremdes Geld gegenübersteht, es selbst aber bloß die in der lebendigen Leiblichkeit des Arbeiters[15] vorhandene und eingeschloßne Möglichkeit ist zu arbeiten, eine Möglichkeit, die jedoch von allen gegenständlichen Bedingungen ihrer Verwirklichung, also von ihrer eignen Wirklichkeit, absolut getrennt ist und ihnen selbständig gegenüber, von ihnen entblößt, existiert. Sofern alle gegenständlichen Bedingungen zum ins Leben treten, zum wirklichen Prozeß der Arbeit, zu ihrer wirklichen Sollizitation[1] – alle Bedingungen zu ihrer Vergegenständlichung die Vermittlung bilden zwischen dem Vermögen der Arbeit und der wirklichen Arbeit, können sie alle als *Arbeitsmittel* bezeichnet werden.

Das Arbeitsvermögen, um als eigner Faktor gegenübertreten zu können der ||20| von dem Geldbesitzer und Warenbesitzer repräsentierten vergegenständlichten Arbeit, dem Wert, der als Kapitalist ihm gegenüber personifiziert ist, in seiner selbständigen Gestalt als Arbeiter, der sein Arbeitsvermögen als solches als Ware feilbieten muß, ist das von seinen Arbeitsmitteln entblößte Arbeitsvermögen. Da die *wirkliche* Arbeit die Aneignung des Natürlichen zur Befriedigung der menschlichen Bedürfnisse, die Tätigkeit ist, wodurch der Stoffwechsel zwischen dem Menschen und der Natur vermittelt wird, so ist das Arbeitsvermögen, indem es von den Arbeitsmitteln, den gegenständlichen Bedingungen der Aneignung des Natürlichen durch Arbeit, entblößt ist, ebenso von *Lebensmitteln* entblößt, wie wir denn schon früher[16] gesehn haben, daß der Gebrauchswert der Waren ganz allgemein als *Lebensmittel* charakterisiert werden kann. Das von Arbeitsmitteln und Lebensmitteln

---

[1] Betreibung

entblößte Arbeitsvermögen ist also die absolute Armut als solche, und der Arbeiter, als die bloße Personifikation desselben, besitzt wirklich seine Bedürfnisse, während er die Tätigkeit, sie zu befriedigen, nur als gegenstandslose, nur in seiner eignen Subjektivität eingeschloßne Anlage (Möglichkeit) besitzt. Er ist als solcher, seinem Begriff nach, Pauper[1], als die Personifikation und der Träger dieses für sich, von seiner Gegenständlichkeit isolierten Vermögens. Andrerseits, da der stoffliche Reichtum, die Welt der Gebrauchswerte, nur aus Naturstoff besteht, der durch die Arbeit modifiziert ist, also nur durch Arbeit angeeignet wird, und die gesellschaftliche Form dieses Reichtums, der Tauschwert, durchaus nichts ist als eine bestimmte gesellschaftliche Form der in den Gebrauchswerten enthaltnen vergegenständlichten Arbeit; da aber der Gebrauchswert, der wirkliche Gebrauch des Arbeitsvermögens, die Arbeit selbst ist, also die die Gebrauchswerte vermittelnde und den Tauschwert schaffende Tätigkeit, ist das Arbeitsvermögen ebensosehr die allgemeine Möglichkeit des stofflichen und die einzige Quelle des Reichtums in der bestimmten gesellschaftlichen Form, die er als Tauschwert besitzt.

Wert als vergegenständlichte Arbeit ist ja eben nur die vergegenständlichte Tätigkeit des Arbeitsvermögens. Wenn daher bei dem Kapitalverhältnis von der Voraussetzung ausgegangen wird, daß die vergegenständlichte Arbeit sich erhält und vermehrt – der Wert sich erhält und vermehrt dadurch, daß der Geld- oder Warenbesitzer in der Zirkulation beständig einen Teil der Bevölkerung vorfindet, die bloße Personifikationen des Arbeitsvermögens, bloße Arbeiter sind und daher ihr Arbeitsvermögen als Ware verkaufen, auf dem Markt beständig feilbieten, so ist das Paradoxon, von dem die moderne politische Ökonomie auszugehn scheint, in der Natur der Sache begründet. Während sie einerseits die Arbeit als Quelle des Reichtums, sowohl in seinem stofflichen Gehalt als seiner gesellschaftlichen Form, sowohl der Gebrauchswerte als der Tauschwerte, proklamiert, proklamiert sie andrerseits ebensosehr die Notwendigkeit der absoluten Armut des Arbeiters – eine Armut, die eben nichts andres heißt, als daß sein Arbeitsvermögen die einzige Ware bleibt, die er zu verkaufen hat, daß er als bloßes Arbeitsvermögen dem gegenständlichen wirklichen Reichtum gegenübersteht. Dieser Widerspruch ist damit gegeben, daß dem Wert, erscheine er in der Form der Ware oder des Gelds, das Arbeitsvermögen als solches als eine besondere Ware gegenübersteht.

Fernerer Gegensatz ist: Im Gegensatz zum Geld (oder dem Wert überhaupt) als *vergegenständlichter Arbeit* erscheint das Arbeitsvermögen als Vermö-

---

[1] Armer

gen des lebendigen Subjekts, das eine vergangne, vorhergeschehne Arbeit, das andre zukünftige, deren Existenz eben nur die lebendige Tätigkeit, zeitlich vorhandne Tätigkeit des lebendigen Subjekts selbst sein kann.

Wie auf seiten des Kapitalisten der Wert als solcher steht, der im Geld sein gesellschaftliches, allgemein gültiges – allgemeines Dasein als vergegenständlichte Arbeit – besitzt, dem jede besondre Daseinsform – Dasein in dem Gebrauchswert jeder besondren Ware – nur als besondre und an und für sich gleichgültige Verkörperung gilt, daher der abstrakte Reichtum – so steht ihm im Arbeiter als der bloßen Personifikation des Arbeitsvermögens Arbeit überhaupt, die allgemeine Möglichkeit des Reichtums, die wertschaffende Tätigkeit (als Vermögen) überhaupt gegenüber und welche besondre Art der wirklichen Arbeit das Kapital kaufen mag. Diese besondre Weise des Arbeitsvermögens gilt nur, soweit sein Gebrauchswert Vergegenständlichung der Arbeit überhaupt, also wertschaffende Tätigkeit überhaupt ist. Dem Kapitalisten, der den Wert als solchen darstellt, steht der Arbeiter als Arbeitsvermögen schlechthin, als Arbeiter schlechthin gegenüber, so daß der Gegensatz zwischen dem ||21| sich selbst verwertenden Wert, der sich selbst vergegenständlichten Arbeit und dem lebendigen wertschaffenden Arbeitsvermögen die Pointe und den eigentlichen Inhalt des Verhältnisses bildet. Sie stehn sich als Kapital und Arbeit, als Kapitalist und Arbeiter gegenüber. Dieser abstrakte Gegensatz findet sich z.B. [nicht] in der zünftigen Industrie, wo das Verhältnis von Meister und Gesell ganz andre Bestimmungen hat. {Dieser Punkt und wahrscheinlich dieser ganze Passus erst einzufügen in den Abschnitt: Kapital und Lohnarbeit.[17]}

Wert des Arbeitsvermögens.
Minimum des Salairs oder Durchschnittsarbeitslohn

Das Arbeitsvermögen unterscheidet sich als *Gebrauchswert* spezifisch von den Gebrauchswerten aller andren Waren. Erstens dadurch, daß es als bloße Anlage in der lebendigen Leiblichkeit des Verkäufers, des Arbeiters, existiert; zweitens, was ihm einen von allen andren Gebrauchswerten durchaus charakteristischen Unterschied aufprägt, daß sein Gebrauchswert – seine wirkliche Verwertung als Gebrauchswert, d. h. seine Konsumtion – die Arbeit selbst ist, also die Substanz des Tauschwerts, daß es die schöpferische Substanz des Tauschwertes selbst ist. Seine wirkliche Vernutzung, Konsumtion, ist Setzen des Tauschwerts. Tauschwert zu schaffen ist sein spezifischer Gebrauchswert.

Als Ware jedoch hat das Arbeitsvermögen selbst einen *Tauschwert*. Es fragt sich, wie diesen Wert bestimmen? Soweit eine Ware unter dem Gesichtspunkt des Tauschwerts betrachtet wird, wird sie immer betrachtet als Resultat der produktiven Tätigkeit, die zur Erzeugung ihres Gebrauchswertes erheischt ist. Ihr Tauschwert ist gleich dem Quantum in ihr aufgearbeiteter, vergegenständlichter Arbeit, deren Maß die Arbeitszeit selbst ist. Als Tauschwert ist jede Ware von der andren nur quantitativ unterschieden, der Substanz nach aber ein gewisses Quantum der gesellschaftlichen Durchschnittsarbeit; der notwendigen Arbeitszeit, die erheischt ist, um diesen bestimmten Gebrauchswert unter gegebnen Produktionsbedingungen zu produzieren, also auch zu reproduzieren. Der Wert des Arbeitsvermögens wie der jedes andren Gebrauchswerts ist also gleich dem Quantum in ihm aufgearbeiteter Arbeit, der Arbeitszeit, die erheischt ist, um das Arbeitsvermögen zu produzieren. (Unter gegebnen allgemeinen Produktionsbedingungen.) Das Arbeitsvermögen existiert nur als Anlage in der lebendigen Leiblichkeit des Arbeiters. Die Produktion des Arbeitsvermögens, sobald es einmal als gegeben vorausgesetzt ist, löst sich wie die Produktion alles Lebendigen in Reproduktion auf, in Erhaltung. Der Wert des Arbeitsvermögens löst sich also zunächst auf in den Wert der Lebensmittel, die nötig sind, um es zu erhalten, d.h., um den Arbeiter als Arbeiter am Leben zu erhalten, so daß, wenn er heute gearbeitet hat, er fähig ist, denselben Prozeß unter denselben Bedingungen am andren Morgen zu wiederholen.

Zweitens: Eh' der Arbeiter sein Arbeitsvermögen entwickelt hat, ehe er fähig ist zu arbeiten, muß er leben. Soll also, wie vorausgesetzt ist, damit sich das Geld zum Kapital entwickle, damit das Kapitalverhältnis stattfinde – soll also das Kapital beständig auf dem Markt, innerhalb der Zirkulation, Verkäufer ihres eignen Arbeitsvermögens vorfinden, so ist es nötig – da der Arbeiter sterblich ist –, daß er außer seinen eignen Lebensmitteln genug Lebensmittel erhält, um die Arbeiterrace fortzupflanzen, zu vermehren oder allermindestens auf ihrer gegebnen Höhe zu erhalten, so daß die dem Markt durch Untauglichkeit oder Tod entzogenen Arbeitsvermögen durch frische ersetzt werden. Mit andren Worten: Er muß hinlänglich Lebensmittel erhalten, um Kinder solange zu ernähren, bis sie selbst als Arbeiter leben können. Der Arbeiter – um ein bestimmtes Arbeitsvermögen zu entwickeln, um seine allgemeine Natur so zu modifizieren, daß sie zur Ausübung einer bestimmten Arbeit fähig wird – bedarf einer Übung oder eines Unterrichts – einer Erziehung, die je nach der besondren Art produktiver Arbeit, die er erlernt, mehr oder minder selbst bezahlt werden muß, also auch in die Produktionskosten des Arbeitsvermögens eingeht. So wichtig nun die letzte Betrachtung wird, sobald es sich davon handelt, ||22| die verschiednen Werte besondrer Arbeitszweige zu entwickeln, so gleichgültig ist sie hier, wo wir es nur mit dem allgemeinen Verhältnis von Kapital und Arbeit zu tun haben und also gewöhnliche Durchschnittsarbeit vor uns haben, oder alle Arbeit nur als Potenz dieser Durchschnittsarbeit ansehn, deren Erlernungskosten verschwindend klein sind. Wie dem übrigens auch sein mag, die Erlernungskosten — die Ausgaben, die erheischt sind, um die Natur des Arbeiters als Fähigkeit und Fertigkeit in seinem bestimmten Arbeitszweig zu entwickeln — sind jedenfalls eingeschlossen unter die Lebensmittel, die der Arbeiter erheischt, um seine Kinder, seine Ersatzmänner, wieder zu Arbeitsvermögen heranzuziehn. Sie gehören unter die Lebensmittel, die erheischt sind, damit der Arbeiter sich als Arbeiter fortpflanze. Der Wert des Arbeitsvermögens löst sich also auf in die Werte der Lebensmittel, die erheischt sind, damit der Arbeiter sich als Arbeiter erhalte, als Arbeiter lebe und fortpflanze. Diese Werte lösen sich ihrerseits wieder auf in die bestimmte Arbeitszeit, die notwendig ist — in das Quantum Arbeit, das verausgabt worden ist, um die zur Erhaltung und Fortpflanzung des Arbeitsvermögens notwendigen Lebensmittel oder Gebrauchswerte zu erzeugen.

Die zur Erhaltung oder Reproduktion des Arbeitsvermögens nötigen Lebensmittel lösen sich alle auf in Waren, die je nach der wechselnden Produktivkraft der Arbeit mehr oder weniger Wert haben, d. h., kürzere oder längere Arbeitszeit zu ihrer Produktion erheischen, so daß dieselben Gebrauchswerte mehr oder weniger Arbeitszeit vergegenständlicht enthalten. Der Wert der Lebensmittel, die zur Erhaltung des Arbeitsvermögens erheischt sind, wechselt daher, aber stets wird er genau gemessen durch die Quantität der Arbeit, die notwendig ist, um die zur Erhaltung und Reproduktion des Arbeitsvermögens nötigen Lebensmittel zu erzeugen, oder die notwendig ist, um das Arbeitsvermögen selbst zu erhalten oder reproduzieren. Die Größe der so erheischten Arbeitszeit wechselt, aber es ist stets eine bestimmte Arbeitszeit — größer oder kleiner — vorhanden, die zur Reproduktion des Arbeitsvermögens verwandt werden muß und als deren Vergegenständlichung sein lebendiges Dasein selbst zu betrachten ist.

Die Lebensmittel, deren der Arbeiter bedarf, um als Arbeiter zu leben, sind natürlich verschieden in verschiednen Ländern und in verschiednen Kulturzuständen. Die natürlichen Bedürfnisse selbst, z. B. die Nahrung, Kleidung, Wohnung, Heizung, sind größer oder kleiner, je nach klimatischen Verschiedenheiten. Ebenso, da der Umfang sog. erster Lebensbedürfnisse und die Art ihrer Befriedigung großenteils von dem Kulturzustand der Gesellschaft abhängen — selbst historisches Produkt sind, gehört in einem Land oder in einer Epoche zu den notwendigen Lebensmitteln, was in der anderen nicht dazu gehört. Indes ist dies in einem bestimmten Land – ich meine den Umkreis dieser notwendigen Lebensmittel – in einer bestimmten Periode gegeben.

Selbst das Niveau des *Werts* der Arbeit wächst oder fällt, wenn man verschiedne Epochen der bürgerlichen Periode in demselben Lande vergleicht. Endlich aber steigt der Marktpreis des Arbeitsvermögens bald über und bald fällt er unter das Niveau seines *Werts*. Dies gilt wie von allen andren Waren und ist ein gleichgültiger Umstand hier, wo wir von der Voraussetzung ausgehn, daß die Waren als Äquivalente sich austauschen oder ihren Wert in der Zirkulation realisieren. (Dieser Wert der Waren überhaupt, ganz wie der Wert des Arbeitsvermögens, stellt sich in der Wirklichkeit als ihr Durchschnittspreis dar, zu dem sich die abwechselnd fallenden oder steigenden Marktpreise kompensieren, so daß der Wert der Waren sich also in diesen Schwankungen der Marktpreise selbst realisiert; bestätigt.) Die Frage über diese Bewegungen des Niveaus des Arbeiterbedürfnisses, ebenso wie das Steigen und Fallen der Marktpreise des Arbeitsvermögens über oder unter dieses Niveau gehören in die Lehre vom Arbeitslohn, nicht hierhin, wo das allgemeine Kapitalverhältnis zu entwickeln. Es wird sich im Fortgang dieser Untersuchung zeigen, daß es durchaus gleichgültig für die Resultate ist, ob man das Niveau der Arbeiterbedürfnisse höher oder niedriger annimmt. Das einzig Wichtige ist, daß es als gegeben, bestimmt betrachtet wird. Alle Fragen, die sich auf es nicht als gegebene, sondern als unveränderliche Größe beziehen, gehören in die Untersuchungen über die ||23| Lohnarbeit im besondren und berühren ihr allgemeines Verhältnis zum Kapital nicht. Übrigens betrachtet notwendig jeder Kapitalist, der z.B. eine Fabrik errichtet und sein Geschäft etabliert, den Arbeitslohn als gegeben in dem Ort, wo und der Zeit, wann er sich etabliert.

{„Verringert die Unterhaltungskosten der Menschen durch Verringerung des natürlichen Preises von Nahrung und Kleidung, die das Leben erhalten, und die Löhne werden schließlich sinken, trotzdem die Nachfrage nach Arbeitern sehr erheblich gestiegen sein mag". (p. 460, Ric[ardo], „Princ. of Pol. Ec.", 3. ed., London 1821.)} {„Der *natürliche Preis der Arbeit* ist der Preis, der nötig ist, die Arbeiter zu befähigen, one with another[1], zu subsistieren, und ihre Race zu verewigen, ohne Wachstum oder Abnahme. Die Macht des Arbeiters, sich selbst und seine Familie zu erhalten, hängt nicht von der Quantität des Geldes ab, das er als Lohn erhält, sondern von der Quantität von food, necessarixes und conveniences[2], die dies Geld kaufen kann. Der natürliche Preis der Arbeit hängt daher ab von

---

[1] auf die eine oder andere Art
[2] Nahrungsmittel, lebenswichtigen Gütern und Bequemlichkeiten

dem price[1] of food, necessaries und conveniences ... mit einem Steigen im Preise von food und necessaries steigt daher der natürliche Preis der Arbeit und fällt mit dem Fallen derselben." (*Ric.*, l. c., p. 86.)}

{Das englische Peck (Kornmaß) ist = $\frac{1}{4}$ bushel. 8 bushels gehn auf 1 Quarter. Der standard bushel enthält 2218 cube inches and $\frac{1}{5}$ and measures $19\frac{1}{2}$ inches in diameter, and $8\frac{1}{4}$ inches deep.[2] Malthus sagt:

„Aus einer vergleichenden Übersicht über Kornpreise und Arbeitslöhne von der Regierung Edwards III. an, also seit 500 Jahren, folgt, daß der Arbeitslohn für die Arbeit eines Tages in diesem Land häufiger unter als über einem peck Weizen standen; daß 1 peck Weizen eine Art mittlere Höhe darstellte, aber eher über die Mitte hinausging, um die sich die in Getreide berechneten Arbeitslöhne änderten, je nach Angebot und Nachfrage." ([p. 240,] 254, *Malthus*, „*Princip. of P. Econ.*", London 1836, 2. ed.)}

Wird an die Stelle einer höheren und wertvollern[18] Ware, welche das Hauptlebensmittel des Arbeiters bildete, eine niedrigere, z. B. an die Stelle von Fleisch Korn, Weizen oder an die Stelle von Weizen und Roggen die Kartoffel gesetzt, so fällt natürlich das Niveau des *Werts* des Arbeitsvermögens, weil das Niveau seiner Bedürfnisse herabgedrückt worden ist. Wir werden in unserer Untersuchung dagegen überall unterstellen, daß die Masse und Qualität der Lebensmittel, also auch der Umfang der Bedürfnisse, auf irgendeiner gegebnen Kulturstufe nie herabgedrückt wird, weil diese Untersuchung über das Steigen und Fallen des Niveaus selbst (namentlich das künstliche Herabdrücken desselben) an der Betrachtung des allgemeinen Verhältnisses nichts ändert. Z. B., bei den Schotten gibt es viele Familien, die statt von Weizen und Roggen für ganze Monate von Hafergrütze (oat meal) und Gerstenmehl, nur mit Salz und Wasser gemischt, leben und „sehr comfortable", „and that very comfortably"[3], sagt Eden in seinem „The State of the Poor etc.", London 1797, v. I, b. II, ch. II.[19]

Um einen niedrigen average[4] künstlich zu schaffen, spannte der komische Philanthrop und baronisierte Yankee, Graf Rumford, Ende des vorigen Jahrhunderts sein beschränktes Gehirn an. Seine „Essays" sind ein schönes Kochbuch mit Rezepten für alle mögliche Art Fraß von den billigsten Sorten, um den Arbeitern Surrogate für die teuern, jetzigen Normalspeisen zu geben. Die billigste Speise, die nach diesem „Philosophen" zu bereiten ist, ist eine Suppe von Gerste, Mais, Pfeffer, Salz, Essig, süßen Kräutern und 4 Heringen für

---

[1] Preis
[2] Der übliche Bushel enthält $2218\frac{1}{5}$ Kubikzoll, und er hat einen Durchmesser von $19\frac{1}{2}$ Zoll und ist $8\frac{1}{4}$ Zoll hoch.
[3] „sehr ausreichend", „und das sehr ausreichend"
[4] Durchschnitt

8 Gallons Wasser. Eden in dem oben zitierten Werk empfiehlt diesen schönen
Fraß den Gouverneurs von Arbeitshäusern bestens. 5 lb. Gerste, 5 lb. Mais,
für 3 d Heringe, 1 d Salz, 1 d Essig, 2 d Pfeffer und Kräuter − Summe
20¾ d − gibt eine Suppe für 64 Menschen, ja, unter den Durchschnittsprei-
sen von Korn soll man die Kosten bis auf ¼ d per[1] Portion herabdrücken
können.[20]

{„Der einfache Arbeiter, der nichts als seine Arme und seinen Fleiß besitzt, hat nichts,
außer wenn es ihm gelingt, seine Arbeit an andre zu verkaufen ... Bei jeder Art Arbeit
muß es dahin kommen, und kommt es in der Tat dahin, daß der Lohn des Arbeiters auf
das begrenzt ist, was er notwendig zu seinem Lebensunterhalt braucht." ([p.] 10, *Turgot*,
„Réflexions sur la Formation et la Distribution des Richesses" (erschien zuerst 1766),
Œuvres, t. I, éd. Eugène Daire, Paris 1844.[10])}

|/26/ {Einerseits ist es möglich, das Niveau des Werts des Arbeitsvermö-
gens, weil der Lebensmittel oder die Weise ihrer Befriedigung herabzusetzen,
indem wohlfeilere und schlechtere an die Stelle besserer gesetzt werden, oder
überhaupt der Umkreis, der Umfang derselben vermindert wird. Andrerseits
ist es aber auch möglich, da in das Niveau − die Durchschnittshöhe − eingeht die Ernährung der Kinder und Frauen, das Niveau herabzudrücken, indem diese selbst gezwungen werden zu arbeiten, und [in] der Zeit, wo Kinder
sich entwickeln, sollen sie schon zur Arbeit verwendet werden. Auch diesen
Kasus, wie alle andren auf das Niveau des Werts der Arbeit bezüglichen, lassen wir unberücksichtigt. Wir geben also dem Kapital fair chance, indem wir
grade die größten Scheußlichkeiten desselben als nicht existierend voraussetzen.} {Ebenso kann das Niveau erniedrigt werden, wenn die Zeit der Erlernung möglichst auf 0 oder die Kosten der Erlernung reduziert werden durch
Vereinfachung der Arbeit.}

{Es kann hier angeführt werden − mit Bezug auf die frühe Exploitation
der Kinder als Arbeiter − folgendes von dem Whigsykophanten Macaulay. Es
ist dies charakteristisch für die Art Geschichtsschreibung (und Auffassung
auch auf ökonomischem Gebiete, die zwar nicht laudator temporis acti[21],
vielmehr ihre Kühnheit nur rückwärts, ins Passivum verlegt).[22] Über die
Kinderarbeit in Fabriken ähnlich im 17. Jahrhundert. Doch die Stelle besser,
wo von historischem Prozeß oder der Maschine etc. gesprochen wird. Sieh
„Factory Reports", 1856.[23]}

||24| Die Bestimmung des *Werts des Arbeitsvermögens* war natürlich von der
höchsten Wichtigkeit für die Auffassung des Kapitalverhältnisses, das auf
dem Verkauf des Arbeitsvermögens beruht. Es war also vor allem festzuset-

---

[1] In der Handschrift: ¼ d Kopf per

zen, wie der Wert dieser Ware bestimmt wird, denn das Wesentliche in dem
Verhältnis ist, daß das Arbeitsvermögen als Ware angeboten wird, als Ware
aber ist die Bestimmung seines Tauschwertes entscheidend. Da der Tauschwert des Arbeitsvermögens bestimmt wird durch die Werte oder die Preise
der Lebensmittel, der Gebrauchswerte, die zu seiner Erhaltung und Reproduktion nötig sind, konnten die Physiokraten, so wenig sie die Natur des
Werts überhaupt begriffen, den Wert des Arbeitsvermögens im ganzen richtig
auffassen. Bei ihnen, die über das Kapital überhaupt die ersten verständigen
Begriffe aufstellten, spielt daher dieser durch den Durchschnitt der Lebensbedürfnisse bestimmte Arbeitslohn eine Hauptrolle.

{Bailey in seiner anonym herausgegebnen Schrift „A Critical Dissertation
on the Nature, Measures and Causes of Value etc.", London 1825, die überhaupt gegen Ricardos Werttheorie gerichtet ist, bemerkt über seine Bestimmung des *Werts* des Arbeitsvermögens:

„Ricardo, geistreich genug, vermeidet eine Schwierigkeit, die auf den ersten Blick seiner Theorie entgegenzustehen scheint; daß nämlich der Wert von der in der Produktion
verwandten Arbeitsmenge abhängig ist. Hält man an diesem Prinzip streng fest, so folgt
daraus, *daß der Wert der Arbeit* abhängt von der *zu ihrer Produktion aufgewandten* Arbeitsmenge − was offenbar Unsinn ist. Durch eine geschickte Wendung macht deshalb Ricardo
den Wert der Arbeit abhängig von der Menge der Arbeit, die zur Produktion des Lohnes
erforderlich ist; oder, um mit seinen eigenen Worten zu sprechen, er behauptet, *daß der
Wert der Arbeit* nach der Arbeitsmenge *zu schätzen sei*, die zur Produktion des Lohnes benötigt wird; worunter er die Arbeitsmenge versteht, die zur Produktion des Geldes oder
der Ware notwendig ist, die dem Arbeiter gegeben werden. Gerade so gut könnte man sagen, daß der Wert von Tuch nicht nach der zu seiner Produktion verwandten Arbeitsmenge geschätzt werde, sondern nach der Arbeitsmenge, die zur Produktion des Silbers
verwandt wurde, gegen welches das Tuch eingetauscht wird." ([p.] 50, 51.)

Das einzig richtige an der Polemik ist, daß Ricardo den Kapitalisten mit
seinem Geld direkt *Arbeit* kaufen läßt, statt Disposition über das Arbeitsvermögen. Arbeit als solche ist nicht direkt Ware, die notwendig vergegenständlichte, in einem Gebrauchswert aufgearbeitete Arbeit ist. Ric[ardo], der nicht
zwischen dem Arbeitsvermögen als der Ware, die der Arbeiter verkauft, dem
Gebrauchswert, der einen bestimmten Tauschwert hat, und der Arbeit, die
bloß der Gebrauch dieses Vermögens in actu[1] ist, unterscheidet, ist daher unfähig, abgesehn von dem von Bailey hervorgehobnen Widerspruch − daß lebendige Arbeit nicht geschätzt werden kann durch das Quantum Arbeit employed in its production[2] −, nachzuweisen, wie der Mehrwert herauskommen

---

[1] in der Tat
[2] das angewandt wurde, um sie zu produzieren

kann, überhaupt die Ungleichheit zwischen dem Quantum Arbeit, das der Kapitalist dem Arbeiter als Lohn gibt, und dem Quantum lebendige Arbeit, das er für dieses Quantum vergegenständlichter Arbeit kauft. Im übrigen ist Baileys Bemerkung silly[1]. Der Preis von cloth[2] besteht doch wohl auch aus dem Preis des Baumwollgarns, das in ihm konsumiert ist, wie der des Arbeitsvermögens, aus dem der Lebensmittel, die durch Stoffwechsel in es eingehn. Daß übrigens bei dem Lebendigen, Organischen, seine Reproduktion nicht von der direkt auf es verwendeten Arbeit, in ihm aufgearbeiteten Arbeit abhängt, sondern von dem der Lebensmittel, die es konsumiert – und dies ist die Weise, es zu reproduzieren –, konnte Bailey auch bei der Wertbestimmung der Tiere sehn; selbst bei der Maschine, soweit in ihre Kosten die der Kohlen, Öl und andrer matières instrumentales[3], die sie konsumiert, eingehn. Soweit die Arbeit sich nicht nur auf Erhaltung der Lebendigkeit beschränkt, sondern besondre Arbeit nötig ist, die direkt das Arbeitsvermögen selbst modifiziert, es zur Ausübung einer bestimmten Fertigkeit entwickelt, geht diese ebenfalls – wie bei komplizierterer Arbeit – in den Wert der Arbeit ein, und hier ist es direkt im Arbeiter verarbeitet, in seiner Produktion verausgabte Arbeit. Sonst kommt der Witz Baileys nur darauf hinaus, daß die Arbeit, die zur Reproduktion des Organischen verwandt wird, auf die Lebensmittel desselben, nicht direkt auf es selbst, verwandt wird, indem die Aneignung dieser Lebensmittel durch die Konsumtion keine Arbeit, sondern vielmehr Genuß ist.}

|/25/ Die Lebensbedürfnisse erneuern sich täglich. Nehmen wir also z. B. die Masse der Lebensbedürfnisse, die während eines Jahrs erheischt werden, damit der Arbeiter als Arbeiter leben und sich als Arbeitsvermögen erhalten kann, und den Tauschwert dieser Summe – d. h. das Quantum Arbeitszeit, das in diesen Lebensmitteln aufgearbeitet, vergegenständlicht, enthalten ist –, so wird, einen Tag in den andern gerechnet, die Summe der Lebensmittel, die der Arbeiter durchschnittlich in einem Tage bedarf, und der Wert derselben, um das ganze Jahr durch zu leben, den Wert seines Arbeitsvermögens an jedem Tag vorstellen, oder das Quantum von Lebensmitteln, das den einen Tag erheischt ist, damit es am andern als lebendiges Arbeitsvermögen fortbesteht, reproduziert ist. Die Konsumtion der Lebensmittel ist langsamer oder schneller. Z. B. die Gebrauchswerte, die täglich als Nahrung dienen, werden auch täglich aufgezehrt, ebenso z. B. die Gebrauchswerte, die zur Heizung, Seife

---

[1] albern
[2] Tuch
[3] Produktionshilfsstoffe

(Reinlichkeit) und Erleuchtung dienen. Andre notwendige Lebensmittel dagegen, wie Kleidung oder Wohnung, werden langsamer abgenutzt, obgleich sie täglich verbraucht und gebraucht werden. Einige Lebensmittel müssen täglich von neuem gekauft, täglich erneuert werden, *(ersetzt)* werden, andre, wie Kleider z. B., da sie für längre Zeiträume fortfahren, als Gebrauchswerte zu dienen und erst am Ende dieser Zeiträume abgenutzt, unbrauchbar geworden sind, brauchen nur in längren Zwischenräumen ersetzt oder erneuert zu werden, obgleich sie täglich gebraucht werden müssen.

Ist die Summe der Lebensmittel, die der Arbeiter täglich konsumieren muß, um als Arbeiter zu leben = A, so wäre sie in 365 Tagen = 365 A. Würde dagegen die Summe aller andren Lebensmittel, die er braucht und die nur dreimal des Jahrs erneuert zu werden, also neu gekauft zu werden brauchten, = B, so würde er im ganzen Jahr nur 3 B brauchen. Zusammen würde er also im Jahr brauchen 365 A + 3 B; und am Tage $\frac{365\,A + 3\,B}{365}$.

Dies wäre die Durchschnittssumme der Lebensmittel, deren er täglich bedürfte, und der Wert der Summe wäre der tägliche Wert seines Arbeitsvermögens, d. h. der Wert, der tagaus tagein – einen Tag in den andern gerechnet, nötig wäre, um die zur Erhaltung des Arbeitsvermögens notwendigen Lebensmittel zu kaufen.

(Rechnet man das Jahr zu 365 Tagen, so kommen darauf 52 Sonntage, bleiben Werktage 313; kann also im Durchschnitt 310 Werktage rechnen.)

Wäre nun der Wert von $\frac{365\,A + 3\,B}{365} = 1$ Taler, so wäre der tägliche Wert seines Arbeitsvermögens = 1 Taler. Er muß täglich soviel verdienen, um tagaus tagein das Jahr durch leben zu können, und es ändert hieran nichts, daß der Gebrauchswert einiger Waren nicht täglich erneuert wird. Also ist gegeben die jährliche Summe der Lebensbedürfnisse; dann nehmen wir deren Wert oder Preis; von diesem nehmen wir den täglichen Durchschnitt oder dividieren ihn durch 365, und so erhalten wir den Wert der durchschnittlichen Lebensbedürfnisse des Arbeiters oder den durchschnittlichen Tageswert seines Arbeitsvermögens. (Der Preis von 365 A + 3 B = 365 Taler, so der der

täglichen Lebensbedürfnisse $= \frac{365\,A + 3\,B}{365} = \frac{365}{365} = 1$ Taler.)

Austausch von Geld mit Arbeitsvermögen

Das Arbeitsvermögen trotz seines spezifischen Charakters, und daher spezifische Ware — wie das Geld auch Ware überhaupt, aber spezifische Ware war (nur bei ihm das Spezifische hervorgebracht, durch das Verhalten aller Waren zu irgendeiner beliebigen ausschließlichen Ware; hier durch die Natur des Gebrauchswerts der Ware) —, ist also wie jede andre Ware 1. *ein Gebrauchswert*, ein bestimmter Gegenstand, dessen Gebrauch besondre Bedürfnisse befriedigt. 2. hat es *einen Tauschwert*, d. h., in ihm als Gegenstand, als Gebrauchswert, ist ein bestimmtes Quantum Arbeit aufgearbeitet, vergegenständlicht. Als Vergegenständlichung von Arbeitszeit überhaupt ist es Wert. Seine Wertgröße ist bestimmt durch das Quantum der in ihm aufgearbeiteten Arbeit. Dieser Wert in Geld ausgedrückt ist der Preis des Arbeitsvermögens. Da wir hier von der Voraussetzung ausgehen, ||26| daß alle Waren sich ihrem Wert gemäß verkaufen, unterscheidet sich Preis überhaupt nur vom Wert dadurch, daß es der in dem Material des Geldes geschätzte oder gemeßne oder ausgedrückte Wert ist. Die Ware wird daher zu ihrem Wert verkauft, wenn sie zu ihrem Preis verkauft wird. Ebenso ist hier unter dem Preis des Arbeitsvermögens nichts zu verstehn als sein in Geld ausgedrückter Wert. Der Wert des Arbeitsvermögens für einen Tag oder eine Woche wird daher gezahlt, wenn der Preis der Lebensmittel bezahlt wird, der zur Erhaltung des Arbeitsvermögens während eines Tags oder einer Woche erheischt ist. Dieser Preis oder Wert aber ist bestimmt nicht allein durch die Lebensmittel, die es täglich total konsumiert, sondern ebenso durch die Lebensmittel, die es täglich gebraucht, wie Kleidung z. B., aber nicht täglich verbraucht, so daß sie täglich erneuert werden müßten, die es daher nur in gewissen Zeiträumen zu erneuern oder zu ersetzen braucht. Wenn auch alle auf Kleidung bezüglichen Gegenstände (die Gefäße zum Essen und Trinken z. B. brauchen nicht so rasch ersetzt zu werden wie Kleidung, weil sie sich nicht so rasch abnutzen, noch weniger die Möbeln, Betten, Tische, Stühle usw.) sich nur einmal innerhalb eines Jahres abnützten, so wäre dennoch während des ganzen Jahres der Wert dieser Kleidungsmittel konsumiert zur Erhaltung des Arbeitsvermögens, und nach Ende des Jahrs müßte er fähig sein, sie zu ersetzen. Er müßte also im Durchschnitt täglich soviel erhalten, daß nach Abzug der täglichen Ausgaben für die tägliche Konsumtion genug übrigbliebe, um die abgenützten Kleider durch neue nach Ablauf eines Jahrs zu ersetzen; also wenn auch nicht täglich einen soundso vielten Teil eines Rocks, doch den täglichen aliquoten[1] Teil des

---

[1] entsprechenden

Werts eines Rocks. Die Erhaltung des Arbeitsvermögens, wenn sie kontinuierlich sein soll, was bei dem Kapitalverhältnis vorausgesetzt ist, ist also nicht
allein bestimmt durch den Preis der täglich aufkonsumierten und daher den
andren Tag erneuerten, zu ersetzenden Lebensmittel, sondern es kömmt
hinzu der tägliche Durchschnitt des Preises der Lebensmittel, die in einem
längren Zeitraum ersetzt werden müssen, aber täglich gebraucht werden müssen. Es läuft auf einen Unterschied in der Zahlung hinaus. Der Gebrauchswert, wie ein Rock z. b., muß ganz gekauft werden und als Ganzes verbraucht
werden. Er wird gezahlt, indem täglich $\frac{1}{x}$ des Preises der Arbeit in Reserve
gehalten wird.

Da das Arbeitsvermögen nur vorhanden ist als in der lebendigen Leiblichkeit des Arbeiters eingeschloßne Fähigkeit, Anlage, Potenz, so heißt die Erhaltung desselben nichts, als die Erhaltung des Arbeiters selbst, in dem zur
Ausübung seines Arbeitsvermögens nötigen Grade von Kraft, Gesundheit,
Lebensfähigkeit überhaupt.

||27| Es ist also festzuhalten: Die Ware, die der Arbeiter in der Sphäre der
Zirkulation auf dem Markt feilbietet, die er zu verkaufen hat, ist sein *eignes
Arbeitsvermögen*, das, wie jede andre Ware, soweit sie Gebrauchswert ist, eine
gegenständliche Existenz hat, wenn hier auch nur als Anlage, Potenz in dem
lebendigen Leib des Individuums (es braucht hier wohl nicht erwähnt zu
werden, daß nicht nur die Hand, sondern auch der Kopf zum Leib gehört)
selbst. Seine Funktion als Gebrauchswert aber, die Konsumtion dieser Ware,
ihr Gebrauch als Gebrauchswert, besteht in der Arbeit selbst, ganz wie der
Weizen, der erst wirklich als Gebrauchswert funktioniert, sobald er in dem
Ernährungsprozeß verbraucht wird, als Nahrungsstoff wirkt. Der Gebrauchswert dieser Ware wird wie der jeder andren Ware erst in ihrem Konsumtionsprozeß verwirklicht, also erst, nachdem sie aus der Hand des Verkäufers in
die des Käufers übergegangen ist, hat aber mit dem Prozeß des Verkaufs
selbst nichts weiter zu tun, als Motiv für den Käufer zu sein. Ferner hat dieser als Arbeitsvermögen vor seiner Konsumtion bestehende Gebrauchswert
einen *Tauschwert*, der wie der jeder andren Ware gleich dem Quantum der in
ihm enthaltnen und daher zu seiner Reproduktion erheischten Arbeit ist, und
wie wir gesehn haben, exakt gemessen ist durch die Arbeitszeit, erheischt, um
die zur Erhaltung des Arbeiters nötigen Lebensmittel zu schaffen. Da das
Maß für das Leben selbst die Zeit ist, wie z. B. Gewicht das Maß für Metalle,
so wäre die Arbeitszeit, die erheischt ist, um den Arbeiter durchschnittlich
einen Tag am Leben zu erhalten, der tägliche Wert seines Arbeitsvermögens,
damit es einen Tag in den andren reproduziert, oder was hier dasselbe, erhalten bleibt in denselben Bedingungen, die, wie gesagt, nicht durch das bloße

Naturbedürfnis umschrieben sind, sondern durch das Naturbedürfnis, wie es in einem gewissen Kulturzustand geschichtlich modifiziert ist. Dieser *Wert* des Arbeitsvermögens, in Geld ausgedrückt, ist sein *Preis*, von dem wir voraussetzen, daß er gezahlt wird, da wir überhaupt den Austausch von Äquivalenten oder den Verkauf der Waren zu ihrem Wert unterstellen. Dieser Arbeitspreis heißt *Arbeitslohn*. Der Arbeitslohn, der dem Wert des Arbeitsvermögens entspricht, ist der Durchschnittspreis desselben, wie wir ihn dargestellt haben, der *Durchschnittsarbeitslohn*, der auch *Minimum des Arbeitslohns oder Salairs* heißt, wobei aber unter Minimum nicht die äußerste Grenze der physischen Notwendigkeit zu verstehn ist, sondern der tägliche Durchschnittsarbeitslohn, z. B. eines Jahres, worin die Preise des Arbeitsvermögens, die bald über ihrem Wert stehn, bald unter ihn fallen, ausgeglichen sind.

Es liegt in der Natur dieser besondren Ware, des Arbeitsvermögens, daß ihr wirklicher Gebrauchswert erst nach ihrer Konsumtion wirklich aus einer Hand in die andre übergegangen, aus der Hand des Verkäufers in die des Käufers. Der wirkliche Gebrauch des Arbeitsvermögens ist die Arbeit. Verkauft aber wird es als Vermögen, bloße Möglichkeit, bevor die Arbeit geleistet ist, als bloße Kraft, deren wirkliche Äußerung erst nach ihrer Entäußerung an den Käufer vor sich geht. Da hier also die formelle Entäußerung des Gebrauchswerts und sein wirkliches Überlassen der Zeit nach auseinanderfallen, funktioniert das Geld des Käufers in diesem Austausch meist als *Zahlungsmittel*. Das Arbeitsvermögen wird täglich, wöchentlich usw. bezahlt, aber nicht im Moment, wo es gekauft wird, sondern nachdem es wirklich täglich, wöchentlich usw. konsumiert worden ist. In allen Ländern, wo das Kapitalverhältnis entwickelt ist, wird das Arbeitsvermögen dem Arbeiter erst gezahlt, nachdem es als solches funktioniert hat. In dieser Beziehung kann gesagt werden, daß überall der Arbeiter dem Kapitalisten täglich oder wöchentlich − es hängt dies aber mit der besondren Natur der Ware zusammen, die er verkauft − kreditiert − den Gebrauch der von ihm verkauften Ware überläßt und erst nach der Konsumtion derselben ihren Tauschwert oder Preis erhält. {In Zeiten der Krisen, und selbst bei vereinzelten Bankerutten zeigt sich dann, daß dies Kreditieren der Arbeiter keine bloße Phrase ist, indem sie nicht bezahlt werden.} Indes ändert das an dem Austauschprozeß zunächst nichts. Der Preis wird kontraktlich festgestellt − also der Wert des Arbeitsvermögens in Geld geschätzt, obgleich er erst später realisiert, gezahlt wird. Die Preisbestimmung bezieht sich daher auch auf den Wert des Arbeitsvermögens, nicht auf den Wert des Produkts, der dem Käufer des Arbeitsvermögens infolge seiner Konsumtion, seiner wirklichen Verbrauchung erwachsen ist, auch nicht auf den Wert der Arbeit, die als solche nicht Ware.

||28| Wir wissen nun in der Tat, was der Geldbesitzer, der sein Geld in Kapital verwandeln will und daher Arbeitsvermögen kauft, dem Arbeiter zahlt, und er zahlt ihm in der Tat z. B. den täglichen *Wert* seines Arbeitsvermögens, einen seinem täglichen Wert entsprechenden Preis oder Tageslohn, indem er ihm eine Summe Geld zahlt = dem Wert der zur täglichen Erhaltung des Arbeitsvermögens notwendigen Lebensmittel; eine Geldsumme, die grade soviel Arbeitszeit darstellt, als zur Produktion dieser Lebensmittel, also zur täglichen Reproduktion des Arbeitsvermögens erheischt ist. Wir wissen noch nicht, was der Käufer seinerseits erhält. Es hängt mit der spezifischen Natur dieser Ware, des Arbeitsvermögens, wie mit dem spezifischen Zweck, wozu sie vom Käufer gekauft wird − nämlich, damit er sich als Repräsentant des sich selbst verwertenden Werts bewähre −, zusammen, daß die nach dem Verkauf erfolgenden Operationen spezifischer Natur sind und daher besonders betrachtet werden müssen. Es kommt hinzu − und zwar ist dies das Wesentliche, daß der besondre Gebrauchswert der Ware und seine Verwirklichung als Gebrauchswert das ökonomische Verhältnis, die ökonomische Formbestimmtheit selbst betrifft und daher in den Kreis unsrer Betrachtung fällt. Es kann hier nebenbei darauf aufmerksam gemacht [werden], daß der Gebrauchswert ursprünglich als gleichgültig, irgendeine beliebige stoffliche Voraussetzung erscheint. Der wirkliche Gebrauchswert der einzelnen Ware − wie daher überhaupt die Besonderheit der Ware − ist bei der Analyse der Ware ganz gleichgültig. Das Wichtige ist hier nur der allgemeine Unterschied zwischen Gebrauchswert und Tauschwert, aus dem sich das Geld entwickelt usw. (Sieh oben.[24])

Arbeitsprozeß

Nachdem der Geldbesitzer das Arbeitsvermögen gekauft hat − sich gegen Arbeitsvermögen ausgetauscht hat (der Kauf ist fertig mit der wechselseitigen Übereinkunft, wenn die Zahlung auch erst später eintritt), verwendet er es nun als Gebrauchswert, konsumiert es. Die Verwirklichung des Arbeitsvermögens, sein wirklicher Gebrauch, ist aber die lebendige Arbeit selbst. Der *Konsumtionsprozeß* dieser spezifischen Ware, die der Arbeiter verkauft, fällt also zusammen mit dem oder ist vielmehr der *Arbeitsprozeß* selbst. Da die Arbeit die Tätigkeit des Arbeiters selbst, die Verwirklichung seines eignen Arbeitsvermögens ist, so tritt er also als arbeitende Person, als Arbeiter in diesen Prozeß, und für den Käufer hat er in diesem Prozeß kein andres Dasein als das des sich betätigenden Arbeitsvermögens. Es ist daher nicht eine Person, die arbeitet, sondern das aktive Arbeitsvermögen, personifiziert im Arbeiter. Es ist charakteristisch, daß in England die Arbeiter von dem Hauptorgan, wodurch sich ihr Arbeitsvermögen betätigt, von ihren eignen Händen nämlich, *hands* genannt werden.

Wirkliche Arbeit ist zweckmäßige Tätigkeit zur Herstellung eines Gebrauchswerts zur Aneignung eines natürlichen Stoffs in einer bestimmten Bedürfnissen entsprechenden Weise. Ob es mehr der Muskel oder mehr der Nerv ist, der bei dieser Tätigkeit verbraucht wird, ist hierbei gleichgültig, ebenso, ob der Naturstoff schon mehr oder minder idealisiert ist.

Jede wirkliche Arbeit ist *besondre* Arbeit, Ausüben eines besondren, von den andren unterschiedenen Zweigs der Arbeit. Wie die eine Ware von der andren sich durch ihren besondren Gebrauchswert unterscheidet, so ist es eine besondre Art Tätigkeit, Arbeit, die sich in ihr verkörpert. Da die Verwandlung des Gelds in Kapital oder die Kapitalbildung eine entwickelte Warenzirkulation voraussetzt, setzt sie eine entwickelte Teilung der Arbeit voraus. Teilung der Arbeit, hier verstanden in der Art, wie sie sich in der Mannigfaltigkeit der zirkulierenden Waren zeigt (erscheint) — also als Teilung der Gesamtheit, der Totalität der gesellschaftlichen Arbeit in mannigfaltigen Arbeitsweisen, als eine Totalität besondrer Arbeitsweisen. Die Arbeit, die der Arbeiter verrichtet, wird also einem besondren Arbeitszweig ausschließlich angehören, wie sein Arbeitsvermögen selbst ein besondres ist. Der bestimmte Inhalt oder Zweck und daher die bestimmte Weise der Arbeit geht uns hier ebensowenig an, wie uns bei der Analyse der Ware ihr bestimmter Stoff oder Gebrauchswert angeht. Es ist gleichgültig, in welchem besondren Arbeitszweig der Arbeiter arbeitet, obgleich natürlich der Käufer immer nur eine besondre Arbeitsart kaufen kann. Der einzige Punkt, der hierbei festzuhalten, ist die Bestimmtheit der Arbeit, wo sie als wirklicher Prozeß erscheint. Es wird sich weiter unten zeigen, daß diese Gleichgültigkeit gegen den besondren Inhalt der Arbeit nicht nur eine Abstraktion ist, die wir machen, sondern die das Kapital macht und wesentlich zur Charakteristik desselben ||29| gehört. {Wie die Betrachtung der *Gebrauchswerte* der Ware als solcher in die *Warenkunde*, so des Arbeitsprozesses in seiner Wirklichkeit in die *Technologie*.}

Was uns beim Arbeitsprozeß interessiert, sind nur die ganz allgemeinen Momente, in die er zerfällt und die ihm als Arbeitsprozeß zukommen. Diese allgemeinen Momente müssen sich aus der Natur der Arbeit selbst ergeben. Bevor der Arbeiter die Disposition über sein Arbeitsvermögen verkauft hat, konnte er das letzte nicht als Arbeit betätigen, nicht verwirklichen, weil es getrennt war von den *gegenständlichen Bedingungen* seiner Betätigung. In dem

wirklichen Arbeitsprozeß ist diese Trennung aufgehoben. Das Arbeitsvermögen wirkt nun, weil es sich seine gegenständlichen Bedingungen naturgemäß
aneignet. Es betätigt sich, weil es in Kontakt, in Prozeß, in Verbindung mit
den gegenständlichen Faktoren tritt, ohne die es sich nicht realisieren kann.
Diese Faktoren können ganz allgemein als *Arbeitsmittel* bezeichnet werden.
Die Arbeitsmittel selbst aber zerfallen notwendig in einen Gegenstand, der
bearbeitet wird und den wir das *Arbeitsmaterial* nennen wollen, und in das
eigentliche *Arbeitsmittel*, einen Gegenstand (dieser Gegenstand braucht nicht
ein Instrument zu sein, er kann z. B. chemischer Prozeß sein), den die
menschliche Arbeit, Tätigkeit, als Mittel zwischen sich und das Arbeitsmaterial schiebt, das so als conductor[1] der menschlichen Tätigkeit dient. Bei genauer Analyse wird sich stets finden, daß bei aller Arbeit ein Arbeitsmaterial
und ein Arbeitsmittel angewandt wird. Es ist möglich, daß das Arbeitsmaterial, der Gegenstand, der durch die Arbeit für ein besondres Bedürfnis angeeignet werden soll, ohne Zutun menschlicher Arbeit sich in der Natur vorfindet, wie z. B. der Fisch, der im Wasser gefangen wird, oder das Holz, das im
Urwald gefällt wird, oder das Erz, das aus dem Schacht hervorgeholt wird, so
daß nur das Arbeitsmittel selbst ein Produkt frührer menschlicher Arbeit ist.
Es bezeichnet dies alles, was extraktive Industrie genannt werden kann, und
gilt vom Ackerbau nur soweit, als jungfräuliche Erde etwa zubereitet wird.
Der Same ist hier aber sowohl Arbeitsmittel und Arbeitsmaterial, wie alles
Organische, z. B. das Tier, in der Viehzucht beides ist. Dagegen kann es nur
bei den rohsten Stufen der ökonomischen Entwicklung, also nur in Zustän-
den, wo an Bildung des Kapitalverhältnisses nicht zu denken, vorkommen,
daß das Arbeitsinstrument ohne weitere Vermittlung in der Natur sich vor-
fände. Es ist von selbst klar, folgt aus der Natur der Sache, daß die Entwicklung des menschlichen Arbeitsvermögens sich besonders zeigt in der Entwicklung des *Arbeitsmittels* oder *Produktionsinstruments*. Es zeigt dies nämlich, in
welchem Grade er die Wirkung seiner unmittelbaren Arbeit auf das Natürliche durch das Dazwischenschieben für seine Arbeitszwecke schon zurechtge-
machter geregelter und seinem Willen als Leiter unterworfner Natur erhöht
hat.

Unter den *Arbeitsmitteln* im Unterschied vom Arbeitsmaterial sind nicht
nur die *Produktionsinstrumente* inbegriffen, vom einfachsten Werkzeug oder
Gefäß bis zum entwickeltsten System der Maschinerie, sondern auch die *gegenständlichen Bedingungen*, ohne die der Arbeitsprozeß überhaupt nicht vorgehn kann, z. B. das Haus, worin gearbeitet wird, oder das Feld, worauf gesät

---

[1] Leiter

wird usw. Sie gehn nicht direkt in den Arbeitsprozeß ein, aber sie sind Bedingungen, ohne die er nicht vorgehn kann, als notwendige Arbeitsmittel. Sie erscheinen als Bedingungen des Vorgehens des ganzen Prozesses, nicht als innerhalb seines Vorgehens eingeschloßne Faktoren.* Das Einzelne in Details hat hier keinen Zweck.

Das Arbeitsmaterial wird, mit Ausnahme der Rohproduktion, stets selbst schon durch einen frühren Arbeitsprozeß durchgangen sein. Was als Arbeitsmaterial und daher als Rohmaterial in dem einen Arbeitszweig, erscheint als Resultat in dem andren. Die große Mehrzahl selbst von dem, was als Naturprodukt betrachtet wird, z. B. die Pflanzen und Tiere, sind in der Form, wie sie jetzt von Menschen benutzt und wieder erzeugt werden, das Resultat einer durch viele Generationen unter menschlicher Kontrolle, vermittelst menschlicher Arbeit vorgegangnen Umwandlung, in der sich ihre Form und Substanz verändert hat. Ebenso, wie schon bemerkt, ist das Arbeitsmittel in einem Arbeitsprozeß Arbeitsresultat in dem andren.

||30| Um also das Arbeitsvermögen zu konsumieren, genügt es nicht, daß der Geldbesitzer das Arbeitsvermögen kauft {zeitliche[1] Disposition darüber}, er muß auch die Arbeitsmittel, deren Umfang größer oder kleiner sein mag, kaufen: Das Arbeitsmaterial und die Arbeitsmittel. Hierauf kommen wir nachher zurück. Hier ist nur zu bemerken, daß damit der Geldbesitzer, der Arbeitsvermögen gekauft hat, zur Konsumtion desselben, d. h. zum wirklichen *Arbeitsprozeß* fortschreiten kann, er mit einem andren Teil seines Geldes die gegenständlichen Arbeitsbedingungen, die als Waren innerhalb der Zirkulation roulieren, gekauft haben muß, in Verbindung mit denen erst das Arbeitsvermögen in den wirklichen Arbeitsprozeß übergehn kann.

Er kauft auch Ware, aber Ware, deren Gebrauchswerte von der lebendigen Arbeit konsumiert, als Faktoren des Arbeitsprozesses konsumiert werden sollen, teils Gebrauchswerte, die das Arbeitsmaterial und damit das Element eines höheren Gebrauchswertes bilden sollen, teils Arbeitsmittel, die der Einwirkung der Arbeit auf das Arbeitsmaterial als Leiter dienen. Waren — hier zunächst die Gebrauchswerte der Waren — so im Arbeitsprozeß konsumieren heißt, sie *produktiv konsumieren,* nämlich nur aufzehren als Mittel oder Gegenstand, durch die und in denen die Arbeit einen höhern Gebrauchswert schafft. Es ist die industrielle Konsumtion von Waren. (Gebrauchswerten.)

---

* Ebenso fallen unter die *Arbeitsmittel* Substanzen, die konsumiert werden, um das Arbeitsmittel als solches zu verwenden, wie Öl, Kohle usw. oder chemische Stoffe, die eine gewisse Modifikation im Arbeitsmaterial hervorbringen sollen, wie z. B. Chlor, um zu bleichen usw.

---

[1] In der Handschrift: zeitliche stückweise

Soviel in bezug auf den Geldbesitzer, der sein Geld durch den Austausch mit dem Arbeitsvermögen in Kapital verwandelt.

Innerhalb des wirklichen Arbeitsprozesses selbst sind die Waren nur als Gebrauchswerte vorhanden, nicht als Tauschwerte; denn sie stehn der wirklichen lebendigen Arbeit nur als ihre Bedingungen, als Mittel ihrer Verwirklichung gegenüber, als durch die Natur der Arbeit selbst bestimmte Faktoren, deren sie zur Verwirklichung in einem bestimmten Gebrauchswert bedarf. Z. B. der Leinweber im Akt des Webens bezieht sich auf das Leinengarn, sein Arbeitsmaterial nur als Material dieser bestimmten Tätigkeit, des Webens, nur als Element zur Herstellung des Leinenprodukts, nicht auf es, soweit es[1] einen Tauschwert hat, Resultat einer frühren Arbeit ist, sondern auf es als vorhandnes Ding, dessen Eigenschaften er zur Umänderung desselben benutzt. Ebenso hat der Webstuhl hier nichts als Ware zu schaffen, als Träger des Tauschwerts, sondern nur als Arbeitsmittel für das Weben. Nur als solches wird er im Arbeitsprozeß gebraucht und verbraucht. Wenn Arbeitsmaterial und Arbeitsmittel, obgleich selbst Waren und also Gebrauchswerte, die einen Tauschwert haben, der wirklichen Arbeit nur als Momente ihres Prozesses, als Faktoren desselben gegenüberstehn, so versteht es sich, daß sie in diesem Prozeß selbst ihm noch weniger als Kapital gegenüberstehn. Die wirkliche Arbeit eignet sich das Instrument als ihr Mittel und das Material als das Material ihrer Tätigkeit an. Sie ist Aneignungsprozeß dieser Gegenstände als des beseelten Leibes, als der Organe der Arbeit selbst. Das Material erscheint hier als die unorganische Natur der Arbeit, das Arbeitsmittel als Organ der aneignenden Tätigkeit selbst.

Wenn hier von „höheren" Gebrauchswerten gesprochen wird, so ist darunter nichts Moralisches zu verstehn, nicht einmal, daß der neue Gebrauchswert notwendig einen höhern Rang im System der Bedürfnisse einnimmt. Korn, das zu Schnaps zubereitet wird, ist ein niedrigrer Gebrauchswert als Schnaps. Jeder Gebrauchswert, der als Element zur Bildung eines neuen vorausgesetzt ist, ist diesem neuen gegenüber ein niedrigrer Gebrauchswert, weil er dessen elementarische Voraussetzung bildet, und ein Gebrauchswert ist um so höher, je mehr Arbeitsprozesse die Elemente, aus denen er neu gebildet wird, schon durchlaufen haben; je vermittelter also sein Dasein ist.

Der Arbeitsprozeß ist also der Prozeß, worin von seiten des Arbeiters eine bestimmte zweckmäßige Tätigkeit ausgeübt wird, Bewegung, die sowohl Betätigung seines Arbeitsvermögens, seiner Geistes- und Leibeskräfte, wie Verausgabung und Abnützung derselben ist — durch die er dem Arbeitsmaterial eine neue Gestalt gibt und die sich so in demselben materialisiert —, mag

---

[1] In der Handschrift: Leinenpds nicht auf sie soweit sie

diese Veränderung der Form chemisch oder mechanisch sein oder durch Kontrolle von physiologischen Prozessen selbst vor sich gehn oder nur in der Raumentfernung des Gegenstandes (Veränderung seines örtlichen Daseins) oder in der bloßen Trennung desselben von seinem Zusammenhang mit dem Erdkörper bestehn. Während sich so die Arbeit im Arbeitsgegenstand materialisiert, formiert sie denselben und verbraucht, konsumiert das Arbeitsmittel als ihr Organ. Aus der Form der Tätigkeit geht die Arbeit in die Form des Seins über, in die des Gegenstands. Als Veränderung des Gegenstands verändert sie ihre eigne Gestalt. Die formgebende Tätigkeit verzehrt den Gegenstand und sich selbst; sie formiert ihn und materialisiert sich; sie verzehrt sich selbst in ihrer subjektiven Form als Tätigkeit und verzehrt das Gegenständliche des Gegenstands, d. h., hebt seine Gleichgültigkeit gegen den Zweck der Arbeit auf. Endlich konsumiert die Arbeit das Arbeitsmittel, das während des Prozesses aus der bloßen Möglichkeit sich ebenfalls in Wirklichkeit übersetzt hat, indem es zum wirklichen Leiter der Arbeit geworden, damit aber, durch den mechanischen oder chemischen Prozeß, den es eingeht, ebenfalls in seiner ruhenden ||31| Form aufgezehrt worden ist.

Alle 3 Momente des Prozesses, dessen Subjekt die Arbeit und deren Faktoren das Arbeitsmaterial, worauf und Arbeitsmittel, womit es wirkt, fallen zusammen in ein neutrales Resultat – das *Produkt*. In dem Produkt hat sich die Arbeit vermittelst dem Arbeitsmittel mit dem Arbeitsmaterial verbunden. Das Produkt, das neutrale Resultat, worin der Arbeitsprozeß endet, ist ein neuer *Gebrauchswert*. Ein Gebrauchswert überhaupt erscheint als Produkt des Arbeitsprozesses. Dieser Gebrauchswert mag nun selbst entweder die letzte Form erreicht haben, in der er als Lebensmittel der individuellen Konsumtion dienen kann; auch in dieser Form kann er wieder Faktor eines neuen Arbeitsprozesses werden, wie z.B. Korn nicht von Menschen, sondern von Pferden verzehrt werden kann, zur Produktion von Pferden, oder es kann als Element für einen höhren kompliziertren Gebrauchswert dienen, oder der Gebrauchswert ist fertiges Arbeitsmittel, das als solches in einem neuen Arbeitsprozeß dienen soll, oder endlich der Gebrauchswert ist ein unfertiges Produkt, Halbfabrikat, das noch in andre von dem Arbeitsprozeß, als dessen Produkt es herauskömmt, unterschiedne Arbeitsprozesse, sei die Reihe dieser Prozesse größer oder kleiner, wieder als Arbeitsmaterial eingehn und auch eine Reihe stofflicher Veränderungen durchlaufen muß. Mit Bezug auf den Arbeitsprozeß aber, aus dem es als Produkt herauskommt, erscheint es als fertiges abschließendes Resultat, als ein neuer Gebrauchswert, dessen Herstellung den Inhalt des Arbeitsprozesses und den immanenten Zweck der Arbeitstätigkeit bildete; die Verausgabung des Arbeitsvermögens, dessen Konsumtion bildete.

In dem Arbeitsprozeß werden also Produkte frührer Arbeitsprozesse verwandt, von der Arbeit konsumiert, um neue Produkte von höhrem, d. h. vermittelterem Gebrauchswert herzustellen. Innerhalb der Schranken des bestimmten Arbeitsprozesses selbst, worin die gegenständlichen Faktoren der Arbeit nur als gegenständliche Bedingungen ihrer Verwirklichung erscheinen, ist diese Bestimmung der Gebrauchswerte, selbst schon Produkte zu sein, durchaus gleichgültig. Es zeigt sich aber darin die stoffliche Abhängigkeit der verschiednen gesellschaftlichen Arbeitsweisen zueinander und ihre wechselseitige Ergänzung zu einer Totalität der gesellschaftlichen Arbeitsweisen.

Soweit vergangne Arbeit ihrer stofflichen Seite nach betrachtet wird, d. h., soweit an einem Gebrauchswert, der als Arbeitsmittel oder Arbeitsmaterial in einem Arbeitsprozesse dient, der Umstand festgehalten wird, daß dieser Gebrauchswert selbst schon eine Verbindung von Naturstoff und Arbeit, dient die vergangne in Gebrauchswerten vergegenständlichte konkrete Arbeit als Mittel zur Verwirklichung neuer Arbeit oder, was dasselbe ist, zur Bildung neuer Gebrauchswerte. Aber es ist wohl festzuhalten, in welchem Sinne dies im wirklichen Arbeitsprozeß der Fall ist. Z. B. *Webstuhl und Baumwollgarn dienen im Weben nur in den Eigenschaften, die sie für diesen Prozeß als Material und Mittel des Webens besitzen, nur durch die dinglichen Eigenschaften, die sie für diesen besondren Arbeitsprozeß besitzen.* Daß die Baumwolle, Holz und Eisen diese Form, die eine als Garn, die andre als Webstuhl, erhalten, worin sie diese Dienste im Arbeitsprozeß leisten, diese bestimmte Gebrauchsverwertung — ganz wie der Umstand, daß der Weizen die bestimmten Dienste, Gebrauchsverwertung, die er im Ernährungsprozeß besitzt — vermittelst frührer Arbeit erhalten haben, selbst schon eine Kombination von Arbeit und Naturstoff darstellen, ist ein Umstand, der als solcher für *diesen* bestimmten Arbeitsprozeß, indem sie in einer bestimmten Weise als Gebrauchswerte dienen, eine besondre Nutzanwendung erhalten, als solchen gleichgültig ist. Er könnte jedoch nicht stattfinden, wenn Baumwolle, Eisen und Holz durch einen frühren, vergangnen Arbeitsprozeß nicht die Gestalt und daher die besondren vernutzbaren Eigenschaften, die sie als Garn und Webstuhl besitzen, erhalten hätten. Rein stofflich betrachtet, vom Standpunkt des wirklichen Arbeitsprozesses selbst aus, erscheint also ein bestimmter vergangner Arbeitsprozeß als Vorstufe und Bedingung für das Ins-Leben-Treten des neuen Arbeitsprozesses. Dann wird dieser Arbeitsprozeß selbst aber nur als Bedingung zur Herstellung eines bestimmten Gebrauchswertes, also selbst vom Standpunkt des Gebrauchswertes aus betrachtet. Wie in der Konsumtion eines Gebrauchswertes überhaupt die in ihm enthaltne Arbeit gleichgültig ist und er nur als Gebrauchswert wirkt oder nach seinen Eigenschaften im Prozeß der Konsumtion gewisse Bedürfnisse befriedigt, also nur seine Eigenschaften, die er als dieser Gegenstand besitzt, die Dienste, die er als dieser Gegenstand leistet, interessieren, so im Arbeitsprozeß, der selbst nur ein bestimmter, besondrer Konsumtionsprozeß von Gebrauchswerten, eine besondre, spezifische Art ihrer Vernutzung ist, nur die Eigenschaften, die die Produkte frührer Arbeit für diesen Prozeß haben, nicht ihr Dasein als Materiatur vergangner Arbeit. Die Eigenschaften, die irgendein Naturstoff durch die frühre Arbeit erhalten hat, sind jetzt seine eignen dinglichen Eigenschaften, mit denen er wirkt oder dient. Daß diese Eigenschaften durch frühre Arbeit vermittelt sind, diese Vermittlung selbst ist im Produkt aufgehoben, ausgelöscht.

||32| Was als besondre Weise, treibender Zweck die Tätigkeit der Arbeit, erscheint jetzt in seinem Resultat, in der im Produkt durch die Arbeit zustande gekommnen Veränderung des Gegenstandes, als ein Gegenstand mit neuen bestimmten Eigenschaften, die er für den Gebrauch, zur Befriedigung von Bedürfnissen besitzt. Werden wir im Arbeitsprozeß selbst daran erinnert, daß das Arbeitsmaterial und -mittel Produkt frührer Arbeit ist, so geschieht es nur, sofern sie nicht die nötigen Eigenschaften entwickeln, z. B. eine Säge, die nicht zersägt, ein Messer, das nicht schneidet usw. Dies erinnert uns an die Unvollkommenheit der Arbeit, die einen Faktor für den gegenwärtigen Arbeitsprozeß geliefert hat. Soweit Produkte frührer Arbeitsprozesse in einen neuen Arbeitsprozeß als Faktoren, als Material oder Mittel eingehn, interessiert uns nur die Qualität der vergangnen Arbeit, ob ihr Produkt wirklich die zweckmäßigen Eigenschaften, die es zu besitzen vorgibt, besitzt, ob die Arbeit *gut* oder *schlecht* war. Es ist die Arbeit in ihrer stofflichen Wirkung und Wirklichkeit, die uns hier interessiert. Im übrigen, soweit Arbeitsmittel und Arbeitsmaterial – als solche Gebrauchswerte im wirklichen Arbeitsprozeß dienen und die zweckmäßigen Eigenschaften besitzen (ob sie aber diese Eigenschaften als Gebrauchswerte in höhrem oder niedrem Grad besitzen, vollkommener oder unvollkommener ihrem Zweck dienen, hängt von der vergangnen Arbeit ab, deren Produkte sie sind), ist es ganz gleichgültig, daß sie Produkte frührer Arbeit sind. Wenn sie fertig vom Himmel fielen, würden sie denselben Dienst leisten. Soweit sie uns als Produkte, d. h. als Resultate vergangner Arbeit, interessieren, ist es nur als Resultate einer *besondren* Arbeit, die Qualität dieser besondren Arbeit, von der ihre Qualität als Gebrauchswerte, der Grad, in dem sie wirklich [als] Gebrauchswerte für diesen besondren Konsumtionsprozeß dienen, abhängt. Ganz ebenso in einem gegebnen Arbeitsprozeß interessiert die Arbeit nur, sofern sie als diese bestimmte zweckmäßige Tätigkeit wirkt, diesen bestimmten stofflichen Inhalt aber und der Grad, in dem das Produkt gut oder schlecht ist, den Gebrauchswert wirk-

lich besitzt, erhält, den es im Arbeitsprozeß erhalten soll, von der größren oder geringren Güte, Vollkommenheit, ihrem zweckentsprechenden Charakter der Arbeit abhängt.

Andrerseits Produkte, die dazu bestimmt sind, als Gebrauchswerte in einen neuen Arbeitsprozeß einzugehn, also entweder Arbeitsmittel sind oder unfertige Produkte, d.h. Produkte, die, um wirkliche Gebrauchswerte zu werden — der individuellen oder produktiven Konsumtion zu dienen —, einer weitren Verarbeitung bedürfen — diese Produkte, die also entweder Arbeitsmittel oder Arbeitsmaterial für einen fernren Arbeitsprozeß sind, verwirklichen sich als solche nur, indem sie in Kontakt mit der lebendigen Arbeit treten, die ihre tote Gegenständlichkeit aufhebt, sie konsumiert, sie aus Gebrauchswerten, die nur der Möglichkeit nach existieren, in wirkliche und wirkende Gebrauchswerte verwandelt, indem sie dieselben als die gegenständlichen Faktoren ihrer eignen lebendigen Bewegung verbraucht und gebraucht. Eine Maschine, die nicht im Arbeitsprozeß dient, ist nutzlos, totes Eisen und Holz. Außerdem fällt sie der Verzehrung durch die elementarischen Mächte — dem allgemeinen Stoffwechsel [anheim], das Eisen verrostet, das Holz verfault. Garn, das nicht verwebt oder verstrickt wird usw., ist nur verdorbne Baumwolle, Baumwolle, die zu andrer Nutzanwendung, die sie in ihrem Zustand als Baumwolle, als Rohmaterial besaß, verdorben ist. Da jeder Gebrauchswert verschieden vernutzt werden kann, jedes Ding verschiedne Eigenschaften hat, in denen es den Bedürfnissen dienen kann, so verliert es dieselben, indem es durch einen frühren Arbeitsprozeß Gebrauchswert in einer bestimmten Richtung erhalten hat, Eigenschaften, mit denen es nur in einem bestimmten nachfolgenden Arbeitsprozeß nützen kann; Produkte also, die nur als Arbeitsmittel und Arbeitsmaterial dienen können, verlieren nicht nur ihre Eigenschaft als Produkte, als diese bestimmten Gebrauchswerte, die sie durch die frühre Arbeit erhalten haben, sondern das Rohmaterial, aus dem sie bestehn, ist verdorben, zwecklos verschleudert worden und fällt mit der nützlichen Form, die es durch die frühre Arbeit erhalten hat, dem auflösenden Spiel der Naturmächte anheim. Im Arbeitsprozeß werden die Produkte des frühren Arbeitsprozesses, Arbeitsmaterial und Arbeitsmittel, gleichsam von den toten auferweckt. Sie werden nur *wirkliche* Gebrauchswerte, indem sie als Faktoren in den Arbeitsprozeß eingehn, wirken nur als Gebrauchswerte in ihm und werden nur durch ihn der Auflösung in dem allgemeinen Stoffwechsel entzogen, um im Produkt als Neubildung wiederzuerscheinen. Die Maschine wird auch durch den Arbeitsprozeß zerstört, aber als Maschine. Sie lebt und wirkt als Maschine, ihre Konsumtion ist zugleich ihre Wirksamkeit, und in der veränderten Form des Materials ist ihre Bewegung als Eigenschaft eines neuen Gegenstands verwirklicht, fixiert. Ebenso das Arbeitsmaterial entwickelt seine Gebrauchseigenschaften, die es als solches besitzt, nur im Arbeitsprozeß selbst. Sein Konsumtionsprozeß ist Umgestaltungsprozeß, Veränderung, woraus es als erhöhter Gebrauchswert hervorgeht. ||33| Wenn also einerseits vorhandne Produkte, Resultate frührer Arbeit, die Verwirklichung der lebendigen Arbeit als die gegenständlichen Bedingungen derselben vermitteln, vermittelt die lebendige Arbeit die Verwirklichung dieser Produkte als Gebrauchswerte, als Produkte und erhält sie, entzieht dieselben dem allgemeinen Stoffwechsel der Natur, indem sie dieselben als Elemente einer „Neubildung" beseelt.

Die reale Arbeit, soweit sie Gebrauchswerte schafft, Aneignung des Natürlichen für menschliche Bedürfnisse ist, seien diese Bedürfnisse nun Bedürfnisse der Produktion oder individuellen Konsumtion, ist allgemeine Bedingung des Stoffwechsels zwischen Natur und Mensch und als solche Naturbedingung des menschlichen Lebens von allen bestimmten gesellschaftlichen Formen desselben unabhängig, allen gleich gemeinsam. Dasselbe gilt vom Arbeitsprozeß in seinen allgemeinen Formen, der ja überhaupt nur die lebendige Arbeit ist, in seine besondren Elemente zerlegt, als deren Einheit der Arbeitsprozeß selbst, die Wirkung der Arbeit durch d[ie] Arbeitsmittel auf das Arbeitsmaterial. Der Arbeitsprozeß selbst erscheint seiner allgemeinen Form nach, also noch in *keiner* besondren *ökonomischen Bestimmtheit*. Es ist darin kein bestimmtes historisches (gesellschaftlich) *Produktionsverhältnis* ausgedrückt, das die Menschen in der Produktion ihres gesellschaftlichen Lebens eingehn, vielmehr die allgemeine Form und die allgemeinen Elemente, worin die Arbeit sich in allen gesellschaftlichen Produktionsweisen gleichmäßig zerlegen muß, um als Arbeit zu wirken.

Die Form des Arbeitsprozesses, die hier betrachtet worden ist, nur seine abstrakte Form, von allen bestimmten historischen Charakteren losgelöst, und die auf alle Arbeiten des Arbeitsprozesses, in welche gesellschaftlichen Verhältnisse die Menschen während desselben zueinander treten mögen, gleichmäßig paßt. So wenig man es dem Weizen anschmeckt, ob er von einem russischen Leibeigenen oder einem französischen Bauern produziert ist, so wenig sieht man es diesem Arbeitsprozeß in seinen allgemeinen Formen, den allgemeinen Formen dieses Arbeitsprozesses an, ob er unter der Peitsche eines Sklavenaufsehers, unter dem Auge eines industriellen Kapitalisten vor sich geht oder der Prozeß eines Wilden ist, der mit seinem Bogen Wild erlegt.

Der Geldbesitzer hat mit seinem Geld teils Disposition über Arbeitsvermögen gekauft, teils Arbeitsmaterial und Arbeitsmittel, damit er dieses Arbeitsvermögen als solches verbrauchen, konsumieren, d. h. sich als wirkliche

Arbeit betätigen lassen könne, kurz, damit er den Arbeiter nun wirklich arbeiten lasse. Die allgemeinen Bestimmungen dieses Arbeitens, das es mit jeder andren Weise des Arbeitens gemein hat, werden dadurch nicht geändert, daß dies Arbeiten hier für den Geldbesitzer geschieht oder als sein Konsumtionsprozeß des Arbeitsvermögens erscheint. Er hat den Arbeitsprozeß unter seine Botmäßigkeit subsumiert, sich angeeignet, aber damit seine allgemeine Natur unverändert gelassen. Soweit der Charakter des Arbeitsprozesses durch seine Subsumtion unter das Kapital selbst verändert wird, ist eine Frage, die mit der allgemeinen Form desselben nichts zu tun hat und später erörtert werden wird.

Der Weizen, den ich esse, ob ich ihn gekauft habe oder selbst produziert habe, wirkt einmal wie das andre Mal seiner Naturbestimmtheit gemäß im Ernährungsprozeß. Ebenso ändert es an dem Arbeitsprozeß in seiner allgemeinen Form nichts, d. h. an den begrifflichen Momenten des Arbeitens überhaupt, ob ich für mich mit meinem eignen Arbeitsmaterial und Arbeitsinstrument arbeite oder ob ich für den Geldbesitzer arbeite, dem ich mein Arbeitsvermögen temporell verkauft habe. Die Konsumtion dieses Arbeitsvermögens, d. h. seine wirkliche Betätigung als Arbeitskraft, die wirkliche Arbeit, *die an sich ein Prozeß ist, worin eine Tätigkeit in gewisse Beziehung zu Gegenständen tritt, bleibt nach wie vor dieselbe* und bewegt sich in denselben allgemeinen Formen. Der Arbeitsprozeß oder das wirkliche Arbeiten unterstellt ja eben, daß die Trennung, worin sich der Arbeiter vor dem Verkauf seines Arbeitsvermögens von den gegenständlichen Bedingungen befand, in denen er allein sein Arbeitsvermögen betätigen, arbeiten kann – daß diese Trennung aufgehoben wird, daß er nun in die naturgemäße Beziehung als Arbeiter zu den gegenständlichen Bedingungen seiner Arbeit tritt in den Arbeitsprozeß. Betrachte ich also die allgemeinen Momente dieses Prozesses, so betrachte ich nur die allgemeinen Momente wirklicher Arbeit überhaupt. (Die Nutzanwendung hiervon, nämlich, daß zur Apologie des Kapitals es verwechselt wird oder identifiziert wird mit einem Moment des einfachen Arbeitsprozesses überhaupt, also daß ein Produkt, zur Produktion eines andren Produkts bestimmt, Kapital sei, daß Rohmaterial Kapital oder das Arbeitswerkzeug, das Produktionsinstrument Kapital sei, daher Kapital ein von allen Distributionsverhältnissen und gesellschaftlichen Produktionsformen unabhängiger Faktor des Arbeitsprozesses, überhaupt der Produktion. Dieser Punkt besser erst auszuführen, nachdem vorher der Verwertungsprozeß abgehandelt. Das Geld, um sich in Kapital (produktives Kapital) zu verwandeln, muß sich in Arbeitsmaterial, Arbeitsinstrument und Arbeitsvermögen verwandeln, lauter Produkte vergangner Arbeit, durch die Arbeit vermittelte Gebrauchswerte, die zur Neuproduktion verwandt werden. Seiner stofflichen Seite nach betrachtet erscheint das Kapital also jetzt — soweit es als Gebrauchswert existiert — ||34| als bestehend, daseiend in der Form von Produkten, die zur Neuproduktion dienen, Rohmaterial, Werkzeug (aber auch als Arbeit). Daraus folgt aber keineswegs umgekehrt, daß diese Dinge als solche Kapital sind. Sie werden es erst unter gewissen gesellschaftlichen Voraussetzungen. Es könnte sonst ebensogut gesagt werden, daß Arbeit an und für sich Kapital sei, also aus dem Nutzen der Arbeit dem Arbeiter der Nutzen des Kapitals vordemonstriert werden, da die Arbeit so gut wie das Werkzeug im Arbeitsprozeß dem Kapitalisten gehören.) Die Momente des Arbeitsprozesses in bezug auf die Arbeit selbst betrachtet, sind bestimmt als Arbeitsmaterial, Arbeitsmittel und Arbeit selbst. Werden diese Momente betrachtet mit Rücksicht auf den Zweck des ganzen Prozesses, das herzustellende Produkt, so können sie bezeichnet werden als Produktionsmaterial, Produktionsmittel und produktive Arbeit. (Vielleicht nicht dieser letzte Ausdruck.)

Das Produkt ist das Resultat des Arbeitsprozesses. Ebensosehr erscheinen Produkte als seine Voraussetzung, mit denen er nicht endet, sondern von deren Dasein er als Bedingung ausgeht. Das Arbeitsvermögen selbst ist nicht nur ein Produkt, sondern die Lebensmittel, die der Arbeiter als Geld von dem Geldbesitzer erhält für den Verkauf seines Arbeitsvermögens, sind schon für die individuelle Konsumtion fertige Produkte. Sein Arbeitsmaterial und Arbeitsmittel sind ebenfalls eins oder das andre oder beide schon Produkte. Der Produktion sind also schon die Produkte vorausgesetzt; Produkte sowohl für die individuelle wie für die produktive Konsumtion. Ursprünglich ist die Natur selbst das Vorratshaus, worin der Mensch, der ebenfalls als Naturprodukt vorausgesetzt ist, fertige Naturprodukte zum Konsum vorfindet, wie er teils in den Organen seines eignen Leibes die ersten Produktionsmittel zur Aneignung dieser Produkte vorfindet. Das Arbeitsmittel, das Produktionsmittel, erscheint als das erste von ihm produzierte Produkt, dessen erste Formen wie Stein usw. er auch in der Natur vorfindet.

Der Arbeitsprozeß als solcher, wie gesagt, hat mit dem Akt des Kaufs des Arbeitsvermögens auf seiten des Kapitalisten nichts zu tun. Er hat das Arbeitsvermögen gekauft. Nun soll er es als Gebrauchswert verwenden. Der Gebrauchswert der Arbeit ist das Arbeiten selbst, der Arbeitsprozeß. Wir fragen also, worin dieser besteht, seinen allgemeinen Momenten nach, also unabhängig vom zukünftigen Kapitalisten besteht, ganz wie wenn wir sagen: Der kauft Weizen, er will ihn nun als Nahrungsmittel gebrauchen. Worin besteht der Ernährungsprozeß durch Getreide oder vielmehr, welches sind die allgemeinen Momente des Ernährungsprozesses überhaupt?

Verwertungsprozeß

Das Resultat des Arbeitsprozesses, sofern das Resultat noch mit Bezug auf ihn selbst betrachtet wird, als der kristallisierte Arbeitsprozeß, dessen verschiedne Faktoren in einem ruhenden Gegenstand, einer Verbindung der subjektiven Tätigkeit und ihres stofflichen Inhalts zusammengefallen sind, ist das *Produkt*. Dieses Produkt aber für sich, in der Selbständigkeit, worin es als Resultat des Arbeitsprozesses erscheint, betrachtet, ist ein bestimmter *Gebrauchswert*. Das Arbeitsmaterial hat die Form erhalten, die bestimmten Eigenschaften, deren Herstellung der ganze Arbeitsprozeß bezweckte und die als treibender Zweck die besondre Art und Weise der Arbeit selbst bestimmte. Dies Produkt, soweit es jetzt als Resultat da ist, also der Arbeitsprozeß als vergangen, als Geschichte seiner Entstehung hinter ihm liegt, ist ein *Gebrauchswert*. Was das Geld durch seinen Austausch gegen Arbeitsvermögen oder was der Geldbesitzer durch die Konsumtion des von ihm gekauften Arbeitsvermögens – diese Konsumtion ist aber der Natur des Arbeitsvermögens gemäß industrielle, produktive Konsumtion oder Arbeitsprozeß – erhalten hat, ist ein *Gebrauchswert*. Dieser Gebrauchswert gehört ihm, er hat ihn gekauft; indem er ein Äquivalent für ihn gab; nämlich gekauft das Arbeitsmaterial, Arbeitsmittel; ebenso aber gehörte ihm die *Arbeit selbst*, denn indem er das Arbeitsvermögen kaufte – *bevor* also wirklich gearbeitet wird –,[1] gehört ihm der Gebrauchswert dieser Ware, der eben die Arbeit selbst ist. Das Produkt gehört ihm ganz ebensowohl, als wenn er sein eignes Arbeitsvermögen konsumiert, d. h. selbst das Rohmaterial bearbeitet hätte. Der ganze Arbeitsprozeß geht erst vor, nachdem er sich alle Elemente desselben auf Grundlage des Warenaustauschs und seinen Gesetzen entsprechend, nämlich durch Kauf zu ihrem Preise, der ihr in Geld ausgedrückter, geschätzter Wert ist, verschafft hat. Insofern sein Geld sich in die Elemente des Arbeitsprozesses umgesetzt hat und der ganze Arbeitsprozeß selbst nur als der Konsum des von dem Gelde gekauften Arbeitsvermögens erscheint, erscheint der Arbeitsprozeß selbst als eine Umwandlung, die das Geld durchläuft, indem es sich ausgetauscht hat nicht gegen einen vorhandnen Gebrauchswert, sondern gegen einen Prozeß, der sein eigner Prozeß ist. Der Arbeitsprozeß ist ihm gewissermaßen einverleibt, subsumiert unter es.

Indes, was mit dem Austausch des Geldes gegen Arbeitsvermögen bezweckt war, war keineswegs Gebrauchswert, sondern die Verwandlung des Geldes in Kapital. Der im Geld verselbständigte Wert sollte sich in diesem

---

[1] In der Handschrift: wird – kaufte,

Austausch erhalten, vermehren, selbstische Gestalt annehmen, und der Geldbesitzer Kapitalist werden, indem er eben den über die Zirkulation übergrei-
fenden, sich in ihr ||35| als Subjekt behauptenden Wert darstellte. Worum es
zu tun war, war der Tauschwert, nicht der Gebrauchswert. Als Tauschwert
behauptet sich der Wert nur, indem der im Arbeitsprozeß geschaffne Gebrauchswert, das Produkt der realen Arbeit, selbst Träger des Tauschwerts,
d. h. *Ware*, ist. Es handelte sich daher für das in Kapital sich verwandelnde
Geld um die Produktion einer Ware, nicht eines bloßen Gebrauchswerts, um
den Gebrauchswert, nur insofern er notwendige Bedingung, materielles Sub-
strat des Tauschwerts. Es handelte sich in der Tat um *Produktion* von
Tauschwert, Erhaltung und Vermehrung desselben. Es wird also gelten, jetzt
den erhaltnen Tauschwert des Produkts, des neuen Gebrauchswerts, zu berechnen. (Es handelt sich darum, den Wert zu verwerten. Also nicht nur um
einen Arbeits-, sondern einen Verwertungsprozeß.)

Bevor wir zu dieser Rechnung fortgehn, vorher noch eine Bemerkung. Alle
Voraussetzungen des Arbeitsprozesses, was in ihn einging, waren nicht nur
Gebrauchswerte, sondern Waren, Gebrauchswerte, die einen Preis hatten, der
ihren Tauschwert ausdrückte. Wie Waren als Elemente dieses Prozesses vorhanden waren, müssen sie wieder aus ihm herauskommen, wovon sich nichts
zeigt, wenn wir den bloßen Arbeitsprozeß als materielle Produktion betrachten. Er bildet daher nur eine Seite, die stoffliche Seite des Produktionsprozesses. Wie die Ware selbst einerseits Gebrauchswert, andrerseits Tauschwert, so
muß natürlich die Ware in actu[1] in ihrem Entstehungsprozeß ein doppelseiti-
ger Prozeß sein, ihre Produktion als Gebrauchswert, als Produkt nützlicher
Arbeit, andrerseits ihre Produktion als Tauschwert, und diese beiden Prozesse
müssen nur als zwei verschiedne Formen desselben Prozesses escheinen, grade
wie die Ware Einheit von Gebrauchswert und Tauschwert ist. Die Ware, von
der wir als einem gegebnen ausgingen, wird hier im Prozeß ihres Werdens betrachtet. Der Produktionsprozeß ist der Produktionsprozeß nicht von Gebrauchswert, sondern von Ware, also der Einheit von Gebrauchswert und
Tauschwert. Dies würde indes die Produktionsweise noch nicht zu kapitalistischer Produktionsweise machen. Sie erheischt nur, daß das Produkt, der Gebrauchswert, nicht zum eignen Konsum, sondern zur Entäußerung, zum Verkauf bestimmt ist. Die kapitalistische Produktion aber erheischt nicht nur,
daß die in den Arbeitsprozeß geworfnen Waren verwertet werden, durch Zusatz von Arbeit – die industrielle Konsumtion ist nichts als Zusatz von neuer
Arbeit – einen neuen Wert erhalten, sondern daß die in sie geworfnen

---

[1] in der Tat

Werte — denn die in sie geworfnen Gebrauchswerte, soweit sie Waren waren, hatten alle Wert — als Werte sich verwerten, dadurch, daß sie Werte waren, neuen Wert produzieren. Handelte es sich nur um die erste, so wären wir nicht über die einfache Ware hinaus.

Wir nehmen an, daß die Elemente des Arbeitsprozesses für den Geldbesitzer nicht in seinem Besitz befindliche Gebrauchswerte sind, sondern ursprünglich als Waren durch Kauf erstanden wurden und daß dies die Voraussetzung des ganzen Arbeitsprozesses bildet. Wir haben gesehn, daß es nicht für jede Art der Industrie nötig ist, daß außer dem Arbeitsmittel auch das Arbeitsmaterial Ware sei, d. h. selbst schon durch Arbeit vermitteltes Produkt und als vergegenständlichte Arbeit Tauschwert — Ware. Wir gehn hier aber von der Voraussetzung aus, daß alle Elemente des Prozesses gekauft werden, wie es in der Fabrikation der Fall ist. Wir nehmen das Phänomen in der Form, worin es am vollständigsten erscheint. Es ändert dies an der Richtigkeit der Betrachtung selbst nichts, da man für andre Fälle nur einen Faktor = 0 zu setzen hat. Also z. B. im Fischfang ist das Arbeitsmaterial nicht selbst schon Produkt, zirkuliert also nicht vorher gleich Ware, und so kann ein Faktor des Arbeitsprozesses, soweit er als Tauschwert — als Ware in Betracht kommt — = 0 gesetzt werden, nämlich das Arbeitsmaterial. Die Voraussetzung aber, daß der Geldbesitzer nicht nur das Arbeitsvermögen kauft — oder das Geld sich nicht nur gegen Arbeitsvermögen austauscht, sondern ebenso gegen die andren gegenständlichen Bedingungen des Arbeitsprozesses, Arbeitsmaterial, Arbeitsmittel — worin eine große Mannigfaltigkeit von Dingen, Waren, je nach der einfachen oder komplizierten Natur des Arbeitsprozesses liegen mag — ist *wesentlich*. Auf der Stufe erstens der Entwicklung, wo wir hier stehn, methodisch notwendig. Wir haben zu sehn, wie Geld sich in Kapital verwandelt. Diesen Prozeß macht aber jeden Tag auch jeder Geldbesitzer durch, der sein Geld in industrielles Kapital verwandeln will. Er muß Arbeitsmaterial und Arbeitsmittel kaufen, um fremde Arbeit konsumieren zu können. — Notwendig für die wirkliche Einsicht in die Natur des Kapitalverhältnisses. Dies geht von der Warenzirkulation als seiner Grundlage aus. Es unterstellt die Aufhebung der Produktionsweise, worin der Selbstkonsum den Hauptzweck der Produktion bildet, nur der Überschuß als Ware verkauft wird. Es entwickelt sich um so vollständiger, je mehr alle Elemente, die es angehn, selbst Waren sind, also nur durch Kauf angeeignet werden können. Je mehr die Produktion selbst ihre Elemente aus der Zirkulation — d. h. als Waren, erhält, so daß sie schon als Tauschwerte in sie eingehn, desto mehr ist diese Produktion kapitalistische Produktion. Wenn wir hier theoretisch der Bildung des Kapitals die Zirkulation voraussetzen und daher vom Geld ausgehn, so ist das ebenfalls der historische Gang. Aus dem ||36| Geldvermögen entwickelt sich das Kapital und setzt zu seiner Bildung schon sehr entwikkelte – auf einer ihm vorhergehenden Produktionsstufe erzeugte Handelsverhältnisse voraus. Geld und Ware sind die Voraussetzung, von der wir ausgehn müssen bei der Betrachtung der bürgerlichen Ökonomie. Es wird sich bei der weitren Betrachtung des Kapitals zeigen, daß in der Tat es nur die kapitalistische Produktion ist, auf deren Oberfläche die Ware als die elementarische Form des Reichtums erscheint.

Man sieht daher die Abgeschmacktheit der Gewohnheit, die J. B. Say mit seinem französischen Schematismus eingeführt hat – da er im ganzen nur Vulgarisateur von A. Smith war, konnte er nur zu dem keineswegs überwältigten Stoff ein nettes oder uniformes Arrangement hinzubringen – die aber von keinem der klassischen Ökonomen befolgt ist, erst die Produktion, dann der Austausch, dann die Distribution und endlich die Konsumtion zu betrachten, oder auch die 4 Rubriken etwas anders zu verteilen. Die spezifische Produktionsweise, die wir zu betrachten, setzt von vornherein bestimmte Weise des Austauschs als eine ihrer Formen voraus, produziert eine bestimmte Distributionsweise und Konsumtionsweise, soweit die Betrachtung der letztren überhaupt in das Gebiet der politischen Ökonomie fällt. (Darauf später zurückzukommen. [25])

Also now ad rem[1].

Der Tauschwert des Produkts (des Gebrauchswerts), der aus dem Arbeitsprozeß hervorging, besteht aus der Gesamtsumme der in ihm materialisierten Arbeitszeit, dem Gesamtquantum der in ihm aufgearbeiteten, vergegenständlichten Arbeit.* Also erstens aus dem Wert des in ihm enthaltenen Rohmaterials oder der Arbeitszeit, erheischt, um dies Arbeitsmaterial zu produzieren. Gesetzt, es sei = 100 Arbeitstagen. Dieser Wert ist aber schon ausgedrückt in dem Preis, wozu das Arbeitsmaterial gekauft wurde, sage etwa zum Preis von 100 Talern. Der Wert dieses Teils des Produkts tritt schon als Preis bestimmt in es ein. Zweitens, was das Arbeitsmittel, Werkzeuge usw. betrifft, so braucht das Werkzeug nur zum Teil abgenutzt zu sein und kann fortfahren, in neuen Arbeitsprozessen von neuem als Arbeitsmittel zu funktionieren. Der Teil desselben kann also nur in die Berechnung eingehn – weil er nur in das Produkt eingegangen ist, der abgenutzt ist. Wir wollen an diesem Punkt –

---

* Auf diese *Addition* stützt Quesnay [26] etc. seinen Beweis von der Unproduktivität aller Arbeiten save agricultural labour[2].

---

[1] nun zur Sache
[2] außer landwirtschaftlicher Arbeit

später wird sich genauer zeigen, wie die Abnutzung des Arbeitsmittels berechnet wird — voraussetzen, daß das ganze Arbeitsmittel in dem einen Arbeitsprozeß sich abnutzt. Die Voraussetzung ändert um so weniger an der Sache, da in der Tat nur das Werkzeug, soweit es im Arbeitsprozeß konsumiert ist, also in das Produkt übergegangen ist, in Rechnung kommt; also nur das abgenutzte Arbeitsmittel in Rechnung kommt. Dies ist ebenfalls gekauft.

Ehe wir nun weitergehn, ist hier zu erörtern, wie sich im Arbeitsprozeß der Wert von Arbeitsmaterial und Arbeitsmittel erhält und daher als fertiger, *vorausgesetzter* Wertbestandteil des Produkts wieder erscheint oder, was dasselbe ist, wie im Arbeitsprozeß Material und Arbeitsmittel konsumiert, verändert werden, entweder verändert oder ganz zerstört werden (wie das Arbeitsmittel), ihr Wert aber nicht zerstört wird, sondern im Produkt wieder erscheint als ein Bestandteil, *vorausgesetzter* Bestandteil seines Werts.

{Das Kapital ist seiner stofflichen Seite nach als einfacher Produktionsprozeß, Arbeitsprozeß betrachtet worden. Dieser Prozeß ist aber der Seite der Formbestimmtheit nach *Selbstverwertungsprozeß.* Selbstverwertung schließt ein sowohl Erhalten des vorausgesetzten Werts als Vervielfältigung desselben. Die Arbeit ist zweckmäßige Tätigkeit, und so ist der stofflichen Seite nach vorausgesetzt, daß im Produktionsprozeß die Arbeit zweckmäßig das Arbeitsmittel verwandt hat, um dem Arbeitsmaterial den bezweckten neuen Gebrauchswert zu geben.}

{Da der Arbeitsprozeß — denn die Arbeit gehört dem Kapitalisten — Konsumtionsprozeß des Arbeitsvermögens durch den Kapitalisten ist, so hat er in dem Arbeitsprozeß sein Material und Arbeitsmittel durch die Arbeit konsumiert und die Arbeit durch sein Material etc. konsumiert.}

||37| Für den Arbeitsprozeß als solchen oder in dem Arbeitsprozeß als solchen bezieht sich das wirksame Arbeitsvermögen, der wirkliche Arbeiter, auf Arbeitsmaterial und Arbeitsmittel nur als gegenständliche Voraussetzungen der schaffenden Unruhe, die die Arbeit selbst ist, in der Tat nur als gegenständliche Mittel zur Verwirklichung der Arbeit. Solche sind sie nur durch ihre gegenständlichen Eigenschaften, durch die Eigenschaften, die sie als das Material und das Mittel dieser bestimmten Arbeit besitzen. Soweit sie selbst Produkte frührer Arbeit, ist das an ihnen als Dingen ausgelöscht. Der Tisch, der mir zum Schreiben dient, besitzt als seine eigne Form und seine eignen Eigenschaften, was früher als formgebende Qualität oder Bestimmtheit der Tischlerarbeit erschien. Ich habe es, soweit ich den Tisch als Mittel für fernre Arbeit gebrauche, mit ihm zu tun, soweit er als Gebrauchswert, als Tisch, zu bestimmter Nutzanwendung dient. Daß das Material, aus dem er besteht, durch frühre Arbeit, durch Tischlerarbeit, diese Form erhalten hat, ist ver-

schwunden, ausgelöscht in seinem dinglichen Dasein. Er dient im Arbeitsprozeß als Tisch, ohne alle Rücksicht auf die Arbeit, die ihn zum Tisch gemacht
hat.

Im Tauschwert handelt es sich dagegen nur um das Quantum Arbeit, als
dessen Materiatur dieser bestimmte Gebrauchswert erscheint, oder um das
Quantum Arbeitszeit, das erheischt ist, um ihn zu produzieren. In dieser Arbeit ist ihre eigne Qualität, daß sie z. B. Tischlerarbeit ist, ausgelöscht, denn
sie ist reduziert auf ein bestimmtes Quantum gleicher, allgemeiner, unter-
schiedsloser, gesellschaftlicher, abstrakter Arbeit. Die stoffliche Bestimmtheit
der Arbeit, also auch des Gebrauchswerts, worin sie sich fixiert, ist hierbei
ausgelöscht, verschwunden, gleichgültig. Es ist vorausgesetzt, daß es nützliche
Arbeit war, also Arbeit, die in einem Gebrauchswert resultierte. Welches aber
dieser Gebrauchswert, welches also die bestimmte Nützlichkeit der Arbeit
war, ist in dem Dasein der Ware als Tauschwert ausgelöscht, denn als solcher
ist sie ein Äquivalent, ausdrückbar in jedem andren Gebrauchswert, also in
jeder andren Form nützlicher Arbeit, das gleichgroßes Quantum gesellschaftlicher Arbeit. In bezug auf den Wert daher — d. h., als vergegenständlichtes
Quantum Arbeitszeit betrachtet, können Arbeitsmaterial und die aufgenutzten
Arbeitsmittel stets so betrachtet werden, als seien sie Momente desselben Arbeitsprozesses, so daß, um das Produkt, den neuen Gebrauchswert herzustellen, 1. die Arbeitszeit erheischt ist, die sich im Arbeitsmaterial vergegenständlicht, 2. die Arbeitszeit, die sich im Arbeitsmittel materialisiert. Das
Arbeitsmaterial in seiner ursprünglichen Form ist zwar verschieden, obgleich
es auch seiner Substanz nach im neuen Gebrauchswert wieder erscheint. Das
Arbeitsmittel ist ganz verschwunden, obgleich es als Wirkung, Resultat in der
Form des neuen Gebrauchswertes wieder erscheint. Die bestimmte stoffliche
Bestimmtheit, Nützlichkeit der Arbeiten, die im Arbeitsmaterial und Arbeitsmittel vorhanden war, ist ebenso ausgelöscht, wie die Gebrauchswerte, worin
sie resultieren, selbst verschwunden oder verändert sind. Aber als Tauschwerte waren sie, schon bevor sie in diesen neuen Arbeitsprozeß eingingen,
bloße Materiatur der allgemeinen Arbeit, nichts als ein in einem Gegenstand
absorbiertes Quantum Arbeitszeit überhaupt, für die der bestimmte Charakter des wirklichen Arbeitens, wie die bestimmte Natur des Gebrauchswerts,
worin sie sich realisierte, gleichgültig war. Das Verhältnis ist nach dem neuen
Arbeitsprozeß ganz dasselbe, welches es vor demselben war. Das notwendige
Quantum Arbeitszeit, um z. B. Baumwolle und Spindel herzustellen, ist notwendiges Quantum Arbeitszeit erheischt, um das Garn herzustellen, soweit
Baumwolle und Spindel aufgezehrt sind in Garn. Daß dies Quantum Arbeitszeit jetzt als Garn erscheint, ist ganz gleichgültig, da es nach wie vor in einem

Gebrauchswert erscheint, zu dessen Herstellung es notwendig ist. Wenn ich Baumwolle und Spindel zum Wert von 100 Talern z.B. gegen eine Quantität Garn umtausche, die ebenfalls 100 Taler wert ist, so existiert auch in diesem Falle die in Baumwolle und Spindel enthaltne Arbeitszeit als im Garn enthaltne Arbeitszeit. Daß Baumwolle und Spindel in ihrer wirklichen stofflichen Verwandlung in Garn auch stoffliche Veränderungen untergehn, das eine eine andre Form erhält, das andre in ihrer stofflichen Form ganz untergegangen ist, ändert hieran nichts, *weil* es sie eben nur als Gebrauchswerte betrifft, und also sie in einer Gestalt, wogegen sie als Tauschwerte an und für sich gleichgültig sind. Da sie als Tauschwerte nur bestimmtes Quantum materialisierter gesellschaftlicher Arbeitszeit, daher gleiche Größen, Äquivalente für jeden andren Gebrauchswert, der ebenso großes Quantum materialisierter gesellschaftlicher Arbeitszeit, ändert es nichts an ihnen, daß sie nun als Faktoren eines neuen Gebrauchswerts erscheinen. Die einzige Bedingung ist, daß sie 1. als notwendige Arbeitszeit erscheinen, um den neuen Gebrauchswert zu erzeugen, 2. daß sie wirklich in einem andren Gebrauchswert − also in Gebrauchswert ||38| überhaupt resultieren.

Sie sind notwendige Arbeitszeit, um den neuen Gebrauchswert zu schaffen, weil die Gebrauchswerte, in denen sie ursprünglich kristallisiert sind, notwendige Faktoren für den neuen Arbeitsprozeß. Zweitens aber sind nach der Voraussetzung die Gebrauchswerte, als die sie vor dem Arbeitsprozeß bestanden − als Baumwolle und Spindel − in der Tat durch den neuen Arbeitsprozeß in einem neuen Gebrauchswert resultiert, in das Produkt, das Garn. (Daß nur so große Quantitäten Material und Arbeitsmittel in das neue Produkt eingehn, als zur Bildung desselben notwendig − also nur die notwendige Arbeitszeit, die in diesen bestimmten Quantitäten erheischt ist, in andren Worten, weder Material noch Produktionsmittel vergeudet sind, ist eine Bedingung, die sich nicht auf sie als solche, sondern auf die Zweckmäßigkeit und Produktivität der neuen Arbeit bezieht, die sie im Arbeitsprozeß als ihr Material und Mittel vernutzt; ist also eine Bestimmung, die bei dieser Arbeit selbst zu betrachten ist. Hier ist aber unterstellt, daß sie nur in solchen Quantitäten als Arbeitsmittel und Arbeitsmaterial in den neuen Prozeß eingehn, soweit sie wirklich als solche zur Verwirklichung der neuen Arbeit erheischt, wirklich gegenständliche Bedingungen des neuen Arbeitsprozesses sind.)

Also zwei Resultate.

Erstens: Die zur Herstellung des im Produkt verzehrten Arbeitsmaterials und Arbeitsmittels erheischte Arbeitszeit ist zur Herstellung des Produkts erheischte Arbeitszeit. Soweit der Tauschwert betrachtet wird, können die im

Material und Arbeitsmittel materialisierte Arbeitszeit betrachtet werden, als wären sie Momente desselben Arbeitsprozesses. Alle im Produkt enthaltne Arbeitszeit ist vergangne; darum materialisierte Arbeit. Daß die im Material und Mittel vergangne Arbeitszeit früher vergangen ist, einer frühren Periode angehört, wie die unmittelbar im letzten Arbeitsprozeß selbst funktionierende Arbeitszeit, ändert an der Sache nichts. Sie bilden nur frühre Perioden, in denen die im Produkt enthaltne Arbeitszeit aufgearbeitet worden ist, als der Teil, der die unmittelbar in denselben eingehnde Arbeit repräsentiert. *Die Werte des Materials und Arbeitsmittels erscheinen also im Produkt wieder als Bestandteile seines Werts.* Dieser Wert ist ein *vorausgesetzter,* da schon in den Preisen von Arbeitsmaterial und Arbeitsmittel die in ihnen enthaltne Arbeitszeit in ihrer allgemeinen Form, als gesellschaftliche Arbeit ausgedrückt war; es sind dies die Preise, wozu der Geldbesitzer sie als Waren kaufte, bevor er den Arbeitsprozeß begann. Die Gebrauchswerte, worin sie bestanden, sind untergegangen, aber sie selbst sind unverändert geblieben und bleiben unverändert in dem neuen Gebrauchswerte. Es ist nur die Veränderung vorgegangen, daß sie als bloße Bestandteile, Faktoren seines Werts erscheinen, als Faktoren eines neuen Werts. Soweit die Ware überhaupt Tauschwert ist, ist ja überhaupt der bestimmte Gebrauchswert, die bestimmte stoffliche Bestimmtheit, worin er existiert, nur eine bestimmte Erscheinungsweise derselben; er ist in der Tat allgemeines Äquivalent und kann daher diese Verkörperung gegen jede andre austauschen, durch die Zirkulation und zunächst seine Verwandlung in Geld ist er ja fähig, sich die Substanz jedes andren Gebrauchswerts zu geben.

Zweitens: Die Werte von Arbeitsmittel und Arbeitsmaterial erhalten sich also im Werte des Produkts, gehn als Faktoren in den Wert des Produkts ein. *Sie erscheinen aber nur in ihm wieder,* weil die wirkliche Veränderung, die die Gebrauchswerte in ihnen erhalten haben, ihre Substanz überhaupt nicht berührte, sondern nur die Formen des Gebrauchswerts, in denen sie vor und nach dem Prozeß existieren, die bestimmte Form des Gebrauchswerts aber, worin er existiert, oder auch die bestimmte Nützlichkeit der Arbeit, die in ihm auf abstrakte Arbeit reduziert ist, sein Wesen überhaupt der Natur der Sache nach nicht berührte.

Indes, damit der Wert von Arbeitsmaterial und Arbeitsmittel im Produkt wieder erscheine, ist die conditio sine qua non, daß der Arbeitsprozeß wirklich bis zu seinem Ende, dem Produkt fortgehe, wirklich im Produkt resultiere. Handelt es sich also um Gebrauchswerte, deren Produktion sich über eine längere Periode erstreckt, so sieht man, welch wesentliches Moment zum Verwertungsprozeß überhaupt – selbst soweit es nur die Erhaltung vorhandner Gebrauchswerte betrifft, *die Beständigkeit* des Arbeitsprozesses ist. {Dies unterstellt aber der Voraussetzung nach, daß der Arbeitsprozeß vor sich geht auf Grundlage der Aneignung des Arbeitsvermögens durch Ankauf desselben von seiten des Geldes, durch beständige Verwandlung des Geldes in Kapital. Also, daß das Dasein der *Arbeiterklasse* ein konstantes ist. Diese Konstanz wird selbst erst geschaffen durch das Kapital. Auch auf frühren Produktionsstufen kann eine frühre Arbeiterklasse sporadisch vorkommen, aber nicht als ||39| *allgemeine* Voraussetzung der Produktion. In *Kolonien* (siehe *Wakefield*, später darauf zurückzukommen [27]) zeigt sich, wie dies Verhältnis selbst ein Produkt der kapitalistischen Produktion ist.}

Was nun die Erhaltung der Werte von Arbeitsmaterial und Arbeitsmittel betrifft — also vorausgesetzt, daß der Arbeitsprozeß zum Produkt fortgeht —, so wird sie einfach dadurch erreicht, daß diese Gebrauchswerte als solche von lebendiger Arbeit im Arbeitsprozeß konsumiert werden, daß sie als wirkliche Momente des Arbeitsprozesses figurieren — nur durch ihren Kontakt mit der lebendigen Arbeit und durch Eingehn in dieselbe als Bedingungen ihrer zweckmäßigen Tätigkeit. *Wert setzt die lebendige Arbeit in dem Arbeitsprozeß dem im Material und dem Arbeitsmittel vorausgesetzten* Wert nur zu, soweit sie selbst für sich ein neues Quantum Arbeit ist, nicht insofern sie wirkliche, nützliche Arbeit ist, nicht ihrer stofflichen Bestimmtheit nach betrachtet. Das Garn hat nur größren Wert als die Summe der Werte der in ihm aufgezehrten Baumwolle und Spindel, weil im Arbeitsprozeß neues Quantum Arbeit hinzugekommen ist, um jene Gebrauchswerte in den neuen Gebrauchswert Garn zu verwandeln, weil also das Garn außer dem in Baumwolle und Spindel enthaltnen Arbeitsquantum noch ein neu hinzugekommenes enthält. Aber *erhalten* werden die Tauschwerte von Baumwolle und Spindel einfach dadurch, daß die wirkliche Arbeit, die Spinnarbeit, sie in den neuen Gebrauchswert Garn verwandelt, sie also zweckmäßig verbraucht, zu *Lebensfaktoren ihres eignen Prozesses* macht. Erhalten werden die in den Arbeitsprozeß eingehnden Werte also einfach durch die *Qualität* der lebendigen Arbeit, durch die Natur ihrer Äußerung, wodurch jene toten Gegenstände — worin die vorausgesetzten Werte als ihren Gebrauchswerten da sind — nun wirklich als Gebrauchswerte von dieser neuen nützlichen Arbeit, dem Spinnen, ergriffen und zu Momenten neuer Arbeit gemacht werden. *Sie werden dadurch als Werte erhalten, daß sie als Gebrauchswerte in den Arbeitsprozeß eingehn,* also wirklicher nützlicher Arbeit gegenüber ihre begrifflich bestimmten Rollen von Arbeitsmaterial und Arbeitsmittel spielen.

Bleiben wir bei unserm Beispiel. Baumwolle und Spindel werden als Gebrauchswerte vernutzt, weil sie in die bestimmte Arbeit, das Spinnen, als Material und Mittel eingehn, im wirklichen Spinnprozeß, das eine als das Objekt, das andre als das Organ dieser lebendigen zweckmäßigen Tätigkeit gesetzt werden. Dadurch also werden sie als Werte erhalten, weil sie als Gebrauchswerte für die Arbeit erhalten werden. *Sie werden überhaupt als Tauschwerte erhalten, weil sie als Gebrauchswerte von der Arbeit vernutzt werden.* Die Arbeit aber, die sie so als Gebrauchswerte vernutzt, ist wirkliche Arbeit, die Arbeit [in] ihrer stofflichen Bestimmtheit betrachtet, diese bestimmte nützliche Arbeit, die sich allein auf diese besondren Gebrauchswerte als Arbeitsmaterial und Arbeitsmittel bezieht, sich in ihrer lebendigen Äußerung zu ihnen als solchen verhält. Es ist diese bestimmte nützliche Arbeit, das Spinnen, welches die Gebrauchswerte Baumwolle und Spindel als Tauschwerte erhält und daher als Tauschwerts-Bestandteil im Produkt, dem Gebrauchswert Garn wiedererscheinen läßt, weil es sich im wirklichen Prozeß zu ihnen als seinem Material und seinem Mittel, als den Organen seiner Verwirklichung verhält, sie als diese seine Organe beseelt und als solche wirken läßt. Und so werden die Werte aller Waren, die ihren Gebrauchswerten nach nicht in die unmittelbare individuelle Konsumtion eingehn, sondern zu neuer Produktion bestimmt sind, nur dadurch erhalten, daß sie als Arbeitsmaterial und Arbeitsmittel, was sie nur der Möglichkeit nach sind, zu wirklichem Arbeitsmaterial und Arbeitsmittel werden, von der bestimmten Arbeit, der sie als solche dienen können, als solche benutzt werden. Sie werden nur als Tauschwerte erhalten, indem sie als Gebrauchswerte ihrer begrifflichen Bestimmung nach von der lebendigen Arbeit konsumiert werden. *Solche Gebrauchswerte − Material und Mittel − sind sie aber nur für die wirkliche bestimmte besondre Arbeit.* Ich kann Baumwolle und Spindel als Gebrauchswerte nur im Akt des Spinnens, nicht im Akt des Mahlens oder des Stiefelmachens vernutzen. − Alle Waren sind überhaupt nur der Möglichkeit nach Gebrauchswerte. Wirkliche Gebrauchswerte werden sie erst durch ihren wirklichen Gebrauch, ihre Konsumtion, und diese ihre Konsumtion ist hier die besonders bestimmte Arbeit selbst, der bestimmte Arbeitsprozeß.

||40| Als Tauschwerte werden Arbeitsmaterial und Arbeitsmittel daher nur erhalten, indem sie als Gebrauchswerte in dem Arbeitsprozeß konsumiert werden, d.h. also, indem die lebendige Arbeit sich actu zu ihnen als ihren Gebrauchswerten verhält, sie die Rolle ihres Materials und Mittels spielen läßt, sie in ihrer lebendigen Unruhe als Mittel und Material sowohl setzt als aufhebt. Die Arbeit, soweit sie das tut, ist aber *wirkliche* Arbeit, besondre zweckmäßige Tätigkeit, die Arbeit, wie sie stofflich bestimmt, als besondre Art nützlicher Arbeit im Arbeitsprozeß erscheint. Es ist aber nicht die Arbeit in dieser Bestimmtheit − oder dies ist aber nicht die Bestimmtheit, worin die

Arbeit dem Produkt oder den in den Arbeitsprozeß eingehnden Gegenständen – Gebrauchswerten – *neuen* Tauschwert zusetzt. Z. B. das Spinnen.
Spinnen erhält im Garn die Werte der in ihm aufgezehrten Baumwolle und
Spindel, weil dieser Prozeß Baumwolle und Spindel wirklich verspinnt, sie als
Material und Mittel zur Herstellung eines neuen Gebrauchswerts, des Garns,
vernutzt oder sich zu Baumwolle und Spindel nun wirklich im Spinnprozeß
als Material und Mittel dieser besondren lebendigen Arbeit, des Spinnens,
funktionieren läßt. Soweit das Spinnen aber den Wert des Produkts, des
Garns, erhöht oder den im Garn schon vorausgesetzten und nur wiedererscheinenden Werten, den Werten von Spindel und Baumwolle, neuen Wert hinzufügt, geschieht es nur, sofern durch das Spinnen *neue Arbeitszeit der in Baumwolle und Spindel enthaltnen Arbeitszeit zugefügt wird.*

Erstens, seiner Substanz nach schafft das Spinnen Wert, nicht, soweit es
diese konkrete, besondre, stofflich bestimmte Arbeit – das Spinnen – ist,
sondern insofern es Arbeit überhaupt, abstrakte, gleiche, gesellschaftliche Arbeit ist. Es schafft daher auch nicht Wert, soweit es sich als Gespinst vergegenständlicht, sondern soweit es Materiatur der gesellschaftlichen Arbeit
überhaupt, daher in einem allgemeinen Äquivalent vergegenständlicht ist.
Zweitens, die Größe des zugefügten Werts hängt ausschließlich vom Quantum der zugefügten Arbeit ab, von der Arbeitszeit, die zugefügt ist. Könnte
der Spinner durch irgendeine Erfindung ein bestimmtes Quantum Baumwolle
mit einer gewissen Zahl Spindeln statt in einem ganzen in einem halben Arbeitstag in Garn verwandeln, so wäre dem Garn nur der *halbe Wert zugesetzt*
verglichen mit dem ersten Fall. Aber der *ganze Wert* von Baumwolle und
Spindel wäre im Produkt Garn erhalten, in dem einen Fall so gut wie in dem
andren, ob ein Tag oder ein halber Tag oder eine Stunde Arbeitszeit erheischt ist, um die Baumwolle in Garn zu verwandeln. Diese werden dadurch
erhalten, daß die Baumwolle überhaupt in Garn verwandelt worden ist[1], daß
Baumwolle und Spindel zu Material und Mittel des Spinnens geworden sind,
in den Spinnprozeß eingegangen sind, ganz gleichgültig gegen die Arbeitszeit,
die dieser Prozeß erheischt.

Nehmen wir an, der Spinner füge der Baumwolle nur so viel Arbeitszeit
hinzu als nötig ist, um seinen eignen Arbeitslohn zu produzieren, also ebensoviel Arbeitszeit als im Preis seiner Arbeit von dem Kapitalisten verausgabt
wurde. In diesem Falle wäre der Wert des Produkts exakt gleich dem Wert
des vorgeschoßnen Kapitals, nämlich gleich dem Preis des Materials + dem
Preis des Arbeitsmittels + dem Preis der Arbeit. In dem Produkt wäre nicht

---

[1] In der Handschrift: sind

mehr Arbeitszeit enthalten, als in der Summe Geldes vorhanden war, bevor sie sich in die Elemente des Produktionsprozesses verwandelte. Es wäre kein neuer Wert zugefügt, aber nach wie vor wäre der Wert von Baumwolle und Spindel im Garn enthalten. Das Spinnen fügt der Baumwolle Wert hinzu, insofern es auf gesellschaftliche gleiche Arbeit überhaupt reduziert, auf diese abstrakte Form der Arbeit reduziert wird, und die Wertgröße, die es zufügt, hängt nicht von seinem Inhalt als Spinnen, sondern von seiner Zeitdauer ab. *Der Spinner braucht also nicht zwei Arbeitszeiten, die eine, um den Wert von Baumwolle und Spindel zu erhalten, die andre, um ihnen neuen Wert zuzusetzen.* Sondern indem er die Baumwolle verspinnt, sie zur Vergegenständlichung neuer Arbeitszeit macht, ihr neuen Wert zusetzt, erhält er den Wert, den sie in der vernutzten Spindel hatten, bevor sie in den Arbeitsprozeß eingingen. *Durch das bloße Zusetzen von neuem Wert, neuer Arbeitszeit, erhält er die alten Werte, die Arbeitszeit, die bereits im Arbeitsmaterial und Arbeitsmittel enthalten sind.* Das Spinnen erhält sie aber als Spinnen, nicht als Arbeit überhaupt und nicht als Arbeitszeit, sondern in seiner stofflichen Bestimmtheit, durch seine Qualität als diese spezifische lebendige, wirkliche Arbeit, die im Arbeitsprozeß, als zweckbestimmte lebendige Tätigkeit, die Gebrauchswerte Baumwolle und Spindel aus ihrer gleichgültigen Gegenständlichkeit herausreißt, sie nicht als gleichgültige Gegenstände dem Stoffwechsel der Natur überläßt, sondern sie zu wirklichen Momenten des Arbeitsprozesses macht. Welches aber auch die spezifische Bestimmtheit besondrer, wirklicher Arbeit sei, dies hat jede Art derselben mit der andren gemein, daß sie durch ihren Prozeß — durch den Kontakt, die lebendige Wechselwirkung, worin sie mit ihren gegenständlichen Bedingungen tritt — diese die ihrer Natur und ihrem Zweck gemäßen Rollen von Arbeitsmittel und Material spielen, sie in begrifflich bestimmte Momente des Arbeitsprozesses selbst verwandelt und sie so als *Tauschwerte erhält, indem sie sie als wirkliche Gebrauchswerte vernutzt.* ||41| Es ist also durch ihre Qualität als lebendige Arbeit, die im Arbeitsprozeß vorhandne Produkte in das Material und das Mittel ihrer eignen Tätigkeit, ihrer eignen Verwirklichung verwandelt, daß sie die Tauschwerte dieser Produkte und Gebrauchswerte im neuen Produkt und Gebrauchswerte erhält. Sie erhält ihren Wert, weil sie sie als Gebrauchswerte verzehrt. Sie verzehrt sie aber nur als Gebrauchswerte, weil sie als diese spezifische Arbeit sie von den Toten auferweckt und zu ihrem Arbeitsmaterial und Arbeitsmittel macht. Die Arbeit, soweit sie Tauschwert schafft, ist nur bestimmte gesellschaftliche Form der Arbeit, die wirkliche Arbeit auf eine bestimmte gesellschaftliche Form reduziert, und in dieser Form ist die Arbeitszeit das einz'ge Maß der Wertgrößen.

Weil also das Erhalten der Werte von Material und Arbeitsmittel sozusagen die Naturgabe der lebendigen, wirklichen Arbeit ist und daher in demselben Prozeß, wodurch der Wert vermehrt, die alten Werte erhalten werden – *neuer Wert nicht zugesetzt werden kann, ohne daß die alten Werte erhalten werden,* weil diese Wirkung aus dem Wesen der Arbeit als Gebrauchswert, als nützliche Tätigkeit stammt, aus dem Gebrauchswert der Arbeit selbst entspringt – so kostet sie nichts, weder dem Arbeiter noch dem Kapitalisten. Die Erhaltung der vorausgesetzten Werte im neuen Produkt erhält der Kapitalist also gratis. Wenn immer auch sein Zweck nicht die Erhaltung, sondern die Vermehrung des vorausgesetzten Werts ist, so zeigt diese Gratisgabe der Arbeit ihre entscheidende Wichtigkeit z. B. in industriellen Krisen, worin der wirkliche Arbeitsprozeß unterbrochen wird. Die Maschine rostet ein, das Material verdirbt. Sie verlieren ihre Tauschwerte, diese werden nicht erhalten, weil sie nicht als Gebrauchswerte in den Arbeitsprozeß eingehn, nicht in den Kontakt mit der lebendigen Arbeit treten; ihre Werte werden nicht erhalten, weil sie nicht vermehrt werden. Vermehrt werden können sie nur, neue Arbeitszeit kann der alten nur zugefügt werden, sofern zum wirklichen Arbeitsprozeß fortgegangen wird.

Also die Arbeit als wirkliche lebendige Arbeit erhält im Arbeitsprozeß die Werte, während sie nur als abstrakte gesellschaftliche Arbeit, Arbeitszeit, den Werten Neuwert hinzufügt.

Die *produktive Konsumtion,* als die der wirkliche Arbeitsprozeß erscheint, kann also nun weiter dahin bestimmt werden, daß die vorausgesetzten Werte von Produkten im Arbeitsprozeß dadurch erhalten werden, daß diese Produkte als Gebrauchswerte – als Arbeitsmaterial und Arbeitsmittel – vernutzt, konsumiert, in wirkliche Gebrauchswerte zur Bildung eines neuen Gebrauchswerts verwandelt werden.

{Die Werte von Arbeitsmaterial und Arbeitsmittel erscheinen aber nur im Produkt des Arbeitsprozesses wieder, soweit sie letztrem als Werte vorausgesetzt waren, Werte waren, bevor sie in ihn eingingen. Ihr Wert ist gleich der gesellschaftlichen Arbeitszeit, die in ihnen materialisiert ist; gleich der Arbeitszeit, die notwendig, um sie unter gegebnen allgemeinen gesellschaftlichen Produktionsbedingungen zu produzieren. Sollte nun durch irgendeine Änderung in der Produktivität der Arbeit, deren Produkte sie sind, später mehr oder weniger Arbeitszeit erheischt werden, um diese bestimmten Gebrauchswerte herzustellen, so wäre ihr Wert im ersten Fall gewachsen, im zweiten gefallen; denn die in ihm enthaltne Arbeitszeit bestimmt nur ihren Wert, soweit sie allgemeine, gesellschaftliche und notwendige Arbeitszeit ist. Obgleich sie daher mit einem bestimmten Wert in den Arbeitsprozeß eingingen, können sie mit größrem oder kleinrem Wert herauskommen, weil sich die Arbeitszeit, deren die Gesellschaft zu ihrer Produktion bedarf, im allgemeinen verändert hat, eine Revolution in ihren Produktionskosten, d. h. der Größe der zu ihrer Herstellung notwendigen Arbeitszeit eingetreten ist. Es bedürfte in diesem Fall mehr oder weniger Arbeitszeit als früher, um sie zu reproduzieren, ein neues Exemplar derselben Art herzustellen. Diese Wertveränderung von Arbeitsmaterial und Arbeitsmittel ändert aber durchaus nichts an dem Umstand, daß sie in dem Arbeitsprozeß, worin sie als Material und Mittel eingehn, immer als gegebne Werte, Werte von gegebner Größe, vorausgesetzt sind. Denn in diesem Prozeß selbst kommen sie nur als Werte heraus, sofern sie als solche in ihn eingegangen sind. Eine Änderung in ihrem Wert geht nie aus diesem Arbeitsprozeß selbst hervor, sondern vielmehr aus den Bedingungen des Arbeitsprozesses, dessen Produkte sie sind oder waren, dem sie daher nicht als Produkte vorausgesetzt sind. Haben sich ihre allgemeinen Produktionsbedingungen geändert, so findet eine Rückwirkung auf sie statt. Sie sind Vergegenständlichung von mehr oder weniger Arbeitszeit – größrem oder kleinrem Werte, als sie ursprünglich waren, aber nur, weil zu ihrer Produktion jetzt größre oder kleinre Arbeitszeit als ursprünglich erheischt ist. Die Rückwirkung rührt daher, weil sie als Werte Materiatur der gesellschaftlichen Arbeitszeit sind und nur der in ihnen selbst enthaltnen, soweit diese auf allgemeine ||42| gesellschaftliche Arbeitszeit reduziert ist, in die Potenz der gleichen gesellschaftlichen Arbeitszeit erhoben ist. Diese ihre Wertveränderungen entspringen aber immer aus einem Wechsel in der Produktivität der Arbeit, dessen Produkte sie sind, haben aber nichts zu tun mit den Arbeitsprozessen, in die sie als fertige Produkte mit einem gegebnen Wert eingehn. Ändern sie diesen Wert, ehe das neue Produkt, dessen Elemente sie sind, fertig ist, so verhalten sie sich nichtsdestoweniger zu demselben als unabhängige, gegebne, ihm vorausgesetzte Werte. Ihr Wertwechsel stammt aus Änderungen ihrer eignen Produktionsbedingungen, die außerhalb und unabhängig von dem Arbeitsprozeß vorgehn, in den sie als Material und Mittel eingehn, nicht infolge einer Operation, die innerhalb desselben vorgeht. Für ihn sind sie immer gegebne, vorausgesetzte Wertgrößen, obgleich durch äußre, außerhalb desselben wirkende Agenzien sie als größre oder kleinre Wertgrößen ihm nun vorausgesetzt sind, als ursprünglich der Fall war.}

Wenn wir beim Arbeitsprozeß sehen, daß, wie das Produkt sein Resultat, seine Produkte Voraussetzungen sind für denselben, ebensosehr muß aber jetzt gesagt werden, daß, wenn Ware sein Resultat, d. h. eine Einheit von Gebrauchswert und Tauschwert, ebensosehr Waren seine Voraussetzungen sind. Die Produkte kommen nur als Waren aus dem Verwertungsprozeß heraus, weil sie als Waren – Produkte von bestimmtem Tauschwert – in ihn eingegangen sind. Der Unterschied ist: Die Produkte werden als Gebrauchswerte verändert, um einen neuen Gebrauchswert zu bilden. Ihre Tauschwerte werden durch diese stoffliche Veränderung nicht berührt, erscheinen daher unverändert in dem neuen Produkt wieder. Wenn das Produkt des Arbeitsprozesses Gebrauchswert, so muß als Produkt des Verwertungsprozesses der Tauschwert und so als Produkt beider Prozesse, die nur zwei Formen desselben Prozesses sind, die Einheit von Tauschwert und Gebrauchswert, die Ware, betrachtet werden. Wollte man übersehn, daß Waren der Produktion vorausgesetzt sind als ihre Elemente, so würde es sich in dem Produktionsprozeß nur darum handeln, Produkte zur Bildung neuer Produkte zu brauchen, was auch vorgehn kann in Gesellschaftszuständen, worin das Produkt nicht zur Ware entwickelt ist und noch weniger die Ware zum Kapital.

Wir kennen nun zwei Bestandteile des Werts des Produkts. 1. Der Wert des in ihm konsumierten Materials; 2. der Wert des in ihm konsumierten Produktionsmittels. Sind diese relativ gleich A und B, so besteht also der Wert des Produkts zunächst aus der Summe der Werte von A und B, oder P (das Produkt), $P = A + B + x$. Mit x bezeichnen wir den noch unbestimmten Teil des Werts, der durch die Arbeit im Arbeitsprozesse dem Material A zugefügt worden ist. Wir kommen also jetzt dazu, diesen 3. Bestandteil zu betrachten.

Wir wissen, was der Geldbesitzer − welchen Preis oder Wert er für die Disposition des Arbeitsvermögens oder den temporellen Ankauf des Arbeitsvermögens bezahlt hat, aber wir wissen noch nicht, welches Äquivalent er dafür zurückerhält. − Wir gehn ferner von der Voraussetzung aus, daß die Arbeit, die der Arbeiter verrichtet, gewöhnliche Durchschnittsarbeit ist, die Arbeit von der Qualität oder vielmehr Qualitätslosigkeit, worin sie die Substanz des Tauschwerts bildet. Wir werden im Verlauf sehn, daß die Potenz der Arbeit, ob sie mehr oder minder potenzierte einfache Arbeit ist, für das zu entwickelnde Verhältnis völlig gleichgültig ist. Wir gehn also von der Voraussetzung [aus], daß, welches immerhin die besondre stoffliche Bestimmtheit der Arbeit, welchem spezifischen Arbeitszweig sie angehört, welchen besondren Gebrauchswert sie produziert, sie nur die Äußerung, Betätigung des Durchschnitts-Arbeitsvermögens ist, so daß, ob dies im Spinnen oder Weben etc. oder Ackerbauen sich betätigt, dies nur seinen Gebrauchswert betrifft, die Weise seiner Anwendung, nicht die Kosten, es selbst herzustellen, also nicht seinen eignen Tauschwert. Es wird sich ebenso ferner zeigen, daß der verschiedne Lohn verschiedner Arbeitstage, höherer oder niederer, die ungleiche *Verteilung des Arbeitslohns* unter verschiedne Arbeitszweige, das allgemeine Verhältnis von Kapital und Lohnarbeit nicht berührt. −

Was der Geldbesitzer durch den Ankauf des Arbeitsvermögens zurückerhält, kann sich erst zeigen im wirklichen Arbeitsprozeß. Der Wert, den die
Arbeit im Arbeitsprozeß zusetzt, dem schon vorhandnen Wert des Materials,
ist exakt gleich der Zeit, die sie dauert. Es ist natürlich vorausgesetzt, daß in
einem bestimmten Zeitabschnitt, z. B. einem Tage, grade soviel Arbeit auf das
Produkt dieses Tages verwandt wird, als nötig ist, um es zu erzielen auf den
gegebnen allgemeinen Produktionsstufen der Arbeit. (Unter den gegebnen allgemeinen Produktionsbedingungen.) D. h., es wird vorausgesetzt, daß die zur
Herstellung des Produkts verwandte Arbeitszeit die *notwendige Arbeitszeit* ist,
also die Arbeitszeit erheischt, um einem gewissen Quantum Material die
Form des neuen Gebrauchswerts zu geben. Können 6 lb. Cotton während
eines Tages von 12 Stunden in Twist verwandelt werden – unter den vorausgesetzten allgemeinen Produktionsbedingungen – so wird nur der Tag als
Arbeitstag von 12 Stunden betrachtet, der 6 lb. Cotton in Twist verwandelt.
Da also einerseits *notwendige* Arbeitszeit vorausgesetzt ist, andrerseits vorausgesetzt ist, daß die bestimmte Arbeit, die im Arbeitsprozeß verrichtet wird,
welche besondre Form sie habe als Spinnen, Weben, Graben usw., gewöhnliche *Durchschnittsarbeit* ist – (ganz wie es auch die in der Produktion der edlen
Metalle verwandte Arbeit ist), so ist[1] das Quantum Wert oder das Quantum
vergegenständlichte allgemeine ||43| Arbeitszeit, das sie dem schon vorhand-
nen Wert zusetzt, exakt gleich ihrer eignen Dauer. Was unter den gegebnen
Voraussetzungen nichts andres heißt, als daß grade soviel Arbeit vergegenständlicht wird, als der Prozeß Zeit dauert, währenddessen sich die Arbeit
vergegenständlicht. Wir wollen sagen, 6 lb. Baumwolle könnte in einem Tage
von 12 Stunden in Twist, sage in 5 lb. Twist versponnen werden. Während
des Arbeitsprozesses setzt sich die Arbeit beständig aus der Form der Unruhe
und Bewegung in gegenständliche Form über. (5 lb. = 80 Unzen.) (Machte
auf 12 Stunden exakt $6\frac{2}{3}$[2] Unzen per Stunde.) Das Spinnen geht fortwährend
in Gespinst über. Wenn eine Stunde erheischt, um 8 Unzen Baumwolle in
Gespinst zu verwandeln, sage in $6\frac{2}{3}$[2] Unzen, so wären 12 Stunden erheischt,
um 6 lb. Baumwolle in 5 lb. Garn zu verwandeln.

Was uns aber hier interessiert, ist nicht, daß eine Stunde Spinnarbeit
8 Unzen und 12 Stunden 6 lb. Cotton in Gespinst verwandelt, sondern daß in
dem ersten Falle dem Wert des Cotton eine Stunde Arbeit, im zweiten
12 Stunden zugefügt werden, oder es interessiert uns nur das Produkt, von
diesem Gesichtspunkt aus betrachtet, soweit es Materiatur neuer Arbeitszeit

---

[1] In der Handschrift: ist) ist, so ist
[2] In der Handschrift: $6\frac{3}{4}$

ist, und dies hängt natürlich von der Arbeitszeit selbst ab. Uns interessiert nur das Quantum Arbeit, das in ihm aufgesaugt ist. Wir betrachten hier das Spinnen nicht als Spinnen – soweit es dem Cotton eine bestimmte Form, neuen Gebrauchswert gibt, sondern nur, soweit es Arbeit überhaupt, Arbeitszeit und seine Materiatur, die im Gespinst da ist, Materiatur der allgemeinen Arbeitszeit überhaupt ist. Es ist ganz gleichgültig, ob dieselbe Arbeitszeit in der Form irgendeiner andren bestimmten Arbeit oder zur Produktion irgendeines andren bestimmten Tauschwerts verwandelt wird. Ursprünglich konnten wir zwar das *Arbeitsvermögen* – weil es selbst schon vergegenständlichte Arbeit ist, mit Geld messen, und daher konnte der Kapitalist sie kaufen; aber nicht unmittelbar die *Arbeit selbst,* die als bloße Tätigkeit unsrem Maßstab entging. Jetzt aber in dem Maße, worin das Arbeitsvermögen im Arbeitsprozeß zu seiner wirklichen Äußerung, zur Arbeit, fortgeht, verwirklicht diese sich, erscheint selbst in dem Produkt als vergegenständlichte Arbeitszeit. Jetzt ist also die Möglichkeit vorhanden zur Vergleichung dessen, was der Kapitalist im Arbeitslohn gibt und was er durch die Konsumtion des Arbeitsvermögens im Austausch dafür zurückerhält. Am Ende eines gewissen Maßes von Arbeitszeit, z.B. Stunden, hat sich [ein] bestimmtes Quantum Arbeitszeit vergegenständlicht in einem Gebrauchswert, sage Twist, und existiert nun als Tauschwert desselben.

Gesetzt, die Arbeitszeit, die im Arbeitsvermögen des Spinners verwirklicht ist, betrage 10 Stunden. Wir sprechen hier nur von der Arbeitszeit, die in seinem Arbeitsvermögen *täglich* verwirklicht ist. In dem Preis, den der Geldbesitzer gezahlt hat, ist die Arbeitszeit, die erheischt ist, um das Arbeitsvermögen des Spinners täglich zu produzieren oder zu reproduzieren, schon *in Durchschnittsarbeit* ausgedrückt. Andrerseits nehmen wir an, daß seine eigne Arbeit *dieselbe* Qualität Arbeit ist, d.h. *dieselbe Durchschnittsarbeit* ist, die die Substanz des Werts bildet und worin sein eignes Arbeitsvermögen geschätzt ist. Nehmen wir also zunächst an, der Spinner arbeite für den Geldbesitzer 10 Stunden oder gebe ihm, habe ihm verkauft 10stündige Verfügung über sein Arbeitsvermögen. Diese 10stündige Verfügung über das Arbeitsvermögen des Spinners konsumiere der Geldbesitzer in dem Arbeitsprozeß, d.h. in andren Worten, nichts, als er läßt den Spinner 10 Stunden spinnen, arbeiten überhaupt, da hier die bestimmten Formen, worin er es tun läßt, gleichgültig. In dem Gespinst, dem Garn, hat daher der Spinner dem Wert der Baumwolle vermittelst des Arbeitsmittels 10 Stunden Arbeit zugefügt. War also der Wert des Produkts, des Gespinst, des Garns, *abgesehn* von der neu zugefügten Arbeit = A + B, so ist es jetzt = A + B + 10 Arbeitsstunden. Zahlt der Kapitalist diese 10 Arbeitsstunden mit 10 d, so seien diese 10 d C, so daß jetzt das

Produkt des Garns = A + B + C, d. h. gleich der Arbeitszeit, die in der Baumwolle, den Spindeln (soweit sie konsumiert sind), endlich der neu zugefügten Arbeitszeit enthalten sind.

Diese Summe A + B + C sei = D. D ist dann gleich der Summe Geldes, die der Geldbesitzer in Arbeitsmaterial, Arbeitsmittel und Arbeitsvermögen ausgelegt hat, bevor er den Arbeitsprozeß begann. D. h., der Wert des Produkts – des Garns – ist gleich dem Wert der Elemente, woraus das Garn besteht, d. h. = dem Wert des Arbeitsmaterials und Arbeitsmittels (das nach unsrer Unterstellung ganz im Produkt konsumiert ist) + dem Wert der neu zugefügten Arbeit, die sich im Arbeitsprozeß mit beiden zum Garn kombiniert hat. Also 100 Taler Baumwolle, 16 Taler Instrument, 16 Taler Arbeitsvermögen = 132 Taler. In diesem Falle hätten sich zwar die vorgeschoßnen Werte erhalten, aber nicht vermehrt. Die einzige Veränderung, die vorgegangen, bevor sich das Geld in Kapital ||44| verwandelt, wäre eine rein formelle. Dieser Wert war ursprünglich = 132 Taler, einer bestimmten Quantität vergegenständlichter Arbeitszeit. Dieselbe Einheit erscheint im Produkt wieder als 132 Taler, als dieselbe Wertgröße, nur daß sie jetzt Summe der Wertbestandteile 100, 16 und 16 ist, d. h. der Werte der Faktoren, worin sich das ursprünglich vorgeschoßne Geld im Arbeitsprozeß zerlegt und die es jedes besonders angekauft hat.

An und für sich enthielte dies Resultat durchaus keine Abgeschmacktheit. Wenn ich für 132 Taler Garn kaufe, durch bloße Verwandlung von Geld in Garn – d. h. in der Weise der einfachen Zirkulation –, so zahle ich Material, Mittel und Arbeit, die im Garn enthalten, um diesen bestimmten Gebrauchswert zu erhalten und ihn in der einen oder der andren Weise [zu] konsumieren. Wenn der Geldbesitzer sich ein Haus bauen läßt, um es zu [be]wohnen, so zahlt er dafür ein Äquivalent. Kurz, wenn er die Zirkulation W-G-W durchmacht, tut er in der Tat nichts andres. Das Geld, womit er kauft, ist gleich dem Wert der ursprünglich in seinem Besitz befindlichen Ware. Die neue Ware, die er kauft, ist gleich dem Geld, worin der Wert der ursprünglich von ihm beseßnen Ware selbständige Gestalt als Tauschwert erhalten hat.

Aber der Zweck, wozu der Kapitalist Geld in Ware verwandelt, ist nicht der Gebrauchswert der Ware, sondern die *Vermehrung* des in Ware ausgelegten Gelds oder Werts – *Selbstverwertung des Werts*. Er kauft nicht zu seinem Konsum, sondern um einen höhren Tauschwert aus der Zirkulation herauszuziehn, als er ursprünglich in sie hineinwarf.

Würde er das Gespinst, das A + B + C wert ist, etwa zu A + B + C + x wieder verkaufen, so kämen wir auf denselben Widerspruch zurück. Er würde seine Ware nicht als Äquivalent, sondern über ihr Äquivalent verkaufen. In der Zirkulation aber kann kein Mehrwert, kein Wert über das Äquivalent hinaus entspringen, ohne daß eine der austauschenden Seiten einen Wert *unter* ihrem Äquivalent empfängt.

Die Verwandlung des Geldes in die Elemente des Arbeitsprozesses – oder was dasselbe ist, der wirkliche Konsum des angekauften Arbeitsvermögens, wäre also ganz zwecklos unter der Voraussetzung, daß der Geldbesitzer den Arbeiter dieselbe Arbeitszeit arbeiten läßt, die er ihm als Äquivalent seines Arbeitsvermögens bezahlt hat. Ob er für 132[1] Taler Garn kauft, um das Garn wieder zu 132[1] Talern zu verkaufen, oder ob er die 132[1] Taler in 100 Taler Baumwolle, 16 Taler Spindel etc., 16 Taler vergegenständlichter Arbeit, d. h. Konsum des Arbeitsvermögens, zu der in 16 Talern enthaltnen Arbeitszeit umsetzt, um so das so produzierte Garn vom Wert von 132[1] Talern wieder zu 132[1] Taler zu verkaufen, ist, das Resultat betrachtet, ganz derselbe Prozeß, nur daß die Tautologie, worauf er hinausliefe, in dem einen Fall umständlicher zu Wege gebracht worden wäre als in dem andren.

Ein *Mehrwert* kann offenbar nur in dem Arbeitsprozeß entspringen – d. h., ein Wert, der einen Überschuß bildet über die ursprünglich in den Arbeitsprozeß eingegangnen Werte –, wenn der Geldbesitzer eine Disposition über eine Verwendung des Arbeitsvermögens während größrer Zeit gekauft hat, als die Arbeitszeit beträgt, die das Arbeitsvermögen zu seiner eignen Reproduktion bedarf, d. h. als die Arbeitszeit, die in ihm selbst aufgearbeitet ist, seinen eignen Wert bildet und als solcher in seinem Preis ausgedrückt ist. Z. B. im obengenannten Fall. Wenn dem Spinner selbst die Baumwolle und Spindel gehörte, müßte er ihnen 10 Arbeitsstunden zusetzen, um zu leben, d. h., um sich selbst als Spinner für den folgenden Tag zu reproduzieren. Ließe er nun den Arbeiter 11 Stunden statt 10 arbeiten, so wäre ein Mehrwert von einer Stunde produziert, weil in der im Arbeitsprozeß vergegenständlichten Arbeit eine Stunde mehr enthalten wäre als die Arbeitszeit, die nötig ist, um das Arbeitsvermögen selbst zu reproduzieren, d. h., um den Arbeiter als Arbeiter, den Spinner tagaus, tagein als Spinner am Leben zu erhalten. Jedes Quantum Arbeitszeit, das der Spinner im Arbeitsprozeß über die 10 Stunden hinaus ||45| arbeitete, jede *Mehrarbeit* über das Quantum Arbeit, das in seinem eignen Arbeitsvermögen aufgearbeitet ist, würde einen Mehrwert bilden, weil Mehrarbeit, als mehr Gespinst, mehr als Garn vergegenständlichte Arbeit.

Wenn der Arbeiter 10 Stunden arbeiten muß, um den ganzen Tag, der aus 24 Stunden besteht, zu leben (worin natürlich die Stunden eingerechnet, die er als Organismus von der Arbeit ausruhn, schlafen etc., nicht arbeiten kann),

---

[1] In der Handschrift: 133

so kann er den ganzen Tag 12, 14 Stunden arbeiten, obgleich er von diesen 12, 14 Stunden nur 10 Stunden zur Reproduktion seiner selbst als Arbeiters, seiner selbst als lebendigen Arbeitsvermögens bedarf.

Nehmen wir nun an, dieser Prozeß entspreche dem allgemeinen Gesetz des Warenaustausches, daß sich nur gleiche Quanta Arbeitszeit austauschen, d. h., daß der Tauschwert der Ware gleich dem Quantum jedes andren Gebrauchswerts, das denselben Tauschwert, d. h. dasselbe Quantum vergegenständlichter Arbeit ausdrückt, so hätte die allgemeine Form des Kapitals – G-W-G – ihre Abgeschmacktheit verloren und einen Inhalt erhalten. Da die Ware, hier das Garn, gegen deren Elemente der Geldbesitzer vor dem Arbeitsprozeß sein Geld ausgetauscht, im *Produkt* des Arbeitsprozesses, dem neuen Gebrauchswert, dem Garn, einen Zusatz über das ursprüngliche Quantum vergegenständlichter Arbeit erhalten, besäße das Produkt einen größren Wert als die Summe der in seinen Elementen vorausgesetzten Werte. War es ursprünglich = 132 Taler, so jetzt = 143, wenn statt 16 Talern (ein Taler = ein Arbeitstag) x Arbeitstage mehr in ihm enthalten wäre. Der Wert wäre nun = 100 + 16 + 16 + 11, und verkaufte der Kapitalist das Produkt des Arbeitsprozesses, das Garn, wieder zu seinem Wert, so würde er 11 Taler auf 132[1] Taler gewinnen. Der ursprüngliche Wert hätte sich nicht nur erhalten, sondern vermehrt.

Es fragt sich, ob dieser Prozeß dem ursprünglich vorausgesetzten Gesetz, daß [sich] Waren als Äquivalente, d. h. zu ihren Tauschwerten austauschen, also dem Gesetz, wonach Waren sich austauschen, nicht widerspricht?

Er widerspricht ihm nicht, aus zwei Gründen. Erstens, weil das Geld diesen spezifischen Gegenstand, das lebendige Arbeitsvermögen, als Ware auf dem Markt, in der Zirkulation vorfindet. Zweitens, wegen der spezifischen Natur dieser Ware. Ihre Eigentümlichkeit besteht nämlich darin, daß, während ihr Tauschwert, wie der aller andren Waren = der in ihrem eignen wirklichen Dasein, in ihrem Dasein als Arbeitsvermögen aufgearbeiteten Arbeitszeit, d. h. = der Arbeitszeit, die notwendig, um dies lebendige Arbeitsvermögen als solches, oder, was dasselbe ist, um den Arbeiter als Arbeiter am Leben zu erhalten – ihr *Gebrauchswert* die Arbeit selbst ist, d. h. eben die den Tauschwert setzende Substanz, die bestimmte flüssige Tätigkeit, die sich als Tauschwert fixiert und ihn schafft.

Bei Waren wird aber nur ihr Tauschwert bezahlt. Man zahlt für das Öl außer der in ihm enthaltnen Arbeit nicht noch seine Qualität als Öl, so wenig, wie man für Wein außer der in ihm enthaltnen Arbeit noch das Trinken zahlt

---

[1] In der Handschrift: 133

oder den Genuß, den er im Trinken bezahlt. Ebenso wird daher für das Arbeitsvermögen sein eigner Tauschwert, die in ihm selbst enthaltne Arbeitszeit gezahlt. Da aber sein Gebrauchswert selbst wieder die Arbeit ist, die den Tauschwert schaffende Substanz, widerspricht es in keiner Weise dem Gesetz des Warenaustauschs, daß die wirkliche Konsumtion desselben, der wirkliche Gebrauch desselben als Gebrauchswert, mehr Arbeit setzt, sich in mehr vergegenständlichter Arbeit darstellt, als in ihm selbst als Tauschwert vorhanden ist. Die einzige Bedingung, die erheischt ist, damit dies Verhältnis eintrete, ist die, daß ||46| das Arbeitsvermögen selbst als Ware dem Geld gegenübertrete oder dem Wert überhaupt. Dies Gegenübertreten aber ist durch einen bestimmten historischen Prozeß bedingt, der den Arbeiter auf reines Arbeitsvermögen beschränkt, was wieder dasselbe ist, daß er dem Arbeitsvermögen die Bedingungen seiner Verwirklichung, also der wirklichen Arbeit ihre gegenständlichen Elemente als fremde Mächte, von ihm getrennt, im Besitz andrer Warenhüter befindliche Waren gegenüberstellt. Unter dieser *historischen* Voraussetzung ist das Arbeitsvermögen *Ware*, und unter der Voraussetzung, daß es Ware ist, widerspricht es keineswegs, sondern entspricht vielmehr dem Gesetz des Warenaustauschs, daß die im Arbeitsvermögen vergegenständlichte Arbeitszeit oder sein Tauschwert nicht seinen *Gebrauchswert* bestimmt. Dieser ist aber selbst wieder Arbeit.

In der wirklichen Konsumtion dieses Gebrauchswerts, d.h. im Arbeitsprozeß und durch den Arbeitsprozeß, kann also der Geldbesitzer mehr vergegenständlichte Arbeitszeit zurückerhalten, als er für den Tauschwert des Arbeitsvermögens gezahlt hat. *Obgleich er also ein Äquivalent für diese spezifische Ware* gezahlt hat, erhält er infolge ihrer spezifischen Natur — daß ihr Gebrauchswert selbst Tauschwert setzend, die schöpferische Substanz des Tauschwerts ist — einen größren Wert durch ihren Gebrauch zurück, als er durch ihren Kauf — und in ihrem Kauf zahlte er dem Gesetz des Warenaustauschs gemäß nur ihren Tauschwert — vorgeschossen hatte. Das Verhältnis also vorausgesetzt, worin das Arbeitsvermögen als bloßes Arbeitsvermögen und daher als Ware existiert, daher ihm gegenüber das Geld als Form alles gegenständlichen Reichtums, wird der Geldbesitzer, dem es nur um den Wert als solchen zu tun, nur das Arbeitsvermögen kaufen unter der Bedingung, daß er Disposition über dasselbe während längrer Zeit erhält oder daß der Arbeiter sich verpflichtet, längre Arbeitszeit während des Arbeitsprozesses für ihn zu arbeiten als die Arbeitszeit, die der Arbeiter arbeiten müßte, wenn ihm Arbeitsmaterial und Arbeitsmittel selbst gehörten, um sich als Arbeiter, als lebendiges Arbeitsvermögen, am Leben zu erhalten. Diese Differenz zwischen der Arbeitszeit, die den Tauschwert des Arbeitsvermögens selbst mißt, und der Arbeitszeit, während der es als Gebrauchswert vernutzt wird, ist Arbeitszeit, die es über die in seinem Tauschwert enthaltne Arbeitszeit hinaus arbeitet, also über den Wert hinaus, den es ursprünglich kostete — und ist als solche Mehrarbeit — *Mehrwert.*

Macht der Geldbesitzer diesen Austausch des Gelds mit lebendigem Arbeitsvermögen und mit den gegenständlichen Bedingungen zum Konsum dieses Arbeitsvermögens — d. h. dem seiner besondren stofflichen Bestimmtheit entsprechenden Arbeitsmaterial und Arbeitsmittel —, so verwandelt er Geld in Kapital, d. h. in sich erhaltenden und vermehrenden, selbst verwertenden Wert. In keinem Moment durchbricht er das Gesetz der einfachen Zirkulation, des Warenaustauschs, wonach Äquivalente ausgetauscht oder die Waren — im Durchschnitt — zu ihren Tauschwerten verkauft werden, d. h. gleichgroße Tauschwerte, in welchen Gebrauchswerten sie immer existieren mögen, sich als gleiche Größen ersetzen. Gleichzeitig erfüllt er die Formel G-W-G, d. h., Geld gegen Ware austauschen, um die Ware gegen mehr Geld auszutauschen, und durchbricht demnach nicht das Gesetz der Äquivalenz, sondern handelt ihm vielmehr ganz gemäß.

Erstens: Sage, ein gewöhnlicher Arbeitstag = 1 Taler, drücke sich in dem Taler benannten Silberquantum aus. Er gibt 100 Taler für Rohmaterial aus; 16 Taler für Instrument; 16 Taler für die 16 Arbeitsvermögen, die er anwendet und die ihrem Tauschwert nach = 16 Taler. So schießt er 132 Taler vor, die in dem Produkt (Resultat) des Arbeitsprozesses, ||47| d. h. in der Konsumtion des von ihm gekauften Arbeitsvermögens, dem Arbeitsprozeß, der produktiven Konsumtion *wiedererscheinen.* Aber die Ware, die er zu ihrem Tauschwert gekauft hat zu 15 Arbeitstagen, bringt als Gebrauchswert sage 30 Arbeitstage, d. h. den Tag auf 6 Stunden, 12 vergegenständlicht sich in 12 Arbeitsstunden; d. h., setzt als Gebrauchswert einen doppelt so großen Wert, wie sie als Tauschwert selbst hat. Der Gebrauchswert einer Ware ist aber unabhängig von ihrem Tauschwert und hat mit dem Preis, wozu sie verkauft wird — der durch die in ihr selbst vergegenständlichte Arbeitszeit bestimmt ist —, nichts zu tun. Das Produkt also = A + B + C + 15 Stunden Arbeitszeit, also um 15 Stunden Arbeitszeit größer als der dem Arbeitsprozeß vorausgesetzte Wert. War A = 100, B = 16, C = 16[1], so ist das Produkt = 143[2], d. h. 11 Taler mehr Wert, als das vorgeschoßne Kapital. Verkauft er diese Ware also wieder zu ihrem Wert, so gewinnt er 11 Taler, obgleich in keinem Moment der Gesamtoperation das Gesetz des Warenaustausches ver-

---

[1] In der Handschrift: C = 15
[2] In der Handschrift: 142

letzt worden ist, vielmehr in jedem Moment desselben die Waren zu ihren Tauschwerten und daher als Äquivalente ausgetauscht worden sind.

So einfach dieser Prozeß, so wenig ist er bisher begriffen worden. Die Ökonomen haben nie den Mehrwert mit dem von ihnen selbst aufgestellten Gesetz der Äquivalenz ausgleichen können. Die Sozialisten haben stets an diesem Widerspruch festgehalten und auf ihm herumgeritten, statt die spezifische Natur dieser Ware, des Arbeitsvermögens, dessen Gebrauchswert selbst die den Tauschwert schaffende Tätigkeit, zu verstehn.

Durch diesen Prozeß also, den Austausch von Geld mit Arbeitsvermögen und den darauf folgenden Konsum des Arbeitsvermögens, wird das Geld in *Kapital* verwandelt. Die Ökonomen nennen dies *die Verwandlung des Gelds in produktives Kapital* mit Bezug auf andre Formen des Kapitals einerseits, in denen dieser Grundprozeß als Voraussetzung zwar besteht, aber in der Form ausgelöscht ist; andrerseits mit Bezug darauf, daß das Geld, soweit ihm das Arbeitsvermögen als Ware gegenüberstehe, *die Möglichkeit* dieser Verwandlung in Kapital, also *an sich* Kapital ist, wenn es auch nur durch diesen Prozeß selbst erst in wirkliches Kapital verwandelt wird. Es kann aber der Möglichkeit nach in *Kapital* verwandelt werden.

Es ist klar, daß wenn Mehrarbeit verwirklicht werden soll, mehr Arbeitsmaterial nötig ist; mehr Arbeitsinstrument nur in Ausnahmefällen. Können in 10 Stunden 10 a Pfund Baumwolle in Twist verwandelt werden, so in 12 Stunden 10 a + 2 a. In diesem Fall ist also mehr Baumwolle nötig, oder es muß von vornherein angenommen werden, daß der Kapitalist die hinlängliche Quantität Baumwolle kauft, um die Mehrarbeit zu *absorbieren*. Es ist aber auch möglich, daß z. B. dasselbe Material in einem halben Tag nur zur Hälfte fertig in die neue Form verarbeitet werden kann, in einem ganzen aber ganz. In diesem Falle aber ist jedenfalls auch mehr Arbeit in dem Material konsumiert worden und soll der Prozeß tagein, tagaus fortgehn, fortgesetzter Produktionsprozeß sein, so ist auch in diesem Falle mehr Arbeitsmaterial erheischt, als wenn der Arbeiter im Arbeitsprozeß nur die in seinem eignen Arbeitslohn vergegenständlichte Arbeitszeit durch seine Arbeit ersetzte. Ob mehr Arbeitsmittel erheischt werden und in welchem Maße — und das Arbeitsmittel ist nicht nur das, was eigentliches Werkzeug ist —, hängt von der technologischen Natur der bestimmten Arbeit, also der von ihr verbrauchten Mittel ab.

In allen Fällen muß am Schlusse des Arbeitsprozesses mehr neue Arbeit in das Arbeitsmaterial *eingesaugt* und daher vergegenständlicht sein, als die Arbeitszeit beträgt, die in dem Arbeitslohn des Arbeiters vergegenständlicht ist. Halten wir uns einfach beim Beispiel des Manufakturisten. Diese *Mehreinsau-*

gung von Arbeit stellt sich dar als Verarbeitung von mehr Material oder als Verarbeitung desselben Materials zu einer weiteren Stufe, als mit weniger Arbeitszeit erreicht werden kann.

||48| Vergleichen wir den Verwertungsprozeß mit dem Arbeitsprozeß, so zeigt sich schlagend der Unterschied zwischen der wirklichen Arbeit, soweit sie den Gebrauchswert produziert, und der Form dieser Arbeit, soweit sie als Element des Tauschwerts, also die den Tauschwert schaffende Tätigkeit erscheint.

Es zeigt sich hier, daß die bestimmte Art und Weise der Arbeit, ihre stoffliche Bestimmtheit, ihr Verhältnis zum Kapital, um das es sich hier allein handelt, nicht affiziert. Wir gingen aber dabei von der Voraussetzung aus, daß die Arbeit des Arbeiters gemeine Durchschnittsarbeit sei. Der casus wird jedoch nicht verändert, wenn vorausgesetzt wird, daß seine Arbeit Arbeit von höherem spezifischen Gewicht, potenzierte Durchschnittsarbeit sei. Einfache Arbeit oder Durchschnittsarbeit, die Arbeit des Spinners oder des Mahlers, des Feldbauers oder des Maschinenbauers, was der Kapitalist im Arbeitsprozeß vergegenständlicht erhält, durch ihn sich aneignet, ist die bestimmte Arbeit des Arbeiters, Spinnen, Mahlen, Feldbauen, Maschinenbauen. Der Mehrwert, den er erzeugt, besteht immer in dem Überschuß der Arbeit, der Arbeitszeit, die der Arbeiter mehr spinnt, mahlt, feldbaut, Maschinen baut als nötig wäre, um sein eignes Salair zu produzieren. Also immer in einem Überschuß seiner eignen Arbeit, den der Kapitalist gratis erhält, welches immer der Charakter dieser Arbeit sei, ob sie einfach oder potenziert sei. Das Verhältnis, worin sich z. B. die potenzierte Arbeit zu der gesellschaftlichen Durchschnittsarbeit verhält, ändert nichts an dem Verhältnis dieser potenzierten Arbeit zu sich selbst, ändert nichts daran, daß eine Stunde derselben nur halb soviel Wert schafft, wie zwei Stunden, oder daß sie sich im Verhältnis ihrer Zeitdauer verwirklicht. Soweit also das Verhältnis von Arbeit und Mehrarbeit – oder Mehrwert schaffender Arbeit in Betracht kommt, handelt es sich immer von derselben Art der Arbeit, und hier ist richtig, was in bezug auf die Tauschwert setzende Arbeit als solche nicht richtig wäre:

„Wo von Arbeit als Maßstab des Wertes gesprochen wird, versteht man darunter notwendigerweise *Arbeit einer bestimmten Art und einer bekannten Dauer*; das Verhältnis, in dem die anderen Arten von Arbeit zu ihr stehen, ist leicht zu ermitteln infolge der betreffenden Vergütungen, die jeder erhält." ([J. Cazenove, p.] 22, 23, „*Outlines of Pol. Ec.*", London *1832*.)

Das Produkt, was der Kapitalist so erhalten hat, ist ein bestimmter Gebrauchswert, dessen Wert gleich ist dem Wert des Materials, des Arbeitsmittels, dem Quantum zugefügter Arbeit = dem im Salair enthaltnen Quantum

Arbeit + der Mehrarbeit, die nicht bezahlt ist = A + B + S + S''. Verkauft er sie also zu ihrem Wert, so gewinnt er grade soviel, als die Mehrarbeit beträgt. Er gewinnt nicht, weil er die neue Ware *über* ihrem Wert verkauft, sondern weil er sie *zu* ihrem Wert verkauft, ihren ganzen Wert in Geld umsetzt. Es wird ihm damit ein Teil des Werts, ein Teil der im Produkt enthaltnen Arbeit bezahlt, den er nicht gekauft hat, der ihm nichts gekostet hat, und der von ihm unbezahlte Teil des Werts seines Produkts, den er verkauft, konstituiert seinen Gewinn. In der Zirkulation realisiert er also nur den Mehrwert, den er im Arbeitsprozeß erhalten hat. Er stammt aber nicht aus der Zirkulation selbst, nicht daher, daß er seine Ware *über ihrem Wert* verkaufte.

{Der Wert des in dem Arbeitsprozeß konsumierten Arbeitsmaterials und Arbeitsmittels – die in ihnen vergegenständlichte Arbeitszeit – erscheint im Produkt – dem neuen Gebrauchswert – wieder. Er erhält sich, aber es kann nicht im eigentlichen Sinne gesagt werden, daß er reproduziert wird; denn die Formveränderung, die mit dem Gebrauchswert vorgegangen – daß er jetzt in einem andren Gebrauchswert als früher existiert, berührt ihn nicht. Wenn ein Arbeitstag in einem Gebrauchswert vergegenständlicht ist, so ändert es an dieser Vergegenständlichung nichts, an dem Quantum der in ihm fixierten Arbeit, daß z. B. die 12. Arbeitsstunde erst 11 Stunden nach der ersten Arbeitsstunde in seine Komposition eingeht. Und so kann die im Arbeitsmaterial und Arbeitsmittel enthaltne Arbeitszeit betrachtet werden, als wäre sie nur in einem frühren Stadium des zur Herstellung des ganzen Produkts, also aller seiner Elemente, nötigen Produktionsprozesses in das Produkt eingegangen. Mit dem Arbeitsvermögen, soweit es in den Verwertungsprozeß eingeht, verhält es sich dagegen anders. Es ersetzt den in ihm selbst enthaltnen und daher für es selbst bezahlten Wert oder die in seinem Preis, im Arbeitslohn bezahlte vergegenständlichte Arbeitszeit, indem es dem Arbeitsmaterial ein gleiches Quantum neuer lebendiger Arbeit zufügt. Es reproduziert also den in ihm selbst vor dem Arbeitsprozeß vorausgesetzten Wert, ganz abgesehn davon, daß es noch einen Überschuß von Mehrarbeit über dies Quantum hinaus zufügt. Die Werte von Arbeitsmaterial und Arbeitsmittel erscheinen nur im Produkt wieder, weil Arbeitsmaterial und Arbeitsmittel *vor* dem Arbeitsprozeß und unabhängig von ihm diese ||49| Werte besitzen. Der Wert und mehr als der Wert des Arbeitsvermögens aber erscheint[28] im Produkt wieder, weil er durch ein größres Quantum (hier aber bei *diesem* Unterschied ist das Mehrquantum zunächst gleichgültig) neuer lebendiger Arbeit im Arbeitsprozeß ersetzt, also reproduziert wird.}

Einheit des Arbeitsprozesses und Verwertungsprozesses
(Kapitalistischer Produktionsprozeß)

Der wirkliche Produktionsprozeß, der vorgeht, sobald das Geld sich dadurch in Kapital verwandelt hat, daß es sich ausgetauscht gegen das lebendige Arbeitsvermögen und dito gegen die gegenständlichen Bedingungen zur Verwirklichung dieses Vermögens – Arbeitsmaterial und Arbeitsmittel –, dieser Produktionsprozeß ist Einheit von Arbeitsprozeß und Verwertungsprozeß. Ganz wie sein Resultat, die Ware, Einheit von Gebrauchswert und Tauschwert ist.

Zunächst ist der Produktionsprozeß des Kapitals – seiner stofflichen Seite nach betrachtet, soweit Gebrauchswerte produziert werden – *Arbeitsprozeß* überhaupt, und als solcher zeigt er die allgemeinen Faktoren, die diesem Prozeß als solchem zukommen, unter den verschiedensten gesellschaftlichen Produktionsformen. Diese Faktoren sind nämlich bestimmt durch die Natur der Arbeit als Arbeit. In der Tat findet sich historisch, daß das Kapital im Beginn seiner Bildung nicht nur den Arbeitsprozeß überhaupt unter seine Kontrolle nimmt (unter sich subsumiert), sondern die besondren wirklichen Arbeitsprozesse, wie es sie technologisch fertig vorfindet und wie sie sich auf Grundlage nichtkapitalistischer Produktionsverhältnisse entwickelt haben. Den wirklichen Produktionsprozeß – die bestimmte Produktionsweise, findet es vor und subsumiert sie im Anfang nur *formell* unter sich, ohne etwas an ihrer technologischen Bestimmtheit zu ändern. Erst im Lauf seiner Entwicklung subsumiert das Kapital den Arbeitsprozeß nicht nur formell unter sich, sondern wandelt ihn um, gestaltet die Produktionsweise selbst neu und schafft sich so erst die ihm eigentümliche Produktionsweise. Welches nun aber auch immer die veränderte Gestalt derselben sei, als Arbeitsprozeß überhaupt, d. h. als Arbeitsprozeß, von dessen historischer Bestimmtheit abstrahiert wird, enthält sie immer die allgemeinen Momente des Arbeitsprozesses überhaupt.

Dies *formelle* Subsumieren des Arbeitsprozesses unter sich, das Nehmen desselben unter seine Kontrolle, besteht darin, daß der Arbeiter als Arbeiter unter die Aufsicht und daher das Kommando des Kapitals oder des Kapitalisten gerät. Es wird Kommando über Arbeit, nicht in dem Sinne, worin A. Smith sagt, daß Reichtum überhaupt Kommando über Arbeit ist[29], sondern in dem Sinn, daß der Arbeiter als Arbeiter unter das Kommando des Kapitalisten tritt. Denn sobald er sein Arbeitsvermögen für bestimmte Zeit dem Kapitalisten für den Arbeitslohn verkauft hat, muß er nun selbst als Arbeiter in den Arbeitsprozeß treten, als einer der Faktoren, womit das Kapital arbeitet. Wenn der wirkliche Arbeitsprozeß produktive Konsumtion der in ihn eingehnden Gebrauchswerte durch die Arbeit, also durch die Tätigkeit des Arbeiters selbst ist, ist er andrerseits ebensosehr Konsumtion des Arbeitsvermögens durch das Kapital oder den Kapitalisten. Er verwendet das Arbeitsvermögen des Arbeiters, indem er ihn arbeiten läßt. Alle Faktoren des Arbeitsprozesses, das Arbeitsmaterial, die Arbeitsmittel und die lebendige Arbeit selbst als Betätigung, Vernutzung des von ihm gekauften Arbeitsvermögens − gehören ihm, und so gehört ihm der ganze Arbeitsprozeß ebensosehr, als ob er selbst mit seinem eignen Material und seinen eignen Arbeitsmitteln arbeitete. Da aber die Arbeit zugleich Lebensäußerung des Arbeiters selbst, Betätigung seiner eignen persönlichen Fertigkeit und Fähigkeit ist − eine Betätigung, die von seinem Willen abhängt, zugleich Willensäußerung desselben ist −, überwacht der Kapitalist den Arbeiter, kontrolliert die Betätigung des Arbeitsvermögens als eine ihm gehörige Aktion. Er wird zusehn, daß das Arbeitsmaterial zweckmäßig als solches verwandt wird; als Arbeitsmaterial konsumiert wird. Wird Material vergeudet, so geht es nicht in den Arbeitsprozeß ein, wird es nicht als Arbeitsmaterial konsumiert. Dito mit den Arbeitsmitteln, wenn der Arbeiter etwa noch auf andre Weise ihre stoffliche Substanz aufriebe, als durch den Arbeitsprozeß selbst. Endlich wird er zusehn, daß er wirklich arbeitet, die volle Zeit arbeitet und *nur notwendige Arbeitszeit* verausgabt, d. h., in einer bestimmten Zeit das normale Quantum arbeitet. Nach allen diesen Seiten hin tritt der Arbeitsprozeß und damit die Arbeit und der Arbeiter selbst unter die Kontrolle des Kapitals, unter sein Kommando. Dies nenne ich die *formelle Subsumtion* des Arbeitsprozesses unter das Kapital.

In der ganzen folgenden Untersuchung wird die Arbeit, die etwa der Kapitalist selbst tut, nie unter die Wertbestandteile des Produkts eingerechnet. Besteht sie aus bloßer Arbeit, so hat sie mit dem Verhältnis als solchem nichts zu tun, und betätigt sich der ||50| Kapitalist nicht als Kapitalist, als bloße Personifikation, inkarniertes Kapital. Ist sie aber eine Arbeit, die aus den eigentümlichen Funktionen des Kapitals als solchem und daher der kapitalistischen Produktionsweise als solcher entspringt, so werden wir sie später als *„labour of superintendence"*[1] einer genauen Prüfung unterwerfen.

Diese formelle Subsumtion des Arbeitsprozesses unter das Kapital oder das Kommando des Kapitalisten über den Arbeiter hat nichts gemein mit dem Verhältnis, das etwa in der zünftigen, mittelaltrigen Industrie der Meister über Gesellen und Lehrlinge ausübt. Es geht vielmehr rein daraus hervor, daß die produktive Konsumtion oder der Produktionsprozeß zugleich der Konsumtionsprozeß des Arbeitsvermögens durch das Kapital ist, daß der In-

---

[1] *„Arbeit der Oberaufsicht"*

halt dieser Konsumtion und ihr bestimmender Zweck kein andrer ist, als den
Wert des Kapitals zu erhalten und zu vermehren, diese Erhaltung und Vermehrung aber nur zu erreichen sind durch das zweckmäßigste, exakteste Vor-
sichgehn des wirklichen Arbeitsprozesses, der vom Willen des Arbeiters abhängt, seinem Fleiße etc., ein Prozeß, der also unter die Kontrolle und
Aufsicht des kapitalistischen Willens genommen worden ist.

{Mit Bezug auf den Produktionsprozeß noch zu bemerken: Geld, *um in
Kapital verwandelt zu werden, muß in die Faktoren des Arbeitsprozesses verwandelt
werden* — d. h. *in Waren, die als Gebrauchswerte im Arbeitsprozeß figurieren können, also in Konsumtionsmittel für das Arbeitsvermögen — i. e. Lebensmittel des Arbeiters — oder Arbeitsmaterial und Arbeitsmittel.* Alle Waren also — oder alle Produkte, die nicht in dieser Weise verwendbar sind oder nicht die Bestimmung
haben, so verwandt zu werden, gehören zum Konsumtionsfonds der Gesellschaft, aber nicht zum Kapital. (Hier unter Kapital verstanden die Gegenstände, worin Kapital existiert.) Diese Produkte jedoch, solange sie *Waren*
bleiben, sind selbst eine Existenzweise des Kapitals. Kapitalistische Produktion vorausgesetzt, produziert das Kapital überhaupt alle Produkte, und es ist
ganz gleichgültig, ob diese Produkte zur produktiven Konsumtion bestimmt
sind oder ob sie nicht in sie eingehn können, also nicht selbst wieder zum
Leib des Kapitals werden können. Aber sie bleiben dann solange Kapital, als
sie Waren bleiben, d. h. sich in Zirkulation befinden. Sobald sie definitiv verkauft sind, hören sie auf, es in diesem Sinn zu sein. Soweit das Kapital sich
nicht im Stadium des Arbeitsprozesses befindet, muß es überhaupt in der
Form von Ware oder Geld (wenn auch vielleicht bloße Schuldforderung etc.)
vorhanden sein. Sie können aber nicht als Gebrauchswerte in den Arbeitsprozeß oder Produktionsprozeß eingehn.}

In demselben Maße, wie der Arbeiter sich als Arbeiter betätigt, sein Arbeitsvermögen *äußert, entäußert* er es, da es ja schon als[30] sich äußerndes Vermögen an den Geldbesitzer *veräußert* ist, bevor der Arbeitsprozeß beginnt.
Wie die Arbeit sich verwirklicht einerseits als Form des Rohmaterials (als Gebrauchswert und Produkt), andrerseits als Tauschwert, *vergegenständlichte gesellschaftliche Arbeit überhaupt,* verwandelt sich die Arbeit aus Arbeit in Kapital.

Wenn überhaupt gesagt wird, Kapital sei Produkt, als Mittel neuer Produktion verwandt, so würden, wie schon oben bemerkt, die *gegenständlichen
Bedingungen* jedes Arbeitsprozesses dem Kapitalverhältnis untergeschoben.
Andrerseits entsteht dieselbe Verwirrung leicht — und findet sich zum Teil
sogar bei Ricardo[31] selbst —, daß Kapital aufgehäufte Arbeit (accumulated
labour) genannt wird, die zur Produktion von mehr accumulated labour ver-

wandt wird. Der Ausdruck ist zweideutig, da unter aufgehäufter Arbeit nichts verstanden zu werden braucht als Produkte, die zur Produktion neuer Gebrauchswerte verwandt werden. Der Ausdruck kann aber auch in dem Sinn verstanden [werden], daß das Produkt (als Tauschwert) nichts als ein bestimmtes Quantum *vergegenständlichter* Arbeit überhaupt ist, verausgabt, um dies Quantum wachsen zu machen — also der *Selbstverwertungsprozeß*. Obgleich der zweite Prozeß den ersten voraussetzt, unterstellt dagegen der erste nicht notwendig den zweiten. Soweit die *gegenständlichen Bedingungen* der Arbeit, Material und Arbeitsmittel, im Arbeitsprozeß unmittelbar dienen, werden sie vom Arbeiter verwandt. Aber it is not labour which employs capital, it is capital which employs labour[1]. Diese spezifische Stellung, die der Wert überhaupt gegen das Arbeitsvermögen, die vergegenständlichte, vergangne Arbeit gegen die lebendige, gegenwärtige; die Bedingungen der Arbeit zu ihr selbst einnehmen, bildet gerade die spezifische Natur des Kapitals. Wir werden etwas näher darauf eingehn am Schluß dieses I.1. (Verwandlung von Geld in Kapital).[2] Hier genügt es einstweilen, daß im Produktionsprozeß — soweit er Verwertungsprozeß und daher Selbstverwertungsprozeß des vorausgesetzten Werts oder Geldes ist — der Wert (d. h. vergegenständlichte allgemeine gesellschaftliche Arbeit), vergangne Arbeit, sich durch ||51| Austausch, relative Aneignung der lebendigen Arbeit — ein Austausch vermittelt durch Ankauf des Arbeitsvermögens — erhält und vermehrt, Mehrwert setzt. Er erscheint so als prozessierender und im Prozeß sich erhaltender und bewährender Wert. So als ein *Selbst* — die Inkarnation dieses Selbsts ist der Kapitalist — *Selbstigkeit des Werts*. Die Arbeit (lebendige) erscheint nur als das Mittel, die agency[3], wodurch das Kapital (der Wert) sich selbst reproduziert und vermehrt.

„Arbeit ist das Mittel, durch welches das Kapital befähigt wird, Löhne, Profit und Revenue zu erzeugen." (p. 161, *John Wade, „History of the Middle and Working classes etc.",* 3. ed., London 1835.)

(Wade hat in dem abstrakt ökonomischen Teil seiner Schrift einiges Originelle für seine Zeit, z. B. über die Handelskrisen usw. Dagegen ist der ganze historische Teil ein schlagendes Beispiel des schamlosen Plagiarismus, der unter den englischen Ökonomisten herrscht. Er ist nämlich fast wörtlich abgeschrieben aus *Sir F. Morton Eden, „The State of the Poor usw.",* 3. vol., London 1797.)

---

[1] es ist nicht Arbeit, die das Kapital verwendet, es ist das Kapital, welches Arbeit verwendet
[2] Siehe vorl. Band, S. 164/165
[3] Tätigkeit

Der Wert, die vergegenständlichte Arbeit, bekommt dies Verhältnis zur lebendigen Arbeit nur, soweit ihm das Arbeits*vermögen* als solches gegenübersteht, d. h. also andrerseits wieder, soweit die *gegenständlichen Bedingungen* der Arbeit – und daher die Bedingungen zur Verwirklichung des Arbeitsvermögens – ihm selbst in getrennter Selbständigkeit, unter der Kontrolle eines fremden Willens, gegenüberstehn. Obgleich daher Arbeitsmittel und Material als solche nicht Kapital sind, erscheinen sie selbst als *Kapital*, weil ihre Selbständigkeit, ihre selbstische Existenz gegenüber dem Arbeiter und daher der Arbeit selbst ihrem Dasein eingewachsen ist. Ganz wie Gold und Silber als Geld erscheint, in der Vorstellung unmittelbar verbunden ist mit dem gesellschaftlichen Produktionsverhältnis, dessen Träger es ist.

Der Arbeitsprozeß hat innerhalb der kapitalistischen Produktion das Verhältnis zum Verwertungsprozeß, daß der letztere als Zweck, der erstere nur als Mittel erscheint. Der erstere wird daher stopped[1], wo der letztere nicht mehr möglich ist oder noch nicht möglich ist. Andrerseits, in den Zeiten sog. spekulativer Manien, Spekulations (Aktien usf.), Krisen, tritt es an den Tag, daß der Arbeitsprozeß (die eigentliche materielle Produktion) nur eine lästige Bedingung ist und eine allgemeine Wut die kapitalistischen Nationen ergreift, den Zweck (Verwertungsprozeß) ohne das Mittel (Arbeitsprozeß) zu erreichen. Der Arbeitsprozeß als solcher könnte nur Selbstzweck sein, wenn es dem Kapitalisten um den Gebrauchswert des Produkts zu tun wäre. Es handelt sich für ihn aber *nur* um Veräußerung desselben als Ware, seine Rückverwandlung in Geld, und da es schon ursprünglich Geld war, um Vermehrung dieser Geldsumme. In diesem Sinne kann gesagt werden:

„der Wert schafft das Produkt". (*Say, „Cours Complet.*", p. 510.[32])

(Dies gilt nun in der Tat von aller *Waren*produktion. Andrerseits ist aber wieder richtig, daß nur die kapitalistische Produktion *Warenproduktion* im weitesten Umfang ist, d. h., die Produktion für den eignen Gebrauch ganz verschwindet und die Elemente der Produktion, selbst im Ackerbau, mehr und mehr schon als *Waren* in den Produktionsprozeß eintreten.)

Hier bei der Verwandlung von Geld in Kapital ist nur ganz im allgemeinen (da wir bei der Zirkulation darauf zurückkommen) auf die Form aufmerksam zu machen, worin hier das Geld erscheint. Ist übrigens schon der Hauptsache nach geschehn, in I. 1. a) *(Allgemeinste Form des Kapitals).*[2]

Eine fernre Bemerkung zu machen mit Bezug auf den Verwertungsprozeß: Was ihm vorausgesetzt ist, ist nicht nur Wert, sondern eine Wertsumme. Ein

---

[1] eingestellt
[2] Siehe vorl. Band, S. 5–17

Wert von bestimmter Größe, was sich später noch weiter entwickeln wird. Er muß (selbst als Kapitalist in nuce) wenigstens fähig sein – 1 Arbeiter und das für ihn notwendige Material und Instrument zu kaufen. Kurz, die Wertsumme hat hier von vornherein eine Bestimmtheit durch die Tauschwerte der Waren, die in den Arbeitsprozeß unmittelbar eingehn.

Dies Ganze also nennen wir den kapitalistischen Produktionsprozeß auf Grundlage des Kapitals. Es handelt sich nicht darum, ein Produkt zu produzieren, sondern eine Ware – für den Verkauf bestimmtes Produkt. Und es handelt sich nicht einfach darum, Waren zu produzieren, um in dieser Weise durch den Verkauf derselben der in der Zirkulation vorhandnen Gebrauchswerte habhaft zu werden, sondern Waren zu produzieren, um den vorausgesetzten Wert zu erhalten und zu vermehren.

||52| {Wird der Arbeitsprozeß ganz abstrakt betrachtet, so kann gesagt werden, daß ursprünglich nur zwei Faktoren ins Spiel kommen – der Mensch und die Natur. (Arbeit und Naturstoff der Arbeit.) Seine ersten Werkzeuge sind seine eignen Glieder, die er sich jedoch erst selbst aneignen muß. Erst mit dem ersten Produkt, das zur Neuproduktion verwandt wird – sei es auch nur ein Stein, der nach einem Tier geworfen wird, um es zu töten –, beginnt der eigentliche Arbeitsprozeß. Eins der ersten Werkzeuge, das der Mensch sich aneignet, ist das Tier (Haustier). (Sieh hierüber die Stelle in Turgot.[33]) Sofern, von dem Arbeitsstandpunkt aus, erklärt Franklin den Menschen richtig als „a tool-making animal"[34] oder „engineer"[1]. So wären Erde und Arbeit die Urfaktoren der Produktion; die zur Arbeit bestimmten Produkte, produziertes Arbeitsmaterial, Arbeitsmittel, Lebensmittel – nur ein abgeleiteter Faktor.

„Der Boden ist *unentbehrlich*; das Kapital ist *nützlich*. Und die Bearbeitung des Bodens erzeugt das Kapital." ([p.] 288, t. III, Paris 1857, *Colins*, „*L'Économie Politique*. Source des Révolutions et des Utopies prétendues Socialistes.")

{Colins glaubt, daß diese Verselbständigung des Werts, sieh [t.] VII, [p.] 153, 154,[35] die im Begriffe des Kapitals enthalten, von den Ökonomen erfunden ist.} Die oben erwähnte Zweideutigkeit auch bei *James Mill*.

„Alles Kapital" {hier Kapital in dem bloß stofflichen Sinn}, „besteht in Wirklichkeit in Waren ... Das erste Kapital muß das Ergebnis reiner Arbeit gewesen sein. Die ersten Waren konnten nicht aus irgendwelchen Waren hergestellt worden sein, die vor ihnen existierten." ([p.] 72, *James Mill*, „*Elements of Pol. Ec.*", London 1821.)

---

[1] „ein Tier, das Werkzeuge herstellt," oder „Techniker"

Diese Zerlegung der Produktion in die Faktoren – Mensch, als Träger der Arbeit – und Erde (eigentlich Natur) als Gegenstand derselben, ist indes auch ganz abstrakt. Denn der Mensch tritt nicht als Arbeiter, sondern als Eigentümer der Natur ursprünglich gegenüber, und es ist nicht der Mensch, qua einzelnes Individuum, sondern, sobald einigermaßen von menschlichem Dasein desselben zu sprechen, Stammensch, Hordenmensch, Familienmensch usw.} {Bei demselben Mill:}

„Arbeit und Kapital ... das eine *unmittelbare* Arbeit ... das andere *gehortete Arbeit*, das, was das Ergebnis früherer Arbeit gewesen ist." ([p.] 75.) (l. c.)}

Wird das Kapital einerseits auf die bloße stoffliche Daseinsweise desselben – in seine Faktoren zerlegt – im Arbeitsprozeß reduziert, um Kapital überhaupt als *notwendiges* Element aller Produktion zu erschleichen, so wird dann andrerseits wieder zugegeben, daß das Kapital rein idealer Natur ist, weil Wert. (*Say, Sismondi* etc.)[1]

Wird gesagt, daß Kapital sei *Produkt im Gegensatz zur Ware* (Proudhon, Wayland usw.[2]) oder es sei Arbeitsinstrument und Arbeitsmaterial oder es bestehe auch aus den Produkten, die der Arbeiter erhält usw., so wird vergessen, daß im Arbeitsprozeß die Arbeit bereits dem Kapital einverleibt ist und ihm ebensosehr gehört wie Arbeitsmittel und Arbeitsmaterial.

„Wenn die Arbeiter für Arbeitslohn arbeiten ... ist der Kapitalist Eigentümer nicht nur des Kapitals," (in diesem stofflichen Sinn) „sondern auch der Arbeit. Wenn man das, was für Arbeitslohn gezahlt wird, wie dies gebräuchlich, in den Begriff Kapital einschließt, ist es abgeschmackt, von der Arbeit getrennt vom Kapital zu sprechen. Das Wort Kapital in diesem Sinn schließt beides ein, Arbeit und Kapital." (*James Mill*, l. c. [,p.] 70, 71.)

Ganz wie es zur Apologie des Kapitals paßt – um es als ewigen Faktor der Produktion, als von allen gesellschaftlichen Formen unabhängigen, jedem Arbeitsprozeß, also dem Arbeitsprozeß überhaupt immanenten Verhältnis darzustellen – es zu verwechseln mit dem Gebrauchswert, worin es existiert, und diesen als solchen Kapital zu nennen – ebenso kommt es vor, daß es den Herrn Ökonomisten zum Wegräsonieren einiger der kapitalistischen Produktionsweisen eigentümlich angehörigen Phänomene in den Kram paßt, das Wesentliche am Kapital zu vergessen, daß es sich als wertsetzender Wert, daher nicht nur sich erhaltender, sondern zugleich sich vermehrender Wert ist. Z.B. paßt dies, um die Unmöglichkeit der Überproduktion zu beweisen. Der Kapitalist wird hier aufgefaßt als einer, dem es nur um den Konsum gewisser Produkte (ihre Aneignung vermittelst des Verkaufs seiner Ware), nicht um die

---

[1] Siehe vorl. Band, S. 142
[2] Siehe vorl. Band, S. 145/146

Vermehrung des vorausgesetzten Werts, der Kaufmacht als solcher, des abstrakten Reichtums als solchen zu tun ist.

Durch die Verwandlung des Geldes in Kapital – (bewirkt durch den Austausch des Geldes mit der Arbeit) – hat die allgemeine Formel des Kapitals – G-W-G jetzt einen Inhalt bekommen. Das Geld ist selbständiges Dasein des Tauschwerts. Seiner Qualität nach betrachtet ist es der materielle Repräsentant des abstrakten Reichtums, *das materielle Dasein des abstrakten Reichtums*. Der Grad jedoch, ||53| worin es dies ist, der Umfang, worin es seinem Begriff entspricht, hängt von seiner eignen Quantität oder Masse ab. In der Vermehrung des Geldes [– ent]spricht[36] der Vermehrung des Werts als solchem – diese Vermehrung als Selbstzweck. Geld durch Geld zu machen ist der Zweck des kapitalistischen Produktionsprozesses – die Vermehrung des Reichtums in seiner allgemeinen Form, des Quantums gesellschaftlicher vergegenständlichter Arbeit, die im Geld als diese ausgedrückt ist. Ob die vorhandnen Werte bloß als Rechengeld im Hauptbuch figurieren oder in welcher Form immer, als Wertzeichen usw., ist zunächst gleichgültig. Geld erscheint hier nur als Form des selbständigen Werts, die das Kapital auf seinen Ausgangspunkt wie auf seinem Rückgangspunkt annimmt, um sie beständig wieder zu verlassen. Das Nähere hierüber gehört in II. *Der Zirkulationsprozeß des Kapitals.* Das Kapital ist hier prozessierendes Geld, für das seine Formen als Geld und Ware selbst nur wechselnde Formen sind. Es ist fortwährend in Rechengeld geschätzt – und gilt nur als dessen materielle Existenz, auch solang es als Ware existiert; und kaum existiert es in der Form des Geldes, so kann es sich nur verwerten, indem es sie wieder verläßt. Es ist dem Kapitalisten um Geld zu tun, heißt nichts bei ihm, als es ist ihm bloß um den Tauschwert zu tun, Vermehrung des Tauschwerts, abstrakte Bereicherung. Diese aber drückt sich allein als solche im Geld aus.

„Das große Ziel des Geldkapitalisten ist es in der Tat, den *Nominalbetrag* seines Vermögens zu erhöhen. D. h., wenn es in diesem Jahr in Geld ausgedrückt z. B. 20 000 *l.* beträgt, sollte es im kommenden Jahr in *Geld ausgedrückt* 24 000 *l.* sein. Sein einziger Weg, seine Interessen als Großkaufmann zu fördern, besteht darin, sein Kapital *im veranschlagten Geldwert vorzuschießen.* Die Bedeutung dieser Ziele für ihn nicht beeinträchtigt durch Währungsschwankungen oder durch eine Veränderung des realen Wertes des Geldes. Z. B. in einem Jahre komme er von 20[000] auf 24 000 *l*; durch einen Fall im Wert des Geldes mag er sein Kommando über die Bequemlichkeiten etc. nicht vergrößert haben. Dennoch ebensosehr sein Interesse, als wenn das Geld nicht gefallen wäre; denn sonst wäre sein Vermögen in Geldform stationär geblieben, und sein realer Reichtum hätte im Verhältnis von 24 zu 20 abgenommen ... Waren also nicht der Endzweck des handeltreibenden Kapitalisten, außer im Verausgaben seiner Revenue und in Ankäufen um der Konsumtion willen. *In den Auslagen seines Kapitals, und wenn er um der Produktion willen einkauft, ist Geld sein endgültiges Ziel.*" ([p.] 165/166, *Thomas Chalmers, „On Political Economy in Connection with the Moral State and Moral Prospects of Society*", 2. ed., Lond[on] 1832.)

{Ein andrer Punkt in bezug auf die Formel *G-W-G.* Der Wert als Kapital, sich selbst verwertender Wert, ist *Wert in der zweiten Potenz.* Er hat nicht nur, wie im Geld, einen selbständigen Ausdruck, sondern er vergleicht sich mit sich selbst (oder wird vom Kapitalisten verglichen), mißt an sich in einer Periode (die Wertgröße, worin er dem Produktionsprozeß vorausgesetzt war) mit sich in der andren Epoche, nämlich nach seiner Rückkehr aus der Zirkulation − nachdem die Ware verkauft ist und wieder in Geld verwandelt. Der Wert erscheint also als dasselbe Subjekt in zwei verschiednen Perioden, und zwar ist dies seine eigne Bewegung, die das Kapital charakterisierende Bewegung. Nur in derselben erscheint der Wert als Kapital. Sieh dagegen *„A Critical Dissertation on the Nature, Measures and Causes of Value; chiefly in reference to the writings of Mr. Ricardo and his followers. By the Author of Essays on the Formation and Publication of Opinions.*" {*S. Bailey.*} *London 1825.*} Der Hauptwitz Baileys gegen die ganze Bestimmung des Werts durch Arbeitszeit ist dieser: Wert ist nur *Verhältnis,* worin sich verschiedne Waren austauschen. Wert nur relation zwischen 2 Waren. Value ist nichts „intrinsic or absolute"[1]. (p. 23, l. c.)

„Es ist unmöglich, den Wert einer Ware zu bestimmen oder auszudrücken, es sei denn durch eine Menge irgendeiner anderen Ware." ([p.] 26, l. c.) „Anstatt den Wert als ein Verhältnis zwischen zwei Dingen anzusehen, betrachten sie" (die Ricardianer) (und Ric. selbst) „ihn als ein positives Resultat, das durch eine bestimmte Menge Arbeit produziert wird." ([p.] 30, l. c.) „Da sich die Werte von A und B nach ihrer Lehre zueinander verhalten wie die Mengen Arbeit, die sie produzierten, oder ... bestimmt werden durch die Mengen Arbeit, die sie produzierten, scheinen sie zu schließen, daß der Wert von A allein, ohne Beziehung auf etwas anderes, so groß ist wie die Menge der ihn produzierenden Arbeit. In der letzten Behauptung steckt sicher kein Sinn." (p. 31, 32.) Sie sprechen vom „Wert als eine Art allgemeiner und unabhängiger Eigenschaft". ([p.] 35, l. c.) „Der Wert einer Ware muß ihr Wert in etwas sein." (l. c.)

Als Vergegenständlichung gesellschaftlicher Arbeit ist die Ware als ein Relatives ausgesprochen. Denn [wenn die in A] [36] enthaltne Arbeit allen andren gleichgesetzt ist, so nur als bestimmtes Dasein der gesellschaftlichen Arbeit. In dieser aber ist schon der einzelne nicht isoliert betrachtet, sondern wenn B will, seine Arbeit ist relativ gesetzt und die Ware selbst als Dasein dieses Relativen.

|II-54| Derselbe Bailay (l. c., *p. 72*) sagt:

„Der Wert ist ein Verhältnis zwischen *gleichzeitigen* Waren, da nur solche gegeneinan-

---

[1] Wert ist nichts „Wesentliches oder Absolutes"

der ausgetauscht werden können; und wenn wir den Wert einer Ware in der einen Zeit mit ihrem Werte zu einer anderen Zeit vergleichen, so ist dies bloß eine Vergleichung des Verhältnisses, in dem sie in diesen verschiedenen Zeiten zu irgendeiner anderen Ware stand." ([p.] 72.)

Dies sagt er gegen

„Vergleichen der Waren in verschiedenen Zeiträumen",

als ob z.B. in dem Umschlag des Kapitals der Kapitalist had not continuously to compare the value of one period to the value of another period[1].[37]

{Es könnte nun gefragt werden, wie sich der Geldausdruck des Kapitals zum Kapital selbst verhält. Sobald Geld in der Form des Geldes existiert, stehn ihm die Bestandteile, gegen die es sich umtauscht bei seiner Verwandlung in produktives Kapital, als Waren gegenüber. Es gelten hier also die Gesetze, wie sie in der Metamorphose der Ware oder im einfachen Geldumlauf entwickelt worden sind. Zirkulieren Wertzeichen, sei es, daß sie als Zirkulationsmittel oder Zahlungsmittel dienen, so stellen sie bloß den Wert der Waren vor in Geld geschätzt oder direkt das Geld vor, das den in den Preisen der Waren ausgedrückten Geldquantis gleich ist. Als solche haben sie keinen Wert. Sie sind also noch nicht Kapital in dem Sinne, daß es vergegenständlichte Arbeit ist. Sondern sie repräsentieren jetzt ganz den Preis des Kapitals, wie früher den der Ware. Zirkuliert wirkliches Geld, so ist es selbst vergegenständlichte Arbeit — Kapital — (weil Ware). Dividieren wir die Gesamtsumme des umlaufenden Geldes durch die Anzahl seiner Umläufe, so erhalten wir die wirklich im Umlauf befindliche Quantität desselben, und diese ist ein Bestandteil des Kapitals, fixe oder zirkulant, je nachdem man es betrachten will. Mit denselben 6 Talern, wenn sie 20mal im Tag umlaufen, kann ich Ware für 120 Taler kaufen, sie repräsentieren in einem Tag den Wert von 120 Talern. Dazu kommen aber die 6 Taler selbst. So ist das ganze in dem Tag im Umlauf befindliche Kapital = 126 Taler. Wenn ein Kapital = 100 Taler und kauft mit den 100 Talern Waren, so repräsentieren dieselben 100 Taler jetzt ein zweites Kapital von 100 Talern usf. Laufen sie 6mal[2] im Tag um, so haben sie abwechselnd ein Kapital von 600 Talern repräsentiert. Wie viel oder wenig Kapital sie also an einem Tag darstellen, hängt von ihrer Umlaufgeschwindigkeit ab, = der Geschwindigkeit der Metamorphose der Ware, die hier als Metamorphose des Kapitals erscheint, das abwechselnd seine Formen von Geld und Ware annimmt und verläßt. Funktioniert das Geld als Zahlungsmittel, so können 600 Taler Geld jede beliebige Größe von

---

[1] nicht den Wert der einen Periode mit dem Wert einer anderen hätte beständig vergleichen müssen

[2] In der Handschrift: 10mal

Kapital zahlen, indem seine negativen und positiven Forderungen sich ausgleichen zu einer Bilanz von 600 Talern.

Während ursprünglich in der einfachen Warenzirkulation das Geld als Durchgangspunkt, Metamorphose, der Ware erscheint, erscheint die in Geld verwandelte Ware als Ausgangs- und Endpunkt der Kapitalbewegung und die Ware, als Metamorphose des Kapitals, als bloßer Durchgangspunkt.

Der einzige Unterschied, wodurch sich das Geld, soweit es als Form des Kapitals erscheint — als wirkliches Geld, nicht als Rechnungsgeld —, [unterscheidet,] ist der: 1. daß es zu dem Punkt zurückkehrt und vermehrt zurückkehrt, von dem es ausgeht. Das zur Konsumtion verausgabte Geld kehrt nicht zu seinem Ausgangspunkt zurück; das Kapital — zur Produktion vorgeschoßnes Geld — kehrt vermehrt zu seinem Ausgangspunkt zurück. 2. Das verausgabte Geld bleibt in der Zirkulation, der es die Ware entzieht; das Kapital wirft mehr Ware in die Zirkulation zurück, als es ihr entzieht, und entzieht ihr daher auch beständig das von ihm verausgabte Geld wieder. Je rascher dieser Zirkellauf, d. h. je rascher die Zirkulation oder Metamorphose des Kapitals, desto rascher der Geldumlauf, und da dies nicht von einem, sondern den vielseitigen Bewegungen des Kapitals stattfindet, desto mehr wird Geld als Zahlungsmittel dienen und sich Schulden und Guthaben ausgleichen.}

Produktives Kapital wird das in der beschriebnen Weise in Geld verwandelte Kapital, insofern es den Produktionsprozeß unter sich subsumiert hat, als Käufer und Anwender von Arbeit funktioniert. Nur wo das Kapital sich die Produktion selbst unterworfen hat, wo also der Kapitalist produziert, existiert das Kapital als überprüfende, spezifische Form einer Produktionsperiode. Formell kann es schon früher in andren Funktionen auftreten, und in denselben Funktionen erscheint es auch in seiner eignen Periode. Dies sind dann aber nur noch abgeleitete und sekundäre Formen des Kapitals, wie das Kapital als Kaufmannskapital und zinstragendes Kapital usw. Wenn wir also von produktivem Kapital sprechen, ist dies ganze Verhältnis zu verstehn, nicht als wenn eine der Formen des Gebrauchswerts, worin es im Arbeitsprozeß erscheint, an sich produktiv wäre, die Maschine Wert produzierte oder das Arbeitsmaterial usw.

Aus dem Verwertungsprozeß, dessen Resultat der vorgeschoßne Wert und ein surplus, ein Mehrwert (— in dem Arbeitsprozeß selbst erscheint das Kapital als wirklicher Gebrauchswert; d. h. als wirkliche Konsumtion, denn nur in der Konsumtion verwirklicht sich der ||55| Gebrauchswert als Gebrauchswert; dieser sein Konsumtionsprozeß bildet selbst ein ökonomisches Verhältnis, hat eine bestimmte ökonomische Form und ist nicht gleichgültig, außer der Form fallend, wie beim Begriff der bloßen Ware; diese Gebrauchswerte, worin es besteht, sind begriffsmäßig bestimmt durch die Tätigkeit des Arbeitsvermögens, das sie konsumiert −), ergibt sich, daß das eigentliche spezifische Produkt des Kapitals, soweit es als Kapital produziert, der Mehrwert selbst und *daß in ihr das spezifische* Produkt der Arbeit, soweit sie ihm einverleibt, nicht dies oder jenes Produkt, sondern *Kapital* ist. Der Arbeitsprozeß selbst erscheint nur als Mittel des Verwertungsprozesses, ganz wie hier überhaupt der Gebrauchswert nur als Träger des Tauschwerts.

Die 2 Bestandteile, worin die Verwandlung von Geld in Kapital zerfällt

Die ganze Bewegung, die das Geld durchmacht, um sich in Kapital zu verwandeln, zerfällt also in zwei distinkte Prozesse: Der erste ist ein Akt der einfachen Zirkulation, Kauf auf der einen Seite, Verkauf auf der andren; der zweite ist die Konsumtion des gekauften Artikels durch den Käufer, ein Akt, der außerhalb der Zirkulation liegt, hinter ihrem Rücken vorgeht. Die Konsumtion des gekauften Artikels bildet hier, infolge seiner spezifischen Natur, selbst ein ökonomisches Verhältnis. Käufer und Verkäufer treten in diesem Konsumtionsprozeß in ein neues Verhältnis zueinander, das zugleich *Produktionsverhältnis.*

Beide Akte können der Zeit nach ganz getrennt sein; und ob der Verkauf gleich realisiert wird oder erst ideell abgeschlossen und hinterher realisiert wird, als besondrer Akt muß der Verkauf wenigstens ideell, als Stipulation zwischen Käufer und Verkäufer, dem zweiten Akt, dem Konsumtionsprozeß der gekauften Waren − obgleich deren stipulierter Preis erst später bezahlt wird, stets vorhergehn.

Der erste Akt entspricht völlig den Gesetzen der Warenzirkulation, der er angehört. Äquivalente werden gegen Äquivalente ausgetauscht. Der Geldbesitzer zahlt einerseits die Werte von Arbeitsmaterial und Arbeitsmittel, andrerseits den *Wert* des Arbeitsvermögens. In diesem Kauf gibt er also in Geld gradesoviel vergegenständlichte Arbeit, als er der Zirkulation in der Form von Waren − Arbeitsvermögen, Arbeitsmaterial und Arbeitsmittel entzieht. Wenn dieser erste Akt nicht den Gesetzen des Warenaustauschs entspräche, könnte er überhaupt nicht als Akt einer Produktionsweise erscheinen, deren Grundlage ist, daß die elementarischste Beziehung, worin die Individuen zueinander treten, die von Warenbesitzern ist. Es müßte eine andre Grundlage der Produktion angenommen werden, um ihn zu erklären. Nun ist aber grade umgekehrt die Produktionsweise, deren Produkt stets die elementarische Form der

Ware und nicht die des Gebrauchswerts hat, grade die Produktionsweise, die auf dem Kapital beruht, auf dem Austausch von Geld gegen Arbeitsvermögen.

Der zweite Akt zeigt ein Phänomen, das in seinem Resultat und in seinen Bedingungen gänzlich fremd ist, nicht nur den Gesetzen der einfachen Zirkulation, sondern ihr auch zu widersprechen scheint. Erstens ändert sich die soziale Position von Verkäufer und Käufer in dem Produktionsprozeß selbst. Der Käufer wird der Kommandant des Verkäufers, soweit dieser mit seiner Person als Arbeiter in den Konsumtionsprozeß des Käufers selbst eingeht. Es wird außer dem einfachen Austauschprozeß ein Herrschafts- und Dienstverhältnis, das sich aber von allen andren historischen Verhältnissen dieser Art dadurch unterscheidet, daß es nur aus der spezifischen Natur der Ware folgt, die der Verkäufer verkauft, dies Verhältnis hier also nur aus dem Kauf und Verkauf, aus dem Verhalten der beiden Teile als Warenbesitzer entspringt, also an und für sich weder politische etc. Beziehungen einschließt. Der Käufer wird der Chef, Herr (master), der Verkäufer wird sein Arbeiter (man, hand). Ganz wie das Verhältnis von Käufer und Verkäufer, sobald es in das Verhältnis von Gläubiger und Schuldner umschlägt, die soziale Position beider Teile ändert – aber nur vorübergehend – so hier konstant.

Betrachtet man aber das Resultat selbst, so widerspricht es völlig den Gesetzen der einfachen Zirkulation, und dies wird [um] so augenfälliger, sobald die Zahlung, wie meist der Fall, erst nach gelieferter Arbeit vor sich geht, der Kauf sich also in der Tat erst am Ende des Produktionsprozesses realisiert. Jetzt steht nämlich das Arbeitsvermögen nicht mehr als solches dem Käufer gegenüber. Es hat sich vergegenständlicht in der Ware, sage z. B. 12 Stunden Arbeitszeit oder 1 Arbeitstag. Der Käufer erhält also einen Wert von 12 Arbeitsstunden. Er zahlt aber nur einen sage von 10 Arbeitsstunden. Es würden hier nicht Äquivalente gegeneinander ausgetauscht faktisch, aber in der Tat findet jetzt auch kein Austausch statt. Es wäre allein zu sagen: Gesetzt selbst – und dies ist eine Lieblingsphrase –, gesetzt, der Akt I habe nicht in der beschriebnen Weise stattgefunden, sondern ||56| der Käufer zahle nicht das Arbeitsvermögen, sondern die gelieferte Arbeit selbst. Es kann sich nur eingebildet werden. Das Produkt ist nun fertig, sein Wert existiert aber nur in der Form seines Preises. Er muß erst als Geld realisiert werden. Wenn also der Kapitalist dem Arbeiter gleich seinen Teil des Produkts als Geld realisiert, so ist es in der Ordnung, daß der Arbeiter mit einem geringeren Äquivalent in Geld zufrieden ist, als er in Ware gegeben hat.

Allgemein betrachtet ist dies abgeschmackt. Denn es liefe auf die Behauptung hinaus, daß der Verkäufer immer mit einem geringeren Äquivalent in Geld sich zufriedenstellen muß, als er in Ware gibt. Sobald der Käufer sein

Geld in Ware verwandelt, kauft, existiert der Wert in der Ware, die er kauft, nur noch als Preis, nicht mehr als realisierter Wert, als Geld. Dafür, daß seine Ware die Form des Tauschwerts verloren, des Gelds, *erhält er keine Entschädigung*. Er hat eben auf der andren Seite damit gewonnen, daß sie nun in der Form von Ware existiert. Aber, heißt es weiter, wenn ich eine Ware für meinen Konsum kaufe, so ist das etwas andres; es ist mir um ihren Gebrauchswert zu tun. Es gilt nur eben, Tauschwert in Lebensmittel zu verwandeln. Dagegen bei einer Ware, die ich mir kaufe, um sie wieder zu verkaufen, verliere ich offenbar zunächst, wenn ich mein Geld gegen sie austausche. Denn es ist mir nur um den Tauschwert zu tun, und durch den Kauf verliert mein Geld die Form des Geldes. Der Tauschwert existiert zunächst nur als Preis, als erst zu realisierende Gleichung mit Geld in der Ware. Aber die Absicht, womit ich eine Ware kaufe, hat mit ihrem Wert nichts zu tun. Das Phänomen, daß beim Kauf, um zu verkaufen, ein Mehrwert herauskömmt, würde aus der *Absicht* des Käufers erklärt, daß dieser Mehrwert herauskommen soll, was offenbar abgeschmackt ist. Wenn ich eine Ware verkaufe, ist mir der Gebrauch, den der Käufer damit machen will, vollständig gleichgültig, ebenso wie der Mißbrauch. Gesetzt, der Warenbesitzer habe nicht Geld genug, um Arbeit zu kaufen, wohl aber, um Arbeitsmaterial und Arbeitsmittel zu kaufen. Die Verkäufer von Arbeitsmaterial und Arbeitsmittel würden ihn auslachen, wollte er sagen: Arbeitsmaterial und Arbeitsmittel sind unvollendete Produkte; das eine der Natur der Sache nach, das andre bildet ebenfalls erst den Bestandteil eines spätren Produkts und hat keinen Wert, außer sofern es denselben bildet. In der Tat, gesetzt, das Arbeitsmaterial koste 100 Taler, das Arbeitsmittel 20 und die Arbeit, die ich ihnen zufüge, sei in Geld gemessen gleich 30 Taler. Das Produkt hätte also den Wert von 150 Talern, und sobald ich mit meiner Arbeit fertig bin, habe ich eine Ware von 150 Talern, die jedoch erst verkauft werden muß, um in der Form des Tauschwerts, um als 150 Taler zu existieren. Die 100 Taler, die ich dem Verkäufer des Materials, und die 20 Taler, die ich dem Verkäufer des Arbeitsmittels gegeben habe, bilden Wertbestandteile meiner Ware; sie bilden 80 Prozent ihres Preises. Diese 80 Prozent meiner noch nicht verkauften Ware − die ich erst wieder in Geld umwandeln muß − haben aber die Verkäufer von Rohmaterial und Arbeitsmittel in Geld realisiert − indem sie mir es verkauften −, bevor das Produkt fertig war, und noch mehr, bevor es verkauft war. Da ich ihnen also diesen Vorschuß mache durch den bloßen Akt des Kaufens, müssen sie mir ihre Waren unter dem Wert verkaufen. Der casus ist ganz derselbe.

In beiden Fällen habe ich in der Hand Ware von 150 Talern, die aber erst verkauft, in Geld realisiert werden muß. In dem ersten Fall habe ich selbst den Wert der Arbeit zugefügt, aber den Wert von Arbeitsmaterial und Arbeitsmittel vorausgezahlt, nicht nur, bevor das Produkt verkauft, sondern bevor es fertig ist. Im zweiten Fall hat der Arbeiter den Wert zugefügt, und ich habe ihn bezahlt vor dem Verkauf der Ware. Es liefe immer wieder auf die Abgeschmacktheit hinaus, daß der Käufer als solcher das Privilegium hat, wohlfeiler zu kaufen, womit er in seiner Eigenschaft als Verkäufer ebensoviel wieder einbüßte, wie er als Käufer gewonnen hätte. Am Schluß des Tags z.B. hat der Arbeiter einen Arbeitstag dem Produkt zugesetzt, und ich besitze diese seine Arbeit in vergegenständlichter Form als Tauschwert, wofür ich ihn also nur zahle, wenn ich ihm denselben Tauschwert in Geld zurückgebe. In welcher Form von Gebrauchswert der Wert besteht, ändert ebensowenig an seiner Wertgröße, wie es an derselben ändert, ob sie in der Form der Ware oder des Geldes, als realisierter und nicht realisierter Wert besteht.

Was dabei in der Vorstellung mit unterläuft, ist die Erinnerung an den Gelddiskont. Wenn ich Waren fertig habe und entweder Geld drauf vorschießen lasse — ohne sie zu verkaufen (oder nur bedingungsweise) — oder auf die Zahlungsobligation für die schon verkaufte Ware, die aber erst später zahlbar — für die ich in Zahlung also erst eine später realisierbare Obligation, Wechsel oder dgl. erhalten habe —, versilbere, zahle ich Diskont. Dafür, daß ich das Geld erhalte, ohne die Ware zu verkaufen, oder das Geld erhalte, ehe sie zahlbar ist, bevor der Verkauf wirklich realisiert wird — in einer oder der andren Form Geld leihe, zahle ich. Ich verzichte auf einen Teil ||57| des Preises der Ware und überlasse ihn dem, der mir für die noch nicht verkaufte Ware oder die noch nicht zahlbare Ware Geld vorschießt. Ich zahle also hier für die Metamorphose der Waren. Bin ich aber der Käufer von Arbeit — sobald sie schon im Produkt vergegenständlicht ist —, so paßt erstens dies Verhältnis nicht. Denn würde Geld avanciert[1] und würde die Zahlungsobligation diskontiert, in beiden Fällen ist der Vorschießer des Geldes nicht Käufer der Ware, sondern eine dritte Person, die sich zwischen den Käufer und Verkäufer schiebt. Hier aber steht der Kapitalist dem Arbeiter, der ihm die Ware geliefert hat — bestimmte Arbeitszeit vergegenständlicht in einem bestimmten Gebrauchswert —, als Käufer gegenüber und zahlt, nachdem er das Äquivalent schon in Ware erhalten.

Zweitens, bei diesem ganzen Verhältnis zwischen industriellem Kapitalist und dem Geld zu Zins vorschießenden Kapitalist ist schon das Kapitalverhältnis unterstellt. Es ist unterstellt, das Geld — überhaupt Wert — als solches die Qualität besitzt, in einem bestimmten Zeitraum sich selbst zu ver-

---

[1] vorgeschossen

werten, einen gewissen Mehrwert zu schaffen, und unter dieser Voraussetzung wird für seinen Gebrauch gezahlt. Hier setzt man also eine abgeleitete Form des Kapitals voraus, um seine ursprüngliche – eine besondre Form desselben, um seine allgemeine zu erklären. Übrigens kommt die Sache immer darauf hinaus: Der Arbeiter kann nicht abwarten, bis das Produkt verkauft ist. In andren Worten, er hat keine *Ware* zu verkaufen, sondern nur seine Arbeit selbst. Hätte er *Ware* zu verkaufen, so liegt schon in dieser Voraussetzung, daß er, um als Warenverkäufer zu existieren – da er nicht vom Produkt lebt, die Ware für ihn selbst nicht Gebrauchswert ist –, immer soviel Ware in der Form von Geld vorrätig haben muß, um zu leben, Lebensmittel zu kaufen, bis seine neue Ware fertig und verkauft ist. Es ist wieder dieselbe Voraussetzung, die im ersten Akt war, nämlich daß er als bloßes Arbeitsvermögen den gegenständlichen Bedingungen der Arbeit gegenübersteht, unter die sowohl die Lebensmittel des Arbeiters fallen – die Mittel zu leben, während er arbeitet, wie die Bedingungen zur Verwirklichung der Arbeit selbst. Unter dem Vorwand, das erste Verhältnis, auf das es ankommt und das entscheidet, wegzuräsonieren, wird es so wieder hergestellt.

Ebenso albern die Form: Der Arbeiter, indem er sein Salair erhalten, hat seinen Anteil am Produkt oder dem Wert des Produkts schon weg, also keine weiteren Forderungen zu machen. Kapitalist und Arbeiter sind Associés, Gemeineigentümer des Produkts oder seines Werts, aber der eine Partner läßt sich seinen Anteil vom andren zahlen und verliert so sein Anrecht auf den aus dem Verkauf des Produkts resultierenden Wert und den darin realisierten Profit. Hiervon wieder zweierlei fallacies[1] zu unterscheiden. Hätte der Arbeiter ein Äquivalent für die dem Rohmaterial von ihm zugefügte Arbeit erhalten, so hat er in der Tat keinen weitern Anspruch. Er hätte seine Rate zu ihrem vollen Wert ausgezahlt erhalten. Dies würde nun allerdings zeigen, warum er nichts weiter, weder mit der Ware, noch mit ihrem Wert zu schaffen hat, aber keineswegs, warum er ein *geringeres* Äquivalent in Geld erhält, als er in der im Produkt *vergegenständlichten Arbeit* geliefert hat. So bei dem obigen Beispiel haben der Verkäufer des Rohmaterials zu 100 Talern und des Arbeitsmittels zu 20, die ihnen von dem Produzenten der neuen Ware abgekauft worden sind, keinen Anspruch auf die neue Ware und ihren Wert von 150 Talern. Daraus folgt aber nicht, daß der eine statt 100 nur 80 Taler und der andre statt 20 nur 10 erhielt. Es beweist nur, daß, wenn der Arbeiter sein Äquivalent vor dem Verkauf der Waren erhalten – *seine* Ware aber hat er verkauft –, er nichts weiter zu fordern hat. Es beweist aber nicht, daß er

[1] Irrtümer

seine Ware *unter dem Äquivalent* zu verkaufen hat. Nun läuft allerdings noch eine zweite Illusion unter. Der Kapitalist verkauft nun die Ware zu Profit. Der Arbeiter, der sein Äquivalent schon erhalten, hat auf den Profit, der aus dieser nachträglichen Operation entspringt, schon verzichtet. Hier also wieder die alte Illusion, daß der Profit – der Mehrwert – aus der Zirkulation entspringt und daher, daß die Ware über ihrem Wert verkauft und der Käufer geprellt wird. An dieser Übervorteilung des einen Kapitalisten durch den andren hätte der Arbeiter keinen Anteil; aber der Profit des einen Kapitalisten wäre = dem loss[1] des andren, und so existierte an und für sich, für das Gesamtkapital, kein Mehrwert.

Es gibt allerdings bestimmte Formen der Lohnarbeit, in denen es den *Schein* hat, als verkaufte der Arbeiter nicht sein Arbeitsvermögen, sondern seine schon in den Waren *vergegenständlichte Arbeit* selbst. Z. B. beim *Stücklohn*. Indes ist dies ||58| nur eine andre Form, die Arbeitszeit zu messen und die Arbeit zu kontrollieren (nur *notwendige* Arbeit zu zahlen). Weiß ich, daß die Durchschnittsarbeit z. B. 24 Stück irgendeines Artikels in 12 Stunden liefern kann, so 2 Stück gleich 1 Arbeitsstunde. Wenn der Arbeiter 10 Stunden bezahlt erhält von den 12 Stunden, die er arbeitet, also 2 Stunden Surpluszeit arbeitet, so ist dies dasselbe, als wenn er in jeder Stunde $\frac{1}{6}$ Stunde Mehrarbeit (Gratisarbeit) lieferte. (10 Minuten, also den ganzen Tag 120 Minuten = 2 Stunden.) Gesetzt 12 Arbeitsstunden; in Geld geschätzt, = 6 sh, so 1 = $\frac{6}{12}$ sh = $\frac{1}{2}$ sh = 6 d. Die 24 Stück also = 6 sh oder das Stück = $\frac{1}{4}$ sh = 3 d. Es ist dasselbe, ob der Arbeiter auf 10 Stunden 2 zugibt oder auf 20 Stück 4. Jedes Stück von 3 d = $\frac{1}{2}$ Arbeitsstunde von 3 d. Der Arbeiter erhält aber nicht 3 d, sondern $2\frac{1}{2}$ d. Und wenn er 24 Stück liefert, 48 d + 12 d = 60 d = 5 sh, während der Kapitalist die Ware zu 6 sh verkauft. Es ist also nur eine andre Art, die Arbeitszeit zu messen (ebenso zu kontrollieren die Qualität der Arbeit).

Diese verschiednen Formen des Arbeitslohns gehn das allgemeine Verhältnis nichts an. Es ist übrigens auf der Hand liegend, daß beim Stücklohn dieselbe Frage eintritt: Woher kommt der Mehrwert? Offenbar, daß das Stück nicht ganz bezahlt wird; daß mehr Arbeit in dem Stück absorbiert ist als für es in Geld bezahlt wird.

Also das ganze Phänomen nur dadurch zu erklären (alle andren Erklärungsweisen setzen es schließlich immer wieder voraus), daß der Arbeiter nicht seine Arbeit verkauft als Ware – und das ist sie, sobald sie vergegenständlicht ist, in welchem Gebrauchswert immer, also stets als Resultat des

---

[1] Verlust

Arbeitsprozesses, also meist, bevor die Arbeit *gezahlt* wird –, sondern sein Arbeitsvermögen, bevor es gearbeitet hat und sich als Arbeit verwirklicht hat.

Das Resultat – daß der vorausgesetzte Wert oder die Geldsumme, die der Käufer in die Zirkulation warf, nicht nur reproduziert ist, sondern sich verwertet hat, in einer bestimmten Proportion gewachsen, zu dem Wert ein Mehrwert hinzugekommen ist –, dies Resultat wird nur in dem unmittelbaren Produktionsprozeß verwirklicht, denn erst hier wird aus dem Arbeitsvermögen wirkliche Arbeit, vergegenständlicht sich die Arbeit in einer Ware. Dies Resultat ist, daß der Käufer mehr vergegenständlichte Arbeit in der Form von Ware zurückerhält, als er in der Form von Geld vorgeschossen hat. Während des Arbeitsprozesses selbst ist dieser Mehrwert – dieses Surplus vergegenständlichter Arbeitszeit erst entsprungen, die er später wieder in Zirkulation wirft, indem er die neue Ware verkauft.

Aber dieser zweite Akt, in dem der Mehrwert wirklich entspringt und das Kapital in der Tat produktives Kapital wird, kann nur eintreten infolge des ersten Akts und ist nur eine Konsequenz des spezifischen Gebrauchswerts der Ware, die im ersten Akt zu *ihrem Wert* gegen Geld ausgetauscht wird. Der erste Akt findet aber nur statt unter gewissen historischen Bedingungen. Der Arbeiter muß frei sein, um über sein Arbeitsvermögen als sein Eigentum verfügen zu können, also weder Sklave, Leibeigner, Höriger. Andrerseits muß er ebensowohl die Bedingungen, sein Arbeitsvermögen verwirklichen zu können, verloren haben. Also weder zu eignem Gebrauch wirtschaftender Bauer oder Handwerker sein, überhaupt er muß aufgehört haben, Eigentümer zu sein. Es ist unterstellt, daß er als *Nichteigentümer arbeitet* und die *Bedingungen seiner Arbeit ihm als fremdes Eigentum* gegenüberstehn. In diesen Bedingungen liegt also auch, daß die Erde ihm als fremdes Eigentum gegenübersteht; daß er ausgeschlossen ist vom Gebrauch der Natur und ihrer Produktionen. Es ist dies der Punkt, worin das Grundeigentum als eine notwendige Voraussetzung der Lohnarbeit und daher des Kapitals erscheint. Im übrigen ist es bei der Betrachtung des Kapitals als solchem nicht weiter zu berücksichtigen, indem die der kapitalistischen Form der Produktion entsprechende Form des Grundeigentums selbst ein historisches Produkt der kapitalistischen Produktionsweise ist. In dem Dasein des Arbeitsvermögens als Ware, angeboten vom Arbeiter selbst – liegt also ein ganzer Umkreis von historischen Bedingungen, unter denen allein die Arbeit Lohnarbeit, daher das Geld Kapital werden kann.

Es handelt sich dabei natürlich darum, daß die Produktion im allgemeinen auf dieser Grundlage beruht, die Lohnarbeit und ihre Verwendung durch Kapital nicht als sporadische Erscheinung auf der Oberfläche der Gesellschaft vorkommt, sondern daß dies ||59| herrschendes Verhältnis.

Damit die Arbeit als Lohnarbeit, der Arbeiter als Nichteigentümer arbeitet, nicht Ware verkauft, sondern die Disposition über sein eignes Arbeitsvermögen — sein Arbeitsvermögen selbst in der einzigen Weise, worin es verkauft werden kann — müssen ihm die Bedingungen zur Verwirklichung seiner Arbeit als *entfremdete Bedingungen*, als *fremde Mächte*, Bedingungen unter der Herrschaft eines fremden Willens, fremdes Eigentum gegenüberstehn. Die *vergegenständlichte Arbeit*, der Wert als solcher steht ihm als *selbstisches Wesen*, als *Kapital* gegenüber, dessen Träger der Kapitalist ist — steht ihm daher auch als *Kapitalist* gegenüber.

Was der Arbeiter *kauft*, ist ein Resultat, ein bestimmter Wert; das Quantum Arbeitszeit, = dem in seinem eignen Arbeitsvermögen enthaltnen, also eine Geldsumme, nötig um ihn qua Arbeiter am Leben zu erhalten. Denn was er kauft, ist Geld, also bloß eine andre Form für den Tauschwert, den er selbst als Arbeitsvermögen schon hat und zu demselben Quantum. Was der Kapitalist dagegen kauft und was der Arbeiter verkauft, ist der Gebrauchswert des Arbeitsvermögens, d. h. also die Arbeit selbst, die den Wert schaffende und vermehrende Kraft. Die wertschaffende und vermehrende Kraft gehört also nicht dem Arbeiter, sondern dem Kapital. Indem es sie sich einverleibt, wird es lebendig und beginnt to work[1], „als hätt' es Lieb im Leibe"[38]. Die lebendige Arbeit wird so ein Mittel für vergegenständlichte Arbeit, um sich zu erhalten und zu vermehren. Soweit der Arbeiter Reichtum schafft, wird sie daher eine Kraft des Kapitals; ebenso alle Entwicklung der Produktivkräfte der Arbeit Entwicklung der Produktivkräfte des Kapitals. Was der Arbeiter selbst verkauft, stets durch Äquivalent ersetzt, ist das Arbeitsvermögen selbst, ein bestimmter Wert, dessen Größe zwischen weiteren oder engeren Grenzen oszillieren mag, begrifflich aber sich immer auflöst in eine bestimmte Summe Lebensmittel, erheischt, damit das Arbeitsvermögen als solches erhalten, d. h., der Arbeiter als Arbeiter fortleben kann. Die vergegenständlichte, vergangne Arbeit wird so zum Herrscher über die lebendige, gegenwärtige Arbeit. Das Verhältnis von Subjekt und Objekt wird verkehrt. Wenn in der Voraussetzung schon dem Arbeiter die gegenständlichen Bedingungen zur Verwirklichung seines Arbeitsvermögens und daher zur wirklichen Arbeit als fremde, selbständige Mächte gegenüber erscheinen, die sich vielmehr zur lebendigen Arbeit als die Bedingungen ihrer eignen Erhaltung und Vermehrung verhalten — Werkzeug, Material, Lebensmittel, die sich nur an die Arbeit hingeben, um in sich selbst mehr Arbeit einzusaugen —, so erscheint dieselbe Verkehrung noch mehr im Resultat. Die gegenständlichen

---

[1] zu arbeiten

Bedingungen der Arbeit sind selbst Produkte der Arbeit und, soweit sie von der Seite des Tauschwerts betrachtet werden, nichts als Arbeitszeit in gegenständlicher Form. Nach beiden Seiten hin sind also die gegenständlichen Bedingungen der Arbeit Resultat der Arbeit selbst, *ihre eigne Vergegenständlichung,* und es ist diese ihre eigne Vergegenständlichung, sie selbst als ihr Resultat, die ihr als *fremde Macht,* als *selbständige Macht,* gegenübertritt und der gegenüber sie immer wieder in derselben Gegenstandslosigkeit, als bloßes Arbeitsvermögen, gegenübertritt.

Wenn der Arbeiter nur einen halben Arbeitstag zu arbeiten braucht, um einen ganzen zu leben — d. h., um die zu seiner Erhaltung als Arbeiter notwendigen täglichen Lebensmittel zu produzieren, so ist der Tauschwert seines täglichen Arbeitsvermögens = einem halben Arbeitstag. Dagegen der Gebrauchswert dieses Vermögens besteht in der Arbeitszeit, nicht die nötig ist, um es selbst zu erhalten und zu produzieren oder zu reproduzieren, sondern die es selbst arbeiten kann. Sein Gebrauchswert besteht also in einem Arbeitstag z. B., während sein Tauschwert nur ein halber Arbeitstag ist. Indem der Kapitalist es zu seinem Tauschwert verkauft, zu der Arbeitszeit, die erheischt ist, um es zu erhalten, erhält er dagegen die Arbeitszeit, die es selbst arbeiten kann; also im obigen Fall einen ganzen Tag, wenn er einen halben gezahlt hat. Wie groß oder klein sein Gewinn ist, hängt davon [ab], für wieviel Zeit ihm überhaupt der Arbeiter sein Arbeitsvermögen zur Disposition stellt. Unter allen Umständen aber besteht das Verhältnis darin, daß er es ihm länger zur Disposition stellt, als die Arbeitszeit beträgt, die zu seiner eignen Reproduktion nötig. Der Kapitalist kauft es nur, weil es diesen Gebrauchswert hat.

Kapital und Lohnarbeit drücken nur zwei Faktoren desselben Verhältnisses aus. Das Geld kann nicht Kapital werden, ohne sich gegen Arbeitsvermögen als vom Arbeiter selbst verkaufte Ware auszutauschen; also diese spezifische Ware auf dem Markt vorzufinden. Andrerseits, die Arbeit kann nur als Lohnarbeit erscheinen, sobald die eignen Bedingungen ihrer Verwirklichung, ihre *eignen* gegenständlichen Bedingungen, ihr als selbstische Mächte, fremdes Eigentum, für sich seiender und an sich selbst festhaltender ||60| Wert, kurz als Kapital, gegenübertreten. Wenn das Kapital also seiner stofflichen Seite nach — oder den Gebrauchswerten nach, worin es existiert, nur aus den gegenständlichen Bedingungen der Arbeit selbst bestehen kann, Lebensmitteln und Produktionsmitteln (die letztren teils Arbeitsmaterial, teils Arbeitsmittel), so seiner Formseite nach müssen diese gegenständlichen Bedingungen als *entfremdet, selbständige* Mächte der Arbeit gegenüberstehn, als Wert — vergegenständlichte Arbeit –, der zur lebendigen Arbeit sich als bloßem Mittel seiner eignen Erhaltung und Vermehrung verhält[1].

Die Lohnarbeit – oder das Salariat – (der Arbeitslohn als Preis der Arbeit) ist also eine notwendige gesellschaftliche Form der Arbeit für die kapitalistische Produktion, ganz wie das Kapital; der potenzierte Wert, eine notwendige gesellschaftliche Form, die die gegenständlichen Bedingungen der Arbeit haben müssen, damit letztere Lohnarbeit sei. Man sieht daher, welch tiefes Verständnis dieses gesellschaftlichen Produktionsverhältnisses z. B. ein Bastiat besitzt, der meint, die Form des Salariat sei nicht schuld an den Übelständen, worüber die Sozialisten klagen. {Hierüber später mehr.[39]} Der Bursche meint, wenn die Arbeiter Geld genug hätten, um bis zum Verkauf der Ware zu leben, könnten sie unter günstigeren Bedingungen mit den Kapitalisten teilen. D. h. in andren Worten, wenn sie keine Lohnarbeiter wären, wenn sie statt ihres Arbeitsvermögens ihr Arbeitsprodukt verkaufen könnten. Daß sie das nicht können, macht sie eben zu Lohnarbeitern und ihre Käufer zu Kapitalisten. Also die wesentliche Form des Verhältnisses wird von Herrn Bastiat als ein zufälliger Umstand betrachtet.

Es schließen sich hier noch einige andre Fragen an, die gleich betrachtet werden sollen. Vorher aber noch eine andre Bemerkung. Wir haben gesehn, daß der Arbeiter dadurch, daß er neue Arbeit zusetzt im Arbeitsprozeß – und dies ist die einzige Arbeit, die er dem Kapitalisten verkauft – die in Arbeitsmaterial und Arbeitsmittel vergegenständlichte Arbeit –, den Wert derselben erhält. Und zwar tut er dies gratis. Es geschieht vermöge der lebendigen Qualität der Arbeit als Arbeit, nicht, daß dazu ein neues Quantum Arbeit erheischt wäre. {Soweit z. B. Arbeitsinstrument verbessert werden muß usw., neue Arbeit zu seiner Erhaltung erheischt, ist es dasselbe, als ob ein neues Werkzeug oder ein aliquoter[2] Teil von neuem Arbeitsmittel durch den Kapitalisten gekauft und in den Arbeitsprozeß geworfen würde.} Dies erhält der Kapitalist umsonst. Ebenso *wie der Arbeiter ihm die Arbeit vorschießt, indem er sie erst zahlt, nachdem sie vergegenständlicht ist.* (Dies Pointe gegen die, die von Vorschießen des Preises der Arbeit sprechen. Die Arbeit wird gezahlt, nachdem sie geliefert. Das Produkt als solches geht den Arbeiter nichts an. Die Ware, die er verkauft, ist schon in den Besitz des Kapitalisten übergegangen, bevor sie bezahlt wird.) Aber es tritt noch ein andres Resultat als Resultat der ganzen Transaktion ein, das der Kapitalist gratis erhält. Nachdem der Arbeitsprozeß vorbei ist, z. B. des Tags, hat der Arbeiter das Geld, das er vom Kapitalisten erhält, in Lebensmittel umgesetzt und damit sein Arbeitsvermö-

---

[1] In der Handschrift: erhält
[2] entsprechender

gen erhalten, reproduziert, so daß derselbe Austausch zwischen Kapital und Arbeitsvermögen wieder von neuem beginnen kann. Dies ist aber eine Bedingung für die Verwertung des Kapitals, überhaupt für seine Fortexistenz, damit es ein stetiges Produktionsverhältnis sei. Mit dieser Reproduktion des Arbeitsvermögens als solchem ist die Bedingung reproduziert, unter der allein Waren sich in Kapital verwandeln können. Die Konsumtion des Salairs durch den Arbeiter ist nicht nur produktiv für den Kapitalisten, soweit dieser dafür Arbeit und größres Quantum Arbeit, als das Salair darstellt, zurückerhält, sondern auch insofern es ihm die Bedingung reproduziert, das Arbeitsvermögen. Das Resultat des kapitalistischen Produktionsprozesses ist also nicht bloß Ware und Mehrwert, sondern die *Reproduktion dieses Verhältnisses* selbst. (Wie sich später zeigen wird, seine Reproduktion auf stets wachsender Stufenleiter.) Soweit sich die Arbeit im Produktionsprozeß vergegenständlicht — vergegenständlicht sie sich als *Kapital,* als Nichtarbeit, und soweit das Kapital in dem Austausch sich abläßt an den Arbeiter, verwandelt es sich nur in das Mittel zur Reproduktion seines *Arbeitsvermögens.* Am Ende des Prozesses sind also seine ursprünglichen Bedingungen, seine ursprünglichen Faktoren und ihr ursprüngliches Verhältnis wiederhergestellt. Das Verhältnis von *Kapital und Lohnarbeit* wird also reproduziert durch diese Produktionsweise, ganz so gut, wie Ware und Mehrwert produziert wird. Es kömmt am Ende nur aus dem Prozeß heraus, was am Anfang hineingekommen ist, auf der einen Seite die vergegenständlichte Arbeit als Kapital, auf der andren die gegenstandslose Arbeit als bloßes Arbeitsvermögen, so daß derselbe Austausch stets von neuem wiederholt wird. In Kolonien, wo die Herrschaft des Kapitals — oder die Grundlage der kapitalistischen Produktion noch nicht hinlänglich entwickelt ist, also der Arbeiter mehr, als ||61| zur Reproduktion seines Arbeitsvermögens erheischt ist, erhält und sehr bald selbstwirtschaftender Bauer etc. wird — also das ursprüngliche Verhältnis nicht beständig reproduziert wird —, daher großer Jammer der Kapitalisten und Versuche, das Verhältnis von Kapital und Lohnarbeit künstlich herbeizuführen. *(Wakefield.*[40])

„Das Material erfährt Veränderungen ... Die verwendeten Werkzeuge oder Maschinen ... erfahren Veränderungen. Im Verlauf der Produktion werden die verschiedenen Werkzeuge nach und nach zerstört oder abgenutzt ... Die verschiedenen Arten von Nahrung, Kleidung und Obdach, die für die Existenz und die Bequemlichkeit des Menschen erforderlich sind, werden ebenfalls verändert. Sie werden von /62/ Zeit zu Zeit aufgebraucht, und ihr Wert erscheint wieder in der neuen Kraft, die sie seinem Körper und Geist verleihen, und bildet so neues Kapital, das wieder im Produktionsprozeß angewandt wird." ([p.] 32, *F. Wayland, „The Elements of Polit. Econ.",* Boston 1843.)

/61/ Es hängt mit dieser Reproduktion des Gesamtverhältnisses zusammen – daß der Lohnarbeiter im ganzen nur aus dem Prozeß herauskommt, wie er in ihn hineinkömmt –, die Wichtigkeit des Umstandes für die Arbeiter ab, unter welchen ursprünglichen Bedingungen sie ihr Arbeitsvermögen reproduzieren und welches der Durchschnittsarbeitslohn oder der Umfang, worin sie traditionell überhaupt leben müssen, um als Arbeiter zu leben. Im Verlauf der kapitalistischen Produktion wird dies mehr oder minder zerstört, aber es dauert lange. Welches die zu seiner Erhaltung nötigen Lebensmittel – d. h., welche Lebensmittel und in welchem Umfang überhaupt für nötig gelten. (Sieh darüber *Thornton*.[41]) Aber dies beweist schlagend, daß sich das Salair nur in Lebensmittel auflöst und daß der Arbeiter nach wie vor nur als Arbeitsvermögen resultiert. Der Unterschied liegt nur in dem Mehr oder Weniger, das als Maß seiner Bedürfnisse gilt. Er arbeitet immer nur für den Konsum; der Unterschied ist nur, ob seine Konsumtions- = Produktionskosten größer oder kleiner.

Lohnarbeit ist also notwendige Bedingung für Kapitalbildung und bleibt die beständige notwendige Voraussetzung für kapitalistische Produktion. Obgleich daher der erste Akt, der Austausch von Geld gegen Arbeitsvermögen oder der Verkauf des Arbeitsvermögens als solcher nicht in den unmittelbaren Produktionsprozeß (Arbeitsprozeß) eingeht, so geht er dagegen in die Produktion des ganzen Verhältnisses ein. Ohne ihn wird Geld nicht Kapital, die Arbeit nicht Lohnarbeit und daher auch der ganze Arbeitsprozeß nicht unter die Kontrolle des Kapitals gebracht, nicht unter dasselbe subsumiert, und [es] findet daher ebensowenig die Produktion von Mehrwert in der früher bestimmten Weise statt. Diese Frage – ob dieser erste Akt zum Produktionsprozeß des Kapitals gehört, wird eigentlich behandelt in der Streitfrage zwischen Ökonomen, ob der Teil des Kapitals, der in Salair ausgelegt wird – oder was dasselbe, die Lebensmittel, wogegen der Arbeiter sein Salair austauscht –, einen Teil des Kapitals ausmachen? (Sieh Rossi, Mill, Ramsay.)[1]

Die Frage: Ist das *Salair produktiv*, ist in der Tat dasselbe Mißverständnis, wie in der Frage: Ist das Kapital produktiv?

Im letzten Fall wird unter Kapital nichts verstanden als die Gebrauchswerte der Waren, worin es existiert (die Kapitalgegenstände), nicht die Formbestimmtheit, das bestimmte gesellschaftliche Produktionsverhältnis, dessen Träger die Waren. Im ersten Fall wird die Betonung darauf gelegt, daß das Salair als solches nicht in den unmittelbaren Arbeitsprozeß eingeht.

Der Preis einer Maschine ist nicht produktiv, sondern die Maschine selbst,

---

[1] Siehe vorl. Band, S. 126/127

soweit die Maschine als Gebrauchswert im Arbeitsprozeß funktioniert. Soweit der Wert der Maschine im Wert des Produkts, der Preis der Maschine im Preis der Ware wieder erscheint, geschieht dies nur, weil sie einen Preis hat. Dieser Preis produziert nichts; weder erhält er sich selbst und noch weniger vermehrt er sich. Nach einer Seite ist das Salair ein Abzug von der Produktivität der Arbeit; denn die Mehrarbeit ist beschränkt durch die Arbeitszeit, deren der Arbeiter zu eigner Reproduktion, Erhaltung gebraucht. Also der Mehrwert. Andrerseits ist es produktiv, insofern es das Arbeitsvermögen selbst produziert, das die Quelle der Verwertung überhaupt und die Grundlage des ganzen Verhältnisses.

Der Teil des Kapitals, der in Salair verausgabt wird, d. h. der Preis des Arbeitsvermögens, geht nicht direkt in den Arbeitsprozeß ein, obgleich wohl zum Teil, da der Arbeiter mehrmals des Tags Lebensmittel verzehren muß, um fortzuarbeiten. Dieser Konsumtionsprozeß fällt jedoch außerhalb des eigentlichen Arbeitsprozesses. (Etwa so wie Kohle, Öl usw. bei der Maschine?) Als matière instrumentale[1] des Arbeitsvermögens? Die vorausgesetzten Werte gehn überhaupt nur ein in den Verwertungsprozeß, soweit sie vorhanden sind. Mit dem Salair anders, denn es wird reproduziert; durch neue Arbeit ersetzt. Jedenfalls, betrachtet man selbst das Salair – aufgelöst in Lebensmitteln – nur als die Kohle und Öl, um die Arbeitsmaschine in Gang zu halten, so gehn sie in den Arbeitsprozeß nur als Gebrauchswerte ein, soweit sie vom Arbeiter als Lebensmittel konsumiert und sind insoweit produktiv, als sie ihn als arbeitende Maschine in Gang halten. Das tun sie aber, sofern sie Lebensmittel sind, nicht dadurch, daß diese Lebensmittel ||62| einen Preis haben. Der Preis dieser Lebensmittel aber, das Salair, geht nicht ein, denn der Arbeiter muß ihn reproduzieren. Mit dem Konsum der Lebensmittel ist der Wert zerstört, der in ihnen enthalten war. Er ersetzt diesen Wert durch neues Quantum Arbeit. Diese Arbeit ist also produktiv, nicht ihr Preis.

{Wir haben gesehn: Der Wert, der in Arbeitsmaterial und Arbeitsmittel steckt, wird einfach erhalten dadurch, daß sie als Arbeitsmaterial und Arbeitsmittel verbraucht werden, also zu Faktoren neuer Arbeit, also daß neue Arbeit ihnen zugesetzt wird. Nehmen wir nun an, um einen Produktionsprozeß auf einer bestimmten Stufenleiter zu treiben – und diese Stufenleiter ist selbst bestimmt; denn es soll nur notwendige Arbeitszeit angewandt werden; also nur soviel Arbeitszeit, als auf der gegebnen gesellschaftlichen Entwicklungsstufe der Produktivkräfte nötig ist. Diese gegebne Entwicklungsstufe drückt sich aber aus in einem gewissen Quantum Maschinerie etc., gewisses

---

[1] Produktionshilfsstoff

Quantum von Produkten, die zur Neuproduktion erheischt sind. Also nicht mit Handstuhl weben, wenn der powerloom[1] herrscht usw. In andren Worten, damit nur notwendige Arbeitszeit angewandt wird, ist es nötig, die Arbeit in Bedingungen zu stellen, die der Produktionsweise entsprechen. Diese Bedingungen stellen sich selbst als gewisses Quantum Maschinerie usw., kurz Arbeitsmittel, dar, die Voraussetzungen sind, damit nur die auf der gegebnen Entwicklungsstufe zur Herstellung des Produkts notwendige Arbeitszeit verwandt wird. Um also Garn zu spinnen, ist wenigstens ein Minimum einer Fabrik nötig, Dampfmaschine mit soundsoviel Pferdekraft, Mules mit soundsoviel Spindeln etc. Damit also der Wert, der in diesen Produktionsbedingungen steckt, erhalten wird – und dem Spinnen mit Maschinen entspricht wieder ein bestimmtes Quantum Baumwolle, das täglich konsumiert werden muß –, ist es nicht nur nötig, neue Arbeit zuzusetzen, sondern es ist nötig, ein *gewisses Quantum* neuer Arbeit zuzusetzen, damit das durch die Produktionsstufe selbst bestimmte Quantum Material als Material vernutzt und die bestimmte Zeit, in der die Maschine sich bewegen muß (sich täglich als Instrument vernutzen muß), wirklich als Vernutzungszeit der Maschine vorhanden ist.

Hab' ich eine Maschine, die so eingerichtet ist, daß täglich 600 lb. Baumwolle versponnen werden müssen, so müssen 100 Arbeitstage (wenn 1 Arbeitstag nötig zur Verspinnung von 6 lb.) von diesen Produktionsmitteln absorbiert werden, um den Wert der Maschinerie zu erhalten. Nicht, als ob die neue Arbeit irgendwie mit der Erhaltung dieses Werts beschäftigt wäre: Sie setzt vielmehr nur neuen Wert zu, der alte erscheint unverändert im Produkt wieder. Aber der alte wird nur erhalten durch das Zusetzen von neuem. Damit er im Produkt wieder erscheine, muß er zum Produkt fortgehn. Müssen also 600 lb. Baumwolle versponnen werden, damit die Maschinerie als Maschinerie vernutzt wird, so müssen diese 600 lb. in Produkt verwandelt werden, also ihnen ein solches Quantum Arbeitszeit zugesetzt werden, als nötig ist, sie in Produkt zu verwandeln. Im Produkt selbst erscheint der Wert der 600 lb. Baumwolle und des abgenutzten aliquoten Teils der Maschinen einfach wieder; die neu zugesetzte Arbeit ändert nichts daran, sondern vermehrt den Wert des Produkts. Ein Teil davon ersetzt den Preis des Salairs (des Arbeitsvermögens); ein anderer schafft Mehrwert. Wäre aber diese Gesamtarbeit nicht zugesetzt worden, so hätte sich der Wert des Rohmaterials und Maschinerie auch nicht erhalten. Dieser Teil der Arbeit, worin der Arbeiter nur den Wert seines eignen Arbeitsvermögens reproduziert, also nur diesen neu zu-

---

[1] Dampfwebstuhl

setzt, erhält also auch nur den Teil des Werts von Material und Instrument, der dies Quantum Arbeit absorbiert hat. Der andre Teil, der den Mehrwert bildet, erhält einen weiteren Wertbestandteil von Material und Maschinerie. Gesetzt, das Rohmaterial (die 600 lb.) koste 600 d = 50 sh = 2 l. 10 sh. Die aufgezehrte Maschinerie 1 l, die 12 Arbeitsstunden aber setzten zu (Ersatz des Salairs und Mehrwert) 1 l. 10 sh, so daß der ganze Preis der Ware = 5 l. Gesetzt, der Arbeitslohn betrage 1 l, so daß 10 sh die Surplusarbeit aus- drückt. In der Ware befindet sich erhaltner Wert = 2. 10 oder die Hälfte des- selben. Das ganze Produkt des Arbeitstags (man mag sich vorstellen, daß es ein mit 100 × Arbeitstag, d. h. ein Arbeitstag von 100 Arbeitern, ist, da jeder 12 Std. arbeite) = 5 l. Macht per Stunde 8⅓ sh oder 8 sh 4 d. In einer Stunde also 4 sh 2 d ersetzt von Rohmaterial und Maschinerie und 4 sh 2 d zugesetzt in Arbeit. (Notwendiger und Mehrarbeit.) In 6 Arbeitsstunden ist das Pro- dukt ||63| = 50 sh = 2 l. 10; darin erhalten an Rohmaterial und Maschinerie = Wert 1 l. 5 sh. Um aber so Maschinen produktiv zu vernutzen, müssen 12 Stunden gearbeitet werden, also soviel Rohstoff konsumiert werden, als 12stündige Arbeit absorbiert. Der Kapitalist kann also die Sache so betrach- ten, daß ihm in den ersten 6 Stunden allein der Preis des Rohmaterials ersetzt wird, der grade 2 l. 10 sh – 50 sh beträgt, Wert des Produkts von 6 Arbeits- stunden. 6 Stunden arbeiten können durch die Arbeit, die sie zusetzen, auch nur den Wert des für 6 Arbeitsstunden nötigen Materials erhalten. Aber der Kapitalist – weil er, um einen bestimmten Mehrwert herauszuschlagen, seine Maschine als Maschine zu benutzen, 12 Stunden arbeiten lassen, also auch 600 lb. Baumwolle konsumieren muß, rechnet, als ob die ersten 6 Stunden ihm bloß den Wert der Baumwolle und Maschinerie erhalten hätten. Viel- mehr betrug nach der Voraussetzung der *Wert der Baumwolle 1 l. 10 sh = 30 sh, ³/₁₀ vom Ganzen.*[42]

Um die Sache zu vereinfachen – da die Zahlen hier ganz gleichgültig, wollen wir annehmen, für 2 l. St. Baumwolle (also = 80 lb. Baumwolle, das lb. zu 6 d) versponnen in 12 Arbeitsstunden; für 2 l. St. Maschinerie vernutzt in 12 Arbeitsstunden; endlich 2 l. Wert durch die neue Arbeit zugesetzt, wo- von 1 l. für den Arbeitslohn, 1 l. Mehrwert, Surplusarbeit. 2 l. auf 12 Stun- den, 40 sh auf 12 St[d]. wären 3⅓ sh per Stunde (3 sh 4 d) als Wert der Ar- beitsstunde in Geld ausgedrückt; ebenso in jeder Stunde verarbeitet für 3⅓ sh Baumwolle, nach der Voraussetzung für 6⅔ lb.; endlich für 3⅓ sh Ma- schinerie abgenutzt, stündlich. Der Wert der Ware, die in einer Stunde fertig = 10 sh. Von diesen 10 sh aber 6⅔ sh (6 sh 8 d) oder 66⅔ Prozent bloß vor- ausgesetzter Wert, der nur in der Ware wieder erscheint, weil für 3⅓ sh Ma- schinerie und 6⅔ lb. Baumwolle erheischt sind, um 1 Stunde Arbeit zu absorbieren; weil sie als Material und Maschinerie — zu diesem Verhältnis Material und Maschinerie in den Arbeitsprozeß eingegangen, daher der in diesem Quantum enthaltne Tauschwert in die neue Ware, den Twist, etwa übergegangen. In 4 Stunden beträgt der Wert des in denselben produzierten Garns = 40 sh oder 2 l., wovon wieder $\frac{1}{3}$ (nämlich $13\frac{1}{3}$ sh) neu zugesetzte Arbeit, dagegen $\frac{2}{3}$ oder $26\frac{2}{3}$ sh nur Erhalten des in dem verarbeiteten Material und Maschinerie enthaltnen Werts. Und zwar wird dieser nur erhalten, weil der Neuwert von $13\frac{1}{3}$ sh dem Material zugesetzt, d. h. 4 Stunden Arbeit in ihm absorbiert sind; oder sie das Quantum Material und Maschinerie sind, dessen 4 Stunden Spinnarbeit zu ihrer Verwirklichung bedürfen. In diesen 4 Stunden ist kein Wert geschaffen worden, außer die 4 Arbeitsstunden vergegenständlicht = $13\frac{1}{3}$ sh. Der Wert der Ware aber oder des Produkts dieser 4 Stunden, das $\frac{2}{3}$ vorausgesetzten Werts erhält = 2 l. (oder 40 sh), exakt = dem Wert der Baumwolle, die in 12 Arbeitsstunden versponnen (konsumiert) werden soll durch den Spinnprozeß. Wenn der Fabrikant also das Produkt der 4 ersten Stunden verkauft, so hat er den Wert der Baumwolle ersetzt, die er während 12 Stunden braucht oder die er braucht, um 12 Stunden Arbeitszeit zu absorbieren. Aber warum? Weil nach der Voraussetzung der Wert der Baumwolle, der in das Produkt von 12 Stunden eingeht, = $\frac{1}{3}$ des Werts des Gesamtprodukts. In $\frac{1}{3}$ der Arbeitszeit konsumiert er nur $\frac{1}{3}$ Baumwolle und erhält daher auch nur den Wert dieses einen Dritteils. Setzt er noch $\frac{2}{3}$ Arbeit zu, so konsumiert er $\frac{2}{3}$ Baumwolle mehr, und in 12 Stunden hat er den Gesamtwert der Baumwolle erhalten im Produkt, weil die gesamten 80 lb. Baumwolle in das Produkt, in den Arbeitsprozeß wirklich eingingen. Verkaufte er nun das Produkt von 4 Arbeitsstunden, dessen Wert = $\frac{1}{3}$ des Gesamtprodukts, was auch der Wertteil ist, den die Baumwolle vom Gesamtprodukt bildet, so kann er sich einbilden, in diesen 4 ersten Stunden habe er den Wert der Baumwolle reproduziert, ihn reproduziert in 4 Arbeitsstunden. Indessen geht in der Tat in diese 4 Stunden nur $\frac{1}{3}$ der Baumwolle und daher ihres Wertes ein. Er nimmt an, daß die in den 12 Stunden konsumierte Baumwolle in den 4 Stunden reproduziert sei. Die Rechnung kommt aber nur heraus, weil er $\frac{1}{3}$ für Instrument und $\frac{1}{3}$ Arbeit (vergegenständlichte), die $\frac{2}{3}$ des Preises des Produkts der 4 Stunden bilden, in Baumwolle schoß. Sie sind = $26\frac{2}{3}$ sh und dem Preis nach daher = $53\frac{1}{3}$ lb. Baumwolle. Wenn er nur 4 Stunden arbeitete, so hätte er nur $\frac{1}{3}$ des Werts des Gesamtprodukts von 12 Stunden in seiner Ware. Da die Baumwolle $\frac{1}{3}$ des Werts des Gesamtprodukts bildet, so kann er so rechnen, daß er in 4 Stunden Produkt den Wert der Baumwolle für Arbeit von 12 Stunden herausschlägt.

||64| Wenn er weiter 4 Stunden arbeitet, so dies wieder = $\frac{1}{3}$ des Werts des

Gesamtprodukts, und da die Maschinerie = $\frac{1}{3}$ desselben, kann er sich einbilden, daß er in dem 2. Dritteil der Arbeitszeit den Wert der Maschinerie für 12 Stunden ersetzt. In der Tat, wenn er das Produkt dieses 2. Dritteils oder dieser andren 4 Stunden verkauft, ist der Wert der Maschinerie, die in 12 Stunden abgenutzt wird, ersetzt. Das Produkt der letzten 4 Stunden enthält nach dieser Rechnung weder Rohmaterial noch Maschinerie, deren Wert es einschlösse, sondern bloße Arbeit. Also den neugeschaffnen Wert, so daß 2 Stunden = dem reproduzierten Salair (1 *l.*) und 2 Stunden Mehrwert, Surplusarbeit (dito 1 *l.*). In der Tat fügt die in den letzten 4 Stunden zugefügte Arbeit nur 4 Stunden Wert zu, also $13\frac{1}{3}$ sh. Aber es wird von der Voraussetzung ausgegangen, daß der Wert von Rohmaterial und Mittel, die in das Produkt dieser 4 Stunden zu $66\frac{2}{3}$ Prozent eingehn, bloß die zugefügte Arbeit ersetzen. Der Wert, den sie in den 12 Stunden zusetzt, wird also aufgefaßt, als ob sie ihn in 4 Stunden zusetzt. Die ganze Rechnung kommt heraus, weil vorausgesetzt wird, daß $\frac{1}{3}$ der Arbeitszeit nicht nur sich selbst, sondern auch noch den Wert von den $\frac{2}{3}$ in ihrem Produkt enthaltnen vorausgesetzten Werte schafft. Wird so angenommen, daß das Produkt eines ganzen Dritteils der Arbeitszeit bloß von der Arbeit zugefügter Wert ist – obgleich dieser nur $\frac{1}{3}$ –, so kommt natürlich im Resultat dasselbe heraus, als wenn in 3 × 4 Stunden immer das wirkliche Dritteil auf Arbeit und $\frac{2}{3}$ auf die vorausgesetzten Werte gerechnet wird. Diese Rechnung mag ganz praktisch sein für den Kapitalisten, aber sie verdreht das ganze wirkliche Verhältnis und führt zur größten Absurdität, wenn sie theoretisch gelten soll. Der *vorausgesetzte* Wert von Rohmaterial und Maschinerie allein bildet $66\frac{2}{3}$ Prozent der neuen Ware, während die zugesetzte Arbeit nur $33\frac{1}{3}$ bildet. Die $66\frac{2}{3}$ Prozent stellen 25 Stunden vergegenständlichter Arbeitszeit vor; wie abgeschmackt also die Voraussetzung, daß die 12 Stunden neue Arbeit nicht nur sich selbst, sondern außerdem noch 24 Stunden, also zusammen 36 Stunden, Arbeitszeit vergegenständlichen.

Der Witz besteht also darin: Der Preis des Produkts von 4 Arbeitsstunden, d. h. von einem Dritteil des gesamten Arbeitstages von 12 Stunden, ist = $\frac{1}{3}$ des Preises des Gesamtprodukts. Nach der Voraussetzung bildet der Preis der Baumwolle $\frac{1}{3}$ des Preises des Gesamtprodukts. Also ist der Preis des Produkts von 4 Arbeitsstunden, von $\frac{1}{3}$ des Gesamtarbeitstages, = dem Preis der Baumwolle, die in das Gesamtprodukt eingeht oder in 12 Arbeitsstunden versponnen wird. Die 4 ersten Arbeitsstunden, sagt der Fabrikant daher, ersetzen nur den Preis der Baumwolle, die während der 12 Arbeitsstunden konsumiert wird. In der Tat aber ist der Preis des Produkts der 4 ersten Arbeitsstunden = $\frac{1}{3}$ oder $13\frac{1}{3}$ sh (bei unsrem Beispiel) in dem Arbeitsprozeß zugesetztem Wert, i. e. Arbeit, $13\frac{1}{3}$ sh Baumwolle und $13\frac{1}{3}$ sh Maschinerie, welche letzteren beiden Bestandteile nur wiedererscheinen in dem Preis des Produkts, weil sie von der vierstündigen Arbeit in ihrer Gestalt als Gebrauchswerte konsumiert worden sind, daher in einem neuen Gebrauchswert wiedererscheinen, daher ihren alten Tauschwert erhalten haben. Was in den 4 Stunden den $26\frac{2}{3}$ sh Baumwolle und Maschinerien (die diesen Wert hatten, bevor sie in den Arbeitsprozeß eingingen, und die in dem Wert des neuen Produkts bloß wiedererscheinen und weil sie vermittelst des 4stündigen Spinnprozesses in das neue Produkt eingegangen sind) zugesetzt wird, ist nichts als $13\frac{1}{3}$ sh, d. h. die neu zugefügte Arbeit. (Das Quantum neu zugefügter Arbeitszeit.) Ziehn wir daher von dem Preise des Produkts die 4 Stunden, von den 40 sh die vorgeschoßnen $26\frac{2}{3}$ sh ab, so bleibt als wirklich im Prozeß geschaffner Wert nur $13\frac{1}{3}$ sh, die 4stündige Arbeit in Geld ausgedrückt. Wenn nun $\frac{2}{3}$ des Preises des Produkts, nämlich das eine Dritteil oder die $13\frac{1}{3}$ sh, die Maschinerie vorstellen, und das andre Dritteil oder die $13\frac{1}{3}$ sh, die Arbeit vorstellen, in Baumwolle geschätzt werden, so kommt der Preis der Baumwolle heraus, der in den 12 Stunden konsumiert wird. In andren Worten: In 4stündiger Arbeitszeit wird in der Tat nur 4 Stunden Arbeitszeit den früher vorhandnen Werten zugesetzt. Diese aber erscheinen wieder – die Werte der Quanta Baumwolle und Maschinerie, weil sie diese 4stündige Arbeitszeit absorbiert haben oder weil sie als Faktoren des Spinnens zu Bestandteilen des Garns geworden sind. Der Preis der Baumwolle, der in dem Wert des Produkts von 4 Arbeitsstunden wiedererscheint, ist daher nur = dem Wert des Quantums Baumwolle, das wirklich als Material in diesen 4stündigen Arbeitsprozeß eingegangen, konsumiert worden ist; also nach der Voraussetzung = $13\frac{1}{3}$ sh. Aber der *Preis* des Gesamtprodukts der 4 Arbeitsstunden ist = dem *Preis* der in 12 Stunden konsumierten Baumwolle, weil das Produkt der 4stündigen Arbeitszeit = $\frac{1}{3}$ des Gesamtprodukts von 12 Stunden und von dem Preis des Gesamtprodukts von 12 Stunden der Preis der Baumwolle $\frac{1}{3}$ ausmacht.

||65| Was von 12stündiger Arbeit, gilt von einstündiger. Wie 4 Stunden zu 12, so verhält sich $\frac{1}{3}$ Stunde zu 1. Um also noch mehr zu vereinfachen, den ganzen casus, reduzieren wir ihn auf 1 Stunde. Nach der gegebnen Voraussetzung der Wert des Produkts von 1 Stunde = 10 sh, wovon $3\frac{1}{3}$ sh Baumwolle ($6\frac{2}{3}$ lb. Baumwolle), $3\frac{1}{3}$ Maschinerie, $3\frac{1}{3}$ Arbeitszeit. Ist eine Stunde Arbeitszeit zugesetzt, so der Wert des ganzen Produkts = 10 sh oder 3 Stunden Arbeitszeit: Weil die Werte des konsumierten Materials und der konsumierten Maschinerie, die in dem neuen Produkt, dem Garn, wiedererscheinen = $6\frac{2}{3}$ sh, nach der Voraussetzung = 2 Arbeitsstunden. Nun erst zu unter-

scheiden in der Art und Weise, wie die Werte von Baumwolle und Spindel in dem Wert des Garns wiedererscheinen und wie die neu zugefügte Arbeit in ihn eingeht.

Erstens: Der Wert des ganzen Produkts = 3 Stunden Arbeitszeit oder = 10 sh. Davon waren 2 Stunden Arbeitszeit, die in Baumwolle und Spindel enthalten *vorausgesetzt* vor dem Arbeitsprozeß; d. h., sie waren Werte von Baumwolle und Spindel, bevor diese in den Arbeitsprozeß eingingen. In dem Wert des Gesamtprodukts, wovon sie $\frac{2}{3}$ bilden, erscheinen sie also einfach wieder, sind nur erhalten. Der Überschuß des Werts des neuen Produkts über die Werte seiner materiellen Bestandteile nur = $\frac{1}{3}$ = $3\frac{1}{3}$ sh. Dies ist der einzige neue Wert, der in diesem Arbeitsprozeß geschaffen worden ist. Die alten Werte, die unabhängig von ihm existierten, sind nur erhalten worden.

Aber *Zweitens:* Wie sind sie erhalten worden? Dadurch, daß sie als Material und Mittel von der lebendigen Arbeit verwandt, von ihr als Faktoren zur Bildung eines neuen Gebrauchswerts, des Garns, konsumiert worden sind. Die Arbeit hat ihre Tauschwerte nur erhalten, weil sie sich zu ihnen als Gebrauchswerten verhielt[1], d. h., sie als Elemente zur Bildung eines neuen Gebrauchswerts, des Garns, aufzehrte. Die Tauschwerte von Baumwolle und Spindel erscheinen daher wieder im Tauschwert des Garns, nicht weil Arbeit überhaupt, abstrakte Arbeit, bloße Arbeitszeit − Arbeit, wie sie das Element des Tauschwerts bildet −, ihnen zugesetzt worden, sondern diese bestimmte, wirkliche Arbeit, das Spinnen, nützliche Arbeit, die sich in einem bestimmten Gebrauchswert verwirklicht, im Garn, und die als diese besondre zweckmäßige Tätigkeit Baumwolle und Spindel als ihre Gebrauchswerte konsumiert, ihre Faktoren vernutzt, sie durch ihre eigne zweckmäßige Tätigkeit zu Bildungselementen des Garns macht. Könnte der Spinner − also die Spinnarbeit − $6\frac{2}{3}$[2] lb. Baumwolle mit einer künstlicheren Maschine, die aber dasselbe Wertverhältnis hätte, statt in 1 Stunde in 1 halben Stunde in Garn verwandeln, so wäre der Wert des Produkts = $3\frac{1}{3}$ sh (für Baumwolle) + $3\frac{1}{3}$ (für Maschine) + $1\frac{2}{3}$[3] sh Arbeit, da sich eine halbe Stunde Arbeitszeit in $1\frac{2}{3}$[4] sh nach der Voraussetzung ausdrücken würde. Der Wert des Produkts also = $8\frac{1}{3}$[5] sh, worin der Wert von Baumwolle und Maschinerie ganz wieder erschiene wie im ersten Fall, obgleich die ihnen zugesetzte Arbeitszeit 50 Prozent weniger betrüge als im ersten Fall. Sie erschienen aber ganz wieder, weil nur eine

---

[1] In der Handschrift: erhielt
[2] In der Handschrift: $6\frac{1}{2}$
[3] In der Handschrift: $1\frac{1}{3}$
[4] In der Handschrift: $1\frac{1}{2}$
[5] In der Handschrift: 8

halbe Stunde Spinnen erheischt war, um sie in Garn zu verwandeln. Sie erscheinen also ganz wieder, weil sie ganz in das Produkt des halbstündigen Spinnens eingegangen, in den neuen Gebrauchswert Garn.

Die Arbeit, soweit sie sie als Tauschwerte erhält, tut es nur, soweit sie wirkliche Arbeit ist, besondre zweckmäßige Tätigkeit zur Herstellung eines besondren Gebrauchswerts. Sie tut es als Spinnen, nicht als abstrakte gesellschaftliche Arbeitszeit, die gegen ihren Inhalt gleichgültig ist. Nur als *Spinnen* erhält hier die Arbeit die Werte von Baumwolle und Spindel im Produkt, dem Garn. Andrerseits, in diesem Prozeß, worin sie die Tauschwerte von Baumwolle und Spindel erhält, verhält sich die Arbeit, das Spinnen, zu ihnen nicht als Tauschwerten, sondern als Gebrauchswerten, Elementen dieser bestimmten Arbeit, des Spinnens. Wenn der Spinner vermittelst einer bestimmten Maschinerie 6⅓ lb. Baumwolle in Garn verwandeln kann, so ist es ganz gleichgültig für diesen Prozeß, ob das lb. Baumwolle 6 d oder 6 sh kostet, denn er verzehrt es im Spinnprozeß als Baumwolle, als Material des Spinnens. Soviel von diesem Material ist erheischt, um 1 Stunde Spinnarbeit zu absorbieren. Der Preis desselben hat nichts damit zu schaffen. Ebenso mit der Maschinerie. Kostete dieselbe Maschinerie nur den halben Preis und leistete denselben Dienst, so würde dies den Spinnprozeß in keiner Weise affizieren. Die einzige Bedingung für den Spinner ist, daß er Material (Baumwolle) und Spindel (Maschinerie) in dem Umfang besitzt, solchen Quantis, wie sie zum Spinnen während einer Stunde[43] erheischt sind.

Die Werte oder Preise von Baumwolle und Spindel gehn den Spinnprozeß als solchen nichts an. Sie sind das Resultat der in ihnen selbst vergegenständlichten Arbeitszeit. Sie erscheinen daher in dem Produkt nur wieder, soweit sie ihm als gegebne Werte vorausgesetzt waren, und sie erscheinen nur wieder, weil die Waren Baumwolle und Spindel als Gebrauchswerte, ihrer stofflichen Bestimmtheit nach, zum Spinnen von Garn erheischt sind, als Faktoren in den Spinnprozeß eingehn. Andrerseits aber fügt das Spinnen dem Wert von Baumwolle und Spindel nur einen neuen Wert hinzu, nicht insofern es diese bestimmte Arbeit Spinnen, sondern soweit es Arbeit überhaupt und die Arbeitszeit des Spinners allgemeine Arbeitszeit ist, der es gleichgültig, in welchem ||66| Gebrauchswert sie sich vergegenständlicht und welches der besondre nützliche Charakter, die besondre Zweckmäßigkeit, die besondre Art und Weise oder Existenzweise der Arbeit, als deren Zeit (Maß) sie da ist. Eine Stunde Spinnarbeit wird hier gleichgesetzt einer Stunde Arbeitszeit überhaupt. (Sei es = einer Stunde oder mehreren. Dies tut hier nichts zur Sache.) Diese Stunde vergegenständlichte Arbeitszeit setzt der Kombination von Baumwolle und Spindel z. B. 3⅓ sh hinzu, weil dies dieselbe Arbeitszeit in

Geld vergegenständlicht. Könnten die 5 lb. Garn (versponnene 6 lb. cotton) in $\frac{1}{2}$ Stunde statt in einer ganzen produziert werden, so wäre derselbe Gebrauchswert am Ende der halben Stunde erhalten, wie im andren Fall am Ende der ganzen Stunde. Dasselbe Quantum Gebrauchswert von derselben Qualität, 5 lb. Garn von einer gegebnen Qualität.

Die Arbeit, soweit sie konkrete Arbeit, Spinnen, ist, Tätigkeit zur Herstellung eines Gebrauchswerts, hätte in der halben Stunde so viel geleistet, wie früher in der ganzen denselben Gebrauchswert geschaffen. Als Spinnen leistet sie in beiden Fällen dasselbe, obgleich die Zeit, die das Spinnen dauert, in dem einen Fall noch einmal so groß ist als in dem andren. Soweit sie selbst Gebrauchswert ist, die Arbeit, d. h. zweckmäßige Tätigkeit zur Herstellung eines Gebrauchswerts, ist die notwendige Zeit, die erheischt ist, die sie dauern muß, um diesen Gebrauchswert herzustellen, ganz gleichgültig; ob sie 1 oder $\frac{1}{2}$ Stunde zum Spinnen von 5 lb. Garn braucht. Im Gegenteil. Je weniger Zeit sie zur Herstellung desselben Gebrauchswerts bedarf, desto produktiver und nützlicher ist sie. Der Wert aber, den sie zusetzt, schafft dies rein gemessen durch ihre Zeitdauer. Spinnarbeit setzt in 1 Stunde einen doppelt so großen Wert zu wie in $\frac{1}{2}$ und in 2 einen doppelt so großen Wert wie in einer usw. Der Wert, den sie zusetzt, ist, gemessen durch ihre eigne Dauer, und als Wert ist das Produkt nichts als Materiatur einer bestimmten Arbeitszeit überhaupt, nicht Produkt dieser besondren Arbeit, des Spinnens, oder das Spinnen kommt nur in Betracht, soweit es Arbeit überhaupt und seine Dauer Arbeitszeit überhaupt ist. Erhalten werden die Werte von Baumwolle und Spindel, weil die Spinnarbeit sie in Garn verwandelt, also weil sie als Material und Mittel von dieser besondren Arbeitsweise verwandt werden; vermehrt wird der Wert der 6 lb. Baumwolle nur, weil sie 1 Stunde Arbeitszeit absorbiert hatte; in dem Produkt Garn 1 Stunde Arbeitszeit mehr vergegenständlicht ist, als die Wertelemente Baumwolle und Spindel enthielten. Es kann aber nur Arbeitszeit vorhandnen Produkten oder überhaupt einem vorhandnen Arbeitsmaterial zugefügt werden, soweit sie die Zeit einer besondren Arbeit ist, die sich zu dem Material und Arbeitsmittel als *ihrem* Material und Mittel verhält; also der Baumwolle und der Spindel nur 1 Stunde Arbeitszeit zugefügt werden, soweit ihnen eine Stunde Spinnarbeit zugefügt werden. Daß ihre Werte erhalten werden, rührt bloß von dem spezifischen Charakter der Arbeit her, ihrer stofflichen Bestimmtheit, daß sie Spinnen ist, grade diese bestimmte Arbeit, wofür Baumwolle und Spindel Mittel zur Herstellung des Garns; weiter noch, daß sie lebendige Arbeit überhaupt ist, zweckmäßige Tätigkeit. Daß ihnen Wert zugefügt wird, rührt bloß daher, daß die Spinnarbeit Arbeit überhaupt, gesellschaftliche abstrakte Arbeit überhaupt, und die

Stunde Spinnarbeit gleichgesetzt ist einer Stunde gesellschaftlicher Arbeit überhaupt, einer Stunde gesellschaftlicher Arbeitszeit. Durch den bloßen Prozeß der Verwertung also – der in der Tat bloß abstrakter Ausdruck für die wirkliche Arbeit – des Zusetzens neuer Arbeitszeit –, da diese in bestimmter nützlicher und zweckmäßiger Form zugesetzt werden muß, werden die Werte von Arbeitsmaterial und Arbeitsmittel erhalten und erscheinen als Wertteile im Gesamtwert des Produkts wieder. Es wird aber nicht doppelt gearbeitet, das eine Mal, um Wert zuzusetzen, das andre Mal, um die vorhandnen Werte zu erhalten, sondern da die *Arbeitszeit nur in Form nützlicher Arbeit, besonderer Arbeit, wie des Spinnens, zugesetzt werden kann, erhält sie von selbst die Werte von Material und Mittel, indem sie ihnen neuen Wert zusetzt, d. h. Arbeitszeit zusetzt.*

Es ist nun aber ferner klar, daß das Quantum vorhandner Werte, die die neue Arbeit erhält, in einem bestimmten Verhältnis steht zu dem Quantum Wert, das sie ihnen zusetzt, oder daß das Quantum bereits vergegenständlichter Arbeit, das erhalten wird, in einem bestimmten Verhältnis steht zu dem Quantum neuer Arbeitszeit, das zugesetzt wird, sich erst vergegenständlicht; daß mit einem Wort ein bestimmtes Verhältnis zwischen dem unmittelbaren Arbeitsprozeß und dem Verwertungsprozeß stattfindet. Ist die *notwendige* Arbeitszeit, um 6 lb. Baumwolle zu verspinnen, wozu x Maschinerie abgenutzt wird, unter gegebnen allgemeinen Produktionsbedingungen 1 Stunde, so können in der einen Stunde nur 6 lb. Baumwolle in Garn verwandelt und nur x Maschinerie vernutzt werden, also nur 5 lb. Garn produziert werden; so daß auf die 1 Arbeitsstunde, um die der Wert des Garns höher ist als der Wert von Baumwolle und x Spindel, kämen 2 Arbeitsstunden vergegenständlichter Arbeitszeit 6 lb. Baumwolle und x (3⅓ sh) Spindel, die im Garn erhalten werden. Es kann Baumwolle nur verwertet werden (d. h. Mehrwert erhalten), um 1 Arbeitsstunde, 3⅓ sh, sofern 6 lb. Baumwolle und x Maschinerie vernutzt wird; andrerseits können diese nur vernutzt werden und ihre Werte daher nur im Garn wiedererscheinen, soweit 1 Stunde Arbeitszeit zugesetzt wird. Soll daher der Wert von 72 lb. Baumwolle im Produkt ||67| wiedererscheinen als Wertteil von Garn, so müssen 12 Arbeitsstunden zugesetzt werden. Ein bestimmtes Quantum Material absorbiert nur ein bestimmtes Quantum Arbeitszeit. Sein Wert wird nur erhalten im Verhältnis, wie es dasselbe absorbiert (bei gegebner Produktivität der Arbeit). Es können also nicht der Wert von 72 lb. Baumwolle erhalten werden, wenn sie nicht alle zu Garn versponnen werden. Dies erheischt aber nach der Voraussetzung eine Arbeitszeit von 12 Stunden. Ist die Produktivität der Arbeit gegeben – d. h. das Quantum Gebrauchswert, das sie in einer bestimmten Zeit liefern kann, so hängt das Quantum gegebner Werte, das sie erhält, rein von ihrer *eignen Zeitdauer* ab; oder das Wertquantum von Material [und] Mittel, das erhalten wird, hängt rein ab von der Arbeitszeit, die zugesetzt wird, also von dem Maß, worin neuer Wert geschaffen wird. Das Erhalten der Werte fällt und steigt in direktem Verhältnis zu dem Fallen oder Steigen der Wertzusetzung. Ist andrerseits Material und Arbeitsmittel gegeben, so hängt ihre Erhaltung als Werte rein von der Produktivität der zugesetzten Arbeit ab, ob diese mehr oder weniger Zeit braucht, um sie in einen neuen Gebrauchswert zu verwandeln. Die Erhaltung der gegebnen Werte steht hier also in umgekehrtem Verhältnis zu der Wertzusetzung[44], d.h., ist die Arbeit produktiver, so erheischen sie weniger Arbeitszeit zu ihrer Erhaltung; umgekehrt umgekehrt.

{Nun aber tritt durch die Teilung der Arbeit, noch mehr durch die Maschinerie, ein eigner Umstand hinein.

Die Arbeitszeit als Element, Substanz des Werts, ist *notwendige Arbeitszeit*; also Arbeitszeit, die unter gegebnen gesellschaftlichen allgemeinen Produktionsbedingungen erheischt ist. Ist z.B. 1 Stunde die notwendige Arbeitszeit zur Verwandlung von 6 lb. Cotton in Garn, so ist es die Zeit einer Spinnarbeit, die gewisse Bedingungen zu ihrer Verwirklichung braucht. Also z.B. Mule mit soundso viel Spindeln, Dampfmaschine mit soundso viel Pferdekraft usw. Dieser ganze Apparatus sei nötig, um in Zeit von 1 Stunde 6 lb. Cotton in Garn zu verwandeln. Doch dieser case[1] gehört später.[2]}

Nun zu unsrem Beispiel zurück. Also 6 lb. Baumwolle gesponnen in einer Stunde, Wert der Baumwolle = $3\frac{1}{3}$ sh, Wert der vernutzten Spindel etc. = $3\frac{1}{3}$ sh. Wert der zugesetzten Arbeit = $3\frac{1}{3}$ sh. Also Wert des Produkts = 10 sh. Die gegebnen Werte – da die Baumwolle und Spindel = 2 Arbeitsstunden, jede derselben gleich 1 Arbeitsstunde. Der Preis des Gesamtprodukts am Ende der Stunde = der Summe der Preise = 10 sh oder 3 Stunden vergegenständlichter Arbeitszeit, wovon 2 Stunden, die von Baumwolle und Spindel im Produkt nur wiedererscheinen, 1 Stunde allein neue Wertschöpfung oder zugesetzte Arbeit. In den Gesamtpreis des Produkts von 1 Arbeitsstunde bildet der Preis jedes der Faktoren $\frac{1}{3}$. Also ist der Preis des Produkts von $\frac{1}{3}$ Arbeitsstunde = dem Preis von $\frac{1}{3}$ des Gesamtprodukts, also = dem Preis der im Gesamtprodukt enthaltnen Arbeit oder Baumwolle oder Maschinerie, da jedes dieser 3 Elemente des Gesamtprodukts $\frac{1}{3}$ seines Preises konstituiert. Wird also $\frac{1}{3}$ Stunde gearbeitet, so das Produkt = 2 lb. Garn vom Wert von $3\frac{1}{3}$[3] sh, womit ich Baumwolle zum Betrag von 6 lb. kaufen könnte. Oder

---

[1] Fall
[2] Siehe vorl. Band, S. 314
[3] In der Handschrift: $3\frac{1}{2}$

der Preis des Produkts von $\frac{1}{3}$ Stunde = dem Preis der in einer ganzen Arbeitsstunde konsumierten Baumwolle. Der Preis des zweiten Dritteils = dem Preis der aufgenutzten Maschinerie. Der Preis des Produkts, z. B. $\frac{1}{3}$ Stunde, = dem Preis der ganzen zugesetzten Arbeit (sowohl des Teils derselben, der Äquivalent für die Salairs, als des Teils, der den Mehrwert oder Profit konstituiert). Der Fabrikant kann also rechnen: Ich arbeite $\frac{1}{3}$ Stunde, um den Preis der Baumwolle zu zahlen, $\frac{1}{3}$ Stunde, um den Preis der abgenutzten Maschinerie zu ersetzen und $\frac{1}{3}$ Stunde, wovon $\frac{1}{6}$ das Salair ersetzt, $\frac{1}{6}$ den Mehrwert bildet. So richtig diese Rechnung praktisch ist, so ganz absurd ist sie, wenn sie die wirkliche Wertbildung (Verwertungsprozeß) und daher das Verhältnis von notwendiger und Mehrarbeit erklären soll. Es läuft nämlich die abgeschmackte Vorstellung unter, als schüfe oder ersetzte $\frac{1}{3}$ Stunde Arbeit den Wert der vernutzten Baumwolle, $\frac{1}{3}$ Arbeit den Wert der abgenutzten Maschinerie, während $\frac{1}{3}$ Arbeitsstunde die neuzugesetzte Arbeit oder den neugeschaffnen Wert bildete, der der gemeinsame Fonds von Salair und Profit ist. Es ist in der Tat nur eine triviale Methode, das Verhältnis auszudrücken, worin die gegebnen Werte von Baumwolle und Arbeitsmittel im Produkt der ganzen Arbeitszeit (der Arbeitsstunde) wiedererscheinen, oder das Verhältnis, worin im Arbeitsprozeß durch den Zusatz einer Stunde Arbeitszeit gegebne Werte, vergegenständlichte Arbeit, erhalten wird. Sage ich: Der Preis des Produkts von $\frac{1}{3}$ Arbeitsstunde ist = dem Preis der Baumwolle, die in einer ganzen Arbeitsstunde versponnen wird, etwa = dem Preis von 6 lb. Baumwolle zu $3\frac{1}{3}$ sh, so weiß ich, daß das Produkt von 1 Arbeitsstunde = 3 × dem Produkt von $\frac{1}{3}$ Arbeitsstunde ist. Wenn also der Preis des Produkts von $\frac{1}{3}$ Arbeitsstunde = dem Preis der Baumwolle, die in $\frac{3}{3}$ oder 1 Arbeitsstunde versponnen, so heißt das weiter nichts, als daß der Preis der Baumwolle = $\frac{1}{3}$ des Preises des Gesamtprodukts ist, daß in das Gesamtprodukt 6 lb. Baumwolle eingehn, also ihr Wert wiedererscheint und dieser Wert $\frac{1}{3}$ von dem Wert des Gesamtprodukts bildet. Dito mit dem Wert der Maschinerie. Dito mit der Arbeit.

Sage ich also, der Preis des Produkts von $\frac{2}{3}$ der Arbeitszeit, die ||68| überhaupt gearbeitet wird, also z. B. der Preis des Produkts von $\frac{2}{3}$ der Arbeitsstunde ist = dem Preis des Materials und dem Preis der Maschinerie, die in $\frac{3}{3}$ oder 1 Arbeitsstunde aufgearbeitet wird, so ist dies nur eine andre Ausdrucksweise dafür, daß in den Preis des Gesamtprodukts der Stunde die Preise von Material und Arbeitsmittel zu $\frac{2}{3}$ eingehn, also die zugesetzte Arbeitsstunde nur $\frac{1}{3}$ des ganzen im Produkt vergegenständlichten Werts ist. Daß der *Preis des Produkts* eines Teils der Stunde, $\frac{1}{3}$ oder $\frac{2}{3}$ etc., gleich dem Preis des Rohmaterials, der Maschinerie usw. ist, heißt also durchaus nicht, daß in $1/3$ oder $2/3$ Stunde etc. der Preis des Rohmaterials, der Maschinerie produziert oder auch *reproduziert* wird im eigentlichen Sinn des Worts; sondern nur, daß der Preis dieser Teilprodukte oder dieser Produkte von aliquoten Teilen der Arbeitszeit = dem Preis von Rohmaterial etc. ist, die im Gesamtprodukt wiedererscheinen, erhalten werden.

Die Abgeschmacktheit der andren Vorstellung zeigt sich am besten, wenn man das letzte Dritteil betrachtet, was den Preis der zugesetzten Arbeit, das zugesetzte Wertquantum oder das Quantum von neuer vergegenständlichter Arbeit darstellt. Der *Preis des Produkts* dieses letzten Dritteils ist nach der Voraussetzung gleich $1^1/_9$ [45] sh Baumwolle = $1/3$ Arbeitsstunde + $1^1/_9$ [45] sh Maschinerie = $1/3$ Arbeitsstunde + $1/3$ Arbeitsstunde, die aber neuzugesetzt ist, also Summa = $3/3$ Arbeitsstunde oder 1 Arbeitsstunde. Dieser Preis drückt also in der Tat in Geld die ganze Arbeitszeit aus, die dem Rohmaterial zugesetzt worden. Nach der erwähnten konfusen Vorstellung aber würde $1/3$ Arbeitsstunde sich darstellen in $3^1/_3$[1] sh, d. h. in dem Produkt von $3/3$ Arbeitsstunde. Ebenso in dem ersten Dritteil, wo der *Preis des Produkts* von $1/3$ Arbeitsstunde = dem Preis der Baumwolle. Dieser Preis besteht aus dem Preis von 2 lb. Baumwolle zu $1^1/_9$ [45] sh ($1/3$ Arbeitsstunde), Preis der Maschinerie zu $1^1/_9$ [45] sh ($1/3$ Arbeitsstunde) und $1/3$ wirklich neuzugefügter Arbeit, die Arbeitszeit, die eben erheischt war, um 2 lb. Baumwolle in Garn zu verwandeln. Also Summa = 1 Arbeitsstunde = $3^1/_3$ sh. Dies aber auch der Preis der Baumwolle, die in $3/3$ Arbeitsstunde erheischt. In der Tat ist also in diesem ersten Dritteil wie in jedem folgenden Dritteil Arbeitsstunde der Wert von $2/3$ Arbeitsstunden (= $2^2/_9$ sh)[2] nur erhalten, weil x Baumwolle versponnen ist und daher der Wert der Baumwolle und der vernutzten Maschinerie wiedererscheint. Als Neuwert ist nur hinzugekommen das $1/3$ neuvergegenständlichter Arbeit. Aber so scheint es doch, daß der Fabrikant recht hat, wenn er sagt, die ersten 4 Arbeitsstunden (oder $1/3$ Arbeitsstunde) ersetzt mir nur den Preis der Baumwolle, die ich in 12 Arbeitsstunden brauche; die zweiten 4 Arbeitsstunden nur den Preis der Maschinerie, die ich in 12 Arbeitsstunden vernutze, und die letzten 4 Arbeitsstunden bilden allein den neuen Wert, der einen Teil des Salairs ersetzt, zum andren Teil den Mehrwert bildet, den ich als Resultat des gesamten Produktionsprozesses herausbekommen. Dabei vergißt er aber nur, daß er annimmt, daß das Produkt der letzten 4 Stunden nur neuhinzugefügte Arbeitszeit vergegenständlicht, also 12 Arbeitsstunden, nämlich die 4 Arbeitsstunden, die im Material, die 4 Arbeitsstunden, die in der

[1] In der Handschrift: $3^1/_2$ sh
[2] In der Handschrift: (= $2^1/_2$ sh oder $2^2/_6$ sh)

vernutzten Maschinerie, endlich die 4 Arbeitsstunden, die wirklich neuzugesetzt sind; und als Resultat erhält er, daß der Preis des Gesamtprodukts besteht aus 36 Arbeitsstunden, wovon 24 nur den Wert darstellen, den Baumwolle und Maschinerie hatten, bevor sie in Garn verarbeitet wurden, und
12 Arbeitsstunden, ⅓ des Gesamtpreises, die neuhinzugefügte Arbeit, den
neuen Wert, exakt gleich der neuzugesetzten Arbeit.}

{Daß dem Geld gegenüber der Arbeiter sein Arbeitsvermögen als Ware
zum Verkauf darbietet, unterstellt:

1. Daß die Arbeitsbedingungen, die gegenständlichen Bedingungen der
Arbeit, ihm als *fremde Mächte*, entfremdete Bedingungen, gegenüberstehn.
Fremdes Eigentum. Es unterstellt dies u.a. auch die Erde als Grundeigentum,
daß ihm die Erde als fremdes Eigentum gegenüberstehe. *Bloßes Arbeitsvermögen.*

2. Daß er sich als Person sowohl zu den ihm entfremdeten Bedingungen
der Arbeit verhält wie zu seinem eignen Arbeitsvermögen; daß er also als Eigentümer über das letztre verfügt und nicht selbst zu den gegenständlichen
Arbeitsbedingungen gehört, d. h., nicht selbst als Arbeitsinstrument von andren besessen wird. *Freier Arbeiter.*

3. Daß ihm die gegenständlichen Bedingungen seiner Arbeit selbst als
bloß *vergegenständlichte Arbeit* gegenüberstehn, d. h. als Wert, als Geld und
Waren; als vergegenständlichte Arbeit, die sich nur mit der lebendigen austauscht, um sich zu erhalten und zu vermehren, sich zu verwerten, mehr Geld
zu werden, und wogegen der Arbeiter sein Arbeitsvermögen austauscht, um
eines Teils derselben habhaft zu werden, soweit sie aus seinen eignen Lebensmitteln bestehn. In diesem Verhältnis erscheinen also die gegenständlichen
Bedingungen der Arbeit nur als *selbständiger* gewordner, an sich festhaltender
und nur auf seine eigne Vermehrung gerichteter *Wert.*

Der ganze Inhalt des Verhältnisses, wie die Art und Weise der Erscheinung der der Arbeit entfremdeten Bedingungen seiner Arbeit, sind also
||69| in ihrer reinen ökonomischen Form da ohne alle politische, religiöse und
sonstige Verbrämung. Es ist reines Geldverhältnis. Kapitalist und Arbeiter.
Vergegenständlichte Arbeit und lebendiges Arbeitsvermögen. Nicht Herr und
Knecht, Priester und Laie, Feudaler und Vasall, Meister und Gesell etc. In
allen Gesellschaftszuständen ist die Klasse (oder die Klassen), die herrscht,
stets die, die die gegenständlichen Bedingungen der Arbeit in ihrem Besitz
hat, deren Träger, also selbst, soweit sie arbeiten, nicht als Arbeiter, sondern
als Eigentümer arbeiten, und die dienende Klasse stets die oder die als Arbeitsvermögen selbst im Besitz der Eigentümer (Sklaverei), die nur über ihr
Arbeitsvermögen verfügt (selbst wenn dies, wie z.B. in Indien, Ägypten usw.,

so erscheint, daß sie Besitz von Grund und Boden haben, dessen Eigentümer aber der König oder eine Kaste usw.). Aber alle diese Verhältnisse unterscheiden sich dadurch vom Kapital, daß dies Verhältnis verbrämt ist, als Verhältnis der Herrscher zu den Knechten, der Freien zu den Sklaven, der Halbgötter zu den ordinären Sterblichen etc. erscheint, und im Bewußtsein beider Seiten als solches Verhältnis existiert: Nur im Kapital sind diesem Verhältnis alle politischen, religiösen und sonstigen ideellen Verbrämungen abgestreift. Es ist reduziert – im Bewußtsein beider Seiten – auf bloßes Kauf- und Verkaufverhältnis. Die Arbeitsbedingungen treten als solche nackt der Arbeit gegenüber, und sie treten ihr gegenüber als *vergegenständlichte Arbeit, Wert, Geld,* das sich selbst als bloße Form der Arbeit selbst weiß und nur mit ihr austauscht, um sich als *vergegenständlichte Arbeit* zu erhalten und zu vermehren. Das Verhältnis tritt also rein hervor als bloßes Produktionsverhältnis – rein ökonomisches Verhältnis. Sofern Herrschaftsverhältnisse sich auf dieser Basis wieder entwickeln, ist aber gewußt, daß sie bloß aus dem Verhältnis hervorgehn, worin der Käufer, der Repräsentant der Arbeitsbedingungen, dem Verkäufer, dem Besitzer des Arbeitsvermögens, gegenübertritt.}

Kommen wir also jetzt wieder zurück auf die Frage über das Salariat.

Wir haben gesehn, daß im Arbeitsprozeß – also dem Produktionsprozeß, soweit er Produktion eines Gebrauchswerts, Verwirklichung der Arbeit als zweckmäßiger Tätigkeit, ist, die Werte von Arbeitsmaterial und Arbeitsmittel gar nicht für die Arbeit selbst existieren. Sie existieren nur als gegenständliche Bedingungen für die Verwirklichung der Arbeit, als gegenständliche Faktoren der Arbeit, und werden als solche von ihr aufgezehrt. Daß die Tauschwerte von Arbeitsmaterial und Arbeitsmittel nicht in den Arbeitsprozeß als solchen eingehn, heißt aber in andren Worten nur, daß sie nicht als Waren in ihn eingehn. Die Maschine dient als Maschine, die Baumwolle als Baumwolle, keine von beiden, soweit sie ein bestimmtes Quantum gesellschaftlicher Arbeit darstellen. Als Materiatur dieser gesellschaftlichen Arbeit ist vielmehr ihr Gebrauchswert in ihnen ausgelöscht, sind sie Geld. In der Tat gibt es ja Arbeitsprozesse, wo das Material nichts kostet, z. B. der Fisch im Meer, die Kohle in der Grube. Es wäre aber falsch, daher zu schließen, daß ihre Eigenschaft als Ware mit dem Produktionsprozeß überhaupt nichts zu tun hat; denn dieser ist Produktion nicht nur von Gebrauchswert, sondern auch von Tauschwert, nicht nur von Produkt, sondern auch von Ware; oder sein Produkt ist kein bloßer Gebrauchswert, sondern ein Gebrauchswert von einem bestimmten Tauschwert, und der letzte ist zum Teil bestimmt durch die Tauschwerte, die Arbeitsmaterial und Arbeitsmittel selbst als Waren besitzen. Sie gehn als Ware in den Produktionsprozeß ein; sonst können sie nicht als solche aus ihm herauskommen. Wollte man also sagen, die Werte von Arbeitsmaterial und Arbeitsmittel gingen den Produktionsprozeß nichts an, ihre Qualität als Waren ginge ihn nichts an, weil sie nicht als Waren, sondern als bloße Gebrauchswerte im Arbeitsprozeß figurieren, so wäre das dasselbe, als sagte man, für den Produktionsprozeß sei es gleichgültig, daß er nicht nur Arbeitsprozeß, sondern zugleich Verwertungsprozeß ist; was wieder darauf hinausläuft, der Produktionsprozeß fände zum Selbstkonsum statt. Was der Voraussetzung widerspricht. Aber auch mit Bezug auf den bloßen Verwertungsprozeß sind ihre Werte nicht produktiv, denn sie erscheinen nur im Produkt wieder; werden nur erhalten.

Kommen wir nun auf das Salair oder den Preis des Arbeitsvermögens. Der Preis des Arbeitsvermögens oder das Salair *ist nicht produktiv*, d. h., wenn unter „produktiv" verstanden wird, daß es als Element in den Arbeitsprozeß als solchen eingehn muß. Was den Gebrauchswert produziert, Arbeitsmaterial und Arbeitsmittel zweckmäßig verwendet, ist der Arbeiter selbst — der sein Arbeitsvermögen betätigende Mensch —, nicht der Preis, zu dem er sein Arbeitsvermögen verkauft hat. Oder, soweit er in den Arbeitsprozeß eingeht, geht er in ihn ein als Betätigung, Energie seines Arbeitsvermögens — als Arbeit. Nun kann gesagt ||70| werden: Das Salair löst sich auf in Lebensmittel, nötig, damit der Arbeiter als Arbeiter lebe, damit er sich als lebendiges Arbeitsvermögen erhalte, kurz, damit er sich während der Arbeit am Leben erhalte. So gut, wie Kohlen und Öl usw., die von der Maschine verzehrt werden, in den Arbeitsprozeß eingehn, ebensogut gehn die Lebensmittel, die den Arbeiter als Arbeiter in Bewegung halten, in den Arbeitsprozeß ein. Seine Unterhaltskosten während der Arbeit sind grade so gut ein Moment des Arbeitsprozesses, wie es die von der Maschine usw. aufgezehrten matières instrumentales sind. Indes, erstens gehn auch hier — bei der Maschine — Kohle, Öl etc., kurz, die matières instrumentales, in den Arbeitsprozeß ein nur als Gebrauchswerte. Ihre Preise haben nichts damit zu tun. Also auch so mit dem Preise der Lebensmittel des Arbeiters, dem Salair?

Die Frage hat hier nur die Wichtigkeit:

Sind die Lebensmittel, die der Arbeiter verzehrt — und die also seine Unterhaltskosten als Arbeiter bilden —, so zu betrachten, daß das Kapital selbst sie verbraucht als Moment seines Produktionsprozesses (so wie es die matières instrumentales verbraucht)? Dies ist allerdings faktisch der Fall. Indes bleibt immer der erste Akt Tauschakt.

Der Streitpunkt bei den Ökonomen ist der: Bilden die Lebensmittel, die der Arbeiter verzehrt und die durch den Preis seiner Arbeit, den Arbeitslohn, vertreten sind, einen Teil des Kapitals ebensogut wie die Arbeitsmittel? (Ma-

terial und Arbeitsmittel.) Die Arbeitsmittel sind d'abord[1] auch Lebensmittel,
da angenommen wird, daß die Individuen sich nur als Warenbesitzer – sei es
in der Form von Käufer oder Verkäufer – gegenübertreten; also wer nicht
die Arbeitsmittel hat, hat keine Ware auszutauschen (und unterstellt, daß die
Produktion für eignen Konsum out of the question[2] ist; daß das Produkt, um
das es sich überhaupt handelt, Ware ist), also keine Lebensmittel einzutauschen. Ebenso sind andrerseits die direkten Lebensmittel Arbeitsmittel; denn
um zu arbeiten, muß er leben, und um zu leben, muß er täglich soundso viel
Lebensmittel verzehren. Das Arbeitsvermögen, das gegenstandslos, als bloßes
Arbeitsvermögen, den sachlichen Bedingungen seiner Verwirklichung, seiner
Wirklichkeit, gegenübersteht, steht also ebensosehr den Lebensmitteln oder
Arbeitsmitteln gegenüber, oder beide stehn ihm gleichmäßig gegenüber als
Kapital. Das Kapital ist zwar Geld, selbständiges Dasein des Tauschwerts,
vergegenständlichte allgemeine gesellschaftliche Arbeit. Aber dies ist nur
seine Form. Sobald es sich als Kapital verwirklichen soll – nämlich als sich
erhaltender und vermehrender Wert –, muß es sich umsetzen in die Arbeitsbedingungen, oder diese bilden sein stoffliches Dasein, die realen Gebrauchswerte, worin es als Tauschwert existiert. Die Hauptbedingung für den Arbeitsprozeß ist aber der Arbeiter selbst. Also wesentlich der Bestandteil des
Kapitals, der das Arbeitsvermögen kauft. Wären keine Lebensmittel im
Markt, so nützte es dem Kapital nichts, dem Arbeiter in Geld zu zahlen. Das
Geld ist nur Anweisung, die der Arbeiter erhält auf ein bestimmtes Quantum
im Markt befindlicher Lebensmittel. Also hat der Kapitalist dieselben δυνάμει[3], und sie bilden Bestandteil seiner Macht. Übrigens, wenn gar keine kapitalistische Produktion, so blieben nach wie vor die Unterhaltskosten (ursprünglich liefert die Natur sie gratis) ganz ebenso notwendige Bedingungen
des Arbeitsprozesses wie Arbeitsmaterial und Arbeitsmittel. Alle gegenständlichen Momente aber, die die Arbeit überhaupt zu ihrer Verwirklichung bedarf, erscheinen als ihm entfremdete, auf seiten des Kapitals stehende Lebensmittel nicht minder als Arbeitsmittel.

Rossi usw. wollen sagen oder sagen in der Tat – sie mögen dies wollen
oder nicht – eigentlich nichts, als daß die *Lohnarbeit* als solche keine notwendige Bedingung des Arbeitsprozesses. Sie vergessen dann nur, daß dann dasselbe vom *Kapital* gilt.

---

[1] zunächst
[2] ganz ausgeschlossen
[3] Möglichkeiten

{Hier auch (in den Zusätzen[1] weiter einzugehn gegen Says Blödsinn von demselben Kapital — er meint aber hier Wert —, das sich *doppelt* konsumiert, produktiv für den Kapitalisten, unproduktiv für den Arbeiter.}

{*Eigentum am Arbeitsinstrument* charakteristisch für die zünftige Industrie oder die mittelaltrige Form der Arbeit.}

Die gesellschaftliche Weise der Produktion also, worin der Produktionsprozeß unter das Kapital subsumiert ist oder die auf dem Verhältnis von Kapital und Lohnarbeit beruht, und zwar so, daß es die bestimmende, herrschende Produktionsweise, nennen wir *kapitalistische Produktion.*

Der Arbeiter macht die Zirkulationsform W–G–W durch. Er verkauft, um zu kaufen. Er tauscht sein Arbeitsvermögen gegen Geld aus, um das Geld gegen Waren — soweit sie Gebrauchswerte, Lebensmittel, sind — einzutauschen. Der Zweck ist die individuelle Konsumtion. Der Natur der einfachen Zirkulation gemäß kann er höchstens zur Schatzbildung durch Sparsamkeit und besondren Fleiß fortgehn; keinen Reichtum schaffen. Der Kapitalist dagegen G–W–G. Er kauft, um zu verkaufen. Der Zweck dieser ||71| Bewegung der Tauschwert, d. h. die Bereicherung.

Unter Lohnarbeit verstehn wir nur die freie Arbeit, die gegen Kapital sich austauscht, in Kapital verwandelt wird und das Kapital verwertet. Alle sog. *Dienste* sind hiervon ausgeschlossen. Welches immer ihr sonstiger Charakter sein mag, das Geld wird gegen sie verausgabt; es wird nicht gegen sie vorgeschossen. Das Geld ist bei ihnen immer nur der Tauschwert als verschwindende Form, um eines Gebrauchswerts habhaft zu werden. So wenig der Kauf von Waren, um sie zu konsumieren (nicht durch die Arbeit zu konsumieren), irgend etwas mit der produktiven Konsumtion, i. e. vom kapitalistischen Standpunkt, zu schaffen hat, so wenig die Dienstleistungen, die der Kapitalist als Privatperson — außerhalb des Produktionsprozesses von Waren — konsumiert. Sie mögen noch so nützlich etc. sein. Ihr Inhalt ist hier ganz gleichgültig. Die Dienstleistungen selbst — soweit sie ökonomisch geschätzt werden, werden natürlich auf Grundlage der kapitalistischen Produktion anders geschätzt als unter andren Produktionsverhältnissen. Die Untersuchung darüber ist aber erst möglich, sobald die Grundfaktoren der kapitalistischen Produktion selbst klargelegt sind. Bei allen Dienstleistungen, mögen sie nun selbst direkt Waren schaffen, z. B. der Schneider, der mir eine Hose näht oder nicht, z. B. der Soldat, der mich schützt, dito der Richter etc. oder der Musiker, dessen Musizieren ich kaufe, um mir einen ästhetischen Genuß zu verschaffen, oder der Arzt, den ich mir kaufe, um mein Bein wieder einzurenken,

---

[1] Siehe vorl. Band, S. 128–130

handelt es sich nur immer um den stofflichen Inhalt der Arbeit, um ihre Nützlichkeit, während der Umstand, daß sie Arbeit ist, mir ganz gleichgültig. Bei der Lohnarbeit, die Kapital schafft, ist mir in der Tat ihr Inhalt gleichgültig. Jede bestimmte Weise der Arbeit gilt mir nur, soweit sie gesellschaftliche Arbeit überhaupt und daher Substanz des Tauschwerts, Geld, ist. Jene Arbeiter, Dienstleister, von der Hure bis zum Papst, werden daher nie in dem unmittelbaren Produktionsprozeß verwandt. {Im übrigen besser das Nähere über „produktive Arbeit" in den Abschnitt „Kapital und Arbeit" hereinzunehmen.} Mit dem Kauf der einen Arbeit mache ich Geld, mit dem der andren verausgabe ich Geld. Die eine bereichert, die andre verarmt. Es ist möglich, daß sie selbst eine der Bedingungen für Geldmachen wie Polizisten, Richter, Soldaten, Henker. Aber so ist sie es immer nur als „erschwerender Umstand" und hat mit dem direkten Prozeß nichts zu schaffen.

Wir sind von der Zirkulation ausgegangen, um zur kapitalistischen Produktion zu kommen. Dies ist auch der *geschichtliche* Gang, und die Entwicklung der kapitalistischen Produktion setzt daher in jedem Land schon die Entwicklung des Handels auf andrer, frührer Produktionsgrundlage voraus. {Worüber etwas Näheres zu sagen.[46]}

Was wir nun im folgenden zu betrachten haben, ist die nähere Entwicklung des *Mehrwerts*. Hierbei wird sich zeigen, daß, indem die Produktion des Mehrwerts der eigentliche Zweck der Produktion oder indem die Produktion kapitalistische Produktion wird, die ursprünglich bloß formelle Subsumtion des Arbeitsprozesses unter das Kapital, der lebendigen Arbeit unter die vergegenständlichte, der gegenwärtigen unter die vergangne, die Art und Weise des Arbeitsprozesses selbst bedeutend modifiziert; also dem Kapitalverhältnis — damit es entwickelt auftrete — auch bestimmte Produktionsweise und Entwicklung der Produktivkräfte entspreche.

{Bei der Dienstleistung konsumiere ich zwar auch das Arbeitsvermögen des Dienstleistenden; aber nicht, insofern sein Gebrauchswert Arbeit, sondern sofern seine Arbeit einen bestimmten Gebrauchswert hat.}

Zusätze

Mit Bezug auf Say in seinen *„Lettres an Malthus"*, Paris—Londres 1820 (p. 36), heißt es in *„An Inquiry into those Principles respecting the Nature of Demand and the Necessity of Consumption, lately advocated by Mr. Malthus etc.",* *London 1821:*

„Diese affektierten Manieren zu schwatzen bilden im ganzen das, was Herr Say seine Doktrin nennt … ‚Wenn Sie', sagt er auf Seite 36 zu Malthus, ‚an allen diesen Behauptungen einen paradoxen Charakter finden, betrachten Sie die *Dinge*, die sie ausdrücken, und ich wage zu glauben, daß sie Ihnen sehr einfach und sehr vernünftig vorkommen werden.' Zweifelsohne; und zugleich werden sie infolge desselben Prozesses alles andere, nur nicht original oder wichtig erscheinen. ‚Ich wette mit Ihnen, daß Sie ohne diese Analyse *die Tatsachen* in ihrer Gesamtheit nicht erklären können; z.B. erklären, *wie das gleiche* ||72| *Kapital zweimal konsumiert wird: produktiv* von einem Unternehmer und unproduktiv durch seinen Arbeiter.' Es scheint Einverständnis ‚in einigen Teilen Europas' darin zu herrschen, eine närrische Ausdrucksweise als *Tatsache* hinzustellen." (l. c., p. 110, N. XI.)

Der Witz besteht darin, daß Say austauschen im bestimmten Fall Kaufen, *Konsumtion,* des Geldes nennt, das verkauft wird.

Kauft der Kapitalist für 100 Taler Arbeit, so meint Say, daß diese 100 Taler doppelt konsumiert sind, produktiv durch den Kapitalisten, unproduktiv durch den Arbeiter. Wenn der Kapitalist 100 Taler gegen Arbeitsvermögen austauscht, hat er die 100 Taler nicht konsumiert, weder produktiv noch unproduktiv, obgleich er sie zu einem „produktiven" Zweck verausgabt hat. Er hat nichts getan, als sie aus der Form von Geld in die Form von Waren verwandelt, und es ist diese Ware – die er mit dem Geld gekauft hat, das Arbeitsvermögen, das er produktiv konsumiert. Er könnte es auch unproduktiv konsumieren, wenn er die Arbeiter verwendete, um ihm Gebrauchswerte zu seiner eignen Konsumtion zu liefern, d. h., sie als Dienstleistende benutzte. Das Geld wird grade durch diesen Austausch mit dem Arbeitsvermögen erst Kapital; nicht *als* Kapital *konsumiert,* sondern vielmehr produziert, erhalten, bestätigt. Andrerseits der Arbeiter konsumiert nicht Kapital; das Geld in seiner Hand hat grade aufgehört, Kapital zu sein, und ist für ihn nur Zirkulationsmittel. (Zugleich natürlich, wie jedes Zirkulationsmittel, wogegen sich eine Ware austauscht, Dasein seiner Ware in der Form als Tauschwert, der aber hier nur verschwindende Form ist und sein soll, um Lebensmittel dagegen einzutauschen.) Das Arbeitsvermögen, soweit es konsumiert wird, verwandelt sich in Kapital; das Geld des Kapitalisten, soweit es vom Arbeiter konsumiert wird, verwandelt sich in Lebensmittel für ihn und hat aufgehört, Kapital oder Bestandteil des Kapitals ($\delta \upsilon \nu \acute{\alpha} \mu \epsilon \iota^{1}$) zu sein, sobald es aus der Hand des Kapitalisten in die des Arbeiters übergegangen ist. Was aber eigentlich bei dem Sayschen Blödsinn zugrunde liegt: Er glaubt, derselbe Wert (bei ihm Kapital nichts als eine *Wertsumme*) werde doppelt konsumiert, einmal vom Kapitalisten, das andre Mal vom Arbeiter. Er vergißt, daß hier zwei Waren vom selben Wert ausgetauscht werden, nicht 1 Wert, sondern 2 Werte im

---

[1] der Möglichkeit nach

Spiele sind; auf der einen Seite das Geld, auf der andren die Ware *(das Arbeitsvermögen)*. Was der Arbeiter unproduktiv (d. h., ohne Reichtum für sich dadurch zu schaffen) konsumiert, ist sein eignes Arbeitsvermögen (nicht das Geld des Kapitalisten); was der Kapitalist produktiv konsumiert, ist nicht sein Geld, sondern das Arbeitsvermögen des Arbeiters. Der Konsumtionsprozeß auf beiden Seiten ist durch den Austausch vermittelt.

Bei jedem Kauf oder Verkauf, wo der Zweck des Käufers individuelle Konsumtion der Ware und der Zweck des Verkäufers Produktion, wäre nach Say *derselbe* Wert doppelt konsumiert, produktiv durch den Verkäufer, der seine Ware in Geld (Tauschwert) verwandelt, und unproduktiv durch den Käufer, der sein Geld in vergängliche Genüsse auflöst. Es sind hier indes 2 Waren und 2 Werte im Spiel. Sinn hätte Says Satz nur in dem Sinne, worin er ihn nicht meint. Nämlich, daß der Kapitalist denselben Wert zweimal produktiv konsumiert; erstens durch seinen produktiven Konsum des Arbeitsvermögens und zweitens durch die unproduktive Konsumtion seines Geldes durch den Arbeiter, deren Resultat die Reproduktion des Arbeitsvermögens, also die Reproduktion des Verhältnisses, ist, worauf die Wirkung des Kapitals als Kapital beruht. Malthus trifft denn auch den letztren Punkt richtig. {Insofern seine Konsumtion überhaupt eine Bedingung ist, damit er arbeite, also für den Kapitalisten produziere, ist die Pointe bei Malthus.}

„Er" (der Arbeiter) „ist ein *produktiver Konsument für die Person, die ihn anwendet,* und für den Staat, aber, genau gesprochen, nicht *für sich selbst.*" (p. 30, Malthus, „Definitions in Pol. Ec.", ed. John Cazenove, London 1853.)

Ramsay erklärt, daß der Teil des Kapitals, der sich in Arbeitslohn verwandelt, kein *notwendiger* Teil des Kapitals ist, sondern nur *zufällig* wegen der „deplorable"[1] Armut der Arbeiter einen solchen bilde. Unter fixed capital versteht er nämlich Arbeitsmaterial und Arbeitsmittel. Unter circulating capital die Subsistenzmittel des Arbeiters. Er sagt dann:

„*Zirkulierendes Kapital* besteht nur aus Subsistenzmitteln und anderen Bedarfsartikeln, die den Arbeitern vorgestreckt werden, ehe sie das Produkt ihrer Arbeit fertiggestellt haben." ([p.] 23, Ramsay, George, „An Essay on the Distribution of Wealth", Edinburgh 1836.) „Nur fixes Kapital, nicht das zirkulierende, ist im eigentlichen Sinne eine Quelle des nationalen Reichtums." (l. c.) „*Nehmen wir an,* die Arbeiter würden nicht vor der Vollendung des Produkts bezahlt, so gäbe es gar keine Gelegenheit ||73| für zirkulierendes Kapital."

(Was heißt das andres, als eine gegenständliche Bedingung der Arbeit – Lebensmittel – werden nicht die Form des Kapitals annehmen? Darin schon

---

[1] „bedauerlichen"

zugegeben, daß diese gegenständlichen Bedingungen der Produktion a l s
s o l c h e nicht Kapital, sondern daß sie erst als Ausdruck eines bestimmten
gesellschaftlichen Produktionsverhältnisses Kapital werden.) (Die Lebensmittel werden nicht aufhören, Lebensmittel zu sein; ebensowenig würden sie
aufhören, eine notwendige Bedingung der Produktion zu sein; aber sie würden aufhören – *Kapital* zu sein.)

„Die Produktion würde ebensogroß sein. Dies beweist, daß *zirkulierendes Kapital* nicht
unmittelbar in der Produktion wirkt, *noch ist es überhaupt für sie wesentlich, sondern nur eine
Bedingung, die durch die bedauernswerte Armut der Masse des Volkes notwendig geworden ist.*"
([p.] 24, l. c.)

D. h. in andren Worten: Die Lohnarbeit ist keine absolute, sondern nur historische Form der Arbeit. Es ist für die Produktion nicht nötig, daß dem Arbeiter seine Lebensmittel in der entfremdeten Form als *Kapital* gegenüberstehn. Dasselbe gilt aber auch von den andren Elementen des Kapitals und
vom Kapital überhaupt. Umgekehrt. Nähme dieser eine Teil des Kapitals
nicht die Form des Kapitals an, so auch nicht der andre, denn das ganze Verhältnis, wodurch Geld Kapital wird oder die Bedingungen der Arbeit ihr als
selbständige Macht gegenübertreten, fände nicht statt. Was die wesentliche
Form des Kapitals konstituiert, erscheint ihm daher

„nur eine Bedingung, die durch die bedauernswerte Armut der Masse des Volkes notwendig geworden ist". [p. 24.]

Kapital werden die Lebensmittel dadurch, daß sie „*advanced* to the workmen"[1]. [p. 23.] Der weitere Sinn Ramsays tritt noch mehr in dem Satz hervor:

„Das fixe Kapital" (Arbeitsmaterial und Arbeitsmittel) „allein bildet vom nationalen
Standpunkt *ein Element der Produktionskosten.*" ([p.] 26, l. c.)

Produktionskost – *vorgeschoßnes Geld,* das vorgeschossen wird, um mehr
Geld zu machen, das bloßes Mittel zum Geldmachen ist, ist für den Kapitalisten der Arbeitslohn, i. e. der Preis, den er für das Arbeitsvermögen zahlt.
Wäre der Arbeiter nicht Arbeiter, sondern arbeitender Eigentümer, so erschienen ihm die Lebensmittel, die er verzehrt, bevor das Produkt fertig,
nicht als *Produktionskosten* in diesem Sinn, da umgekehrt der ganze Produktionsprozeß ihm nur als Mittel erschiene, seine Lebensmittel zu erzeugen.
Dagegen meint Ramsay, Arbeitsmaterial und Arbeitsmittel, Produkte, die verwandt, konsumiert werden müssen, um neue Produkte zu erzeugen, sind nicht
nur vom Standpunkt des Kapitalisten, sondern vom nationalen Standpunkt –
d. h. bei ihm, von einem Standpunkt, wo es sich um die Produktion für die
Gesellschaft, nicht für bestimmte Klassen der Gesellschaft, handelt, notwen-

---

[1] „den Arbeitern *vorgestreckt* werden"

dige Bedingungen des Produktionsprozesses und müssen stets in ihn eingehn. Hier wird ihm also *Kapital* nichts als die gegenständlichen Bedingungen des Arbeitsprozesses überhaupt und drückt absolut kein gesellschaftliches Verhältnis aus, ist nur ein andrer Name für die *Sachen*, die in jedem Produktionsprozeß, welche gesellschaftliche Form er auch habe, erheischt werden; Kapital ist danach nur ein Ding, technologisch bestimmt. Damit ist eben das, was es zum Kapital macht, ausgelöscht. Ramsay hätte ebensogut sagen können: daß die Produktionsmittel als an sich geltender Wert erscheinen, als selbständige Mächte der Arbeit gegenüber, ist nur eine „convenience"[1]. Wären sie gesellschaftliches Eigentum der Arbeiter, so wäre gar keine Gelegenheit da für „capital fixe". Und die Produktion würde nach wie vor dieselbe bleiben.

{Obgleich der Verwertungsprozeß in der Tat nichts ist als der Arbeitsprozeß in einer bestimmten gesellschaftlichen Form − oder eine bestimmte gesellschaftliche Form des Arbeitsprozesses − nicht etwa zwei verschiedne wirkliche Prozesse −, *derselbe* Prozeß, das eine Mal seinem Inhalt, das andre Mal seiner Form nach betrachtet − so haben wir doch bereits gesehn, daß das Verhältnis der verschiednen Faktoren des Arbeitsprozesses im Verwertungsprozeß neue Bestimmungen erhält. Hier ist noch ein Moment hervorzuheben (das später wichtig wird bei der Zirkulation, Bestimmung des capital fixe usw.). Das Produktionsmittel, z. B. Werkzeug, Maschinerie, Baulichkeit usw., wird ganz angewandt im Arbeitsprozeß; aber mit Ausnahme der sog. matières instrumentales wird es nur ausnahmsweise *konsumiert* in demselben (auf einmal in einem einzigen (einmaligen) Arbeitsprozeß. Es dient in wiederholten Prozessen derselben Art. In den Verwertungsprozeß geht es aber ||74| nur ein − oder was dasselbe ist −, es erscheint nur als Wertbestandteil des Produkts wieder, soweit es im *Arbeitsprozeß* aufgenützt ist.}

Ähnlich wie Ramsay *Rossi* [47]. Zunächst, leçon XXVII, gibt er die allgemeine Erklärung vom Kapital.

„Das Kapital ist der Teil des *produzierten* Reichtums, der zur Reproduktion *bestimmt* ist." p. 364.

Dies bezieht sich jedoch nur auf das Kapital, soweit es Gebrauchswert ist − auf seinen *stofflichen* Inhalt, nicht auf seine Form. Kein Wunder daher, wenn derselbe Rossi den bloß aus der Form desselben erklärlichen Bestandteil − das approvisionnement[2], den Teil, der sich gegen das Arbeitsvermögen austauscht, für keinen notwendigen, überhaupt für keinen *begrifflichen* Bestandteil des Kapitals erklärt, also einerseits das *Kapital* für einen notwendi-

---

[1] „Übereinkunft"
[2] den Lebensmittelfonds

gen Produktionsagent, andrerseits die *Lohnarbeit* für keinen notwendigen Produktionsagenten oder Produktionsverhältnis erklärt. Eigentlich versteht er unter Kapital nur *„Produktionsinstrument"*. Man könnte nach ihm zwar unterscheiden Capital-instrument und Capital-matière[1], aber eigentlich nennen die Ökonomen mit Unrecht die Rohmaterialien Kapital; denn

„ist es" (das Rohmaterial) „wirklich ein Produktionsinstrument? Ist es nicht vielmehr der Gegenstand, den die Werkzeuge der Produzenten bearbeiten müssen?" (p. 367, leçons etc.) Nachher erklärt er: *„Produktionsinstrument*, das ist ein Stoff, der auf sich selbst einwirkt, der zugleich Objekt und Subjekt, Erduldender und Handelnder ist." (p. 372, l. c.)

Nennt auch gradezu p. 372 Kapital bloß „moyen de production"[2]. Was nun Rossis Polemik dagegen betrifft, daß das *approvisionnement* einen Teil des Kapitals bildet, so ist hier zweierlei zu unterscheiden: oder er wirft zweierlei durcheinander. *Einmal* betrachtet er die Lohnarbeit überhaupt – daß der Kapitalist den Lohn vorschießt – nicht als notwendige Form der Produktion oder Lohnarbeit nicht als notwendige Form der Arbeit; wobei er nur vergißt, daß *Kapital* nicht notwendige (i. e. nicht absolute, vielmehr nur bestimmte historische) Form der Arbeits- oder Produktionsbedingung ist. In andren Worten: Der Arbeitsprozeß kann stattfinden, ohne unter das Kapital subsumiert zu sein; er setzt diese bestimmte soziale Form nicht notwendig voraus; der Produktionsprozeß als solcher ist nicht notwendig kapitalistischer Produktionsprozeß. Hier begeht er aber wieder den Irrtum, den Ankauf des Arbeitsvermögens durch das Kapital nicht als *wesentlich* für die Lohnarbeit, sondern als etwas Akzidentelles zu betrachten. Zur Produktion sind die Produktionsbedingungen erheischt, dagegen nicht das *Kapital*, d. h. nicht das Verhältnis, was aus der Appropriation dieser Produktionsbedingungen unter besondre Klasse und dem Dasein des Arbeitsvermögens als Ware hervorgeht. Die Stupidität besteht darin, die Lohnarbeit anzuerkennen (oder auch die selbständige Form des Kapitals) und das Verhältnis derselben zum Kapital, das sie konstituiert, wegzudemonstrieren. Sagen, daß das *Kapital* keine notwendige Form der gesellschaftlichen Produktion ist, heißt nur sagen, daß die *Lohnarbeit* nur eine vorübergehende historische Form der gesellschaftlichen Arbeit ist. Nicht nur setzt die kapitalistische Produktion zu ihrer Entstehung einen historischen Prozeß der Trennung zwischen den Arbeitern und den Arbeitsbedingungen voraus; die kapitalistische Produktion *reproduziert dies Verhältnis auf stets größrer Stufenleiter* und spitzt es zu. Dies, was sich schon bei der Betrachtung des allgemeinen Begriffs des Kapitals zeigt, später noch deutlicher bei der Konkurrenz, die wesentlich diese Trennung (Konzentration usw.) be-

---

[1] Kapitalmaterial
[2] „Produktionsmittel"

wirkt. In dem wirklichen Produktionsprozeß stehn dem Arbeiter die Gegenstände, woraus das Kapital besteht, nicht als Kapital, sondern als Arbeitsmaterial und Arbeitsmittel gegenüber. Er hat allerdings das Bewußtsein, daß sie fremdes Eigentum etc., Kapital, sind. Dasselbe gilt aber auch von seiner *verkauften* Arbeit, die nicht ihm, sondern dem Kapitalisten gehört.

||75| *Zweitens* aber läuft noch ein andrer Punkt unter in der Rossischen Polemik. (Der erste Punkt war: Austausch von Geld gegen das Arbeitsvermögen. Rossi hat recht, soweit er diese Operation nicht für notwendig für die Produktion überhaupt erklärt. Er hat unrecht, soweit er dies Verhältnis, ohne welches die kapitalistische Produktion überhaupt nicht existierte, als ein unwesentliches, akzidentelles Moment derselben betrachtet.) Nämlich: Wir haben gesehn: Erst verkauft der Arbeiter sein Arbeitsvermögen, d. h. temporelle Verfügung über dasselbe. Darin ist enthalten, daß er die Lebensmittel eintauscht, die nötig sind, ihn überhaupt als Arbeiter zu erhalten und noch spezieller, daß er die Subsistenzmittel besitzt „pendant l'œuvre de la production"[1]. [p. 370.] Dies ist vorausgesetzt, damit er als Arbeiter in den Produktionsprozeß eintritt und während desselben sein Arbeitsvermögen betätigt, verwirklicht. Rossi versteht, wie wir gesehn haben, unter Kapital nichts als die zur Herstellung eines neuen Produkts erheischten Produktionsmittel (matières[2], Instrument). Fragt sich: Gehören dazu die Lebensmittel des Arbeiters, etwa wie die von der Maschine konsumierten Kohlen, Öl usw. oder wie das vom Vieh verzehrte Futter? Kurz die matières instrumentales[3]. Gehören dazu auch die Lebensmittel des Arbeiters? Bei dem Sklaven keine Frage, daß seine Lebensmittel unter die matières instrumentales zu rechnen; weil er bloßes Produktionsinstrument, also das, was er verzehrt, bloße matières instrumentales ist. (Dies, wie schon früher[4] bemerkt, bestätigt, daß Preis der Arbeit (Arbeitslohn) nicht in den eigentlichen Arbeitsprozeß eingeht, sowenig wie Preis von Arbeitsmaterial und Arbeitsmittel; obgleich alle drei, wenn auch in verschiedner Weise, in den Verwertungsprozeß eingehn.) Um die Frage zu beantworten, ist es nötig, sie in zwei Fragen aufzulösen:

Erstens: Den Arbeitsprozeß als solchen zu betrachten, unabhängig vom Kapital; da die Leute, die die Frage aufwerfen, hier die Momente des Arbeitsprozesses als solche Kapital nennen.

Zweitens: Zu fragen, wie weit dies modifiziert wird, sobald der Arbeitsprozeß unter das Kapital subsumiert wird.

---

[1] „während der Produktionsarbeit"
[2] Material
[3] Produktionshilfsstoffe
[4] Siehe vorl. Band, S. 125

Also erstens: Betrachten wir den Arbeitsprozeß als solchen, so sind die gegenständlichen Bedingungen desselben Arbeitsmaterial und Arbeitsmittel, bloß gegenständliche Bedingungen der Arbeit selbst, als der zweckmäßigen Tätigkeit des Menschen zur Herstellung eines Gebrauchswerts. Der Arbeiter verhält sich als Subjekt zu ihnen. Allerdings, um sein Arbeitsvermögen wirken zu lassen, ist er als Arbeiter vorausgesetzt, sind also auch die Lebensmittel, die zu seiner Subsistenz nötig sind, um die Arbeitskraft zu entwickeln, vorausgesetzt. Sie gehn aber als solche nicht in den Arbeitsprozeß ein. Er tritt als arbeitender Eigentümer in den Prozeß. Werden aber die verschiednen Momente des Arbeitsprozesses mit Bezug auf sein Resultat, das Produkt, betrachtet, so ändert sich das Verhältnis. Mit Bezug auf das Produkt erscheinen alle 3 Momente als Momente seiner Vermittlung, also als Produktionsmittel. Das Produktionsmaterial, das Produktionsinstrument und die produktive Tätigkeit selbst sind alle Mittel zur Herstellung des Produkts, also Produktionsmittel. Die Unterhaltsmittel der Maschine (Öl, Kohle etc.), ganz von ihrem *Preis* abgesehn, bilden hier Teil der Produktionsmittel, aber ebensosehr die Unterhaltsmittel des Arbeiters während des Produktionsprozesses selbst. Indes wird der arbeitende Eigentümer das Produkt als solches immer wieder nur betrachten als Lebensmittel, nicht seine Lebensmittel als Voraussetzungen für die Herstellung des Produkts.

Die Betrachtungsweise ändert indes nichts an der Sache. Die Proportion Lebensmittel, die er als Arbeiter verzehren muß, ohne die sein Arbeitsvermögen überhaupt nicht als solches wirken kann, sind ebenso unentbehrlich für den Produktionsprozeß wie die Kohle und das Öl, die die Maschine konsumiert. Der Konsumtionsfonds der Gesellschaft bildet insofern einen Teil ihrer Produktionsmittel (bei weiterer Betrachtung verschwindet das wieder, sofern der gesamte Produktionsprozeß nur als Reproduktionsprozeß der Gesellschaft oder des gesellschaftlichen Menschen selbst erscheint), und die Konsumtion des Arbeiters unterscheidet sich innerhalb dieser Grenzen ökonomisch nicht von der Konsumtion des Arbeitspferdes oder der Maschine. Der Teil des Kapitals also, der das Arbeitsvermögen zahlt oder den Arbeitslohn bildet, geht insofern in den eigentlichen Produktionsprozeß ein, als die Lebensmittel, die der Arbeiter verzehrt, unmittelbar im Produktionsprozeß selbst verzehrt werden und verzehrt werden müssen. Aber auch der Teil des so ausgegebnen Kapitals, der nicht unmittelbar in den Produktionsprozeß eingeht, bildet einen Teil des Kapitals, bevor er ausgetauscht ist gegen das Arbeitsvermögen, und für die Bildung des Kapitalverhältnisses ist dies eine notwendige Voraussetzung.

||76| Der Kapitalist hat das Arbeitsvermögen bezahlt. Der bedeutendste

Teil der Lebensmittel, die die Arbeiter so erhalten, wird verausgabt und notwendig verausgabt während des Arbeitsprozesses selbst. Wenn die Arbeiter Sklaven wären, müßte der Kapitalist ihnen diesen Teil als bloße matières instrumentales vorschießen. Hier tut das der Arbeiter für ihn. Für ihn ist der Arbeiter bloßer Produktionsagent und die Lebensmittel, die er konsumiert, die Kohle und das Öl, notwendig, diesen Produktionsagenten in Gang zu halten. Dies ist die Anschauung des Kapitalisten, nach der er auch handelt. Ist ein Ochs oder eine Maschine wohlfeilerer Produktionsagent, so wird der Arbeiter durch sie ersetzt. Ökonomisch ist die Anschauung insofern falsch, als zum Wesen der Lohnarbeit der Unterschied in den 2 Prozessen gehört, 1. der Austausch von Geld gegen Arbeitsvermögen; 2. der Konsumtionsprozeß dieses Arbeitsvermögens = Arbeitsprozeß. (Produktionsprozeß.) Wir wollen nun etwas im Detail die Aussetzungen Rossis betrachten, ohne auf den letzt (sub 2) betrachteten case[1] zurückzukommen. Mit Bezug auf denselben nach Rossis Äußerung:

> „Jene, die die *ökonomische Wissenschaft nur vom Gesichtspunkt der Unternehmer ins Auge fassen* und nur das reine, austauschbare Produkt in Betracht ziehen, das sich jeder Unternehmer beschaffen kann, brauchen in der Tat nicht in der Lage zu sein, den Unterschied zwischen einem Menschen, einem Ochsen und einer Dampfmaschine wahrzunehmen. In ihren Augen gibt es nur eine Frage, die sie ernster Aufmerksamkeit für würdig halten: nämlich die nach den Gestehungskosten, die Frage danach, wieviel der Unternehmer für das zu zahlen hat, was er dem Dampf, dem Ochsen, dem Arbeiter abverlangt." (*Rossi, „De la Méthode en Économie Politique etc.", p. 83,* in „*Économie Politique*. Recueil de Monographies etc.", année 1844, t. I, Bruxelles 1844.)

Es scheint denn doch, daß der „point de vue des entrepreneurs"[2], i. e. der Kapitalisten, jedenfalls ein wesentliches Moment bei der Betrachtung der kapitalistischen Produktion ist. Doch gehört das in das Verhältnis von Kapital und Arbeit.

Was wir aber wesentlich bei Herrn Rossi zu betrachten haben, ist die Art, wie er zugibt, einerseits, daß die *Lohnarbeit*, also auch die kapitalistische Produktion, keine notwendige (absolute) Form der Arbeit und der Produktion ist; wie er dies Zugeständnis wieder leugnet, altogether[3] aber meilenweit entfernt von jedem historischen Verständnis ist.

Der erste Einwurf Rossis ist:

---

[1] Fall
[2] „Gesichtspunkt der Unternehmer"
[3] im ganzen

„Wenn der Arbeiter von seinem Einkommen lebt, wenn er von der Retribution seiner Arbeit lebt, wie soll dann dieselbe Sache zweimal im *Produktionsvorgang*, in der Berechnung der *Produktivkräfte* erscheinen, einmal als *Arbeitslohn* und ein zweites Mal als Kapital?" (p. 369, *leçons*.)

Hier zunächst zu bemerken: allgemein ausgedrückt heißt das: Das Salair kommt zweimal vor, einmal als Produktionsverhältnis, einmal als Distributionsverhältnis. Dies hält Rossi für falsch und hat soweit gegen die Ökonomen recht, als sie die zwei verschiednen Formen, worin *dasselbe* erscheint, als zwei voneinander unabhängige Verhältnisse betrachten, die nichts miteinander zu tun haben. Wir kommen auf diesen Gegenstand zurück und werden im allgemeinen zeigen, daß das Produktionsverhältnis Distributionsverhältnis und vice versa. Das Salair kann aber ferner in das phénomène de la production[1] eingehn, d. h., ein Produktionsverhältnis darstellen, ohne einzugehn in den *calcul des forces productives*[2], wenn Herr Rossi nämlich unter force productive[3] nicht die Entwicklung der Produktivkräfte versteht, soweit sie bedingt ist durch das Produktionsverhältnis, sondern nichts unter ihr versteht als die dem Arbeitsprozeß überhaupt oder dem Produktionsprozeß überhaupt als solchem – von jeder bestimmten gesellschaftlichen Form abgesehn – angehörigen Momente. Andrerseits: Das Approvisionnement bildet Bestandteil des Kapitals, solange es noch nicht *ausgetauscht* ist gegen Arbeitsvermögen. Dieser Austausch fände aber nicht statt, wenn es nicht *vor* demselben einen Bestandteil des Kapitals bildete. Wenn ausgetauscht, hört es auf, Kapital zu sein und wird Revenue. In den unmittelbaren Produktionsprozeß selbst geht in der Tat nicht das Salair, sondern nur das Arbeitsvermögen ein. Wenn ich Getreide produziert habe, bildet es einen Teil meines Kapitals, bis ich es verkauft habe. Es bildet die Revenue eines Konsumenten. (Kann wenigstens so, wenn er es zur individuellen Konsumtion, nicht zur Produktion verwendet.) Aber in der Tat, das approvisionnement, ||77| auch nachdem der Arbeiter es als Revenue erhalten und als Revenue verzehrt, fährt fort, une *force productive du capital*[4] zu sein, denn die Reproduktion des Arbeiters ist die Reproduktion der principale force productive du capital[5].

„Man sagt, daß die Retribution des Arbeiters Kapital ist, weil der Kapitalist sie ihm *vorstreckt*. Gäbe es nur Arbeiterfamilien, die genug hätten, um ein Jahr zu leben, so gäbe es *kein Salair*. Der Arbeiter könnte zum Kapitalisten sagen: Du streckst zum gemeinschaftli-

---

[1] in den Produktionsvorgang
[2] die *Berechnung der Produktivkräfte*
[3] Produktivkraft
[4] eine *Produktivkraft des Kapitals*
[5] hauptsächlichen Produktivkraft des Kapitals

chen Werke das Kapital vor, ich bringe die Arbeit hinzu; das Produkt wird unter uns nach gewissen Verhältnissen verteilt. Sobald es realisiert sein wird, wird jeder seinen Teil nehmen. So gäbe es keinen *Vorschuß* für die Arbeiter. Sie würden fortfahren zu konsumieren, selbst wenn die Arbeit stillstände. Was sie verzehren würden, gehörte dem Konsumtionsfonds an, durchaus nicht dem Kapital. Also: die Vorschüsse für die Arbeiter sind nicht *notwendig. Also ist das Salair kein konstitutives Element der Produktion. Es ist nur ein Akzidens, eine Form unsres sozialen Zustandes.* Des Kapitals, der Erde, der Arbeit bedarf es dagegen notwendig, um zu produzieren. *Zweitens:* Man wendet das Salair doppelt an; man sagt: Das Salair sei ein Kapital, aber was repräsentiert es? Die Arbeit. Qui dit salaire dit travail[1] und vice versa. Macht also das vorgestreckte Salair Teil des Kapitals aus, so hätte man bloß von 2 Produktionsinstrumenten zu reden, von Kapital und Erde." (l.c., p. [369/]370.)

So gut wie Rossi sagt: Besäße der Arbeiter die Lebensmittel für ein Jahr, so brauchte der Kapitalist sie ihm nicht vorzuschießen, könnte er fortfahren: Besäße er Arbeitsmaterial und Arbeitsmittel für ein Jahr, so brauchte er für diese Arbeitsbedingungen nicht die Dazwischenkunft des Kapitalisten. Also ist der Umstand, daß „Arbeitsmaterial und Arbeitsmittel" als Kapital erscheinen, *„kein konstitutives Element der Produktion"*. *„Es ist nur ein Akzidens, eine Form unsres sozialen Zustandes"*, die sie zu solchem macht. Sie würden nach wie vor dem „Produktionsfonds" angehören, keineswegs dem Kapital. Es gäbe überhaupt kein Kapital. Ist die bestimmte Form, die die Arbeit zu *Lohnarbeit* macht, ein soziales Akzidens, bestimmte historisch soziale Form der Arbeit, so die Form, die die gegenständlichen Bedingungen der Arbeit zu *Kapital* oder die *Produktionsbedingungen* zu Kapital macht, dito. Und es ist dasselbe soziale Akzidens, das die Arbeit zu *Lohnarbeit* und die *Produktionsbedingungen* zu *Kapital* macht. In der Tat – wären die Arbeiter auch nur im Besitz dieser einen Produktionsbedingung – der Lebensmittel für ein Jahr –, so wäre ihre Arbeit nicht Lohnarbeit, und sie wären im Besitz aller *Produktionsbedingungen*. Sie brauchten ja nur einen Teil dieser überschüssigen Lebensmittel zu verkaufen, um dafür Produktionsmittel (Material und Instrument) zu kaufen und selbst Ware zu produzieren. Was Herr Rossi sich also hier klarzumachen sucht, aber doch nicht ganz klarmacht, ist, daß eine bestimmte gesellschaftliche Form der Produktion, obgleich sie eine *historische* Notwendigkeit sein mag, darum keine *absolute* Notwendigkeit ist und daher nicht als ewige unabänderliche Bedingung der Produktion ausgesprochen werden kann. Wir nehmen das Zugeständnis an, obgleich nicht seine falsche Nutzanwendung.

Also, um zu produzieren, ist es nicht absolut notwendig, daß die Arbeit Lohnarbeit und daher u. a. die Lebensmittel dem Arbeiter ursprünglich als Bestandteil des Kapitals gegenübertreten. Aber fährt Rossi fort:

---

[1] Wer Arbeitslohn sagt, sagt Arbeit

„Des Kapitals, der Erde, der Arbeit bedarf es dagegen notwendig, um zu produzieren."
Hätte er gesagt:

„Der *Erde*" (Arbeitsmaterial, Arbeitsraum und in erster Instanz Lebensmittel); „der *Arbeitsmittel*" (Instrumente etc.), „der *Arbeit* bedarf es dagegen notwendig, um zu produzieren",

aber es bedarf dazu nicht notwendig

„der Grundrente, des Kapitals und der Lohnarbeit",

so wäre der Satz richtig. So aber streift er von Arbeit und Erde – der bestimmten sozialen Form, worin sie in der bürgerlichen Ökonomie auftreten mag – ihre Formen als Lohnarbeit und Grundeigentum. Den Arbeitsmitteln dagegen läßt er ihren ökonomischen Charakter des *Kapitals*. Er ||78| faßt sie nicht nur als stoffliche Produktionsbedingungen auf, sondern in der bestimmten sozialen Form des *Kapitals* und kömmt daher zur Absurdität, daß Kapital ohne Aneignung von Geld und Boden und ohne Lohnarbeit möglich ist.

Ferner: Wenn das vorgestreckte Salair Teil des Kapitals ausmacht, sagt Rossi, so gibt es nur 2 Produktionsinstrumente, Erde und Kapital, aber nicht 3, wie die Ökonomen doch alle annehmen, Erde, Kapital und Arbeit. In der Tat handelt es sich hier von den einfachen Momenten des Arbeitsprozesses als solchem, und in diesem figuriert nur Arbeitsmaterial (Erde), Arbeitsmittel (was Rossi fälschlich Kapital nennt) und Arbeit. Aber durchaus nicht das Kapital. Soweit aber der ganze Arbeitsprozeß unter das Kapital subsumiert ist und die 3 Elemente, die in ihm erscheinen, vom Kapitalisten angeeignet sind, erscheinen alle 3 Elemente, Material, Mittel, Arbeit, als stoffliche Elemente des *Kapitals*; eine Subsumtion derselben unter ein bestimmtes gesellschaftliches Verhältnis, das den Arbeitsprozeß *abstrakt* betrachtet – d. h., soweit er allen sozialen Formen des Arbeitsprozesses gleich gemeinschaftlich ist – absolut nichts angeht. Charakteristisch bleibt es für Rossi, daß er das Verhältnis zwischen dem personifizierten Arbeitsprodukt und dem lebendigen Arbeitsvermögen, ein Verhältnis, das die Quintessenz des Verhältnisses von Kapital und Lohnarbeit bildet, als *unwesentliche* Form, als ein bloßes Akzidens der kapitalistischen Produktion selbst betrachtet. (Sieh den elenden B a s t i a t [39]. Bei Rossi wenigstens die Ahnung, daß Kapital und Lohnarbeit keine ewigen gesellschaftlichen Formen der Produktion sind.)

Wir haben also jetzt schon zweimal bei Rossi gehabt als Einwurf, daß, wenn das Salair einen Teil des Kapitals (ursprünglich) bildet, dieselbe Sache zweimal vorkommt. Erstens als Produktionsverhältnis und zweitens als Distributionsverhältnis. Zweitens: Daß dann nicht 3 Produktionsfaktoren (Material, Mittel, Arbeit) im Arbeitsprozeß gezählt werden dürften, sondern nur 2, nämlich Material (was er hier *Erde* nennt) und Arbeitsmittel, was er hier Kapital nennt.

„Was trägt sich zwischen dem Unternehmer und dem Arbeiter zu? Würden alle Produkte des Morgens angefangen, des Abends vollendet, gäbe es auf dem Markt immer Käufer, bereit, die angebotnen Waren zu kaufen, so gäbe es *keine eigentlichen Salaire.* Es ist nicht so. Um ein Produkt zu realisieren, bedarf es der Monate, der Jahre ... Der *Arbeiter, der nur seine Arme besitzt,* kann die Vollendung" (das Ende) „der Unternehmung nicht abwarten. Er sagt zum Unternehmer, Kapitalisten, Pächter, Fabrikanten, was er einem dritten Unbeteiligten sagen könnte. Er könnte ihm" (dem Dritten) „vorschlagen, sein Kreditiv zu kaufen. Er könnte ihm sagen: Ich kontribuiere zur Produktion von so vielen Stück Tuch, wollt ihr die Retribution kaufen, worauf ich Recht habe? Unterstellt, der dritte Unbeteiligte gehe auf den Vorschlag ein; er zahle den konvenierten Preis; kann man sagen, daß das Geld, welches der Unbeteiligte verausgabt, einen Teil des Kapitals des Unternehmers ausmacht? Daß sein Kontrakt mit dem ouvrier[1] eins der Phänomene der Produktion ist? Nein, er hat eine gute oder schlechte Spekulation gemacht, die dem öffentlichen Reichtum nichts hinzufügt und nichts nimmt. *Das ist das Salair.* Der Arbeiter macht dem Fabrikanten den Vorschlag, den er einem Dritten machen könnte. *Der Unternehmer gibt sich her zu diesem Arrangement, das die Produktion erleichtern kann. Aber dies Arrangement ist nichts anderes als eine zweite Operation, eine Operation von einer ganz andren Natur, gepfropft auf eine produktive Operation. Es ist kein der Produktion unentbehrliches Faktum. Es kann in einer andren Arbeitsorganisation verschwinden.* Es gibt selbst heute Produktionen, wo es nicht statthat. *Das Salair ist also eine Form der Distribution des Reichtums, kein Element der Produktion.* Der Teil des fonds, welchen der Unternehmer der Zahlung des Salairs widmet, macht keinen Teil des Kapitals aus, nicht mehr als die Summen, die ein Fabrikant anwenden würde, um Wechselkäufe zu diskontieren oder an der Börse zu spielen. Es ist eine *opération à part*[2], die zweifelsohne den Gang der Produktion fördern kann, die man aber kein *direktes Produktionsinstrument* nennen kann." (l. c., p. 370.)

||79| Hier tritt also der Witz klar hervor. Ein *Produktionsverhältnis* (wie immer gesellschaftliches Verhältnis der Individuen innerhalb der Produktion als Ganzes betrachtet ist) ist *„kein direktes Produktionsinstrument".* Das Verhältnis von Kapital und Lohnarbeit, wodurch der Austausch des Arbeitsvermögens mit dem Geld bedingt ist, ist kein „direktes Produktionsinstrument". So ist der Wert der Ware kein „direktes Produktionsinstrument", obgleich der Produktionsprozeß wesentlich alteriert wird, je nachdem es sich nur von der Produktion von Produkten als solchen oder von der Produktion von Waren handelt. Der *„Wert"* der Maschine, ihr Dasein als capital fixe usw., ist kein „direktes Produktionsinstrument". Eine Maschine wäre auch produktiv in einer Gesellschaft, worin es gar keine Ware gäbe, keinen Tauschwert. Die

---

[1] Arbeiter
[2] *Operation für sich*

Frage ist keineswegs, ob dies „Produktionsverhältnis" in „einer andren Organisation der Arbeit verschwinden kann", sondern zu untersuchen, was es in der kapitalistischen Organisation der Arbeit zu sagen hat. Rossi gibt zu, daß es unter solchen Verhältnissen kein „eigentliches Salair" gäbe (p. 370). Und er wird mir erlauben, das „uneigentliche Salair" nicht mehr Salair zu nennen. Nur vergißt er, daß es dann auch kein „eigentliches" Kapital mehr gäbe.

„Wenn ein jeder den Ertrag seiner Arbeit erwarten kann, so könnte die *heutige Form des Lohns verschwinden*. Es gäbe dann eine Gemeinsamkeit zwischen den Arbeitern und den Kapitalisten, wie sie heute zwischen den Kapitalisten im eigentlichen Sinne und den Kapitalisten besteht, die gleichzeitig Arbeiter sind." (p. 371.)

Was unter diesen Umständen aus der forme actuelle de la production[1] werden würde, hat sich Rossi nicht klargemacht. Allerdings, wenn er die Produktion, abgesehn von den sozialen Produktionsformen, als bloß technologischen Prozeß betrachtet, wenn er andrerseits unter Kapital nichts versteht als ein Produkt, das zur Herstellung neuer Produkte verbraucht wird, so kann ihm das ganz gleichgültig sein. Den Vorzug hat er wenigstens, daß er die Form des Salairs für kein „unentbehrliches Faktum der Produktion" erklärt.

„Die Macht der Arbeit begreifen, indem man von den Subsistenzmitteln der Arbeiter während der Produktionsarbeit abstrahiert, heißt, *ein Hirngespinst* begreifen. Wer Arbeit sagt, wer Arbeitsvermögen, sagt zugleich Arbeiter und Subsistenzmittel, Arbeiter und Arbeitslohn ... das gleiche Element erscheint wieder unter dem Namen Kapital; als ob die gleiche Sache zur gleichen Zeit einen Teil von zwei unterschiedlichen Produktionsinstrumenten abgeben könnte." (p. 370, 371, l. c.)

Das bloße Arbeitsvermögen ist in der Tat „*une être de raison*"[2]. Aber dies être de raison existiert. Sobald der Arbeiter daher sein Arbeitsvermögen nicht verkaufen kann, verhungert er. Und die kapitalistische Produktion beruht darauf, daß die puissance de travail[3] zu einem solchen être de raison reduziert ist.

Sismondi sagt daher richtig:

„Das *Arbeitsvermögen* ... ist *nichts*, wenn es nicht verkauft wird." (*Sismondi*, „*N. Princ.* etc.", t. I, p. 114.)

Das Blödsinnige an Rossi, daß er die „Lohnarbeit" als „unwesentlich" für die kapitalistische Produktion darzustellen sucht.

Von der Maschine könnte Rossi auch sagen: Die Maschine, nicht ihr Wert, konstituiere Teil des Kapitals. Dieser *Wert* der Maschine sei dem Ma-

---

[1] heutigen Form der Produktion
[2] „ein Hirngespinst"
[3] Macht der Arbeit

schinenfabrikant bezahlt und von ihm vielleicht als Revenue aufgezehrt. Der Wert der Maschine dürfe also nicht zweimal im Produktionsprozeß figurieren; das eine Mal als Einnahme des Maschinenfabrikanten, das andre Mal als Kapital oder Kapitalbestandteil des Cottonspinners usw.

Übrigens charakteristisch: Rossi sagt, die Salaire, i.e. die Lohnarbeit, seien überflüssig, wenn die Arbeiter reich wären; Herr John Stuart Mill: Wenn die Arbeit für *nichts* zu haben wäre:

„Arbeitslöhne haben keine Produktivkraft; sie sind der Preis einer Produktivkraft. Arbeitslöhne tragen nicht, neben der Arbeit selbst, zur Produktion von Waren bei" {sollte heißen: Zur Produktion von Produkten, Gebrauchswerten}, „nicht mehr als der *Preis der Maschinen* dazu beiträgt, zusammen mit den Maschinen selbst. *Könnte Arbeit ohne Kauf gehabt werden, so wären Arbeitslöhne überflüssig.*" (p. [90/]91, *John St. Mill*, „Essay upon some unsettled questions of Polit. Econ.", London 1844.)

||80| Soweit die bloß allgemeine Form des Kapitals als sich erhaltender und verwertender Wert betrachtet wird, wird das Kapital für etwas Immaterielles erklärt und daher vom Standpunkt des Ökonomen, der nur handgreifliche Dinge kennt oder Ideen − Verhältnisse existieren nicht für ihn −, für bloße Idee. Als Wert ist das Kapital gleichgültig gegen die bestimmten stofflichen Daseinsweisen, Gebrauchswerte, worin es besteht. Diese stofflichen Elemente machen nicht das Kapital zum Kapital.

„*Das Kapital ist seinem Wesen nach immer immateriell*, da es nicht die Materie ist, die das Kapital ausmacht, sondern der *Wert* dieser Materie, Wert, der nichts Körperliches hat." (*Say*, p.429, „Traité d'É. Pol.", 3. édit., t.II, Paris 1817.) Oder Sismondi: „Das Kapital ist ein kaufmännischer *Begriff*." (Sism., LX[48], p. 273, t.II, „Études etc.".)

Wenn alle Kapitalien Werte, sind die Werte als solche noch nicht Kapital. Dann flüchten die Ökonomen wieder zurück zur stofflichen Gestalt des Kapitals innerhalb des Arbeitsprozesses. Insofern der Arbeitsprozeß selbst als Produktionsprozeß des Kapitals erscheint und unter es subsumiert wird, so kann, je nachdem irgendeine besondre Seite des Arbeitsprozesses (der als solcher, wie wir gesehn haben, keineswegs Kapital voraussetzt, sondern allen Produktionsweisen eigen ist) fixiert wird, gesagt werden, das Kapital werde Produkt oder es sei Produktionsmittel oder Rohmaterial oder Arbeitsinstrument. So sagt Ramsay, Rohstoff und Arbeitsmittel bildeten das Kapital. Rossi sagt, eigentlich sei nur das Instrument Kapital. Die Elemente des Arbeitsprozesses werden hier betrachtet, soweit sie in keiner besondern ökonomischen Bestimmtheit gesetzt sind. (Daß auch innerhalb des Arbeitsprozesses diese *Auslöschung der Formbestimmung* nur Schein ist, wird sich später zeigen.) Der Arbeitsprozeß (Produktionsprozeß des Kapitals), auf seine einfache Form reduziert, erscheint nicht als Produktionsprozeß des Kapitals, sondern als

Produktionsprozeß schlechthin, und im *Unterschied von der Arbeit* erscheint das Kapital hier nur in der stofflichen Bestimmtheit von Rohstoff und Arbeitsinstrument. (In der Tat ist aber auch hier die *Arbeit* sein eignes Dasein, in es einverleibt.) Es ist diese Seite, die nicht nur eine willkürliche Abstraktion ist, sondern eine Abstraktion, die im Prozeß selbst vergeht, die die Ökonomen fixieren, um das Kapital als notwendiges Element aller Produktion darzustellen. Sie tun das natürlich nur, indem sie ein Moment willkürlich fixieren.

„Arbeit und Kapital ... das eine *unmittelbare* Arbeit ... das andere *aufgespeicherte Arbeit*, das, was Ergebnis vergangener Arbeit gewesen ist." ([p.] 75, *James Mill, l.c.*) („El[ements] of P[olitical] Ec[onomy]", London 1821.) „*Aufgehäufte* Arbeit ... unmittelbare Arbeit." (*R. Torrens*, „An Essay on the Production of Wealth etc.", London 1821, ch. I.)

Ric[ardo], „*Princ[iples]*", p. 89. „*Kapital* ist der Teil des Reichtums eines Landes, der auf die Produktion verwandt wird, und besteht aus Nahrungsmittel, Kleidung, Werkzeugen, Rohmaterial, Maschinen usw., die notwendig sind, um die Arbeit wirksam zu machen."

„*Kapital* ist nur eine besondere Art Reichtum, nämlich die bestimmt ist nicht zur unmittelbaren Befriedigung unserer Bedürfnisse, sondern dem Erwerb anderer nützlicher Waren dient." (p. 5, *Torrens*, l.c.) „In dem ersten Stein, den der Wilde auf die Bestie wirft, die er verfolgt, und dem ersten Stock, den er greift, um die Frucht niederzuziehn, die er nicht mit Händen fassen kann, sehn wir die Aneignung eines Artikels zum Zweck der Erwerbung eines anderen und entdecken so den Ursprung des Kapitals." (*Torrens*, p. 70/71, l.c.)

Kapital „sämtliche Gegenstände, die Tauschwert haben", die aufgehäuften Resultate vergangener Arbeit. (H. C. Carey, „Princ[iples] o[f] P[olitical] Ec[onomy]", part I, Phil[adelphia] 1837, p. 294.)

„Wenn ein Fonds der materiellen Produktion gewidmet ist, nimmt er die Bezeichnung *Kapital* an." ([p.] 207, *Storch*, „Cours d'É. Pol.", éd. Say, Paris 1823, t. I.) „Reichtümer sind nur Kapital, solange sie der Produktion dienen." (p. 219, l.c.) „Die Elemente des Nationalkapitals sind: 1. Verbesserungen des Bodens; 2. Bauten; 3. Werkzeuge oder gewerbliches Instrumentarium; 4. Unterhaltsmittel; 5. Materialien; 6. fertige Werkstücke." (p. 229 sq., l.c.)

||81| „Jede Produktivkraft, die weder Erde ist noch Arbeit, ist *Kapital*. Es umfaßt alle [Produktiv]kräfte, die man entweder fertig oder halbfertig für die Reproduktion verwendet." (p. 271, *Rossi*, l.c.)

„Es gibt keinen Unterschied zwischen einem *Kapital* und irgendeinem anderen Teile des Reichtums: Nur die Art, wie man es *anwendet*, bestimmt, ob ein Ding *Kapital* wird, d.h., wenn es in einer produktiven Operation angewandt wird als Rohmaterial, Werkzeug oder Lebensmittelfonds." (p. 18, *Cherbuliez*, „Richesse ou Pauvreté"[1], 1841.)

---

[1] In der Handschrift: „Riche et Pauvre"

11*

In der kapitalistischen Produktion handelt es sich aber keineswegs bloß darum, Produkt oder selbst Ware zu produzieren, sondern einen größren Wert als den in die Produktion hineingeworfnen. Daher die Erklärungen:

„Kapital der Teil des zur Produktion und allgemein zum Zweck des Profiterwerbs verwandter Reichtum." ([p.] 75, *Chalmers*, Th., „*On Pol. Ec.* etc.", Lond[on] 1832, 2. edit.)

Es ist hauptsächlich Malthus, der diese Bestimmung in die Definition des Kapitals aufgenommen hat (die von Sismondi feiner; indem Profit schon weiterentwickelte Form des Mehrwerts).

„*Kapital.* Der Teil des Vermögens" (d. h. des aufgehäuften Reichtums) „eines Landes, der aufbewahrt oder eingesetzt wird mit der Absicht, aus der Produktion und Verteilung von Reichtum zu profitieren." ([p.] 10, *T. R. Malthus*, „Definitions in Polit. Eco.". New Edit. etc. by *John Cazenove*, London 1853.)

„*Vorhergehende Arbeit*" (Kapital) „... *gegenwärtige Arbeit*." (*Wakefield*, E. G. Note p. [230,] 231 zu t. I, A. Smith, „W[ealth] o[f] N[ations]", London 1835.)

Wir haben also 1. das Kapital ist Geld; das Kapital ist Ware; wenn die erste Form, worin es auftritt, betrachtet wird; 2. accumulated (antecedent) labour[1] im Gegensatz zu immediate, present labour[2], insofern es im Gegensatz zur lebendigen Arbeit betrachtet, zugleich der Wert als seine Substanz betrachtet wird; 3. Arbeitsmittel, Arbeitsmaterial, Produkte überhaupt zur Bildung neuer Produkte, soweit der Arbeitsprozeß, der materielle Produktionsprozeß, betrachtet wird. Lebensmittel, soweit der Bestandteil desselben, der sich gegen das Arbeitsvermögen austauscht, seinem Gebrauchswert nach betrachtet wird.

Sofern der ganze Arbeitsprozeß (unmittelbare Produktionsprozeß) in dem Produkt zusammenfällt als seinem Resultat, existiert das Kapital nun als Produkt. Dies ist aber sein bloßes Dasein als Gebrauchswert, nur daß dieser jetzt als Resultat des Arbeits- oder Produktionsprozesses – des Prozesses, den das Kapital durchgemacht hat –, vorhanden ist. Wird dies fixiert und vergessen, daß der Arbeitsprozeß zugleich Verwertungsprozeß ist, also das Resultat nicht nur Gebrauchswert (Produkt), sondern zugleich Tauschwert, Einheit von Gebrauchswert und Tauschwert, = Ware ist, so kann die alberne Vorstellung entstehn, das Kapital habe sich in bloßes Produkt verwandelt und werde erst wieder zum Kapital, indem es verkauft wird, Ware wird. Dieselbe alberne Vorstellung kann von einem andren Gesichtspunkt aus geltend gemacht werden. Im Arbeitsprozeß selbst ist es gleichgültig (verschwindet es), daß Arbeitsmaterial und Mittel schon Produkte, also Waren, sind (da von unsrer

---

[1] aufgehäufte (vorhergehende) Arbeit
[2] unmittelbarer, gegenwärtiger Arbeit

Voraussetzung aus jedes Produkt Ware). Die Ware und das Produkt selbst gilt hier nur, soweit es Gebrauchswert, also z. B. Rohmaterial, ist. Es kann also gesagt werden, was früher Kapital, hat sich jetzt in Rohmaterial verwandelt; in dieser Form [kann] ausgedrückt werden, daß [das,] was das Resultat des einen Produktionsprozesses, das Rohmaterial (die Voraussetzung) des andren ist (oder Arbeitsinstrument). In dieser Weise z. B. Proudhon.

„Was führt dazu, daß der *Begriff Produkt* sich plötzlich in den des *Kapitals* verwandelt? Das ist *der Wertbegriff.* D.h., das Produkt muß, um Kapital zu werden, eine echte Einschätzung durchgemacht haben, gekauft oder verkauft worden sein, sein Preis erörtert und durch eine Art legale Vereinbarung festgelegt worden sein." Z. B. „das Leder, das die Schlächterei verläßt, ist das *Produkt des Schlächters.* Wird dieses Leder vom Lohgerber gekauft? Sofort trägt dieser es oder trägt dessen Wert in sein Betriebslager. Durch die Arbeit des Lohgerbers wird dieses Kapital wieder zum Produkt usw.". („*Gratuité du Crédit*" [,p. 178–180].) (Sieh XVI, [p.] 29 etc.[49])

||82| Herr Proudhon liebt es überhaupt, Elementarvorstellung mit einem falschen metaphysischen Apparat sich anzueignen und dem Publikum zu reproduzieren. Glaubt er etwa, daß das Leder, bevor es die boucherie[1] verläßt, nicht als Wert im Buch des bocher[2] figuriert? In der Tat sagt er nichts, als daß Ware = Kapital ist, was falsch ist, indem zwar jedes Kapital als Ware oder Geld existiert, deswegen aber Ware oder Geld als solche noch nicht Kapital sind. Es gilt eben zu entwickeln, wie sich aus der „notion"[3] von Geld und Ware die des Kapitals entwickelt. Er sieht nur den Arbeitsprozeß, aber nicht den Verwertungsprozeß; dieser macht, daß das Produkt des Gesamtproduktionsprozesses nicht nur Gebrauchswert, sondern Gebrauchswert von bestimmtem Tauschwert ist, d. h. Ware. Ob diese Ware sich über oder unter ihrem Wert verkauft, ihr Durchgang durch eine convention légale, gibt ihr keine neue Formbestimmung, macht weder das Produkt zur Ware und noch weniger die Ware zum Kapital. Es wird hier einseitig der Produktionsprozeß des Kapitals, soweit er Arbeitsprozeß ist, sein Resultat Gebrauchswert ist, fixiert. Das Kapital wird als Ding betrachtet, als bloßes Ding.

Gleich blödsinnig sagt P[roudhon] – und dies ist charakteristisch für die Art und Weise, wie der deklamatorische Sozialismus die *Gesellschaft* in bezug auf ökonomische Bestimmungen betrachtet –:

„*Für die Gesellschaft existiert der Unterschied zwischen Kapital und Produkt nicht.* Dieser Unterschied besteht ganz *subjektiv* für die Individuen." [p. 250.]

---

[1] Schlächterei
[2] Schlächters
[3] „Kategorie"

Die bestimmte gesellschaftliche Form nennt er subjektiv, und die subjektive Abstraktion nennt er die Gesellschaft, Produkt als solches gehört jeder Arbeitsweise an, welches immer ihre bestimmte gesellschaftliche Form sei. *Kapital* wird das Produkt nur, sofern es ein bestimmtes, historisch bestimmtes gesellschaftliches Produktionsverhältnis darstellt, Herrn P[roudhon]s Betrachten vom Standpunkt der Gesellschaft aus heißt, die *Unterschiede* übersehn, von ihnen abstrahieren, die grade die bestimmte *gesellschaftliche* Beziehung oder ökonomische Formbestimmtheit ausdrücken. Als ob einer sagen wollte: Vom Standpunkt der Gesellschaft aus existieren Sklaven und citizens[1] nicht, sind beide Menschen. Vielmehr sind sie das *außer* der Gesellschaft. Sklav sein und citizen sein sind bestimmte gesellschaftliche Daseinsweisen der Menschen a und b. Der Mensch a ist als solcher nicht Sklav. Sklave ist er in und durch die Gesellschaft, der er angehört. Sklav sein und citizen sein sind gesellschaftliche Bestimmungen, Beziehungen der Menschen a und b. Was P[roudhon] hier von Kapital und Produkt sagt, meint bei ihm, daß vom Standpunkt der Gesellschaft aus kein Unterschied zwischen Kapitalisten und Arbeitern existiert, ein Unterschied, der eben nur vom Standpunkt der Gesellschaft aus existiert. Charakteristisch, daß er seine Unfähigkeit, von der Kategorie (notion) Ware zur Kategorie Kapital fortzugehn, unter hochtrabender Phrase verbirgt.

Derselbe Blödsinn, von Verwandlung von Produkt in Kapital zu sprechen – in der Tat nur die allgemeine bornierte Vorstellung vom Kapital als Ding in besondrer Anwendung –, übrigens auch bei andren Ökonomen, wo er jedoch mit weniger Prätention auftritt. Z. B. *Francis Wayland, „The Elements of pol. Ec.", Tenth Thousand*, Boston 1843, p. 25.

„Das Material, das ... wir beschaffen zum Zweck, es mit unserer eignen Geschicklichkeit zu verbinden und in Produkt umzuformen, wird *Kapital* genannt; und nachdem Arbeit aufgewendet und der Wert geschaffen wurde, wird es als *Produkt* bezeichnet. So kann die gleiche Sache für den einen *Produkt* und für den anderen *Kapital* sein. Leder ist das Produkt des Gerbers und das Kapital des Schuhmachers."

||83| Bei Herrn J. B. Say darf man sich über nichts wundern. Z. B. sagt er uns:

„Die *Arbeit* des Bodens, die der Tiere und der Maschinen ist auch ein *Wert, weil man* ihr einen *Preis* gibt und sie kauft"[50], nachdem er uns gesagt hat, daß „Wert" ist, „was eine Sache wert ist", und daß „Preis" der „dargestellte Wert einer Sache" ist.

---

[1] Bürger

So erklärt er Salaire

„als die *Miete* für eine gewerbliche Fähigkeit",

die Vermietung des Arbeitsvermögens, und fährt fort zum Zeichen, daß er seinen eignen Ausdruck nicht versteht,

„oder noch deutlicher als Preis für den Kauf einer produktiven gewerblichen Dienstleistung".[51]

Hier wird die Arbeit bloß genommen, wie sie im Arbeitsprozeß erscheint, als Tätigkeit, um einen *Gebrauchswert* zu produzieren. In diesem Sinne leisten auch das Rohmaterial, ganz allgemein ausgedrückt die Erde, und die Produktionsmittel (das Kapital) services productives[1] im Arbeitsprozeß. Es ist dies eben die Betätigung ihres *Gebrauchswertes*. Nachdem so alle Elemente der Produktion auf bloße Faktoren der Gebrauchswerte, die in ihm spielen, reduziert sind, erscheinen dann Profit und Rente als Preise der services productifs von Erde und Produkten, wie die salaires als Preis der services productifs der Arbeit. Aus dem Gebrauchswert werden hier überall die bestimmten Formen des Tauschwerts erklärt, die ganz unabhängig von ihm sind.

{Dem ganzen Merkantilsystem liegt die Vorstellung zugrunde, daß der Mehrwert aus der bloßen Zirkulation entspringt, d. h. aus andrer Distribution vorhandner Werte.}

{Wie sehr im Begriff des Kapitals nicht nur die Erhaltung und Reproduktion des Werts, sondern die *Verwertung des Werts*, d. h. Vervielfältigung des Werts, Setzen von Mehrwert eingeschlossen ist, kann man unter anderem daraus sehn (es zeigt sich, wie wir später[52] sehn werden, am schlagendsten bei den Physiokraten[53]), daß nur diese Produktion von Mehrwert *Reproduktion des Werts* bei ältren italienischen Ökonomen genannt wird. Z. B. *Verri*:

„Der *neugeschaffene* Wert ist also jener Teil des Preises des landwirtschaftlichen oder des gewerblichen Produktes, den sie über den *ursprünglichen* Wert der Materialien und die während ihrer Verarbeitung notwendigen Konsumtionskosten hinaus geben. In der Landwirtschaft müssen der Samen und die Konsumtion des Landmannes abgezogen werden, ebenso in der Manufaktur das Rohmaterial und die Konsumtion des Manufakturarbeiters; und um ebensoviel wird jährlich *neuer Wert* geschaffen, wie der übrigbleibende Rest beträgt." ([p.] 26, 27, P. Verri, „Meditazione sulla Economia Politica", Custodi, Parte Moderna, t. XV.)}

{Derselbe *P. Verri* gibt zu (obgleich Merkantilist), daß, wenn die Waren zu ihrem Wert oder ihrem Durchschnittspreis (prezzo comune) verkauft werden, es gleich ist, wer Käufer und wer Verkäufer; oder daß der Mehrwert nicht entspringen kann aus dem Unterschied zwischen Käufer und Verkäufer. Er

---

[1] produktive Dienstleistungen

sagt: Es muß hierbei gleichgültig sein, ob einer Käufer oder Verkäufer in dem Austauschakt ist.

„Der Durchschnittspreis ist jener, bei dem der Käufer Verkäufer werden kann und der Verkäufer Käufer, ohne spürbaren Verlust oder Gewinn. Sei z. B. der Durchschnittspreis der Seide ein florentinischer Goldgulden pro Pfund, so heißt dies, daß derjenige genau so reich ist, der 100 Pfund Seide besitzt, wie der, der hundert florentinische Goldgulden besitzt, denn der Erstere kann leicht durch Verkauf der Seide florentinische Gulden erlangen, und gleicherweise kann der Zweite durch Überlassen von 100 florentinischen Gulden 100 Pfund Seide haben ... *Der Durchschnittspreis ist derjenige, bei dem keiner der* verhandelnden *Partner ärmer wird.*" ([p.] 34, 35.) l. c.}

||84| *Gebrauchswert* für das Kapital als solches hat nur das, was das Kapital erhält und vermehrt. Also die *Arbeit* oder das *Arbeitsvermögen.* (Die Arbeit ist ja nur Funktion, Verwirklichung, Betätigung des Arbeitsvermögens.) {Die Bedingungen zur Verwirklichung der Arbeit sind eo ipso eingeschlossen, da das Kapital ohne dieselben das Arbeitsvermögen nicht verwenden, nicht konsumieren kann.} Die Arbeit ist daher nicht *ein* Gebrauchswert für das Kapital. Sie ist *der* Gebrauchswert desselben.

„Man kann sagen, daß *Arbeit* der unmittelbare Markt für das Kapital oder das Feld für das Kapital ist." ([p.] 20, „An *Inquiry into those Principles* respecting the Nature of Demand and the Necessity of Consumption, lately advocated by Mr. Malthus", London 1821.)

{*Über den Austausch des Kapitals mit dem Arbeitsvermögen.*

„Wages are nothing more than the marketprice of labour[1], und wenn der Arbeiter sie empfangen hat, hat er den vollen Wert der Ware, worüber er verfügt, erhalten. Darüber hinaus kann er keinen Anspruch machen." (p. 177, *John Wade,* „History of the Middle and Working classes", 3. ed., London 1835.)}

{*Produktive Konsumtion.*

„Produktive Konsumtion, wo die Konsumtion einer Ware ein Teil des *Produktionsprozesses* ist ... In diesen Fällen findet *keine Konsumtion von Wert* statt, da der gleiche Wert in neuer Form existiert." ([p.] 296, *Newman, S. P.,* „Elements of Pol. Ec.", Andover and New York 1835.)} „Das *Kapital* konsumiert sich ganz genauso wie der Konsumtions*fonds,* aber indem er sich konsumiert, *reproduziert* er sich. Ein Kapital ist eine Menge Reichtum, die für die *industrielle Konsumtion* bestimmt ist, d. h. für die *Reproduktion.*" (S. 209, *H. Storch,* „Cours d'Éc[onomie] P[olitique]", éd. Say, Paris 1823, t. I.)

Daß es das *Arbeitsvermögen* ist, nicht die *Arbeit,* wogegen sich das Kapital in dem Kaufprozeß austauscht:

---

[1] Löhne sind nichts andres als der Marktpreis der Arbeit

„Wenn ihr Arbeit eine *Ware* nennt, so ist sie doch nicht einer Ware gleich, die zuerst zum Zweck des Tausches produziert und dann auf den Markt gebracht wird, wo sie mit anderen Waren, die gerade auf dem Markt sind, in entsprechendem Verhältnis ausgetauscht wird; Arbeit wird in dem Augenblick *geschaffen*, in dem sie auf den Markt gebracht wird, ja, sie wird auf den Markt gebracht, *bevor* sie geschaffen ist." ([p.] 75, 76, „*Observations on certain verbal Disputes in Pol. Ec. etc.*", London 1821.)

Der Produktionsprozeß des Kapitals, im ganzen betrachtet, zerfällt in 2 Abschnitte: 1. Austausch des Kapitals mit Arbeitsvermögen[1], was als Korollar einschließt Austausch bestimmter Bestandteile des als Geld (Wert) existierenden Kapitals gegen die gegenständlichen Bedingungen der Arbeit, soweit sie selbst Waren (also auch Produkt früherer Arbeit) sind. Dieser erste Akt schließt ein, daß sich ein Teil des existierenden Kapitals in die Lebensmittel des Arbeiters verwandelt, also zugleich in die Mittel zur Erhaltung und Reproduktion des Arbeitsvermögens. {(Sofern ein Teil dieser Lebensmittel *während* des Arbeitsprozesses selbst verzehrt worden ist, um die Arbeit zu produzieren, können die Lebensmittel, die der Arbeiter verzehrt, ebensowohl wie Rohmaterial und Produktionsmittel (als Unterhaltskosten) unter die gegenständlichen Bedingungen der Arbeit gerechnet werden, worin das Kapital im Produktionsprozeß zerfällt. Oder sie können als Moment der reproduktiven Konsumtion betrachtet werden. Oder endlich, sie können ebensowohl als Produktionsmittel des Produkts betrachtet werden, wie etwa Kohle und Öle, die die Maschine aufzehrt während des Produktionsprozesses.)} 2. Im wirklichen Arbeitsprozeß verwandelt sich die *Arbeit* in *Kapital*. D. h., sie wird *vergegenständlichte* (gegenständliche) *Arbeit* – und zwar vergegenständlichte Arbeit, die *selbständig* – als das Eigentum des Kapitalisten, das ökonomische Dasein des Kapitalisten – dem lebendigen Arbeitsvermögen gegenübertritt. *Über diese Verwandlung von Arbeit in Kapital:*

„Sie" (die Arbeiter) „tauschen ihre Arbeit aus gegen Getreide {i.e. Lebensmittel überhaupt.} „Dies wird *für sie* Revenue" {Konsumtionsfonds} „... während *ihre Arbeit zum Kapital* für ihren Herrn geworden ist." (Sism[ondi], „N[ouveaux] P[rincipes]", t. I, p. 90.) „Er" (der Arbeiter) „forderte *Unterhaltsmittel, um zu leben*, der Chef forderte *Arbeit*, um zu *verdienen*." (S[ismondi,] l. c., p. 91.) „Die Arbeiter, welche ihre Arbeit zum Austausch gebend, sie in *Kapital* verwandeln." (Sis., l. c., p. 105.)

„Welche Vorteile den salarierten Arbeitern ein rasches Wachstum des Reichtums verschaffen mag, es heilt nicht die Ursachen ihres Elends, ... sie bleiben allen Rechts auf das Kapital beraubt, folglich verpflichtet, *ihre Arbeit* zu *verkaufen* und alle Prätention auf die Produkte dieser Arbeit zu renunzieren." (p. 68, Cherb[uliez], „R[ichesse] et p[auvreté]".)

---

[1] In der Handschrift: eines Arbeitsvermögens

{„In dem ordre social[1] hat der Reichtum die *Eigenschaft erworben*, sich durch *fremde Arbeit* zu reproduzieren, ohne daß sein Eigentümer hierzu konkurriert. Der Reichtum, *wie die Arbeit* und *durch die Arbeit*, gibt eine *jährliche Frucht*, welche jedes Jahr vernichtet werden kann, ohne daß der Reiche davon ärmer wird. Die Frucht ist die *Revenue*, welche vom *Kapital* entspringt." (Sism., „N[ouveaux] P[rincipes]", p. 82, t. I.)}

||85| {Die verschiednen Formen Revenue: (abgesehn vom Salair) wie Profit, Zins, Grundrente usw. (auch Steuern) sind nur verschiedne Bestandteile, worin sich der *Mehrwert* spaltet, sich unter verschiedne Klassen verteilt. Hier sind sie einstweilen bloß in der allgemeinen Form des Mehrwerts zu betrachten. Die Teilungen, die später mit ihm vorgenommen werden mögen, ändern natürlich nichts, weder an seiner Quantität noch Qualität. Übrigens ist es ja auch bekannt, daß der industrielle Kapitalist die Mittelsperson ist, die Zins, Grundrente etc. zahlt.

„Arbeit Quelle des Reichtums; Reichtum ihr Produkt; Revenue als Teil des Reichtums muß von diesem gemeinschaftlichen Ursprung herkommen; man ist gewohnt, 3 Sorten von Revenuen, *Rente, Profit, Salair*, von 3 verschiednen Quellen, der Erde, dem akkumulierten Kapital und der Arbeit, herzuleiten. Diese 3 Teilungen der Revenue sind nur 3 verschiedne Weisen, an den Früchten der Arbeit des Menschen zu partizipieren." (p. 85, Sism., „N[ouveaux] P[rincipes]", t. I.)}

{„Die Produkte sind appropriiert, bevor sie in Kapital verwandelt werden; diese Conversion ne les dégage pas de l'appropriation[2]." (p. 54, Cherb.)} {„Indem der Proletarier seine Arbeit gegen ein bestimmtes Approvisionnement[3] verkauft, renonciert er vollständig jedes Recht auf die andren Teile des Kapitals. Die Attribution[4] dieser Produkte bleibt dieselbe wie vorher: sie ist in keiner Weise durch die erwähnte Konvention modifiziert." (l.c., p. 58.)}

In dieser Verwandlung der Arbeit in Kapital liegt in der Tat das ganze Geheimnis des Kapitalverhältnisses.

Betrachtet man die kapitalistische Produktion im ganzen, so folgt: Als das eigentliche Produkt dieses Prozesses ist nicht nur zu betrachten die *Ware* (noch weniger der bloße *Gebrauchswert* der Ware, das *Produkt*); auch nicht nur der *Mehrwert*; obgleich er ein Resultat ist, das als Zweck dem ganzen Prozeß vorschwebt und ihn charakterisiert. Es wird nicht nur dies einzelne produziert – Ware, Ware von größrem Wert als der Wert des ursprünglich vorgeschoßnen Kapitals –, sondern es wird Kapital produziert, und es wird Lohnarbeit produziert, oder das Verhältnis wird reproduziert und verewigt.

---

[1] gesellschaftlichen Zustand
[2] Umwandlung befreit sie nicht von der Aneignung
[3] einen bestimmten Lebensmittelfonds
[4] Funktion

Es wird sich dies übrigens näher zeigen nach weiterer Entwicklung des Produktionsprozesses.

Beide, der Mehrwert und das Salair, erscheinen hier in einer Form, die bisher noch nicht vorgekommen, nämlich der der *Revenue*, also *Distributionsform* einerseits und daher bestimmte Weise des *Konsumtionsfonds* andrerseits. Indes, da die Bestimmung einstweilen noch überflüssig (wird aber nötig, sobald wir zu I, 4, die ursprüngliche Akkumulation[54], kommen), wollen wir diese Formbestimmtheit erst betrachten, sobald wir den Produktionsprozeß des Kapitals näher betrachtet haben. Salair erscheint uns hier, weil als Salariat die Voraussetzung der kapitalistischen Produktion, als eine *Produktionsform*; ganz wie wir den *Mehrwert* und seine Erzeugung in den Begriff des *Kapitals* als eines Produktionsverhältnisses aufgenommen haben. Es ist dann erst in second instance[1] nachzuweisen, wie diese Produktionsverhältnisse zugleich als Distributionsverhältnisse erscheinen (bei der Gelegenheit auch der Blödsinn, das Arbeitsvermögen als das Kapital des Arbeiters aufzufassen, näher zu beleuchten). Es wird also teils nötig, um den Unsinn nachzuweisen, der die bürgerlichen Produktionsverhältnisse und Distributionsverhältnisse als ungleichartige Verhältnisse betrachtet. So wie J. St. Mill und viele andre Ökonomen die Produktionsverhältnisse als natürliche, ewige Gesetze, die Distributionsverhältnisse aber als künstliche, historisch entstandne und von der Kontrolle usw. der menschlichen Gesellschaft abhängige auffaßt. Andrerseits ist die Bezeichnung des Mehrwerts z. B. als Revenue (also überhaupt die Kategorie der Revenue) eine Formel zur Vereinfachung, wie z. B. bei der Betrachtung über die Akkumulation des Kapitals.

Die Fragen: Welche Arbeit produktiv ist, dito ob Salair oder Kapital produktiv sind, dito die Formulierung vom Salair und Mehrwert als Revenue, sind zu behandeln am Schlusse der Betrachtung über den relativen Mehrwert. (Oder teilweise in dem Verhältnis von Lohnarbeit und Kapital?) (Ebenso der Arbeiter als W-G-W, der Kapitalist als G-W-G, Sparen und Hoarding[2] des erstern etc.)

{*Zusätze aus meinem Heft*[55]. Als *Gebrauchswert* ist die Arbeit *nur für* das *Kapital* und ist *der* Gebrauchswert des Kapitals selbst, d. h. die vermittelnde Tätigkeit, wodurch es sich *verwertet*. Die Arbeit ist daher nicht als Gebrauchswert für den Arbeiter, sie ist daher nicht für ihn als *Produktivkraft* des Reichtums, als Mittel oder als Tätigkeit der Bereicherung. *Gebrauchswert* für ||86| das Kapital, ist die Arbeit *bloßer Tauschwert* für den Arbeiter, vorhandner Tauschwert. Als solcher wird sie gesetzt im Akt des Austauschs mit dem Ka-

---

[1] zweiter Linie
[2] Schatzbilden

pital, durch ihren Verkauf für Geld. Der Gebrauchswert einer Sache geht ihren Verkäufer als solchen nichts an, sondern nur ihren Käufer. Die Arbeit(vermögen), die vom Arbeiter als *Gebrauchswert* dem Kapital verkauft wird, ist für den Arbeiter sein *Tauschwert*, den er realisieren will, der aber (wie die Preise der Waren überhaupt) schon *bestimmt* ist vor dem Akt dieses Austauschs, als Bedingung ihm vorausgesetzt ist. Der Tauschwert des Arbeitsvermögens, dessen Realisierung im Prozeß des Austauschs mit dem Kapital vorgeht, ist daher *vorausgesetzt*, vorausbestimmt, erleidet nur formelle Modifikation (durch Verwandlung in Geld). Er ist nicht bestimmt durch den Gebrauchswert der Arbeit. Für den Arbeiter selbst hat sie nur Gebrauchswert, insofern sie *Tauschwert ist*, nicht Tauschwert produziert. Für das Kapital hat sie nur Tauschwert, soweit sie Gebrauchswert ist. Gebrauchswert als unterschieden von ihrem Tauschwert ist sie nicht für den Arbeiter selbst, sondern nur für das Kapital. Der Arbeiter tauscht also die Arbeit aus als einfachen, vorherbestimmten, durch einen vergangnen Prozeß bestimmten Tauschwert – er tauscht die Arbeit aus selbst als *vergegenständlichte Arbeit*, nur soweit sie ein bestimmtes Quantum Arbeit; ihr Äquivalent schon ein gemeßnes, gegebnes ist. Das Kapital tauscht sie ein als lebendige Arbeit, als die allgemeine Produktivkraft des Reichtums: den Reichtum vermehrende Tätigkeit.

Daß der Arbeiter sich also durch diesen Austausch nicht *bereichern* kann, indem er wie Esau für ein Gericht Linsen seine Erstgeburt[56], so er für die vorhandne Wertgröße der Arbeitsfähigkeit ihre *schöpferische Kraft* hingibt, ist klar. Er muß sich vielmehr verarmen, indem die schöpferische Kraft seiner Arbeit als Kraft des Kapitals, als *fremde Macht*, sich ihm gegenüber etabliert. Er *entäußert* sich der Arbeit als Produktivkraft des Reichtums; das Kapital eignet sie sich als solche an. Die Trennung von Arbeit und von Eigentum am Produkt der Arbeit, von Arbeit und Reichtum, ist daher in diesem Akt des Austauschs selbst gesetzt. Was als Resultat paradox erscheint, liegt schon in der Voraussetzung selbst. Dem Arbeiter gegenüber *wird* also die Produktivität seiner Arbeit eine *fremde Macht*, überhaupt seine Arbeit, soweit sie nicht *Vermögen*, sondern Bewegung, *wirkliche* Arbeit ist; das Kapital umgekehrt verwertet sich selbst durch *Aneignung fremder Arbeit*. Wenigstens ist die Möglichkeit der Verwertung dadurch gesetzt als Resultat des Austauschs zwischen Kapital und Arbeit. *Realisiert* wird das Verhältnis erst im Produktionsakt selbst (wo das Kapital wirklich die fremde Arbeit konsumiert). Wie das Arbeitsvermögen als *vorausgesetzter* Tauschwert gegen ein Äquivalent in Geld, wird dies wieder gegen ein Äquivalent in Ware aus[getauscht], die verzehrt wird. In diesem Prozeß des Austauschs ist die Arbeit nicht produktiv; sie wird dies erst für das Kapital. Aus der Zirkulation kann sie nur herausziehn, was sie in sie hineingeworfen hat, ein prädeterminiertes Quantum Ware, die ebensowenig ihr eignes Produkt ist wie ihr eigner Wert. {Alle Fortschritte der Zivilisation daher, in andren Worten alle Vermehrung der gesellschaftlichen Produktivkräfte — der Produktivkräfte der Arbeit selbst —, bereichern daher nicht d. Arbeiter, sondern d. Kapitalisten. Vergrößern also nur die die Arbeit beherrschende Macht, vermehren nur die Produktivkraft des Kapitals — die *objektive Macht* über die Arbeit.} Die Verwandlung der Arbeit in Kapital ist *an sich* das Resultat des Austauschakts zwischen Kapital und Arbeit. *Gesetzt* wird *diese Verwandlung* erst im *Produktionsprozeß* selbst.}

{Bei *Say* und Konsorten hat das Instrument etc. wegen des *service productif*, den es leistet, Anspruch auf Remuneration, und diese wird seinem Besitzer geleistet. Die *Selbständigkeit* des Arbeitsinstruments, eine *gesellschaftliche* Bestimmung desselben, d. h., seine Bestimmung als Kapital, wird so vorausgesetzt, um die Ansprüche des Kapitalisten zu deduzieren.}

{„Profit wird nicht durch Austausch gemacht. Wäre er nicht vorher vorhanden gewesen, so könnte er es auch nach dieser Transaktion nicht sein." (*Ramsay*, [p.] 184, l. c.)}
{„Jedes Stück Erde ist Rohstoff der Landwirtschaft." ([p.] 218, P. *Verri*, l. c.)}

||87| {Als Beispiel von Engels mir gegeben: 10 000 Spindeln à 1 lb. per Woche = 10 000 lb. = 550 £ Garn = 1 lb. Garn für $1\frac{1}{10}$ sh.

Rohmaterial = 10 000 lb. Garn.

Abfall 15 % =   1 500 = 11 500.

à 7 d per lb. = 11 500   £ 336. Profit 60.[57]

10 000 Spindeln kosten à 1 £ per Spindel £ 10 000
Jährlicher Verschleiß $12\frac{1}{2}$ % =   £ 1 250

also per Woche . . . . 24 ⎫
Kohlen, Öl etc. . . . . 40 ⎬ 84 ($5\frac{5}{6}$ von 490)
Verschleiß der Dampfmaschine . . . . . . 20 ⎭

Arbeitslohn 70 Preis des lb. Garns $1\frac{1}{10}$ sh; also der 10 000 lb.   550 £
                                                                                              490
                                                                                               60 £

                                                    490. (Arbeitslohn $\frac{1}{7}$ von 490)
Also *Rohstoff* $^{490}/_{336}$ = $68\frac{4}{7}$ Prozent *Arbeitslohn*. $14\frac{2}{7}$ Prozent.
Maschinerie etc. $17\frac{1}{7}$ Prozent. Also Rohstoff und Maschinerie = $85\frac{5}{7}$: Ar-

beitslohn 14²/₇. Arbeitslohn ¹/₇ (70). Rohstoff und Maschinerie (⁶/₇) (420). Also ¹/₇ Arbeitslohn, ⁶/₇ Maschinerie und Rohmaterial. Von diesen ⁶/₇ fällt auf das Rohmaterial ⁴/₇ + ⁴/₅ von ¹/₇. Also auf die Maschinerie ¹/₇ und ¹/₅ von ¹/₇. Also *Rohmaterial* etwas unter ⁵/₇. *Maschinerie*: etwas über ¹/₇. *Arbeiter* ¹/₇.[58]}

„*Manchester Guardian*". „*Money Article*". (Sept. 18. 1861.) [59] heißt es:

„Bezüglich des Grobspinnens erhielten wir von einem Herrn in hoher Position den folgenden Bericht:

Sept. 17, 1860	*Per lb.*	*Differenz*	*Kosten des Spinnens per lb.*
Seine Baumwolle kostete — —	6¼ d		
Sein 16er Garn		— — — 4 d	— — — — — 3 d
wurde verkauft für — — — —	10¼ d		

Gewinn 1 d per lb.

Sept. 17, 1861			
Seine Baumwolle kostet — —	9 d		
für sein 16er Garn		— — — 2 d	— — — — — 3½ d
kann er verlangen — — — — —	11 d		

Verlust 1½ d per lb."

Aus dem *ersten* Beispiel folgt Wert des lb. warps[1] 10¼ d (1860), wovon 1 d Profit. Also seine Vorlagen 9¼ d. Darauf 1 d beträgt 10³⁰/₃₇ Prozent. Rechnen wir aber ab 6¼ das Rohmaterial, so bleibt 4 d; wovon für Cost of spinning[2] abgeht 3 d. Nehmen wir selbst an, der Arbeitslohn betrage hiervon die Hälfte, was falsch, so erhalten wir auf 1½ d einen Mehrwert von 1 d. Also = 3:2 oder 66²/₃ Prozent. 66²/₃ Prozent sind exakt = ²/₃ der Einheit. ||88| In Stunden ausgedrückt arbeitet der Arbeiter auf je 3 Stunden für sich 2 Stunden für seinen master[3]. Also auf je 1 Stunde ... ²/₃ Stunden. Arbeitet er also im ganzen 10 Stunden, so fallen davon 6 auf ihn und 4 (¹²/₃ Stunden) auf seinen master. (3:2 = 6:4.) Gibt er auf 10 Stunden 4 Stunden seinem master, so auf 1 Stunde ... ⁴/₁₀ Stunden = 24 Minuten. Arbeitet für sich von 1 Stunde 36 Minuten. (36:24 = 3:2,) {denn 36 × 2 = 72 und 24 × 3 ... 72}.

Wir haben gesehn — im Arbeitsprozeß —, daß sämtliche Faktoren desselben mit Bezug auf sein Resultat — das Produkt — als *Produktionsmittel* bezeichnet werden können. Wird dagegen der *Wert* der verschiednen Faktoren

---

[1] Garn
[2] Kosten des Spinnens
[3] Arbeitgeber

betrachtet, die zur Herstellung des Produkts erheischt sind – die zur Herstellung desselben *vorgeschoßnen*[60] Werte – (verausgabten Werte), so heißen sie die *Produktionskosten* desselben. Die Produktionskosten lösen sich also auf in die Summe der Arbeitszeit (sei es die Arbeitszeit, die in Arbeitsmaterial und Mittel enthalten ist, sei es die Arbeitszeit, die im Arbeitsprozeß neu zugesetzt wird), die zur Herstellung des Produkts erheischt ist – der Gesamtarbeitszeit, die in ihm vergegenständlicht, aufgearbeitet ist. Die Formel der *Produktionskosten* ist für uns zunächst nur bloßer Name und fügt den bisherigen Bestimmungen nichts Neues hinzu. Der Wert des Produkts = der Summe der Werte des Materials, Mittels und der Arbeit, die dem Material vermittelst des Arbeitsmittels zugesetzt wird. Der Satz ist rein analytisch. In der Tat nur ein andrer Ausdruck dafür, daß der Wert der Ware bestimmt ist durch das Quantum der in ihr vergegenständlichten Arbeitszeit. Wir werden erst bei spätrer Entwicklung Gelegenheit finden, auf die Formel der Produktionskosten einzugehn. (Nämlich bei Kapital und Profit, wo eine Antinomie dadurch hereinkommt, daß einerseits der Wert des Produkts = den Produktionskosten, d. h. dem zur Herstellung des Produkts vorgeschoßnen Werte. Andrerseits (was im Profit liegt) der Wert des Produkts, soweit er den Mehrwert einschließt, größer als der Wert der Produktionskosten. Dies liegt darin: daß Produktionskosten für den Kapitalisten nur die Summe der von ihm vorgeschoßnen Werte; also der Wert des Produkts = dem Wert des vorgeschoßnen Kapitals. Andrerseits die wirkliche Produktionskost des Produkts = der Summe der in ihm enthaltnen Arbeitszeit. Die Summe der in ihm enthaltnen Arbeitszeit aber > als die Summe der vom Kapitalisten vorgeschoßnen oder bezahlten Arbeitszeit. Und dieser Mehrwert des Produkts über den vom Kapitalisten *bezahlten* oder *vorgeschoßnen* Wert desselben bildet eben den Mehrwert; in unsrer Bestimmung die *absolute Größe*, woraus der Profit besteht.)[61]

[Nachträgliche Zusätze]

|/I-A/ Es ist beim Austausch zwischen Kapital und Arbeit zweierlei zu unterscheiden:

1. Der *Verkauf des Arbeitsvermögens.* Dies einfacher Kauf und Verkauf, einfaches Zirkulationsverhältnis, wie bei jedem andern Kauf oder Verkauf. Bei der Betrachtung dieses Verhältnisses gleichgültig die Verwendung oder die Konsumtion der gekauften Ware.

Auf diesen ersten Akt suchen die *Harmoniker* das Verhältnis von Kapital und Arbeit zu reduzieren, weil sich hier Käufer und Verkäufer nur als *Waren-*

besitzer gegenübertreten, der spezifische und unterscheidende Charakter der Transaktion sich nicht zeigt.

2. *Die Konsumtion der vom Kapital eingetauschten Ware* (des Arbeitsvermögens), die Vernutzung ihres Gebrauchswerts, bildet hier ein spezifisches ökonomisches Verhältnis; während bei dem einfachen Kauf und Verkauf von Ware der Gebrauchswert der Ware ganz ebenso wie die Verwirklichung dieses Gebrauchswerts — der Konsum — für das ökonomische Verhältnis selbst gleichgültig ist.

Im Austausch zwischen Kapital und Arbeit ist der erste Akt ein Austausch (Kauf oder Verkauf), fällt ganz in das Gebiet der einfachen Zirkulation. Die Austauschenden stehn sich nur als Käufer und Verkäufer gegenüber. Der zweite Akt ist ein qualitativ vom Austausch verschiedner Prozeß. Es ist eine wesentlich andre Kategorie.

/II-A/ Was der Arbeiter verkauft, ist die Disposition über sein Arbeitsvermögen — zeitlich bestimmte Disposition darüber. Das Stückarbeitzahlen-System bringt allerdings den Schein herein, als ob er einen bestimmten *Anteil am Produkt* erhalte. Es ist dies aber nur eine andre Form, die Arbeitszeit zu messen: Statt zu sagen, Du arbeitest 12 Stunden, wird gesagt, Du erhältst so viel per Stück, d. h., wir messen die Stundenzahl an dem Produkt, da erfahrungsmäßig festgestellt, wie groß das average[1] Produkt der Stunde. Der Arbeiter, der dies Minimum nicht liefern kann, wird entlassen. (Sieh *Ure*.[62])

Dem allgemeinen Verhältnis von Kauf und Verkauf gemäß kann der *Tauschwert* der Ware des Arbeiters nicht bestimmt sein durch die Art, wie der Käufer die Ware *gebraucht*, sondern nur durch das Quantum vergegenständlichter Arbeit, das in ihr selbst enthalten; also hier durch das Quantum Arbeit, das es kostet, den Arbeiter selbst zu produzieren, denn die Ware, die er anbietet, existiert nur als Fähigkeit, Vermögen, hat kein Dasein außer seiner Leiblichkeit, seiner Person. Die Arbeitszeit, die nötig ist, sowohl um ihn leiblich zu erhalten, als ihn zur Entwicklung des *besondren* Vermögens zu modifizieren, ist die Arbeitszeit, die nötig ist, um den Arbeiter als solchen zu produzieren.

Der Arbeiter in diesem Austausch erhält das Geld in der Tat nur als *Münze*, d. h. bloß verschwindende Form der Lebensmittel, gegen die er es austauscht. Lebensmittel, nicht Reichtum, für ihn der Zweck des Austauschs.

Man hat das *Arbeitsvermögen* insofern das Kapital des Arbeiters genannt, als es der fonds ist, den er nicht aufzehrt durch einen vereinzelten Austausch, sondern stets von neuem während seiner *Lebensdauer als Arbeiter* wiederholen

---

[1] durchschnittliche

kann. Demnach wäre alles Kapital, was ein fonds von wiederholten Prozessen desselben Subjekts ist; so z.B. das Auge das Kapital des Sehens. Redensarten. Daß die Arbeit stets eine Quelle des Austauschs für den Arbeiter – solange er arbeitsfähig –, nämlich nicht des Austauschs schlechthin, sondern des Austauschs mit dem Kapital – liegt in der Begriffsbestimmung, daß er nur *zeitliche Disposition* über sein Arbeitsvermögen verhandelt, also stets denselben Austauschakt wieder von neuem beginnen kann, sobald er sich halb sattgegessen und halb ausgeschlafen hat, das gehörige Maß von Stoff eingenommen hat, um seine Lebensäußerung wieder von neuem reproduzieren zu können. Statt sich hierüber zu verwundern und es dem Arbeiter als ein großes Verdienst des Kapitals anzupreisen, daß er überhaupt lebt, also bestimmte Lebensprozesse täglich wiederholen kann – hätten die schönfärbenden Sykophanten der bürgerlichen Ökonomie ihr Augenmerk vielmehr darauf richten sollen, daß er nach stets wiederholter Arbeit immer *nur* seine lebendige, unmittelbare Arbeit selbst auszutauschen hat. Die Wiederholung selbst ist in fact nur scheinbar. *Was er austauscht gegen das Kapital* (sei es auch durch verschiedne, sukzessive Kapitalisten ihm gegenüber repräsentiert), ist *sein ganzes Arbeitsvermögen,* das er, say[1] in 30 Jahren, verausgabt. Es wird ihm dosenweise gezahlt, wie er es dosenweise verkauft. Es ändert dies absolut nichts an der Sache und berechtigt zu nichts weniger als dem Schlusse, daß, weil der Arbeiter eine gewisse Stundenzahl schlafen muß, bevor er fähig ist, seine Arbeit und seinen Austausch mit dem Kapital zu wiederholen – die Arbeit *sein Kapital* bildet. Was demnach in fact als sein Kapital aufgefaßt wird, ist die Schranke seiner Arbeit, ihre Unterbrechung, daß er kein perpetuum mobile ist. Der Kampf um den normalen Arbeitstag beweist, daß der Kapitalist nichts mehr wünscht, als daß er seine *Dosen Lebenskraft soviel wie möglich ohne Unterbrechung vergeudet.*

|/III-95a/A/ Für den Arbeiter selbst hat das *Arbeitsvermögen* nur *Gebrauchswert,* insofern es *Tauschwert* ist, nicht Tauschwerte *produziert.* Als Gebrauchswert ist die Arbeit nur *für* das Kapital, und ist *der* Gebrauchswert des Kapitals selbst, d.h. die vermittelnde Tätigkeit, wodurch es sich *vermehrt.* Das Kapital ist der selbständige Tauschwert als *Prozeß,* als *Verwertungsprozeß.*

Trennung des Eigentums von der Arbeit erscheint als notwendiges Gesetz des Austauschs zwischen Kapital und Arbeit. Als *Nicht-Kapital, nichtvergegenständlichte Arbeit* erscheint das Arbeitsvermögen 1. *negativ,* Nicht-Rohstoff, Nicht-Arbeitsinstrument, Nicht-Produkt, Nicht-Lebensmittel, Nicht-Geld; die von allen Arbeitsmitteln und Lebensmitteln, von ihrer ganzen Objektivität ge-

---

[1] sagen wir

trennte *Arbeit*, als bloße Möglichkeit. Diese völlige Entblößung, aller Objektivität bare *Möglichkeit der Arbeit*. Das Arbeitsvermögen als die *absolute Armut*, i. e. völliges Ausschließen des gegenständlichen Reichtums. Die Gegenständlichkeit, die das Arbeitsvermögen besitzt, ist nur die Leiblichkeit des Arbeiters selbst, seine eigne Gegenständlichkeit. 2. *Positiv:* Nicht-*vergegenständlichte* Arbeit, die ungegenständliche, subjektive Existenz der Arbeit selbst. Die Arbeit nicht als Gegenstand, sondern als Tätigkeit, als lebendige Quelle des Werts. Gegenüber dem Kapital als der Wirklichkeit[63] des allgemeinen Reichtums, als die allgemeine, in der Aktion sich bewährende Möglichkeit desselben. Die Arbeit einerseits die *absolute Armut als Gegenstand*, ist die allgemeine Möglichkeit des Reichtums als Subjekt und Tätigkeit. Dies die Arbeit, wie sie als Gegensatz, als gegenständliches Dasein des Kapitals, vom Kapital *vorausgesetzt* ist und andrerseits ihrerseits das Kapital voraussetzt.

Was der Kapitalist dem Arbeiter zahlt, ist wie bei dem Käufer jeder andren Ware ihr *Tauschwert*, der also vor diesem Austauschprozeß bestimmt ist; was der Kapitalist erhält, ist der *Gebrauchswert* des Arbeitsvermögens — die Arbeit selbst, deren bereichernde Tätigkeit also *ihm* und *nicht* dem Arbeiter gehört. Der Arbeiter bereichert sich also nicht durch diesen Prozeß, sondern schafft den Reichtum als ihm *fremde* und ihn beherrschende Macht.

||V-175 a/A| Die belebende Naturkraft der Arbeit, daß, indem sie Material und Instrument benutzt, verbraucht, sie dieselben erhält in dieser oder jener Form, also auch die in ihnen vergegenständlichte Arbeit, ihren Tauschwert — wird, wie jede Natur- oder gesellschaftliche Kraft der Arbeit, die nicht das Produkt frührer Arbeit oder nicht das Produkt solcher frühern Arbeit, die wiederholt werden muß (z. B. die geschichtliche Entwicklung des Arbeiters etc.), *Kraft des Kapitals*, nicht der Arbeit. Also auch nicht vom Kapital gezahlt. So wenig, wie der Arbeiter dafür gezahlt wird, daß er denken kann.

Die spezifische Qualität, die die Arbeit besitzt, durch Zusatz von neuem Arbeitsquantum zu schon vergegenständlichter Arbeit die Qualität der letzteren als vergegenständlichte Arbeit zu erhalten, wird ihr nicht bezahlt und kostet dem Arbeiter auch nichts, da sie Natureigenschaft der Arbeit ist. In dem *Produktionsprozeß* ist die Trennung der Arbeit von ihren gegenständlichen Daseinsmomenten — Material und Instrument — *aufgehoben*. Auf der Trennung beruht das Dasein des Kapitals und der Lohnarbeit. Die Aufhebung dieser Trennung, die im *wirklichen* Produktionsprozeß wirklich vorgeht, zahlt der Kapitalist nicht. Die Aufhebung geschieht auch nicht durch den Austausch zwischen Kapitalist und Arbeiter — sondern durch *die Arbeit selbst im*

Produktionsprozeß. Als solche *gegenwärtige* Arbeit aber ist sie selbst schon dem Kapital einverleibt, ein Moment desselben. Diese erhaltende Kraft der Arbeit erscheint also als *Selbsterhaltungskraft des Kapitals.* Der Arbeiter hat nur neue Arbeit hinzugefügt; die vergangne — worin das Kapital existiert — hat eine ewige Existenz als *Wert* durchaus unabhängig von seinem stofflichen Dasein. So erscheint die Sache dem Kapital und dem Arbeiter.

||III-95| 2. *Der absolute Mehrwert*

Die hier entwickelte Ansicht auch strikt mathematisch richtig. So im Differentialkalkül nimm z. B. $y = f(x) + C$, wo C konstante Größe ist. The change of x into $x + \triangle x$ does not alter the value of C.[1] dC wäre $= 0$, weil die konstante Größe nicht changiert. Hence the Differential of a constant is zero.[2]

a) *Mehrwert als bloßes Verhältnis zu fassen*
zu einem bestimmten, nämlich dem im Arbeitslohn
ausgelegten Teil des Kapitals

Der Mehrwert, den das Kapital am Ende des Produktionsprozesses hat, heißt, dem allgemeinen Begriff des Tauschwerts gemäß ausgedrückt: Die im Produkt vergegenständlichte Arbeitszeit (oder das Quantum in ihm enthaltner Arbeit) ist größer als die in dem ursprünglichen Kapital, das während des Produktionsprozesses vorgeschossen wurde, enthaltne Arbeitszeit. Dies ist nur möglich dadurch (vorausgesetzt, daß die Ware zu ihrem Wert verkauft wird), daß die im Arbeitspreis (Arbeitslohn) vergegenständlichte Arbeitszeit kleiner ist als die lebendige Arbeitszeit, wodurch sie im Produktionsprozeß ersetzt wird. Was auf Seite des Kapitals als Mehrwert, erscheint auf Seite des Arbeiters als *Mehrarbeit* (Surplusarbeit). Der Mehrwert *ist* nichts als der Überschuß der Arbeit, den der Arbeiter gibt über das Quantum vergegenständlichter Arbeit hinaus, das er in seinem eignen Salair, als Wert seines Arbeitsvermögens, erhalten hat.

Wir haben gesehn, daß im Austausch zwischen Kapital und Arbeitsvermö-

---

[1] Die Veränderung von x und $\triangle x$ ändert nichts am Wert von C.
[2] Folglich ist der Differentialquotient einer Konstante gleich Null.

gen Äquivalente ausgetauscht werden. Das Resultat aber der Transaktion, wie
es im Produktionsprozeß erscheint und wie es von seiten des Kapitalisten den
ganzen Zweck der Transaktion bildet, daß der Kapitalist für ein bestimmtes
Quantum vergegenständlichter Arbeit ein größres Quantum lebendiger Arbeit
kauft oder daß die Arbeitszeit, die im Arbeitslohn vergegenständlicht ist, kleiner ist als die Arbeitszeit, die der Arbeiter für den Kapitalist arbeitet und die
sich daher im Produkt vergegenständlicht. Die Vermittlung durch den Austausch zwischen Kapital und Arbeitsvermögen (oder daß das Arbeitsvermögen *zu seinem Werte* verkauft wird) ist ein Umstand, der hier, wo es sich nur
um die Analyse des Mehrwerts handelt, gleichgültig wird. Hier handelt es
sich vielmehr darum, wie groß auf der einen Seite die Arbeitszeit ist, die im
Arbeitslohn (dem Wert des Arbeitsvermögens) vergegenständlicht, und wie
groß auf der andren Seite die Arbeitszeit ist, die der Arbeiter wirklich dem
Kapitalisten in return[1] gibt oder *wie groß* die Anwendung seines Arbeitsvermögens ist.

Das Verhältnis, worin vergegenständlichte Arbeit gegen lebendige Arbeit
ausgetauscht wird – also der Unterschied zwischen dem *Wert des Arbeitsvermögens* und der *Verwertung dieses Arbeitsvermögens* durch den Kapitalisten –,
nimmt im Produktionsprozeß selbst eine andre Form an. Hier stellt es sich
nämlich dar als Spaltung der lebendigen Arbeit selbst in zwei Quanta, beide
durch die Zeit gemessen, und als[2] das Verhältnis dieser beiden Quanta. Erstens nämlich ersetzt der Arbeiter den Wert seines Arbeitsvermögens. Gesetzt, der Wert seiner täglichen Lebensmittel sei gleich 10 Arbeitsstunden.
Diesen Wert reproduziert er, indem er 10 Stunden arbeitet. Diesen Teil der
Arbeitszeit wollen wir die *notwendige Arbeitszeit* nennen. Gesetzt nämlich, Arbeitsmaterial und Arbeitsmittel – die gegenständlichen Arbeitsbedingungen – seien Eigentum des Arbeiters selbst. So müßte er nach der Voraussetzung täglich 10 Stunden arbeiten, einen Wert von 10 Stunden Arbeitszeit
täglich reproduzieren, um jeden andren Tag Lebensmittel zum Betrag von
10 Arbeitsstunden sich aneignen zu können, um sein eignes Arbeitsvermögen
reproduzieren, um fortleben zu können. Das Produkt seiner 10stündigen Arbeit wäre gleich der Arbeitszeit, die in dem verarbeiteten Rohmaterial und
dem vernützten Arbeitswerkzeug sind + den 10 Stunden Arbeit, die er dem
Rohmaterial neu zugefügt hätte. Nur den letztren Teil des Produkts könnte er
konsumieren, wollte er seine Produktion fortsetzen, i.e., sich die Produktionsbedingungen erhalten. Denn den Wert von Rohmaterial und Arbeitsmittel

---

[1] im Austausch
[2] In der Handschrift: in

muß er von dem Wert seines Produkts täglich abziehn, um Rohmaterial und Arbeitsmittel beständig ersetzen zu können; um täglich von neuem über soviel Rohmaterial und Arbeitsmittel zu verfügen, als zur Verwirklichung (Anwendung) zehnstündiger Arbeit erheischt sind. Wenn der Wert der durchschnittlichen täglichen notwendigen Lebensmittel des Arbeiters gleich 10 Arbeitsstunden, so muß er täglich durchschnittlich 10 Arbeitsstunden arbeiten, um seine tägliche Konsumtion erneuern und sich die nötigen Lebensbedingungen als Arbeiter verschaffen zu können. Diese Arbeit wäre *notwendig* für ihn selbst, zu seiner ||96| eignen Selbsterhaltung, ganz abgesehn davon, ob er selbst der Eigentümer der Arbeitsbedingungen — Arbeitsmaterial und Arbeitsmittel — ist oder nicht ist, ob seine Arbeit unter das Kapital subsumiert ist oder nicht subsumiert ist. Als Arbeitszeit, notwendig zur Erhaltung der Arbeiterklasse selbst, können wir diesen Teil der Arbeitszeit die *notwendige Arbeitszeit* nennen.

Aber auch noch von einem andren Gesichtspunkt.

Die Arbeitszeit, die notwendig ist, um den Wert des Arbeitsvermögens selbst zu reproduzieren — d. h. die tägliche Produktion des Arbeiters, die erheischt ist, damit die Konsumtion des Arbeiters sich täglich wiederholen kann — oder die Arbeitszeit, wodurch der Arbeiter dem Produkt den Wert zufügt, den er selbst in der Form des Arbeitslohns täglich erhält und täglich vernichtet — ist insofern *notwendige Arbeitszeit* auch vom Standpunkt des Kapitalisten aus, als das ganze Kapitalverhältnis das beständige Dasein der Arbeiterklasse, ihre fortwährende Reproduktion voraussetzt und die kapitalistische Produktion das beständige Vorhandensein, Erhaltung und Reproduktion einer Arbeiterklasse zu ihrer notwendigen Voraussetzung hat.

Ferner: Gesetzt, der Wert des der Produktion vorgeschoßnen Kapitals solle nur einfach erhalten und reproduziert werden, d. h., der Kapitalist schaffe im Produktionsprozeß keinen neuen Wert. So ist es klar, daß der Wert des Produkts nur gleich dem Wert des vorgeschoßnen Kapitals sein wird, wenn der Arbeiter dem Rohmaterial soviel Arbeitszeit zugesetzt hat, als er in der Form von Arbeitslohn erhalten, d. h., wenn er den Wert seines eignen Arbeitslohns reproduziert. Die Arbeitszeit, die notwendig ist, damit der Arbeiter den Wert seiner eignen täglichen Lebensmittel reproduziere, ist zugleich die Arbeitszeit, die notwendig ist, damit das Kapital seinen Wert einfach erhalte und reproduziere.

Wir haben angenommen, daß eine Arbeitszeit von 10 Stunden = der im Arbeitslohn enthaltnen Arbeitszeit ist; die Arbeitszeit also, worin der Arbeiter dem Kapitalisten nur ein Äquivalent zurückgibt für den Wert des Arbeitslohns, ist zugleich die *notwendige Arbeitszeit*, die Arbeitszeit, die notwendig ist,

sowohl für die Erhaltung der Arbeiterklasse selbst als auch für die einfache
Erhaltung und Reproduktion des vorgeschoßnen Kapitals, wie endlich für die
Möglichkeit des Kapitalverhältnisses überhaupt.

Nach der Voraussetzung also sind die ersten 10 Stunden, die der Arbeiter
arbeitet, *notwendige Arbeitszeit*, und diese ist zugleich nichts als ein Äquivalent
für die vergegenständlichte Arbeitszeit, die er in der Form des Arbeitslohns
erhalten hat. Alle Arbeitszeit, die der Arbeiter über diese 10 Stunden, diese
notwendige Arbeitszeit, hinaus arbeitet, wollen wir *Mehrarbeit* nennen. Arbeitet er 11 Stunden, so hat er Mehrarbeit von 1 Stunde, wenn 12, Mehrarbeit
von zwei Stunden geliefert usw. In dem ersten Fall besitzt das Produkt über
den Wert des vorgeschoßnen Kapitals hinaus einen Mehrwert von einer, im
zweiten einen Mehrwert von 2 Stunden usw. Unter allen Umständen aber ist
der Mehrwert des Produkts nur die Vergegenständlichung von Mehrarbeit.
Mehrwert ist bloß *vergegenständlichte* Mehrarbeitszeit, wie Wert überhaupt
nur vergegenständlichte Arbeitszeit ist. Mehrwert löst sich also auf in Arbeitszeit, die der Arbeiter über die notwendige Arbeitszeit hinaus für den Kapitalisten arbeitet.

Wir haben gesehn: Der Kapitalist zahlt dem Arbeiter ein Äquivalent für
den täglichen Wert seines Arbeitsvermögens; aber er erhält dafür das Recht,
das Arbeitsvermögen über seinen eignen Wert hinaus zu verwerten. Sind täglich 10 Arbeitsstunden notwendig, um das Arbeitsvermögen täglich zu reproduzieren, so läßt er den Arbeiter z. B. 12 Stunden arbeiten. In der Tat also
tauscht er vergegenständlichte (im Arbeitslohn vergegenständlichte) Arbeitszeit von 10 Stunden gegen 12 Stunden lebendiger Arbeitszeit aus. Das Verhältnis nun, worin er vergegenständlichte, in dem vorgeschoßnen Kapital vergegenständlichte Arbeitszeit gegen lebendige Arbeitszeit austauscht, ist gleich
dem Verhältnis der notwendigen Arbeitszeit des Arbeiters zur Mehrarbeit,
zur Arbeitszeit, die er über die notwendige Arbeitszeit hinaus arbeitet. Es[1]
stellt sich also dar als ein Verhältnis zweier Portionen der Arbeitszeit des Arbeiters selbst – der notwendigen Arbeitszeit und der Mehrarbeit. Die notwendige Arbeitszeit ist gleich der Arbeitszeit, nötig, um das Salair zu reproduzieren. Sie ist also bloßes Äquivalent, das der Arbeiter dem Kapitalist
zurückgibt. Er hat eine bestimmte Arbeitszeit in Geld erhalten; er gibt sie in
der Form lebendiger Arbeitszeit zurück. Die notwendige Arbeitszeit ist also
bezahlte Arbeitszeit. Für die Mehrarbeit ist dagegen kein Äquivalent gezahlt
worden. Id est, sie hat sich *für den Arbeiter selbst* in keinem Äquivalent verge-
genständlicht. Sie ist vielmehr die Verwertung des Arbeits||97|vermögens

---

[1] In der Handschrift: Sie

über seinen eignen Wert hinaus durch den Kapitalisten. Sie ist daher *unbezahlte* Arbeitszeit. Das Verhältnis, worin sich vergegenständlichte Arbeit gegen lebendige austauscht, löst sich auf in das Verhältnis, worin die notwendige Arbeitszeit des Arbeiters zu seiner Mehrarbeit steht, und das letzte Verhältnis löst sich auf in das Verhältnis von *bezahlter* zu *unbezahlter* Arbeitszeit. Mehrwert gleich Mehrarbeit ist gleich unbezahlter Arbeitszeit. Der Mehrwert löst sich also auf in *unbezahlte Arbeitszeit*, und die Höhe des Mehrwerts hängt ab von dem Verhältnis, worin die Mehrarbeit zur notwendigen Arbeit oder die unbezahlte Arbeitszeit zur bezahlten steht.

Betrachtet man nun das Kapital, so zerfällt es ursprünglich in 3 Bestandteile. (In einigen Industrien nur in zwei, wie in der extraktiven Industrie. Wir nehmen aber die vollständigste Form, die der Manufakturindustrie.) Rohmaterial, Produktionsinstrument, endlich der Teil desselben, der gegen das Arbeitsvermögen in erster Instanz ausgetauscht wird. Wir haben es hier nur mit dem Tauschwert des Kapitals zu tun.

Was nun den Wertteil des Kapitals betrifft, der in dem aufgezehrten Rohmaterial und Produktionsmittel enthalten ist, so haben wir gesehn, daß er einfach im Produkt wiedererscheint. Dieser Teil des Kapitals setzt dem Wert des Produkts nie mehr als seinen Wert zu, den er unabhängig vom Produktionsprozeß besitzt. Mit Bezug auf den Wert des Produkts können wir diesen Teil des Kapitals den *konstanten* Teil desselben nennen. Sein Wert kann, wie *sub 1* bemerkt, steigen oder sinken, aber dies Steigen oder Sinken hat nichts zu tun mit dem Produktionsprozeß, worin diese Werte als Werte von Material und Produktionsinstrument eingehen. Wird 12 Stunden gearbeitet statt 10, so ist natürlich mehr Rohmaterial nötig, um die zweistündige Mehrarbeit zu absorbieren. Das, was wir konstantes Kapital nennen, wird also mit verschiedner Masse, d. h. auch Wertmasse, Wertgröße, in den Produktionsprozeß eingehn, je nach der Quantität Arbeit, die das Rohmaterial zu absorbieren hat, die überhaupt im Produktionsprozeß vergegenständlicht werden soll. Aber *konstant* ist es, insofern seine Wertgröße, welches Verhältnis sie auch immer zur Gesamtsumme des vorgeschoßnen Kapitals einnehme, unverändert im Produkt wieder erscheint. Wir haben gesehn, daß sie selbst nicht im eigentlichen Sinn des Worts reproduziert wird. Sie wird vielmehr nur einfach dadurch erhalten, daß Arbeitsmaterial und Arbeitsmittel von der Arbeit (ihrem Gebrauchswerte nach) zu Faktoren des neuen Produkts werden, weswegen ihr Wert in diesem Produkt wiedererscheint. Dieser Wert jedoch ist einfach bestimmt durch die Arbeitszeit, die zu ihrer eignen Produktion erheischt war. Sie fügen der im Produkt enthaltnen Arbeitszeit nur soviel Arbeitszeit zu, als in ihnen selbst *vor* dem Produktionsprozeß enthalten war.

Es ist also nur der 3. Teil des Kapitals, der gegen das Arbeitsvermögen ausgetauscht oder in Arbeitslohn vorgeschossen wird, der *variabel* ist. Erstens wird er wirklich reproduziert. Der Wert des Arbeitsvermögens oder der Arbeitslohn wird vernichtet (Wert und Gebrauchswert), vom Arbeiter konsumiert. Aber er wird ersetzt durch ein neues Äquivalent; an die Stelle der im Arbeitslohn vergegenständlichten Arbeitszeit tritt ein gleiches Quantum lebendiger Arbeitszeit, das der Arbeiter dem Rohmaterial zusetzt oder im Produkt materialisiert. Zweitens aber wird dieser Wertteil des Kapitals nicht nur reproduziert und einfach durch ein Äquivalent ersetzt, sondern er tauscht sich aus im wirklichen Produktionsprozeß gegen ein Quantum Arbeit = der in ihm selbst enthaltnen Arbeit + einem überschüssigen Quantum Arbeit, der Mehrarbeit, die der Arbeiter über die Arbeitszeit hinaus arbeitet, die zur Reproduktion seines eignen Salairs, also in dem Wertbestandteil des Kapitals, enthalten ist, der sich in Salair auflöst. Nennen wir daher die im konstanten Kapital enthaltene Arbeitszeit C, die im variablen V und die Zeit, die der Arbeiter über die notwendige Arbeitszeit hinaus arbeitet, M, so ist die in P enthaltne Arbeitszeit oder der Wert des Produkts = C + V + M. Das ursprüngliche Kapital war gleich C + V. Der Überschuß seines Werts über seinen ursprünglichen Wert ist also = M. Aber der Wert von C erscheint einfach im Produkt wieder, während der Wert von V erstens in V reproduziert und zweitens um M vermehrt ist. Es hat sich also nur der Wertteil V des Kapitals verändert, indem V sich als V + M reproduziert hat. M ist also nur ein Resultat der Veränderung von V;* und das Verhältnis, worin Mehrwert geschaffen wird, drückt sich aus als V : M in dem Verhältnis, worin sich die in dem Wertbestandteil V des Gesamtkapitals enthaltne Arbeitszeit ausgetauscht hat gegen lebendige Arbeitszeit, ||98| oder, was dasselbe ist, in dem Verhältnis der notwendigen Arbeit zur Mehrarbeit, im Verhältnis von V : M. Der neugeschaffne Wert resultiert nur aus der Veränderung von V, seiner Verwandlung V + M. Es ist nur dieser Teil des Kapitals, der seinen Wert vermehrt oder Mehrwert setzt. Das *Verhältnis*, worin daher Mehrwert gesetzt wird, ist das Verhältnis, worin M zu V steht, worin sich der in V ausgedrückte Wertteil des Kapitals nicht nur reproduziert, sondern vergrößert. Der beste Beweis ist, daß, wenn V einfach ersetzt wird durch Arbeitszeit = der in ihm selbst enthaltnen, überhaupt kein Mehrwert geschaffen, sondern vielmehr der Wert des Produkts = dem Wert des vorgeschoßnen Kapitals ist.

Wenn also Mehrwert überhaupt nichts ist, als der Überschuß von lebendi-

---

* Gesetzt C sei = 0, und der Kapitalist habe nur Arbeitslohn (variables Kapital) vorgeschossen. So bleibt die Größe von *M dieselbe*, obgleich kein Teil des Produkts C ersetzt.

ger Arbeit, wogegen sich die im Kapital vergegenständlichte Arbeit austauscht, oder, was dasselbe, nichts ist als die unbezahlte Arbeitszeit, die der
Arbeiter über die notwendige Arbeitszeit hinaus arbeitet, so ist auch die
Größe des Mehrwerts, das Verhältnis, worin er zu dem Wert, den er ersetzt,
steht, das Verhältnis, worin er wächst, einfach bestimmt durch das Verhältnis
von M:V, der Mehrarbeit zur notwendigen Arbeit, oder, was dasselbe, der
vom Kapitalisten im Arbeitslohn vorgeschoßnen Arbeitszeit zu dem Surplus
von Arbeit etc. Also wenn die notwendige (das Salair reproduzierende) Arbeitszeit = 10 Stunden, und der Arbeiter arbeitet 12, so der Mehrwert gleich
2 Stunden und das Verhältnis, worin sich der vorgeschoßne Wert vermehrt
hat = 2:10 = $\frac{1}{5}$ = 20 Prozent, welches immer die Summe der Arbeitszeit
sei, die im konstanten Kapitalteil, in C, enthalten sei, ob 50, 60, 100, kurz
x Arbeitsstunden, welches also immer das Verhältnis des variablen zum konstanten Teil des Kapitals sei. Der Wert dieses Teils, wie wir gesehn, erscheint
einfach im Produkt wieder und hat mit der während des Produktionsprozesses selbst vor sich gehenden Wertschöpfung absolut nichts zu tun.

Sehr wichtig, den Mehrwert = Mehrarbeit, und das Verhältnis des Mehrwerts als Verhältnis der Surplusarbeit zur notwendigen Arbeit scharf zu fassen. Die gewöhnliche Vorstellung von Profit und Profitrate ist dabei zunächst
ganz zu vergessen. Es wird sich später zeigen, welches Verhältnis zwischen
Mehrwert und Profit stattfindet.

Wir werden daher an einigen Beispielen diese Auffassung vom Mehrwert
und der Rate des Mehrwerts, dem Verhältnis, worin er wächst – dem Maß,
wonach seine Größe zu messen ist –, klarmachen. Diese Beispiele sind ent-
lehnt aus statistischen Quellen. Die Arbeitszeit erscheint hier also überall im
Geld ausgedrückt. Ferner erscheinen in der Rechnung verschiedne Items, die
verschiedne Namen tragen, also z. B. neben dem Profit Zins, Steuern, Grundrente etc. Dieses sind alles verschiedne Teile des Mehrwerts unter verschiednen Namen. Wie sich der Mehrwert unter verschiedne Klassen verteilt, wieviel davon also der industrielle Kapitalist unter verschiednen Rubriken abgibt
und wieviel er für sich behält, ist für die Auffassung des Mehrwerts selbst
durchaus gleichgültig. Es ist aber ganz klar, daß alle – unter welcher Rubrik
immer –, die nicht selbst arbeiten, am materiellen Produktionsprozeß selbst
als Arbeiter teilnehmen, an dem Wert des materiellen Produkts nur teilnehmen können, sofern sie dessen Mehrwert unter sich verteilen, denn der Wert
von Rohmaterial und Maschinerie, der *konstante* Wertteil des Kapitals, muß
ersetzt werden. Dito die notwendige Arbeitszeit, da die Arbeiterklasse überhaupt erst das nötige Quantum Arbeitszeit arbeiten muß, um sich selbst am
Leben zu erhalten, bevor sie für andre arbeiten kann. Es ist nur der Wert, x

gleich ihrer Surplusarbeit, also auch die Gebrauchswerte, die mit diesem Mehrwert gekauft werden können, die verteilbar sind unter die Nichtarbeiter. Es ist nur der variable Teil des Kapitals, das Quantum vergegenständlichter Arbeit, das im Produktionsprozeß gegen ein größres Quantum lebendiger Arbeitszeit sich austauscht, das sich überhaupt verändert, seinen Wert verändert, einen Mehrwert setzt, und die Größe dieses neu geschaffnen Werts hängt ganz ab von dem Verhältnis des Quantums von lebendiger Mehrarbeit, die es eintauscht im Verhältnis zu der in ihm vor dem Produktionsprozeß enthaltnen Arbeit.

||99| Als zweites Beispiel ist hier Senior anzuführen, als Mißverständnis der Ökonomen über Mehrarbeit und Mehrwert.

Es sind nun noch folgende Punkte unter dem Mehrwert zu betrachten: {1. Maß der Mehrarbeit. Trieb des Kapitals, sie ins Unendliche auszuspinnen. 2. Mehrwert hängt nicht nur ab von der Stundenzahl, die der einzelne Arbeiter arbeitet über die notwendige Arbeitszeit hinaus, sondern von der Anzahl gleichzeitiger Arbeitstage oder der Masse Arbeiter, die der Kapitalist anwendet. 3. Das Verhältnis des Kapitals als Produzent von Mehrarbeit: Arbeiten über das Bedürfnis hinaus. Zivilisatorisches des Kapitals, Arbeitszeit und freie Zeit. Gegensatz. Surplusarbeit und Surplusprodukt. Also in letzter Instanz Verhältnis der Bevölkerung und Kapital. 4. Herrn Proudhons These, daß der Arbeiter sein eignes Produkt nicht wieder kaufen kann, oder Preis des Produktteils etc.[1] 5. Diese Form des Mehrwerts die absolute. Bleibt bei allen Produktionsweisen, die auf dem Gegensatz von Klassen, der einen, der Besitzerin der Produktionsbedingungen, der andren, der Arbeit, begründet sind.}

b) *Verhältnis der Surplusarbeit zur notwendigen Arbeit.*
   Maß der Mehrarbeit

Das Kapital hat die schrankenlose Tendenz der Selbstbereicherung mit der Schatzbildung gemein. Da der Mehrwert sich in Mehrarbeit auflöst, hat es den schrankenlosen Trieb, die Mehrarbeit zu vermehren. Für die in Arbeitslohn verausgabte vergegenständlichte Arbeit sucht das Kapital ein größtmöglichstes Quantum lebendiger Arbeitszeit zurückzuerhalten, d. h. einen größtmöglichsten Überschuß von Arbeitszeit über die Arbeitszeit hinaus, die zur Reproduktion des Salairs, d. h. zur Reproduktion des Werts des täglichen Lebensmittels des Arbeiters selbst, erheischt ist. Von den schrankenlosen

---

[1] Siehe vorl. Band, S. 341/342 [64]

Ausschweifungen des Kapitals in dieser Hinsicht bietet seine ganze Geschichte den Beweis. Die Tendenz zeigt sich überall unverhüllt, und sie wird nur im Schach gehalten teils durch physische Bedingungen, teils durch soziale Hindernisse (die sie selbst erst erzeugt), auf die hier nicht näher einzugehn ist. Es gilt nur, die Tendenz zu konstatieren. In dieser Hinsicht interessant z. B. das moderne Fabrikwesen in England mit der Fronarbeit, etwa in den Donaufürstentümern zu vergleichen. In beiden Formen, wovon die eine entwickelt kapitalistisch ist, die andre der rohesten Form des Leibeignenwesens angehört — zeigt sich gleich handgreiflich die Aneignung fremder Mehrarbeit, Surplusarbeit, als die direkte Quelle der Bereicherung. Die speziellen Umstände, die im Fabrikwesen, der entwickelten kapitalistischen Produktionsweise, hinzukommen, um die Arbeitszeit über ihre natürlichen Schranken hinaus widernatürlich zu verlängern, können erst im Verlauf dieser Untersuchung näher angedeutet werden.

Bei der Vergleichung der walachischen Fronarbeit mit englischer Lohnarbeit folgender Punkt festzuhalten. Besteht die tägliche Gesamtarbeitszeit eines Arbeiter aus 12 oder 14 Stunden und betrüge die notwendige Arbeitszeit in beiden Fällen nur 10 Stunden, so würde der Arbeiter im ersten Fall während 6 Wochentagen 6×2 oder 12 Stunden, im zweiten Fall 6×4 oder 24 Stunden Mehrarbeit liefern. Im ersten Falle würde [er] von 6 Tagen einen, im zweiten 2 Tage für den Kapitalisten arbeiten ohne Äquivalent. Die Sache reduzierte sich im ganzen Jahr, Woche ein und aus, darauf, daß er 1, 2 oder x Tage der Woche für den Kapitalisten arbeitet; die andren Tage der Woche aber für sich selbst. Dies ist die Form, worin das Verhältnis direkt bei der Fronarbeit, etwa der walachischen, auftritt. Dem Wesen nach ist das allgemeine Verhältnis in beiden Fällen dasselbe, obgleich die Form — die Vermittlung des Verhältnisses, verschieden ist.

Es existieren jedoch natürliche Schranken für die Dauer der täglichen Arbeitszeit des einzelnen Individuums. Abgesehn von der Zeit, die erheischt ist zur Ernährung, bedarf es des Schlafes, der Erholung, einer Pause, worin das Arbeitsvermögen und das Organ desselben die Ruhe genießen, ohne die sie unfähig sind, das Werk fortzusetzen oder von neuem zu beginnen. Als natürliches Maß der Arbeitsdauer kann der *Tag* selbst bezeichnet werden, wie in England denn auch der 12stündige Tag der „working day"[1] genannt wird. Die Grenzen des Arbeitstags sind jedoch verschwimmend, und wir finden ihn von 10 zu 17 (18) Stunden bei verschiednen Völkern und in besondren Industriezweigen bei demselben Volke ausgedehnt. Die Zeit der Arbeit und der

---

[1] „Arbeitstag"

Ruhe können verschoben werden, so daß z. B. während der Nacht gearbeitet und bei Tag geruht, geschlafen wird. Oder der Arbeitstag kann zwischen Tag und Nacht verteilt werden. So finden wir z. B. bei den russischen Fabriken in Moskau, daß 24 Stunden, Tag und Nacht, durchgearbeitet wird (wie dies zum großen Teil in den ersten Zeiten der englischen Baumwollmanufaktur der Fall war). Es werden dann aber zwei Gänge (sets) von Arbeitern angewandt. Der erste Gang arbeitet 6 Stunden im Tag und wird dann vom zweiten Gang abgelöst. Darauf arbeitet der erste Gang wieder 6 Stunden in der Nacht und wird für die folgenden 6 Stunden wieder vom zweiten Gang abgelöst. Oder (wie bei dem Fall der dressmakerin[1] [65], der zu zitieren), es kann nun (und d. bakers[2] [66]) 30 Stunden nacheinander gearbeitet werden und dann Unterbrechung etc.

||100| [67] Die Beispiele (hier beizubringen) über Extraktion von Arbeitszeit auch nützlich, weil darin schlagend hervortreten, wie der Wert, d. h. der Reichtum als solcher, sich einfach in Arbeitszeit auflöst.

Wir haben gesehn, daß der Kapitalist das Arbeitsvermögen seinem Äquivalent nach zahlt und daß die Verwertung des Arbeitsvermögens über seinen Wert hinaus mit dieser dem Gesetz des Warenaustauschs gemäß vor sich gehenden Operation − nämlich dem Gesetz, daß die Waren sich austauschen im Verhältnis der in ihnen enthaltnen Arbeitszeit oder im Verhältnis der Arbeitszeit, die zu ihrer Produktion erheischt ist − nicht in Widerspruch steht, vielmehr aus der spezifischen Natur des Gebrauchswerts der Ware hervorgeht, die hier verkauft wird. Es scheint daher völlig gleichgültig, d. h. nicht durch die Natur des Verhältnisses selbst gegeben zu sein, in welchem Maße das Arbeitsvermögen vom Kapitalisten verwertet wird oder bis zu welchem Umfang die Dauer der Arbeitszeit im wirklichen Produktionsprozeß verlängert wird. D. h. in andern Worten: Die Größe der lebendigen Mehrarbeit, also auch der lebendigen Gesamtarbeitszeit, die das Kapital eintauscht für ein bestimmtes, durch die Produktionskosten des Arbeitsvermögens selbst bestimmtes Quantum vergegenständlichter Arbeit, scheinen ebensowenig durch die Natur dieses ökonomischen Verhältnisses selbst begrenzt zu sein, sowenig als die Art und Weise, wie der Käufer den Gebrauchswert einer Ware verwertet, durch das Verhältnis von Kauf und Verkauf überhaupt bestimmt ist. Es ist vielmehr unabhängig davon. Die Schranken, die sich hier entwickeln, z. B. später ökonomisch aus dem Verhältnis von Nachfrage und Zufuhr oder auch aus Staatseinmischung u. dgl., scheinen dagegen im allgemeinen Verhältnis selbst nicht eingeschlossen zu sein.

---

[1] Schneiderin
[2] Bäcker

Indes ist folgendes zu erwägen: Was Verwertung des Arbeitsvermögens (oder wie wir es früher nannten, Konsumtion desselben. Es ist eben die Natur des Arbeitsvermögens, daß der Konsum desselben zugleich Verwertungsprozeß, Vergegenständlichung von Arbeit) auf seiten des Kapitals, ist auf seiten des Arbeiters Arbeiten, also Verausgabung von Lebenskraft. Wird die Arbeit über eine gewisse Zeitdauer verlängert – oder das Arbeitsvermögen über einen gewissen Grad hinaus verwertet –, so wird das Arbeitsvermögen temporär oder definitiv zerstört, statt sich zu erhalten. Läßt der Kapitalist den Arbeiter z.B. heute 20 Stunden arbeiten, so wird er morgen unfähig sein, die normale Arbeitszeit von 12 Stunden oder vielleicht irgendeine Arbeitszeit zu arbeiten. Erstreckt sich die Überarbeitung über eine längere Periode, so wird der Arbeiter sich selbst und daher sein Arbeitsvermögen, das er vielleicht für 20 oder 30 Jahre erhalten hätte, vielleicht nur für 7 Jahre erhalten. So z.B. ist es bekannt, daß die 2 Stunden Manufakturarbeiten (Hausarbeit), die die Sklaven in den südlichen Staaten von Nordamerika vor der Erfindung des cottongin[1] verrichten mußten zur Trennung der Baumwolle von ihrem Samen – nachdem sie 12 Stunden in Feldarbeit gearbeitet –, ihre durchschnittliche Lebensdauer auf 7 Jahre reduzierten. Dasselbe ist noch in diesem Augenblick der Fall in Kuba, wo die Neger nach 12stündiger Feldarbeit noch zwei Stunden mit auf die Zucker- oder Tabaksbereitung bezüglicher Manufakturarbeit beschäftigt werden.

Verkauft der Arbeiter aber sein Arbeitsvermögen zu seinem *Wert* – eine Unterstellung, von der wir in unsrer Untersuchung ausgehn – wie wir überhaupt von der Voraussetzung ausgehn, daß die Waren zu ihrem Wert verkauft werden –, so ist nur unterstellt, daß er täglichen Durchschnittslohn erhält, der ihn befähigt, in seiner hergebrachten Weise als Arbeiter fortzuleben, also daß er den andren Tag (abgesehn von dem Verschleiß, den das natürliche Alter mit sich bringt oder den die Art und Weise seiner Arbeit an und für sich mitbringt) in demselben normalen Zustand von Gesundheit sich befindet wie den Tag zuvor, daß sein Arbeitsvermögen reproduziert oder erhalten ist, also in derselben Weise wieder verwertet werden kann als den Tag zuvor während einer bestimmten normalen Zeitdauer, z.B. 20 Jahre. Wird also die Mehrarbeit zu einem Umfang der Überarbeitung ausgedehnt, die die normale Dauer des Arbeitsvermögens gewaltsam abkürzt, temporell vernichtet, d.h. beschädigt oder ganz zerstört, so wird diese Bedingung verletzt. Der Arbeiter stellt den Gebrauch seines Arbeitsvermögens – wenn er dasselbe zu seinem Wert verkauft – zur Disposition, aber nur in dem Umfang, wodurch der Wert des

---

[1] Egreniermaschine

Arbeitsvermögens selbst nicht zerstört wird, sondern vielmehr nur in einem Umfang, worin ihn der Arbeitslohn befähigt, das Arbeitsvermögen zu reproduzieren, zu erhalten während einer gewissen normalen Durchschnittszeit. Verwendet der Kapitalist ihn über diese normale Arbeitszeit hinaus, so zerstört er das Arbeitsvermögen und damit seinen Wert. Er hat aber nur den täglichen Durch||101|schnittswert desselben gekauft, also keineswegs den Wert, den es außer diesem Tag noch den andren hat. Oder er hat in 7 Jahren nicht den Wert gekauft, den[1] es während 20 Jahren hat.

Wie also aus dem spezifischen Gebrauchswert dieser Ware − des Arbeitsvermögens − einerseits hervorgeht, daß sein Konsum selbst Verwertung, Wertschöpfung ist, so geht andrerseits aus der spezifischen Natur dieses Gebrauchswerts hervor, daß der Umfang, worin es verbraucht werden kann, verwertet wird, innerhalb gewisser Schranken gebannt werden muß, um seinen Tauschwert selbst nicht zu zerstören.

Hier, wo wir überhaupt annehmen, daß der Arbeiter sein Arbeitsvermögen zu seinem Wert verkauft, nehmen wir noch an, daß die Gesamtzeit, die Summe der notwendigen Arbeitszeit und der Mehrarbeitszeit, den Normalarbeitstag nicht übersteigt, setze man ihn nun zu 12, 13 oder 14 Stunden an, die der Arbeiter arbeitet, [um] sein Arbeitsvermögen in seinem gewöhnlichen Zustand von Gesundheit und Werkfähigkeit in einer gewissen normalen Durchschnittszeit zu erhalten und täglich von neuem zu reproduzieren.

Aus dem Gesagten geht aber hervor, daß hier eine Antinomie in dem allgemeinen Verhältnis selbst stattfindet, eine Antinomie, die daraus hervorgeht: Einerseits, abgesehn von der natürlichen Schranke, die die Ausdehnung der Arbeitszeit über eine gewisse Zeitdauer absolut verhindert, geht aus dem allgemeinen Verhältnis zwischen Kapital und Arbeit − dem Verkauf des Arbeitsvermögens − keine Schranke für die Mehrarbeit hervor. Andrerseits, sofern die Mehrarbeit den Wert des Arbeitsvermögens selbst zerstört, während nur sein Gebrauch verkauft ist zu dem Umfang, worin es sich als Arbeitsvermögen erhält und reproduziert, also auch sein Wert während einer bestimmten normalen Zeitdauer erhalten wird − widerspricht die Mehrarbeit über eine gewisse verschwimmende Grenze hinaus der Natur des Verhältnisses selbst, die mit dem Verkauf des Arbeitsvermögens durch den Arbeiter gegeben ist.

Wir wissen, daß in der Praxis, ob eine Ware unter oder über ihrem Wert verkauft wird, von dem relativen Machtverhältnis (das jedesmal ökonomisch bestimmt ist), vom Käufer und Verkäufer abhängt. Ebenso hier, ob der Ar-

---

[1] In der Handschrift: das

beiter die Mehrarbeit über dem normalen Maß liefert oder nicht, wird abhängen von der Widerstandskraft, die er den maßlosen Ansprüchen des Kapitals entgegensetzen kann. Die Geschichte der modernen Industrie belehrt uns jedoch, daß die maßlosen Ansprüche des Kapitals nie durch die vereinzelten Anstrengungen des Arbeiters im Zaume gehalten wurden, sondern daß der Kampf erst die Form eines Klassenkampfes annehmen und dadurch die Einmischung der Staatsgewalt hervorrufen mußte, bis die tägliche Gesamtarbeitszeit gewisse Schranken fand. (Zuerst bis jetzt meist nur in gewissen Sphären.)

Man denkt vielleicht, daß, wie der Sklavenbesitzer, wenn er den Neger in 7 Jahren vernutzt, gezwungen ist, ihn durch neuen Kauf von Negern zu ersetzen, so das Kapital, da das beständige Dasein der Arbeiterklasse seine Grundvoraussetzung ist, den raschen Verschleiß der Arbeiter selbst wieder zahlen muß. Der einzelne Kapitalist A kann sich bereichert haben durch dies „Killing no Murder" [68], während Kapitalist B vielleicht die Expences[1] zu zahlen hat oder die Generation B der Kapitalisten. Indes, der einzelne Kapitalist rebelliert beständig gegen das Gesamtinteresse der Kapitalistenklasse. Andrerseits hat die Geschichte der modernen Industrie gezeigt, daß eine beständige Übervölkerung möglich ist, obgleich sie aus schnell hinlebenden, sich rasch folgenden, sozusagen unreif gepflückten Menschengenerationen ihren Strom bildet. (Sieh die Stelle bei *Wakefield*. [69])

c) *Vorteil der Überarbeit*

Nehmen wir an, die durchschnittliche notwendige Arbeitszeit sei = 10 Stunden; die normale Mehrarbeit = 2 Stunden, also die tägliche Gesamtarbeitszeit des Arbeiters = 12 Stunden. Gesetzt, der Kapitalist lasse nun den Arbeiter während der 6 Wochentage täglich 13 Stunden arbeiten, also 1 Stunde über die normale oder durchschnittliche Mehrarbeitszeit hinaus. So macht dies 6 Stunden = $\frac{1}{2}$ Arbeitstag in der Woche. Es ist nun nicht nur dieser Mehrwert von 6 Stunden in Betracht zu ziehn. Um 6 Stunden Mehrarbeit anzueignen, hätte der Kapitalist nach dem normalen Verhältnis 1 Arbeiter während 3 Tagen oder 3 Arbeiter während eines Tags beschäftigen müssen, d. h. 30 Stunden (3 × 10) notwendige Arbeitszeit zahlen müssen. Er erhält durch diese Extrastunde Mehrarbeit täglich in der Woche ein Quantum Mehrarbeit von einem halben Tag, ohne die 3 Tage notwendige Arbeitszeit

---

[1] Kosten

zu zahlen, die er unter dem normalen Verhältnis zahlen müßte, um die 6 Stunden Mehrarbeit anzueignen. Im ersten Fall nur 20 %, im zweiten 30 % Mehrwert; aber die letzten 10 % Mehrwert kosten ihm keine notwendige Arbeitszeit.

||102| d) Gleichzeitige Arbeitstage

Die *Masse des Mehrwerts* hängt offenbar nicht nur ab von der Mehrarbeit, die ein einzelner Arbeiter über die notwendige Arbeitszeit hinaus verrichtet, sondern ebensosehr von der Masse der Arbeiter, die das Kapital gleichzeitig beschäftigt, oder von der Zahl der gleichzeitigen Arbeitstage, die es verwendet und von denen jeder = notwendiger Arbeitszeit + Mehrarbeitszeit.[1] Ist die notwendige Arbeitszeit = 10 Std., die Mehrarbeit = 2 und so der Gesamtarbeitstag eines Arbeiters gleich 12 Stunden, so wird die Größe des Mehrwerts abhängen von seiner eignen Größe x mit der Anzahl Arbeiter, die das Kapital beschäftigt, oder multipliziert mit der Anzahl gleichzeitiger Arbeitstage, deren Resultat der Mehrwert ist. Unter gleichzeitigen Arbeitstagen verstehn wir die Zeit, die eine gewisse Anzahl Arbeiter an demselben Tag arbeiten. Beschäftigt ein Kapitalist z. B. 6 Arbeiter, von denen jeder 12 Stunden arbeitet, so sind die 6 gleichzeitigen Arbeitstage oder 72 Stunden, die er im Produktionsprozeß vergegenständlicht, in die gegenständliche Form des Werts übersetzt. Beträgt die Mehrarbeit eines Arbeiters 2 Stunden auf 10 notwendige Arbeitszeit, so die von 6 = 6 × 2 = 12. (Also die Mehrarbeit des einzelnen Arbeiters multipliziert mit der Anzahl der Arbeiter, die gleichzeitig beschäftigt werden.) Von n Arbeitern also n × 2, und es ist klar, daß die Größe des Produkts n × 2 abhängt von Größe von n, dem Faktor, der die Zahl der Arbeiter oder die Anzahl der gleichzeitigen Arbeitstage ausdrückt. Es ist nicht minder klar, daß, wenn die *Masse* des Gesamtbetrags des Mehrwerts mit der Zahl der Arbeiter wächst und von ihr abhängt, das *Verhältnis* des Mehrwerts zur notwendigen Arbeitszeit oder das Verhältnis, worin sich das im Ankauf von Arbeit vorgeschoßne Kapital verwertet, die *proportionelle Größe* des Mehrwerts dadurch unverändert bleibt, also das Verhältnis unverändert bleibt, worin sich bezahlte und unbezahlte Arbeit zueinander verhalten. 2 : 10 ist 20 %, ebenso ist 2 × 6 : 10 × 6 oder 12 : 60. (2 : 10 = 12 : 60.) (Oder allgemeiner ausgedrückt 2 : 10 = n × 2 : n × 10. Denn 2 · n · 10 = 10 · n · 2.) Vorausgesetzt, daß das Verhältnis des Mehrwerts zur notwendigen Arbeitszeit gegeben ist, so kann der Betrag des Mehrwerts nur wachsen im Verhältnis, wie die Anzahl

---

[1] Siehe vorl. Band, S. 196

der Arbeiter (der gleichzeitigen Arbeitstage) wächst. Vorausgesetzt, daß die Anzahl der Arbeiter gegeben ist, so kann der Betrag, die Masse des Mehrwerts, nur wachsen im Maß, wie der Mehrwert selbst wächst, d. h. mit der Dauer der Mehrarbeit. $2 \times n$ (n die Arbeiterzahl) ist gleich $4 \times {}^{n}\!/_{2}$.

Es ist also klar, daß, wenn ein bestimmtes Verhältnis von notwendiger Arbeitszeit und Mehrarbeit gegeben ist — oder wenn die Gesamtzeit, die der Arbeiter arbeitet, das, was wir den *Normalarbeitstag* nennen wollen, erreicht hat, die Masse des Mehrwerts abhängt von der Anzahl Arbeiter, die gleichzeitig beschäftigt sind und nur wachsen kann, insofern diese Anzahl wächst.

Den Normalarbeitstag also nehmen wir als *Maß* für die Verbrauchung und Verwertung des Arbeitsvermögens.

Die Masse des Mehrwerts hängt also von der Bevölkerung und andren Umständen (Größe des Kapitals etc.) ab, die wir gleich untersuchen werden.

Soviel ergibt sich vorher noch. Damit der Warenbesitzer oder Geldbesitzer sein Geld oder Ware, kurz den Wert, in dessen Besitz er ist, als Kapital verwerte und daher selbst als Kapitalist produzierte, ist es von vornherein nötig, daß er fähig sei, ein gewisses Minimum von Arbeitern gleichzeitig zu beschäftigen. Auch von diesem Gesichtspunkt aus ist ein gewisses *Minimum von der Größe* des Werts vorausgesetzt, damit es als produktives Kapital verwandt werden könne. Die erste Bedingung dieser Größe ergibt sich schon daraus: Der Arbeiter, um als Arbeiter zu leben, brauchte bloß Rohmaterial (und Arbeitsmittel) zum Betrag, als es erheischt ist, um die notwendige Arbeitszeit, sage von 10 Stunden, zu absorbieren. Der Kapitalist muß wenigstens soviel Rohmaterial mehr kaufen können, als erheischt ist, um die Surplusarbeitszeit zu absorbieren (oder auch soviel mehr matières instrumentales[1] etc.). Zweitens aber: Gesetzt, die notwendige Arbeitszeit sei 10 Stunden, die Surplusarbeitszeit 2 Stunden, so müßte der Kapitalist, wenn er nicht selbst arbeitet, schon 5 Arbeiter beschäftigen, um täglich einen Wert von 10 Arbeitsstunden über den Wert seines Kapitals hinaus einzunehmen. Was er in der Form des Mehrwerts täglich einnahm, ||103| würde ihn aber nur befähigen, wie einer seiner Arbeiter zu leben. Selbst dieses nur unter der Bedingung, daß bloßer Lebensunterhalt, wie beim Arbeiter, sein Zweck, also nicht Vermehrung des Kapitals, was bei der kapitalistischen Produktion unterstellt ist. Arbeitete er selbst mit, so daß er selbst einen Arbeitslohn verdiente, so würde selbst so noch seine Lebensweise sich kaum von der des Arbeiters unterscheiden (ihm nur die Stellung eines etwas besser bezahlten Arbeiters geben) (und diese *Grenze* durch die Zunftgesetze fix gemacht), ihr jedenfalls noch sehr nah stehn, na-

---

[1] Produktionshilfsstoffe

13*

mentlich, wenn er sein Kapital vermehrte, d. h., einen Teil des Mehrwerts kapitalisieren würde. Solches ist das Verhältnis der zünftigen Meister im Mittelalter und zum Teil noch der jetzigen Handwerksmeister. Sie produzieren nicht als Kapitalisten.

Ist also die notwendige Arbeitszeit gegeben, dito das Verhältnis der Mehrarbeit zu ihr – in einem Wort, der normale *Arbeitstag*, dessen Gesamtsumme = ist der notwendigen Arbeitszeit + der Zeit, welche die Mehrarbeit dauert, so hängt die *Masse der Mehrarbeit*, also die *Masse des Mehrwerts* ab von der Anzahl der gleichzeitigen Arbeitstage oder der Anzahl der Arbeiter, die das Kapital gleichzeitig in Bewegung setzen kann. Mit andren Worten: Die Masse des Mehrwerts – sein Totalbetrag – wird abhängen von der Masse der vorhandnen und auf dem Markt befindlichen Arbeitsvermögen, also von der Größe der arbeitenden Bevölkerung und dem Verhältnis, worin diese Bevölkerung sich vermehrt. Das natürliche Wachstum der Bevölkerung und daher die Vermehrung der auf dem Markt befindlichen Arbeitsvermögen ist daher eine *Produktivkraft des Kapitals*, indem sie die Basis zum Wachstum des absoluten Betrags des Mehrwerts (i. e. der Mehrarbeit) liefert.

Andererseits ist klar, daß das Kapital, um eine größre Masse von Arbeitern anzuwenden, wachsen muß. Erstens muß der *konstante* Teil, d. h. der Teil desselben, dessen Wert nur im Produkt wieder erscheint, wachsen. Es ist mehr Rohmaterial erheischt, um mehr Arbeit zu absorbieren. Ebenso, wenn auch in unbestimmterem Verhältnis, mehr Arbeitsmittel. Nehmen wir an (– und hier, wo wir nur noch die absolute Form des Mehrwerts betrachten, kann diese Annahme gelten; denn obgleich diese Form des Mehrwerts die Grundform auch der durch das Kapital umgewandelten Produktionsweise bleibt, so ist sie noch der Produktionsweise des Kapitals eigen und ist ihre einzige Form, solang das Kapital den Arbeitsprozeß nur *formell* unter sich subsumiert hat, in der Tat also eine frühre Produktionsweise, worin die menschliche Handarbeit der Hauptfaktor der Produktion, nur unter Kontrolle des Kapitals genommen ist –), daß die Handarbeit der Hauptfaktor ist, die Produktion handwerksmäßig betrieben wird, so wird die Zahl der Instrumente und Arbeitsmittel ziemlich gleichmäßig wachsen müssen mit der Zahl der Arbeiter selbst und dem Quantum des Rohmaterials, dessen die größere Anzahl Arbeiter als Arbeitsmaterial bedarf. Der Wert des ganzen *konstanten* Teils des Kapitals wächst so im Verhältnis, wie die angewandte Arbeiterzahl wächst. Zweitens aber muß der *variable* Teil des Kapitals, der gegen Arbeitsvermögen ausgetauscht wird, wachsen (wie das konstante Kapital wächst) im selben Verhältnis, wie die Arbeiterzahl oder die Anzahl der gleichzeitigen Arbeitstage zunimmt. Dieser variable Teil des Kapitals wird unter der Voraussetzung am stärksten wachsen [in] der handwerksmäßigen Industrie, wo der wesentliche Faktor der Produktion, die Handarbeit des einzelnen, in einer gegebnen Zeit nur geringes Quantum Produkt liefert, also das im Produktionsprozeß konsumierte Material im Verhältnis zur aufgewandten Arbeit klein ist; ebenso die handwerksmäßigen Instrumente einfach sind und selbst nur geringe Werte repräsentieren. Da der variable Teil des Kapitals den größten Bestandteil desselben bildet, so wird er beim Wachstum desselben am stärksten wachsen müssen; oder da der variable Teil des Kapitals den größten Teil desselben bildet, so ist es grade dieser Teil, der bei Austausch mit mehr Arbeitsvermögen am bedeutendsten wachsen muß. Wende ich ein Kapital an, worin etwa $\frac{2}{3}$ konstant, $\frac{3}{5}$ in Arbeitslohn ausgelegt sind, so wird, wenn das Kapital statt n Arbeiter 2 × n Arbeiter anwenden soll, die Rechnung die sein. Ursprünglich das Kapital = n ($\frac{2}{5}$ + $\frac{3}{5}$) $\frac{2n}{5}$ + $\frac{3n}{5}$. Jetzt $\frac{4n}{5}$ + $\frac{6n}{5}$. Der im Arbeitslohn ausgelegte oder variable Teil des Kapitals bleibt immer im selben Verhältnisse, wie die Arbeiterzahl wächst, größer als der konstante Teil, im selben Verhältnis, worin von vornherein er in größrem Umfang vorausgesetzt war.

Einerseits also, damit unter den gegebnen Bedingungen die Masse des Mehrwerts, also das Gesamtkapital, wachse, muß die Bevölkerung wachsen; andrerseits, damit die Bevölkerung wachse, ist vorausgesetzt, daß das Kapital schon gewachsen sei. So scheint hier ein circulus vitiosus. {Der an dieser Stelle als solcher offenzulassen und nicht zu erklären ist. Gehört in ch. V.}

||104| Nimmt man an, daß der Durchschnittsarbeitslohn hinreiche, nicht nur, daß die Arbeiterbevölkerung sich erhalte, sondern stetig wachse, in welchem Verhältnis auch immer, so ist von vornherein eine wachsende Arbeiterbevölkerung für wachsendes Kapital gegeben, während gleichzeitig das Wachstum der Mehrarbeit, also auch die Zunahme des Kapitals, durch die wachsende Bevölkerung gegeben ist. Eigentlich muß von dieser Annahme bei der kapitalistischen Produktion ausgegangen werden; da sie beständige Vermehrung des Mehrwerts, i.e. des Kapitals, einschließt. Wie die kapitalistische Produktion selbst zum Wachstum der Bevölkerung beiträgt, ist hier noch nicht zu untersuchen.

Die Anzahl der unter dem Kapital als Lohnarbeiter arbeitenden Bevölkerung oder die Zahl der auf dem Markt befindlichen Arbeitsvermögen kann wachsen, ohne daß die absolute Bevölkerung oder auch nur die Arbeiterbevölkerung absolut wächst. Werden z.B. Mitglieder der Arbeiterfamilie, wie Frauen und Kinder, unter den Dienst des Kapitals gepreßt, und waren sie es früher nicht, so hat sich die Anzahl der Lohnarbeiter vermehrt, ohne daß sich die absolute Anzahl der arbeitenden Bevölkerung vermehrt hat. Diese Vermehrung kann stattfinden, ohne daß sich der variable Teil des Kapitals, der gegen Arbeit ausgetauschte, sich vermehrt hätte. Die Familie könnte nach wie vor denselben Lohn, von dem sie auch früher lebte, erhalten. Nur müßten sie mehr Arbeit für denselben Lohn liefern.

Andrerseits kann die absolute Arbeiterbevölkerung wachsen, ohne daß die Gesamtbevölkerung absolut wächst. Werden Teile der Bevölkerung, die früher im Besitz der Arbeitsbedingungen waren und mit denselben arbeiteten – wie selbständige Handwerker, Parzellenbauern, endlich kleine Kapitalisten –, infolge der Wirkungen der kapitalistischen Produktion ihrer Arbeitsbedingungen beraubt (des Eigentums daran), so können sie in Lohnarbeiter sich verwandeln und so die Zahl der Arbeiterbevölkerung absolut vermehren, obgleich die absolute Zahl der Bevölkerung sich nicht vermehrt hätte. Bloß die numerische Größe der verschiednen Klassen und das Verhältnis, in dem sie an der absoluten Bevölkerung teilnehmen, hätte sich vermehrt. Es ist dies aber bekanntlich eine der Wirkungen der aus der kapitalistischen Produktion hervorgehenden Zentralisation. In diesem Falle wäre die Masse der absoluten Arbeiterbevölkerung gestiegen. Die Masse des vorhandnen, zur Produktion verwandten Reichtums hätte sich nicht absolut vermehrt. Wohl aber der in Kapital verwandelte und als Kapital wirkende Teil des Reichtums.

In beiden Fällen ist Wachstum der Anzahl der Lohnarbeiter gegeben, ohne daß in dem einen Fall die absolute Arbeiterbevölkerung und ohne daß in dem andren die absolute Gesamtbevölkerung wächst; ohne daß in dem einen Fall das gegen Arbeitslohn ausgelegte Kapital und in dem andren Fall die absolute Masse des zur Reproduktion bestimmten Reichtums vorher gewachsen wäre. Damit wäre gleichzeitig gegeben Wachsen der Mehrarbeit, des Mehrwerts und daher δυνάμει[1] das zum absoluten Wachsen der Bevölkerung nötige gewachsne Kapital. {Dies alles ist bei der Akkumulation zu betrachten.}

e) *Charakter der Mehrarbeit*

Sobald eine Gesellschaft existiert, worin einige leben, ohne zu arbeiten (direkt in der Produktion von Gebrauchswerten beteiligt zu sein), ist es klar, daß der ganze Überbau der Gesellschaft als Existenzbedingung hat die Surplusar-

---

[1] der Möglichkeit nach

beit der Arbeiter. Es ist zweierlei, was sie von dieser Surplusarbeit empfangen. *Erstens:* Die materiellen Bedingungen des Lebens, indem sie an dem Produkt teilnehmen und auf ihm und von ihm subsistieren, welches die Arbeiter über das Produkt hinaus liefern, das zur Reproduktion ihres eignen Arbeitsvermögens erheischt ist. *Zweitens:* Die freie Zeit, die sie zur Disposition haben, sei es zur Muße, sei es zur Ausübung nicht unmittelbar produktiver Tätigkeiten (wie z. B. Krieg, Staatswesen), sei es zur Entwicklung menschlicher Fähigkeiten und gesellschaftlicher Potenzen (Kunst etc. Wissenschaft), die keinen unmittelbar praktischen Zweck verfolgen, setzt die Mehrarbeit auf Seite der arbeitenden Masse voraus, d. h., daß sie mehr Zeit, als zur Produktion ihres eignen materiellen Lebens erheischt ist, in der materiellen Produktion verwenden müssen. Die *freie Zeit* auf seiten der nichtarbeitenden Gesellschaftsteile basiert auf der *Mehrarbeit* oder *Überarbeit*, auf der *Mehrarbeitszeit* des arbeitenden Teils, die freie Entwicklung auf der einen Seite darauf, daß die Arbeiter ihre ganze Zeit, also den Raum ihrer Entwicklung[70], zur bloßen ||105| Produktion bestimmter Gebrauchswerte verwenden müssen; die Entwicklung der menschlichen Fähigkeiten auf der einen Seite auf der Schranke, worin die Entwicklung auf der andren Seite gehalten wird. Auf diesem Antagonismus basiert alle bisherige Zivilisation und gesellschaftliche Entwicklung. *Auf der einen Seite* also entspricht die freie Zeit der einen der Überarbeitszeit von der Arbeit unterjochten Zeit — Zeit ihres Daseins und Wirkens als bloßes Arbeitsvermögen — der andern. *Auf der andren Seite:* Die Mehrarbeit realisiert sich nicht nur in mehr Wert, sondern in *Mehrprodukt —* Überschuß der Produktion über das Maß hinaus, das die arbeitende Klasse zu ihrer eignen Subsistenz bedarf und verbraucht. Der Wert ist vorhanden in einem Gebrauchswerte. Mehrwert daher in Surplusprodukt. Mehrarbeit in Surplusproduktion, und diese bildet die Basis für die Existenz aller nicht unmittelbar in der materiellen Produktion absorbierten Klassen. Die Gesellschaft entwickelt sich so durch die Entwicklungslosigkeit der arbeitenden Masse, die ihre materielle Basis bildet, im Gegensatz.

Es ist durchaus nicht nötig, daß Mehrprodukt Mehrwert ausdrückt. Wenn 2 Quarter Weizen das Produkt derselben Arbeitszeit wie früher 1 Quarter Weizen, so drücken die 2 quarters keinen höheren Wert aus wie früher 1. Aber eine bestimmte, gegebne Entwicklung der Produktivkräfte vorausgesetzt, stellt sich Mehrwert stets in Surplusprodukt dar, d. h., das Produkt (Gebrauchswert), geschaffen durch 2 Stunden, ist doppelt so groß als das Geschaffne durch 1 Stunde. Bestimmter ausgedrückt: Die Mehrarbeitszeit, die die arbeitende Masse arbeitet über das Maß hinaus, das zur Reproduktion ihres eignen Arbeitsvermögens, ihrer eignen Existenz nötig ist, über die *not-*

wendige Arbeit hinaus, diese Mehrarbeitszeit, die sich als Mehrwert darstellt, materialisiert sich zugleich im Mehrprodukt, Surplusprodukt, und dies Surplusprodukt ist die materielle Existenzbasis aller Klassen, die außer den arbeitenden Klassen leben, des ganzen Überbaus der Gesellschaft. Es macht *zugleich die Zeit frei*, gibt ihnen disposable[1] Zeit zur Entwicklung der übrigen Fähigkeit. Die Produktion von Surplusarbeitszeit auf der einen Seite ist zugleich Produktion von *freier* Zeit auf der andren Seite. Die ganze menschliche Entwicklung, soweit sie über die zur natürlichen Existenz der Menschen unmittelbar notwendige Entwicklung hinausgeht, besteht bloß in der Anwendung dieser freien Zeit und setzt sie als ihre notwendige Basis voraus. Die freie Zeit der Gesellschaft ist so produziert durch die Produktion der unfreien Zeit, der über die zu ihrer eignen Subsistenz erforderten Arbeitszeit hinaus verlängerten Arbeitszeit der Arbeiter. Die freie Zeit auf der einen entspricht der geknechteten auf der andern.

Die Form der Surplusarbeit, die wir hier betrachten — über das Maß der notwendigen Arbeitszeit hinaus —, hat das Kapital gemein mit allen Gesellschaftsformen, worin Entwicklung über das reine Naturverhältnis hinaus stattfindet und daher antagonistische Entwicklung, die gesellschaftliche Entwicklung der einen die Arbeit der andren zu seiner Naturbasis macht.

Die Surplusarbeitszeit — die absolute —, wie hier betrachtet, bleibt die Basis auch in der kapitalistischen Produktion, obgleich wir noch eine andre Form kennenlernen werden.

Sofern wir hier nur den Gegensatz von Arbeiter und Kapitalist haben, müssen alle Klassen, die nicht arbeiten, teilen mit dem Kapitalist an dem Produkt der Surplusarbeit; so daß diese Surplusarbeitszeit nicht nur die Basis ihrer materiellen Existenz schafft, sondern zugleich ihre *freie Zeit*, die Sphäre ihrer Entwicklung schafft.

Der absolute Mehrwert, d. h. die absolute Mehrarbeit, bleibt auch später immer die herrschende Form.

Wie die Pflanze von der Erde, das Vieh von der Pflanze oder vom pflanzenfressenden Vieh lebt, so der Teil der Gesellschaft, der freie Zeit, disposable, nicht in der unmittelbaren Produktion der Subsistenz absorbierte Zeit besitzt, von der Mehrarbeit der Arbeiter. Reichtum ist daher disposable Zeit.[2][71]

Wir werden sehn, wie die Ökonomen etc. diesen Gegensatz als natürlich betrachten.

Da der Mehrwert sich zunächst im Mehrprodukt darstellt, alle andren Ar-

---

[1] verfügbare
[2] Siehe vorl. Band, S. 194

beiten aber schon disposable Zeit, verglichen mit der Arbeitszeit, die in der Produktion der Nahrungsmittel verwandt wird, so klar, warum die Physiokraten[53] den Mehrwert auf das Mehrprodukt in der Agrikultur gründen, das sie nur fälschlich als bloßes Geschenk der Natur betrachten.

|| 106| Es kann hier schon bemerkt werden:

Die zur Produktion von Waren verwandten Arbeitszweige unterscheiden sich voneinander nach dem Grade ihrer Notwendigkeit, und dieser Grad hängt von der relativen Notwendigkeit ab, womit der Gebrauchswert, den sie schaffen, zur physischen Existenz erheischt ist. Diese Art *notwendige* Arbeit bezieht sich auf den Gebrauchswert, nicht auf den Tauschwert. D. h., es handelt sich hier nicht von der Arbeitszeit, die notwendig ist, um einen Wert zu schaffen, auflösbar in die Summe der dem Arbeiter für seine Existenz notwendigen Produkte; sie bezieht sich auf die relative Notwendigkeit der Bedürfnisse, die die Produkte der verschiednen Arbeiten befriedigen. In dieser Rücksicht die Agrikulturarbeit (darunter alle zur Beschaffung der unmittelbaren Nahrungsmittel erheischten Arbeit zu verstehn) die notwendigste. Sie schafft erst die disposable free hands [72], wie Steuart sagt, für die Industrie. Indes hier weiter zu unterscheiden. Indem der eine seine ganze disposable Zeit auf Agrikultur verwendet, kann der andre sie auf Manufaktur verwenden. Teilung der Arbeit. Aber ebenso beruht die Mehrarbeit in allen andren Branchen auf der Mehrarbeit in der Agrikultur, die den Rohstoff zu allem andren liefert.

„Es ist unverkennbar, daß die relative Anzahl von Menschen, die, ohne selbst Ackerbauarbeit zu leisten, unterhalten werden können, völlig nach den Produktivkräften der Akkerbauer gemessen werden muß." (p. 159/160, R. *Jones, „On the Distribution of Wealth", Lond[on] 1831.)*

Zusätze

ad b) In dem noch vorwährenden Kampf zu London zwischen den Arbeitern im Baufach und den Baumeistern (Kapitalisten) erheben die Arbeiter u. a. gegen das von den Meistern bearbeitete Stundensystem (wonach der Kontrakt zwischen beiden Seiten nur für die Stunde gültig; in der Tat die Stunde als Normaltag angesetzt ist) folgende Einwürfe: *Erstens:* Durch dies System werde jeder Normaltag (Normalarbeitstag), also jede Grenze der täglichen Gesamtarbeit (notwendige Arbeit und Mehrarbeit zusammengerechnet), abgeschafft. Die Feststellung eines solchen Normaltages sei das beständige Ziel der Arbeiterklasse, die in allen solchen Zweigen, wie z. B. bei den job Arbeitern[1] in den Docks, an der Themse usw., wo kein solcher Normaltag, sei es gesetzlich oder faktisch, bestehe, auf dem tiefsten Punkt der Erniedrigung stehe. Sie heben hervor, wie ein solcher Normaltag nicht nur das Maß der durchschnittlichen Lebensdauer der Arbeiter bilde, sondern ihre Gesamtentwicklung beherrsche. *Zweitens:* Daß durch dies Stundensystem der extrapay[2] für die Überarbeit – d. h. den Überschuß der Mehrarbeit über ihr normales und herkömmliches Maß – wegfalle. Dieser extrapay, wenn er einerseits in außerordentlichen Fällen es den Meistern [ermöglicht], über den Normaltag hinaus arbeiten zu lassen, legte ihrem Trieb nach unendlicher Verlängerung des Arbeitstags goldne Ketten an. Dies war ein Grund, warum die Arbeiter den extrapay verlangten. Der zweite: Sie verlangen für die Überarbeit extrapay, weil mit der Verlängerung des Normaltags nicht nur ein quantitativer, sondern ein qualitativer Unterschied eintritt und der tägliche *Wert* des Arbeitsvermögens selbst damit einer andren Schätzung zu unterwerfen ist. Wenn z. B. statt 12stündiger Arbeit 13stündige eintrete, so ist der Durchschnittsarbeitstag eines Arbeitsvermögens zu schätzen, das sich z. B. in 15 Jahren abnützt, während im andren Fall der Durchschnittstag eines Arbeitsvermögens zu schätzen ist, das in 20 Jahren abgenutzt wird. *Drittens.* Weil, indem ein Teil der Arbeiter überarbeitet, ein entsprechender Teil arbeitslos wird und der Lohn der Beschäftigten durch den Lohn, zu dem die Unbeschäftigten arbeiten, herabgedrückt wird.

{Absoluten Mehrwert und relativen Mehrwert zusammengenommen, zeigt sich: Bleibt die Produktivität der Arbeit dieselbe, ebenso die Zahl der Arbeiter, so kann der Mehrwert nur wachsen, soweit die Mehrarbeit vermehrt, also der Gesamtarbeitstag (der Maßstab des Gebrauchs des Arbeitsvermögens) über seine gegebne Grenze hinaus verlängert wird. Bleibt der Gesamtarbeitstag derselbe, dito die Zahl der Arbeiter, so kann der Mehrwert nur wachsen, wenn die Produktivität der Arbeit wächst oder, was dasselbe, der zur notwendigen Arbeit erheischte Teil des Arbeitstags verkürzt wird. Wenn der Gesamtarbeitstag und die Produktivität der Arbeit dieselben bleiben, so bleibt die Rate des Mehrwerts, d. h. sein Verhältnis zur notwendigen Arbeitszeit, unveränderlich, aber die Masse des Mehrwerts kann in beiden Fällen wachsen mit der Zunahme der gleichzeitigen Arbeitstage, d. h. mit dem Wachsen der Bevölkerung. Umgekehrt: Fallen kann die Rate des Mehrwerts nur, wenn entweder die Mehrarbeit vermindert, also der Gesamtarbeitstag verkürzt wird bei gleichbleibender Produktivität der Arbeit, oder wenn die Produktivität

---

[1] Akkordarbeitern
[2] zusätzliche Lohn

der Arbeit abnimmt, also der zur notwendigen Arbeit erheischte Teil des Arbeitstags zunimmt bei gleichbleibender Dauer des Gesamtarbeitstags. In beiden Fällen kann, bei unveränderter Rate des Mehrwerts, die Masse des Mehrwerts abnehmen, wenn die Zahl der gleichzeitigen Arbeitstage, also die Bevölkerung, abnimmt. (I. e. die arbeitende.)

Bei allen diesen Verhältnissen ist vorausgesetzt, daß der Arbeiter sein Arbeitsvermögen zu seinem *Wert* verkauft, d. h., daß der *Preis* der Arbeit oder der Arbeitslohn dem *Wert* desselben entspricht. Diese Voraussetzung liegt, wie schon öfter wiederholt, der ganzen ||107| Untersuchung zugrunde. Wie weit der Arbeitslohn selbst über oder unter seinen Wert steigt oder fällt, gehört in das Kapitel vom Arbeitslohn, ganz so, wie die Darstellung der besondren Formen (Taglohn, Wochenlohn, Stücklohn, Stundenlohn etc.), worin die Verteilung zwischen notwendiger und Mehrarbeit vor sich gehn, erscheinen kann. Indes kann hier im allgemeinen bemerkt werden: Würde das Minimum des Arbeitslohns, die Produktionskosten des Arbeitsvermögens, selbst auf eine niedrigre Stufe anhaltend herabgedrückt, so würde damit der Mehrwert relativ ebensosehr konstant gewachsen sein und daher die Mehrarbeit, als ob sich die Produktivität der Arbeit vermehrt hätte. Es ist offenbar dem Resultat nach dasselbe, ob ein Arbeiter von 12 Arbeitsstunden statt bisher 10 nur 8 für sich arbeitet, weil seine Arbeit produktiver geworden und er *dieselben* Lebensmittel in 8 Stunden produzieren könnte, für die er früher 10 brauchte oder ob er künftig *schlechtre* Lebensmittel erhält, deren Produktion nur 8 Stunden erheischt, während die der frühern und besseren 10 Stunden erheischte. In beiden Fällen würde der Kapitalist 2 Stunden Mehrarbeit gewinnen, für das Produkt von 8 Arbeitsstunden eins von 12 austauschen, während er früher für das Produkt von 10 Stunden das von 12 eintauschte. Ferner: Träte kein solches Sinken des Werts des Arbeitsvermögens selbst ein oder kein Fall, keine konstante Verschlechterung in der Lebensweise des Arbeiters, so würde ein temporäres Herunterdrücken des Arbeitslohns unter sein normales Minimum oder, was dasselbe, ein Fallen des täglichen Preises des Arbeitsvermögens unter seinen täglichen Wert temporär – für die Zeit, worin es stattfände – mit dem obenerwähnten Fall zusammenfallen, nur daß hier vorübergehend, was dort konstant. Drückt ein Kapitalist den Arbeitslohn, infolge der Konkurrenz unter den Arbeitern etc., den Arbeitslohn unter sein Minimum herab, so heißt das in andren Worten nichts, als daß er von dem Quantum des Arbeitstags das normaliter[1] die notwendige Arbeitszeit, d. h., den dem Arbeiter selbst zufallenden Teil seiner Arbeitszeit bildet, ein

---

[1] in der Regel

Stück abzieht. Jede Verminderung der notwendigen Arbeitszeit, die nicht Folge eines Wachstums der Produktivität der Arbeit ist, ist in der Tat keine Verminderung der notwendigen Arbeitszeit, sondern nur Aneignung der notwendigen Arbeitszeit durch das Kapital, Übergriff über seine Domäne der Mehrarbeit. Erhält der Arbeiter niedrigen Lohn als den normalen, so ist das dasselbe, daß er das Produkt von weniger Arbeitszeit erhält als nötig ist zur Reproduktion seines Arbeitsvermögens in den normalen Bedingungen, so daß, wenn 10 Stunden Arbeitszeit dazu erheischt, er nur das Produkt von 8 erhält, von seiner notwendigen Arbeitszeit von 10 Stunden 2 vom Kapital angeeignet werden. Was den Mehrwert des Kapitalisten angeht, so ist es natürlich für diesen Mehrwert, i. e. Mehrarbeit, ganz dasselbe, ob er dem Arbeiter die 10 Stunden zahlt, die er zur normalen Existenz braucht, und ihn 2 Stunden für das Kapital Mehrarbeit verrichten läßt oder ob er ihn nur 10 Stunden arbeiten läßt und ihm 8 Stunden zahlt, mit denen er nicht die zu seiner normalen Existenz notwendigen Lebensmittel kaufen kann. Ein Herabdrücken des Arbeitslohns bei gleichbleibender Produktivität der Arbeit ist Vermehrung der Mehrarbeit durch gewaltsamen Abbruch der notwendigen Arbeitszeit durch Übergriffe auf ihre Domäne. Es ist klar, daß es für den Kapitalisten dasselbe ist, ob er für dieselbe Arbeitszeit weniger zahlt oder für dasselbe Salair den Arbeiter länger arbeiten läßt.}

Zusatz ad e) Insofern in der kapitalistischen Produktion das Kapital den Arbeiter zwingt, über seine notwendige Arbeitszeit hinaus zu arbeiten – d. h. über die Arbeitszeit hinaus, die zur Befriedigung seiner eignen Lebensbedürfnisse als Arbeiter erheischt ist[1] –, schafft, produziert das Kapital, als dies Verhältnis der Herrschaft der vergangnen Arbeit zur lebendigen Arbeit – die *Mehrarbeit* und damit den *Mehrwert*. Mehrarbeit ist Arbeit des Arbeiters, des einzelnen, über die Grenzen seiner Bedürftigkeit hinaus, Arbeit in der Tat für die Gesellschaft, obgleich der Kapitalist hier zunächst im Namen der Gesellschaft diese Mehrarbeit einkassiert. Diese Mehrarbeit ist, wie gesagt, die Basis der freien Zeit der Gesellschaft einerseits, andrerseits damit die materielle Basis ihrer ganzen Entwicklung und der Kultur überhaupt. Insofern es der Zwang des Kapitals ist, das die große Masse der Gesellschaft zu dieser Arbeit über ihre unmittelbare Bedürftigkeit hinaus zwingt, schafft es Kultur, übt es eine geschichtlich-soziale Funktion aus. Es wird damit die allgemeine Aufmerksamkeit der Gesellschaft überhaupt über die durch die unmittelbar physischen Bedürfnisse der Arbeiter selbst hinaus erheischte Zeit geschaffen.

Es ist zwar klar, daß alle herrschenden Klassen überall, wo die Gesell-

---

[1] In der Handschrift: sind

schaft auf einem Klassenantagonismus beruht, so daß auf der einen Seite die Besitzer der Produktionsbedingungen herrschen, auf der andren die Besitzlosen, vom Besitz der Produktionsbedingungen Ausgeschloßnen, arbeiten müssen, durch ihre Arbeit sich und ihre Herrscher erhalten müssen – in gewissen Grenzen diesen selben Zwang, in der Sklaverei z. B. in viel direktrer Form als in der Lohnarbeit, ausüben und daher die Arbeit ebenso über die Grenzen, die ihr durch die bloße Naturbedürftigkeit gesetzt sind, hinaus forcieren. In allen Zuständen aber, worin der *Gebrauchswert* vorherrscht, ist die Arbeitszeit gleichgültiger, soweit sie nur dahin ausgedehnt wird, außer den Lebensmitteln der Arbeiter selbst den Herrschenden eine Art patriarchalischen Reichtums, gewisse Masse Gebrauchswerte, zu liefern. Im Maße aber, wie der *Tauschwert* bestimmendes Element der Produktion wird, wird die Verlängerung der Arbeitszeit über das Maß der natürlichen Bedürftigkeit hinaus mehr und mehr entscheidend. Wo z. B. Sklaverei und Leibeigenschaft bei wenig handeltreibenden Völkern herrscht, ist an ||108| keine Überarbeitung zu denken. Sklaverei und Leibeigenschaft nehmen daher die gehässigste Form bei kommerziellen Völkern an, wie z. B. den Karthageniensern; noch mehr aber bei Völkern, die sie als Basis ihrer Produktion in einer Zeitepoche beibehalten, wo ihr Zusammenhang mit andren Völkern, bei dann kapitalistischer Produktion; also z. B. in den südlichen Staaten der amerikanischen Union.

Da in der kapitalistischen Produktion der Tauschwert erst die ganze Produktion und die ganze Gliederung der Gesellschaft beherrscht, so ist der Zwang, den das Kapital der Arbeit anlegt, über die Grenzen ihrer Bedürftigkeit hinauszugehen, am größten. Ebenso, da in ihm die *notwendige Arbeitszeit* (gesellschaftlich notwendige Arbeitszeit) die Wertgröße aller Produkte erst umfassend bestimmt, erreicht unter ihm die Intensivität der Arbeit höhren Grad, indem hier erst die Arbeiter allgemein gezwungen werden, zur Produktion eines Gegenstandes nur die unter den allgemein gesellschaftlichen Produktionsbedingungen *notwendige Arbeitszeit* an[zu]wenden. Die Peitsche des Sklavenhalters kann diese Intensivität nicht in demselben Grad herstellen, wie der Zwang des Kapitalverhältnisses. Im letzten muß der freie Arbeiter, um seine notwendigen Bedürfnisse zu befriedigen, seine Arbeitszeit 1. in *notwendige Arbeitszeit* verwandeln, ihr den allgemein gesellschaftlich (durch die Konkurrenz) bestimmten Grad der Intensivität geben; 2. Mehrarbeit liefern, um die für ihn selbst notwendige Arbeitszeit arbeiten zu dürfen (können). Der Sklave dagegen hat seine notwendigen Bedürfnisse befriedigt wie das Tier und es hängt nun von seiner Naturanlage ab, wie weit die Peitsche usw. ihn veranlaßt, hinreichendes Motiv für ihn ist, Arbeit im Ersatz für diese Lebensmittel zu geben. Der Arbeiter arbeitet, um seine Lebensmittel sich selbst zu

schaffen, um sein eignes Leben zu gewinnen. Der Sklave wird von einem andren am Leben erhalten, um von ihm zur Arbeit gezwungen zu werden.

Das Kapitalverhältnis ist also in dieser Art produktiver – einmal, weil es
sich bei ihm um die Arbeitszeit als solche handelt, um den Tauschwert, nicht
um das Produkt als solches oder den Gebrauchswert; zweitens, weil der freie
Arbeiter seine Lebensbedürfnisse nur befriedigen kann, sofern er seine Arbeit
verkauft; also durch sein eignes Interesse gezwungen ist, nicht durch äußeren
Zwang.

Teilung der Arbeit kann überhaupt nur bestehn, wenn jeder Produzent
einer Ware mehr Arbeitszeit zur Produktion dieser Ware verwendet, als sein
eigner Bedarf an dieser bestimmten Ware erheischt. Aber daraus folgt noch
nicht, daß seine Arbeitszeit überhaupt über den Kreis seiner Bedürftigkeit
hinaus verlängert wird. Vielmehr wird der Kreis seiner Bedürfnisse – der
sich allerdings von vornherein mit der Teilung der Arbeiten, der Beschäftigungen, ausdehnen wird – das Gesamtquantum seiner Arbeitszeit bestimmen. Z. B. ein Landmann, der alle seine Lebensmittel selbst produzierte,
brauchte nicht den ganzen Tag im Feld zu arbeiten, aber er müßte z. B.
12 Stunden zwischen Feldarbeit und verschiednen häuslichen Arbeiten verteilen. Daß er nun seine ganze Arbeitszeit von 12 Stunden auf die Agrikultur
anwendet und mit dem Überschuß des Produkts dieser 12 Stunden Produkte
andrer Arbeiten austauscht, kauft, ist dasselbe, als wenn er selbst einen Teil
seiner Arbeitszeit auf Agrikultur, einen andren auf andre Geschäftszweige
verwandt hätte. Die 12 Stunden, die er arbeitet, sind nach wie vor die zur
Befriedigung seiner *eignen Bedürfnisse* erheischte Arbeitszeit und Arbeitszeit
innerhalb der Grenzen seiner natürlichen oder vielmehr gesellschaftlichen
Bedürftigkeit. Das Kapital treibt aber über diese naturwüchsigen oder
traditionellen Schranken der Arbeitszeit hinaus, indem es zugleich die Intensivität der Arbeit von der gesellschaftlichen Produktionsstufe abhängig macht
und so dem Schlendrian des unabhängigen Selbstproduzenten oder des nur
unter äußerem Zwang arbeitenden Sklaven entzieht. Verfallen alle Produktionszweige der kapitalistischen Produktion, so folgt aus dem bloßen allgemeinen Wachstum der Mehrarbeit – der allgemeinen Arbeitszeit –, daß sich die
Teilung der Geschäftszweige, die Verschiedenheit der Arbeiten und der in
den Austausch kommenden Waren vermehren wird. Arbeiten 100 Mann in
einem Geschäftszweig soviel Zeit, wie früher 110 Mann – bei kürzrer Mehrarbeit oder kürzrer Dauer der Gesamtarbeit – so können 10 Mann auf einen
andren neuen Geschäftszweig geworfen werden, ebenso der Teil des Kapitals,
der früher zur Beschäftigung dieser 10 Mann erheischt war. Das bloße Her-
austreten – Verlegen der Arbeitszeit – über ihre naturwüchsigen oder tradi-

tionellen Schranken hinaus – wird daher zur Anwendung der gesellschaftlichen Arbeit in neuen Produktionszweigen führen. Indem *Arbeitszeit* frei wird – und die Mehrarbeit schafft nicht nur *freie Zeit,* sie macht Arbeitsvermögen[1], das in einem Produktionszweig gebunden war, Arbeit überhaupt *frei* (dies ist der Punkt) für neue Produktionszweige. Es liegt aber in dem Entwicklungsgesetz der menschlichen Natur, daß, sobald für die Befriedigung eines Kreises der Bedürfnisse ||109| gesorgt ist, *neue Bedürfnisse* frei werden, geschaffen werden. Indem das Kapital daher die Arbeitszeit über das zur Befriedigung der Naturbedürftigkeit des Arbeiters bestimmte Maß hinaustreibt, treibt es zu größerer Teilung der gesellschaftlichen Arbeit – der Arbeit im ganzen der Gesellschaft, größerer Mannigfaltigkeit der Produktion, Erweiterung des Kreises der gesellschaftlichen Bedürfnisse und der Mittel ihrer Befriedigung, daher auch zur Entwicklung des menschlichen Produktionsvermögens und damit der Betätigung der menschlichen Anlagen in neuen Richtungen. Wie aber die Surplusarbeitszeit Bedingung der freien Zeit, so diese Erweiterung des Kreises der Bedürfnisse und der Mittel ihrer Befriedigung bedingt durch die Fesselung des Arbeiters an die notwendigen Lebensbedürfnisse.

Zusatz ad a)

Erstens. In seiner Schrift *„Letters on the Factory Act, as it affects the Cotton Manufacture etc.",* London 1837, sagt *Nassau W. Senior:* (p. 12, 13.)

„Unter dem gegenwärtigen Gesetz kann keine Fabrik, worin Personen unter 18 Jahren beschäftigt sind, länger als $11\frac{1}{2}$ Stunden täglich arbeiten, d. h. 12 Stunden während der ersten 5 Tage und 9 Stunden am Sonnabend. Die folgende Analyse zeigt nun, daß in einer solchen Fabrik der ganze Reingewinn" (Net Profit) „von der *letzten Stunde* abgeleitet wird" (herkömmt, is derived). „Ein Fabrikant legt 100 000 *l.* St. aus – 80 000 *l.* St. in Fabrikgebäuden und Maschinerie, 20 000 in Rohmaterial und Arbeitslohn. Das jährliche Einkommen der Fabrik, vorausgesetzt, das Gesamtkapital schlage einmal jährlich um und das Gesamteinkommen" (gross profits) „betrage 15 %, muß sich auf Waren zum Wert von 115 000 *l.* belaufen, reproduziert durch die beständige Verwandlung und Rückverwandlung des 20 000 *l.* zirkulierenden Kapitals von Geld in Waren und von Waren in Geld, in Perioden etwas länger als zwei Monaten. Von diesen 115 000 *l.* produziert jede der 23 halben Arbeitsstunden täglich $\frac{5}{115}$ oder $\frac{1}{23}$. Von diesen $\frac{23}{23}$, die das Ganze der 115 000 *l.* konstituieren" (constituting the whole 115 000 *l*), „ersetzen $\frac{20}{23}$, d. h. 100 000 *l.* von den 115 000, nur das Kapital; $\frac{1}{23}$ oder 5000 *l.* von den 15 000" (Gewinn) „ersetzen die Abnutzung der Fabrik und der Maschinerie. Die übrigbleibenden $\frac{2}{23}$, d. h. die letzten beiden halben Stunden jeden Tags, produzieren den Reingewinn von 10 %. Wenn daher" (bei gleichbleibenden Preisen) „die Fabrik während 13 Arbeitsstunden statt $11\frac{1}{2}$ arbeiten dürfte, so würde, mit einer Zulage von ungefähr 2600 *l.* St. zum zirkulierenden Kapital, der Reinprofit mehr

---

[1] In der Handschrift: Arbeitszwang

als verdoppelt werden. Andrerseits, wenn die Arbeitsstunden täglich um eine Stunde reduziert würden, bei gleichbleibenden Preisen, so würde der Reinprofit zerstört sein, wenn reduziert um $1\frac{1}{2}$ Stunden auch der Grossprofit."

Erstens: Die Richtigkeit oder Unrichtigkeit der von Senior angegebnen positiven Daten ist gleichgültig für den Gegenstand unsrer Untersuchung. Indes mag nebenbei bemerkt werden, daß der englische Fabrikinspektor *Leonard Horner*, ein Mann, ebenso ausgezeichnet durch gründliche Sachkenntnis wie durch unbestechbare Wahrheitsliebe, die Falschheit jener Angaben bewiesen hat, welche Herr Senior als getreues Echo der Manchester Fabrikanten 1837 aufstellte. (Siehe *Leonard Horner, „A Letter to Mr. Senior etc.", London 1837*.)

Zweitens: Das Zitat aus Senior ist charakteristisch für die Verdummung, der die Ausleger der Wissenschaft rettungslos anheimfallen, sobald sie sich zu Sykophanten einer herrschenden Klasse herabwürdigen. Senior schrieb die zitierte Schrift im Interesse der Baumwollfabrikanten und hatte sich vor ihrer Abfassung eigens nach Manchester begeben, um von den Fabrikanten selbst das Material zu seiner Schrift zu erhalten. In dem Zitat begeht Senior, Professor der politischen Ökonomie zu Oxford und einer der namhaftesten jetzt lebenden englischen Ökonomen, grobe Schnitzer, die er keinem seiner Schüler verzeihen würde. Er stellt die Behauptung auf, daß die jährliche Arbeit in einer Baumwollfabrik oder, was dasselbe ist, die Arbeit von $11\frac{1}{2}$ [Stunden], tagaus, tagein während des Jahrs, außer dem von ihr selbst dem Rohmaterial, der Baumwolle, vermittelst der Maschinerie ||110| zugefügten Arbeitszeit oder Werts auch noch den Wert des im Produkt enthaltnen Rohmaterials und den Wert der in der Produktion aufgenutzten Maschinerie und Fabrikgebäude schafft. Danach würden in einer Baumwollspinnerei z. B. die Arbeiter außer der Spinnarbeit (d. h. dem Wert) − gleichzeitig während ihrer $11\frac{1}{2}$stündigen Arbeitszeit die Baumwolle produzieren, die sie bearbeiten, dito die Maschine, womit sie die Baumwolle bearbeiten und das Fabrikgebäude, worin dieser Prozeß vorgeht. Nur in diesem Falle könnte Herr Senior sagen, daß die $^{23}\!/_2$[1] täglichen Arbeitsstunden während des ganzen Jahres die 115 000 £ konstituieren, d. h. den Wert des jährlichen Gesamtprodukts. Senior rechnet so: Die Arbeiter arbeiten während des Tags so viel Stunden, um den Wert der Baumwolle zu „ersetzen", also zu schaffen, so viel Stunden, um den Wert des abgenutzten Teils der Maschinerie und Fabriken zu „ersetzen", so viel Stunden, um ihren eignen Arbeitslohn und so viel Stunden, um den Profit zu produzieren. Diese kindisch-alberne Vorstellung, wonach der Arbeiter außer seiner eignen Arbeitszeit auch noch die im Rohmaterial, das er bear-

---

[1] In der Handschrift: 23

beitet, und der Maschinerie, die er anwendet, enthaltne Arbeitszeit gleichzeitig arbeitet, also Rohmaterial und Maschinerie *zur selben Zeit* produziert, wo sie als fertige Produkte die Bedingungen seiner Arbeit bilden, erklärt sich daraus, daß Senior, ganz unter der Herrschaft der ihm von den Fabrikanten erteilten Lektionen, eine praktische Rechnungsweise derselben verballhornt, die zwar auch theoretisch ganz richtig, aber einerseits bei dem Verhältnis, was Senior zu betrachten vorgibt, nämlich dem von Arbeitszeit und Gewinn, ganz gleichgültig ist, die andrerseits leicht die abgeschmackte Vorstellung erzeugt, daß der Arbeiter nicht nur den Wert, den er seinen Arbeitsbedingungen zusetzt, sondern auch den Wert dieser Arbeitsbedingungen selbst produziert.

Jene praktische Rechnung ist diese. Nehmen wir an, der Wert des Gesamtprodukts, sage einer 12stündigen Arbeitszeit, bestehe z.B. zu $\frac{1}{3}$ aus dem Wert des Arbeitsmaterials, also Baumwolle z.B., $\frac{1}{3}$ der Arbeitsmittel, Maschinerie z.B., und $\frac{1}{3}$ der neu zugefügten Arbeit, z.B. dem Spinnen. Das Zahlenverhältnis hier ist gleichgültig. Es ist immer irgendein bestimmtes Verhältnis anzunehmen. Gesetzt, der Wert dieses Produkts sei gleich 3 £ St. So kann der Fabrikant rechnen: Der Wert des Produkts von $\frac{1}{3}$ der täglichen oder von 4 Stunden Arbeitszeit ist gleich dem Wert der Baumwolle, die ich für die 12 Stunden brauche oder die im Gesamtprodukt verarbeitet ist. Der Wert des Produkts des zweiten $\frac{1}{3}$ der täglichen Arbeitszeit ist gleich dem Wert der Maschinerie, die ich während 12 Stunden abnutze. Endlich der Wert des Produkts des dritten $\frac{1}{3}$ der täglichen Arbeitszeit ist gleich dem Arbeitslohn plus dem Profit. Er kann also sagen, daß ihm das $\frac{1}{3}$ der täglichen Arbeitszeit den Wert der Baumwolle, das zweite $\frac{1}{3}$ den Wert der Maschinerie ersetze, endlich das dritte $\frac{1}{3}$ den Arbeitslohn und den Profit bilde. Dies heißt in der Tat aber nichts andres, als das die ganze tägliche Arbeitszeit einerseits dem unabhängig von ihr vorhandnen Wert der Baumwolle und der Maschinerie nichts hinzufügt als sich selbst, als den Wert, der einerseits den Arbeitslohn, andrerseits den Profit bildet. Nämlich der Wert des Produkts des ersten Dritteils des Tags oder der ersten 4 Stunden ist gleich $\frac{1}{3}$ des Werts des Gesamtprodukts von 12 Arbeitsstunden. Der Wert des Produkts dieser ersten 4 Stunden ist gleich 1 *l*, wenn der Wert des 12stündigen Gesamtprodukts = 3 *l*. Von dem Wert dieses 1 *l* bestehn aber $\frac{2}{3}$, also $13\frac{1}{3}$ Shilling aus dem vorhandnen Wert von Baumwolle und Maschinerie (nach der Voraussetzung). Neuer Wert hinzugekommen ist nur $\frac{1}{3}$ oder der Wert von $6\frac{2}{3}$ sh, von 4 Arbeitsstunden. Der Wert des *Produkts* des ersten $\frac{1}{3}$ des Arbeitstags ist = 1 *l*, weil in diesem Produkt $\frac{2}{3}$ oder $13\frac{1}{3}$ sh aus den vorausgesetzten und im Produkt nur wiedererscheinenden Werten des Rohmaterials und der aufgenutzten Maschinerie bestehn. Wert geschaffen hat die Arbeit in den 4 Stunden nur $6\frac{2}{3}$ und schafft

daher in den 12 Stunden nur 20 sh oder 1 *l.* Wert. Der Wert des *Produkts* der
4stündigen Arbeit ist eben ein ganz andres Ding als der neugeschaffne Wert,
der neu*zugesetzten Arbeit,* der Spinnarbeit, die nach der Voraussetzung die
vorhandnen Werte nur um $\frac{1}{3}$ vermehrt. Die Spinnarbeit verarbeitet in den 4
ersten Stunden nicht das Rohmaterial von 12 Stunden, sondern das von 4.
Wenn der Wert des Gespinsts von 4 Stunden aber gleich ist dem Wert der
während 12 Stunden verarbeiteten Baumwolle, so rührt das nur daher, weil
nach der Voraussetzung der Wert der Baumwolle $\frac{1}{3}$ des Werts des Gespinsts
jeder einzelnen Stunde bildete, also auch $\frac{1}{3}$ des Werts des in 12 Stunden produzierten Gespinsts, i. e., gleich ist dem Wert des in 4 Stunden produzierten
Gespinsts. Der Fabrikant könnte auch rechnen, daß ihm das Produkt der
12stündigen Arbeit den Wert der Baumwolle für 3 Tage ersetzt und würde
damit ebensowenig das Verhältnis selbst berühren, um das es sich handelte.

Für den Fabrikanten hat die Rechnung praktischen Wert. Auf der Produktionsstufe, auf der er arbeitet, muß er soviel Baumwolle verarbeiten, als
erheischt ist, um ein bestimmtes Quantum Arbeitszeit zu absorbieren. Wenn
die Baumwolle im Wert des Gesamtprodukts von 12 Stunden ||111| $\frac{1}{3}$ bildet,
so bildet das Produkt von $\frac{1}{3}$ des Gesamtarbeitstags von 12 Stunden oder von
4 Stunden den Wert der während 12 Stunden verarbeiteten Baumwolle. Man
sieht, wie wichtig, es festzuhalten, daß in einem bestimmten Produktionsprozeß, also z. B. der Spinnerei, der Arbeiter keinen Wert schafft außer dem
durch seine eigne Arbeitszeit (hier das Spinnen) gemeßnen, von welcher Arbeitszeit ein Teil das Salair ersetzt, der andre den dem Kapitalist zufallenden
Mehrwert bildet.

(In der Tat *produzieren* oder *reproduzieren* die Arbeiter keinen Partikel weder vom Wert des Rohstoffs noch von dem der Maschinerie usw. Dem Wert
des Rohstoffs und dem Wert der in der Produktion konsumierten Maschinerie fügen sie nichts hinzu als ihre eigne Arbeit, und diese ist der neugeschaffne Wert, wovon ein Teil gleich ihrem eignen Salair und der andre
gleich dem Mehrwert, den der Kapitalist erhält. Das ganze Produkt — soll die
Produktion fortdauern — ist daher auch nicht teilbar zwischen Kapitalist und
Arbeiter, sondern bloß das Produkt minus dem Wert des in ihm avancierten[1]
Kapitals. Keine Stunde der Arbeit ist gewidmet dem „Ersetzen" des Kapitals
im Sinne Seniors, so daß die Arbeit doppelt produzierte, ihren eignen Wert
und den ihres Materials etc. Seniors Behauptung läuft nur darauf hinaus, daß
von den $11\frac{1}{2}$ Stunden, die der Arbeiter arbeitet, $10\frac{1}{2}$ sein Salair und nur $\frac{2}{2}$
oder 1 Stunde seine Surplusarbeitszeit bilden.)

Drittens: Die ganz unwissenschaftliche Behandlung des Herrn Senior, daß

---

[1] vorgeschoßnen

Seite 111 aus Heft III

er das, worauf es ankam, nämlich das im Salair ausgelegte Kapital, gar nicht spezialisiert, sondern mit dem für Rohmaterial ausgelegten zusammenwirkt. Indessen, wenn das von ihm gegebne Verhältnis richtig wäre, so würden von den $11\frac{1}{2}$ Stunden oder 23 halben Stunden die Arbeiter 21 halbe Stunden für sich arbeiten und nur 2 halbe Stunden[1] Mehrarbeit dem Kapitalisten liefern. Die Mehrarbeit verhielte sich danach zur notwendigen $= 2 : 21 = 1 : 10\frac{1}{2}$; d. h. also $9\frac{11}{21}$[2] Prozent, und dies soll 10 % Profit auf das ganze Kapital geben! Das Sonderbarste, was seine gänzliche Unwissenheit über die Natur des Mehrwerts zeigt: Er nimmt an, daß von den 23[3] halben Stunden oder $11\frac{1}{2}$ Stunden nur 1 Stunde die Mehrarbeit, also den Mehrwert, bildet und wundert sich daher darüber, daß, wenn die Arbeiter zu dieser 1 Stunde Mehrarbeit noch $1\frac{1}{2}$ Stunden Mehrarbeit zufügen würden, statt 2 halbe Stunden 5 halbe Stunden (also im ganzen 13 Stunden) arbeiten würden, der Reingewinn um *mehr als das Doppelte* wachsen würde. Ebenso naiv ist die Entdeckung, daß unter der Voraussetzung, daß die ganze Mehrarbeit oder Mehrwert gleich einer Stunde, der ganze Reinprofit wegfallen würde, sobald die Arbeitszeit um diese eine Stunde reduziert, also überhaupt keine Mehrarbeit gearbeitet würde. Man sieht auf der einen Seite das Erstaunen über die Entdeckung, daß der Mehrwert, also auch der Gewinn, sich in bloße Mehrarbeit auflöst, anderseits zugleich das Nichtbegreifen dieses Verhältnisses, was Herrn Senior nur als Kuriosum in der Baumwollfabrikation, unter dem Einfluß der Fabrikanten, aufgefallen ist.

Zweitens. Das Geld, das der Arbeiter als Arbeitslohn erhält, stellt die Arbeitszeit dar, die in den zur Befriedigung seiner Lebensbedürfnisse erforderlichen Waren vorhanden ist. Der Mehrwert entsteht dadurch, daß der Arbeiter[4] im Austausch für diese Waren mehr Arbeitszeit zurückgibt, als in ihnen enthalten ist, mehr lebendige Arbeit für ein bestimmtes Quantum vergegenständlichter Arbeit. Er kauft diese Waren, deren Umkreis sein Salair bildet, also mit mehr Arbeit als zu ihrer Produktion erheischt ist.

„Welche Quantität Arbeit für die Erzeugung einer Ware auch immer notwendig sein mag, der Arbeiter muß stets, beim gegenwärtigen Zustand der Gesellschaft, viel mehr Arbeit hingeben, um sie zu erwerben und zu besitzen, als erforderlich ist, sie von der Natur zu kaufen. Der für den Arbeiter so erhöhte natürliche Preis ist der soziale Preis." ([p.] 220, Th. *Hodgskin*, „Pop[ular] Pol. Econ.", London 1827.)

---

[1] In der Handschrift: $^{23}\!/_{23}$ halben Stunden, die Arbeiter $^{21}\!/_{23}$ halbe Stunden für sich arbeiten und nur $^{2}\!/_{23}$ Stunden

[2] In der Handschrift: $9\frac{11}{29}$

[3] In der Handschrift: $^{23}\!/_{23}$

[4] In der Handschrift: die Arbeit

„Brotherton, selbst ein Fabrikant, erklärte im House of Commons, daß die Fabrikanten Hunderte von Pfunden ihren Gewinnen wöchentlich zusetzen würden, könnten sie ihre Arbeiter" (ihre men, Leute) „bewegen, täglich nur eine Stunde länger zu arbeiten." (*Ramsay*, l. c., p. 102.)

„Wo keine surpluslabour[1] ist, kann kein surplusproduce[2] sein, daher kein Kapital." ([p.] 4, „*The source and the remedy of the National Difficulties etc.*", London 1821.)

||112| „Welche Kapitalmenge in einem bestimmten Moment investiert werden kann, sei es in einem gegebenen Land oder in der Welt, so daß es nicht weniger als *eine gegebene Profitrate* bringt, scheint prinzipiell vom *Arbeitsquantum* abzuhängen, zu dessen Bewältigung durch Anlage dieses Kapitals die derzeit vorhandene Anzahl menschlicher Wesen veranlaßt werden kann." ([p.] 20, „*An Inquiry into those Principles respecting the Nature of Demand etc., lately advocated by Mr. Malthus*", London 1821.)

Zu p. 106, 107:

„Wenn der Arbeiter dahin gebracht werden kann, sich von Kartoffeln zu nähren statt von Brot, so ist es unbestreitbar richtig, daß mehr aus seiner Arbeit herausgeschlagen werden kann, d. h., wenn er, um von Brot zu leben, genötigt war, für seine Erhaltung und die seiner Familie die Arbeit des Montags und Dienstags für sich zu behalten, so wird er bei Kartoffelnahrung nur die Hälfte des Montags für sich erhalten; und die andere Hälfte des Montags und der ganze Dienstag werden freigesetzt entweder für den Nutzen des Staats oder für den Kapitalisten." ([p.] 26, „*The Source and Remedy of the Nation. Diff.*", Lond[on] 1821.)

„Was auch dem Kapitalisten *zukommen* möge, er *kann immer nur* die Mehrarbeit des Arbeiters *aneignen*, denn der Arbeiter *muß leben*. Aber es ist die volle Wahrheit: Wenn das Kapital nicht an Wert abnimmt im Verhältnis, wie es an Masse zunimmt, so werden die Kapitalisten den Arbeitern das Produkt jeder Arbeitsstunde abpressen über das hinaus, wovon der Arbeiter leben *kann*: Und so abscheulich und entsetzlich es scheinen mag, der Kapitalist mag schließlich imstande sein, auf die Lebensmittel zu spekulieren, deren Produktion am wenigsten Arbeit machen und schließlich dem Arbeiter sagen: ‚Du sollst kein Brot essen, denn Gerstengrütze ist billiger. Du sollst kein Fleisch essen, denn man kann von Runkelrüben und Kartoffeln leben.'" ([p.] 23/24, l. c.)

Zusatz ad e) p. 107.

„Reichtum ist verfügbare Zeit und sonst nichts." (p. 6, „*The Source and Rem. etc.*".)

In der kapitalistischen Produktion wird die Arbeit des Arbeiters viel größer als bei dem *selbständigen Arbeiter*, weil ihr Verhältnis durchaus nicht bestimmt ist durch das Verhältnis seiner Arbeit zu *seinem Bedürfnis*, sondern durch das unbeschränkte, schrankenlose Bedürfnis des Kapitals für Surplusarbeit.

---

[1] Mehrarbeit
[2] Mehrprodukt

„Die Arbeit, z. B. des Landmanns, wird schon deswegen viel mehr betragen, weil sie sich nicht mehr nach den bestimmten Bedürfnissen des Landmanns richtet." (p. 90, *Büsch, J. G.*, „Abhandlung von dem Geldumlauf ...", T. 1, Hamburg und Kiel 1800. [73])

ad e) p. 104.

Das Verhältnis, was den Arbeiter zwingt zur Mehrarbeit, ist das Dasein seiner Arbeitsbedingungen ihm gegenüber als Kapital. Es wird ihm kein äußerer Zwang angetan, aber um zu leben − in einer Welt, wo die Ware durch ihren Wert bestimmt ist − ist er gezwungen, sein Arbeitsvermögen als Ware zu verkaufen, wogegen die Verwertung dieses Arbeitsvermögens über seinen eignen Wert hinaus dem Kapital zufällt. So schafft seine Mehrarbeit, wie sie die Mannigfaltigkeit der Produktion vermehrt, die *freie Zeit* für andre. Die Ökonomen lieben es, dies Verhältnis als *Naturverhältnis* oder *göttliche Einrichtung aufzufassen.* Was die durch das Kapital hervorgebrachte Arbeitsamkeit angeht:

„Gesetzlicher Zwang" (zur Arbeit) „ist begleitet von zuviel Unruhe, Gewalttätigkeit und Lärm, schafft Übelwollen usw., wohingegen *Hunger* nicht nur ein friedfertiger, stummer, unablässiger Druck ist, sondern fordert als natürlicher Beweggrund für Fleiß und Arbeit die wirksamsten Anstrengungen heraus." ([p.] 15, *„A Dissertation on the Poor Laws".* By a Wellwisher to mankind, 1786 (The Rever. *Mr. J. Townsend*), republished London 1817.)

Da das Kapitalverhältnis voraussetzt, daß der Arbeiter zum Verkauf seines Arbeitsvermögens gezwungen ist, also wesentlich nur sein Arbeitsvermögen selbst zu verkaufen hat, sagt Townsend:

„Es scheint *ein Naturgesetz,* daß die Armen zu einem gewissen Grad leichtsinnig sind, so daß stets welche da sind zur Erfüllung der niedrigsten, schmutzigsten und gemeinsten Funktionen des Gemeinwesens. Der Fonds von menschlichem Glück wird dadurch sehr vermehrt. Die Delikateren sind dadurch befreit von Plackerei und können höheren Berufungen usw. ungestört nachgehen." ([p.] 39, l. c.) „Das Armengesetz hat die Tendenz, die Harmonie und Schönheit, die Symmetrie und Ordnung dieses Systems, welches Gott und die Natur in der Welt errichtet haben, zu zerstören." (p. 41[1].)

Dieser Pfaffe Townsend ist zwar nicht der eigentliche Entdecker der sog. Populationstheorie, gab ihr aber zuerst die Form, worin Malthus sie sich aneignete und großes literarisches Kapital damit macht. Sonderbar ist es, daß mit Ausnahme des venezianischen Mönches Ortes („*Della Economia Nazionale*", *libri sei* 1774, viel geistreicher als Malthus) hauptsächlich Pfaffen der englischen Kirche mit dem „urgent appetite" und den „checks which

---

[1] In der Handschrift: p. 39 seqq.

tend to blunt the shafts of Cupid"[1] (wie Townsend[74] sagt), gerungen haben. Im Gegensatz zu dem katholischen Aberglauben (superstition[2] sagt Townsend) nahmen sie das „Seid fruchtbar und mehret euch"[75] für die Geistlichkeit selbst in Anspruch, während sie das Zölibat der arbeitenden Klasse predigten.

„Gott hat es gefügt, daß die Menschen, die die nützlichsten Berufe ausüben, überreichlich geboren werden." (p. 78, *Galiani, „Della Moneta"*, t. III, bei *Custodi.*)

Der Fortschritt des nationalen Reichtums, sagt *Storch,*

„erzeugt jene *nützliche* Klasse der Gesellschaft ... welche die langweiligsten, gemeinsten und ekelhaftesten Beschäftigungen ausübt, in einem Wort, alles, was das Leben Unangenehmes und Knechtendes hat, auf ihre Schultern nimmt und ebendadurch den anderen Klassen die *Zeit,* die Heiterkeit des Geistes und die konventionelle Charakterwürde verschafft, die sie brauchen, um sich erfolgreich ihren höheren Aufgaben zu widmen." (*„Cours d'Éc. Pol."*, éd. Say (p. 223), t. III, Paris 1823.) „Unsere Zone erfordert Arbeit zur Befriedigung der Bedürfnisse, und *deshalb* muß wenigstens *ein Teil* der Gesellschaft *unermüdlich arbeiten ...".* (Sir *Morton Eden, „The State of the Poor, or an History of the Labouring Classes in England from the Conquest to the present period* etc.", *London 1797,* vol. I, book I, ch. I.)

ad d) p. 102. Dies Gesetz schließt nur ein, daß bei gleichbleibender Produktivität der Arbeit und gegebnem Normaltag die Masse des Mehrwerts mit der Masse der gleichzeitig angewandten Arbeiter wächst. Es folgt daraus nicht, daß in allen Produktionszweigen (z. B. der Agrikultur) die Produktivität der Arbeit dieselbe bleibt im Maße, wie größre Quantität der Arbeit angewandt wird. (Dies in Note zu setzen.)

Es folgt, daß bei übrigens gleichbleibenden Bedingungen der Reichtum eines Landes, auf der Basis der kapitalistischen Produktion, von der Masse des Proletariats, des auf Lohnarbeit angewiesenen Teils der Bevölkerung, abhängt.

„Je mehr Sklaven ein Herr hat, umso reicher ist er; daraus folgt, daß bei gleicher Unterdrückung der Massen ein Land umso reicher ist, je mehr Proletarier es hat." ([p.] 331, t. III, *Colins, „L'Économie Politique, Sources des Révolutions et des Utopies prétendues Socialistes", Paris 1857.*)

Zusatz ad a) Illustration zum Mehrwert.

Nach Jacob im Jahr 1815 als Weizenpreis per Quarter 80 sh und das Durchschnittsprodukt des acre 22 bushels (jetzt 32) per acre, also Durchschnittsprodukt des acre 11 *l.* Er berechnet, daß das Stroh die Ausgaben des

---

[1] „starken Verlangen" und den „Hemmungen, die dazu beitragen, Amors Pfeile stumpf zu machen"

[2] Abgötterei

Einherbstens, Dreschens und Bringens auf den Verkaufsplatz zahlt. Rechnet dann die items[1] wie folgt:

	£ sh		£ sh
Samen (Weizen)	1 9	*Zehnten, Rates und Taxes*[2]	1 1
Dünger	2 10	*Rent*[3]	1 8
	3 19		
Arbeitslohn	3 10	*Pächters Profit und Zins*	1 2
	7 9		3 11

In dieser Kolumne stellt die rechte Seite Steuern, Abgaben, Rente, Pächters Profit und Zins nur den Gesamtmehrwert dar[4], den der Pächter erhält (der Kapitalist), aber Teile, wovon er unter verschiednen Namen und Titeln an Staat, Landlord etc. abgibt. Der Gesamtmehrwert also = 3 *l.* 11 sh. Das konstante Kapital (Samen und Dünger) = 3 *l.* 19 sh. Das gegen Arbeit ausgelegte 3 *l.* 10. [76]

Dieser ||114| letzte Teil des Kapitals, der variable, ist allein zu betrachten, wenn es sich um den Mehrwert und das Verhältnis des Mehrwerts handelt. Also im vorliegenden Fall verhält sich Mehrwert zu dem im Arbeitslohn ausgelegten Kapital oder ist die Rate, worin sich das im Arbeitslohn ausgelegte Kapital vermehrt, das Verhältnis von 3 *l.* 11 sh zu 3 *l.* 10 sh. Das gegen Arbeit ausgelegte Kapital von 3 *l.* 10 reproduziert sich als ein Kapital von 7 *l.* 1 sh. Davon stellen 3 *l.* 10 nur den Ersatz des Arbeitslohns vor, dagegen 3 *l.* 11 sh den Mehrwert, der also über 100 % beträgt. Danach würde die notwendige Arbeitszeit nicht ganz so groß wie die Surplusarbeit, ungefähr in ihr gleich sein, so daß von dem normalen Arbeitstag von 12 Stunden 6 dem Kapitalisten gehören (eingeschlossen die verschiednen Mitteilnehmer an diesem Mehrwert). Es kann nun zwar der Fall sein, daß z. B. dieser Preis des Quarters Weizen von 80 sh über seinem Wert stand, also ein Teil seines Preises daher rührt, daß andre Waren unter ihrem Wert gegen Weizen verkauft wurden. Aber erstens handelt es sich nur darum klarzumachen, wie man überhaupt den Mehrwert und daher die Rate des Mehrwerts zu verstehn hat. Andrerseits, wenn der Marktpreis eines Scheffels Weizen etwa 10 sh über seinem Wert steht, so kann das den Mehrwert, den der Pächter erhält, nur vergrößern, insofern er dem Ackerbauarbeiter seine Arbeit, die sich über ihren Normalwert erhoben hat, nicht zu diesem Überschuß über den Normalwert zahle.

---

[1] Einzelposten
[2] *Abgaben und Steuern*
[3] *Grundrente*
[4] In der Handschrift: ab

Nehmen wir ein andres Beispiel aus der modernen englischen Agrikultur, und zwar folgende Real Bill eines high formed estate[1]:

Jährliche Ausgaben in der Produktion selbst:		*Einnahmen und Abgaben des Pächters*		In diesem Beispiel also beträgt das variable oder gegen lebendige Arbeit ausgetauschte Kapital
	£		£	1690 *l.* St. Es reproduziert
Dünger	686	*Rent*	843	sich in 1690 + 1481
Samen	150	*Taxe*	150	= 3171 *l.* St. Der Mehr-
Viehfutter	100	*Zehnten* (fehlen)		wert 1481 *l.,* das Verhält-
Verluste,		*Profit*	488	nis von Mehrwert zum
Zahlungen an				Teil des Kapitals, aus
Gewerbsleute				dem er entspringt,
usw.	453			= 1481/1690[2] oder etwas
	1389		1481	mehr als 87 Prozent.
Arbeitslohn	1690	(*Newman,* F. W., „Lec-		
		tures on Polit. Econ.",		
	———	London 1851,		
	3079	p. 166 [, 167].)		

{„Die unauslöschliche Leidenschaft für Gewinn, die auri sacri fames[77], bestimmt stets die Kapitalisten." (p. 163, *McCulloch,* „*The Principles of Political Economy*", London 1825.)}

ad e) p. 104.

„Eben weil der eine arbeitet, muß der andere sich ausruhen." (*Sismondi,* „N[ouveaux] Princ. d'Éc[onomie] P[olitique]", t. I, p. 76/77.)

ad e) p. 107. Die Mehrarbeit mit der Vervielfältigung der Produkte bedingt die *Luxusproduktion,* daß ein Teil der Produktion sich auf Produktion von Luxusprodukten wirft oder, was dasselbe ist, sich gegen dieselbe austauscht (durch auswärtigen Handel).

„Sobald ein Überschuß" (des Produkts) „an Produkten vorhanden ist, muß die überflüssige Arbeit Luxusartikeln gewidmet werden. Der Verbrauch an Gegenständen zur Befriedigung der Grundbedürfnisse ist begrenzt, der von Luxusartikeln ist grenzenlos." (p. 78, Sism., t. I, „N[ouveaux] P[rincipes] etc.".) „Der Luxus ist nur möglich, wenn man ihn mit *fremder Arbeit* kauft; die ununterbrochene Arbeit ohne Pause ist nur möglich, wenn sie nicht belanglose Nichtigkeiten, sondern lediglich das Lebensnotwendige beschaffen kann." (p. 79, l. c.)

---

[1] Unverfälschte Rechnung eines hoch entwickelten Gutes
[2] In der Handschrift: 1690/1481

Seite 113 aus Heft III

{Die *Nachfrage der Arbeiter* für Kapital ist daher die einzige, deren der Kapitalist bedarf, d. h., es dreht sich alles für ihn um das Verhältnis, worin lebendige Arbeit für vergegenständlichte sich anbietet.

„Was die Nachfrage seitens der Arbeit anbelangt, das heißt entweder Austausch von Arbeit ||115| gegen Waren oder, wenn man vorzieht, es auf andere Art zu betrachten, was aber auf dasselbe herauskommt, Austausch gegenwärtiger *fertiger Produkte* gegen einen künftigen und *hinzukommenden neuen Wert* ..., übertragen auf gewisse Materialteile, die dem Arbeiter anvertraut waren. Das ist die wirkliche Nachfrage, deren Vermehrung für die Produzenten wesentlich ist, insoweit, als *irgendeine* Nachfrage erwünscht ist, unabhängig von dem, was Waren einander zuführen, wenn vergrößert." ([p.] 57, *„An Inquiry into those Principles respecting the Nature of Demand and the Necessity of Consumption etc.", London 1821*.)}

Wenn James Mill z. B. sagt:

„Um es einem bedeutenden Teil des Gemeinwesens zu ermöglichen, die Vorzüge der *Muße* zu genießen, muß der Kapitalgewinn offensichtlich groß sein." (p. 50, *James Mill, „E[lements] of Pol. Ec.", London 1821*),

so heißt das auch nichts als: Damit viele Muße haben, muß der Lohnarbeiter viel schanzen, oder die freie Zeit des einen Teils hängt ab von dem Verhältnis der Surplusarbeitszeit zur notwendigen Arbeitszeit des Arbeiters. Die Aufgabe des Kapitalisten ist es,

„mit dem verausgabten Kapital" (dem gegen lebendige Arbeit ausgetauschten Kapital) *„die größtmögliche Summe Arbeit herauszuschlagen". (p. 62, J. G. Courcelle-Seneuil, „Traité théorique et pratique des Entreprises industrielles etc.", Paris 1857, 2. édit.)*

Daß die Verwertung des Kapitals, dem Mehrwert, den es über seinen eignen Wert hinaus produziert, also seine produktive Macht, in der Mehrarbeit besteht, die es sich aneignet, sagt *J. St. Mill* z. B.

„Kapital, genau zu sprechen, hat *keine produktive Macht*. Die einzige produktive Macht ist die der Arbeit, assistiert zweifelsohne von tools und acting upon materials[1] ... Die *produktive Macht des Kapitals* ist nichts als die Quantität der realen produktiven Macht" (Arbeit), „welche der Kapitalist, vermittelst seines Kapitals, kommandieren kann." (*J. St. Mill, „Essays on some unsettled questions of Pol. Economy", Lond[on] 1844, p. 90, 91*.)

ad a) Daß bei der Reproduktion des Kapitals und seiner Vermehrung der Wert des Rohmaterials und Maschinerie als solcher — überhaupt für den Produktionsprozeß gleichgültig, ist klar. Nimm Rohmaterial, z. B. Flachs. Wieviel Arbeit der Flachs einsaugen kann, um sich z. B. in Leinen zu verwandeln, hängt, wenn die Produktionsstufe, bestimmter Grad der technologischen Entwicklung, gegeben ist, nicht von seinem *Wert*, sondern von seiner *Quantität*

---

[1] Werkzeugen und auf Maschinerie einwirkend

ab, ebenso wie die Assistenz, die eine Maschine 100 Arbeitern leistet, nicht von ihrem Preis, sondern von ihrem Gebrauchswert abhängt.

ad p. 114) Oder nehmen wir ein andres Beispiel. *Symons*, (J. C.,) *„Arts and Artisans at Home and Abroad", Edinb[urgh]* 1839 [,p. 223], gibt z. B. folgende Berechnung für einen Glasgow mechanischen Weber mit 500 looms, calculated to weave a good fabric of calico or shirting, such as is generally made in Glasgow[1].

Kosten der Errichtung der Fabrik und Maschinerie   £ 18 000
Jährliches Produkt, 150 000 Stück zu 24 Yards zu 6 sh   £ 45 000

Zins auf das Capital fixe und für die depreciation of value[2] der Maschinerie wovon wir 900 (5 Prozent) für den Zins rechnen wollen.	1 800,	In diesem Fall beträgt Zins und Profit 1 700 + 900 = 2 600. Der gegen Arbeit ausgelegte, sich reproduzierende und vermehrende Teil des Kapitals 7 500 *l.* Mehrwert = 2 600; Rate desselben also: beinahe 33 Prozent.
Dampfmaschine, Öl, Talg, Ausbesserung der Maschinerie etc	2 000	
Yarns and flax[3]	32 000	
Arbeitslohn	7 500	
Profit	1 700	
	45 000	

||116| ad b) 99)

R. Jones in seinem *„Essay on the Distribution of Wealth", London 1831,* betrachtet mit Recht die Fronarbeit, oder was er labour rent (Arbeitsrente) nennt, als die ursprünglichste Form der Rente, die man hier nur als eine bestimmte Form des Mehrwerts zu betrachten hat, der dem Landeigentümer zufällt.[78] Es ist also eine Form, worin die Landarbeiter einen Teil des Grund und Bodens besitzen, den sie zu ihrem eignen Unterhalt bebauen. Die Arbeitszeit, die sie hierauf verwenden, entspricht der notwendigen Arbeitszeit, wodurch der Lohnarbeiter sein eignes Salair ersetzt. Während aber z. B. der moderne Ackerbautaglöhner auf demselben Grund und Boden (dem vom Pächter gemieteten) seine ganze Arbeitszeit realisiert – sowohl den Teil desselben, der seinen Lohn ersetzt, als den Teil, der den Mehrwert bildet – ebenso wie der Fabrikarbeiter dieselbe Maschinerie zur Verwirklichung seiner notwendigen und seiner Mehrarbeit anwendet – findet hier nicht nur Tei-

---

[1] Webstühlen, geeignet, ein gutes Kattungewebe oder Hemdenstoff zu weben, wie es gewöhnlich in Glasgow hergestellt wird
[2] *Abschreibung des Werts*
[3] *Garn und Flachs*

lung der Zeit statt (und viel handgreiflicher, als in der Lohnarbeit), sondern
auch Teilung der Produktionsbedingungen (der Produktionssphäre), worauf
diese Arbeitszeit realisiert wird.

Z.B. gewisse Tage in der Woche bearbeitet der Fronarbeiter sein ihm zum
Besitz angewiesnes Feld. Andre Tage arbeitet er auf dem herrschaftlichen
Gut und für den Grundeigentümer. Diese Form der Arbeit hat das mit
Lohnarbeit gemein, daß, was der Arbeiter dem Eigentümer der Produktionsbedingungen gibt, nicht, wie in andren Produktionsweisen, Produkt noch
Geld, sondern *Arbeit selbst* ist. Die Mehrarbeit erscheint hier handgreiflicher
als in der Lohnarbeit geschieden von der notwendigen Arbeit, weil notwendige Arbeit und Mehrarbeit hier auf zwei verschiednen Terrains ausgeübt
werden. Die zur Reproduktion seines eignen Arbeitsvermögens notwendige
Arbeit arbeitet der Fronarbeiter auf dem von ihm beseßnen Feld. Die Mehrarbeit für den Grundeigentümer verrichtet er auf den herrschaftlichen Gütern. Durch diese räumliche Trennung erscheint auch die Trennung der Gesamtarbeitszeit in zwei Portionen handgreiflicher, während man bei dem
Lohnarbeiter ebensogut sagen kann, daß er von 12 etwa 2 für den Kapitalisten arbeitet, als daß er von jeder Stunde oder jedem beliebigen andren aliquoten[1] Teil der 12 Stunden $\frac{1}{6}$ für den Kapitalisten arbeitet. So erscheint also
erstens die Trennung in notwendige Arbeit und Mehrarbeit, Arbeit zur Reproduktion seines eignen Arbeitsvermögens und Arbeit für den Eigentümer
der Produktionsbedingungen sinnfälliger, handgreiflicher in der Form der
Fronarbeit als in der Form der Lohnarbeit. Zweitens aber folgt daraus, daß es
in der Form des Fronarbeitens sinnfälliger als in der Lohnarbeit erscheint,
daß die Mehrarbeit unbezahlte Arbeit ist und daß der ganze Mehrwert sich
in Mehrarbeit, i. e. unbezahlte Arbeit auflöst. Arbeiteten die Fronarbeiter
5 Tage in der Woche auf ihrem eignen Feld, den 6. Tag auf dem herrschaftlichen, so ist es klar, daß sie diesen 6. Tag unbezahlte Arbeit verrichten, nicht
für sich, sondern [für] einen andren arbeiten, und daß die ganze Einnahme
dieses andren das Produkt ihrer unbezahlten Arbeit ist; die eben darum Fronarbeit heißt. Wenn Fabrikarbeiter von 12 Stunden täglich 2 für den Kapitalisten arbeiten, so ist dies dasselbe, als ob sie in der Woche 5 Tage für sich und
1 für den Kapitalisten arbeiteten, also der Sache nach dasselbe, als ob sie
einen Tag in der Woche Fronarbeit für den Kapitalisten verrichteten. In dem
ganzen System der Fronarbeit fällt die Form des Lohns weg, und dies macht
das Verhältnis wieder handgreiflicher. Der Fronarbeiter erhält die Produktionsbedingungen, die zur Verwirklichung seiner eignen notwendigen Arbeit

---

[1] entsprechenden

erheischt sind, ein für allemal angewiesen. Er zahlt sich daher selbst sein Salair oder er eignet sich direkt das Produkt seiner notwendigen Arbeit an. Bei
dem Lohnarbeiter dagegen wird sein Gesamtprodukt erst in Kapital verwandelt, um ihm dann in der Form des Salairs wieder zuzufließen. Wenn der
Fronarbeiter, der 1 Tag in der Woche für seinen Herrn arbeitet, das Produkt
der ganzen Woche diesem auszuliefern hätte, der es dann in Geld verwandelte
und von diesem Geld $\frac{5}{6}$ dem Fronarbeiter zurückzahlte, so wäre der Fron-
beiter nach dieser Seite hin in einen Lohnarbeiter verwandelt. Umgekehrt.
Wenn der Lohnarbeiter, der 2 Stunden täglich für den Kapitalisten arbeitet,
das Produkt oder den Wert des Produkts seiner 5tägigen Arbeit selbst einkas-
sierte (der Abzug des Werts für die Produktionsbedingungen, Arbeitsmaterial
und Mittel findet in beiden Verhältnissen, wenn auch unter verschiedner
Form, statt) und den 6. Tag umsonst für das Kapital arbeitete, so wäre er in
einen Fronarbeiter verwandelt. Soweit die Natur und das Verhältnis von notwendiger Arbeit und Mehrarbeit in Betracht kommen, ist das Resultat dasselbe.

Wir finden die Fronarbeit in größeren oder geringeren Dosen verquickt
mit allen Formen der Leibeigenschaft. Wo sie aber rein erscheint, als das
herrschende Produktionsverhältnis, wie das namentlich der Fall war und zum
Teil noch ist in slawischen Ländern und in den von den Römern besetzten
Donauteilen, können wir mit Sicherheit sagen, ||117| daß sie nicht aus der
Leibeigenschaft als ihrer Grundlage entsprang, vielmehr umgekehrt die Leibeigenschaft aus ihr entsprang. Sie beruht auf einem Gemeinwesen und die
Mehrarbeit, die die Gemeindeglieder verrichteten über die zur Subsistenz
hinaus nötige, teils zu einem Reservefonds (gemeinschaftlichen), teils zur Be-
streitung ihrer gemeinschaftlichen, politischen und religiösen Bedürfnisse,
verwandelt sich nach und nach in Fronarbeit für die Familien, die die Reservefonds und die politischen und religiösen Würden als ihr Privateigentum
usurpieren. In den Donaufürstentümern, ebenso in Rußland, läßt sich dieser
Usurpationsprozeß genau nachweisen. Eine Vergleichung der Gier nach fremder Arbeitszeit auf seiten der walachischen Bojaren und der englischen Fabrikanten hat das Interesse, daß in beiden die Aneignung fremder Arbeit als
direkte Quelle des Reichtums erscheint; Mehrwert als Mehrarbeit.

{„Der Unternehmer wird immer alles daransetzen, um Zeit und Arbeit zu *sparen.*"
(p. 318, *Dugald Stewart,* vol. I, *„Lectures on Polit. Econ.",* Edinburgh 1855, vol. VIII der „Collected works", ed. by *Sir W. Hamilton.*) ad p. 107, ad Zusatz ad e)}

In der Fronarbeit erscheint die Surplusarbeit in ihrer ursprünglichsten
„selbständigen freien" Form; frei, insofern bei der Sklaverei der Gesamttag

der Sklaven wie des Viehs dem Eigentümer gehört, die er natürlich füttern muß:

Selbst in der Moldau und Walachei jetzt noch Naturalrente neben der Fronarbeit.[79] Wir nehmen hier das *Règlement organique*[80], mis en vigueur en 1831 [1]. Es ist für unsren Zweck hier gleichgültig und daher nur nebenbei zu bemerken, daß Grundbesitz, Vieh etc. in der Tat den walachischen Bauern *gehören,* daß durch Usurpation die Leistung an die propriétaires[2] entstand und daß das russische Reglement die Usurpation zum Gesetz erhob. Die Naturalrente besteht [aus] $\frac{1}{10}$ aller übrigen Produkte; $\frac{1}{5}$ Heu; $\frac{1}{20}$ Wein. (Alles dies in der Walachei.) Der Bauer besitzt: 1. für Haus und Garten 400 stagènes (about 2 ☐ mètres) en plaine und 300 in den montagnes; 2. 3 pogones ($1\frac{1}{2}$ hectares) de terrain de labour; 3. 3 pogones de prairie à foin[3]. (Weideland für 5 Stück Hornvieh.)

Hier nebenbei zu bemerken: Daß dieser Leibeigenschaftscode als Freiheitscode von den Russen (unter Kisseleff) proklamiert und von Europa anerkannt wurde. Zweitens: les boyars, en fait les rédacteurs du règlement [4]. Drittens: Dem Verhältnis nach viel schlimmer in der Moldau als in der Walachei.

Nach dem Règlement schuldet jeder Bauer dem propriétaire im Jahr: 1. 12 Arbeitstage überhaupt. 2. 1 Tag Feldarbeit; 3. 1 Holztransport. Die Tage jedoch sind nicht nach der Zeit gemessen, sondern an dem zu vollbringenden Werk. Das organische Reglement selbst setzt daher fest, daß die 12 Arbeitstage gleich sein sollen dem Produkt einer Handarbeit von 36 Tagen, der Feldarbeitstag = 3 Tagen, der Holztransporttag ebenfalls = 3 Tagen. Summa summarum 42 Tagen. Es kommt aber hinzu die sog. *iobagie* (Dienst, servitude), d. h. Arbeit für außerordentliche Produktionserheischnisse des propriétaire. Diese außerordentliche Arbeit beträgt Lieferung auf seiten der villages[5] von 4 Mann auf 100 Familien, 3 in Dörfern von 63–75 Familien, 2 in Dörfern von 38–50, 1 für Dörfer von 13–25 Familien. Diese Iobagie ist geschätzt auf 14 Arbeitstage für jeden walachischen Bauer. So ist die durch das règlement selbst bestimmte Fronarbeit = 42 + 14 = 56 Arbeitstagen. Das Ackerbaujahr besteht in der Walachei wegen des rauhen Klimas aus 210 Tagen, wovon 40 für Sonntage und Feiertage, 30 im Durchschnitt für schlechtes Wetter abgehn, zusammen 70 Tage. Bleiben 140 Tage. Davon ab-

---

[1] das 1831 in Kraft gesetzt wurde

[2] Gutsbesitzer

[3] 400 stagènes (etwa 2 m² [je stagène]) in der Ebene und 300 in den Bergen; 2. 3 pogones ($1\frac{1}{2}$ Hektar) Ackerland; 3. 3 pogones Wiese für Heu

[4] tatsächlich waren die Bojaren die Verfasser der Verordnung

[5] Dörfer

die 56 Frontage. Läßt 84 Tage; ein Verhältnis jedoch nicht stärker als das vom englischen Ackerbauarbeiter, wenn die Zeit, die er für sein Salair arbeitet, verglichen wird mit der Zeit, die er für Herstellung des unter Pächter, Kirche, Staat, Grundeigentümer usw. verteilten Mehrwerts arbeitet.

Dies sind die dem Eigentümer gesetzlich zustehenden Frontage, die gesetzliche Mehrarbeit. Indes hat das Reglement es so eingerichtet, daß die Fronarbeit ohne Verletzung seines Buchstabens weiter ausgedehnt werden kann. Es bestimmt nämlich jedes Tagwerk so, daß noch eine Zubuße auf die Arbeitszeit des folgenden Tags fällt, um es vollenden zu können. So bestimmt es z. B.

„das Tagewerk im Jäten, das mit 12 Ruten veranlagt ist, eine Aufgabe, die doppelt so groß ist, wie sie ein Mensch an einem Tag leisten könnte", namentlich auf den Maispflanzungen. Das Tagewerk für Jäten ist in der Tat so eingerichtet durch die Verordnung, „daß es mit dem Monat Mai beginnt, um mit dem Monat Oktober zu enden".

||118| „In der Moldau", sagt einer der großen Bojaren selbst, „entsprechen die 12 Frontage des Bauern, wie sie die Verordnung festlegt, tatsächlich 365 Tagen." [p. 311.]

Mit welchem Raffinement die Bojaren dies Gesetz ausbeuten, um sich die Arbeitszeit der Bauern anzueignen, kann man weiter nachsehn in: É Regnault, „Histoire Politique et Sociale des Principautés Danubiennes", Paris 1855, p. 305 sqq.

Vergleichen wir nun damit den Heißhunger nach Arbeitszeit – Mehrarbeitszeit – auf seiten der kapitalistischen Produktion in England.

Es ist nicht meine Absicht, hier auf die Geschichte der Überarbeit einzugehn seit der Erfindung der Maschinerie in England. Die Tatsache ist, daß infolge der Exzesse Pesten ausbrachen, deren Verwüstung Kapitalist und Arbeiter gleichmäßig bedrohten, daß der Staat, unter dem größten Widerstand der Kapitalisten, Normaltage einführen mußte in den Fabriken (später überall auf dem Kontinent mehr oder weniger nachgeahmt), daß noch in diesem Augenblicke diese Einführung der Normaltage von den eigentlichen Fabriken auf andre Arbeitszweige ausgedehnt werden mußte (Bleichereien, Druckereien, Färbereien) und daß in diesem Augenblick dieser Prozeß noch im Fortschreiten begriffen, der Kampf darum fortdauert (z. B. zur Einführung der 10Stundenbill [81], Ausdehnung des factory act [82] z. B. auf die lace manufacture[1] in Nottingham etc.). Für die détails über die früheren Phasen dieses Prozesses verweise ich auf: F. Engels, „Die Lage der arbeitenden Klasse in England", Leipzig 1845. Der praktische Widerstand der Fabrikanten war indes nicht größer als der theoretische Widerstand, den ihre Dolmetscher und Apo-

---

[1] Spitzenfabrikation

logeten, die professionellen *Ökonomisten* leisteten. Hat doch Herr *Newmarch*[1], der Mitherausgeber von Tooke's *„History of Prices"*, als Präsident der Sektion für ökonomische Wissenschaft auf dem letzten Kongreß der British association for Arts etc. (der Name der Assoziation nachzusehn) im Sept. 1861 zu Manchester[83] sich gedrungen gefühlt, die Einsicht in die Notwendigkeit der gesetzlichen Regulierung und zwangsweisen Beschränkung des Normalarbeitstages in Fabriken etc. als eine der allerneusten Errungenschaften der jetzigen politischen Ökonomie zu betonen, wodurch sie über ihren Vorgängern stehe![84]

Mein Zweck ist nur, zur Parallele mit dem Heißhunger der Bojaren einige Belegstellen aus den neusten Fabrikreports beizubringen; dito 1 oder zwei Beispiele bezüglich von Industriezweigen, in denen die factory acts noch nicht eingeführt sind (lace Fabrik), oder erst kürzlich eingeführt wurden (printing works[2]). Es handelt sich hier ja nur um einige Belege für die Tendenz, die in der Walachei nicht stärker wirkt als in England.

Erste Illustration. Lacetrade[3] *in Nottingham.*
„Daily Telegraph" vom 17. Januar 1860.

„Herr Broughton, ein county Magistrat[4], der präsidierte bei einem Meeting, gehalten zu Nottingham, Townshall[5], am 14. Januar 1860, erklärte, es existiere in dem Teil der lokalen Bevölkerung, die mit dem lacetrade zusammenhängt, ein in der ganzen übrigen zivilisierten Welt durchaus unbekannter Grad von Leid und Entbehrung ... Kinder von 9 bis 10 Jahren werden aus ihren schmutzigen Betten gerissen um 2, 3, 4 Uhr morgens, und gezwungen, für die nackte Subsistenz bis 10, 11, 12 Uhr nachts zu arbeiten, während ihre Glieder wegschwinden, ihre Gestalt zusammenschrumpft, ihr Gesicht verwittert und ihr menschliches Wesen absolut in einen steinähnlichen torpor[6] verfällt, die äußerst schrecklich zu betrachten ist ... Wir sind nicht überrascht, daß Herr Mallet oder andre Fabrikanten auftreten, um Protest gegen jede Diskussion einzulegen ... Das System, wie der Rev. Montagu Valpy es beschreibt, ist ein System uneingeschränkter Sklaverei, Sklaverei in sozialer, physischer, moralischer und geistiger Beziehung ... Was soll man von einer Stadt denken, die ein öffentliches Meeting abhält, um zu petitionieren, daß die Arbeitszeit für Männer auf *18 Stunden täglich* b e s c h r ä n k t *werden solle?* ... Wir deklamieren gegen die virginischen und carolinischen Baumwollpflanzer. Ist jedoch ihr Negermarkt, mit allen Schrecken seiner Peitsche und Schacher in Menschenfleisch mehr verabscheuungswürdig

---

[1] In der Handschrift: *Newman*
[2] Kattundruckereien
[3] *Spitzenhandel*
[4] Richter der Grafschaft
[5] Rathaus
[6] eine steinähnliche Stumpfheit

als diese langsamen Menschenopfer, die stattfinden, damit veils und collars[1] zum Vorteil der Kapitalisten ||119| fabriziert werden?" {(Original lautet: „It was declared [...] capitalists?")[85]

||120| Da überhaupt die falsche Ansicht existiert, als sei das Fabrikwesen ganz *anders* geworden, zitiere ich hier in der Note aus: „*General Register Office*", 28 Oct. *1857* („The Quarterly return of the Marriages, Births and Deaths etc.") published by authority of the Registrar-General[2] etc., *N. 35*, p. 6, wo es heißt:

„Herr Leigh vom Unterbezirk Deans gate (Manchester) macht die folgenden klugen Bemerkungen, die die sorgfältige Beachtung der Bevölkerung Manchesters verdienen: Das Leben eines Kindes ist dort sehr traurig ... Die Gesamtzahl der Todesfälle, nicht gerechnet solche, die dem Untersuchungsrichter als Fälle vorliegen, beträgt 224, und davon waren 156 Kinder unter 5 Jahren ... *Niemals zuvor* kannte ich ein solches Größenverhältnis. Offensichtlich ist es, daß die Umstände, die das Leben der Erwachsenen für gewöhnlich beeinflussen, im wesentlichen blieben, wie sie waren. Jene dagegen, die höchst gefährlich auf die sehr Jungen einwirken, waren äußerst aktiv ... 87 der Kinder starben, bevor sie ein Jahr alt waren. Vernachlässigter Durchfall, Unterbringung in engen, schlecht gelüfteten Räumen während Erkrankung an Keuchhusten, *Mangel an geeigneter Ernährung, zu hohe Gaben von Beruhigungsmitteln*, die zu Kräfteverfall und Krämpfen sowie zu Wasserkopf und Blutandrang im Gehirn führen, so etwas mußte erklären, weshalb ... die Sterblichkeit (von Kindern) noch so hoch liegt."}

/119/ Zweite Illustration. Factory Reports.

„Der betrügerische Fabrikant beginnt die Arbeit eine Viertelstunde vor 6 Uhr morgens" (manchmal noch früher, manchmal etwas später) „und schließt sie eine Viertelstunde nach 6 Uhr nachmittags" (manchmal noch später, manchmal etwas früher) „ab. Er nimmt 5 Minuten weg am Anfang und am Ende von der nominell für das Frühstück anberaumten halben Stunde und knappt 10 Minuten ab zu Anfang und Ende der für Mittagessen anberaumten Stunde. Samstag arbeitet er eine Viertelstunde" (manchmal mehr, manchmal weniger) „nach 2 Uhr nachmittags.

So beträgt sein *Gewinn* {hier ist der Gewinn direkt mit der stibitzten Surplusarbeit identifiziert}

vor 6 Uhr morgens	15 Minuten	Summe in
nach 6 Uhr nachmittags	15 dito	5 Tagen
für Frühstückszeit	10 "	300 Minuten
für Mittagszeit	20 "	
	60 "	

---

[1] Schleier und Kragen
[2] veröffentlicht auf Anordnung des Leiters des Statistischen Amtes

An Samstagen		
vor 6 Uhr morgens	15 Minuten	*Wöchentlicher*
für Frühstückszeit	10 „	*Gesamtgewinn*
nach 2 Uhr nachmittags	15 „	340 Minuten
	40 „	

Oder 5 Stunden 40 Minuten wöchentlich, was mit 50 Arbeitswochen multipliziert, nach Abzug von 2 Wochen für Feiertage oder gelegentliche Unterbrechungen, 27 Arbeitstage gibt." (p. 4, 5, *„Suggestions etc.",* by *Mr. L.* Horner in *„Factories Regulation Acts.* Ordered by the House of Commons to be printed, 9 A u g u s t 1 8 5 9 ".)

„Der" (durch Überarbeit über die gesetzliche Zeit) „zu machende Extraprofit scheint für viele" (Fabrikanten) „eine zu große Versuchung, um ihr widerstehen zu können. Sie rechnen auf die Chance, nicht herausgefunden zu werden; und wenn sie die Geringfügigkeit der Geldstrafen und Gerichtskosten sehen, die jene bezahlen mußten, die verurteilt wurden, meinen sie, daß ihnen auch im Fall der Entdeckung noch eine beachtliche *Gewinnbilanz* bliebe." ([p.] 34, *„Report of the Inspectors of Factories for the halfyear ended 31st Oct. 1856".*) „Wird der Arbeitstag täglich 5 Minuten über die Normaldauer verlängert, so gibt das 2½ Produktionstage im Jahr." ([p.] 35, l. c.)

„In den Fällen, wo die zusätzliche Zeit durch *Multiplikation kleiner Diebstähle* im Laufe des Tages gewonnen wird, stehn den Inspektoren fast unüberwindliche Schwierigkeiten der Beweisführung im Weg." (p. 35, l. c. An dieser Stelle die so angeeignete Mehrarbeit direkt als *theft,* „Diebstahl" bezeichnet von den offiziellen englischen Fabrikinspektoren.)

/120/ Diese kleinen *Diebstähle* werden auch bezeichnet als *„Mausereien von Minuten"* (p. 48, l. c.), ferner als *„Wegschnappen von Minuten"* (l. c.) „oder, wie es genannt wird, ‚knabbern' oder ‚knapsen an den Essenspausen'". (l. c.) „„Wenn Sie mir erlauben', sagte mir ein sehr respektabler Fabrikherr, ‚täglich nur 10 Minuten Überzeit arbeiten zu lassen, stecken Sie jährlich 1000 Pfund Sterling in meine Tasche'." (p. 48, l. c.)

Nach den Fabrikinspektoren ist die Arbeitszeit in englischen *printworks*[1] faktisch noch unbeschränkt, und haben noch im Jahr 1857 daselbst Kinder von 8 Jahren und drüber von 6 Uhr morgens bis 9 Uhr abends (15 Stunden) [gearbeitet].

„Die Arbeitszeit in *Kattundruckereien* kann als praktisch unbegrenzt betrachtet werden, trotz gesetzlicher Beschränkung. Die einzige Arbeitsbeschränkung ist im Punkt 22 des ‚Printwork Act'" (8. und 9. Viktoria C 29[86]) „enthalten, welcher verfügt, daß kein Kind – d. h. kein Kind im Alter von 8 bis 13 Jahren – *während der Nacht* beschäftigt werden soll, die laut Definition von 10 Uhr abends bis zum folgenden Morgen 6 Uhr früh gerechnet wird. Also können *achtjährige Kinder* von 6 Uhr morgens bis 10 Uhr abends" (16 Stunden) *„fortgesetzt und ohne irgendwelche Arbeitsunterbrechungen, um sich auszuruhen oder einen Imbiß zu sich zu nehmen, nach dem Gesetz beschäftigt* werden mit Arbeiten, die in vieler Hinsicht der Fabrikarbeit entsprechen, und das häufig in Räumen, in denen es drückend heiß ist; und wenn ein Junge 13 Jahre alt geworden ist, kann er ohne jede Beschränkung eine beliebige

---

[1] *Kattundruckereien*

Zahl von Stunden am Tage oder in der Nacht gesetzlich beschäftigt werden. Kinder von 8 Jahren und darüber sind in der Tat von 6 Uhr morgens bis 9 Uhr abends während des letzten Halbjahres in meinem Distrikt abgerackert worden." ([p.] 39, „*Reports of the Inspect. of Factories*", *31ˢᵗ Oct. 1857*, Reports of Mr. A. *Redgrave*.)

„Eine *zusätzliche Stunde* täglich, dadurch gewonnen, daß in kleinen Raten vor 6 Uhr morgens und nach 6 Uhr abends und zu Beginn und Ende von der für Mahlzeiten nominell *festgelegten* Spanne ein wenig Zeit erhascht wird, ist nahezu gleichwertig *mit 13 Monaten im Jahr*." („*Reports of the I. of F.*", *30ᵗʰ April 1858, Report of Mr. L. Horner, p.9*[, 10].)

So ängstlich sind die Fabrikinspektoren, klarzumachen, daß der Gain[1] nichts andres ist als Arbeitszeit, Surplusarbeitszeit, der Extragain, daher Surplusarbeitszeit *über* den Normaltag hinaus.

||121| Eine Zeit der Krise ändert daher nichts an dem Versuch, overtime[2] arbeiten zu lassen. Werden nur 3 oder 4 Tage in der Woche gearbeitet, so besteht der Profit überhaupt nur in der Surpluszeit, die während dieser 3 oder 4 Tage gearbeitet wird. Also *extraordinary profit*[3] nur in der unbezahlten surplustime[4], die über die normale Surpluszeit und daher über den legal bestimmten Normaltag hinaus gearbeitet wird. Multipliziere ich 2 Stunden Surplusarbeit mit 3 Tagen in der Woche, so ist der Mehrwert natürlich nur halb so groß, als wenn ich sie mit 6 Tagen in der Woche multipliziere. Daher während der Krisen um so größer die Versuchung, in den Tagen, die *wirklich gearbeitet* wird, *Überzeit*, d. h. mehr unbezahlte Arbeitszeit als sonst, arbeiten zu lassen. (Andre Fabrikanten tun faktisch dasselbe durch Herabsetzung des Arbeitslohns, d. h. durch Verkürzung der notwendigen Arbeitszeit während der 3 oder 4 Tage, in denen gearbeitet wird.) Daher 1857−58:

„Man mag es für eine Inkonsequenz halten, daß irgendwelche Überarbeit" {durchaus nicht widersprüchlich, daß der Fabrikant während der Krise den größtmöglichsten Teil *unbezahlter* Arbeitszeit zu erhaschen sucht} „zu einer Zeit stattfindet, wo der Handel so schlecht geht, aber sein schlechter Zustand spornt skrupellose Leute zu Überschreitungen an, sie sichern sich so einen *Extraprofit*." ([p. 10,] „*Reports etc.*", *30ᵗʰ April 1858*, Report of *Mr. L. Horner*.)

{Je schlechter die Zeit, je weniger Geschäfte gemacht, desto größer soll der Profit auf das gemachte Geschäft sein.} Daher bemerkt H[orner,] l.c., daß zu derselben Zeit, wo 122 mills[5] in seinem Distrikt ganz aufgegeben wurden,

---

[1] Profit
[2] Mehrzeit
[3] außergewöhnlicher Profit
[4] zusätzlichen Zeit
[5] Fabriken

143 still standen und alle übrigen short time[1] arbeiteten, daß overwork over the legal time[2] hinaus fortgesetzt wurde. (l. c.) Ebenso berichtet aus demselben Jahr Fabrikinspektor T. J. Howell:

„Ich erhalte jedoch" (obgleich in den meisten Fabriken wegen des schlechten Geschäftsstandes nur halbe Zeit gearbeitet wird) „nach wie vor *die übliche Anzahl von Klagen,* daß eine halbe oder dreiviertel Stunde täglich den Arbeitern weggeschnappt werden durch Eingriffe in die ihnen" [gesetzlich] „zugesicherten Fristen für Erholung und Mahlzeit ... während des Arbeitstages und indem man morgens 5 Minuten oder länger vor Arbeitsbeginn anfängt und 5 Minuten oder mehr nach Arbeitsschluß am Abend aufhört. Diese kleinen Diebereien, die sich täglich insgesamt auf eine halbe bis dreiviertel Stunde belaufen, sind sehr *schwer zu ermitteln.*" (p. 25, l. c., *T. J. Howells „Report".*)

„Die Beobachtungen eines Inspektors genügen selbstverständlich nicht, um einen systematischen Kurs auf Überarbeit, bestehend aus Minuten, die zu 6 verschiedenen Zeiten im Laufe des Tages genommen werden, nachzuweisen." ([p. 35,] *„Reports",* L. Horner, 31st Oct. 1856.) „Es ist *diese allgemeine Zulassung in der Anwendung, wenn auch nicht Anerkennung des Prinzips,* und die allgemeine Übereinstimmung, daß die Arbeitsbeschränkung zweckmäßig ist etc." (*„Reports* etc.", 31st Oct. 1855, p. 77.)

In demselben Maß, wie die kapitalistische Produktion, hence[3] das Fabriksystem, sich auf dem Kontinent entwickelt haben, waren die Regierungen (Frankreich, Preußen, Österreich etc.) gezwungen, dem englischen Beispiel der Beschränkung der Arbeitszeit d'une manière ou d'une autre[4] nachzufolgen. Sie haben meist, mit gewissen Modifikationen, die englische Factory legislation[5] kopiert und kopieren müssen.

||122| In Frankreich existierte faktisch vor 1848 kein Gesetz zur Beschränkung des Arbeitstags in Fabriken. Das Gesetz vom 22. März 1841 (dessen Grundlage 3 und 4 Wm IV. C. 103[87]) zur Beschränkung der Kinderarbeit in Fabriken (factories, works und workshops employing moving power, or a continuous fire, and all establishments giving employment to more than 20 workmen[6]) blieb ein *toter Buchstabe* und ist bis zu diesem Tag nur im *Département du Nord* praktisch durchgeführt. Übrigens können nach diesem Gesetz *Kinder under[7] 13 Jahren* auch in der Nacht (between 9 p. m. und 5 a. m.) angewandt werden, „upon the occasion of urgent repairs, or the stoppage of a wa-

---

[1] verkürzt
[2] Überarbeit über die gesetzlich bestimmte Zeit
[3] und deshalb
[4] auf die eine oder andere Art
[5] Fabrikgesetzgebung
[6] Fabriken, Betrieben und Werkstätten, die Triebkraft benutzen oder ein ununterbrochen brennendes Feuer, und alle Fabrikanlagen, die mehr als 20 Arbeiter beschäftigen
[7] *unter*

terwheel"[1], *Kinder über 13 Jahren* auch *während der Nacht*, „if their labour is indispensable"[2].

Am 2. März 1848 erließ die provisorische Regierung ein Gesetz, wonach die Arbeitszeit, nicht nur in Fabriken, sondern in allen Manufakturen und Handwerksshops[3], nicht nur für Kinder, sondern auch für erwachsne workmen[4], auf 10 Stunden in Paris und 11 in den Departementen beschränkt wurde. Die provisorische Regierung ging von der falschen Voraussetzung aus, daß der normale Arbeitstag in Paris 11, in den Departementen 12 Stunden sei. Aber:

> „In der größeren Anzahl Spinnereien dauerte die Arbeit 14—15 Stunden zum großen Schaden der Gesundheit und Moralität der Arbeiter und besonders der Kinder; und selbst länger." (*„Des classes ouvrières en France, pendant l'année 1848"*. Par M. Blanqui.)

Die Nationalversammlung, durch Gesetz vom *8. Sept. 1848*, modifizierte dies Gesetz dahin:

> „Die tägliche Arbeit des Arbeiters in Manufakturen und Fabriken soll 12 Stunden nicht überschreiten. Die Regierung hat das Recht, Ausnahmen von der obigen Verordnung in jenen Fällen zu genehmigen, wo die Besonderheit der Arbeit oder der Maschinerie es verlangt."

Durch Dekret vom 17. Mai 1851 führten die Regierungen diese *Ausnahmen* aus. Es sind erstens verschiedne Zweige bestimmt, worauf das Gesetz vom 8. Sept. 1848 nicht ausdehnbar. Ferner aber wurden folgende Einschränkungen gemacht:

> „*Das Säubern von Maschinerie am Ende des Tages;* notwendig zu leistende Arbeit bei Beschädigung der Antriebskraft, des Dampfkessels, der Maschinerie oder Gebäude. In den folgenden Fällen kann die Arbeit verlängert werden: Für 1 Stunde am Ende des Tages in Färbereien, Bleichereien und Kattundruckereien, um Gewebestücke zu waschen und zu spannen. Um 2 Stunden in Zuckerfabriken und Siedereien und in chemischen Fabriken. Um 2 Stunden *120 Tage* im Jahr nach dem Belieben des Fabrikanten und mit Genehmigung des Präfekten in Färbereien, Kattundruckereien und verarbeitenden Betrieben."

{Factory *Inspector A. Redgrave*, „Reports etc.", 31 Oct. 1855, p. 80, bemerkt mit Bezug auf die Ausführung dieses Gesetzes in Frankreich:

> „Mehrere Fabrikanten haben mir versichert, daß, als sie von der Erlaubnis zur Verlängerung des Arbeitstages Gebrauch machen wollten, die Arbeiter mit der Begründung dagegen waren, daß eine Verlängerung des Arbeitstages in diesem Augenblick·im nächsten zu

---

[1] (zwischen 9 Uhr abends und 5 Uhr morgens) angewandt werden, „weil dringende Reparaturen benötigt werden oder ein Wasserrad nicht funktioniert"

[2] „wenn ihre Arbeit unerläßlich ist"

[3] Handwerkstätten

[4] Arbeiter

einer Kürzung der üblichen Zahl der Arbeitsstunden führen würde ... und sie waren besonders gegen Arbeit über 12 Stunden am Tage hinaus, weil das Gesetz, das diese Anzahl von Stunden festlegt, das einzig Gute ist, das ihnen von der Gesetzgebung der Republik blieb."

„Die *Verlängerung des Arbeitstages* ist dem Arbeiter *freigestellt* ... wenn sie sich darüber geeinigt haben ... ist im allgemeinen der Lohnsatz pro Stunde (nach 12 Stunden) höher als ihr gewöhnlicher Lohn." (p. 80, l. c.)

A. Redgrave bemerkt p. 81, daß infolge der Überarbeit und der damit verbundnen körperlichen Entnervung und geistigen Demoralisation

„die arbeitende Bevölkerung von Rouen und Lille ... dahinsiecht", „ihr Wuchs zwerghaft geworden ist" und „viele an einer Art von Lahmheit leiden, deren Opfer in England ,Fabrikkrüppel' genannt werden". (p. 81, l. c.)

„Man muß zugeben, daß tägliche Arbeit von 12 Stunden eine genügende Beanspruchung für den menschlichen Organismus darstellt, und wenn man zu den Arbeitsstunden die notwendigen Pausen für Mahlzeiten und die Zeit, die gebraucht wird, um zur Arbeit und wieder zurückzukommen, hinzufügt, dann ist der Rest, der dem Arbeiter zur Verfügung steht, *nicht übermäßig groß*." (p. 81, A. Redgrave, l. c.)

Unter den heuchlerischen Vorwänden (Einwänden) der englischen manufacturers against the *Ten Hours' Bill*[1] [81] folgendes:

„Einer der vielen gegen die Zehnstundenbill erhobenen Einwände war die Gefahr, arbeitenden jungen Personen und Frauen *so viel Freizeit* zu geben, die sie wegen ihrer mangelhaften Erziehung entweder verschwenden oder mißbrauchen würden; und es wird vorgebracht, daß es im Interesse der Sittlichkeit ratsamer wäre, so lange den *ganzen Tag in der Fabrik zuzubringen, bis* die Erziehung Fortschritte gemacht habe und Sorge getragen wäre für den Gebrauch der Freizeit, die die Zehnstundenbill der Fabrikbevölkerung zuzusprechen gedenkt zur nützlichen geistigen und gesellschaftlichen Betätigung." ([p.] 87, A. Redgrave, l. c.)

{Wie sehr Macaulay ökonomische facts entstellt, um als Whig-Apologet des Bestehenden auftreten zu können – Cato-Zensor nur gegen die Vergangenheit, Sykophant der Gegenwart – aus folgender Stelle u. a.:

„Die Praxis, Kinder vorzeitig zu beschäftigen, eine Praxis, die der Staat als legitimer Beschützer derer, die sich nicht selbst schützen können, weise und menschlich in unserer Zeit untersagt hat, herrschte im 17. Jahrhundert in einem für den damaligen Zustand der Industrie fast unglaublichen Grad vor. Zu Norwich, dem Hauptsitz der Tuchindustrie, wurde ein Kind von 6 Jahren für arbeitsfähig gehalten. Verschiedene Schriftsteller jener Zeit und darunter manche, die als außerordentlich wohlgesinnt betrachtet wurden, erwähnen mit Entzücken die Tatsache, daß in dieser *Stadt allein* Knaben und Mädchen von zartem Alter einen Reichtum schufen, der über ihren eigenen Unterhalt hinaus 12 000 Pfund in einem Jahr betrug. Je genauer wir die Geschichte der Vergangenheit untersuchen, desto

---

[1] Fabrikbesitzer gegen die Zehnstundenbill

mehr Grund finden wir, die Ansicht derer zu verwerfen, die unser Zeitalter für fruchtbar
an neuen sozialen Übeln halten. Die Wahrheit ist, daß die Übel mit kaum einer Ausnahme
alt sind. Was neu ist, ist der Verstand, der sie wahrnimmt, und die Humanität, die sie
heilt." (Macaulays „[History of] *England*", *vol. I, p. 417.*)

Die Stelle beweist grade das Gegenteil, nämlich daß damals Kinderarbeit
noch eine exzeptionelle Erscheinung war, deren Ökonomisten als besonders
rühmlich und mit Exultation[1] Erwähnung tun. Welcher moderne Schriftsteller würde es als etwas besonders Auffälliges erwähnen, daß Kinder von zartem Alter in den Fabriken vernutzt werden? Zu demselben Resultat kommt
jeder, der Schriftsteller wie Child, Culpeper etc. mit gesundem Menschenver-
stand liest.}

Die legal time of working exceeded oft[2],

„indem man die Kinder, jungen Personen und Frauen in der Fabrik zurückbehält, um die
Maschinerie während eines Teils der Essenszeiten und an Samstagen nach 2 Uhr zu säu-
bern, statt daß die Arbeit innerhalb der festgelegten Zeit erledigt wird." (p. 12, *L. Horner,*
„*Reports etc.*", *30th April 1856.*)

Dies overworking[3] findet auch statt mit workpeople[4],

„die nicht mit Stückarbeit beschäftigt sind, sondern Wochenlohn erhalten". (*L. Horner,*
p. [8,] 9, „*Reports of the Insp. o. F.*", *30th April 1859.*)

(M. Horner, besides being one of the Factory Inquiry Commissioners of
1833, was one of the original Inspectors of Factories, and during the early
days of factory supervision had to contend with serious difficulties.[5]) Horner
sagt in seinem letzten Report d. d. *30th April 1859*[88]:

„Die Erziehung der Kinder, für die *nach eigenen Angaben* vorgesorgt sei, ist in zahlreichen Fällen nichts als reiner Hohn; der Schutz der Arbeiter gegen Körperverletzungen
und Tod durch ungesicherte Maschinen, wogegen *nach eigenen Angaben* ebenfalls Vorsorge
getroffen wurde, ist in der Praxis zu einem toten Buchstaben geworden; die Berichterstat-
tung über Unfälle ist in großem Maße nichts als Verschwendung öffentlicher Gelder …
Überstunden herrschen noch immer in beträchtlichem Umfange vor und in den meisten
Fällen mit der Sicherheit gegen Entdeckung und Bestrafung, die das *Gesetz selbst gewährt.*"
(p. 9, 8, l. c.)

---

[1] Frohlocken
[2] gesetzliche Arbeitszeit wird oft überzogen
[3] Diese Überstundenarbeit
[4] Arbeitern
[5] M. Horner, übrigens einer der Fabrikuntersuchungskommissäre von 1833, war auch einer der
ersten Fabrikinspektoren und mußte in den Anfängen der Fabriküberwachung mit ernsthaften
Schwierigkeiten kämpfen.

(Children above 13 years qualified to be employed for the same number of hours as adult men; half-timers children under 13 years.[1])

|||124| „Die Tatsache ist, daß vor dem Akt von 1833 junge Personen und Kinder abgearbeitet wurden *die ganze Nacht, den ganzen Tag oder beides nach Belieben.*" („*Reports* etc.", 30th April 1860, p. [50,] 51.)

Durch den Act of 1833 *night* between $8\frac{1}{2}$ p. m. und $5\frac{1}{2}$ a. m. Die millowners permitted[2],

„für ihre gesetzlichen Arbeitsstunden jede Zeitspanne zwischen $5\frac{1}{2}$ morgens und $8\frac{1}{2}$ abends zu benutzen". [p. 51.]

This signification of „day" und „night" continued through all the subsequent Factory acts, though with restricted hours of work until 1850, when, for the first time, the day hours of permitted labour, were fixed at from 6 a. m. to 6 p. m., and in winter from 7 a. m. to 7 p. m. if so desired by the mill occupier.[3] [89]

„*Die Masse der Unfälle ereignete sich in den größten Fabriken* ... die unaufhörliche Hast nach jeder Minute Zeit, in der die Arbeit mit einer unveränderlichen Kraft von ungefähr tausend Pferdestärken vorangetrieben wird, *führt* notwendigerweise *zu Gefahren. In solchen Betrieben bedeuten Augenblicke Elemente des Profits* — jedermanns Aufmerksamkeit ist jeden Moment gefordert. Hier ... kann man einen unaufhörlichen Kampf zwischen Leben und unorganischen Kräften sehen; wo die Geisteskraft dirigieren muß und die Körperkräfte sich bewegen und im Gleichgewicht zu den Umdrehungen der Spindeln gehalten werden müssen. Sie dürfen nicht zögern ungeachtet der Belastung, die sie entweder durch übermäßige Aufregung oder Hitze trifft; noch sich auch nur für einen Augenblick ablenken lassen durch zerstreute Blicke auf die verschiedensten Bewegungen im Raum, denn in jedem Zögern liegt Verlust." (p. 56, „Rep[orts] of the In. of F.", *30th* April 1860.)

„*Die Kommission für Kinderarbeit,* deren Berichte in verschiedenen Jahren veröffentlicht wurden, brachte viele Ungeheuerlichkeiten ans Licht, die auch noch andauern — einige davon weit schlimmer als irgendwelche, die Fabriken oder Kattundruckereien jemals zur Last gelegt wurden ... Ohne ein organisiertes System der Inspektion durch bezahlte, dem Parlament verantwortliche Beamte, die durch halbjährliche Berichte über ihr Vorgehen angehalten werden, ihre Pflicht zu tun, würde das Gesetz bald unwirksam werden; das be-

---

[1] Kinder über 13 Jahre als geeignet betrachtet, die gleiche Anzahl Stunden beschäftigt zu werden wie erwachsene Männer; die Hälfte der Zeit für Kinder unter 13 Jahren.

[2] das Gesetz von 1833 [ist festgesetzt, daß] die *Nacht* von $8\frac{1}{2}$ abends bis $5\frac{1}{2}$ morgens reicht. Den Fabrikbesitzern [war es] erlaubt

[3] Diese Definition von „Tag" und „Nacht" wurde, obgleich mit Beschränkung der Arbeitsstunden, in allen folgenden Fabrikgesetzen beibehalten bis 1850, wo zum erstenmal die erlaubte Arbeit in den Tagesstunden zwischen sechs Uhr morgens und sechs Uhr abends festgesetzt wurde und im Winter zwischen sieben Uhr morgens und sieben Uhr abends, wenn es der Fabrikeigentümer wünschte.

wies die Erfolglosigkeit aller Fabrikgesetze vor dem von 1833 und, wie das heutzutage in Frankreich der Fall ist, wo das Fabrikgesetz von 1841 keinerlei Verfügung über eine systematische Inspektion enthält." ([p.] 10, „Rep. o. t. *Insp. etc.*", *31st Oct. 1858.*)

Die Fabrikgesetze „haben der vorzeitigen Altersschwäche der ehemals lange Zeit schuftenden Arbeiter ein Ende gesetzt; indem sie" [die Fabrikgesetze] „sie" [die Arbeiter] *„zu Herren ihrer eigenen Zeit machen,* haben sie ihnen eine moralische Kraft gegeben, die sie hinlenkt auf den möglichen Besitz der politischen Macht." ([p.] 47, „Rep. o. th. I. o. F.", *31st Oct. 1859.*)

„Einen noch größeren Vorteil bedeutet es, daß endlich klar *unterschieden* wird *zwischen der Zeit, die dem Arbeiter selbst, und der, die seinem Unternehmer gehört. Der Arbeiter weiß nun, wann die Zeit, die er verkauft, beendet ist und seine eigene beginnt,* und da er dies vorher genau weiß, kann er über *seine eigenen Minuten* für *seine eigenen Zwecke* im voraus verfügen." (l. c., p. 52.)

Dies sehr wichtig mit Bezug auf die Festsetzung des Normaltags. Vor 1833:

„Der Unternehmer hatte für nichts anderes als Geld, der Arbeiter für nichts anderes als Arbeit Zeit." (l. c., p. 48.)

„Die Habgier der Fabrikbesitzer, ihre Grausamkeiten bei der Jagd nach Gewinn wurden kaum von denjenigen übertroffen, die die Spanier bei der Eroberung Amerikas bei der Jagd nach dem Golde verübten." (p. 114, *John Wade, „History of the Middle and W. Classes",* 3. ed., Lond[on] 1835.)

||124a| „Gewisse Gruppen von Arbeitern" (z. B. erwachsene männliche und weibliche Weber) „sind direkt an Überstunden interessiert, und man kann annehmen, daß sie einigen Einfluß auf die Gruppen von Jüngeren ausüben, wobei letztere außerdem eine verständliche Furcht vor Entlassung haben, falls sie irgendwelche Beweise oder Auskünfte geben, die geeignet sind, ihre Arbeitgeber zu belasten ... selbst wenn sie" (die jugendlichen Arbeiter) „zu ungesetzlicher Zeit bei der Arbeit ertappt werden, kann selten zur Bestätigung der Tatsachen vor dem Kollegium der Friedensrichter mit ihren Zeugenaussagen gerechnet werden, da sie mit dem Risiko verbunden wären, den Arbeitsplatz zu verlieren." (p. 8, *„Factory Inspectors' Reports, for halfyear ending October 31st 1860".*)

„Eine Fabrik beschäftigt 400 Leute, von welchen die Hälfte im ,Stücklohn' arbeitet und ... ein unmittelbares Interesse daran hat, länger zu arbeiten. Die anderen 200 werden pro Tag bezahlt, arbeiten ebenso lange wie die anderen, aber erhalten kein Geld für die Überstunden. In einigen Orten hat sich die Gewohnheit herausgebildet, regelmäßig die korrekte Arbeitszeit 5 Minuten früher beginnen und 5 Minuten später enden zu lassen. Es gibt dort täglich 3 verschiedene Anfangs- und 3 verschiedene Abschlußzeiten; und so werden zu 6 verschiedenen Zeiten je 5 Minuten, also täglich $\frac{1}{2}$ Stunde, gewonnen. Und das betrifft nicht nur eine Person, sondern 200, die Tageslohn erhalten. Die Arbeit dieser 200 Leute während einer halben Stunde täglich ist gleich der Arbeit einer Person während 50 Stunden oder $\frac{5}{6}$ der wöchentlichen Arbeitsleistung einer Person und ist *ein wirklicher Gewinn für den Unternehmer.*" (l. c., p. 9.)

Wird auf Stückwerk gezahlt, so hat der Arbeiter allerdings einen Anteil an seiner overtime[1] und eignet sich selbst einen Teil der surplustime[2] an, worin er arbeitet. Der Kapitalist hat aber, abgesehn von der raschren Verwertung des Capital fixe, surplus profit[3], selbst wenn er die Stunde overtime ebensosehr oder selbst höher zahlt, wie die Stunden des normalen Arbeitstags, 1. weil er die Maschine, womit gearbeitet wird (z.B. Spindeln, Webstühle) nicht zu vermehren braucht. Derselbe Arbeiter, ob er 12 oder 15 Stunden arbeitet, arbeitet am selben powerloom[4] zugleich. Ein Teil der Kapitalauslage fällt also weg bei dieser Produktion von surplustime. 2. Ist der Normaltag 12 Stunden, wovon 2 Stunden Surplusarbeit, so müssen 10 Stunden bezahlt werden für 2 Stunden Surpluszeit.

Hier wird von den 30 Minuten ($\frac{1}{2}$ Stunde) $\frac{1}{6}$ gewonnen = 5 Minuten und ihm 25 Minuten gezahlt. Die Surpluszeit sonst davon abhängig, daß der Arbeiter erst 10 Stunden für sich arbeitet. Hier dies schon vorausgesetzt, daß er sein notwendiges Salair verdient hat. Er kann also mit 1 aliquoten Teil der overtime abgefunden werden.

Ist die overtime *gratis*, so gewinnt das Kapital sie, ohne notwendige Arbeitszeit zu zahlen; 100 Arbeitsstunden overtime, wenn 10 Stunden täglich gearbeitet wird, = der Arbeitszeit von 10 Arbeitern, für die der Arbeitslohn ganz *gespart* ist.

||124b| Die Bleaching and Dyeing Acts were to come into operation on August 1, 1861[5].

Die *Haupt*bestimmungen der *eigentlichen factory acts* sind:

„Alle Personen unter 16 Jahren müssen vom zuständigen Arzt untersucht und begutachtet werden. Kinder unter 8 Jahren dürfen nicht beschäftigt werden. Kinder zwischen dem 8. und dem 13. Lebensjahr dürfen nur für die Hälfte der Zeit beschäftigt werden und müssen täglich am Schulunterricht teilnehmen. Frauen und junge Personen unter 18 Jahren dürfen weder vor 6 Uhr morgens noch nach 6 Uhr abends und nicht nach 2 Uhr nachmittags an Sonnabenden beschäftigt werden. Frauen und junge Personen dürfen weder während einer Essenszeit beschäftigt noch darf ihnen gestattet werden, in irgendeinem Fabrikraum zu bleiben, während ein Produktionsprozeß abläuft. Kinder unter 13 Jahren dürfen nicht sowohl vormittags als auch nach 1 Uhr des gleichen Tages beschäftigt werden." (p. 22, 23, l.c.) − „Die Arbeitsstunden werden anhand einer öffentlichen Uhr kontrolliert, im allgemeinen der Uhr der nächstgelegenen Eisenbahnstation ... Es wird zuweilen vorge-

---

[1] Überzeit
[2] Mehrzeit
[3] Extraprofit
[4] Maschinenwebstuhl
[5] Gesetze über die Arbeit in Bleichereien und Färbereien sollten am 1. August 1861 in Kraft treten

schützt, wenn jemand während der Essenspausen oder zu sonst ungesetzlichen Zeiten in einer Fabrik ertappt wird, daß er die Fabrik nicht zur festgelegten Zeit verlassen will und daß es des Zwangs bedarf, um seine Arbeit zu unterbrechen, besonders samstagnachmittags. Obzwar die Arbeiter nach Stillsetzung der Maschinerie in der Fabrik bleiben und sich mit der Reinigung ihrer Maschinen oder ähnlichen Arbeiten befassen, würden sie jedoch nicht derart beschäftigt sein, wenn genügend Zeit entweder vor 6 Uhr abends oder vor 2 Uhr nachmittags an Samstagen eigens für Reinigung etc. bestimmt worden wäre." (p. 23, l. c.)

Fernre Bestimmung der factory acts in bezug auf mealtimes[1]:

„Allen jungen Personen und Frauen muß gleichzeitig eineinhalb Stunden Freizeit zwischen 7.30 vormittags und 6 Uhr nachmittags gegeben werden; davon muß eine Stunde vor 3 Uhr nachmittags sein, und niemand darf vor 1 Uhr nachmittags länger als 5 Stunden ohne eine Pause von 30 Minuten beschäftigt werden. Die für Mechaniker übliche Dauer der Essenspausen beträgt im ganzen Lande eine halbe Stunde für Frühstück und eine Stunde für die Hauptmahlzeit." ([p.] 24, l. c.)

Fernre Bestimmung der factory acts:

„Die Eltern sind verpflichtet, ihr Kind 3 Stunden pro Tag an 5 Wochentagen zur Schule gehen zu lassen. Dem Unternehmer sind bei der Beschäftigung von Kindern dann Grenzen gesetzt, wenn er sich nicht an jedem Montagmorgen eine Bescheinigung des Lehrers beschafft hat, wonach jedes Kind in der vergangenen Woche die Schule an 5 Tagen für täglich 3 Stunden besucht hat." (p. 26.)

In frühern Jahrhunderten, in den Zeiten, die der kapitalistischen Produktion vorhergehn, finden wir ebenfalls gewaltsame, i. e. gesetzliche Regulierung von seiten der Regierung. Aber um den Arbeiter zu zwingen, eine *bestimmte* Zeit zu arbeiten, während die jetzigen Regulationen alle nur umgekehrt bestimmt sind, den Kapitalisten zu zwingen, ihn *nur bestimmte Zeit* arbeiten zu lassen. Dem entwickelten Kapital gegenüber kann die Arbeitszeit nur durch Regierungszwang eingeschränkt werden. Auf den Stufen, wo das Kapital sich erst entwickelt, tritt der ||124c| Regierungszwang ein, um den Arbeiter gewaltsam in Lohnarbeiter zu verwandeln.

„Wenn die Bevölkerung dünn gesät und Land im Überfluß vorhanden ist, ist der freie Arbeiter faul und unverschämt. Klug ausgetüftelte Verordnungen werden häufig gefunden, die nicht nur nützlich, sondern absolut notwendig waren, um ihn zur Arbeit zu zwingen. Heutzutage, so sagt Mr. Carlyle, sind die emanzipierten Neger auf unseren Westindischen Inseln nicht zur Arbeit bereit; sie haben die heiße Sonne umsonst und reichlich Kürbisse" (Kürbis) „für fast nichts. Er scheint gesetzliche Verordnungen, um die Arbeit zu erzwingen, für absolut nötig zu halten, auch um ihrer selbst willen. Denn sie fallen rasch zurück in ihre ursprüngliche Barbarei. Auf das England vor 500 Jahren stützt sich die Erfahrung, daß die Armen nicht zu arbeiten brauchten und nicht arbeiten wollten. Während der gro-

---

[1] Essenszeiten

ßen Pest im 14. Jahrhundert, welche die Bevölkerung dezimiert hatte, waren die Schwierigkeiten, Arbeiter *zu vernünftigen Preisen* an die Arbeit zu setzen, so gestiegen, daß sie uner-
träglich wurden und das Gewerbe des Königreiches bedrohten. Folglich wurde im Jahre
1349 unter Eduard III. das Gesetz Nr. 23 erlassen, das die Armen zur Arbeit zwang und in
die Festlegung der Löhne eingriff. Dem folgte über einige Jahrhunderte eine ganze Reihe
gesetzlicher Verordnungen in der nämlichen Absicht. Die Löhne der Handwerker ebenso
wie die der Landarbeiter, Löhne für Stückarbeit und Tagesarbeit, die Zeiten, in denen die
Armen arbeiten mußten, ja sogar *die Pausen für Mahlzeiten"* (wie in den Fabrikgesetzen von
heute) „wurden gesetzlich festgelegt. Parlamentsakte, die die Arbeitslöhne aber *gegen* die
Arbeiter zugunsten der Arbeitsanwender regulierten, währten für die lange Periode von
464 Jahren. Die Bevölkerung wuchs. Diese damals begründeten Gesetze wurden nun überflüssig und lästig. Im Jahre 1813 wurden sie alle außer Kraft gesetzt." (p. 205, 206, [John
Barnard Byles,] *„Sophisms of Free Trade etc.", 7. ed., London 1850.*)

„Aus dem Statut von 1496 geht hervor, daß die Nahrung betrachtet wurde als Äquiva-
lent für $\frac{1}{3}$ des Einkommens eines Handwerkers und $\frac{1}{2}$ des Einkommens eines *labourer's*[1],
welches eine größre Stufe von Unabhängigkeit unter den Arbeitern anzeigt, als jetzt vor-
herrscht; denn die Nahrung von labourers und artificers[2] wird nun einer höheren Rate
ihrer wages[3] veranschlagt. *Die Stunden für meals und relaxation*[4] *waren liberaler als heutzutage.*
Sie betrugen z. B. vom März zu September 1 Stunde für Frühstück, $1\frac{1}{2}$ Stunden für Mittagessen und $\frac{1}{2}$ Stunde für noon-meate[5]. (Also im ganzen 3 Stunden.) Im Winter wurde
gearbeitet von 5 Uhr morgens bis es dunkel wird. Dagegen jetzt in den Cottonfabriken
$\frac{1}{2}$ Stunde für ||124d| Frühstück, 1 Stunde für dinner," also nur $1\frac{1}{2}$ Stunde, *grade die Hälfte
vom 15. Jh.* (p. 25, 24 und 577, 578, John Wade, *„History of the Middle and Working Classes",
3. ed., Lond[on] 1835.*)

Der Bleaching and Dyeing Works Act 1860 erlassen.

Die Bestimmungen *in Print Works Act, Bleaching and Dyeing Works Act*[6]
und dem *Factory Act* sind verschieden.

„Das Gesetz über Bleichereien usw. beschränkt die Arbeitsstunden aller Frauen und
jungen Personen auf *6 Uhr morgens bis 8 Uhr abends,* gestattet aber Kindern nicht, *nach
6 Uhr abends* zu arbeiten. Das Kattundruckereigesetz beschränkt die Stunden für Frauen,
junge Personen und Kinder zwischen 6 Uhr morgens und 10 Uhr abends, vorausgesetzt,
die Kinder haben an einem Tage außer Samstag vor 6 Uhr abends 5 Stunden am Schulunterricht teilgenommen." (p. 20, 21, *„Factory Inspector's Reports" for 31ˢᵗ Oct. 1861.*) „Die Fabrikgesetze fordern, daß pro Tag $1\frac{1}{2}$ Stunden Freizeit zugebilligt werden und daß diese
zwischen 7.30 Uhr morgens und 6 Uhr abends zu geben sind, und eine Stunde davon soll
vor 3 Uhr nachmittags gewährt werden, und daß weder ein Kind, eine junge Person oder

---

[1] *Arbeiters*
[2] Handwerkers
[3] Löhne
[4] *Mahlzeiten und Erholung*
[5] Nachmittagspause
[6] *im Kattundruckerei-, Bleicherei- und Färbereigesetz*

Frau länger als 5 Stunden vor 1 Uhr nachmittags an irgendeinem Tage ohne Essenspause von mindestens 30 Minuten beschäftigt werden soll ... In dem Kattundruckereigesetz überhaupt *keine* Forderung ... *nach irgendeiner Essenspause.* Demgemäß dürfen junge Personen und Frauen von 6 Uhr morgens bis 10 Uhr nachts ohne Unterbrechung für Mahlzeiten arbeiten." (p. 21, l. c.) „In Kattundruckereien darf ein Kind in der Zeit zwischen 6 Uhr morgens und 10 Uhr nachts arbeiten ... nach dem Bleichereigesetz darf ein Kind nur solange arbeiten wie durch das Fabrikgesetz bestimmt, während die Arbeit der *jungen Personen und Frauen,* mit denen es zuvor tagsüber arbeitete, bis 8 Uhr abends fortgesetzt werden darf." ([p.] 22, l. c.)

„*Nimmt man die Seidenfabrikation* als Beispiel, so war es seit *1850* gesetzlich erlaubt, Kinder von 11 Jahren an" (also von 11–13 Jahren) „beim Haspeln und Zwirnen von Rohseide für $10\frac{1}{2}$ Stunden am Tage zu beschäftigen. Von 1844 bis 1850 war ihre tägliche Arbeit auf 10 Stunden beschränkt und samstags auf weniger und vor diesem Zeitraum auf 9 Stunden. Diese Veränderungen geschahen mit der Begründung, die Arbeit in Seidenfabriken sei leichter als in anderen Textilfabriken, und auch, in anderer Hinsicht, in keiner Weise so nachteilig für die Gesundheit." (p. 26, l. c.) „Die 1850 in Umlauf gesetzte Behauptung, wonach die Seidenfabrikation als gesündere Beschäftigung als die Herstellung anderer Textilfabrikate hingestellt wurde, läßt nicht nur ||124e| jeden Beweis vermissen, sondern der Beweis ist genau umgekehrt; denn die durchschnittliche Sterblichkeitsrate in den Seidendistrikten selbst ist äußerst hoch und unter dem weiblichen Teil der Bevölkerung selbst höher als in den Baumwolldistrikten von Lancashire, wo es, obwohl die Kinder zwar nur die halbe Zeit arbeiten, gleichwohl bedingt durch die in der Baumwollfabrikation gesundheitsschädlichen Ursachen, eine hohe Sterblichkeitsrate an Lungenleiden gibt, die man als unabwendbar betrachten kann." (p. 27, l. c.)

Lord Ashley in seiner Rede über die Zehnstundenbill [81] (March, 15th, 1844) sagt, daß damals die Arbeitsstunden in den österreichischen Fabriken „15 und nicht selten 17 Stunden pro Tag". („*Ten Hours' Factory Bill*", London 1844, p. 5.) In der Schweiz sind die Verordnungen sehr streng: „Im Kanton Aargau ist Kindern unter 14 Jahren nicht gestattet, mehr als $12\frac{1}{2}$ Stunden zu arbeiten, und die Fabrikbesitzer sind verpflichtet, für die Schulbildung zu sorgen." Im Kanton Zürich „sind die Arbeitsstunden auf 12 beschränkt; und Kinder unter 10 Jahren dürfen nicht beschäftigt werden ... In Preußen darf nach dem Gesetz von 1839 kein Kind, das nicht sein 16. Lebensjahr vollendet hat, länger als 10 Stunden pro Tag beschäftigt werden; niemand unter 9 Jahren darf überhaupt beschäftigt werden". (p. [5,] 6.)*

---

* Im Manuskript gestrichen: Das in Rohmaterial ausgelegte Kapital wächst noch ungleich schneller als bei der auf bloßer Teilung der Arbeit gegründeten Manufaktur im Verhältnis zu dem im Arbeitslohn ausgelegten. Und es kommt ganz hinzu die große Masse des in Arbeitsmitteln ausgelegten Teils des Kapitals.[1]

---

[1] Siehe vorl. Band, S. 322

/V-196/ Subinspektor Baker berichtet („Factory reports", 1843), daß er „mehrere Frauen gesehen habe, die, dessen sei er sicher, ihr 18. Lebensjahr gerade erst vollendet haben konnten, aber gezwungen waren, von 6 Uhr früh bis 10 Uhr abends mit nur $1\frac{1}{2}$ Stunden Essenspausen zu arbeiten. In anderen Fällen weist er nach, sind Frauen die ganze Nacht hindurch bei einer Temperatur von 70–80 Grad [Fahrenheit] zu arbeiten gezwungen ... Ich entdeckte" (sagt Mr. Horner, „Factory Reports", 1843) „viele junge Frauen, gerade 18 Jahre alt, bei der Arbeit von halb 5 Uhr morgens bis 8 Uhr abends ohne Unterbrechung außer einer Viertelstunde für Frühstück und 3 Viertelstunden für Mittagsmahlzeit. Man kann getrost behaupten, daß sie $15\frac{1}{2}$ von 24 Stunden arbeiten. Unter ihnen gibt es" (sagt Mr. Saunders, „Fact. Rep.", 1843) „Frauen, die hintereinander für viele Wochen, mit Ausfall nur weniger Tage, von 6 Uhr morgens bis 12 Uhr nachts beschäftigt werden, mit weniger als 2 Stunden für Mahlzeiten, so daß ihnen für 5 Nächte in der Woche von den 24 Tagesstunden nur 6 bleiben, um von und nach Hause zu gehen und im Bett auszuruhen." (l. c., [p.] 20, 21.)

Das frühre Abnutzen des Arbeitsvermögens, in andren Worten, das frühe Altern, infolge der gewaltsamen Verlängerung der Arbeitszeit:

„Im Jahre 1833 richtete Mr. Ashworth, ein sehr bedeutender Fabrikbesitzer, einen Brief an mich, der den folgenden merkwürdigen Absatz enthielt: ,Als nächstes werden Sie sich natürlich nach den alten Männern erkundigen, von denen man sagt, sie sterben oder werden arbeitsunfähig, sobald sie das vierzigste Jahr erreichen oder wenig später.' Merken Sie sich den Satz, ,alte Männer' von 40 Jahren." (l. c., p. 12.)

The government commissioner M'Intosh (one those commissioners, sent expressly to collect evidence against that taken by the committee of 1832), says in his report of 1833[1]:

„Obwohl vorbereitet, weil ich Kindlichkeit in dieser Weise in Besitz genommen sah, ist es sehr schwer, an das Alter zu glauben, das Männer vorgerückten Alters von sich selbst angeben, so vollendet ist ihre vorzeitige Greisenhaftigkeit." (p. 13, l. c.)[90]

/III-124e/ 1816 Sir R. Peel procured a committee of the House of Commons to examine into the apprentice act of 1802[2]. U. a. Nach der Evidence of John Moss, overseer of einer Mill bei Preston, der Apprentice act was constantly set at nought. The witness did not even known of it. Die children in der mill, fast alle apprentice von London parishes; were worked[3] von 5 Uhr

---

[1] Regierungskommissär M'Intosh (einer der Kommissäre, die ausdrücklich geschickt wurden, um Beweise gegen das zu sammeln, was 1832 vom Komitee beigebracht wurde), sagte 1833 in seinem Bericht

[2] 1816 bewirkte Sir R. Peel, daß ein Ausschuß des Unterhauses gebildet wurde, um das Lehrlingsgesetz von 1802 zu untersuchen

[3] Zeugenaussage von John Moss, Aufseher von einer Fabrik bei Preston, wurden die Bestimmun-

morgens bis 8 in der Nacht, das ganze Jahr durch, mit 1 Stunde für die
2 meals: invariably they worked[1] von 6 am Sonntagmorgen bis 12, in cleaning
the machinery for the week[2]. (15 Stunden.)[91]
Durchschnittsarbeit bei den Bäckern in London 17 Stunden. 17 Stunden
regulär in der ersten Zeit der Baumwollindustrie. Kurz nachher Einführung
der Nachtarbeit.

Rate des Mehrwerts

Wenn der Arbeiter 10 Stunden necessary labour[3] arbeitet und 2 Stunden
surpluslabour[4], so die Rate $= \frac{2}{10} = \frac{1}{5} = 20$ Prozent. Es käme falsche Rechnung heraus, d. h. die Rate der Exploitation würde falsch konstatiert, wenn
man den ganzen Arbeitstag von 12 Stunden betrachtete und etwa sagte, der
Arbeiter erhält $\frac{5}{6}$, der Kapitalist $\frac{1}{6}$ davon. Die Rate betrüge dann $\frac{1}{6}$ ($\frac{12}{6}$
$= 2$ Stunden) $= 16\frac{2}{3}$ Prozent. Derselbe Irrtum fände statt, würde das Pro-
dukt berechnet, und zwar nicht das Verhältnis des surplusproduce zu dem
Teil des produce which $=$ equivalent dem Arbeitslohn, sondern d[em] surplusproduce as aliquot part of the aggregate produce[5]. Dieser Punkt sehr
wichtig, nicht nur zur Bestimmung des Mehrwerts, sondern später entscheidend wichtig für richtige Bestimmung der Profitrate.

||124f| „Er" (einer der Unternehmer in der ersten Zeit der Entwicklung der Baum-
wollindustrie) „hat mir eine erstaunliche Idee mitgeteilt; ich weiß nicht, ob sie ihm mit
Recht zugeschrieben werden kann, aber sie ist wirklich seiner würdig: es geht *um die Orga-
nisierung der Nachtarbeit*. Die Arbeiter werden auf zwei Gruppen aufgeteilt, und zwar derart, daß jede in einer von zwei Nächten bis zum Morgen wacht: so ruhen die Webstühle
nicht mehr. Die auf 17 Stunden begrenzte Arbeit läßt während 7 langer Stunden ein uner-
meßliches Kapital ruhen, den Wert der Webstühle, die Mieten usw. Diese 7 langen Stunden Tagesgewinn werden nicht mehr verlorengehen. Er hat mir ein System erklärt, mit
dessen Hilfe er nur durch die Einführung des Nachtlohnes wieder gewinnen wird und
dazu die Unkosten für Beleuchtung." ([p.] 145, 146, „*Sir Richard Arkwright* etc. (1760 à
1792)", par *St. Germain Leduc*, Paris 1841.)

---

gen des Lehrlingsgesetzes ständig in den Wind geschlagen. Der Zeuge wußte nicht einmal von seiner
Existenz. Die Kinder in der Fabrik, fast alle Lehrlinge von Londoner Pfarrbezirken, wurden abgear-
beitet
[1] gleichbleibend arbeiteten sie
[2] um die Maschinen für die Woche zu säubern
[3] notwendige Arbeit
[4] Mehrarbeit
[5] Mehrprodukts zu dem Teil des Produkts, welches gleich äquivalent dem Arbeitslohn, sondern
d[em] Mehrprodukt als entsprechendem Teil des Gesamtprodukts

Dies die Norm jetzt in den cottonfabrics zu Moskau. Viel scheußlicher noch in diesem Augenblick das in den Spiegelfabriken zu Manchester befolgte System; wobei auch Kinder angewandt. Nämlich 2 troupes[1], die sich alle 24 Stunden Tag und Nacht per je 6 Stunden ablösen. Wir lesen bei Babbage („*On the Economy of Maschinery* etc.", Lond[on] 1832):

„Die ersten Maschinen, Tüll zu fabrizieren, waren sehr teuer beim ersten Ankauf, von 1 000 zu 1 200 oder 1 300 *l.* St. Jeder Fabrikant, Besitzer einer dieser Maschinen, fand bald, daß er mehr fabrizierte, aber da ihre Arbeit auf 8 Stunden per Tag beschränkt war, konnte er in bezug auf ihren Preis nicht mit der alten Fabrikationsmethode wetteifern. Dieser Nachteil rührte von der beträchtlichen Summe her, die dem ersten établissement[2] der Maschine gewidmet war. Bald aber bemerkten die Fabrikanten, daß mit derselben Ausgabe von ursprünglichem Kapital und einer kleinen Addition zu ihrem fonds de roulement[3] sie dieselbe Maschine während 24 Stunden arbeiten lassen konnten. Die Vorteile, die sie so realisierten, engagierten andre Personen, ihre Aufmerksamkeit auf die Mittel, sie zu vervollkommnen, zu lenken, so daß ihr Ankaufpreis eine beträchtliche Reduktion in derselben Zeit erfuhr, als der Tüll sich schneller und in größerer Quantität machte." (Ch. XXII.[92])

Dale, der Vorgänger Owens in der Cottonfabrik zu New-Lanark, selbst Philanthropist, wandte die Kinder selbst unter 10 Jahren noch 13 Stunden an.

„Um die Unkosten für die so wohlbedachten Maßnahmen zu decken und die Anlage im allgemeinen zu unterhalten, war es unumgänglich nötig, diese Kinder von 6 Uhr morgens bis 7 Uhr abends, im Sommer wie im Winter, in den Baumwollfabriken zu beschäftigen ... Die Vorsteher der öffentlichen Wohlfahrtseinrichtungen wollten aus schlecht verstandenen ökonomischen Gründen die ihrer Sorge anvertrauten Kinder nicht schicken, sofern sich die Fabrikbesitzer nicht auch der 6-, 7- und 8jährigen annähmen." ([p.] 64.) („*Examen Impartial des* Nouvelles Vues de M. Robert Owen et de ses Établissemens à New-Lanark en Écosse etc.", par *Henry Grey Macnab* etc., traduit par *Laffon de Ladébat* etc., Paris 1821.) „So erwiesen sich die Vorkehrungen von M. Dale und seine liebevolle Fürsorge für das Wohlergehen dieser Kinder letzten Endes als nahezu völlig nutzlos und ohne Erfolg. Er hatte diese Kinder in seine Dienste genommen, und ohne ihre Arbeit konnte er sie nicht ernähren." ([p.] 65, l. c.) „Das Übel rührte daher, daß die aus Waisenhäusern entsandten für ihre Arbeit viel zu jungen Kinder ||124g| noch mindestens weitere vier Jahre länger hätten betreut werden und eine erste Erziehung erhalten müssen ... Wenn das ein zuverlässiges und nicht übertriebenes Bild der Lage unserer Lehrlinge aus den Waisenhäusern in *unserem gegenwärtigen Fabriksystem*, selbst unter den besten und humansten Bedingungen ist, wie erbärmlich muß dann die Lage dieser Kinder unter einem schlechten Regime sein?" ([p.] 66, l. c.)

---

[1] Gruppen
[2] Aufstellen
[3] Umlaufmitteln

Sobald Owen die Direktion übernahm:

„Das System, Lehrlinge aus Einrichtungen der öffentlichen Wohlfahrt zu beziehen, wird abgeschafft ... Man verzichtet auf die Gewohnheit, Kinder von 6 bis 8 Jahren in Fabriken zu beschäftigen." ([p.] 74.)

„Die Arbeitszeit, 16 von 24 Stunden, wurde reduziert auf $10\frac{1}{2}$ Stunden pro Tag." ([p.] 98.)

Dies galt natürlich als gesellschaftsumwälzerisch. Großes Geschrei der économistes[1] und Benthamschen „Philosophen".

„Aber noch leichter ist die Anschaffung des Brotes auf den östlichen Inseln in dem asiatischen Archipelagus, wo der Sago wild in dem Wald wächst. Wenn die Bewohner, indem sie ein Loch in den Stamm bohren, sich davon überzeugt haben, daß das Mark reif ist, so wird der Stamm umgeschlagen und in mehrere Stücke geteilt, das Mark wird herausgekratzt, mit Wasser gemischt und geseiht, es ist dann vollkommen brauchbares Sagomehl. Ein Baum gibt gemeiniglich 300 Pfund und kann 5–600 Pfund geben. Man geht dort also in den Wald und schneidet sich sein Brot, wie man bei uns sein Brennholz schlägt." ([p.] 148, *„Die Erde, die Pflanzen und der Mensch"*, *von J. F. Schouw*, 2. Auflage, Leipzig 1854.)

Gesetzt, es sei 1 Tag (von 12 Stunden) per Woche nötig, damit dieser Brotschneider alle seine Bedürfnisse befriedige. Wäre kapitalistische Produktion eingeführt, so müßte er 6 Tage per Woche arbeiten, um sich das Produkt dieses einen Tages anzueignen.

Die Surplusarbeit besteht natürlich aus derselben Art Arbeit wie die necessary[2]. Ist der Arbeiter ein Spinner, so besteht seine Surplusarbeit im Spinnen und sein Surplusproduce im Gespinst. Ist er ein Kohlengräber, so etc. Man sieht also, daß die Art der Arbeit, ihre besondre Qualität, der besondre Zweig, dem sie angehört, durchaus gleichgültig ist für das Verhältnis von surpluslabour zu necessary labour. Ebenso gleichgültig ist daher das Wertverhältnis der verschiednen Arbeitstage zueinander, oder, was dasselbe, das Verhältnis, worin a day of more or less skilled labour is equates with a day of unskilled average labour[3]. Diese Ausgleichung berührt das hier untersuchte Verhältnis gar nicht. Der Vereinfachung wegen (der Darstellung) kann daher immer so räsoniert werden, als wenn die Arbeit aller Arbeiter, die der Kapita-

---

[1] Ökonomen

[2] notwendige

[3] ein Tag mehr oder weniger qualifizierter Arbeit gleichgesetzt wird mit einem Tag unqualifizierter Durchschnittsarbeit

list anwendet, = average unskilled labour[1], einfache Arbeit. In seiner Berechnung (im Geldausdruck der Arbeit) ist sie ohnehin – jede Art der Arbeit – *auf diesen Ausdruck* praktisch und faktisch reduziert. ||124h| Die qualitativen Unterschiede in den verschiednen Arten von *average labour*[2], daß die eine mehr Gewandtheit erheischt, die andre mehr Kraft etc., gleichen sich praktisch untereinander aus. Was aber die *individuelle Verschiedenheit* der Arbeiter betrifft, die *dieselbe* Arbeit verrichten, so ist darüber folgendes zu bemerken: Diese Verschiedenheit am größten im handwerksmäßigen Betrieb (und in den höhren Sphären der sog. unproduktiven Arbeit). Sie verschwindet mehr und mehr und ist auf kaum zu berechenbaren Spielraum beschränkt in der entwickelten kapitalistischen Produktion, wo Teilung der Arbeit und Maschinerie vorherrscht. (Abgerechnet die kurze Lernzeit der Apprentices.) Der average[3] Lohn muß hoch genug sein, um den average Arbeiter am Leben als Arbeiter zu erhalten; und eine average Leistung ist hier die Voraussetzung für den Arbeiter, um überhaupt als solcher ins Atelier zugelassen zu werden. Was über oder unter diesem average steht, Ausnahme, und das ganze Atelier betrachtet, liefert sein ganzes Personal das average Produkt in der average Zeit des bestimmten Zweigs unter den average Produktionsbedingungen. In dem Tags-, Wochenlohn etc. faktisch keine Rücksicht genommen auf diese individual differences[4]. Wohl aber im Stücklohn. Dies ändert am Verhältnis zwischen Kapitalist und Arbeiter nichts. Ist die Arbeitszeit von A höher als die von B, so sein Lohn, aber auch die surplusvalue[5], die er schafft. Fällt seine Leistung unter den average, daher sein Lohn, so auch die surplusvalue. Das ganze Atelier muß aber den average liefern. Was über und unter dem average, ergänzt sich, und der average, den ohnehin das great bulk of labourers[6] leistet, bleibt. Diese Sachen beim Arbeitslohn zu betrachten. Für das hier betrachtete Verhältnis gleichgültig. Übrigens Stücklohn sehr früh in den englischen Fabriken. War einmal festgestellt, wieviel on an average[7] in einer gegebnen Arbeitszeit geleistet werden konnte, so danach der Arbeitslohn bestimmt (zugleich die Zahl der Arbeitsstunden täglich gegeben). Und in fact der Arbeitslohn (the aggregate[8]) niedriger dann mit 17 Stunden Arbeit als mit

---

[1] durchschnittlich unqualifizierte Arbeit
[2] Durchschnittsarbeit
[3] durchschnittliche
[4] individuellen Unterschiede
[5] der Mehrwert
[6] die große Masse der Arbeiter
[7] im Durchschnitt
[8] die Gesamtsumme

10. Nur bei *außergewöhnlicher* overtime working[1] käme der Unterschied den Arbeitern zugute, daß sie von dieser extraordinary surplus labour part appropriate to themselves[2]. Was übrigens auch da der Fall, wo extraordinary surpluslabour bei Taglohn etc.

Wir haben gesehn, der *Wert* beruht darauf, daß die Menschen sich zu ihren Arbeiten wechselseitig als gleichen und allgemeinen und in dieser Form gesellschaftlicher Arbeit verhalten. Dies eine Abstraktion, wie alles menschliche Denken, und gesellschaftliche Verhältnisse nur unter den Menschen, soweit sie denken und dies Abstraktionsvermögen von der sinnlichen Einzelheit und Zufälligkeit besitzen. Die Sorte Ökonomen, die die Bestimmung des Werts durch Arbeitszeit deswegen angreifen, weil die Arbeiten von 2 Individuen in derselben Zeit nicht *absolut gleich* (obgleich im selben Fach), wissen überhaupt noch nicht, wodurch menschliche gesellschaftliche Verhältnisse von tierischen sich unterscheiden. Sie sind beasts. Als beasts finden dieselben Burschen denn auch keine Schwierigkeit, zu übersehn, daß nicht 2 Gebrauchswerte einander absolut gleich sind (nicht 2 Blätter, *Leibniz*[93]), und noch weniger Schwierigkeit, Gebrauchswerte, die absolut kein Maß untereinander haben, *nach dem Grad ihrer Nützlichkeit* als Tauschwerte zu schätzen.

Wäre die monetary expression (Geld, to be supposed to keep its value, as it really does for longer periods)[3] eines average Arbeitstags von 12 Stunden = 10 sh, so klar, daß der Arbeiter, der 12 Stunden arbeitet, dem Arbeitsgegenstand nie mehr als 10 sh zufügen kann. Beträgt die Summe seiner täglichen notwendigen Lebensmittel nur 5 sh, so hat der Kapitalist 5 sh zu zahlen und erhält 5 sh surplusvalue, wenn 6 nur 4, wenn 7 nur 3, wenn 3 dagegen 7[4] etc. Bei gegebner Arbeitszeit – Länge des Arbeitstags – dies festzuhalten, daß die Summe von necessary und surpluslabour im Produkt von konstantem Wert sich darstellt und von equal monetary expression of that value, as long as the value of money remains constant[5].

---

[1] Überstundenarbeit
[2] außergewöhnlichen Überstundenarbeit einen Teil sich selbst aneignen
[3] Ausdruck in Geld (Geld, von dem angenommen wird, daß es seinen Wert behält, wie es tatsächlich in längeren Zeiträumen zutrifft)
[4] In der Handschrift: 9
[5] gleichen Ausdruck in Geld von diesem Wert, so lange der Wert des Geldes konstant bleibt

||125| 3. *Der relative Mehrwert*

Wir nennen die bisher betrachtete Form des Mehrwerts *absoluten Mehrwert*, weil seine Existenz selbst, die Rate seines Wachstums, jede Zunahme desselben zugleich eine absolute Vermehrung des *geschaffnen* Werts ist (des produzierten Werts). Er entsteht, wie wir sahen, durch eine Verlängerung des notwendigen Arbeitstags über seine Grenzen hinaus, und seine absolute Größe ist gleich der Größe dieser Verlängerung, während seine relative Größe – der proportionelle Mehrwert oder die Rate des Mehrwerts – mit dem Verhältnis dieser Verlängerung dieser Fluxion zu ihrem Fluente[94], der notwendigen Arbeitszeit, gegeben ist. Ist die notwendige Arbeitszeit 10 Stunden, so wird sie um 2, 3, 4, 5 Stunden verlängert. Folglich statt eines Werts von 10 Arbeitsstunden wird einer von 12–15 geschaffen. Die Verlängerung des *Normalarbeitstags*, d. h. der Summe der notwendigen Arbeitszeit + der Surplusarbeitszeit, ist hier der Prozeß, wodurch der Mehrwert wächst, vergrößert wird.

Gesetzt nun, der Gesamtarbeitstag habe seine normalen Grenzen erreicht. So tritt dann erst die Tendenz des Kapitals, Mehrwert, d. h. Surplusarbeitszeit, zu setzen, in ihrer eigentümlichen und charakteristischen Weise hervor. Gesetzt, der Normalarbeitstag besteht aus 12 Stunden, wovon 10 notwendige Arbeitszeit, 2 Surplusarbeitszeit. Eine Verlängerung über diesen Zeitraum hinaus, also ein Wachstum des absoluten Mehrwerts, sei außer Frage. Es ist natürlich klar, daß eine solche Schranke – wie man sie immer festsetzen mag – sich geltend machen, eintreten muß. (Man kann, um das Problem ganz rein vor sich zu haben, auch unterstellen, daß die *Summe* des absoluten Mehrwerts nicht weiter gesteigert werden könne, indem die Arbeitsbevölkerung gegeben.) In diesem Falle also, wo der Mehrwert durch eine Verlängerung des Gesamtarbeitstags nicht weiter gesteigert werden kann, wie kann er überhaupt noch gesteigert werden? Durch *Verkürzung* der *notwendigen Arbeitszeit.* Wenn 12 Stunden der Gesamtarbeitstag, 10 Stunden notwendige Arbeitszeit, 2 Stunden Surplusarbeitszeit, so kann der Mehrwert oder die Surplusarbeitszeit z. B. um 50 % wachsen, von 2 Stunden auf 3 – ohne daß der Gesamtarbeitstag verlängert wird –, wenn die notwendige Arbeitszeit von 10 Stunden auf 9 Stunden, um $\frac{1}{10}$, verkürzt würde. Das Quantum der Surplusarbeitszeit, folglich der Mehrwert, kann wachsen, nicht nur dadurch, daß die Surplusarbeitszeit direkt vermehrt wird durch eine gleichzeitige Verlängerung des Gesamtarbeitstags, sondern auch dadurch, daß die notwendige Arbeitszeit verkürzt wird, also Arbeitszeit aus notwendiger Arbeitszeit in Surplusarbeitszeit *verwandelt* wird. Der Normalarbeitstag würde nicht verlängert, wohl aber die notwendige Arbeitszeit verkürzt und überhaupt das Verhältnis, worin der Gesamtarbeitstag zwischen Arbeit zum Ersatz des Salairs und Arbeit für Schöpfung des Mehrwerts geteilt ist, sich verändert haben.

Die notwendige Arbeitszeit ist, wie wir sahen, nichts (als bezahlte Arbeitszeit) als die Arbeitszeit, die die im Salair, im Kaufpreis des Arbeitsvermögens, enthaltne Arbeitszeit ersetzt. (In der Tat die zur Produktion des Salairs erheischte Arbeitszeit.) Sie könnte verkürzt werden durch eine Verkürzung des Salairs. Wird der Wert des Salairs gewaltsam herabgesetzt, so auch die Arbeitszeit, die im Salair enthalten, also die Arbeitszeit, die zur Reproduktion des Salairs, zu seinem Ersatz, gezahlt. Mit dem Wert fiele das Äquivalent für den Wert; der diesem Wert entsprechende oder vielmehr gleiche Gegenwert. Nun findet allerdings dergleichen in der Praxis statt. Der Preis des Arbeitsvermögens, wie der jeder andren Ware, steigt und fällt in der Praxis über oder unter seinen Wert. Wir haben aber damit nichts zu schaffen, denn wir gehn von der Voraussetzung aus, daß der Preis der Ware ihrem Wert entspricht oder wir betrachten die Phänomene *unter dieser Voraussetzung.* Die Verkürzung der notwendigen Arbeitszeit, um die es sich hier handelt, muß also unter der Voraussetzung entwickelt [werden], daß das Arbeitsvermögen zu seinem Wert verkauft, der Arbeiter den normalen Arbeitslohn erhält, also keine Verkürzung in der Summe der Lebensmittel stattfindet, die zur normalen und traditionellen Reproduktion seines Arbeitsvermögens erheischt sind.

||126| {Steigen des Mehrwerts durch Herabsetzen des Arbeitslohns unter sein Durchschnittsmaß (ohne Vermehrung der Produktivität der Arbeit) ist Steigen des Profits durch Herabdrücken des Arbeiters unter seine normalen Lebensbedingungen. Andrerseits Steigen des Arbeitslohns über sein normales Durchschnittsmaß ist Teilnahme, Aneignung auf seiten des Arbeiters von einem Teil seiner eignen Surplusarbeit. (Ebenfalls bei gleichbleibender Produktivkraft der Arbeit.) In dem ersten Fall the capitalist encroaches upon the vital conditions of the workman, and upon the times of labour necessary for its own sustainance[1]. In dem zweiten Fall the workman expropriates part of his own surplus labour. In both cases the one loses what the other gains, but the workman loses in life, what the capitalist gains in money, and in the other case the workman gains in enjoyment of life, what the capitalist loses in the rate of appropriating other people's labour[2].}

---

[1] vergreift sich der Kapitalist an den lebenswichtigen Bedingungen des Arbeiters und an der Arbeitszeit, die für seinen eigenen Unterhalt notwendig ist

[2] eignet sich der Arbeiter einen Teil seiner Mehrarbeit an. In beiden Fällen verliert der eine, was

Jede Verkürzung der notwendigen Arbeitszeit, die unter der Voraussetzung stattfindet, daß der Preis des Arbeitsvermögens gleich seinem Wert, also der Lohn nicht unter den Normallohn herabgedrückt wird oder fällt, ist nur möglich durch *Vermehrung der Produktivität der Arbeit* oder, was dasselbe ist, durch höhre *Entwicklung der Produktivkräfte der Arbeit.*

Wir haben bei der Betrachtung der Ware gesehn: Steigt die Produktivkraft der Arbeit, so wird derselbe Gebrauchswert in kürzrer Arbeitszeit oder ein größres Quantum derselben Gebrauchswerte in derselben Arbeitszeit (oder geringrer Zeit, dies aber in casus 2 eingeschlossen) produziert. Der Gebrauchswert der Ware bleibt derselbe, obgleich ihr Tauschwert fällt, d. h., ein geringres Quantum Arbeitszeit in ihr vergegenständlicht, weniger Arbeit zu ihrer Produktion erheischt ist. Die zur normalen Reproduktion des Arbeitsvermögens erheischte Summe von Lebensmitteln ist nicht durch ihren Tauschwert, sondern durch ihren Gebrauchswert − qualitativ und quantitativ − bestimmt, also nicht durch die Arbeitszeit, die zu ihrer Herstellung erheischt ist, die in ihr vergegenständlicht ist, sondern durch das Resultat dieser Arbeitszeit, durch die reale Arbeit, soweit sie sich im Produkt darstellt. Kann also dieselbe Summe von Lebensmitteln durch erhöhte Produktivität der realen Arbeit in kürzrer Arbeitszeit hergestellt [1] werden, so fällt der Wert des Arbeitsvermögens und damit die zu seiner Reproduktion, zur Produktion seines Gegenwerts, erheischte Arbeitszeit, die notwendige Arbeitszeit, obgleich nach wie vor das Arbeitsvermögen zu seinem Wert verkauft wird. Ebenso wie eine andre Ware nach wie vor zu ihrem Wert verkauft wird, wenn sie heute $\frac{1}{100}$ weniger kostet wie früher, weil $\frac{1}{100}$ Arbeitszeit weniger in ihr enthalten ist, obgleich sie nach wie vor denselben Gebrauchswert besitzt. Der Wert des Arbeitsvermögens und daher die notwendige Arbeitszeit fallen hier, nicht weil der Preis des Arbeitsvermögens unter seinen Wert sinkt, sondern weil sein Wert selbst gesunken ist, weniger Arbeitszeit in dem Arbeitsvermögen vergegenständlicht und daher weniger Arbeitszeit zu seiner Reproduktion erheischt ist. In diesem Falle wächst die Surplusarbeitszeit, weil die notwendige Arbeitszeit abgenommen hat. Ein Quantum des Gesamtarbeitstags, das früher durch die notwendige Arbeit in Beschlag genommen ward, wird jetzt frei, in die Surplusarbeitszeit annektiert. Ein Teil notwendige Arbeitszeit wird in Surplusarbeitszeit verwandelt; also ein Teil des Gesamtwerts des Produkts, der früher in das Salair einging, geht jetzt in den Mehrwert (den Gewinn des

---

der andere gewinnt, aber der Arbeiter verliert am Leben, was der Kapitalist an Geld gewinnt, und im anderen Falle gewinnt der Arbeiter an Lebensfreude, was der Kapitalist an der Aneignungsrate der Arbeit anderer Menschen verliert

[1] In der Handschrift: dargestellt

Kapitalisten) ein. Diese Form des Mehrwerts nenne ich den *relativen Mehrwert.*

Es ist nun zunächst klar, daß eine Vermehrung der Produktivkraft der Arbeit nur den Wert ihres Arbeitsvermögens oder ihre notwendige Arbeitszeit vermindern kann, soweit die Produkte dieser Arbeiten entweder direkt in ihren Konsum eingehn, wie Nahrungsmittel, Heizungsmittel, Wohnung, Kleidung etc., oder in das konstante Kapital (Rohmaterial und Arbeitsinstrument) eingehn, die zur Herstellung jener Produkte erheischt sind. Denn da im Wert des Produkts der Wert des in es eingehenden konstanten Kapitals wiedererscheint, fällt der Wert des Produkts offenbar, nicht nur, wenn die zu seiner eignen Herstellung erheischte Arbeitszeit fällt, sondern ebensosehr, wenn die zur Herstellung seiner Produktionsbedingungen erheischte Arbeitszeit fällt; also der Wert der zur Herstellung der in den Konsum des Arbeiters eingehenden Produkte erheischten Rohmaterials und Arbeitsinstruments, kurz des konstanten Kapitals. *(Sieh Ramsay.*[95]*)*

{Der Unterschied zwischen Wiedererscheinen oder einfacher Erhaltung des Werts im Produkt und Reproduktion dieses Werts dieser: Im letzten Fall tritt ein neues Äquivalent an die Stelle des durch Verzehrung des Gebrauchswerts, worin er enthalten war, verschwundnen Tauschwerts. Im erstern Fall wird kein neues Äquivalent an die Stelle des ursprünglichen Werts gesetzt. Z. B. der Wert des Holzes, der im Tische wiedererscheint, wird nicht durch ein neugeschaffnes Äquivalent ersetzt. Der Wert des Holzes erscheint nur im Tisch wieder, weil das Holz vorher Wert hatte und die Produktion seines Werts Voraussetzung für die Produktion des Werts des Tisches ist.}

Aber zweitens: Nehmen wir den Arbeiter in dem Arbeitszweig, worin er selbst arbeitet. Produziert ein Arbeiter in einer Weberei infolge erhöhter Produktivkraft der Arbeit 20 Ellen Kaliko in einer Stunde, während er früher nur 1 Elle produzierte, so haben die 20 Ellen, nach Abzug des mehr in ihnen enthaltnen konstanten Kapitals, soweit sie also überhaupt von dem Arbeiter selbst geschaffner ||127| Wert sind, nicht mehr Wert als früher die 1 Elle. Bliebe die Produktivkraft der Arbeit in allen andren Arbeitszweigen dieselbe, wie vor dieser Umwälzung in der Weberei, so würde der Arbeiter mit 1 Stunde, trotz der gestiegnen Produktivkraft seiner Arbeit, nicht mehr Lebensmittel kaufen können, wie vorher – d. h., nach wie vor nur Waren, worin 1 Arbeitsstunde vergegenständlicht. Das Wachstum der Produktivkraft in seinem eignen Arbeitszweig, die erhöhte Produktivität seiner eignen Arbeit würde also nur die Reproduktion seines eignen Arbeitsvermögens verwohlfeilern und daher seine notwendige Arbeitszeit abkürzen, sofern und zu dem Umfang, worin Kaliko etwa als Kleidungsmittel in seinen eignen Konsum einginge. Nur in dieser Proportion. Dies gilt aber von jedem bestimmten Zweig der Produktion, also von jedem einzelnen Kapital für sich in der Sphäre seiner eignen industriellen Wirksamkeit genommen.

Nehmen wir das Gesamtkapital der Gesellschaft, also die Gesamtkapitalistenklasse gegenüber der Arbeiterklasse, so ist es klar, daß die Kapitalistenklasse den Mehrwert, ohne Verlängrung des Gesamtarbeitstags und ohne Abkürzung des normalen Arbeitslohns, nur erhöhen kann, soweit größere Produktivität der Arbeit, höhre Entwicklung der Produktivkraft der Arbeit erlaubt, mit weniger Arbeit die Gesamtarbeiterklasse zu erhalten, die Summe ihrer Lebensmittel wohlfeiler zu produzieren und daher die Summe der Gesamtarbeitszeit abzukürzen, deren die Arbeiterklasse zur Reproduktion ihres eignen Salairs bedarf. Diese Summe besteht aber nur aus der Summe der einzelnen Lebensmittel und der Summe der bestimmten Arbeitszweige, also aus der Summe der einzelnen Arbeitszweige, die diese Lebensmittel produzieren, also aus der Summe der Abkürzungen der Arbeitszeit wegen erhöhter Produktivkraft der Arbeit in jedem dieser einzelnen Arbeitszweige. Wir sind aber berechtigt – und wir können den Prozeß nur betrachten, indem wir immer ein bestimmtes einzelnes Kapital mit bestimmten Arbeitern in einer bestimmten Sphäre uns vorstellen –, zur Verallgemeinerung der Darstellung den Prozeß so zu betrachten, als ob der Arbeiter von den Gebrauchswerten lebe, die er selbst produziert. (Es wird dabei nicht angenommen, daß der Arbeiter in demselben Maße weniger notwendige Arbeitszeit braucht, worin er mehr Produkt in derselben Zeit liefert, aber daß in dem Verhältnis, worin seine notwendige Arbeitszeit abnimmt, sein eignes wohlfeiler gewordnes Produkt in seinen Konsum eingeht. Es gilt dies für die ganze Gesellschaft, also für die Summe der einzelnen, da die gesellschaftliche Summe der relativen Mehrarbeit nichts ist als die Summe der Mehrarbeiten der einzelnen Arbeiter in den einzelnen Arbeitszweigen. Nur treten hier Ausgleichungen ein und Vermittlungen, deren Betrachtung nicht hierher gehört, die aber das wesentliche Verhältnis verdecken.

Die *Abnahme der notwendigen Arbeitszeit* ist also *Steigen der Surplusarbeitszeit*. Die eine vermindert sich in dem Grad, wie sich die andre vermehrt, und vice versa. Dies Steigen und Fallen berührt aber den Gesamtarbeitstag und seine Größe nicht.) Er selbst kann in der Tat nur relativen Mehrwert schaffen, soweit er ihn in der Sphäre seiner eignen Wirksamkeit schafft, d. h., in seinen eignen Konsum eingehende Produkte in mindrer Zeit als vorher produziert. Die Ökonomen flüchten daher stets zu dieser Voraussetzung, soweit sie überhaupt in das Wesen des relativen Werts eingehn. (Siehe *Mill*.[96])

In der Tat, betrachtet man den gewöhnlichen Hergang. Wenn der Arbeitstag = 12 Stunden, die Surplusarbeitszeit = 2 Stunden war, und der Kapitalist, infolge vermehrter Produktivität der Arbeit, produziert z. B. doppelt so viel. So kann der Mehrwert nur wachsen — sein Gewinn nur daher fließen, daß entweder das Produkt der Arbeit in einer gewissen Proportion in die Reproduktion des Arbeitsvermögens eingeht, dieses in dieser Proportion verwohlfeilert wird, in diesem Verhältnis das Salair fällt, d. h. der Wert des Arbeitsvermögens, also auch der Teil des Gesamtarbeitstags, der bisher zur Reproduktion dieses Teils vom Wert des Arbeitsvermögens erheischt war. Oder der Fabrikant verkauft die Ware über ihrem Wert, d. h., als ob die Produktivität der Arbeit dieselbe geblieben. Nur im Verhältnis, worin er sie über ihrem Wert verkauft, also alle andren Waren unter ihrem Wert kauft, wohlfeiler kauft — als im Verhältnis der in ihnen und seinen Waren relativ enthaltnen Arbeitszeit —, setzt er einen neuen Mehrwert. Der Arbeiter bekommt aber nur dasselbe normale Salair wie früher. Er bekommt also einen geringern Teil des Gesamtwerts des Produkts, oder ein geringrer Teil desselben ist im *Ankauf von Arbeitsvermögen ausgelegt als vor der erhöhten* Produktivität der Arbeit. Ein geringrer *Teil seines Gesamttages ist also zur Reproduktion des Salairs, ein größrer für den Kapitalisten verausgabt. Es ist dasselbe, praktisch, als ob sich infolge der erhöhten Produktivität seiner Arbeit seine Unterhaltskosten vermindert oder er* in dem Verhältnis, worin der Kapitalist Neuwert erhält, alle andren Lebensmittel infolge *der größeren Produktivität* seiner Arbeit wohlfeiler kaufen ||128| könne.

Wir brauchen übrigens hier nicht zu wiederholen, daß die allgemeine Voraussetzung des Verkaufs über dem Wert sich selbst aufhebt, wie die Konkurrenz denn auch in der Tat den Verkauf über dem Wert durch den Verkauf unter dem Wert ausgleicht. Es handelt sich hier um den Fall, wo gestiegne Produktivität der Arbeit noch nicht allgemein geworden in demselben Geschäftszweig, der Kapitalist also verkauft (in bestimmter Proportion wenigstens, denn er wird immer wohlfeiler verkaufen, als der andre), als ob mehr Arbeitszeit zur Herstellung seines Produkts nötig gewesen wäre als wirklich dazu nötig war. Er verkauft z. B. das Produkt von $\frac{3}{4}$ Stunden zum Produkt von 1 Stunde, weil die Mehrzahl seiner Konkurrenten noch 1 Stunde zur Herstellung dieses Produkts bedürfen. War der notwendige Arbeitstag bisher 10 Stunden und 2 Stunden Surplusarbeit, so brauchten die Arbeiter nur mehr statt $10 \times \frac{4}{4}$ Stunden $10 \times \frac{3}{4}$ Stunden (da ihre Arbeit $\frac{1}{4}$ über der Durchschnittsarbeitsstunde), also statt 10 Stunden $7\frac{1}{2}$ Stunden, zu arbeiten, und betrüge der Mehrwert nach wie vor $\frac{1}{5}$ der notwendigen Arbeitszeit ($\frac{10}{5}$ = 2), so jetzt $\frac{1}{5}$ von $7\frac{1}{2}$ Stunden oder von $\frac{15}{2}$ Stunden. $\frac{1}{5}$ von $\frac{15}{2}$ Stunden = $\frac{15}{10}$ = $1\frac{5}{10}$ = $1\frac{1}{2}$ oder $\frac{3}{2}$ oder $\frac{6}{4}$. In der Tat, wenn $\frac{3}{4}$ Stunden dieser Arbeit = 1 oder $\frac{4}{4}$ der Durchschnittsarbeit, so $\frac{6}{4}$ derselben = $\frac{8}{4}$ oder 2 Arbeits-stunden. Der Arbeitstag wäre damit reduziert auf $7\frac{1}{2} + \frac{3}{2} = 9$ Stunden. Der Kapitalist läßt sie nach wie vor 12 Stunden arbeiten, zahlt die notwendige Arbeitszeit mit $7\frac{1}{2}$ und streicht daher ein $4\frac{1}{2}$ Stunden. Sein Gewinn rührt da-her, daß die notwendige Arbeitszeit von 10 Stunden auf $7\frac{1}{2}$ gefallen oder der Arbeiter mit dem Produkt von $7\frac{1}{2}$ Stunden alle seine notwendigen Lebens-mittel kaufen kann. Es ist ganz dasselbe, als ob er seine sämtlichen Lebens-mittel selbst produziert und durch größere Produktivität der Arbeit in $\frac{3}{4}$ Stunden so viel davon produzieren könnte wie früher in 1 Stunde, daher in $7\frac{1}{2}$ so viel wie früher in 10. Wäre mit der gewachsnen Produktivität der Ar-beit das Verhältnis dasselbe geblieben, so hätte sich der Gesamtarbeitstag ver-mindert, weil die notwendige Arbeit verringert, das Verhältnis zwischen not-wendiger Arbeit und Surplusarbeit aber wäre dasselbe geblieben.

Praktisch kömmt es ganz auf dasselbe heraus: Ob der Wert des Arbeits-vermögens und daher die notwendige Arbeitszeit sich *vermindert*, weil das Produkt des Arbeiters in seinen eignen Konsum eingeht zu einem gewissen Verhältnis und daher in diesem Verhältnis die notwendige Arbeitszeit ab- und die Surplusarbeitszeit und daher der Surpluswert zunimmt; oder ob infolge der gesteigerten Produktivität der Arbeit dieser besondre Arbeitszweig über das Niveau des gesellschaftlichen Durchschnittsarbeiters in demselben Zweig steigt, daher der Wert z. B. der Arbeitsstunde im Verhältnis zu allen andren Waren steigt, der Kapitalist diese Arbeit zahlt als Niveauarbeit − nach dem alten Maßstab −, sie aber verkauft als über dem Niveau stehende. In beiden Fällen reicht eine geringe Zahl von Stunden hin, um den Arbeitslohn zu zah-len, d. h., hat die ||129| notwendige Arbeitszeit abgenommen, und in beiden Fällen resultiert der relative Mehrwert, d. h. der nicht durch absolute Verlän-gerung des Arbeitstags erzielte Mehrwert, daher, daß infolge der vermehrten Produktivität der Arbeit eine geringre Arbeitszeit zur Reproduktion des Sa-lairs erheischt ist; das einmal direkt, weil der Arbeiter dieselbe Quantität Ge-brauchswerte in kleinrer Arbeitszeit produziert, obgleich das Produkt nach wie vor zu seinem Wert verkauft wird. Das andre Mal daher, weil eine kleine Quantität Arbeitszeit einer größren Quantität Durchschnittsarbeitszeit infolge der erhöhten Produktivität gleichgesetzt wird, der Arbeiter also dieselbe Masse Gebrauchswerte mit geringrer − aber höher verkaufter − Arbeitszeit erhält. In beiden Fällen resultiert der relative Mehrwert daher, daß die *not-wendige Arbeitszeit* verkürzt ist.

Es ist übrigens an und für sich klar: Wächst die Produktivität der Arbeit und bliebe das Verhältnis dasselbe, so müßte der Arbeiter entweder weniger Arbeitszeit arbeiten, um sein Salair zu reproduzieren, also etwa statt 10 Stunden $7\frac{1}{2}$. Damit würde der Gesamtarbeitstag verkürzt werden. Oder er müßte eine größere Quantität Lebensmittel erhalten, sein Arbeitslohn über das Niveau steigen. Geschieht weder das eine oder das andre, so klar, daß sich infolge der gestiegnen Produktivität der Arbeit nur das Quantum Arbeit, das er für den Kapitalisten arbeitet, verlängert und das Quantum Arbeit, das er für sich selbst arbeitet, verkürzt hat.

Die ganze Schwierigkeit kommt daher, daß der einzelne Kapitalist bei Erhöhung der Produktivität der Arbeit nicht direkt an Heruntersatz der notwendigen Arbeitszeit denkt, sondern daran, sie über ihrem Wert zu verkaufen – an ihre *Erhöhung über die Durchschnittsarbeitszeit*. Von dieser erhöhten Arbeitszeit ist aber eine geringere Proportion zur Ersetzung des Salairs nötig; d. h., die Surplusarbeitszeit wächst, obgleich dies Wachsen auf einem Umweg, durch den Verkauf über dem Wert, sich darstellt.

Mit dem Wachsen des relativen Mehrwerts, also der relativen Arbeitszeit, wächst der Gesamtarbeitstag nicht. Es folgt daher, daß nur das *Verhältnis* fällt, worin der Arbeiter an seinem eignen Arbeitstag partizipiert. Der verhältnismäßige Arbeitslohn fällt, oder das Kapitalgewicht steigt verhältnismäßig zur Arbeit.

Ferner: Infolge der gewachsnen Produktivität der Arbeit wird die Masse der Produkte vermehrt. In ihrer Summe (z. B. von einem Arbeitstag) ist derselbe Wert vorhanden wie früher in einer kleinren Summe derselben. Das einzelne Produkt oder die einzelne Ware fällt daher in ihrem Wert, aber sie ist multipliziert mit einem größern Faktor, der die Anzahl derselben anzeigt. 6×4 ist nicht mehr als 12×2. Hier ist also Wachstum des realen Reichtums der Gebrauchswerte ohne Wachstum ihres Tauschwerts oder der in ihnen enthaltnen Arbeitszeit, während im ersten Fall – dem absoluten Mehrwert – die Masse der Produkte auch wächst, aber zugleich mit ihrem Tauschwert, d. h. im Verhältnis der in ihnen enthaltnen Arbeitszeit.*

Der relative Mehrwert unterscheidet sich also vom absoluten dadurch: In beiden Mehrwert = Surplusarbeit oder Verhältnis des Mehrwerts gleich Ver-

---

* Dies so zu verstehn. Verwandeln sich 10 [lb.] Baumwolle in derselben Zeit in Twist wie früher 1 lb. Baumwolle, so haben die 10 lb. nicht mehr Spinnarbeit absorbiert wie früher 1 lb. Der den 10 lb. zugesetzte Wert nicht größer als der des 1 lb. Jedes lb. Twist enthält im ersten Fall $10\times$ weniger Spinnarbeit als im zweiten. Und da sie beide gleichviel Baumwolle enthalten, so caeteris paribus[1] jedes lb. Twist um $\frac{1}{10}$ wohlfeiler, wenn die Spinnarbeit $\frac{1}{10}$ des Werts betrug. /130/ Wäre der zugesetzte Spinnarbeitstag = 10 und der Wert von 1 lb. Baumwolle (in beiden Fällen zur Vereinfachung Instrument = 0 gesetzt) = 20, so 1 lb. Twist im 1. Fall = 10 + 20 = 30; im zweiten Falle 10 lb. Twist = 100 + 10 = 110; also 1 lb. Twist = 11 und 10 lb. = 110, während 10 lb. im ersten Fall = 300. [97]

---

[1] unter sonst gleichen Umständen

hältnis der Surplusarbeitszeit zur notwendigen Arbeitszeit. Im ersten Fall wird der Arbeitstag über seine Grenzen hinaus verlängert, und der Mehrwert wächst (oder die Surplusarbeitszeit) im Verhältnis, wie der Arbeitstag über seine Grenzen hinaus *verlängert* wird. Im zweiten Fall ist der Arbeitstag gegeben. Der Mehrwert wird hier vergrößert oder die Surplusarbeitszeit, indem der Teil des Arbeitstags, der zur Reproduktion des Arbeitslohns nötig war oder der notwendig war, *verkürzt* wird. Im ersten Fall ist eine gegebne Stufe der Produktivität der Arbeit vorausgesetzt. Im zweiten wird die Produktivkraft der Arbeit erhöht. Im ersten Fall bleibt der Wert eines aliquoten[1] Teils des Gesamtprodukts oder ein Teilprodukt des Arbeitstags unverändert; im zweiten wird der Wert des Teilprodukts verändert, aber seine Quantität (Anzahl) wächst in demselben Verhältnis, worin sein Wert abnimmt. Der Wert der Gesamtsumme bleibt so unverändert, während die Gesamtsumme der Produkte oder Gebrauchswerte gewachsen ist. ||130| Die Sache ist ferner einfach so darzustellen:

Die Produktivität der Arbeit − wie wir bei Analyse der Ware sahen − erhöht nicht den *Wert* des Produkts oder der Ware, worin sie sich darstellt. Vorausgesetzt, daß die in den Waren enthaltne Arbeitszeit unter den gegebnen Bedingungen *notwendige* Arbeitszeit, gesellschaftlich notwendige Arbeitszeit, ist − und dies ist eine Voraussetzung, von der immer ausgegangen wird, sobald der Wert einer Ware auf die in ihr enthaltne Arbeitszeit reduziert wird −, findet vielmehr das folgende statt: *Der Wert des Produkts der Arbeit steht im umgekehrten Verhältnis zur Produktivität der Arbeit.* Dies ist in der Tat ein identischer Satz. Er heißt weiter nichts als: Wird die Arbeit produktiver, so kann sie in derselben Zeit größres Quantum derselben Gebrauchswerte darstellen, sich in größrer Masse der Gebrauchswerte von derselben Art verkörpern. Ein aliquoter Teil dieser Gebrauchswerte, z.B. eine Elle Leinwand, enthält danach weniger Arbeitszeit als vorher, hat also *kleinern Tauschwert,* und zwar ist der Tauschwert der Elle Leinwand in demselben Verhältnis gefallen, worin die Produktivität der Webarbeit gewachsen ist. Umgekehrt, wäre mehr Arbeitszeit als bisher erheischt, um eine Elle Leinwand herzustellen (etwa weil mehr Arbeitszeit erheischt wäre, um ein Pfund Flachs zu produzieren), so enthielte die Elle Leinwand jetzt mehr Arbeitszeit, ergo höhern Tauschwert. Ihr Tauschwert wäre gewachsen in demselben Verhältnis, worin die zu ihrer Produktion erheischte Arbeit unproduktiver geworden wäre.

Nehmen wir also den Gesamtarbeitstag − den durchschnittlichen Normalarbeitstag −, so bleibt der Wert der Summe seiner Produkte unverändert, die

---

[1] entsprechenden

Arbeit mag produktiver oder unproduktiver werden. Denn die Summe der produzierten Gebrauchswerte enthält nach wie vor einen Arbeitstag, stellt nach wie vor dasselbe Quantum notwendiger gesellschaftlicher Arbeitszeit dar. Nehmen wir dagegen einen aliquoten Teil der täglichen Gesamtproduktion oder ein Teilprodukt, so wächst und fällt sein Wert im *umgekehrten* Verhältnis zur Produktivität der in ihm enthaltnen Arbeit. Z.B., wenn 1 Quarter oder 8 bushels das Produkt der Monatsarbeit war, so soll in dem einen Fall die Agrikultur ihre Produktivität verdoppeln, in dem andren ihre Produktivität um das Doppelte abnehmen. Wir hätten also die 3 Fälle: 8 bushel das Produkt von einem Monat Arbeit, 16 bushel das Produkt derselben Arbeitszeit, 4 bushel das Produkt derselben Arbeitszeit. Der Wert der Gesamtsumme der Produkte des Monats, 8, 16 und 4 bushel enthielten nach wie vor respektive dasselbe Quantum notwendige Arbeitszeit. Der Wert dieser Gesamtsumme wäre also unverändert geblieben, obgleich die Produktivität der Arbeit in dem einen Fall um das Doppelte gewachsen, in dem andern Fall um das Doppelte vermindert wäre. Aber in dem einen Fall enthielte 1 bushel $\frac{1}{8}$ Monat $= \frac{2}{16}$, in dem andern $\frac{1}{4}$ oder $\frac{2}{8} = \frac{4}{16}$ und in dem 3. nur $\frac{1}{16}$. Mit der Verdopplung der Produktivität der Agrikultur waren die bushel im Wert um die Hälfte gesunken, mit der Abnahme der Produktivität um das Doppelte um das Doppelte gestiegen. Der *Wert* der Ware kann also nie infolge der Produktivität der Arbeit anwachsen. Es enthielte dies einen Widerspruch. Wachsen der Produktivität der Arbeit heißt, daß sie in weniger Zeit dasselbe Produkt (Gebrauchswert) darstellt. Wachsen des Tauschwerts des Produkts heißt, daß es mehr Arbeitszeit enthält als vorher.

Wenn also der *Wert* der einzelnen Ware im *umgekehrten* Verhältnis zur Produktivität der Arbeit steht, während der Wert der Gesamtsumme von Produkten, worin sich eine *gegebne* Arbeitszeit verkörpert, unberührt, unverändert bleibt durch irgendwelchen Wechsel in der Produktivität der Arbeit — so hängt dagegen der *Mehrwert* von der Produktivität der Arbeit ab —, und wenn die Ware einerseits zu ihrem Wert verkauft wird, andrerseits die Länge des Normalarbeitstags gegeben ist, so kann der *Mehrwert* nur wachsen infolge steigender Produktivität der Arbeit. Der Mehrwert bezieht sich nicht auf die Ware; sondern er drückt ein Verhältnis aus zwischen zwei Teilen des Gesamtarbeitstags — nämlich zwischen dem Teil, den der Arbeiter arbeitet, um sein Salair zu ersetzen (den Wert seines Arbeitsvermögens) und dem Teil, den er über diesen Ersatz hinaus für den Kapitalisten arbeitet. Die Größe dieser beiden Teile, da sie zusammen den ganzen Arbeitstag ausmachen, da sie Teile desselben Ganzen, steht offenbar im *umgekehrten* Verhältnisse, und der Mehrwert, d.h. die Surplusarbeitszeit, steigt oder fällt, je nachdem die notwendige

Arbeitszeit fällt oder steigt. Das Wachsen oder Abnehmen der letztren steht aber im *umgekehrten Verhältnis* zur Produktivität der Arbeit.

||131| Aber verdoppelte sich die Produktivität der Arbeit allgemein, d. h. in allen Industriezweigen, die direkt oder indirekt die zur Reproduktion des Arbeitsvermögens erheischten Waren (Gebrauchswerte) liefern, Produkte liefern, die in die Konsumtion des Arbeiters eingehn, so würde in dem Verhältnis, wie diese allgemeine Produktivität der Arbeit gleichmäßig wüchse, der Wert des Arbeitsvermögens sinken, daher die zum Ersatz dieses Werts notwendige Arbeitszeit fallen und sich in demselben Verhältnis, worin sie abnehmen, der Teil des Tages, der Surpluszeit bildet, für den Kapitalisten gearbeitet wird, zunehmen. Indes ist die Entwicklung der Produktivkräfte in diesen verschiednen Arbeitszweigen weder gleichmäßig noch gleichzeitig, sondern ungleichen, verschiednen und oft entgegengesetzten Bewegungen ausgesetzt. Nimmt die Produktivität der Arbeit in einem Industriezweig zu, der direkt oder indirekt in die Konsumtion des Arbeiters eingeht, z. B. in der Industrie, die Kleidungsstoffe liefert, so können wir nicht sagen, daß in demselben Verhältnis, worin die Produktivität dieser bestimmten Industrie wächst, der Wert des Arbeitsvermögens sinkt. Es ist nur das Lebensmittel, das wohlfeiler produziert wird. Diese Verwohlfeilerung beeinflußt nur zu einem aliquoten Teil die Lebensbedürfnisse des Arbeiters[1]. Die gewachsne Produktivität der Arbeit in diesem einen Zweig vermindert die notwendige Arbeitszeit (d. h. die zur Produktion der für die Arbeiter erheischten Lebensmittel erheischte Arbeitszeit) nicht in dem Verhältnis, worin sie wächst, sondern nur in dem Verhältnis, worin das Produkt dieser Arbeit durchschnittlich in die Konsumtion des Arbeiters eingeht. Bei jedem einzelnen Industriezweig (mit Ausnahme etwa der Agrikulturprodukte) ist dies also nicht bestimmt zu berechnen. Es ändert dies an dem allgemeinen Gesetz nichts. Es bleibt nach wie vor richtig, daß relativer Mehrwert nur in dem Verhältnis entstehn und wachsen kann, worin direkt oder indirekt in den Konsum des Arbeiters eingehnder Gebrauchswert (Lebensmittel) verwohlfeilert wird, d. h. in dem Verhältnis, nicht worin die Produktivität eines besondren Industriezweigs gewachsen ist, wohl aber in dem Verhältnis, worin diese Zunahme seiner Produktivität die notwendige Arbeitszeit vermindert, d. h., ein in den Konsum des Arbeiters eingehendes Produkt wohlfeiler darstellt. Bei der Betrachtung des relativen Mehrwerts kann daher nicht nur, sondern muß stets von der Voraussetzung ausgegangen werden, daß die Entwicklung der Produktivkraft oder die Entwicklung der Produktivität der Arbeit in jedem besondren Zweig, worin Kapitalanlage stattfindet, *unmittelbar* die notwendige Arbeitszeit in einem bestimmten Ver-

---

[1] In der Handschrift: der Arbeit

hältnis vermindert, d. h., daß das von dem Arbeiter produzierte Produkt einen Teil seiner Lebensmittel bildet und die Verwohlfeilerung desselben daher in einem bestimmten Verhältnis die zur Reproduktion seines Lebens erheischte Arbeitszeit vermindert. Da nur unter dieser Voraussetzung relativer Mehrwert entsteht, so kann und muß bei Betrachtung des relativen Mehrwerts stets das Dasein dieser Voraussetzung unterstellt werden.

Es ist ferner klar: Das Dasein und Wachstum des relativen Mehrwerts bedingen durchaus nicht, daß die *Lebenslage* des Arbeiters *unverändert* bleibt, d. h., daß sein Durchschnittsarbeitslohn ihm stets nur dieselbe quantitativ und qualitativ bestimmte Masse von Lebensmitteln liefert. Dies findet nicht statt, obgleich der relative *Mehrwert* weder entstehn noch wachsen kann ohne entsprechendes *Sinken* im *Wert des Arbeitsvermögens* oder im *Wert des Arbeitslohns* (im durchschnittlichen Arbeitslohn). Der relative Mehrwert könnte sogar fortwährend steigen, daher der *Wert des Arbeitsvermögens* fortwährend fallen, also der Wert des Durchschnittsarbeitslohns fortwährend fallen, und dennoch sich der Kreis der Lebensmittel und daher Lebensgenüsse des Arbeiters fortwährend erweitern. Dieser ist nämlich bedingt durch die Qualität und Quantität der *Gebrauchswerte* (Waren), die er sich aneignen kann, nicht durch ihren *Tauschwert.*

Gesetzt, die Produktivität verdopple sich allgemein, also in allen Produktionszweigen. Nimm an, vor dieser Verdopplung sei der Normaltag 12 Stunden, wovon 10 notwendige Arbeitszeit, 2 Surplusarbeitszeit. Die Gesamtsumme der täglichen Lebensmittel des Arbeiters, die früher [10] [36] Stunden Arbeit kosteten, könnten nun in 5 Stunden hergestellt werden. Statt 10 Stunden Arbeit zu brauchen, um den Wert (Preis) seines Arbeitsvermögens täglich zu ersetzen, d. h., ein Äquivalent für seinen täglichen Arbeitslohn zu liefern, brauchte der Arbeiter nur mehr [5] [36] Stunden. Der *Wert* seines Arbeitsvermögens wäre um die Hälfte gesunken, denn die zu seiner Reproduktion erheischten Lebensmittel wären nun das Produkt von 5 Stunden statt früher von 10. Erhielte der Arbeiter nun — nach dieser Umwälzung in der Produktivität der Arbeit — einen täglichen Arbeitslohn — 6 Stunden, d. h., hätte er künftig 6 Stunden ||IV–138| [98] täglich zu arbeiten, so würde sich seine materielle Lebenslage ganz in demselben Verhältnis verbessert haben, als ob er unter den früheren Produktionsbedingungen den ganzen Arbeitstag von 12 Stunden für sich selbst (d. h. die Reproduktion seines Salairs) und 0 Arbeitszeit für den Kapitalisten gearbeitet hätte; als wenn den ganzen Arbeitstag notwendige Arbeitszeit und gar keine Surplusarbeitszeit gearbeitet worden wäre. Denn 5 : 6 = 10 : 12. (5 × 12 = 6 × 10.) Nichtsdestoweniger aber wäre in diesem Fall die Surplusarbeitszeit von 2 Stunden auf 6 Stunden gewachsen und ein relativer Mehrwert von 4 Stunden zu dem absoluten Mehrwert von 2 Stunden hinzugekommen. Statt daß der Arbeiter früher 10 Stunden für sich und 2 für den Kapitalisten arbeitete, also $^{10}/_{12}$ ($= \frac{5}{6}$), also $\frac{5}{6}$ des Tags für sich und $^{2}/_{12}{}^{1} = \frac{1}{6}$ des Tags für den Kapitalisten, arbeitet er jetzt nur noch $^{6}/_{12}$ oder $\frac{3}{6}$ des Tags für sich und statt $\frac{1}{6}$ ebenfalls $\frac{3}{6}$ für den Kapitalisten, den halben Tag. Die notwendige Arbeitszeit wäre gesunken von 10 auf 6, also auch der Wert des täglichen Arbeitsvermögens, statt 10 Stunden wert zu sein nur mehr 6 Stunden wert – 4 Stunden weniger, d. h., er wäre um 40 % gefallen ($10 : 4 = 100 : 40$). Der Mehrwert wäre gewachsen auf^2 300 Prozent, von 2 auf 6. {(Statt $\frac{1}{6}$ des Tags $\frac{3}{6}$. $\frac{3}{6}$ zu $\frac{1}{6}$ gibt $\frac{3}{6}$, also 200^3 Prozent *Zuwachs*. Dies für den *Mehrwert*.

Andrerseits $\frac{5}{6}$ herab zu $\frac{3}{6}$ ist $\frac{2}{6}$ Abnahme. D. h., absolut betrachtet ist der Zuwachs auf seiten der Surplusarbeits[zeit] oder des Kapitalisten grade so groß, wie die Abnahme auf seiten der notwendigen Arbeitszeit oder des Werts des Arbeitsvermögens, $= \frac{2}{6}$ Tag oder 4 Arbeitsstunden. ($\frac{2}{6} = ^{4}/_{12}$.) Aber die Zunahme auf der einen Seite im Verhältnis zu der ursprünglichen Surplusarbeitszeit und die Abnahme auf der andren im Verhältnis zur ursprünglichen notwendigen Arbeitszeit (oder der Wert des Arbeitsvermögens) betrachtet, drücken sich die Zunahme auf der einen Seite und die Abnahme auf der andren in *verschiednen Proportionen* aus, obgleich die *absolute Größe*, die auf der einen Seite subtrahierte, die auf der andren addierte Zeit, *dieselbe identische Größe* ist. So im obigen Fall. $^{10}/_{12}$ oder $\frac{5}{6}$ verhalten sich zu $^{6}/_{12}$ oder $\frac{3}{6}$ oder zu $\dfrac{5-2}{6} = 5 : 3$ wie 60 Prozent (soll heißen 40 Prozent, *sieh die andre Seite*)$^{[99]}$, denn $5 : 3 = 100 : 60$ ($5 \times 60 = 300$ und 3×100 dito $= 300$), während $^{2}/_{12}$ oder $\frac{1}{6}$ sich zu $^{6}/_{12}$ oder zu $\dfrac{1+2}{6}$ ($\frac{3}{6}$) verhalten $= 1 : 3$ wie $100 : 300$, also wie 300 Prozent. Obgleich daher der absolute Anwuchs der Surplusarbeits[zeit] = ist der absoluten Abnahme der notwendigen Arbeitszeit, die infolge der gestiegenen Produktivität der Arbeit eingetreten ist, so daß das Verhältnis, worin der Wert des Arbeitsvermögens sinkt oder die notwendige Arbeitszeit fällt und das Verhältnis, worin die Surplusarbeitszeit oder der Mehrwert steigt, nicht identisch, sondern hängt von dem *ursprünglichen Verhältnis* ab, worin Surplusarbeitszeit und notwendige Arbeitszeit sich in den normalen Gesamtarbeitstag *teilten*, an ihm partizipierten.}

---

^{1} In der Handschrift: $^{4}/_{12}$
^{2} In der Handschrift: um
^{3} In der Handschrift: 300

17*

{Es folgt hieraus, daß in dem Verhältnis, worin die gesamte Surplusarbeitszeit (sowohl der Teil, der infolge der Produktivität der Arbeit aus Verkürzung der notwendigen Arbeitszeit entstanden, als der Teil, der durch Verlängrung des Arbeitstags bis zu seinen normalen Schranken entstanden) bereits einen größern Teil (bedeutendre Portion) des Gesamtarbeitstags bereits bildet, jede Vermehrung der Produktivkraft der Arbeit und folgende Verkürzung der notwendigen Arbeitszeit (oder Vermehrung des relativen Mehrwerts) den *proportionellen Mehrwert* in kleinerem Verhältnis vergrößern kann. Oder daß das Verhältnis, worin eine Verkürzung der notwendigen Arbeitszeit die Surplusarbeitszeit anwachsen macht, um so kleiner ist, je größer bereits die Gesamtgröße der Surplusarbeitszeit und um so größer, je kleiner bisher die Gesamtgröße der Surplusarbeitszeit war. Daher (dies beim *Profit* näher auszuführen) je fortgeschrittner die Industrie, um so kleiner das proportionelle Wachstum des Mehrwerts, wenn sich die Produktivkraft *in demselben Maße* zu vermehren fortführe. Die allgemeine Produktivkraft oder überhaupt die Produktivkraft, soweit sie die Reproduktion des Arbeitsvermögens beeinflußt. Oder dies *Verhältnis*, worin eine Vermehrung der ||139| Produktivkraft der Arbeit die notwendige Arbeitszeit (daher den *Wert* des Arbeitsvermögens) vermindert, und die Surplusarbeitszeit, daher den Mehrwert erhöht, steht in *umgekehrtem Verhältnis* zu dem *Verhältnis*, worin notwendige Arbeitszeit und Surplusarbeitszeit *ursprünglich*, d. h. jedesmal vor dem Eintreten der neuen Vermehrung der Produktivkraft, den Gesamtarbeitstag teilten oder an ihm partizipierten. Nimm an, der Arbeitstag = 12 Stunden, 10 Stunden notwendige Arbeit, 2 Stunden Surplusarbeit. Die Produktivkraft verdopple sich allgemein. So reichten nun 5 Stunden hin für notwendige Arbeitszeit, die Surplusarbeitszeit würde vermehrt um 5 Stunden, um dieselbe Größe, worum die notwendige Arbeitszeit (daher der Wert des Arbeitsvermögens) abgenommen hätte – i. e. um 5 Stunden. Die notwendige Arbeitszeit fiele von 10 auf 5, d. h. um die Hälfte = 50 %.

{(Fiele die notwendige Arbeitszeit von 10 auf 6, so hätte sie um 4 Stunden abgenommen. 10 : 4 = 100 : 40, also um 40 Prozent. Vorhin sagte ich um 60 Prozent. Dies falsch, denn ich rechnete 10 : 6 = 100 : 60. Es handelt sich. aber um das Verhältnis von 10 zu dem Rest, der von 10 bleibt, wenn 6 abgezogen wird, also von 10 zu 4. Die Arbeitszeit hat ja nicht um 6 Stunden, i. e. um 60 Prozent, abgenommen.) Andrerseits ist die Surplusarbeitszeit gestiegen von 2 auf 7 Stunden (indem 5 Stunden Surplusarbeitszeit hinzugekommen), also 2 : 7 = 100 : 350 (2 × 350 = 700 und 7 × 100 dito = 700); also auf[1]

---

[1] In der Handschrift: um

350 %; sie hätte sich vermehrt auf[1] das Dreifache und die Hälfte ihrer ursprünglichen Größe. Nimm nun an, nachdem dies Verhältnis hergestellt, also vom Gesamtarbeitstag 5 Stunden notwendige Arbeit, 7 Stunden Surplusarbeit, verdopple sich wieder die allgemeine Produktivkraft der Arbeit, d. h., die notwendige Arbeitszeit nehme ab um $2\frac{1}{2}$ Stunden, die Surplusarbeitszeit wachse also um dieselben $2\frac{1}{2}$ Stunden; also von 7 auf $9\frac{1}{2}$ Stunden. Die notwendige Arbeitszeit hier wieder gefallen um 50 %, die Surplusarbeitszeit gestiegen im Verhältnis von $14\frac{1}{2}$ (7) zu $19\frac{1}{2}$ ($9\frac{1}{2}$), also von 14 : 19. 14 : 19 = 100 : x; $x = {}^{1900}/_{14} = 135\frac{5}{7}$ Prozent (19 × 100 = 1900 und 14 × $135\frac{5}{7}$ (oder $135\frac{10}{14}$)[2] dito = 1900). Obgleich daher in beiden Fällen die Produktivkraft der Arbeit sich verdoppelt und daher die notwendige Arbeitszeit um die Hälfte, um 50 %, gesunken, wäre die Surplusarbeitszeit oder der Mehrwert in dem einen Fall gestiegen auf[1] 350 %, in dem andren nur auf $135\frac{5}{7}$ Prozent. (Das Verhältnis, worin sich die Produktivkraft *allgemein vermehrt*, *wäre stets dasselbe = dem Verhältnis, worin die notwendige Arbeitszeit, mit sich selbst verglichen, d. h. mit ihrem Umfang vor diesem Vermehren der Produktivkraft, fällt.*) Aber in dem ersten Fall betrug vor Eintritt der Verdopplung der Produktivkraft die Surplusarbeitszeit nur $\frac{1}{6}$ des ganzen Arbeitstags, 2 Stunden = $\frac{2}{12}$, im zweiten Fall betrug sie 7 Stunden oder $\frac{7}{12}$.

Derselbe Witz von Jacob z. B. geltend gemacht bei der Geldvermehrung.[100] Es wuchs im 18. Jahrhundert mehr als im 17. Aber die proportionelle Zunahme war kleiner. |/140/ Nimmt man nun den wirklichen case[3], wo sich die Produktivkraft in einem Zweig z. B. verdoppelt, dagegen nicht gleichzeitig in den andren Zweigen, vielleicht unverändert bleibt in den Produktionszweigen, die das Kapital konstant für diesen einen Zweig liefern, so daß also die Auslage für Rohstoff dieselbe bleibt, d. h., wächst mit der vermehrten Produktivkraft und die Auslage für Maschinerie, wenn auch nicht in demselben Verhältnis zunimmt, so ist klar, daß der *Profit*, i. e. das Verhältnis des Mehrwerts zum Gesamtwert des ausgelegten Kapitals, aus doppelten Gründen nicht in demselben Verhältnis wächst, wie die notwendige Arbeit durch Vermehrung der Produktivkraft abnimmt. Erstens nicht, weil, je weiter entwickelt die Produktivkraft der Arbeit, der Mehrwert nicht in demselben Verhältnis wächst, wie die notwendige Arbeit abnimmt. Zweitens nicht, weil dieser in vermindertem Verhältnis angewachsne Mehrwert auf Kapital berechnet wird, das ungefähr an Wert im Verhältnis zur Steigerung der Produktivkraft angewachsen ist.}

---

[1] In der Handschrift: um
[2] In der Handschrift: (oder 135 × ${}^{10}/_{14}$)
[3] Fall

{Man kann die Abnahme der notwendigen Arbeitszeit doppelt berechnen, 1. im Verhältnis zu ihrer eignen Größe vor der Vermehrung der Produktivkraft der Arbeit; 2. im Verhältnis zu dem ganzen Arbeitstag. In der ersten Rechnung ist es klar, daß – eine allgemeine Steigerung der Produktivkraft vorausgesetzt – die[1] notwendige Arbeitszeit (daher der Wert des Arbeitsvermögens) in demselben Maße fällt, worin die Produktivkraft steigt; das Verhältnis aber, worin die Surplusarbeitszeit oder der Mehrwert wächst, von dem Verhältnis abhängt, worin der Gesamtarbeitstag ursprünglich zwischen notwendiger Arbeitszeit und Surplusarbeitszeit geteilt war. Also war ursprünglich 12 Stunden, 10 notwendige Arbeit, 2 Surplus, und verdoppelt sich die Produktivkraft der Arbeit, so fällt die notwendige Arbeitszeit von 10 auf 5, d. h. um 50 Prozent, während die Produktivkraft sich verdoppelt hat. (Dies Verhältnis drückt sich bei der Produktivkraft im Wachsen um 100 Prozent, bei der notwendigen Arbeitszeit im Fallen um 50 Prozent [aus]. Daß die notwendige Arbeitszeit von 10 auf 5, d. h. um 50 Prozent, fällt, heißt, daß ich in 1 Stunde soviel produzieren kann, wie früher in 2, d. h. das Doppelte, d. h., daß die Produktivkraft der Arbeit um 100 Prozent gestiegen ist.) Dagegen ist die Surplusarbeit gewachsen von 2 auf 7, d. h. auf[2] 350 Prozent (verdreifacht 2 × 3 oder [6] Stunden und um die Hälfte gestiegen = $\frac{2}{2}$ = 1, also das Ganze von 2 zu 7), weil sie ursprünglich nur 2 Stunden von 12 betrug. Hätte sie ursprünglich schon 3 Stunden betragen, die notwendige Arbeit nur 9 Stunden, so wäre diese gefallen um $4\frac{1}{2}$ Stunden, wieder um 50 %, die Surplusarbeit gestiegen von 3 : $7\frac{1}{2}$, d. h. auf[2] 250 Prozent (denn 3 : $7\frac{1}{2}$ oder $\frac{6}{2}$: $\frac{15}{2}$ oder 6 : 15 = 100 : 250. 15 × 100 = 1500 und 6 × 250 = 1500). Betrachten wir dagegen den ganzen Arbeitstag, so ändert sich das Verhältnis *nicht*. Ursprünglich betrug die [notwendige] Arbeitszeit 10 Stunden oder $\frac{10}{12}$ des Arbeitstags; jetzt nur noch $\frac{5}{12}$ im ersten Fall. (Im zweiten betrug sie $\frac{9}{12}$ des Arbeitstags, nachher nur noch $\frac{4\frac{1}{2}}{12}$.) Ob ich die notwendige Arbeitszeit mit sich selbst oder dem Gesamtarbeitstag vergleiche, ist gleich. Es kommt nur der Divisor 12 hinzu. Dieser fix[3] also erledigt.}

Nun zurück zu p. 138 *vor* der Klausel[4]. {Die Lebenslage des Arbeiters hätte sich verbessert, obgleich der *Wert* seines Arbeitsvermögens gefallen, seine notwendige Arbeitszeit um 4 Stunden reduziert und seine Surplusar-

---

[1] In der Handschrift: vorausgesetzt –, klar, daß die
[2] In der Handschrift: um
[3] Diese Aufstellung
[4] Siehe vorl. Band, S. 238

beitszeit für den Kapitalisten um 4 Stunden gewachsen wäre, weil er selbst einen Anteil von 1 Stunde an der frei gewordnen Zeit erhielte, d. h. die Arbeitszeit, die er für sich selbst, d. h. zur Reproduktion des Salairs, arbeitete, *nicht* reduziert wäre auf den *vollen Umfang*, worin die Produktivität der Arbeit diese notwendige Arbeitszeit abgekürzt hätte. Er erhielte mehr Gebrauchswerte von geringrem Wert — d. h., in denen weniger Arbeitszeit erhalten als vorher. Das Maß aber, worin überhaupt neue Surplusarbeit gebildet, relativer Mehrwert entstanden wäre, entspräche vollständig dem Maße, worin ein Teil seiner notwendigen Arbeitszeit in Surplusarbeitszeit für den Kapitalisten verwandelt oder der *Wert* seines *Arbeitsvermögens* gesunken wäre. Dies genügt hier. Später überhaupt das Proportionelle an der Sache (sieh auch oben[1] [101]) zusammenzustellen. Also ändert dies an der *Natur* und dem *Gesetz des relativen Mehrwerts* — daß infolge der steigenden Produktivität ein größrer Teil des Arbeitstags vom Kapital angeeignet wird — nichts. Daher die Abgeschmacktheit, dies Gesetz widerlegen zu wollen durch statistische Nachweise, daß die materielle Lage des Arbeiters hier oder da, in diesem oder jenem Verhältnis, sich verbessert habe ||141| infolge der Entwicklung der Produktivkraft der Arbeit.}

{*„Standard"*, *Oct. 26. 1861*, lesen wir in einem Prozeß von der Firma John Brights mit seinen Arbeitern vor den Rochdale magistrates[2],

„die Vertreter der *Trade-Union der Teppichweber* [sind] wegen Einschüchterung gerichtlich zu belangen. Die Teilhaber Brights hatten neue Maschinerie eingeführt, die *240* Yards Teppich in der Zeit und mit der Arbeit produzieren sollten, die früher zur Produktion von *160* Yards erforderlich waren. Die Arbeiter hatten keinerlei Anrecht, an den Profiten teilzuhaben, die durch die Kapitalanlage ihrer Unternehmer in mechanischen Verbesserungen gemacht worden waren. Daher schlugen die Herren Bright vor, den Lohn von $1\frac{1}{2}$ d pro Yard auf 1 d zu senken, wodurch die Einkünfte der Arbeiter für die gleiche Arbeit genau so blieben wie vorher. Aber das war eine nominelle Herabsetzung, von der die Arbeiter, wie behauptet wird, vorher nicht ehrlich verständigt worden waren."} [102]

Eine gewisse Entwicklung der Produktivität der Arbeit ist überhaupt vorausgesetzt, selbst für das Dasein des absoluten Mehrwerts, d. h. der Surplusarbeit überhaupt, und daher für die Existenz der kapitalistischen Produktion wie aller frühern Produktionsweisen, in denen ein Teil der Gesellschaft nicht nur für sich selbst, sondern auch für den andern Teil der Gesellschaft arbeitet.

---

[1] Siehe vorl. Band, S. 342/343
[2] Friedensrichtern

„Das bloße Vorhandensein der vorigen" (der zu Kapitalisten gewordenen Meister) „als besondere Klasse hängt ab von der Produktivität der Arbeit." ([p.] 206, *Ramsay, „An Essay on the Dist. of Wealth* etc.", Edinburgh 1836.)

„Wenn die Arbeit jedes Mannes nur genügen würde, seine eigne Nahrung zu produzieren, könnte es kein Eigentum geben" (wird hier gebraucht für Kapital). (p. 14, *Piercy Ravenstone,* M[aster of] A[rts], *„Thoughts on the Funding System, and the Effects",* London 1824.)

Das Kapitalverhältnis entwickelt sich übrigens auf einer historischen Stufe der ökonomischen Gesellschaftsformation, die bereits das Resultat einer langen Reihe früherer Entwicklungen ist. Die Stufe der Produktivität der Arbeit, von der sie ausgeht, ist nichts naturwüchsig, sondern etwas historisch geschaffnes, wo die Arbeit längst aus ihren ersten rohen Anfängen hinausgetreten ist. Es ist klar, daß, wenn ein Land von Natur fruchtbaren Boden hat, fischreiche Wasser, reiche Kohlelager (überhaupt Brennmaterial), Metallbergwerke usw., verglichen mit andren Ländern, wo diese natürlichen Bedingungen der Produktivität der Arbeit in minderem Grad vorhanden sind, in dem erstren Land weniger Zeit erheischt ist, um die notwendigen Lebensmittel zu produzieren, also von vornherein ein größrer Überschuß der Arbeit für andre über die Arbeit für sich selbst möglich ist, daher die absolute Surplusarbeitszeit, also der absolute Surpluswert hier von vornherein größer, also das Kapital (oder jedes andre Produktionsverhältnis, wodurch *Mehrarbeit* erzwungen wird) produktiver als unter minder günstigen Naturbedingungen. Die Alten wußten schon, wie die natürliche Wohlfeilheit des Arbeitsvermögens, d.h. seiner Produktions- oder Reproduktionskosten, ein großer Faktor der industriellen Produktion ist. So z.B. heißt es in *Diodors* „Historischer Bibliothek", 1, I, C 80, [103] mit Bezug auf die Ägypter:

„Es ist ganz unglaublich, wie wenig Mühe und Kosten die Erziehung ihrer Kinder ihnen verursacht. Sie kochen ihnen die nächste beste einfache Speise; auch geben sie ihnen von der Papierstaude den untern Teil zu essen, soweit man ihn im Feuer rösten kann, und die Wurzel und Stengel der Sumpfgewächse, teils roh, teils gesotten, teils gebraten. Die meisten Kinder gehen ohne Schuhe und unbekleidet, da die Luft so mild ist. Daher kostet ein Kind seinen Eltern, bis es erwachsen ist, im ganzen nicht über zwanzig Drachmen. *Hieraus ist es hauptsächlich zu erklären, daß in Ägypten die Bevölkerung* so zahlreich ist und darum soviel große Werke angelegt werden konnten."

{Die Masse des Mehrwerts, sein Verhältnis gegeben, hängt von der Masse der Bevölkerung ab; eine bestimmte Bevölkerung gegeben, von der Rate der Surplusarbeit zur notwendigen.}

Es folgt daraus nur, daß da, wo das Kapitalverhältnis herrscht (oder ähnliches Produktionsverhältnis, das absolute Mehrarbeit *erzwingt,* denn diese natürliche Fruchtbarkeit erleichtert nur die Verlängerung der Surplusarbeitszeit und ihr Dasein; sie schafft nicht relativen Mehrwert in unsrem Sinn), die Produktivität des Kapitals am größten ist – d. h. die meiste Surplusarbeit und daher der meiste Surpluswert, oder, was dasselbe, der Wert des Arbeitsvermögens naturaliter[1] am niedrigsten –, wo die Naturbedingungen der Arbeit, ||142| also namentlich Grund und Boden am fruchtbarsten. Es folgt daher keineswegs, daß die fruchtbarsten Länder die geeignetsten zur Entwicklung des Kapitalverhältnisses selbst, also auch seiner Fruchtbarkeit. Wenn Ricardo von der Fruchtbarkeit des Grund und Bodens als einer Hauptbedingung für die Produktivität der Arbeit spricht, so unterstellt er kapitalistische Produktion und stellt seinen Satz unter dieser Voraussetzung auf. Er ist natürlich geneigt, die *bürgerlichen Produktionsverhältnisse* überall als gegeben vorauszusetzen. Dies schadet seinen Entwicklungen nicht, da er bloß von der Produktion in dieser bestimmten Form handelt. Die folgende Stelle wichtig sowohl für den Begriff der Surplusarbeit überhaupt als für das Mißverständnis im obigen berührten Punkt.

„,In verschiedenen Stadien der Gesellschaft ist *die Akkumulation des Kapitals* oder der *Mittel, Arbeit anzuwenden**, mehr oder weniger rasch und muß in *allen Fällen von den Produktivkräften der Arbeit* abhängen. Die Produktivkräfte der Arbeit sind im allgemeinen am größten, wo *Überfluß von fruchtbarem Boden* existiert.'" (Ricardo.) „Bedeuten in diesem ersten Satz *die Produktivkräfte der Arbeit die Kleinheit des entsprechenden Teils jedes Produkts, der denen zufällt, deren Handarbeit es produziert*, so ist der Satz tautologisch, weil der *übrigbleibende Teil der Fonds ist, woraus*, wenn es seinem Eigner beliebt, *Kapital akkumuliert werden kann*. Aber dies ist meistens nicht der Fall, wo das Land am fruchtbarsten ist. Es ist der Fall in Nordamerika, aber das ist ein künstlicher Zustand der Dinge. Es ist nicht der Fall in Mexiko. Es ist nicht der Fall in Neuholland. Die Produktivkräfte der Arbeit sind in einem *anderen* Sinne tatsächlich größer dort, wo viel fruchtbares Land ist, nämlich [verstanden als] das *Vermögen des Menschen*, wenn er es wünscht, *viel Rohprodukt* im *Verhältnis zur gesamten Arbeit, die er verrichtet,* zu gewinnen. Es ist in der Tat *eine Gabe der Natur*, daß die Menschen *mehr Nahrungsmittel gewinnen* können, als jene *kleinste Menge, mit der sie die existierende Bevölkerung ernähren* und *erhalten könnten*; aber das ,Mehrprodukt'" (der Terminus wird von Herrn Ricardo benutzt, p. 93) „bedeutet im allgemeinen den *Überschuß des*

---

* Es ist nur in solchen Stellen wie diesen, wo bei Ric[ardo] die Natur des Kapitals durchbricht. Also Kapital ist nicht means of labour for producing a certain result, but it is „the means for *employing* labour", and, this involves that the possessor of the means, or those means themselves, e m - p l o y s labour, the means are the power over labour[2].

---

[1] natürlich

[2] Arbeitsmittel zum Erreichen eines bestimmten Resultats, sondern es ist „Mittel zur *Beschäftigung* von Arbeit", und das schließt ein, daß der Besitzer der Mittel oder diese Mittel selbst Arbeit b e s c h ä f t i g e n, die Mittel sind die Macht über die Arbeit

gesamten Preises eines Dinges über den Teil hinaus, der den Arbeitern zufällt, die es herstellen, eine Eigentümlichkeit, die bestimmt wird durch Übereinkommen der Menschen und die nicht festgesetzt ist." (p.74, 75, *„Observations on certain verbal Disputes in Pol. Ec., particularly relating to value and to demand and supply"*, Lond[on] 1821.)

Dieser Mann sieht nicht, daß von der Proportional Quantity of raw produce which *„the whole labour"* of a man can perform daily, in der Tat abhängt „the smallness" or bigness „of that aliquot part that goes" to the labourer[1]. Gegen Ric[ardo] er nur soweit recht, als er sagt: Die natürliche Fruchtbarkeit macht, daß ich mit eines Tags Arbeit viel über das absolut Notwendige, um zu existieren (the lowest quantity to keep the existing population upon[2]), produzieren kann, if I chose[3]. Sie macht weder, daß ich viel arbeite, also viel produziere, und noch weniger, daß das, was ich über das Notwendige hinaus arbeite, den fond des Kapitals bildet. Dies „is settled by human arrangement"[4]. Für Ricardo ist das Kapitalverhältnis selbst Naturverhältnis und daher überall vorausgesetzt.

Kapitalistische Produktion vorausgesetzt, wird, je nach günstigeren Naturbedingungen der Arbeit und daher nach dem Grad ihrer natürlichen Produktivität, in verschiednen Ländern die notwendige Arbeitszeit, d. h. die zur Reproduktion der Arbeiter erheischte, verschieden sein und in umgekehrtem Verhältnis zur Produktivität der Arbeit stehn, daher also in demselben Verhältnis in dem einen Land die Surplusarbeitszeit oder der Surpluswert größer als in dem andren sein können, wenn auch dieselbe Stundenzahl gearbeitet wird.

Alles dies betrifft the very existence of absolute surpluslabour, and its relative quantity in different countries according to their respective natural facilities for production[5]. Damit haben wir hier es nicht zu tun.

||143| Indem unterstellt ist, daß der Normalarbeitstag bereits in notwendige Arbeit und absolute Surplusarbeit zerfällt, ist die Existenz der letztern, und zwar in einem bestimmten Grade, also auch eine bestimmte Naturbasis derselben, vorausgesetzt. Hier fragt es sich vielmehr um *die Produktivkraft der Arbeit* − daher die Verkürzung der notwendigen Arbeitszeit, die Verlänge-

---

[1] proportionalen Menge Rohprodukte, welche *„die ganze Arbeit"* ist, die ein Mann täglich bewältigen kann, in der Tat abhängt „die Geringfügigkeit" oder Größe „dieses entsprechenden Teils", der dem Arbeiter „zufällt"

[2] die geringste Menge, um die vorhandene Bevölkerung damit zu erhalten

[3] wenn ich es will

[4] „wird bestimmt durch Übereinkommen der Menschen"

[5] die reine Existenz der absoluten Mehrarbeit und ihrer relativen Menge in verschiedenen Ländern gemäß deren besonderen natürlichen Gegebenheiten für die Produktion

rung der Surplusarbeitszeit –, soweit sie selbst Produkt der kapitalistischen (überhaupt der sozialen) Produktion ist.

Die Hauptformen sind: *Kooperation, Teilung der Arbeit* und *Maschinerie* oder Anwendung der scientific power[1] usw.

a) *Kooperation*

Dies ist die *Grundform*, Teilung der Arbeit setzt Kooperation voraus oder ist nur eine spezifische Weise derselben. Ebenso das auf der Maschinerie begründete Atelier usw. Die Kooperation ist die *allgemeine Form*, die allen gesellschaftlichen Arrangements zur Vermehrung der Produktivität der gesellschaftlichen Arbeit zugrunde liegt und in jeder derselben nur weitere Spezifikation erhält. Aber die Kooperation ist selbst zugleich eine *besondre* Form, die neben ihren weiterentwickelten und höher spezifizierten Formen existiert. (Ganz ebenso, wie sie eine Form ist, die über ihre bisherigen Entwicklungen übergreift.)

Als eine von ihren eignen weiteren Entwicklungen oder Spezifikationen unterschiedne und im Unterschied getrennt von ihnen *existierende* Form ist die *Kooperation* die naturwüchsigste, roheste und abstrakteste ihrer eignen Arten; wie sie übrigens fortfährt in ihrer Einfachheit, in ihrer einfachen Form, die Basis und Voraussetzung aller ihrer höherentwickelten Formen zu bleiben.

Kooperation ist also zunächst das unmittelbare – nicht durch den *Austausch* vermittelte – *Zusammenwirken* vieler Arbeiter zur Produktion desselben Resultats, desselben Produkts, desselben Gebrauchswerts (oder Nützlichkeit). In der Sklavenproduktion. *(Vgl. Cairnes.*[104]*)*

Sie ist erstens das *Zusammenwirken vieler Arbeiter*. Also das Dasein der *Agglomeration*, der *Zusammenhäufung vieler Arbeiter* in *demselben Raum* (auf einem Platz), die *gleichzeitig* arbeiten, ist ihre erste Voraussetzung – oder ist selbst schon das materielle Dasein der Kooperation. Diese Voraussetzung liegt allen ihren höherentwickelten Formen zugrunde.

Die *einfachste*, noch nicht weiter spezifizierte Weise der Kooperation ist offenbar die, daß die so in einem Raum verbunden und gleichzeitig Arbeitenden nicht verschiednes, sondern *dasselbe* tun, daß aber die Gleichzeitigkeit ihrer Aktion erheischt ist, um ein bestimmtes Resultat überhaupt oder in einer bestimmten Zeit hervorzubringen. Auch diese Seite der Kooperation bleibt in den höherentwickelten Formen derselben. Auch in der Teilung der Arbeit tun viele gleichzeitig dasselbe. Noch mehr im automatischen Atelier.

[1] wissenschaftlichen Kraft

Eine der ältesten Formen dieser Kooperation findet sich z. B. in der Jagd vor. Ebenso im Krieg, der nur Menschenjagd, weiterentwickelte Jagd, ist. [105] Den Effekt, den z. B. die Charge eines Kavallerieregiments hervorbringt, können die einzelnen Glieder des Regiments, jedes für sich genommen, nicht hervorbringen, obgleich während der Charge jeder einzelne nur als einzelner handelt, soweit er überhaupt handelt. Die großen Bauten der Asiaten sind ein andres Exempel dieser Art Kooperation, wie überhaupt im Bauen die Wichtigkeit dieser einfachen Form der Kooperation sehr schlagend hervortritt. Ein einzelner mag eine Hütte bauen, aber zum Bau eines Hauses gehören viele, die gleichzeitig dasselbe tun. Ein einzelner mag einen kleinen Kahn rudern; für einen größeren Nachen sind bestimmte Anzahl Ruderknechte erheischt. Bei der Teilung der Arbeit tritt diese Seite der Kooperation auf im Prinzip der Proportion der *multiples*, die für jede besondre Branche anzuwenden sind. Im automatischen Atelier beruht die Hauptwirkung nicht auf der Teilung der Arbeit, sondern auf der *Dieselbigkeit* der von vielen gleichzeitig verrichteten Arbeit. Z. B., daß die von demselben Motor gleichzeitig in Bewegung gesetzten Spinning mules[1] gleichzeitig von soundso viel Spinnern überwacht werden.

Wakefields neues Kolonisationssystem hat das Verdienst − nicht, daß er die Kunst des Kolonisierens entdeckt oder ||144| befördert, auch nicht, daß er irgendwelche neue Entdeckungen überhaupt im Gebiet der politischen Ökonomie gemacht − wohl aber, daß er die Borniertheiten der politischen Ökonomie naiv entdeckt, ohne sich selbst der Wichtigkeit dieser Entdeckungen klar oder nur im geringsten selbst von den ökonomischen Borniertheiten frei zu sein.

In Kolonien nämlich, namentlich in den ersten Stadien ihrer Entwicklung, sind die bürgerlichen Verhältnisse noch nicht fertig; noch nicht vorausgesetzt wie in alt etablierten Ländern. Sie werden erst. Die Bedingungen ihres Werdens treten also klarer hervor. Es zeigt sich, daß diese *ökonomischen Verhältnisse* weder von Natur da sind noch daß sie *Dinge* sind, wie der Ökonom leicht geneigt ist, Kapital usw. aufzufassen. Wir werden später weitersehn, wie Herr Wakefield zu seiner eignen Verwunderung in den Kolonien hinter dies Geheimnis kommt. Hier wollen wir zunächst bloß eine auf diese einfache Form der Kooperation bezügliche Stelle zitieren:

„Es gibt zahlreiche Verrichtungen von so einfacher Art, *daß sie keine Zerlegung in Teile zulassen,* die jedoch nur *durch das Zusammenwirken vieler Paare von Händen* ausgeführt werden können. Z. B. das Heben eines großen Baumes auf einen Wagen, das Niederhalten der

---

[1] Spinnmaschinen

Unkräuter auf großen Feldern mit wachsenden Feldfrüchten, die Schur einer großen Schafherde zur gleichen Zeit, das Einbringen einer Getreideernte zu einer Zeit, wenn es reif genug und nicht zu reif ist, beim Bewegen eines großen Gewichts; kurz, alles, was nicht getan werden kann, ohne daß sich eine große Zahl von Händepaaren gegenseitig und gleichzeitig bei *derselben ungeteilten Beschäftigung* helfen." (p. 168, *Wakefield, E. G., „A view of the art of colonization etc."*, Lon[don] 1849.)

So z. B. Fischfang. Resultat, wenn viele auf einmal — wie bei der Jagd. Bauen von Eisenbahnen, Graben von Kanälen etc. Diese Art Kooperation bei den öffentlichen Werken der Ägypter und Asiaten. Die Römer verwandten ihre Armeen so zu public works[1]. (Sieh Stelle bei *Jones*.[2])

Wir haben bereits gesehn bei Betrachtung des absoluten Mehrwerts, daß, wenn seine Rate gegeben, seine Masse von der Anzahl gleichzeitig beschäftigter Arbeiter abhängt, also so far[3] von ihrer Kooperation. Indessen tritt grade hier der Unterschied vom relativen Mehrwert — soweit er erhöhte Produktivkraft der Arbeit und daher Entwicklung der Produktivkraft der Arbeit voraussetzt — schlagend hervor. Werden statt 10 Arbeiter, von denen jeder 2 Stunden Surplusarbeit arbeitet, 20 angewendet, so ist das Resultat 40 Surplusstunden statt 20 im ersten Fall. $1:2, = 20:40$. Das Verhältnis ist für die 20 dasselbe wie für den einen. Es ist hier nur die Zusammenaddierung oder Multiplikation der Arbeitsstunden des einzelnen. Die *Kooperation als solche* ändert hier absolut nichts an dem Verhältnis. Hier dagegen betrachten wir die Kooperation als eine Naturkraft der gesellschaftlichen Arbeit, insofern vermittelst der Kooperation die Arbeit des einzelnen eine Produktivität erlangt, die sie als Arbeit des isolierten einzelnen nicht erhalten würde. Z. B.: Wenn 100 gleichzeitig mähen, so arbeitet jeder nur als einzelner und dasselbe. Aber das Resultat, daß in dieser bestimmten Zeit, bevor das Heu verfault etc. gemäht ist — dieser Gebrauchswert produziert ist —, ist nur das Resultat davon, daß 100 *gleichzeitig* an diese selbe Arbeit Hand anlegen. In andren Fällen tritt wirkliche Vermehrung der Kraft ein. Z. B. beim Heben usw. Lasten laden. Es entsteht hier eine Kraft, die nicht der einzelne isoliert besitzt, sondern nur zusammenwirkend *gleichzeitig* mit den andern. Im ersten Falle könnte er räumlich nicht seine Aktionssphäre soweit ausdehnen, wie zur Erreichung des Resultats erheischt. Im zweiten Fall könnte er gar nicht oder nur mit unendlichem Zeitverlust die nötige Kraftpotenz entwickeln. Die Zeit, worin hier 10 einen Baum auf den Wagen laden, ist kleiner (wenn überhaupt der Fall möglich), als die Zeit, worin einer in 10mal größrer Zeit dasselbe Resul-

[1] öffentlichen Arbeiten
[2] Siehe vorl. Band, S. 251
[3] so weit

tat erzielen würde. Das Resultat ist, daß durch die Kooperation in geringrer Zeit produziert wird, als was dieselben einzelnen, wenn ebensoviele zerstreut arbeiteten, in derselben Zeit produzieren könnten oder Gebrauchswerte produziert werden, die sonst überhaupt nicht produziert werden könnten. Ein einzelner kann nicht in 100 Tagen tun, oft auch 100 einzelne nicht in 100 Tagen, was 100 durch Kooperation in einem Tage tun. Hier also wächst die Produktivkraft des einzelnen durch die gesellschaftliche ||145| Form der Arbeit. Indem es so möglich wird, in geringrer Zeit mehr zu produzieren, können die notwendigen Lebensmittel oder die zu ihrer Produktion erheischten Bedingungen in geringrer Zeit produziert werden. Die notwendige Arbeitszeit nimmt ab. Die relative Surpluszeit ist damit ermöglicht. Die eine kann verlängert, die andre verkürzt werden.

„Die Kraft des einzelnen Menschen ist ganz gering, aber die Vereinigung der ganz geringen Kräfte ergibt eine Gesamtkraft, die größer ist als die Summe aller Teilkräfte, so daß schon die bloße Vereinigung der Kräfte die Zeit verringern und den Raum ihrer Wirkung vergrößern kann." *(G. R. Carli,* Note 1, p. 196, zu *Pietro Verri, „Meditazioni sulla Econ. Polit. etc.", t. XV, Custodi, Parte Moderna.)*

{Man erinnert sich hier vielleicht, daß diese einfache Form der Kooperation in vielen Industriezweigen die gemeinschaftliche Benutzung von Arbeitsbedingungen erlaubt, z. B. Feurung, Baulichkeit etc. Dies aber geht uns hier noch nicht an. Sondern ist unter dem Profit zu betrachten. Wir haben hier nur zuzusehn, wie weit das Verhältnis von notwendiger Arbeit und Surplusarbeit direkt affiziert wird[1], nicht aber das Verhältnis der Surplusarbeit zur Totalsumme des ausgelegten Kapitals. Dies auch bei den folgenden Abschnitten festzuhalten.}

{Es ist nicht absolut nötig, daß Vereinigung in demselben Raum stattfindet. Wenn 10 Astronomen von den Sternwarten verschiedner Länder dieselben Beobachtungen anstellen usw., so ist das keine *Teilung der Arbeit,* sondern die Verrichtung derselben Arbeit an verschiednen Orten, eine Form der Kooperation.} Zugleich aber auch *Konzentration von Arbeitsmitteln.*

Erweiterung der Aktionssphäre; Verkürzung der Zeit, worin ein bestimmtes Resultat erreicht wird; endlich Erzeugung von Produktionskräften, zu deren Entwicklung der vereinzelte Arbeiter überhaupt unfähig ist, sind charakteristisch für die einfache Kooperation wie für ihre weiterspezifizierten Formen.

Bei der einfachen Kooperation ist es nur die Masse der Menschenkraft, die wirkt. An die Stelle des einen mit zwei Augen etc. tritt ein vielaugiges, vielar-

---

[1] In der Handschrift: macht

miges usw. Ungeheuer. Daher die großen Arbeiten der römischen Armeen. Die großen asiatischen und ägyptischen öffentlichen Werke. Hier, wo der Staat der Verausgaber der Revenue des ganzen Landes, besitzt er die Macht, große Massen in Bewegung zu setzen.

„Es geschah in vergangenen Zeiten, daß diese orientalischen Staaten nach Bestreitung ihrer Zivil- und Militärausgaben sich im Besitz eines Überschusses von Lebensmitteln befanden, die sie für Werke der Pracht und des Nutzens verausgaben konnten. *Ihr Kommando über die Hände und Arme fast der ganzen nichtackerbauenden Bevölkerung* [...] und diese Nahrungsmittel, die dem Monarchen und der Priesterschaft gehörten, boten ihnen die Mittel zur Errichtung jener mächtigen Monumente, womit sie das Land erfüllten ... in der Bewegung der kolossalen Statuen und der enormen Massen, deren Transport Staunen erregt, wurde fast nur menschliche Arbeit verschwenderisch angewandt ... Grabstätten und Staubecken Ceylons, die Chinesische Mauer, die zahlreichen Bauwerke, deren Ruinen die Ebenen Assyriens und Mesopotamiens bedecken." *(Richard Jones, „Textbook of Lectures on the Polit. Econ. of Nations", Hertford 1852, p. 77.) „Die Zahl der Arbeiter und die Konzentration ihrer Mühen genügte."* {*Anzahl der Arbeiter und Konzentration* derselben die Basis der einfachen Kooperation.} „So sehen wir mächtige Korallenriffe aus den Tiefen des Ozeans zu Inseln anschwellen und festes Land bilden, obgleich jede individuelle Ablagerung winzig, schwach und verächtlich ist. Die nichtackerbauenden Arbeiter einer asiatischen Monarchie haben außer ihren individuellen körperlichen Bemühungen wenig zum Werk zu bringen. ||146| Aber *ihre Zahl ist ihre Kraft*, und die *Macht der Direktion über diese Massen* ließ Paläste und Tempel usw. in die Höhe wachsen. Es war *diese Konzentration der Einkünfte, welche sie [die Arbeiter] nährte, in einer [Hand] oder in wenigen Händen, welche solche Unternehmungen möglich machte."* ([p.] 78, l. c.)

{Die Kontinuität der Arbeit überhaupt der kapitalistischen Produktion eigen; entwickelt sich aber erst vollständig mit der Entwicklung des capital fixe, worüber später.}

Diese Macht der ägyptischen und asiatischen Könige und Priester oder der etruskischen Theokraten in der alten Welt ist in der bürgerlichen Gesellschaft auf das Kapital und damit die Kapitalisten übergegangen.

Die einfache Kooperation wie ihre weiterentwickelten Formen — wie überhaupt alle Mittel, die Produktivkraft der Arbeit zu steigern — fallen in den Arbeitsprozeß, nicht in den V e r w e r t u n g s prozeß. Sie steigern die efficiency der labour[1]. Der *Wert* des Produkts der labour hängt dagegen ab von der zu ihrer Herstellung erheischten notwendigen Arbeitszeit. Die efficiency der labour kann daher nur den Wert eines bestimmten Produkts verringern, nie ihn steigern. Aber alle diese Mittel, die angewandt werden, um die effi-

---

[1] Wirksamkeit der Arbeit

ciency des Arbeitsprozesses zu steigern, vermindern (to a certain degree[1]) die notwendige Arbeitszeit und vermehren so den Surpluswert, den Teil des Werts, der dem Kapitalist zufällt, obgleich der Wert des Gesamtprodukts nach wie vor bestimmt bleibt durch die Totalität der angewandten Arbeitszeit.

„Das mathematische Prinzip, daß das Ganze der Summe seiner Teile gleich ist, wird falsch auf unsren Gegenstand angewandt. In bezug auf die Arbeit, diesen großen Grundpfeiler der menschlichen Existenz, kann man sagen, daß das ganze Produkt der gemeinschaftlichen Anstrengung unendlich alles übertrifft, was individuelle und isolierte Bemühungen möglicherweise erfüllen könnten." (p. 84, *Michael Thomas Sadler, „The law of Population"*, t. I.)

Die *Kooperation* – i.e. ihre Anwendung durch den Kapitalisten, i.e. Geld- oder Warenbesitzer – erheischt natürlich Konzentration der Arbeitsmittel, dito der Lebensmittel (des gegen Arbeit ausgetauschten Teils des Kapitals) in seiner Hand. Um einen Mann 360 Tage während des Jahrs zu beschäftigen, erheischt ein 360mal kleinres Kapital, als um 360 Mann an demselben Tag zu beschäftigen.

Die gesellschaftliche Produktivkraft, die aus der Kooperation entspringt, ist *unentgeltlich*. Die einzelnen Arbeiter oder vielmehr Arbeitsvermögen werden bezahlt, und zwar als vereinzelte. Ihre Kooperation und die daher entspringende Produktivkraft wird nicht bezahlt. Der Kapitalist zahlt 360 Arbeiter; er zahlt nicht die Kooperation der 360 Arbeiter: denn der Austausch zwischen Kapital und Arbeitsvermögen findet zwischen dem Kapital und dem einzelnen Arbeitsvermögen statt. Er ist bestimmt durch den Tauschwert des letztren, der ebenso unabhängig ist von der Produktivkraft, die dies Vermögen unter gewissen gesellschaftlichen Kombinationen erhält, als davon, daß die Zeit, die er arbeitet und arbeiten kann, größer ist als die zu seiner Reproduktion erheischte Arbeitszeit.

Die Kooperation, diese Produktivkraft der gesellschaftlichen Arbeit, stellt sich dar als eine Produktivkraft des Kapitals, nicht der Arbeit. Und diese Transposition findet innerhalb der kapitalistischen Produktion in bezug auf alle Produktivkräfte der gesellschaftlichen Arbeit statt. Dies bezieht sich auf die reale Arbeit. Ganz wie der allgemein abstrakt gesellschaftliche Charakter ||147| der Arbeit – d. h. der Tauschwert der Ware – als *Geld* – und alle Eigenschaften, die das Produkt als Darstellung dieser allgemeinen Arbeit besitzt, sich als Eigenschaften des Gelds darstellen; so der konkret gesellschaftliche Charakter der Arbeit als Charakter und als Eigenschaft des Kapitals.

---

[1] bis zu einem gewissen Grade

In der Tat: Sobald der Arbeiter in den wirklichen Arbeitsprozeß eintritt, ist er qua Arbeitsvermögen bereits dem Kapital einverleibt, gehört er nicht mehr sich selbst, sondern dem Kapital, und sind daher auch die Bedingungen, unter denen er arbeitet, vielmehr Bedingungen, unter denen das Kapital arbeitet. Bevor er aber in den Arbeitsprozeß eintritt, tritt er mit dem Kapitalisten in Kontakt als einzelner Warenbesitzer oder Verkäufer, und zwar ist diese Ware sein eignes Arbeitsvermögen. Als einzelnes verkauft er es. Gesellschaftliches wird es, sobald es bereits in den Arbeitsprozeß getreten ist. Diese Metamorphose, die mit ihm vorgeht, ist ihm selbst ein Äußerliches, woran es keinen Anteil hat, das ihm vielmehr angetan wird. Der Kapitalist kauft nicht ein, er kauft viele einzelne Arbeitsvermögen gleichzeitig, aber alle als vereinzelte, vereinzelten voneinander unabhängigen Warenbesitzern angehörige Waren. Sobald sie in den Arbeitsprozeß treten, sind sie bereits dem Kapital einverleibt, und ihre eigne Kooperation ist daher nicht ein Verhältnis, worin sie sich setzen, sondern worin sie vom Kapitalisten versetzt sind, nicht eine Beziehung, die ihnen gehört, sondern der sie jetzt angehören und die selbst als ein Verhältnis des Kapitals zu ihnen erscheint. Es ist nicht ihre gegenseitige Vereinigung, sondern eine sie beherrschende Einheit, deren Träger und Leiter eben das Kapital selbst ist. Ihre eigne Vereinigung in der Arbeit – Kooperation – ist tatsächlich eine ihnen fremde Macht, und zwar die Macht des Kapitals gegenüber den vereinzelten Arbeitern. Soweit sie als unabhängige Personen, als Verkäufer, ein Verhältnis zum Kapitalisten haben, ist es das von vereinzelten, voneinander unabhängigen Arbeitern, die jeder im Verhältnis zum Kapitalisten, aber nicht im Verhältnis zueinander stehn. Soweit sie als werktätige Arbeitsvermögen in ein Verhältnis zueinander treten, sind sie dem Kapital einverleibt, und dies Verhältnis steht daher als Verhältnis des Kapitals, nicht als ihr eignes, ihnen gegenüber. Sie finden sich agglomeriert. Die Kooperation, die aus ihrer Agglomeration entspringt, ist ihnen gegenüber ebensosehr die Wirkung des Kapitals als diese Agglomeration selbst. Ihr *Zusammenhang und ihre Einheit* liegt nicht in ihnen, sondern im Kapital, oder die daraus entspringende gesellschaftliche Produktivkraft ihrer Arbeit ist Produktivkraft des Kapitals. Wie die nicht nur ersetzende, sondern vermehrende Kraft des einzelnen Arbeitsvermögens als Vermögen des Kapitals erscheint – die Surplusarbeit –, so der gesellschaftliche Charakter der Arbeit und die aus diesem Charakter entspringende Produktivkraft.

Es ist dies die erste Stufe, worauf die Subsumtion der Arbeit unter das Kapital nicht mehr als bloß formelle Subsumtion erscheint, sondern die Produktionsweise selbst verändert, so daß die *kapitalistische* Produktionsweise spezifische Produktionsweise ist. Formell ist die Subsumtion, soweit der ein-

zelne Arbeiter, statt als unabhängiger Warenbesitzer zu arbeiten, jetzt als dem
Kapitalist gehöriges ||148| Arbeitsvermögen und daher unter dem Kom-
mando und Aufsicht des Kapitalisten auch nicht mehr für sich, sondern für
den Kapitalisten arbeitet; auch die Arbeitsmittel nicht mehr als Mittel zur
Verwirklichung seiner Arbeit, seine Arbeit vielmehr als Mittel der Verwertung – d. h. Einsaugen von Arbeit – für die Arbeitsmittel erscheint. Formell
ist dieser Unterschied, soweit er existieren kann, ohne daß irgendwie die Produktionsweise und die gesellschaftlichen Verhältnisse, in denen die Produktion stattfindet, im geringsten verändert werden. Mit der Kooperation tritt
schon ein spezifischer Unterschied ein. Die Arbeit vollzieht sich unter Bedingungen, unter denen die unabhängige Arbeit des einzelnen sich nicht voll-
bringen kann – und zwar erscheinen diese Bedingungen als ein ihn beherr-
schendes Verhältnis, als ein Band, das das Kapital um die einzelnen Arbeiten
schlingt.

Mit dem Zusammenarbeiten vieler, denen ihr Zusammenhang selbst ein
fremdes Verhältnis ist, deren Einheit außer ihnen liegt, tritt die Notwendigkeit des Kommandos, der Oberaufsicht selbst, als eine Produktionsbedingung
auf, als eine durch die Kooperation der Arbeiter notwendig gewordne und
durch sie bedingte neue Art Arbeit, *labour of superintendence*[1], ganz wie bei
einer Armee, selbst wenn sie bloß aus derselben Waffengattung besteht, zu
ihrem Wirken als Corps die Notwendigkeit von Befehlshabern, die Notwendigkeit des Kommandos eintritt. Dies Kommando gehört dem Kapital, obgleich der einzelne Kapitalist es selbst wieder durch spezifische Arbeiter voll-
ziehn lassen kann, die jedoch das Kapital und den Kapitalisten gegenüber der
Arbeiterarmee vertreten. *(Sklaverei.) (Cairnes.*[104]*)*

Soweit besondre Arbeiten dieser Art aus Funktionen entspringen, die die
kapitalistische Produktion selbst erzeugt, ist es natürlich Blödsinn, das Kapital dadurch für nötig zu beweisen, daß es diese Funktionen vollzieht. Es ist
dies eine Tautologie. Es wäre, als wollte man den Negern die Sklaverei dadurch rechtfertigen, daß sie als Sklaven des Sklavenaufsehers mit der Peitsche
bedürfen, der zu ihrer Produktion ebenso notwendig ist als sie selbst. Aber er
ist nur notwendig, weil und sofern sie Sklaven sind – auf der Basis der Sklaverei. Sofern dagegen Kooperation, wie z. B. im Orchester, einen Direktor erheischt – es ist etwas ganz andres, die Form, die dies unter den Bedingungen
des Kapitals annimmt und die es sonst z. B. bei Assoziation annähme, als eine
besondre Funktion der Arbeit neben andren, aber nicht als die Macht, die ihr
eigne Einheit als ihnen fremde und die Exploitation ihrer Arbeit als von
fremder Macht an ihnen verübte, vollführt.

---

[1] Arbeit der Oberaufsicht

138a

ИК 137

Seite 138a aus Heft IV

Die Kooperation kann kontinuierlich sein; sie kann auch nur vorübergehend sein, wie beim Ernten in der Agrikultur etc.

Die Hauptsache bei der einfachen Kooperation bleibt die *Gleichzeitigkeit*
der Aktion, eine Gleichzeitigkeit, deren Resultat nie durch das Nacheinander
in der Zeit durch die vereinzelten Arbeiter in ihren Wirkungen erreicht werden kann.

Das Wichtigste bleibt: Diese erste Transposition des gesellschaftlichen
Charakters der Arbeit als gesellschaftlicher Charakter des Kapitals, der Produktivkraft der gesellschaftlichen Arbeit als Produktivkraft des Kapitals; endlich die erste Verwandlung der formellen Subsumtion unter das Kapital in
reale Änderung der Produktionsweise selbst.

||138a| Als Mittel zur Vermehrung der Produktivität der Arbeit unter-
scheidet *D. de Tracy*:

1. *Zusammenwirken der Kräfte.* (Einfaches Zusammenwirken.) „Kommt es darauf an,
sich zu verteidigen? Zehn Mann werden leicht einem Feinde widerstehen, der sie völlig
vernichten würde, griffe er einen nach dem anderen an. Muß eine Last bewegt werden?
Eine Last, deren Gewicht den Bemühungen einer einzelnen Person unüberwindlichen Widerstand entgegengesetzt hatte, gibt sofort den Anstrengungen mehrerer nach, die gemeinsam handeln. *Handelt es sich um eine komplizierte Arbeit?* Dann müssen verschiedene Dinge
gleichzeitig getan werden. Der eine macht das eine, während der andere etwas anderes
macht, und alle tragen zu einer Wirkung bei, die ein einzelner Mensch nicht hätte erzeugen
können. Der eine rudert, während der andere steuert und ein dritter das Netz auswirft
oder den Fisch harpuniert, und der Fischfang hat einen Erfolg, der ohne diese Kooperation unmöglich wäre." (l. c., p. 78.)

Hier, bei dieser letztren Kooperation, findet schon Teilung der Arbeit
statt, weil plusieurs choses doivent être faites *simultanément*[1], aber dies ist
nicht die Teilung der Arbeit im eigentlichen Sinne. Die 3 können abwechselnd rudern, steuern, fischen, obgleich im Akt des Zusammenwirkens jeder
nur das eine tut. Die eigentliche Teilung der Arbeit dagegen besteht darin,
daß,

„wenn mehrere Menschen auf Gegenseitigkeit, die einen für die anderen, arbeiten, kann
sich jeder *ausschließlich* der Beschäftigung zuwenden, für die er die größten Vorzüge besitzt
usw.". (p. 79, l. c.)

---

[1] mehrere Dinge *gleichzeitig* getan werden müssen

||149| b) *Teilung der Arbeit* [106]

Die Teilung der Arbeit ist eine besondre, spezifizierte, weiterentwickelte Form der Kooperation, ein mächtiges Mittel, um die Produktivkraft der Arbeit zu steigern, in kürzrer Arbeitszeit dasselbe Werk zu verrichten, also die zur Reproduktion des Arbeitsvermögens nötige Arbeitszeit zu verkürzen und die Surplusarbeitszeit zu verlängern.

In der einfachen Kooperation ist das Zusammenwirken vieler, die *dieselbe* Arbeit verrichten. In der Teilung der Arbeit ist die Kooperation vieler Arbeiter unter dem Kommando des Kapitals, die die *unterschiednen* Teile *derselben Waren* produzieren, wovon jeder besondre Teil eine besondre Arbeit erheischt, eine besondre Operation, und jeder Arbeiter oder ein bestimmtes Multiplum Arbeiter nur eine besondre Operation verrichtet, der andre eine andre usf.; die Totalität dieser Operationen aber *eine Ware*, eine bestimmte besondre Ware, produziert; in der Ware also die Totalität dieser besondren Arbeiten sich darstellt.

Wir sagen *Ware* in doppelter Hinsicht. Erstens kann eine durch Teilung der Arbeit produzierte Ware selbst wieder Halbfabrikat, Rohstoff, Arbeitsmaterial für eine andre Produktionssphäre sein. Ein solches Produkt braucht also keineswegs ein Gebrauchswert zu sein, der seine letzte Form, worin er schließlich in die Konsumtion eingeht, erhalten hat.

Sind verschiedne Produktionsprozesse zur Herstellung eines Gebrauchswertes erheischt, z. B. von gedrucktem Kattun – Spinnen, Weben, Drucken –, so ist der gedruckte Kattun das Resultat dieser verschiednen Produktionsprozesse und der Totalität der besondren Arbeitsweisen Spinnen, Weben, Drucken. Es findet deswegen noch keine Teilung der Arbeit in dem jetzt betrachteten Sinn statt. Ist das Gespinst *Ware*, das *Gewebe Ware* und der gedruckte Kattun besondre Ware neben diesen Waren – diesen Gebrauchswerten, die das Produkt von Prozessen sind, die dem Drucken des Kattuns vorhergehn müssen, so findet keine Teilung der Arbeit in dem jetzt betrachteten Sinn statt, obgleich gesellschaftliche Teilung der Arbeit stattfindet, denn das Gespinst ist das Produkt von Spinnern, das Gewebe das Produkt von Webern und der Kattun das Produkt von Druckern. Die zur Hervorbringung des gedruckten Kattuns notwendige Arbeit ist geteilt in Spinnerei, Weberei, Druckerei, und jeder dieser Zweige bildet die Beschäftigung einer besondren Abteilung von Arbeitern, von denen jeder nur diese besondre Operation des Spinnens oder Webens oder Druckens verrichtet. Hier ist also erstens eine Totalität besondrer Arbeiten nötig, um den gedruckten Kattun zu produzieren; und zweitens sind verschiedne Arbeiter unter jede dieser besondren Arbeitsoperationen subsumiert. Aber es kann nicht gesagt werden, daß sie zur Produktion *derselben Ware* konkurrieren. Sie produzieren vielmehr voneinander unabhängige Waren. Das Gespinst ist so gut Ware nach der Voraussetzung wie der gedruckte Kattun. Das Dasein eines Gebrauchswerts als Ware hängt nicht von der Natur dieses Gebrauchswertes ab, also auch nicht davon, wie nah oder fern er der Gestalt steht, worin er schließlich in die Konsumtion, sei es als Arbeitsmittel, sei es als Lebensmittel, eingeht. Es hängt nur davon ab, daß ein bestimmtes Quantum Arbeitszeit in diesem Produkt dargestellt ist und daß es das Material zur Befriedigung gewisser Bedürfnisse ist, seien dies nun Bedürfnisse eines weiteren Produktionsprozesses oder des Konsumtionsprozesses. Träte dagegen der gedruckte Kattun erst als *Ware* auf den Markt, sobald er die Prozesse des Spinnens, Webens und Druckens durchlaufen hätte, so wäre er durch *Teilung* der Arbeit produziert.

Wir haben gesehn[107], daß das Produkt überhaupt nur Ware wird und Warenaustausch als Bedingung der Produktion überhaupt nur stattfindet, wenn eine gesellschaftliche Teilung der Arbeit ||150| oder eine Teilung der gesellschaftlichen Arbeit stattfindet. In den besondren Waren stecken besondre Arbeitsweisen, und der Produzent oder Besitzer der einzelnen Ware bemächtigt sich nur seines aliquoten[1] Teils der gesellschaftlichen Produktion, d.h. der Produkte aller andren Arbeitszweige durch den Austausch, viz.[2] Verkauf seines Produkts, durch die Verwandlung seiner Ware in Geld. Daß er überhaupt Ware produziert, schließt ein, daß seine Arbeit einseitig ist und nicht *unmittelbar* seine Subsistenzmittel produziert, diese vielmehr nur durch den Austausch seiner Arbeit gegen die Produkte andrer Arbeitszweige. Diese gesellschaftliche Teilung der Arbeit, die in dem Dasein des Produkts als Ware und des Warenaustauschs vorausgesetzt ist, ist wesentlich verschieden von der Teilung der Arbeit, die wir hier betrachten. Die letzte setzt die erstre als ihren Ausgangspunkt und ihre Grundlage voraus. In der erstren findet Teilung der Arbeit statt, sofern jede Ware die andre, also jeder Warenbesitzer oder Produzent dem andren gegenüber einen besondren Arbeitszweig darstellt und die Totalität dieser besondren Arbeitszweige, ihr Dasein als das Ganze der gesellschaftlichen Arbeit ist vermittelt durch den *Warenaustausch* oder weiter bestimmt die *Zirkulation der Waren*, die die Geldzirkulation, wie wir gesehn,[108] einschließt. Es kann bedeutende Teilung der Arbeit in diesem Sinn stattfinden, ohne daß die Teilung der Arbeit im letztren Sinn existiere. Auf

---

[1] entsprechenden
[2] nämlich

der Grundlage der Warenproduktion kann die letztre dagegen nicht ohne die
erstre stattfinden, obgleich sie stattfinden kann, ohne daß die Produkte überhaupt als Waren produziert werden, ohne daß die Produktion überhaupt auf
Grundlage des Warenaustauschs stattfindet. Die erste Teilung der Arbeit
zeigt sich darin, daß das Produkt eines besondren Arbeitszweigs als besondre
Ware den Produkten aller andren Arbeitszweige als von ihr verschiednen
selbständigen Waren gegenübertritt. Die zweite Teilung der Arbeit findet dagegen statt in der Produktion eines besondren Gebrauchswerts, bevor er als
besondre, selbständige Ware auf den Markt, in Zirkulation, tritt. Die Ergänzung der verschiednen Arbeiten findet im ersten Fall durch den Warenaustausch statt. Im zweiten ist direktes, nicht durch Warenaustausch vermitteltes
Zusammenwirken der besondren Arbeiten zur Herstellung desselben Gebrauchswerts unter dem Kommando des Kapitals. Durch die erste Teilung
der Arbeit treten sich die Produzenten als selbständige Warenbesitzer gegenüber und als Repräsentanten besonderer Arbeitszweige. Durch die zweite erscheinen sie vielmehr als unselbständig, indem sie nur durch ihre Kooperation eine ganze Ware produzieren, überhaupt Ware produzieren, und nicht
eine besondre Arbeit, sondern vielmehr jeder nur die einzelnen, in einer besondren Arbeit kombinierten, zusammenlaufenden Operationen darstellt und
der Warenbesitzer, der Produzent der ganzen Waren, ihnen, den unselbständi-
gen Arbeitern, als Kapitalist gegenübersteht.

A. Smith verwechselt beständig die Teilung der Arbeit in diesen sehr verschiednen, sich zwar ergänzenden, aber auch in gewisser Rücksicht gegen-
überstehenden Bedeutungen. Neure Engländer[109], um die Konfusion zu ver-
meiden, nennen die erste Art Division of Labour, Teilung der Arbeit, die
zweite Subdivision of Labour, Unterteilung der Arbeit, was jedoch den begrifflichen Unterschied nicht darstellt.

Wie Stecknadel und Twist zwei besondre Waren, stellt jede derselben besondren Arbeitszweig dar, und ihre Produzenten stehn sich als Warenbesitzer
gegenüber. Sie repräsentieren Teilung der gesellschaftlichen Arbeit, wovon
jeder Teil dem andren als besondre Produktionssphäre gegenübersteht. Dagegen die zur Produktion der Stecknadel erheischten verschiednen Operationen – gesetzt nämlich, daß die besondren Teile derselben nicht als besondre
Waren auftreten –, wenn sie ebensoviele Arbeitsweisen darstellen, worunter
besondre Arbeiter subsumiert, ist Teilung der Arbeit im zweiten Sinn. Es ist
die Besonderung der Operationen innerhalb der zu einer besondren *Ware* gehörigen Produktionssphäre und die Verteilung jeder dieser Operationen unter
besondre Arbeiter, deren Kooperation das ganze Produkt schafft, die *Ware*,
deren Repräsentant aber nicht der Arbeiter, sondern der Kapitalist.

||151| Auch diese Form der Teilung der Arbeit, die wir hier betrachten, erschöpft keineswegs die Teilung der Arbeit. Letztre ist in gewisser Beziehung die Kategorie aller Kategorien der politischen Ökonomie. Wir haben sie hier aber nur zu betrachten als eine besondre Produktivkraft des Kapitals.

Es ist klar, 1. daß diese Teilung der Arbeit gesellschaftliche Teilung der Arbeit voraussetzt. Erst aus der im Warenaustausch entwickelten Besondrung der gesellschaftlichen Arbeit scheiden sich die Arbeitszweige so weit ab, daß jeder besondre Zweig zu der Spezialarbeit zurückgeführt wird, worin nun die Teilung innerhalb dieser Spezialarbeit, ihre Analyse, stattfinden kann. 2. ist ebenso klar, daß die zweite Teilung der Arbeit umgekehrt die erste ausdehnen muß – rückschlagend. *Erstens,* soweit sie mit allen andren Produktivkräften gemein hat, die für einen bestimmten Gebrauchswert erheischte Arbeit zu verkürzen, also freizusetzen Arbeit für eine neue Branche der gesellschaftlichen Arbeit. Zweitens, und dies ist ihr spezifisch, soweit sie in ihrer Analyse eine Spezialität so spalten kann, daß die verschiednen *Bestandteile desselben Gebrauchswerts* nun als verschiedne voneinander unabhängige Waren produziert werden, oder auch, daß die *verschiednen Arten desselben Gebrauchswerts,* die früher alle derselben Produktionssphäre anheimfielen, nun durch die Analyse der einzelnen derselben verschiednen Produktionssphären anheimfallen.

Das eine ist Teilung der gesellschaftlichen Arbeit in verschiedne Arbeitszweige; das andre Teilung der Arbeit in der Manufaktur einer Ware, also Teilung der Arbeit nicht in der Gesellschaft, sondern gesellschaftliche Teilung der Arbeit innerhalb eines und desselben Ateliers. Der Teilung der Arbeit im letztren Sinn entspricht die *Manufaktur* als besondre *Weise der Produktion.*

A. Smith unterscheidet nicht die Teilung der Arbeit in beiden senses[1]. Die letztere Teilung der Arbeit erscheint bei ihm daher auch nicht als etwas der kapitalistischen Produktion Spezifisches.

Das Kapitel über die Teilung der Arbeit, womit er sein Werk eröffnet (book I, ch. I) („De la Division du travail") beginnt damit:

„Man verschafft sich viel leichter eine Vorstellung von den Wirkungen der *Teilung der Arbeit* auf die allgemeine Industrie der Gesellschaft, wenn man untersucht, wie diese in einigen besonderen Manufakturen in Erscheinung treten." [p. 11.][110]

Die Teilung der Arbeit innerhalb des *Ateliers* (worunter hier eigentlich Werkstatt, factory[2], Mine, Acker verstanden wird, gesetzt nur, daß die in der

---

[1] Bedeutungen
[2] Fabrik

Produktion einer bestimmten *Ware* beschäftigten Individuen kooperieren unter dem Kommando des Kapitals), die *kapitalistische* Teilung der Arbeit gilt ihm nur und wird von ihm nur besonders besprochen als leichter faßliches, mehr greifbares und anschauliches Beispiel von den Wirkungen der Teilung der Arbeit innerhalb der Gesellschaft überhaupt und auf die „industrie générale de la société"[1].

Daß dies der Fall:

> „Man nimmt gemeinhin an, daß die *Teilung* in einigen von den Manufakturen, wo Gegenstände von geringem Wert hergestellt werden, weitestmöglich betrieben wird. Es besteht kein Zweifel daran, daß sie tatsächlich dort weiter gediehen ist als in den bedeutenderen Fabriken, aber es ist so, daß in den erstgenannten Manufakturen, welche kleine und nur von einer geringen Anzahl Menschen verlangte Gegenstände herstellen, die Gesamtzahl der dort angestellten Arbeiter notwendigerweise niedrig ist *und daß häufig all jene, die mit den einzelnen unterschiedlichen Arbeitsgängen befaßt sind, in derselben Werkstatt vereint sein können* und sich alle zugleich unter den Augen der Aufsichtsperson befinden. Im Gegensatz dazu *beschäftigt* in jenen großen Manufakturen, welche die Konsumtionsobjekte für die Masse der Bevölkerung liefern, *jeder Arbeitsgang eine so große Anzahl Arbeiter, daß es unmöglich ist, sie alle* ||152| *in derselben Werkstatt unterzubringen.* Selten wird man auf einen Blick etwas anderes zu sehen bekommen als jene, die mit einem einzigen Arbeitsgang beschäftigt sind. Und dennoch ist in diesen Manufakturen in Wirklichkeit die Arbeit in eine weit größere Anzahl von Arbeitsgängen geteilt als in den Manufakturen der erstgenannten Art, wobei die Teilung hier weniger spürbar ist und daher weniger untersucht wurde." [p. 11/12.]

Diese Stelle beweist erstens, auf welcher kleinen Stufenleiter industrielle Unternehmungen noch zur Zeit A. Smith ausgeführt wurden.

Zweitens, die Teilung der Arbeit in einem Atelier und die Teilung eines Arbeitszweiges innerhalb der Gesellschaft in verschiedne voneinander unabhängige Branchen sind ihm nur *subjektiv*, nicht *objektiv* verschieden. Bei der einen sieht man die Teilung auf einen Blick, bei der andren nicht. An der Sache ist damit nichts geändert, sondern nur an der Art und Weise, wie der Beobachter sie sieht. Z. B. betrachtet man die ganze Industrie von Eisenwaren von der Produktion des Roheisens durch alle die verschiednen Arten, worin sie sich spaltet und wovon jede einen unabhängigen Produktionszweig bildet, eine *selbständige* Ware bildet, deren Zusammenhang mit ihren Vorstufen oder Nachstufen durch den Warenaustausch vermittelt wird, so zählt diese gesellschaftliche Teilung dieser Industriebranche vielleicht mehr Teile als die uns im innern einer Nadelfabrik entgegentreten.

A. Smith begreift die Teilung der Arbeit also nicht als besondre, spezi-

---

[1] „allgemeine Industrie der Gesellschaft"

fisch verschiedne, für die *kapitalistische* Produktionsweise charakteristische Form.

Die Teilung der Arbeit, wie wir sie hier betrachten, unterstellt erstens, daß die gesellschaftliche Teilung der Arbeit schon eine bedeutende Höhe der Entwicklung erlangt hat, daß die verschiednen Produktionssphären voneinander getrennt und innerhalb ihrer selbst wieder in selbständige Unterarten geteilt sind; wie sich das Kapital überhaupt nur entwickeln kann auf Grundlage einer schon relativ ausgebildeten Warenzirkulation, die identisch ist mit einer relativ ausgebildeten Entwicklung der Teilung (Verselbständigung) der Geschäftszweige innerhalb des Ganzen der Gesellschaft. Dies vorausgesetzt, also daß z. B. die Produktion des Baumwollgarns als unabhängiger, selbständiger Geschäftszweig existiert (also z. B. nicht mehr als ländliche Nebenarbeit), so ist die zweite Voraussetzung für die Teilung der Arbeit, die ihr selbst vorhergeht und vor ihr existiert, daß viele Arbeiter in diesem Zweig unter dem Kommando des Kapitals in ein Atelier vereinigt sind. Diese Vereinigung, die Agglomeration der Arbeiter unter das Kommando des Kapitals, die die Bedingung der *kapitalistischen* Kooperation ist, macht sich aus zwei Gründen. Erstens hängt der Mehrwert nicht nur von seiner Rate ab, sondern seine absolute Masse, Größe, hängt zugleich ab von der Zahl der Arbeiter, die gleichzeitig von demselben Kapital exploitiert werden. Es wirkt als Kapital im Verhältnis zur Arbeiterzahl, die es gleichzeitig beschäftigt. Die Unabhängigkeit der Arbeiter in ihrer Produktion ist damit vorbei. Sie arbeiten unter der Aufsicht und dem Kommando des Kapitals. Soweit sie zusammenwirken und zusammenhängen, existiert ihr Zusammenhang im Kapital, oder dieser Zusammenhang ist ihnen gegenüber selbst nur äußerlich, eine Daseinsweise des Kapitals. Ihre Arbeit wird *Zwangsarbeit*, weil sie, sobald sie in den Arbeitsprozeß eintreten, nicht ihnen, sondern bereits dem Kapital gehört, ihm bereits einverleibt ist. Die Arbeiter werden der *Disziplin* des Kapitals unterworfen und in ganz veränderte Lebensverhältnisse gestellt. Die ersten Manufakturen in Holland und in allen Ländern, wo sie sich selbständig entwickelt und nicht fertig von außen importiert wurden, waren wenig mehr als Konglomeration von Arbeitern, die dieselbe Ware produzierten, und Konzentration von Arbeitsmitteln in demselben Atelier, unter dem Kommando desselben Kapitals. Entwickelte Teilung der Arbeit findet in ihnen nicht statt, entwickelt sich vielmehr erst in ihnen als ihrer natürlichen Grundlage. In den mittelaltrigen Zünften wurde der Meister ||153| verhindert, Kapitalist zu werden, dadurch, daß die Zunftgesetze die Anzahl der Arbeiter, die er gleichzeitig beschäftigen durfte, auf ein sehr geringes Maximum beschränkten.

Zweitens, die ökonomischen Vorteile, die aus der gemeinsamen Benutzung der Gebäulichkeit, Feuerung etc. entsprangen und so sehr bald auch – von aller Teilung der Arbeit abgesehn – diesen Manufakturen produktiv einen Vorzug über den patriarchalischen oder zunftmäßigen Betrieb gaben, gehören nicht hierher, da wir hier nur zu betrachten haben, nicht die *Ökonomie* in den *Arbeitsbedingungen*, sondern die produktivre Anwendung des Kapital variabel; wie weit diese Mittel *direkt* die in einer bestimmten Produktionssphäre angewandte Arbeit produktiver machen.

Selbst wo ein bestimmter Geschäftszweig – sieh z. B. *Blanqui*[1] – sehr geteilt, aber patriarchalisch, so daß jeder Teil als besondre Ware, unabhängig von den andren oder nur durch den Warenaustausch vermittelt, stattfindet, ist die Vereinigung in einem Atelier keineswegs nur formell. In diesen Umständen findet die Arbeit fast immer als häuslich-ländliche Nebenarbeit statt, fehlt also die absolute Subsumtion des Arbeiters unter eine ganz einseitige und einfache Operation. Sie ist nicht seine ausschließliche Arbeit. Dann aber fehlt die Hauptsache. Diese Arbeiter arbeiten mit ihren eignen Arbeitsmitteln. Die Produktionsweise selbst ist in der Tat nicht kapitalistisch, sondern der Kapitalist tritt nur als *Mittelsmann*, als *Kaufmann* zwischen diese selbständigen Arbeiter und den definitiven Käufer ihrer Waren. Diese Form, worin das Kapital sich noch nicht der Produktion selbst bemächtigt hat und die auf einem großen Teil des Kontinents noch herrscht, bildet stets den Übergang von ländlichen Nebenindustrien in die kapitalistische Produktionsweise selbst. Der Kapitalist erscheint hier noch dem Arbeiter, der selbst als Warenbesitzer, Produzent und Verkäufer erscheint, als *Käufer der Waren*, nicht *der Arbeit* gegenüber. Es fehlt also noch die Grundlage der kapitalistischen Produktion.

Wo jene Teilung der Arbeit in der Form unabhängiger Produktionszweige existiert, wie in dem Beispiel von Blanqui[1], finden eine Masse zeitraubender unproduktiver Zwischenprozesse statt, bedingt dadurch, daß die verschiednen Stufen der Ware als selbständige Waren existieren und ihr Zusammenhang in der Gesamtproduktion durch den Warenaustausch, Kauf und Verkauf erst vermittelt ist. Das Füreinanderarbeiten in den verschiednen Branchen ist allerlei Zufälligkeiten, Unregelmäßigkeiten usf. unterworfen, indem erst der Zwang im Atelier die Gleichzeitigkeit, Gleichmäßigkeit und Proportionalität in den Mechanismus dieser verschiednen Operationen hineinbringt, sie überhaupt erst zu einem gleichförmig wirkenden Mechanismus verbindet.

Wenn die Teilung der Arbeit, soweit sie erst auf Grundlage d. vorhandnen Ateliers zur fernren Analyse der Operationen und Subsumtion bestimmter

---

[1] Siehe vorl. Band, S. 280

Arbeitermultiples unter dieselbe fortgeht, *die Teilung weiterführt*, ist sie, soweit die disjecta membra poetae[111] vorher selbständig, als ebensoviele unabhängige Waren und daher als Produkte ebensoviel unabhängiger Warenbesitzer nebeneinander existierten, auch umgekehrt *Kombination* derselben in einem Mechanismus, eine Seite, die Adam ganz übersieht.

Wir werden später noch weiter darauf eingehn, warum die Teilung der Arbeit innerhalb der Gesellschaft, eine Teilung, die durch den Warenaustausch zum Ganzen der Produktion sich ergänzt und auf die einzelnen Vertreter derselben nur durch die Konkurrenz, Gesetz der Nachfrage und Zufuhr wirkt, sich gleichmäßig weiterentwickelt, Hand in Hand geht mit der Teilung der Arbeit im Innern des Ateliers, der die kapitalistische Produktion charakterisierenden Teilung der Arbeit, worin die Unabhängigkeit der Arbeiter vollständig vernichtet und sie Teile eines unter dem Kommando des Kapitals stehenden gesellschaftlichen Mechanismus werden.

||154| Soviel ist klar, A. Smith hat die *Teilung der Arbeit* nicht als ein der kapitalistischen Produktionsweise Eigentümliches begriffen, wodurch, nebst der Maschinerie und einfachen Kooperation, die Arbeit nicht nur formell, sondern in ihrer Wirklichkeit durch die Subsumtion unter das Kapital verändert wird. Er faßt sie in derselben Weise auf wie Petty und nach Petty andrer seiner Vorgänger[109]. (Sieh die *ostindische Schrift*.[1] [112])

Smith, wie seine Vorgänger fassen in der Tat die Teilung der Arbeit noch vom *antiken* Standpunkt, insofern sie sie mit der Teilung der Arbeit im Innern der Gesellschaft zusammenwerfen. Sie unterscheiden sich von der Auffassung der Antiken nur in der Betrachtung des Resultats und des Zwecks der Teilung der Arbeit. Sie fassen sie von vornherein als Produktivkraft des Kapitals, soweit sie das betonen und fast ausschließlich betrachten, daß durch sie die *Waren verwohlfeilert* werden, weniger notwendige Arbeitszeit erheischt wird, um eine bestimmte Ware zu produzieren, oder eine größre Quantität von Waren in derselben notwendigen Arbeitszeit produziert werden kann, der *Tauschwert* der einzelnen Waren also verringert wird. Auf diese Seite des *Tauschwerts* — und darin besteht ihr *moderner* Standpunkt — legen sie alles Gewicht. Es ist dies natürlich das Entscheidende, wo die Teilung der Arbeit als Produktivkraft des Kapitals aufgefaßt wird, denn das ist sie nur, soweit sie die zur Reproduktion des Arbeitsvermögens erheischten Lebensmittel verwohlfeilert, weniger Arbeitszeit zu ihrer Reproduktion erheischt. Die Alten, soweit sie überhaupt die Teilung der Arbeit zum Gegenstand des Begreifens und Nachdenkens gemacht, fassen dagegen ausschließlich den *Gebrauchswert*

---

[1] Siehe vorl. Band, S. 281

ins Auge. Die Produkte der einzelnen Produktionszweige erhalten *bessere Qualität* infolge der Teilung der Arbeit, während bei den Modernen der *quantitative* Gesichtspunkt herrscht. Die Alten betrachten also die Teilung der Arbeit nicht mit Bezug auf die *Ware*, sondern mit Bezug auf das *Produkt* als solches. Ihr Einfluß auf die *Ware* ist das, was den zum Kapitalisten gewordnen Warenbesitzer interessiert; ihr Einfluß auf das *Produkt* als solches bezieht sich nur auf sie, soweit es sich um die Befriedigung der menschlichen Bedürfnisse überhaupt, den Gebrauchswert als solchen, handelt. Die Anschauung der Griechen hat immer als ihren historischen Hintergrund *Ägypten*, das ihnen ganz so als industrielles Musterland galt, wie früher Holland, später England den Modernen. Die Teilung der Arbeit findet bei ihnen, wie wir unten weiter sehn werden, also mit Bezug auf die erbliche Teilung der Arbeit und das aus ihr hervorgehende Kastenwesen statt, wie es in Ägypten existierte.

A. Smith wirft auch weiter die beiden Formen der Teilung der Arbeit durcheinander. So heißt es weiter in demselben b. I, ch. I.:

„In jedem Gewerbe schafft die Teilung der Arbeit, wie weit sie auch fortgeschritten sein mag, Raum für einen proportionalen Zuwachs in den produktiven Möglichkeiten der Arbeit. *Es scheint, daß dieser Vorzug die Trennung der verschiedenen Beschäftigungen und Handwerke hervorgebracht hat.* Außerdem ist im allgemeinen diese Trennung in den Ländern weiter gediehen, die sich eines höheren Grades der Veredelung und des Gewerbefleißes erfreuen; und was in einer noch ein wenig unvollkommenen Gesellschaft die Arbeit eines einzelnen Menschen ist, wird in einer fortgeschritteneren Gesellschaft zur Verrichtung von mehreren." [p. 15.]

A. Smith hebt ausdrücklich den *quantitativen* Gesichtspunkt, d. h. die Abkürzung der zur Produktion einer Ware nötigen Arbeitszeit, als den ausschließlichen hervor, in der Stelle, worin er die Vorteile der Teilung der Arbeit aufzählt.

„*Diese starke Erhöhung des Arbeitsquantums, das die gleiche Zahl von Händen* infolge der Teilung der Arbeit *zu leisten imstande ist,* entspringt 3 verschiedenen Umständen." (B. I, ch. I [, p. 18].)

Und zwar bestehn diese Vorteile nach ihm 1. aus der *Virtuosität*, die der Arbeiter in seiner einseitigen Branche ||155| erwirbt.

„Erstens erhöht die wachsende Geschicklichkeit des Arbeiters zwangsläufig *die Arbeitsmenge*, die er liefern kann, und indem die Teilung der Arbeit *die Aufgabe jedes Menschen auf irgendeine sehr einfache Operation reduziert* und *diese zur einzigen seines Lebens werden läßt,* führt sie ihn notwendigerweise dazu, sich eine sehr hohe Geschicklichkeit anzueignen." [p. 19.]

(Also rapidité des opérations[1].)

Zweitens: Ersparung der Zeit, die beim Übergang von einer Arbeit zur andren verlorengeht. Es ist dabei „change de place"[2] und „des outils différents"[3] erfordert.

„Wenn die beiden Gewerbe *in der gleichen Werkstatt* untergebracht werden können, ist der Zeitverlust zweifellos viel geringer. Dessen ungeachtet bleibt er aber beachtlich. Für gewöhnlich trödelt der Mensch ein wenig, wenn er eine Verrichtung beendet, um Hand an eine andere zu legen." [p. 20/21.]

Schließlich erwähnt A. Smith,

„daß es die Teilung der Arbeit ist, die ursprünglich zur Erfindung aller dieser Maschinen zur Verkürzung und Erleichterung der Arbeit geführt hat". [p. 21/22.]

(Nämlich durch die Arbeiter selbst, deren ganze attention auf ein einfaches objet[4] ausschließlich gerichtet ist.) Und der Einfluß, den die savants ou théoriciens[5] auf die Erfindung der Maschinerie ausüben, ist selbst der gesellschaftlichen Teilung der Arbeit verdankt, wodurch

„die philosophischen oder theoretischen Erkenntnisse wie jede andere Tätigkeit zur hauptsächlichen oder einzigen Beschäftigung einer besonderen Klasse von Bürgern werden". [p. 24.]

A. Smith bemerkt, daß, wenn einerseits die Teilung der Arbeit das Produkt, Resultat der natürlichen Verschiedenheit der menschlichen Anlagen, letztere in noch viel höhrem Grade das Resultat der Entwicklung der Teilung der Arbeit sind. Hier folgt er seinem Lehrer Ferguson.

„In Wirklichkeit ist der Unterschied der natürlichen Begabung zwischen den Individuen weitaus geringer als wir glauben, und jene so unterschiedlichen Anlagen, welche die Menschen verschiedener Berufe anscheinend unterscheiden, wenn sie die Reife des Alters erreicht haben, sind *keineswegs so sehr die Ursache als vielmehr die Wirkung* der Teilung der Arbeit ... Hätte ein jeder dieselbe Aufgabe zu erfüllen" (ohne die Teilung und den Austausch, den er zum *Grund* der Teilung der Arbeit macht) „und dieselbe Arbeit zu verrichten, wäre es nicht zu diesem großen Unterschied der Beschäftigungen gekommen, welche allein eine große Verschiedenheit der Talente hervorbringen kann." [p. 33/34.] „Ursprünglich unterscheiden sich Philosoph und Lastträger in Talent und Intelligenz nicht halb so sehr voneinander wie ein Schäferhund von einem Windhund." [p. 35.]

---

[1] Geschwindigkeit der Arbeitsvorgänge
[2] „Platzveränderung"
[3] „unterschiedliches Werkzeug"
[4] Objekt
[5] Wissenschaftler oder Theoretiker

Smith erklärt die Teilung der Arbeit überhaupt aus der

„Veranlagung der Menschen, Handel zu treiben und auszutauschen", ohne welche „jeder gezwungen wäre, sich selbst alles Notwendige zur Befriedigung seiner Bedürfnisse und Bequemlichkeiten zu beschaffen". (B. I, ch. II[, p. 34].)

Er unterstellt also die échange[1], um die Teilung der Arbeit zu erklären und unterstellt die Teilung der Arbeit, in order that there be something to exchange[2].

Naturwüchsige Teilung der Arbeit geht den échanges zuvor, und diese échanges der Produkte als Waren entwickelt sich erst zwischen verschiednen Gemeinwesen, nicht innerhalb desselben Gemeinwesens. (Beruht zum Teil nicht nur auf den naturwüchsigen Unterschieden der Menschen selbst, sondern natürlichen, den natürlichen Elementen der Produktion, die diese verschiednen Gemeinwesen vorfinden.) Die Entwicklung des Produkts zur Ware und der Warenaustausch wirkt allerdings rückschlagend auf die Teilung der Arbeit zurück, so daß échanges und division in Verhältnis der Wechselwirkung treten.

||156| Smith' Hauptverdienst bei der Teilung der Arbeit ist, daß er sie an die Spitze stellt und betont, und zwar direkt als Produktivkraft der Arbeit (i. e. des Kapitals). Bei ihrer Auffassung ist er abhängig von der damaligen Entwicklungsstufe der *Manufaktur*, die noch weit von der modernen Fabrik verschieden. Daher auch das relative Übergewicht, was der Teilung der Arbeit über die Maschinerie eingeräumt wird, die nur noch als ihr Anhängsel erscheint.

In dem ganzen Abschnitt über die Teilung der Arbeit folgt A. Smith wesentlich, oft bis zur Kopie, seinem Lehrer *Adam Ferguson ("Essai sur l'histoire de la société civile"*, traduction par M. Bergier, Paris 1783). Im barbarischen Zustand liebt der Mensch die Faulheit:

„entweder ist er in seiner Betriebsamkeit durch die Vielfalt seiner Bedürfnisse entmutigt, oder seine zu sehr geteilte Aufmerksamkeit genügt nicht, um Geschicklichkeit in auch nur einer Art Arbeit zu erlangen." (t. II, p. 128.)

Unter den verschiednen Umständen, die die Menschen allmählich „sans dessein prémédité de leur part" dahin führen, „à subdiviser leurs professions", führt F[erguson] ebenfalls an „l'espérance d'échanger une chose pour une autre"[3], nur nicht so einseitig wie Smith als den einzigen Grund. Ferner:

---

[1] den Austausch
[2] damit es etwas zum Austauschen geben kann
[3] „ihrerseits ohne vorgefaßten Plan" dahin führen, „ihre Berufe zu unterteilen", führt F[erguson] ebenfalls an *„die Hoffnung, eine Sache auszutauschen* gegen eine andere"

„Der Künstler erlebt, daß, je mehr er seine Aufmerksamkeit einengen und sie auf einen Teil eines Werkes begrenzen kann, seine Arbeit um so vollkommener ist und *er um so mehr die Menge seiner Produkte steigern* kann. Jeder Manufakturunternehmer überzeugt sich, daß seine Kosten in dem Maße sinken und der Gewinn in dem Maße wächst, wie er *die Aufgaben seiner Arbeiter unterteilt und eine größere Anzahl Hände für jedes Einzelteil des Produkts beschäftigt* ... der Fortschritt im Handel ist nichts als eine fortgesetzte Unterteilung der mechanischen Berufe." ([p.] 129.)

A. Smith läßt die Maschine ursprünglich durch die Arbeiter erfinden, die infolge der Teilung der Arbeit,

„wenn die Aufmerksamkeit des Menschen ganz auf ein Objekt gerichtet ist", mit einem einzigen Gegenstand beschäftigt, [Maschinen] auffinden; „alle diese Maschinen, die dazu geeignet sind, die Arbeit zu verkürzen und zu erleichtern". (B. I, ch. I[, p. 22].)

A. Ferguson sagt:

„die Methoden, die Mittel, die Verfahren ... die der aufmerksame Handwerker in eigener Sache erfunden hat, um seine eigne Arbeit zu verringern oder zu erleichtern." (p. 133.)

A. Smith sagt,

„mit der Entwicklung der Gesellschaft wird die Beschäftigung mit philosophischen oder theoretischen Erkenntnissen, wie jede andere Tätigkeit, hauptsächliche oder einzige Beschäftigung einer besonderen Klasse von Bürgern". (B. I, ch. I[, p. 23/24].)

A. Ferguson:

„Diese Methode, die so große Vorteile für die Industrie bringt, läßt sich mit ebensolchem Erfolg auf Dinge weit höherer Bedeutung anwenden, auf die verschiedenen Bereiche von Polizei und Krieg ... *in einer Periode, in der alles geschieden ist,* kann sie selbst einen besonderen Beruf bilden" (p. 131, 136),

und er hebt speziell die Beschäftigung der Wissenschaft mit der industriellen Praxis hervor, wie A. Smith. (p. 136.)

Was ihn vor A. Smith auszeichnet, ist, daß er die negativen Seiten der Teilung der Arbeit schärfer und nachdrücklicher entwickelt (auch bei ihm noch die *Qualität* der Ware eine Rolle spielt, die A. Smith richtig vom kapitalistischen Standpunkt als bloßes accident[1] beiseite läßt).

„Man könnte sogar zweifeln, ob die allgemeine Befähigung einer Nation im Verhältnis zum Fortschritt der Technik zunimmt. In mehreren Zweigen der Technik ist kein Fachwissen nötig; der Zweck wird vollkommen erreicht, auch wenn sie vollständig der Mitwirkung der Vernunft und des Gefühls entledigt sind, und die Unwissenheit ist ebenso die Mutter der Industrie wie des Aberglaubens. Nachdenken und Einbildungskraft sind Verwirrungen unterworfen; aber die Gewohnheit, den Fuß oder die Hand zu bewegen, hängt weder von dem einen noch dem anderen ab. So könnte man sagen, daß die Vollkommen-

---

[1] bloßen Zufall

heit der Manufakturarbeit darin besteht, daß der Geist entbehrlich gemacht" (und speziell, was wichtig in bezug auf das Atelier) *„und die ohne Mitarbeit des Kopfes betriebene Werkstatt* ||157| *als ein Mechanismus betrachtet werden kann, dessen einzelne Teile Menschen sind."* (p. 134, 135.)

In dem letztren *der Begriff der Manufaktur* viel mehr als bei *A. Smith.* Er hebt ferner hervor das veränderte Verhältnis, das zwischen manufacturier und ouvrier[1] infolge dieser Teilung der Arbeit eintritt.

„Was die Industrie selbst betrifft, so kann der Fabrikbesitzer durchaus ein gebildeter Mensch sein, während der Geist des untergeordneten Arbeiters brach liegt ... Der General kann in der Kriegskunst sehr erfahren sein, während sich das Verdienst des Soldaten darauf beschränkt, einige Fuß- und Handbewegungen auszuführen. *Der eine kann gewonnen haben, was der andere verlor!"* (p. 135, 136.)

Was er vom General in bezug auf den gemeinen Soldaten bemerkt, gilt vom Kapitalist oder seinem manager in bezug auf die Armee von Arbeitern. Die Intelligenz und selbständige Entwicklung, die in der unabhängigen Arbeit im Kleinen angewandt wurde, wird nun für das ganze Atelier im Großen angewandt und von dem Chef monopolisiert, dadurch, daß die Arbeiter ihrer beraubt werden.

„Er wendet im Großen die Listen und Mittel des Angriffs und der Verteidigung an, welche der Wilde an der Spitze einer kleinen Schar oder nur für seine Selbsterhaltung einsetzt." (p. 136.)

F[erguson] behandelt daher auch ausdrücklich die *„subordination"* als Folge „der séparation des arts et des professions"[2]. (l.c., p. 138.) Hier der *Gegensatz von Kapital* etc.

Mit Bezug auf das Ganze der Nationen sagt er:

„Nationen, die sich der Industrie verschrieben haben, gelangen an einen Punkt, da sie sich aus Mitgliedern zusammensetzen, welche außer in ihrem eigenen Gewerbe in allen anderen Lebensfragen von allergrößter Unwissenheit sind." (p. 130.) „Wir sind Nationen, die vollständig aus Heloten bestehen, und wir haben keine freien Bürger." (p. 144, l.c.)

Es kontrastiert dies mit dem klassischen Altertum, wobei er jedoch zugleich hervorhebt, daß die Sklaverei die Grundlage der vollständigren totalen Entwicklung der Freien war. (Sieh den *Franzos*[113], der diese ganze Fergusonsche Sache weiter ausgerhetorisiert hat, aber geistreich.)

Nimmt man also Ferguson, Smith' direkten Lehrer, und Petty, dessen Beispiel von der Uhr er das von der Nadelfabrik unterschob, so besteht seine Originalität nur in der an die *Spitze-Stellung* der Teilung der Arbeit *und der*

---

[1] Fabrikbesitzer und Arbeiter
[2] „der Trennung der Künste und der Gewerbe"

einseitigen (daher ökonomisch richtigen) Betrachtung derselben als Mittel zur Vermehrung der Produktivkraft der Arbeit.

In *A. Potter, „Political Economy", New York 1841* (part II fast nur reprint of [1] Scropes „Political Economy", London 1833) heißt es:

„Das erste und wichtigste für die Produktion ist Arbeit. Um ihren Teil bei dieser großen Aufgabe erfolgreich zu lösen, muß die Arbeit von einzelnen *kombiniert* werden; oder, anders ausgedrückt, die Arbeit, die nötig ist, um bestimmte Resultate zu erreichen, muß unter mehreren Individuen *aufgeteilt* werden, und diese Individuen so in die Lage versetzt werden zusammenzuarbeiten." (p. 76, *Scrope.*)

Dazu bemerkt Potter, Note l. c.:

„Das hier erwähnte Prinzip wird üblicherweise *Teilung der Arbeit* genannt. Dieser Ausdruck ist unzulässig, da die zugrunde liegende Idee *Einverständnis* und *Zusammenarbeit* bedeutet und nicht *Teilung*. Der Begriff der Teilung bezieht sich nur auf den *Vorgang*. Dieser ist in *mehrere Operationen unterteilt*, und diese werden *verteilt* oder *aufgeteilt unter einer Anzahl von Arbeitern.* Es handelt sich also um *Kombination von Arbeitern*, erreicht durch *eine Unterteilung von Prozessen.*"

Es ist: *Combination of labour* [2].

Fergusons Buch heißt: „Essay on the History of Civil Society."

||158| *Dugald Stewart*, „Collected Works", ed. by Sir W. Hamilton, Edinburgh. Ich zitiere of vol. [3] VIII der „Collected Works", which is vol. [4] I (1855) der *„Lectures on Political Economy".*

Er sagt über die Art, wie die Teilung der Arbeit die Produktivität der Arbeit vermehrt, u. a.:

„Die Wirksamkeit der Teilung der Arbeit und die Verwendung von Maschinen ... beide leiten ihren Wert vom gleichen Umstand ab, von der Tendenz, *einem Mann zu ermöglichen, die Arbeit vieler zu leisten.*" (p. 317.) „Sie" [die Teilung der Arbeit] „verursacht auch eine *Zeitersparnis*, indem sie die Arbeit in ihre verschiedenen Zweige zerlegt, die alle *im gleichen Augenblick ausgeführt werden können ... Durch die gleichzeitige Durchführung all der verschiedenen Arbeitsprozesse*, die ein einzelner getrennt hätte ausführen müssen, wird es z. B. möglich, eine Menge Nadeln in derselben Zeit *völlig* fertigzustellen, in der eine einzige Nadel sonst nur abgeschnitten oder zugespitzt worden wäre." ([p.] 319.)

Es ist dies nicht nur die Bemerkung 2. von A. Smith, daß bei dem Übergehn von einer Operation zur andern derselbe Arbeiter, der den Umkreis der verschiednen Operationen durchläuft, Zeit verliert.

Die verschiednen Operationen, die der Arbeiter in dem patriarchalischen

---

[1] Nachdruck von
[2] *Kombination der Arbeit*
[3] aus dem Band
[4] das ist Band

oder handwerksmäßigen Betrieb nacheinander verrichtet zur Herstellung seines Werks und die als verschiedne Weisen seiner Wirksamkeit sich ineinander verschlingen und sich in der Zeitfolge ablösen; die verschiednen Phasen, die seine Arbeit durchläuft und worin sie variiert, werden als selbständige Operationen oder Prozesse voneinander getrennt, isoliert. Diese Selbständigkeit wird befestigt, personifiziert, indem jeder solcher einfache und einsilbige Prozeß zur ausschließlichen Funktion eines bestimmten Arbeiters oder einer bestimmten Zahl von Arbeitern wird. Sie werden unter diese isolierten Funktionen subsumiert. Die Arbeit verteilt sich nicht unter ihnen; sie werden unter die verschiednen Prozesse verteilt, deren jeder ihr ausschließlicher Lebensprozeß wird — soweit sie als produktives Arbeitsvermögen wirken. Die gesteigerte Produktivität und Komplikation des gesamten Produktionsprozesses, seine Bereicherung, wird also erkauft durch die Reduktion des Arbeitsvermögens in jeder besondren Funktion zu einer bloßen dürren Abstraktion — einer einfachen Eigenschaft, die in ewigem Einerlei derselben Wirkung erscheint und für die das gesamte Produktionsvermögen des Arbeiters, die Mannigfaltigkeit seiner Anlagen, konfisziert ist. Die so getrennten Prozesse, als Funktionen dieser lebendigen Automaten ausgeführt, erlauben eben durch ihre Trennung und Selbständigkeit Kombination; daß diese verschiednen Prozesse *gleichzeitig* in demselben Atelier ausgeführt werden können. Die Teilung und Kombination bedingen sich hier wechselseitig. Der Gesamtproduktionsprozeß der einen Ware erscheint jetzt als eine zusammengesetzte Operation, Komplikation vieler Operationen, die jede von der andren unabhängig sich ergänzen und *gleichzeitig* nebeneinander ausgeführt werden können. Aus dem Futurum ist hier das Ergänzen der verschiednen Prozesse in die Gegenwart verlegt, wodurch die Ware, wenn sie auf der einen Seite begonnen, auf der andren fertig wird. Gleichzeitig, indem diese verschiednen Operationen mit Virtuosität ausgeführt werden, weil auf einfache Funktion reduziert, kömmt zu dieser *Gleichzeitigkeit*, die überhaupt der Kooperation eigen, die *Verkürzung der Arbeitszeit* hinzu, die in jeder der gleichzeitigen und sich ergänzenden und zum Ganzen zusammensetzenden Funktionen erreicht wird; so daß nicht nur in einer gegebnen Zeit mehr *ganze Waren*, mehr Waren *fertig* werden, sondern *mehr* fertige Waren überhaupt geliefert werden. Durch diese Kombination wird das Atelier zu einem Mechanismus, von dem die einzelnen Arbeiter die verschiednen Glieder bilden.

Die Kombination jedoch — die Kooperation, wie sie in der Teilung der Arbeit nicht mehr als Nebeneinander derselben Funktionen oder temporäre Verteilung derselben, sondern als Besondrung einer Totalität von Funktionen in ihre Bestandteile und Vereinigung dieser verschiednen Bestandteile erscheint – existiert nun doppelt: soweit der Produktionsprozeß selbst betrachtet wird in dem Ganzen des Ateliers, das als solcher Gesamtmechanismus (obgleich in der Tat nichts andres als das Dasein der Kooperation der Arbeiter, ihr gesellschaftliches Verhalten im Produktionsprozeß) ihnen als ||159| eine äußerliche, sie beherrschende und umfassende Macht gegenübersteht, in der Tat als die Macht und eine Existenzform des Kapitals selbst, unter das sie einzeln subsumiert sind und dem ihr gesellschaftliches Produktionsverhältnis angehört. Andrerseits im fertigen Produkt, das wieder dem Kapitalisten gehörige Ware ist.

Für den Arbeiter selbst findet keine Kombination von Tätigkeiten statt. Die Kombination ist vielmehr eine Kombination der einseitigen Funktionen, unter die jeder Arbeiter oder Anzahl von Arbeitern gruppenweis subsumiert ist. Seine Funktion ist einseitig, abstrakt, Teil. Das Ganze, das sich herausbildet, basiert eben auf diesem seinem *bloßen Teildasein* und Isolierung in der einzelnen Funktion. Es ist also eine Kombination, von der er einen Teil bildet, die darauf beruht, daß seine Arbeit nicht kombiniert ist. *Die Arbeiter bilden die Bausteine dieser Kombination.* Die Kombination ist aber nicht ein Verhältnis, das ihnen selbst angehört und unter ihnen als Vereinigten subsumiert ist. Dies zugleich über die schönen Phrasen des Herrn Potter von Kombination und Konzert, im Gegensatz zu division.

Die kapitalistische Produktionsweise hat hier bereits die Arbeit in der Substanz ergriffen und verändert. Es ist nicht mehr bloß die *formelle* Subsumtion des Arbeiters unter das Kapital; daß er für einen andren arbeitet unter fremdem Kommando und fremder Aufsicht. Es ist auch nicht mehr bloß wie bei der einfachen Kooperation sein gleichzeitiges Zusammenwirken mit vielen, mit denen er gleichzeitig *dieselbe* Arbeit verrichtet, was seine Arbeit als solche unverändert läßt und einen nur temporären Zusammenhang schafft, ein Nebeneinander, was der Natur der Sache nach leicht auflösbar und in den meisten Fällen der einfachen Kooperationen nur für vorübergehende besondre Perioden, ausnahmsweise Bedürfnisse, stattfindet, wie beim Ernten, Wegebauen usw. oder wie bei der Manufaktur in ihrer einfachsten Form (wo das gleichzeitige Exploitieren vieler Arbeiter die Hauptsache und die Ersparung im Capital fixe etc.) ihn nur formell Teil eines Ganzen bilden läßt, dessen Chef der Kapitalist, ein Ganzes, worin er aber nicht weiter berührt wird – qua Produzent – davon, daß neben ihm soviel andre dasselbe tun, auch Stiefel machen usw. Durch die Verwandlung seines Arbeitsvermögens in die bloße Funktion eines Teils des Gesamtmechanismus, dessen Ganzes das Atelier bildet, hat er überhaupt aufgehört, Produzent einer Ware zu sein. Er ist nur Produzent einer einseitigen Operation, die nur im Zusammenhang mit dem Ganzen des Mechanismus, welches das Atelier bildet, überhaupt etwas produziert. Er ist also ein lebendiger Bestandteil des Ateliers und durch die Weise seiner Arbeit selbst ein Zubehör zum Kapital geworden, da seine Fertigkeit nur in einem Atelier ausgeübt werden kann, nur als Ring eines Mechanismus, der ihm gegenüber das Dasein des Kapitals ist. Er mußte ursprünglich statt der Ware die Arbeit, die die Ware produziert, an den Kapitalisten verkaufen, weil ihm die objektiven Bedingungen zur Verwirklichung seines Arbeitsvermögens fehlten. Er muß sie jetzt verkaufen, weil sein Arbeitsvermögen nur noch Arbeitsvermögen ist, soweit es an das Kapital verkauft wird. Er ist jetzt also nicht mehr nur durch den Mangel an Arbeitsmitteln, sondern durch sein Arbeitsvermögen selbst, die Art und Weise seiner Arbeit, unter die kapitalistische Produktion subsumiert, dem Kapital verfallen, in dessen Hand sich nicht nur mehr die objektiven[1] Bedingungen, sondern die gesellschaftlichen Bedingungen der subjektiven Arbeit befinden, unter denen seine Arbeit überhaupt noch Arbeit ist.

Die Vermehrung der Produktivkraft, die aus der Teilung der Arbeit, dieser gesellschaftlichen Daseinsweise der Arbeit, hervorgeht, ist also nicht nur Produktivkraft des Kapitals, statt Produktivkraft des Arbeiters. Die *gesellschaftliche Form* dieser kombinierten Arbeiten ist das Dasein des Kapitals gegen den Arbeiter; die Kombination tritt ihm als übermächtiges Verhängnis entgegen, der er verfallen ist durch die Reduktion seines Arbeitsvermögens auf eine ganz einseitige Funktion, die getrennt von dem Gesamtmechanismus nichts ||160| ist und daher ganz von demselben abhängt. Er ist selbst zu einem bloßen Detail geworden.

Dugald Stewart, l. c., nennt die der Teilung der Arbeit untergeordnete[n] [Manufakturarbeiter]

„lebende Automaten ..., die für Teilarbeiten verwandt werden", während der „Unternehmer immer alles daransetzen wird, um Zeit und Arbeit zu sparen". (p. 318.)

D. Stewart zitiert auf die Teilung der Arbeit innerhalb der Gesellschaft bezüglich Sprüchwörter der Alten.

„Alles und nichts sind wir." „In allem vermögen wir etwas, im ganzen nichts."[114] „Viele Dinge verstand er, doch schlecht verstand er sie alle."[115] (Aus dem *„Margites"*, zitiert im „Second Alcibiades", one of the spurious dialogues of Plato[2].)

So in der „Odyssee" [von Homer], 14, 228:

„Denn manch anderer Mann hat Freude an anderen Werken",

---

[1] In der Handschrift: subjektiven
[2] einer der gefälschten Dialoge von Plato

und Sextus Empiricus von Archilochus:

„Jeder erquickt seinen Sinn bei andrer Arbeit."[116]

Thukydides läßt den Perikles die ackerbautreibenden Spartaner, wo keine Vermittlung der Konsumtion durch Warenaustausch, also auch keine Teilung der Arbeit stattfindet, als „αὐτουργοί"[1] (nicht für den Erwerb, sondern Subsistenz Arbeitenden) den Athenern gegenüberstellen. In derselben Rede (Thuc., l. I, c. 142) sagt Perikles über das Seewesen:

„τὸ δὲ ναυτικὸν τέχνης ἐστὶν" (das Seewesen aber erheischt Kunstfertigkeit,) „ὥσπερ καὶ ἄλλο τι," (so sehr wie irgend etwas andres,) „καὶ οὐκ ἐνδέχεται, ὅταν τύχῃ, ἐκ παρέργου μελετᾶσθαι" (und es kann nur nicht bei etwa vorkommenden Fällen als Nebenwerk ausgeübt werden,) „ἀλλὰ μᾶλλον μηδὲν ἐκείνῳ πάρεργον ἄλλο γίγνεσθαι." (sondern vielmehr kann nichts andres bei jenem als Nebenbeschäftigung betrieben werden.)[117]

Auf Plato kommen wir sogleich, obgleich er vor *Xenophon* hergehörte. *Xenophon*, der überhaupt viel bürgerlichen Instinkt hat und daher oft sowohl an bürgerliche Moral wie bürgerliche Ökonomie erinnert, geht mehr wie Plato auf die Teilung der Arbeit ein, soweit sie sich nicht nur im ganzen, sondern auch im einzelnen Atelier vollzieht. Seine folgende Auseinandersetzung deswegen interessant, weil 1. die Abhängigkeit der Teilung der Arbeit von der *Größe des Markts* lehrt. 2. Nicht nur wie bei Plato Teilung der Geschäfte. Sondern er betont die durch Teilung der Arbeit hervorgebrachte Reduktion der Arbeit auf einfache Arbeit und die leichter in derselben zu erhaltende Virtuosität. Obgleich er sich so viel mehr der modernen Auffassung nähert, doch bei ihm das für die Alten Charakteristische. Es handelt sich nur um den *Gebrauchswert*, die Verbesserung der *Qualität*. Die Verkürzung der Arbeitszeit interessiert ihn nicht, so wenig wie den Plato, selbst in der einen Stelle, wo dieser ausnahmsweise im Vorübergehn hervorhebt, daß *mehr* Gebrauchswerte geliefert werden. Selbst hier handelt es sich nur um das Mehr von *Gebrauchswerten*; nicht von der Wirkung der Teilung der Arbeit auf das Produkt als *Ware*.

Xenophon erzählt, wie nicht nur der Ehre wegen das Senden von Speisen von des persischen Königs Tisch an Freuden angenehm. (Weil die Speisen schmackhafter.)

„Aber in der Tat bereitet das, was von der Tafel des Königs kommt, auch weit mehr Gaumenfreude. Und dies ist nichts Wunderbares; denn wie die übrigen Künste in den großen Städten besonders vervollkommnet sind, ebenso werden die königlichen Speisen ganz eigens zubereitet. Denn in den kleinen Städten macht derselbe Bettstelle, Tür, Pflug,

---

[1] „Selbstwirtschaftende"

Tisch (oft baut er obendrein noch Häuser und ist zufrieden, ||161| wenn er selbst so eine für seinen Unterhalt ausreichende Kundschaft findet. *Es ist rein unmöglich, daß ein Mensch, der so vielerlei treibt, alles gut mache*); in den großen Städten *aber, wo jeder einzelne viele Käufer findet, genügt auch ein Handwerk, um seinen Mann zu nähren, ja oft gehört dazu nicht einmal ein ganzes Handwerk,* sondern der eine macht Mannsschuhe, der andre Weiberschuhe. Hier und da lebt einer nur vom Nähen der Sohlen, der andre davon, daß er sie ausschneidet; ein dritter schneidet nur das Oberleder zu, ein weiterer schließlich tut nichts dergleichen, sondern setzt die Stücke zusammen. *Notwendig ist es nun, daß der Verrichter der einfachsten Arbeit sie unbedingt auch am besten macht.* Ebenso steht es mit der Kochkunst. Denn derjenige, für den derselbe Mann die Polster ausbreitet, den Tisch deckt, das Brot knetet, bald diese, bald jene Zuspeise bereitet, der muß, meine ich, ein jedes so hinnehmen, wie es grade gerät. Wo es aber genug Arbeit für einen Mann ist, Fleisch zu kochen, für einen anderen, es zu braten, für einen dritten, Fisch zu kochen, für einen vierten, ihn zu braten, für einen weiteren, Gebäck zuzubereiten, und zwar nicht etwa alle Arten, sondern es reicht, wenn er eine einzige beliebte Art herstellt, dann muß, meine ich, ein jeder sein Produkt ganz besonders vervollkommnet haben. Bei dieser Art, mit seinen Speisen verfahren zu lassen, übertraf er alle bei weitem." (Bei dieser Zubereitung hatten die Speisen von der Tafel des Cyrus vor allen den Vorzug.) (Xenophon, „Cyrop.", ed. E. Poppo, Lipsiae 1821, l. VIII, c. II.)

Platos Auseinandersetzung in der „Republik" bildet die direkte Grundlage und Ausgangspunkt für einen Teil der englischen Schriftsteller, die nach Petty und vor A. Smith über die Teilung der Arbeit geschrieben. Sieh z. B. *James Harris*[118] (später Earl of Malmesbury), *„Three Treatises* etc.", 3. ed., Lond[on] 1772, den 3. „Treatise", worin aber die Division of employments als natural Grundlage der society[1] dargestellt wird, p. 148−55, wovon er selbst in einer Note sagt, daß er das whole argument[2] aus Plato geholt.

Plato im 2. Buch der „Republik" (zitiert nach der *Ausgabe von Baiter, Orelli etc., Zürich 1839*) beginnt mit der Entstehung der Πόλις[3] (Stadt und Staat fallen hier zusammen).

„[Sokrates:] Es entsteht aber ... eine Polis ..., weil ein jeder von uns *sich nicht selbst genug ist,* sondern ||162| vieler *bedarf.*" [369 c.]

Die Stadt entspringt, sobald der einzelne nicht mehr selbständig, sondern vieler bedarf.

„Schaffen aber wird sie" (nämlich die Polis) „unser Bedürfnis." [369 c.]

Das Bedürfnis stiftet den Staat. Es werden nun erst die unmittelbarsten Bedürfnisse aufgezählt, Nahrung, Wohnung, Kleidung.

„Das erste und wichtigste Bedürfnis jedoch ist die Beschaffung von Nahrung, um exi-

---

[1] Teilung der Beschäftigungen als natürliche Grundlage der Gesellschaft
[2] gesamte Argument
[3] Polis

stieren und leben zu können ... das zweite die Herstellung einer Wohnung, das dritte die Verfertigung von Kleidung und dergleichen." [369 d.]

Wie soll die Πόλις nun diese verschiednen Bedürfnisse befriedigen? Der eine wird Landmann, der andre Häuserbauer, der andre Weber, Schuster usw. Soll jeder seine Arbeitszeit teilen und in einem Teil derselben den Boden bestellen, in dem andren bauen, in dem 3. weben usw., um seine verschiednen Bedürfnisse selbst zu befriedigen, oder soll er seine ganze Arbeitszeit auf eine einzige Beschäftigung ausschließlich verwenden, so daß er nicht nur für sich, sondern auch für die andren z.B. Getreide produziert, webt? etc. Das letztere ist besser. Denn erstens sind die Menschen verschieden durch ihre natürlichen Anlagen, die sie zur Verrichtung verschiedner Werke verschieden befähigen. {Der Verschiedenheit der Bedürfnisse entspricht eine Verschiedenheit der Anlagen in dem einzelnen, die zur Befriedigung dieser Bedürfnisse nötigen verschiednen Arbeiten zu verrichten.} Einer, der bloß eine einzige Kunstfertigkeit ausübt, wird sie besser verrichten, als wenn einer viele Künste treibt. Wird etwas nur als Nebenwerk verrichtet, so wird oft der zu seiner Produktion entsprechende Zeitpunkt verpaßt. Das Werk kann nicht abwarten die Muße dessen, der es zu verrichten hat, sondern vielmehr muß der das Werk Verrichtende sich nach den Bedingungen seiner Produktion usw. richten, darf es daher nicht als Nebenwerk betreiben. Wenn daher einer ausschließlich eine einzige Arbeit verrichtet (nach der Natur der Sache und zur rechten Zeit) und dagegen mit den andren sich nicht beschäftigt, so wird alles in größerer Masse besser und leichter produziert werden.

Der Hauptgesichtspunkt ist das *Besser*: die Qualität. Nur in der gleich anzuführenden Stelle kommt πλείω[1] vor; sonst stets κάλλιον[2].

„[Sokrates:] Wie wird der Staat genügend für dies alles sorgen? Etwa nicht, indem ein Mann das Land beackert, ein andrer Häuser baut, ein dritter webt usw.? ... Soll nun jeder einzelne von ihnen seine Arbeit *für die Allgemeinheit tun*? Soll z.B. der Bauer als einzelner Nahrungsmittel für vier Leute produzieren, also die vierfache Zeit und Arbeit für die Nahrungsproduktion verwenden und dann mit den anderen teilen? Oder soll er sich darum nicht kümmern und für sich allein in einem Viertel der Zeit den vierten Teil dieser Nahrungsmenge produzieren, in den restlichen drei Vierteln aber sich teils mit dem Hausbau, teils mit der Herstellung von Kleidung, teils mit der von Schuhwerk befassen, und sich nicht die Mühe des Verkehrs mit anderen machen, sondern selbst alles Benötigte mit eigner Hand herstellen? [Adaimantos:] ... Auf erstere Art ist es bequemer als auf letztere. [Sokrates:] ... Zunächst sind die Menschen keineswegs einander gleich, sondern sie unterscheiden sich nach ihren Anlagen, so daß sich der eine mehr für diese, der andre mehr für

---

[1] mehr
[2] besser

jene Tätigkeit eignet ... Ob wohl ein einzelner Besseres leistet, wenn er viele Gewerbe ausübt oder wenn er nur eines betreibt? [Adaimantos:] Wenn ... er nur eines betreibt. [Sokrates:] ... Wenn man den kritischen Zeitpunkt der Produktion verpaßt, wird das Werk verdorben ... Denn die Arbeit ... will nicht warten auf die freie Zeit dessen, der sie macht, sondern der Arbeiter muß sich nach der Arbeit richten, nicht als wäre sie eine Nebensache. [Adaimantos:] Dies ist notwendig. [Sokrates:] Daraus folgt also, *daß man mehr von allem verfertigt und sowohl schöner als auch leichter, wenn einer nur eine Sache macht, seiner natürlichen Begabung gemäß und zur richtigen Zeit, frei von anderen Geschäften.*" [369 d – 370 c.]

Plato entwickelt dann weiter, wie weitere Teilung ||163| der Arbeit oder Errichtung verschiedner Geschäftszweige nötig wird. Z. B.:

„Denn der Landbebauer wird sich offenbar nicht selbst den Pflug anfertigen, wenn er gut sein soll, auch nicht die Hacke *und die anderen landwirtschaftlichen Geräte.* Ebensowenig der Häuserbauer usw." [370 c – d.]

Der Landbauer wird sich nicht selbst Pflug, Hacke und andre zur Agrikultur notwendige Werkzeuge machen, wenn sie „gut" sein sollen. Ebenso ... der Häuserbauer, Weber etc. Wie verschafft sich nun der eine Teilnahme an dem Überschuß des Produkts der andren und die andren, wie nehmen sie Teil an dem Überfluß seines Produkts? Durch den Austausch, durch Verkauf und Kauf. „Πωλοῦντες καὶ ὠνούμενοι."[1] [371 b.] Er entwickelt dann verschiedne Sorten von Handel und daher verschiedne Arten Handelsleute. Als eine besondere der Teilung der Arbeit verdankte Menschensorte werden auch die Lohnarbeiter genannt.

„Es gibt aber auch noch weitere Leute, die anderen Dienste leisten. Es sind solche, die hinsichtlich ihres Verstandes der Gemeinschaft nicht recht würdig sind, aber ausreichend Körperkraft für schwere Arbeiten besitzen; da diese nur den Gebrauch ihrer Kraft verkaufen und den Preis dafür Lohn nennen, heißen sie ... Lohnarbeiter." [371 e.]

Nachdem er Masse verschiedner Beschäftigungen aufgeführt, die eine weitere Verfeinerung nötig macht usw., kommt er zur Trennung der Kriegskunst von den andern und daher Bildung eines besondren Kriegerstandes.

„Wir sind aber übereingekommen ..., daß unmöglich einer viele Künste gut ausüben kann ... Wie steht es nun? ... Ist etwa das Kriegswesen keine Kunst? ... Aber wir haben doch dem Schuhmacher verboten, sich gleichzeitig als Landwirt, Weber oder Baumeister zu betätigen, damit wir gute Schuhmacherarbeit bekommen, und ebenso haben wir allen übrigen je eine Aufgabe zugewiesen, *für die einen jeden seine Anlagen befähigen.* Daran sollte er *sein Leben lang arbeiten,* frei von anderen Geschäften, den rechten Zeitpunkt nicht verpassen und gute Arbeit liefern; aber ist es nicht höchst wichtig, daß grade das Kriegshandwerk gut ausgeübt wird? ... Unsere Aufgabe wäre es nun, herauszufinden, welche Leute

---

[1] „Durch Verkauf und Kauf."

zum Schutz des Staates geeignet sind und wie ihre Anlagen sein müssen." [374a–c.e.] (p. 439–441 passim, l. c.)

Die verschiednen Bedürfnisse in einem Gemeinwesen erheischen verschiedne Tätigkeiten zu ihrer Befriedigung; die verschiednen Anlagen befähigen verschiedne Menschennaturen besser zu dieser als jener Tätigkeit. Daher Teilung der Arbeit und ihr entsprechend verschiedne Stände. Was Plato überall als die Hauptsache hervorhebt, daß so jedes Werk *besser* getan wird. Die Qualität, der Gebrauchswert, ist ihm wie allen Antiken das Entscheidende und ausschließlicher Gesichtspunkt. Im übrigen liegt seiner ganzen Auffassung das attisch idealisierte ägyptische Kastenwesen zugrunde.

Die Alten erklärten sich überhaupt die besondre Stufe industrieller Entwicklung, wozu es die Ägypter gebracht, aus ihrer erblichen Teilung der Arbeit und dem darauf beruhenden Kastenwesen.

„Auch die Künste sind ... in Ägypten ... zu dem gehörigen Grade von Vollkommenheit gediehn. Denn in diesem Lande allein dürfen die Handwerker durchaus nicht in die Geschäfte einer andren Bürgerklasse eingreifen, sondern bloß den nach dem Gesetz ihrem Stamme erblich zugehörigen Beruf treiben ... Bei andren Völkern findet man, daß die Gewerbsleute ihre Aufmerksamkeit auf zu viele Gegenstände verteilen ... Bald versuchen sie es mit dem Landbau, bald lassen sie sich in Handelsgeschäfte ein, bald befassen sie sich mit 2 oder 3 Künsten zugleich. In Freistaaten laufen sie meist in die Volksversammlungen ... In Ägypten hingegen verfällt jeder Handwerker in schwere Strafen, wenn er sich in Staatsgeschäfte mischt oder mehrere Künste zugleich treibt." So sagt Diodor, kann „nichts ihren Berufsfleiß stören". „Zudem, daß sie von ihren Vorfahren ... viele Regeln haben, sind ||164| sie eifrig darauf bedacht[1], noch neue Vorteile aufzufinden." (*Diodor*, l. I, c. 74, „*Historische Bibliothek*".)

Bei Plato wird die Teilung der Arbeit als ökonomische Grundlage eines Gemeinwesens entwickelt, worin jeder vom andren abhängig ist, und nicht selbständig, ohne Zusammenhang mit andren, die Totalität seiner Bedürfnisse selbst befriedigt. Die Teilung der Arbeit innerhalb des Gemeinwesens entwickelt sich aus der Vielseitigkeit der Bedürfnisse und der Einseitigkeit der Anlagen, die bei verschiednen verschieden und sich daher besser in dieser als jener Beschäftigung bewährt. Die Hauptsache ist ihm, daß, wenn einer aus einer Kunst den ausschließlichen Lebensberuf macht, er sie besser verrichtet und seine Tätigkeit ganz den Erfordernissen, Bedingungen des Werks, das er zu verrichten, anpaßt, während, wenn er es als Nebensache betriebe, das Werk von den Gelegenheiten abhängt, die ihm seine Beschäftigung mit andren Dingen läßt. Dieser Gesichtspunkt, daß die τέχνη nicht als πάρεργον[2],

---

[1] In der Handschrift: bedarf
[2] Kunst nicht als Nebenbeschäftigung

Nebenwerk, betrieben werden kann, auch in der oben zitierten Stelle des Thukydides.

Xenophon geht weiter: Indem er erstens die Reduktion der Arbeit auf möglichst einfache Tätigkeit hervorhebt, zweitens von der Ausdehnung des Markts die Stufe, worauf die Teilung der Arbeit ausgeführt werden kann, abhängig macht.

Vgl.

Blanqui in der oben angespielten Stelle[1] unterscheidet die

„*reglementierte* und in gewisser Weise *erzwungene Arbeit* der dem Regime der großen Fabriken unterworfenen Arbeiter" [p. 43.]

von der handwerksmäßigen oder als häusliche Nebenarbeit betriebenen Industrie der Landbewohner.

„Das Unrecht der Fabriken ... besteht in der Unterwerfung des Arbeiters ..., ihn und seine Familie den *Zwängen* der Arbeit unterzuordnen. [p. 118.] ... Vergleicht man z. B. die Industrie von Rouen oder Mulhouse mit der von Lyon oder Nîmes. Beider Ziel ist das Spinnen und Weben von Fasern; die einen aus Baumwolle, die anderen aus Seide; und dennoch ähneln sie einander in keiner Weise. Die erstere betreibt nur riesige Anlagen, mit Einsatz von Kapitalien ..., mit Einsatz wahrer Arbeiterarmeen; untergebracht zu Hunderten, selbst zu Tausenden in ungeheuer großen Fabrikanlagen, die Kasernen ähneln, hoch sind wie Türme und durchbrochen von Fenstern wie Schießscharten." (Schießscharten.) „Die zweite, im Gegensatz, ist ganz patriarchalisch; sie beschäftigt viele Frauen und Kinder, aber ohne sie zu übermüden oder zugrunde zu richten; sie läßt sie in ihren schönen Tälern der Drôme, des Var, der Isère und von Vaucluse, um dort Seidenraupen zu züchten und ihre Kokons abzuhaspeln" (abhaspeln). (Puppen des Seidenwurms:) „Sie wird niemals zu einem regelrechten Fabrikbetrieb. Um trotzdem in ebenso hohem Maße angewandt zu werden in dieser Industrie wie in der ersten, nimmt hier *das Prinzip der Teilung der Arbeit* eine besondere Eigenart an. Es gibt zwar Hasplerinnen" (Abhasplerinnen), „Seidenzwirner" (Seidenspinner, Zwirner), „Färber, Kettenschlichter, ferner Weber; *aber sie sind nicht in derselben Werkstatt vereinigt, nicht von demselben Meister abhängig*: alle *sind sie unabhängig*. Ihr Kapital, das aus ihren Werkzeugen, ihren Webstühlen, ihren Kesseln besteht, ist unbedeutend. Aber es reicht aus, sie mit ihren Auftraggebern in gewissem Sinne auf gleiche Ebene zu stellen. Daher ist keinerlei Fabrikvorschriften, keinen Bedingungen zu entsprechen; jeder schließt seinen Vertrag in voller Freiheit ab." (*Blanqui aîné*[2], „*Cours d'Éc. Industrielle*", Recueilli etc. par A. Blaise, Paris (1838—9), p. 44—80 passim.)

Auf Grundlage der modernen Industrie bildet sich wieder ein Fabrikwesen out of doors[3], das alle seine Nachteile ohne seine Vorteile teilt. Dies gehört nicht hierher. Später darüber.

---

[1] Siehe vorl. Band, S. 264
[2] der Ältere
[3] mit Heimarbeit

||165| „Jedem beweist seine eigene Erfahrung, daß, wenn man Hand und Geist immer derselben Art von Arbeiten und Produkten zuwendet, man diese leichter, reichlicher und besser herstellt, als wenn jeder einzeln für sich das, was er benötigt, herstellen würde ... Auf diese Weise teilen sich die Menschen zum Nutzen der Allgemeinheit und zu ihrem eigenen Vorteil in verschiedene Klassen und Stände." ([p.] 28, *Cesare Beccaria, „Elementi di Economia Pubblica", t. XI, Custodi, Parte Moderna.*)

„In einer so großen Stadt" (wie London) „werden die Manufakturen eine die andere hervorbringen, und jede Manufaktur wird in so viel Teile als möglich geteilt werden, wodurch das Werk eines jeden Arbeiters einfach und leicht wird. Z. B. beim Uhrenmacher, und die Uhr wird *wohlfeiler* und besser sein, wenn ein Mann das Rad macht, ein andrer die Feder, ein dritter das Zifferblatt graviert, ein vierter das Gehäuse macht, als wenn das ganze Werk von einem einzigen Mann ausgeführt würde." ([p. 35,] *W. Petty, „An Essay concerning the multiplication of mankind etc.", 3. ed., 1682.*)

Er entwickelt dann weiter, wie die Teilung der Arbeit es mit sich bringt, daß besondre Manufakturen sich in besondren Städten oder besondren Straßen großer Städte konzentrieren. Hier

„wird die besondre Ware dieser Plätze besser und *wohlfeiler* als sonstwo gemacht". (l. c.)

Er geht endlich auf die Handelsvorteile, Ersparung falscher Unkosten, wie Fracht etc., ein, wodurch infolge dieser Verteilung der zusammengehörigen Manufakturen an einem Platze der Preis solcher Manufaktur vermindert und der Profit des auswärtigen Handels vermehrt wird. ([p.] 36, l. c.)

Was Petty's Auffassung der Teilung der Arbeit von der antiken unterscheidet, ist von vornherein ihr Einfluß auf den Tauschwert des Produkts, auf das Produkt als Ware — ihre Verwohlfeilerung.

Derselbe Gesichtspunkt, noch entschiedner als Verkürzung der zur Produktion einer Ware nötigen Arbeitszeit ausgesprochen, wird geltend gemacht in *„The advantages of the East India Trade to England considered etc.", London 1720* [112].

Das Entscheidende ist, jede Ware zu machen mit „the least and easiest labour"[1]. Wird ein Ding mit „less labour"[2] verrichtet, so „consequently with labour of less price"[3]. Die Ware wird so verwohlfeilert und die Arbeitszeit auf das zu ihrer Produktion nötige Minimum zu reduzieren wird durch die Konkurrenz dann allgemeines Gesetz.

„Wenn mein Nachbar billig verkaufen kann, indem er mit wenig Arbeit viel herstellt, muß ich danach trachten, ebenso billig wie er zu verkaufen." [p. 67.]

---

[1] „der geringsten und leicht von der Hand gehenden Arbeit"
[2] „weniger Arbeit"
[3] „folglich mit Arbeit von geringem Preis"

Von der Teilung der Arbeit hebt er insbesondre hervor:

„The more variety of artists to every manufacture, the less is left to the skill of single persons." [p. 68.] „Je größer die Anzahl der in jeder Manufaktur beschäftigten Personen, um so weniger bleibt dem Geschick der einzelnen Person überlassen."

Spätre Schriftsteller wie Harris (sieh oben)[118] führen nur Platos Entwicklung weiter aus. Dann *Ferguson.* Was A. Smith auszeichnet — in mancher Hinsicht hinter seinen Vorgängern —, daß er die Phrase der „*Vermehrung der Produktivkräfte der Arbeit*" anwendet. Wie sehr A. Smith sich noch in der Kindheitsepoche der großen Industrie befand, zeigt sich darin, daß die Maschinerie nur als Korollar zur Teilung der Arbeit erscheint und die Arbeiter bei ihm noch mechanische Entdeckungen machen, um sich ihre Arbeit zu erleichtern und sie abzukürzen.

Die Teilung der Arbeit durch Vereinfachung derselben erleichtert ihre Erlernung; vermindert also die allgemeinen Produktionskosten des Arbeitsvermögens.

||166| Das Atelier, dessen Grundlage die Teilung der Arbeit bildet, schließt immer eine gewisse Hierarchie der Geschicklichkeiten ein, indem die eine Operation komplizierter als die andre, mehr Körperkraft, die andre mehr Delikatesse der Hand oder größere Virtuosität erheischt. Es wird darin, wie Ure sagt, jeder opération approprié un ouvrier dont le salaire corresponde à son habilité[1]... Es ist immer noch *l'adaptation des travaux aux différentes capacités individuelles* ... division du travail dans ses nombreuses gradations ... division du travail selon les différents degrés d'habileté[2].[119] Die Virtuosität des einzelnen bleibt immer noch wichtig.

Es ist in der Tat Analyse in die Operationen, die je ein einzelner Arbeiter verrichten kann; die Operation wird von der sie begleitenden losgelöst, aber das Grundprinzip bleibt immer noch, sie als Funktion des Arbeiters zu betrachten, so daß daher bei der Analyse derselben und ihrer Verteilung unter verschiedne Arbeiter und Gruppen von Arbeitern nach Graden der Geschicklichkeit, körperlicher Entwicklung usw. zu verteilen. Der Prozeß wird noch nicht als solcher, unabhängig von dem Arbeiter, der ihn verrichtet, analysiert, während im automatischen Atelier das System

„einen Prozeß zerlegt, indem es ihn in seine einzelnen wesentlichen Bestandteile teilt und welches alle seine Teile durch eine selbsttätige Maschine ausführen läßt, kann man diese

---

[1] jedem Arbeitsvorgang ein Arbeiter angepaßt, dessen Lohn seiner Geschicklichkeit entspricht

[2] *die Anpassung der Arbeiten an die unterschiedlichen individuellen Fähigkeiten*... Teilung der Arbeit in ihren zahlreichen Abstufungen ... Teilung der Arbeit gemäß den unterschiedlichen Graden der Geschicklichkeit

elementaren Teile einer Person mit gewöhnlicher Begabung nach kurzer Probezeit anvertrauen." [120]

„Indem man das Machwerk in mehrere verschiedne Operationen teilt, deren jede verschiedene Stufen von Gewandtheit und Kraft erheischt, kann der Fabrikherr sich genau die präzise Quantität von Gewandtheit und Kraft, wie jede Operation sie erheischt, sich verschaffen; während, wenn das ganze Werk durch einen Arbeiter vollbracht werden müßte, dieser Arbeiter zugleich genug Gewandtheit besitzen müßte, um die delikatesten Operationen zu exekutieren und genug Kraft für die mühseligsten Operationen." (*Babbage, Ch.*, „*On the Economy of Machinery etc.*", Lond[on] 1832.) (ch. XIX.)

„Wenn nach der besondren Natur der Produkte jeder Art von Manufakturen die Erfahrung kennengelehrt hat zugleich die vorteilhafteste Art von partiellen Operationen, worin die Fabrikation sich teilen kann und die Zahl der Arbeiter, die hier angewandt werden müssen, so werden alle établissements, die nicht für die Zahl ihrer Arbeiter ein exaktes multiplum dieser Zahl anwenden, mit weniger Ökonomie fabrizieren." (*Babbage, l. c.*, ch. XXII.)

Sind z. B. 10 Arbeiter nötig zu verschiednen Operationen, so muß man multiplen von 10 anwenden.

„Geschieht dies nicht, so kann man die ouvriers[1] nicht immer individuellement zu demselben Detail der Fabrikation verwenden ... Dies ist eine der Ursachen der kolossalen Dimensionen des industriellen Etablissements." (l. c.)

Hier, wie bei der einfachen Kooperation, wieder das Prinzip der multiples. Aber jetzt in Proportionen, die bestimmt sind in ihrer Proportionalität durch die Teilung der Arbeit selbst. Es ist überhaupt klar, daß die Teilung um so weiter geführt werden kann, auf je größerer Stufenleiter gearbeitet wird. Einmal kann das richtige Multiplum so angewandt werden. Zweitens hängt es natürlich von der Größe der Stufenleiter ab, wie weit die Operationen geteilt und die ganze Zeit eines einzelnen Arbeiters von einer Operation absorbiert werden kann.

Erfordert also die Teilung der Arbeit größeres Kapital, weil mehr Rohmaterial in derselben Zeit verarbeitet wird, so hängt ihre Ausführung überhaupt von der Stufenleiter ab, worauf gearbeitet wird, also der Anzahl Arbeiter, die gleichzeitig beschäftigt werden können. Größres Kapital – i. e. Konzentration in einer Hand – ist nötig zur Entwicklung der Teilung der Arbeit, die andrerseits wieder durch die mit ihr ||167|.gewonnene Produktivkraft mehr Material verarbeitet, also diesen Bestandteil des Kapitals vergrößert.

„Der auf eine sehr einfache Operation in den Manufakturen Reduzierte in Abhängigkeit von dem, der ihn anwenden wollte. Er produzierte kein vollständiges Werk mehr, sondern nur einen Teil des Werks, wofür er der Mitwirkung der Arbeiten andrer ganz so bedürfte, wie der Rohstoffe, Maschinen etc. Seine Lage dem Chef der Werkstatt gegenüber

---

[1] Arbeiter

untergeordnet ... er beschränkte seine Forderungen auf das Notwendige, ohne daß die Arbeit, die er anbot, nicht hätte fortgeführt werden können, während allein der Chef der Werkstatt, der die Teilung der Arbeit bewirkt hatte, von jedem Anwachsen der Produktivkräfte profitierte." (p. 91, 92, *Sismondi, „N[ouveaux] Pr[incipes]* etc.", t. I.)

„Die Teilung der Arbeit verkürzt die für das Erlernen einer Tätigkeit notwendige Zeit." *F. Wayland,* p. 76. („*The Elements of Pol. Econ.*", Boston 1843.) „Errichtet man eine Fabrik, ist es wichtig, Anzahl und Art der Arbeiter so auszuwählen, daß, sobald die unterschiedlichen Operationen eines Produktionsprozesses verschiedenen Personen zugewiesen wurden, die in solchen Verhältnissen zur Verfügung stehen, *um sich einander richtig und voll zu beschäftigen.* Je perfekter das bewältigt wird, um so größer wird die Wirtschaftlichkeit sein; und sobald sich das einmal bestätigt hat, ist es auch offenbar, daß das Unternehmen nicht erfolgreich vergrößert werden kann, ohne die Beschäftigung einer Vielzahl der bisher vorhandenen Arbeiter." (p. 83, l. c.)

A. Smith fällt dann auch am Schluß seines Abschnitts über die Teilung der Arbeit wieder in die Voraussetzung zurück, daß die verschiednen Arbeiter, unter denen die Arbeit geteilt ist, Warenbesitzer und Produzenten sind (wir werden sehn, daß er später diese Illusion aufgibt).

„Jeder Arbeiter befindet sich in der Lage, eine große Menge Arbeit zu besitzen, über die er verfügen kann, ausgenommen den Teil, den er davon zur Befriedigung seiner eigenen Bedürfnisse verwendet, und da sich die anderen Arbeiter in derselben Situation befinden, ist er in der Lage, eine große Menge von ihm hergestellter Waren gegen eine große Menge der ihren oder, was dasselbe ist, gegen den Preis dieser Waren auszutauschen." [121]

Die Überlieferung des Geschicks von Generation zu Generation stets wichtig. Ein entscheidender Gesichtspunkt beim Kastenwesen, wie später beim Zunftwesen.

„Leicht von der Hand gehende Arbeit ist überlieferte Geschicklichkeit." (*Th. Hodgskin,* „*Popul. Polit. Economy*", London 1827, p. 48.)

„Um die Arbeit zu teilen und die menschliche und die maschinelle Arbeitskraft in vorteilhaftester Weise einzusetzen, ist es in einer Menge der Fälle notwendig, in großem Maßstab zu operieren oder, anders ausgedrückt, Reichtümer in großen Mengen zu produzieren. Dieser Vorteil ist es, der zur Entstehung der großen Fabriken führt." („*Élem. d'Éc. Pol.*", *James Mill,* traduit par J. T. Parisot, Paris 1823[, p. 11].)

Die Teilung der Arbeit — oder vielmehr das auf Teilung der Arbeit begründete Atelier — vermehrt bloß den Surpluswert, der dem Kapitalist zufällt (wenigstens nur *direkt,* und dies ist die einzige Wirkung, um die es sich hier handelt) — oder diese Vermehrung der Produktivkraft der Arbeit bewährt sich nur als Produktivkraft des Kapitals, sofern sie angewandt wird auf Gebrauchswerte, die in die Konsumtion der Arbeiter eingehn, daher die zur Reproduktion des Arbeitsvermögens notwendige Arbeitszeit verkürzen. Aus eben diesem Umstand, daß die Teilung der Arbeit im großen hauptsächlich nur auf objects of common use[1] angewandt wird, schließt umgekehrt Parson[2] Wayland, daß es die Armen und nicht die Reichen sind, denen ihre Vorteile zugutkommen. Mit Bezug auf die middling class[3] hat der Parson nach einer Seite recht. Es handelt sich hier aber überhaupt nicht um das begriffslose Verhältnis von Armen ||168| und Reichen, sondern um das Verhältnis von Lohnarbeit und Kapital. Die Stelle bei dem Pfaffen lautet:

„Je höher der Preis eines Produkts, desto geringer wird die Anzahl der Personen sein, die in der Lage ist, es zu kaufen. Folglich wird die Nachfrage um so geringer sein und deshalb auch um so weniger Gelegenheit für Teilung der Arbeit bestehen. Und, nebenbei, je größer die Kosten für die Ware, umso größer die Menge an Kapital, die benötigt wird, um durch Teilung der Arbeit zu produzieren ... Daraus folgt, daß Teilung der Arbeit nur selten benutzt wird bei der Herstellung kostbaren Schmucks und von teuren Luxusgegenständen, während sie ganz allgemein für die Herstellung aller Waren des alltäglichen Bedarfs verwendet wird. Folglich erkennen wir, daß die Vorteile des Gebrauchs von Naturstoffen und der Teilung der Arbeit sehr viel größer und weit wichtiger für die mittleren und niederen Klassen sind als für die Reichen. Diese Mittel erhöhter Produktion verringern die Kosten der unvermeidlichen Bedürfnisse und der wesentlichen Bequemlichkeiten des Lebens auf niedrigster Stufe und machen diese natürlich soweit als möglich für alle erreichbar." ([p.] 86, 87, F. Wayland, „The Elements of Pol. Econ.", Boston 1843.)

Wie Ausdehnung des Kapitals, so erheischt die Anwendung der Teilung der Arbeit als ihre Grundvoraussetzung Kooperation, Agglomeration der Arbeiter, die überhaupt nur stattfinden wird, wo eine gewisse Dichtigkeit der Bevölkerung. {Zugleich auch, wo die Bevölkerung aus ihren zerstreuten Wohnungen auf dem Land gesammelt ist in Zentren der Produktion. Darüber Stewart.[122] Dies näher zu erörtern bei dem Abschnitt über die Akkumulation.}

„Es gibt eine gewisse Bevölkerungsdichte, die zweckdienlich ist sowohl für den gesellschaftlichen Verkehr als auch für jenes Zusammenwirken der Kräfte, durch das der Ertrag der Arbeit gesteigert wird." ([p.] 50, James Mill, „El. of Pol. Ec.", London 1821.)

Mit der Entwicklung der Teilung der Arbeit verschwindet — was bei der bloß formellen Subsumtion der Arbeit unter das Kapital noch sehr möglich — jedes individuelle Produkt der Arbeit. Die fertige Ware ist das Produkt des Ateliers, welches selbst eine Daseinsweise des Kapitals ist. Der Tauschwert der Arbeit selbst — und die Arbeit, nicht ihr Produkt — wird durch die Weise der Produktion selbst, nicht nur durch den Kontrakt zwischen Kapital und Arbeit, das einzige, was der Arbeiter zu verkaufen hat. Die Arbeit wird in der Tat seine einzige Ware und die Ware überhaupt allgemein Kategorie,

---

[1] Gegenstände des täglichen Bedarfs
[2] Pfarrer
[3] Mittelklasse

worunter die Produktion subsumiert ist. Wir gingen von der Ware als der allgemeinsten Kategorie der bürgerlichen Produktion [aus]. Solche allgemeine Kategorie wird sie erst durch Veränderung, der die Produktionsweise selbst durch das Kapital unterworfen wird.

„Es gibt aber nichts mehr, was man als den natürlichen Lohn der Arbeit eines einzelnen bezeichnen könnte. Jeder Arbeiter erzeugt nur einen Teil eines Ganzen, und da jeder Teil für sich allein ohne Wert oder Nutzen ist, gibt es nichts, was der Arbeiter nehmen und wovon er sagen könnte: Das ist mein Erzeugnis, das will ich für mich behalten." (p. 25, [Thomas Hodgskin,] „*Labour defended against the claims of Capital etc.*", *London 1825.*)

„Der zunehmende Reichtum hat zu einer Spaltung zwischen gesellschaftlichen und beruflichen Bedingungen geführt; nicht mehr der *Überfluß* eines jeden ist zum Gegenstand des Austauschs geworden, sondern *der Lebensunterhalt selbst*... in dieser neuen Situation hängt das Leben des ganzen Menschen, der arbeitet und produziert, nicht von der Vollkommenheit und dem Gelingen seiner Arbeit ab, sondern von ihrem *Verkauf*." (p. 82, t. I, Sism., „*Études*".)

„Die größere Ergiebigkeit des menschlichen Fleißes und der verringerte Preis für die Erfordernisse des Lebens verschwören sich heutzutage, das produktive Kapital zum Anschwellen zu bringen." ([p. 88,] 89, *S. P. Newman, „Elements of Polit. Econ.*", Andover and New York 1835.)

Soweit in der Teilung der Arbeit eine Seite der natürlichen Individualität des Arbeiters als Naturgrundlage fortentwickelt wird, wird sie an die Stelle seines ganzen Produktionsvermögens gesetzt und zu einer Besonderheit ausgebildet, die zu ihrer Bewährung die Betätigung im Zusammenhang mit dem Gesamtatelier erheischt, als eine besondre Funktion desselben.

||169| Storch stellt beide Arten der Teilung der Arbeit wie A. Smith zusammen, nur daß die eine als letzte Zuspitzung der andern bei ihm erscheint; als *Ausgangspunkt* für die andre, was ein Fortschritt ist.

„Diese Teilung geht von der Trennung der verschiedenartigsten Professionen bis zu jener Teilung, wo plusieurs ouvriers se partagent la confection d'un seul et même produit[1], wie in der Manufaktur."

(Sollte heißen nicht produit, sondern marchandise[2]. Auch in der andren Teilung der Arbeit arbeiten verschiedne am selben Produkt.) (p. 173, *H. Storch, „Cours d'Écon. Pol.*", avec des notes etc. par J.-B. Say, Paris 1823, t. I.)

„Es genügt nicht, daß das zur Subdivision der métiers[3] nötige Kapital sich in der Gesellschaft vorhanden finde; es ist außerdem nötig, daß es *in den Händen der Unternehmer ak*-

---

[1] mehrere Arbeiter sich in die Anfertigung eines und desselben Produkts teilen
[2] Ware
[3] Handwerke

kumuliert sei in hinreichend beträchtlichen Portionen, um sie in den Stand zu setzen, auf großer Stufenleiter zu arbeiten ... Je mehr die Teilung der métiers zunimmt, ist nötig zur beständigen Beschäftigung einer selben Zahl von Arbeitern ein immer beträchtlicheres Kapital in Werkzeugen, Rohstoffen etc. Vermehrung der Zahl der Arbeiter mit der Teilung der Arbeit. Beträchtlicheres Kapital in Konstruktionen und Subsistenzmitteln." (*Storch,* l. c., p. 250, 251.)

„Arbeit *ist vereint* ... wann immer Erwerbszweige aufgeteilt sind ... Die stärkste *Teilung der Arbeit* findet statt unter jenen außerordentlich rohen Wilden, die einander niemals helfen, die getrennt voneinander arbeiten; und die Teilung der Erwerbszweige mit all ihren großen Erfolgen hängt ganz und gar ab von der *Kombination* der Arbeit, *der Kooperation.*" (p. 24, *Wakefield,* Note, t. I zu seiner Ausgabe von *A. Smith, „Wealth of Nations",* London 1835.)*

A. Smith macht den Austausch zur Grundlage der Teilung der Arbeit, während er umgekehrt ihr Resultat ist (aber nicht sein muß). Hodgskin bemerkt richtig, daß Teilung der Erwerbszweige, also der gesellschaftlichen Arbeit, in allen Ländern und unter allen politischen Institutionen Platz greift. Sie existiert ursprünglich in der Familie, wo sie naturwüchsig aus physiologischen Unterschieden, Geschlechts- und Altersunterschieden hervorgeht. Die Verschiedenartigkeit der individuellen Organisationen, körperlichen und geistigen Anlagen wird neue Quelle derselben. Dann aber kömmt durch verschiedne Naturbedingungen, Unterschiede des Bodens, Verteilung von Wasser und Land, Berg und Ebene, Klima, Lage, Mineralhaltigkeit der Erde und Besonderheiten in ihren Eigentümlichkeiten, spontanen Schöpfungen, Verschiedenheit in den natürlich vorgefundnen Arbeitsinstrumenten hinzu, die die Erwerbszweige verschiedner Stämme teilt, und in dem Austausch derselben haben wir überhaupt die ursprüngliche Verwandlung von Produkt in Ware zu suchen. (Sieh *Hodgskin,* Th., *„Popular Political Economy* etc.", London 1827, ch. IV, V und VI.) Wo die Population stagnant ist, wie in ||170| Asien, ist es auch die Teilung der Arbeit.

* Im Manuskript gestrichen: Auf diesem Unterschied zwischen separation of employments (Trennung der Erwerbszweige) und „division of labour", „Teilung der Arbeit", reitet Wakefield. Was ihm vorschwebt, ist eben der von A. Smith nicht betonte Unterschied zwischen der Teilung der Arbeit innerhalb der Gesellschaft und der Teilung der Arbeit innerhalb des Ateliers. A. Smith läßt die Erwerbszweige vermittelst des exchange[1] miteinander kooperieren und weiß nicht nur, was sich von selbst versteht, sondern sagt ausdrücklich, daß innerhalb der einzelnen Manufaktur in Teilung der Arbeit zugleich Kombination derselben. Was bei Wakefield wirklichen Fortschritt bildet – und darauf kommen wir später – ist seine Ahnung, daß die letzte Teilung der Arbeit, auf Grundlage der freien bürgerlichen Arbeit, eine der kapitalistischen Produktionsweise eigentümliche Form ist und daher nur unter gewissen gesellschaftlichen Bedingungen eintritt.

---

[1] Austausches

„Verbesserte Transportmethoden, wie Eisenbahnen, Dampfschiffe, Kanäle, alle Methoden der Erleichterung des Verkehrs zwischen entfernten Ländern wirken ein auf die Teilung der Arbeit in der gleichen Art wie eine tatsächliche Erhöhung der Bevölkerungszahl; sie bringen mehr Arbeiter in Verbindung usw." [p. 119.]

Bevölkerung und progress derselben die Hauptgrundlage der division of labour[1].

„Wenn die Zahl der Arbeiter wächst, steigt die Produktivkraft der Gesellschaft im gleichen Verhältnis zu diesem Wachstum, multipliziert durch die Wirkungen der Teilung der Arbeit und der Vermehrung der Kenntnisse." (p. 120, l. c.)

„Allein mit einem Zuwachs an Kapital kann der Unternehmer für die Herstellung irgendeines Werkstückes ... unter seinen Arbeitern eine zweckmäßigere Teilung der Arbeit einführen. Wenn das zu fertigende Werkstück aus mehreren Teilen besteht und er jeden Arbeiter ständig zur Erfüllung seines Anteils beschäftigen will, ist ein weit größeres Kapital nötig, als wenn jeder Arbeiter, gleichgültig womit, gelegentlich an allen Teilen des Werkstücks beschäftigt wird." (*A. Smith*, [„Recherches ...",] l. II, ch. III [, p. 338/339].)

„Was die *Produktionsleistung* anbetrifft, so kann sie nicht *ansteigen, wenn die Anzahl der Arbeiter die gleiche bleibt.* Es sei denn, man vermehrt oder vervollkommnet die Maschinen und Werkzeuge, mit deren Hilfe die Arbeit erleichtert und beschleunigt wird; aber ebensogut könnte man wohl eine bessere Verteilung oder wirksamere Umverteilung der Arbeit schaffen." (l. c. [, p. 338].)

„Der Eigentümer des Kapitals, der eine große Anzahl Arbeiter ernährt, bemüht sich notwendigerweise aus eigenem Interesse, unter ihnen die Teilung und Verteilung der Arbeit so gut zu kombinieren, daß sie imstande sind, die größtmögliche Menge an Werkstükken zu fertigen. Aus gleichem Grunde versucht er, sie mit besseren Maschinen auszurüsten, als er selbst und sie sich vorstellen konnten. *Was auf die Arbeiter einer einzigen Werkstatt zutrifft, trifft, wie sich erweist, aus den gleichen Gründen auch auf die große Gesellschaft zu.* Je größer ihre Anzahl, um so mehr tendieren sie selbstverständlich dazu, sich in verschiedene Klassen zu spalten und ihre Arbeiten aufzuteilen. Es gibt eine weit größere Anzahl von Köpfen, die sich damit befassen, die zweckmäßigsten Maschinen für die Ausführung der Arbeit zu erfinden, mit der jeder beauftragt ist und infolgedessen mit um so größerer Wahrscheinlichkeit das Ziel, sie zu erfinden, erreichen wird." (ch. VIII, l. I, [p. 177/178,] *A. Smith.*)

Lemontey („Œuvres complètes", t. I, p. 245 sq., Paris 1840) hat im Anfang dieses Jahrhunderts Fergusons Auseinandersetzung geistreich bearbeitet. („Sur l'influence morale de la division du travail.")

„Die Gesellschaft als Ganzes hat mit dem Innern einer Werkstatt gemein, daß auch sie ihre Teilung der Arbeit hat. Nimmt man die Teilung der Arbeit in einer modernen Werkstatt als Beispiel, um sie auf eine ganze Gesellschaft anzuwenden, so wäre ohne Zweifel diejenige Gesellschaft am besten für die Produktion des Reichtums organisiert, welche nur einen einzigen Unternehmer als Vorgesetzten hätte, der nach einer im voraus festgesetzten

---

[1] Teilung der Arbeit

Ordnung die Funktionen unter die verschiedenen Mitglieder der Gesellschaft verteilt. Aber so ist es gar nicht. Während innerhalb der modernen Werkstatt die Teilung der Arbeit durch die Autorität des Unternehmers bis ins einzelnste geregelt ist, kennt die moderne Gesellschaft keine andere Regel, keine andere Autorität für die Verteilung der Arbeit als die freie ||171| Konkurrenz." (p. 130, [Karl Marx,] „Misère de la Philosophie", Paris 1847.)[1] „Unter der Herrschaft des Patriarchats, der Herrschaft der Kasten, in der feudalen und kooperativen Gesellschaft gab es eine Teilung der Arbeit in der ganzen Gesellschaft nach bestimmten Regeln ... Was die Teilung der Arbeit in der Werkstatt anbetrifft, so war sie in allen diesen Gesellschaftsformen sehr wenig entwickelt. Man kann sogar als allgemeine Regel aufstellen, je weniger die Autorität der Teilung der Arbeit innerhalb der Gesellschaft herrscht, um so mehr entwickelt sich die Teilung der Arbeit im Innern der Werkstatt und um so mehr ist sie dort der Autorität eines einzelnen unterworfen. Die Autorität in der Werkstatt und die in der Gesellschaft stehen in bezug auf die Teilung der Arbeit im umgekehrten Verhältnis zueinander." (p. 130, 131, l. c.)[2] „Die Akkumulation und die Konzentration der Werkzeuge und der Arbeiter gehen der Entwicklung der Teilung der Arbeit im Innern der Werkstatt voraus. ... Die Entwicklung der Teilung der Arbeit setzt die Vereinigung der Arbeiter in einer Werkstatt voraus. ... Sind erst die Menschen und die Werkzeuge vereinigt, reproduziert sich die Teilung der Arbeit so, wie sie in der Form der Zünfte bestand, und spiegelt sich notwendig im Innern der Werkstatt wider." ([p.] 132, 133, l. c.)[3] „Die Konzentration der Produktionsinstrumente und die Teilung der Arbeit sind ebenso untrennbar voneinander wie auf dem Gebiete der Politik die Zentralisation der öffentlichen Gewalten und die Teilung der Privatinteressen." (p. 134, l. c.)[4]

Um die Teilung der Arbeit anzuwenden, ist also vorausgesetzt:

1. *Konglomeration von Arbeitern,* wozu eine gewisse Dichtigkeit der Bevölkerung nötig. Kommunikationsmittel können hier die Dichtigkeit in einem gewissen Grad ersetzen. *Depopulation des Landes* (sieh 18. Jahrhundert). In einem dünn bevölkerten Land könnte diese Konglomeration nur an einigen Punkten stattfinden. Die Konglomeration wird aber auch hervorgebracht, dadurch, daß nur dünne Bevölkerung für den Ackerbau erheischt, die Masse der Bevölkerung sich also getrennt von dem Boden um die jedesmaligen Produktionsmittel, Sitze des Kapitals, konglomerieren kann. Die relative Verdichtung auf der einen Seite kann durch relative Verdünnung auf der andren hervorgebracht werden, selbst mit einer *gegebnen* Bevölkerung, deren Existenz ursprünglich noch in der nichtkapitalistischen Produktionsweise wurzelt.

Was also zuerst nötig ist, ist nicht Vergrößerung der Bevölkerung, sondern Vergrößerung der rein industriellen Bevölkerung oder andere Verteilung der Bevölkerung. Die erste Bedingung hierzu Verkleinerung der unmittelbar mit

---

[1] Siehe Band 4 unserer Ausgabe, S. 150/151
[2] Siehe ebenda, S. 151
[3] Siehe ebenda, S. 152/153
[4] Siehe ebenda, S. 153

der Erzeugung der Nahrungsmittel, in der Agrikultur beschäftigten Bevölkerung, Loslösung der Menschen vom Boden, von der Mutter Erde, und dadurch ihre Freimachung (free hands[72], wie Stewart sagt), ihre Mobilisierung.
Die Loslösung der mit der Agrikultur verknüpften Arbeiten von der Agrikultur und die Beschränkung der Agrikultur − progressiv − auf weniger Hände
ist die Hauptbedingung für die Teilung der Arbeit und die Manufaktur überhaupt, damit sie nicht im einzelnen, an zerstreuten Punkten, sondern herr-
schend auftritt. {Dies alles gehört in die *Akkumulation.*} Dieselbe Population
anders verteilt, braucht nicht größern Vorrat von Lebensmitteln, sondern nur
andre Verteilung, Distribution derselben. Der Kapitalist, der Teilung der Arbeit anwendet, daher mehr auf einem Punkte agglomerierte Arbeiter beschäftigt, zahlt größere Summen von Salair als der Handwerksmeister, bedarf
mehr capital variable, das sich schließlich in Lebensmittel auflöst; aber dazu
ist es erheischt, daß dasselbe Salair, das früher von 100 diesen ausgezahlt
wurde, ||172| jetzt von einem ausgezahlt werde. Also nur größere Konzentra-
tion des capital variable in weniger Händen und dito der Lebensmittel, wo-
gen sich dies Salair austauscht. Es ist hier nicht *Zuwachs,* sondern nur *Konzentration* erheischt in diesen Teilen des Kapitals; ganz wie nicht größere
Bevölkerung, sondern größere Agglomeration der Bevölkerung unter dem
Kommando desselben Kapitals.

   2. Konzentration von Arbeitsinstrumenten.

   *Die Teilung der Arbeit führt zu einer Differenzierung und damit Vereinfachung
der Instrumente, die als Arbeitsmittel dienen;* daher auch zur Vervollkommnung
dieser Instrumente. Aber in ihr bleibt nach wie vor das Arbeitsmittel Arbeitswerkzeug, Instrument, dessen Anwendung von der persönlichen Virtuosität
der einzelnen Arbeiter abhängt, Leiter ihrer eignen Geschicklichkeit ist, in
der Tat zu seinem natürlichen Organ hinzugefügtes Kunstorgan. Es sind ver-
schiedenartigere, nicht mehr Instrumente erheischt für dieselbe Zahl von Arbeitern. Insofern das Atelier Konglomeration von Arbeitern, setzt es ebenso
Agglomeration von Instrumenten voraus. Und jedenfalls wächst dieser Teil
des Capital constant nur in dem Verhältnis, worin das capital variable, das in
Arbeitslohn ausgelegte, oder die von demselben Kapital gleichzeitig beschäftigte Arbeiteranzahl wächst.

   Als ein neu hinzugekommner Teil des Capital constant können die andren
Arbeitsbedingungen, namentlich die Behausung, betrachtet werden, die Ge-
bäulichkeiten, da vor der Manufaktur die Werkstatt noch keine besonderte
Existenz vom Privathaus erhält.

   Mit dieser Ausnahme findet größere Konzentration des in Arbeitsmitteln
bestehenden Teils des Kapitals statt; nicht notwendig Wachstum des Kapitals

und keinenfalls relatives Wachstum desselben, verglichen mit seinem in Arbeitslohn ausgelegten Bestandteil.

3. *Vermehrung des Rohmaterials.* Der in Rohmaterial ausgelegte Teil des Kapitals wächst *absolut* gegen den in Arbeitslohn ausgelegten, indem dasselbe Quantum Rohmaterial ein geringres Quantum Arbeitszeit absorbiert oder dasselbe Quantum Arbeitszeit sich in einem größern Quantum Rohmaterial verwirklicht. Indes kann auch dies *ursprünglich* stattfinden, ohne absolute Vermehrung des Rohmaterials in einem Lande[1]. Dasselbe in einem Lande vorhandne Quantum Rohmaterial kann weniger Arbeit absorbieren, d. h., im ganzen Lande eine geringre Arbeiterzahl mit dessen Bearbeitung beschäftigt sein, seiner Verwandlung in neues Produkt, obgleich diese Arbeiterzahl, statt wie früher über eine große Oberfläche zerstreut zu sein, in größern Gruppen auf einzelnen Punkten konzentriert ist unter dem Kommando einzelner Kapitalisten.

Absolut also gesprochen, ist nichts erheischt zur *Manufaktur*, d. h. des auf Teilung der Arbeit begründeten Ateliers, als andre Verteilung der verschiednen Bestandteile des Kapitals, Konzentration statt Zerstreuung. In dieser Form der Zerstreuung existieren diese Arbeitsbedingungen noch nicht als Kapital, obgleich als die materiellen Bestandteile des Kapitals, wie der arbeitende Teil der Bevölkerung, existiert, obgleich noch nicht in der Qualität als Lohnarbeiter oder Proletarier.

Die Manufaktur (im Unterschied von dem mechanischen Atelier oder der factory, Fabrik) ist die spezifisch der Teilung der Arbeit entsprechende Produktionsweise oder Form der Industrie. Selbständig, als die *entwickeltste* Form der kapitalistischen Produktionsweise, tritt sie auf vor der Erfindung der eigentlichen Maschinerie (obgleich schon Maschinen angewandt und namentlich fixes Kapital).

||173| Bei Petty und dem zitierten Apologeten des East India Trade[112] (also bei den Modernen) in bezug auf die Teilung der Arbeit von vornherein charakteristisch, daß die Verwohlfeilerung der Ware — die Verminderung der zur Produktion einer bestimmten Ware gesellschaftlich notwendigen Arbeit — Hauptgesichtspunkt. Bei Petty wird sie in Verbindung mit dem auswärtigen Handel erwähnt. Bei dem East Indian direkt als Mittel, die Konkurrenten auf dem Weltmarkt zu unterkaufen, wie letztrer den Welthandel selbst als Mittel darstellt, in weniger Arbeitszeit dasselbe Resultat zu erzielen.

A. Smith in [„Recherches ...",] ch. I, b. I, wo er ex professo von der Teilung der Arbeit handelt, entwickelt am Schlusse des Kapitels, wie außeror-

---

[1] In der Handschrift: andren

dentlich mannigfaltig, verschiednen Ländern angehörig, vielseitig in einem „zivilisierten Lande", d. h., wo das Produkt allgemein die Form der Ware annimmt, die Arbeitsarten, die z. B. konkurrieren, um mobilier, Kleidung, outils[1] eines einfachen Taglöhners zu beschaffen.

„Betrachtet", beginnt dieser Schluß, „woraus in einem zivilisierten und blühenden Lande die bewegliche Habe eines einfachen Tagelöhners oder des letzten Handlangers bestehen, und ihr werdet sehen, daß die Zahl der Menschen, um deren Belieferung mit irgendeinem Teil dieser Güter die Industrie konkurrierte, jenseits jeder Berechnung liegt. So grob beispielsweise die Wolljacke, die den Tagelöhner kleidet, auch aussehen mag, sie ist das Produkt der gemeinsamen Arbeit einer Vielzahl von Arbeitern", usw. [p. 25.]

Und A. Smith schließt diese Betrachtung mit den Worten:

„Zwischen den beweglichen Gütern eines europäischen Prinzen und denen eines arbeitsamen, soliden Bauern besteht möglicherweise kein größerer Unterschied als zwischen den Möbeln des letzteren und denen des Königs, der über 10 000 nackte Wilde herrscht und als absoluter Gebieter über ihre Freiheit und ihr Leben verfügt." [p. 28.]

Dieser ganze Passus und Betrachtungsweise ist nachkopiert von *Mandeville, „Fable of the Bees"*, zuerst veröffentlicht 1705 als Poem[123], 1729 den 2. Teil veröffentlicht, which consists of a series of six dialogues[2] (Prosa). 1714 he added the prose notes which make the bulk of the first volume of the work as we have it now[3]. Da heißt [es] u. a.:

„Wenn wir die blühendsten Nationen zurückverfolgen zu ihrem Ursprung, werden wir finden, daß in den frühesten Anfängen jeder Gesellschaft die reichsten und allerbedeutendsten Männer in ihr lange Zeit auf eine große Menge der Bequemlichkeiten des Lebens verzichten mußten, derer sich jetzt die armseligsten, bescheidensten und unglücklichsten Menschen erfreuen können; so daß viele Dinge, die einst als Schöpfungen des Luxus betrachtet wurden, heute selbst denen gewährt werden, die so erbärmlich arm sind, daß sie zu Objekten öffentlicher Wohltätigkeit werden ... Ein Mann wäre ausgelacht worden, wenn er im schlichten Kleid eines armen Geschöpfes Luxus entdeckte, das daherkommt in dickem Gewand und rauhem Hemd darunter aus der Armenunterstützung des Kirchspiels. Und doch, wie viele Menschen, wie viele verschiedene Gewerbe und welche Vielfalt an Geschick und Werkzeugen müssen eingesetzt werden, um das allereinfachste Yorkshire Tuch herzustellen?" etc. (*Remark*, P., vol. I, p. 181–183, ed. of 1724.) „Welche Geschäftigkeit muß in verschiedenen Teilen der Welt betrieben werden, bevor ein feines scharlachrotes oder karminrotes Tuch hergestellt werden kann; welche Vielfalt an Gewerben und Handwerkern muß beschäftigt werden! Nicht nur die offensichtlichen, wie Wollkämmer, Spinner, die Weber, die Tuchmacher, die Putzer, die Färber, die Setzer, die Zieher und die

---

[1] Möbel, Kleidung, Handwerkszeug
[2] der aus einer Serie von 6 Dialogen besteht
[3] fügte er Prosanotizen hinzu, die den Umfang des ersten Bandes des Werkes ausmachen, wie er jetzt vorliegt

Packer; sondern auch andere, die ferner liegen und anscheinend der Sache fremd scheinen – wie der Maschinenbauer, der Zinngießer und der Chemiker, die dennoch alle nötig
sind, ebenso wie eine große Anzahl von Gewerben, damit die ||174| Werkzeuge, Geräte
und anderer Zubehör vorhanden sind, die zu den bereits genannten Gewerbszweigen gehören."

Dann geht er über, wie Seefahrt, auswärtige Länder, mit einem Wort, der
Weltmarkt dazu konkurriert. („*Search into the Nature of Society*" (appended to
the second edition[1]), pp. 411–13.)

In diesem Aufzählen liegt in der Tat nur das: Sobald *Ware* die allgemeine
Form des Produkts wird oder die Produktion auf Grundlage des Tauschwerts
und daher des Warenaustauschs stattfindet, wird erstens die Produktion jedes
Individuums einseitig, während seine Bedürfnisse vielseitig. Es ist also ein
concours[2] unendlich vieler selbständiger Arbeitszweige nötig, um die Bedürfnisse, selbst die einfachsten Bedürfnisse des Individuums, zu befriedigen.
Zweitens: Der ganze Umkreis der gegenständlichen Bedingungen, die zur
Produktion einer einzigen Ware erheischt sind, Rohstoff, Instrumente, matières instrumentales[3] etc., gehn in ihre Produktion als *Waren* ein, sind durch
Kauf und Verkauf dieser unabhängig voneinander produzierten Elementarbestandteile der Ware bedingt. Es findet dies in dem Maße statt, daß die einzelnen Elemente, die zur Produktion einer Ware erheischt sind, als Waren außer
ihr existieren, daher ursprünglich als Waren von außen, durch die Zirkulation
vermittelt, in diesen einzelnen Produktionszweig treten – je mehr die *Ware*
die allgemein elementarische Form des Reichtums geworden ist, je mehr die
Produktion aufhört, unmittelbare Erzeugung der eignen Subsistenzmittel für
das Individuum zu sein – trade[4] geworden ist, wie Steuart [124] [sagt] [36], die
Ware also aufhört, die Form des über das Bedürfnis des Individuums hinausgehnden, für es überflüssigen und daher verkaufbaren Teils seiner Produktion
zu sein. Hier ist noch das Produkt als solches die Basis und die Produktion
für die Subsistenz. Die Warenproduktion basiert hier noch auf Grundlage
einer Produktion, deren Hauptprodukt nicht Ware wird, wo die Subsistenz
selbst noch nicht vom Verkauf abhängt; der Produzent, wenn er nicht *Ware*
produziert, überhaupt *nichts* produziert; *Ware* zu sein also die allgemein elementarische, notwendige Form seines [Produk]ts [36] ist, die es überhaupt zu
einem Element des bürgerlichen Reichtums macht. Dieser Unterschied zeigt
sich schlagend, wenn man die große moderne Agrikultur mit der Agrikultur

---

[1] der zweiten Auflage beigefügt
[2] Zusammenwirken
[3] Produktionshilfsstoffe
[4] Handel

vergleicht, worin die Produktion für die eigne Subsistenz noch die Basis bildet und die die meisten Bedingungen ihrer Produktion selbst erzeugt; so daß sie nicht als Warenmassen, durch die Zirkulation vermittelt, in sie eingehn.

In der Tat also enthält diese Betrachtungsweise von Mandeville etc. nichts, als daß die allgemeine elementarische Form des bürgerlichen Reichtums die *Ware* ist; daß für den Produzenten nicht mehr der Gebrauchswert, sondern allein der Tauschwert des Produkts entscheidet, für ihn der Gebrauchswert nur der Träger des Tauschwerts ist; daß er in der Tat nicht bloß ein bestimmtes Produkt, sondern Geld produzieren muß. Diese Voraussetzung, daß das Produkt allgemein als Ware produziert wird, daher durch die Bedingungen seiner eignen Produktion als Waren, durch die Zirkulation vermittelt, in [die] [36] sie eingehn, unterstellt eine allseitige Teilung der gesellschaftlichen Arbeit oder Loslösung der einander bedingenden und ergänzenden Arbeiten in unabhängige, nur durch die Warenzirkulation, Kauf und Verkauf vermittelte Arbeitszweige. Oder es ist identisch damit, da das allgemeine Gegenüberstehn der Produkte als Waren voraussetzt das Gegenüberstehn der sie produz[ierenden] Tätigkeit[en ...]. Derartige Betrachtung also historisch wichtig. [...] [36]

|/V-179/Auf solcher Entwicklungsstufe der Gesellschaft ist vielmehr die Betrachtung des Kontrastes interessanter von Zuständen, worin die einzelne Familie unmittelbar selbst beinahe alle ihre Bedürfnisse befriedigt, wie z. B. *Dugald Stewart*, l. c., p. 327[, 328]:

„In einigen Teilen von Hochschottland stellte vor nicht allzu langer Zeit laut „*Statistical Accounts*" jeder Bauer seine eigenen Schuhe her aus Leder, das er selbst gerbte. Auch mancher Schafhirte und Häusler erschien mit Frau und Kindern in der Kirche in Kleidern, die keine Hand außer ihrer eigenen angetastet hatte, da sie selbst [die Wolle] von den Schafen geschoren und den Flachs gesät hatten. In die Zubereitung dieser, so wird hinzugefügt, ging kaum irgendein gekaufter Artikel ein, mit Ausnahme von Pfrieme, Nadel, Fingerhut und sehr wenigen Teilen des im Weben angewandten Eisenwerks. Auch die Farben wurden hauptsächlich von den Frauen selbst von Bäumen, Gesträuchen und Kräutern gewonnen." („*Lectures on Pol. Ec.*", *v. 1*, l. c.)

||V-175| Auf einer vorgerückten Entwicklungsstufe der bürgerlichen Gesellschaft dagegen, wie sie A. Smith schon gegenüberstand, erscheint die einfache Reproduktion dieser Mandevilleschen, Harrisschen etc. Reflexionen nicht ohne einen Beisatz von pedantischer Kinderei, und namentlich bewirkt dergleichen Ausmalung bei ihm, daß er die Teilung der Arbeit als spezifisch kapitalistische Produktionsweise nicht scharf und bestimmt begreift; wie andrerseits die außerordentliche Wichtigkeit, die er der Teilung der Arbeit in der

Manufaktur beilegt, zeigt, daß zu seiner Zeit das moderne Fabrikwesen im Entstehen begriffen war. *Ure* bemerkt hierzu mit Recht:

„Als Adam Smith sein unsterbliches Werk über die Grundzüge der politischen Ökonomie schrieb, war das automatische Industriesystem noch kaum bekannt. Die Teilung der Arbeit erschien ihm mit Recht als das große Prinzip der Vervollkommnung in der Manufaktur ... Aber was zur Zeit des Dr. Smith als passendes Beispiel dienen konnte, kann heute das Publikum in bezug auf das wirkliche Prinzip der Fabrikindustrie nur irreführen ... Das Schuldogma von der Teilung der Arbeit nach den verschiedenen Graden der Geschicklichkeit ist von unseren aufgeklärten Fabrikanten endlich beiseite geworfen." (*Andrew Ure*, „Philosophie des manufactures etc.", t. I, ch. I.) (1835 zuerst erschienen.)

Dies zeigt schlagend, daß die Teilung der Arbeit, um die es sich hier handelt – und um die es sich eigentlich auch bei A. Smith in der Tat handelt –, keine allgemeine Kategorie, den meisten und verschiedenartigsten Gesellschaftszuständen gemeinsam, sondern eine ganz bestimmte historische, einer bestimmten historischen Entwicklungsstufe des Kapitals entsprechende Produktionsweise; die sogar in der alleinherrschenden und überwiegenden Form, worin sie bei A. Smith auftritt, der schon überwältigten und vergangnen Stufe der Entwicklung der kapitalistischen Produktion seiner Zeitepoche angehörte.

Ure, in dem angegebnen Passus, sagt 1.

„Er" (A. Smith) „schloß also daraus, daß man selbstverständlich *jeder dieser Verrichtungen* einen Arbeiter anpassen kann, dessen Lohn seiner Geschicklichkeit entspräche. Diese *Anpassung* ist das Wesen der Teilung der Arbeit."

Also erstens: *Aneignung* des Arbeiters an eine bestimmte Operation, seine Subsumtion unter dieselbe. Er gehört von nun an dieser Operation, die die ausschließliche Funktion seines auf ein Abstraktum reduzierten Arbeitsvermögens wird.

Erstens also wird das Arbeitsvermögen dieser besondren Operation *angeeignet*. Zweitens aber, da die Basis der Operation selbst der menschliche Körper bleibt, findet statt, wie Ure sagt, daß diese Appropriation zugleich

„Verteilung oder vielmehr *die Anpassung der Arbeiten* an die verschiedenen individuellen Fähigkeiten".

D. h., die Operationen selbst werden den natürlichen und erworbnen Fähigkeiten angepaßt in ihrer Trennung. Es ist nicht Auflösung des Prozesses in seine mechanischen principes[1], ||176| sondern eine Auflösung mit Rücksicht darauf, daß diese einzelnen Prozesse als Funktionen menschlicher Arbeitsvermögen ausgeübt werden müssen.

---

[1] Elemente

G. Garnier, in dem Band von Noten, den er seiner Übersetzung A. Smith' hinzugefügt, erklärt sich gegen den Volksunterricht, in N. I zum Kapitel Smith' über die Teilung der Arbeit. Es sei dies gegen die Teilung der Arbeit, und man proscribire damit „tout notre système social"[1]. (p. 2, l. c., t. V.) Einige seiner Bemerkungen sind gut hier zu notieren.

„Die Arbeit, welche die Gesamtheit der Bewohner eines Landes ernährt, kleidet und Unterkunft schafft, ist eine Last, die der Gesellschaft als Ganzes auferlegt ist, welche diese aber notwendigerweise lediglich einem Teil ihrer Glieder *zuweist*." (p. 2, l. c.)

Und je größer der industrielle Fortschritt der Gesellschaft, um so mehr wachsen ihre materiellen Ansprüche,

„und folglich wird es mehr aufgewandte Arbeit geben, welche diese produziert, sie bereitstellt" (die Lebensmittel überhaupt) „und sie an die Konsumenten bringt. Und *gleichzeitig* wächst *infolge derselben Fortschritte* indessen die *Klasse* derer, die von diesen Handarbeiten befreit ist, im Verhältnis zur anderen Klasse. Jene hat also gleichzeitig sowohl mehr Menschen zu versorgen als auch für jeden von ihnen reichlicher und ständig verbesserte Bedarfsgüter bereitzustellen. In dem Maße, wie die Gesellschaft gedeiht, d. h. auf dem Gebiet der Industrie, im Handel, in der Bevölkerung usw. erstarkt ... bleibt dem Menschen, der sich einem auf Handarbeit beruhenden Beruf gewidmet hat, *weniger freie Zeit*. Je mehr die Gesellschaft an Reichtum gewinnt, um so mehr Wert erlangt die *Zeit des Arbeiters*" (ist vielmehr d. Wert) ... „Je mehr also die Gesellschaft einem Zustand von Glanz und Macht entgegengeht, *um so weniger Zeit wird die Arbeiterklasse für das Studium und für geistige und theoretische Arbeiten verwenden können*." (p. 2–4.)

D. h., die freie Zeit der Gesellschaft basiert auf der Absorption der Zeit des Arbeiters durch die Zwangsarbeit, und so verliert er den Raum für die geistige Entwicklung, denn das ist die Zeit.

„Andererseits, *je weniger Zeit die Arbeiterklasse hat, den Bereich des Wissens zu nutzen, um so mehr bleibt der anderen Klasse.* Wenn sich die Menschen dieser letzteren Klasse folgerichtig und mit Fleiß philosophischen Betrachtungen oder literarischen Werken widmen können, dann ist es so, weil sie befreit sind von allen Sorgen um Erzeugung, Fertigstellung oder Transport der Gegenstände ihres täglichen Bedarfs und weil andere die mechanischen Arbeiten für sie übernommen haben. Wie alle anderen Teilungen der Arbeit tritt jene zwischen Hand- und geistiger Arbeit in dem Maße stärker und einschneidender hervor, wie die Gesellschaft reicher wird. Gleich jeder anderen ist diese Teilung der Arbeit eine Wirkung vergangener und eine Ursache künftiger Fortschritte ... Darf die Regierung denn dieser Teilung der Arbeit ||177| entgegenwirken und sie in ihrem naturgemäßen Gang aufhalten? Darf sie einen Teil der Staatseinnahmen zum Versuch verwenden, zwei Klassen von Arbeit, die ihre Teilung und Trennung erstreben, zu verwirren und zu vermischen?" (p. 4, 5, l. c.)

---

[1] ächte damit „unser ganzes gesellschaftliches System"

Die Masse der Produktion wächst, indem die efficiency der labour[1] bei gleicher Arbeiterzahl und zugleich die Extension und Intensivität der Arbeitszeit vermehrt wird. Dies vorausgesetzt, ist ihr fernres Wachstum durch das Wachstum oder die Vermehrung der Lohnarbeiter gegenüber dem Kapital bedingt. Letztre wird teils direkt durch das Kapital vermehrt, indem früher selbständige Handwerker etc. der kapitalistischen Produktionsweise unterworfen und damit in Lohnarbeiter verwandelt werden; ebenso, indem die Einführung der Maschinerie etc. die Verwandlung von Weibern und Kindern in Lohnarbeiter produziert. So vergrößert sich die Arbeiterzahl relativ, obgleich die Gesamtbevölkerung dieselbe bleibt. Das Kapital produziert aber auch absolute Vermehrung der Menschenzahl, zunächst der Arbeiterklasse. Die Bevölkerung kann absolut nur wachsen und damit, abgerechnet von den eben angeführten Operationen, indem nicht nur mehr Kinder geboren werden, sondern mehr aufwachsen, bis zum arbeitsfähigen Alter ernährt werden können. Die Entwicklung der Produktivkräfte unter dem Regime des Kapitals vermehrt die Masse der jährlich erzeugten Lebensmittel und verwohlfeilert sie soweit, daß der *Durchschnittsarbeitslohn* auf größerer Stufenleiter der Reproduktion der Arbeiter berechnet sein kann, obgleich er im Wert sinkt, kleineres Quantum materialisierter Arbeitszeit darstellt. Wenn nur seine Wertgröße nicht ganz in derselben Proportion fällt, wie die Produktivkraft der Arbeit steigt, auch Sinken des Niveaus. Andrerseits die Lebenslage, worin das Kapital die Arbeiterklasse stellt, die Konglomeration und die Abscheidung von allem andern Lebensgenuß, die gänzliche Aussichtslosigkeit, einen höhern gesellschaftlichen Standpunkt zu erreichen und ein gewisses Dekorum aufrechtzuerhalten, die Inhaltslosigkeit seines ganzen Lebens, die Vermischung der Geschlechter im Atelier, die Vereinsamung des Arbeiters selbst, alles treibt zu frühzeitigen Ehen. Die Verkürzung und fast Abschaffung der notwendigen Lernzeit, das frühe Alter, worin Kinder selbst als Produzenten auftreten können, die Abkürzung der Zeit also, worin sie ernährt werden müssen, vermehrt den Stimulus zur beschleunigten Menschenproduktion. Nimmt das Durchschnittsalter der Arbeitergenerationen ab, so befindet sich immer überflüssige und stets steigende Masse kurzlebiger Generationen auf dem Markt, und das ist alles, dessen die kapitalistische Produktion bedarf.

Einerseits kann also gesagt werden (sieh *Colins* etc.), daß ein Land um so reicher, je mehr Proletarier es zählt, und daß das Wachstum des Reichtums in der Zunahme der Armut sich zeigt. Andrerseits *wächst relativ* die Zahl der von Handarbeit Unabhängigen und, obgleich die Arbeitermasse wächst, wächst in

---

[1] der Wirkungsgrad der Arbeit

derselben Proportion die Bevölkerung der Gesellschaftsschichten, die sie durch ihre Arbeit materiell zu ernähren hat. (*Colins, Sismondi* etc.) Die steigende Produktivität des Kapitals drückt sich direkt aus in der steigenden Masse der von ihm angeeigneten Surplusarbeit oder der steigenden Profitmasse, die eine Wertmasse ist. Diese Wertmasse ist nicht nur wachsend, sondern dieselbe Wertgröße stellt sich in ungleich größrer Masse von Gebrauchswerten dar. Es wächst also die Revenue der Gesellschaft (vom Salair abgesehn), der Teil derselben, der nicht ||178| wieder in Kapital rückverwandelt wird, und damit die Substanz, von[1] der die nicht direkt an der materiellen Produktion beteiligte Gesellschaftsschicht lebt. Damit dann auch der mit den Wissenschaften beschäftigte Teil; ganz wie der mit Zirkulationsgeschäften (Handel, Geldgeschäft) sich befassende und die Müßiggänger, die nur konsumieren; dito der *dienende Teil* der Bevölkerung. Beträgt z. B. in England 1 Million, mehr als sämtliche direkt in den factories[2] von Geweben und Gespinsten beschäftigten Arbeiter. Bei der Loslösung der bürgerlichen Gesellschaft von der feudalen vermindert sich dieser Teil der Bevölkerung sehr. Auf einer weiterentwickelten Stufe wächst diese voluntary servage[3] (sieh *Quesnay* über die Diener[125]) wieder außerordentlich mit Luxus, Reichtum und Schaustellung des Reichtums. Auch diese Bande − von der arbeitenden Klasse selbst geschieden − hat sie zu ernähren und für sie zu arbeiten, da selbe nicht an der materiellen Produktion direkt beteiligt ist. (Dito Armeen.)

||179| Obgleich die Masse der Arbeiter absolut wächst, nimmt sie relativ ab, nicht nur im Verhältnis zu dem konstanten Kapital, das ihre Arbeit absorbiert, sondern auch im Verhältnis zu dem nicht direkt in der materiellen Produktion oder überhaupt in gar keiner Produktion angesiedelten Teil der Gesellschaft.

„In jedem Stadium der Gesellschaft nimmt die Zahl derjenigen, die arbeiten, in dem Maße ab, in dem die Zunahme und die Verbesserungen der Technik die Produktivkraft des Menschen vermehren ... Das Eigentum entsteht aus der Verbesserung der Produktionsmittel; *sein einziges Geschäft ist die Förderung des Müßigganges.* Solange jedes Menschen Arbeit knapp zu seiner eigenen Erhaltung ausreicht, wird es keine Müßiggänger geben, weil kein Eigentum" {Kapital} „möglich ist. Kann dagegen eines Menschen Arbeit fünf erhalten, dann werden auf jeden in der Produktion beschäftigten Menschen vier Müßiggänger kommen; nur auf diese Weise kann das Produkt konsumiert werden ... Das Streben der Gesellschaft geht dahin, den Müßiggänger auf Kosten des Fleißigen zu erheben, den Überfluß in Macht zu verwandeln ... Die Arbeit, die produziert, ist der Vater des Eigen-

---

[1] In der Handschrift: an
[2] Fabriken
[3] freiwillige Knechtschaft

tums; das, was die Konsumtion fördert, ist sein Kind ... Die *Zunahme von Eigentum, diese größere Fähigkeit, Müßiggänger* und *unproduktive Arbeitzu unterhalten,* ist es, *was die politische Ökonomie als Kapital bezeichnet.*" (p. 11–13. *Piercy Ravenstone, M[aster of] A[rts], „Thoughts on the Funding System, and its effects", London 1824.*)

„Je weniger zahlreich die ausbeutende Bevölkerung ist, desto weniger wird sie denen, die sie ausbeutet, zur Last." ([p.] 69, t.I, *Colins,* „*L'Écon.* Polit. *Source des Révolutions et des Utopies prétendues socialistes", Paris 1856.*) „Versteht man unter gesellschaftlichem Fortschritt, zum Schlechten hin, die aus einer zahlenmäßig größeren ausbeutenden und einer kleineren ausgebeuteten Klasse resultierende Vergrößerung des Elends, so hat es vom 15. bis 19. Jahrhundert gesellschaftlichen Fortschritt, und zwar zum Schlechten hin, gegeben." *([p.] 70, 71, l. c.)*

/178/ Über die Trennung der Wissenschaft, soweit sie die Arbeit selbst betrifft, von der Arbeit – der Wissenschaft, deren Anwendung die Industrien und Agrikultur wurden, von den industriellen und agrikolen Arbeitern unter dem Abschnitt der Maschinerie.

(Sonst gehören alle diese Betrachtungen in das Schlußkapitel von Kapital und Arbeit.[17])

Der mittelaltrige Meister ist zugleich Handwerker und arbeitet selbst. Er ist Meister in seinem Handwerk. Mit der Manufaktur – wie sie auf Teilung der Arbeit gegründet ist – hört dies auf. Abgesehn von dem kaufmännischen Geschäft, das er als Warenkäufer und Verkäufer versieht, besteht die Tätigkeit des Kapitalisten darin, alle Mittel anzuwenden, um die Arbeit möglichst zu exploitieren, d. h. produktiv zu machen.

„Die Kapitalistenklasse wird zuerst teilweise und schließlich *ganz und gar entbunden von der Notwendigkeit der Handarbeit.* Sie ist daran interessiert, daß die *Produktivkräfte der Arbeiter, die sie beschäftigt,* so groß wie möglich seien. *Diese Kraft zu steigern,* darauf ist ihre Aufmerksamkeit, und zwar fast ausschließlich, gerichtet. Mehr Gedanken werden darauf gerichtet, die besten Möglichkeiten zu finden, alle Erfolge menschlichen Fleißes in die Tat umzusetzen; Kenntnisse erweitern, vervielfältigen seine Tätigkeitsbereiche und unterstützen den Fleiß." (*Rich. Jones, „Textbook of Lectures on the Pol. Econ. of Nations", Hertford* 1852.) (*Lecture III*[, p. 39].)

„Der Unternehmer wird immer alles daransetzen, um Zeit und Arbeit zu sparen." (*Dug. Stewart,* p. 318, l. c.) „Diese Spekulanten, *die so sehr sparen an der Arbeit der Arbeiter, die sie bezahlen müßten.*" (*J. N. Bidaut,* „*Du Monopole qui s'établit dans les arts industriels et le commerce*", Paris 1828, p. 13.)

„Die *Zahl der Arbeiter* hat sehr *zugenommen,* weil man immer mehr Männer- durch Frauenarbeit und vor allem Erwachsenen- durch Kinderarbeit ersetzt. Drei Mädchen im Alter von 13 Jahren mit Löhnen von 6 bis 8 sh die Woche haben massenweise einen Mann reifen Alters mit einem Lohn von 18 bis 45 sh verdrängt." ([p.] 147, Note, [De] *Quincey, Thomas, „The Logic of Polit. Economy", Edinb[urgh] 1844.*)

|/179/ „Die Ersparnis an den Kosten der Produktion kann nichts anderes sein als Er-

sparnis an der zur Produktion angewandten Arbeitsmenge." (*Sismondi*, „*Études* etc.", t. I, p. 22.)

||180| A. Smith bemerkt über das Wachstum des Kapitals, das der Teilung der Arbeit vorausgesetzt ist, die zugleich die *Zahl der angewandten Arbeiter* vermehre:

> „In dem Maße, in dem die Teilung der Arbeit fortschreitet, wächst in hohem Grade die Rohstoffmenge, die von derselben Zahl Menschen verarbeitet werden kann; und da die Verrichtungen jedes Arbeiters auf einen immer höheren Grad von Einfachheit zurückgeführt werden, gelangt man dahin, eine Menge neuer Maschinen zu erfinden, die zur Erleichterung und Abkürzung dieser Verrichtungen dienen."

(Dies sonderbare Logik – weil die Arbeit auf einen stets größren Grad von Einfachheit reduziert, erfindet man Maschinen, um sie zu erleichtern und abzukürzen. Also weil sie erleichtert und abgekürzt sind durch die Teilung der Arbeit! Soll heißen, vereinfachen und analysieren sich die Werkzeuge, aus deren Zusammensetzung später die Maschine entsteht.)

> „In dem Maße, wie die Teilung der Arbeit sich entwickelt, muß man, um die gleiche Arbeiterzahl fortwährend beschäftigen zu können, eine gleiche Menge Lebensmittel und eine größere Menge Rohstoffe und Werkzeuge akkumulieren, als auf einem weniger fortgeschrittenen Stand notwendig gewesen wäre. *Nun steigt die Zahl der Arbeiter im allgemeinen* in *jedem Arbeitsbereich* zur gleichen Zeit, wie sich dort die Teilung der Arbeit verstärkt; *oder es ist vielmehr das Anwachsen ihrer Zahl, das sie dazu bringt, sich so zu gruppieren und einzuordnen.*" (p. 193–94, t. II, *A. Smith.*) (b. II, „*Introduction*".)

A. Smith führt uns ibidem den Kapitalist vor als stets auf der Lauer, die Produktivkraft der Arbeit zu erhöhn. Hier Akkumulation des Kapitals, Voraussetzung für Teilung der Arbeit und Maschinerie (da sie als kapitalistische Produktionsweise erscheine), und umgekehrt die Akkumulation das Resultat dieser Steigerung der Produktivkräfte. L. c. heißt es:

> „Ebenso, wie die Arbeit ohne eine vorhergegangene Akkumulation von Kapitalien nicht die große Ausdehnung der Produktivkraft erreichen kann, führt dieselbe Akkumulation von Kapitalien diese Ausdehnung natürlich herbei. Wer sein Kapital dazu anwendet, Arbeiter zu beschäftigen, wünscht dies zweifellos in einer Weise zu tun, in der sie möglichst viele Arbeitsergebnisse liefern: Er ist daher bestrebt, sowohl die Arbeit unter seine Arbeiter möglichst zweckmäßig zu verteilen, als auch sie mit den besten Maschinen zu versehen, die er entweder erfinden oder kaufen kann. In welchem Maße ihm beides möglich ist, hängt im allgemeinen davon ab, wie groß sein Kapital ist und wie viele Menschen er mit diesem Kapital beschäftigen kann. Es wächst daher in einem Lande nicht nur *die Menge Arbeit* entsprechend der Zunahme des *Kapitals, das sie in Bewegung setzt,* sondern infolge dieser Zunahme produziert auch dieselbe Menge Arbeit eine weit größere Menge Arbeitsergebnisse." (p. 194/195.)

„Nicht mehr als der vierte Teil unserer gesamten Bevölkerung liefert alles, was von allen konsumiert wird." ([p.] 14, *Th. Hodgskin, „Popular Polit. Econ.", Lond[on] 1827.*)

„Die schmutzige Ökonomie, die ihn" (den Tagelöhner) „mit unruhigen Augen verfolgt, überhaupt ihn beim geringsten Anschein einer Erholung mit Vorwürfen bewirft, behauptet, wenn er sich einen Augenblick ausruht, daß er sie bestehle." (p. 466, v. II, S. N. *Linguet, „Théorie des Loix Civiles", Londres 1767.*)

Über die Folgen (bösen) der Teilung der Arbeit, die A. Smith, ch. I, b. I, wo er ex professo handelt von der Teilung der Arbeit, nur leicht berührt, spricht er dagegen nach Ferguson[126] rund heraus in b. V, das vom Staatseinkommen handelt. Da heißt es l. V (ch. I, article II):

„Während *die Teilung der Arbeit* Fortschritte macht, beschränkt sich die Tätigkeit der übergroßen Mehrheit derer, die von der Arbeit leben, d. h. der Masse des Volkes, auf eine sehr geringe Zahl einfacher Handgriffe, sehr häufig auf einen oder zwei. Nun entwickelt sich die Intelligenz der meisten Menschen infolge ihrer gewohnten Beschäftigung weiter. Ein Mensch, dessen ganzes Leben mit der Erledigung einer geringen Anzahl einfacher Handgriffe abläuft, deren Ergebnisse vielleicht auch noch täglich die gleichen oder doch nahezu gleich sind, hat weder die Gelegenheit, seine Intelligenz zu entwickeln, noch seine Einbildungskraft in der Suche nach Auswegen zur Überwindung von Schwierigkeiten zu üben, auf die er niemals trifft; so verliert er natürlich die Gewohnheit, seine Fähigkeiten zu entfalten oder zu üben, und dürfte im allgemeinen so dumm und unwissend werden, wie es für ein menschliches Wesen nur möglich ist. Die Erschlaffung seiner geistigen Fähigkeiten ... die Einförmigkeit seiner sitzenden Lebensweise verdirbt und schwächt natürlich seinen Mut ... sie zerstört selbst die Beweglichkeit seines Körpers und macht ihn unfähig, seine Kraft schwunghaft und ausdauernd in irgendeiner anderen Beschäftigung einzusetzen als in der, wozu er herangezogen ist. So ist seine Geschicklichkeit in seinem besonderen Gewerbe eine Qualifikation, die er erworben zu haben scheint auf Kosten seiner geistigen Fähigkeiten, seiner gesellschaftlichen Tugenden und seiner kämpferischen Veranlagungen. Das also ist der Zustand, in den der arme Arbeiter, d. h. die Masse der Bevölkerung, in der gesamten zivilisierten und industriell fortgeschrittenen Gesellschaft notwendig hinabstürzen muß ... Es sieht nicht so aus in den Gesellschaftsformationen, die man für gewöhnlich als *barbarisch* bezeichnet: die der Jäger- und Hirtenvölker und selbst der Ackerbauern im unentwickelten Zustand der Landwirtschaft, der dem Fortschritt der Gewerbe und der Ausweitung des Fernhandels vorausgeht. In diesen Gesellschaftsformationen zwingen die unterschiedlichen Tätigkeiten jeden einzelnen, seine Fähigkeit durch ständiges Mühen zu üben usw. ... Wenn sich auch ||182| in einer unentwickelten Gesellschaft die Beschäftigungen jedes Individuums einigermaßen stark unterscheiden, so gibt es dennoch keine großen Variationen der Beschäftigungen in der Gesellschaft überhaupt ... In einem zivilisierten Staat, wo im Gegensatz hierzu für die meisten nur eine geringe Auswahl an Beschäftigungen zur Verfügung steht, gibt es eine nahezu unendliche Zahl an Möglichkeiten in der Gesellschaft im allgemeinen." [p. 181–184.]

{*Abschweifung:* (Über produktive Arbeit.)}

{Ein Philosoph produziert Ideen, ein Poet Gedichte, ein Pastor Predigten, ein Professor Kompendien usw. Ein Verbrecher produziert Verbrechen. Betrachtet man näher den Zusammenhang dieses letztren Produktionszweiges mit dem Ganzen der Gesellschaft, so wird man von vielen Vorurteilen zurückkommen. Der Verbrecher produziert nicht nur Verbrechen, sondern auch das Kriminalrecht und damit auch den Professor, der Vorlesungen über das Kriminalrecht hält, und zudem das unvermeidliche Kompendium, worin dieser selbe Professor seine Vorträge als „Ware" auf den allgemeinen Markt wirft. Damit tritt Vermehrung des Nationalreichtums ein, ganz abgesehn von dem Privatgenuß, den, wie uns ein kompetenter Zeuge, Prof. Roscher [sagt], (sieh [127]) das Manuskript des Kompendiums seinem Urheber selbst gewährt. Der Verbrecher produziert ferner die ganze Polizei und Kriminaljustiz, Schergen, Richter, Henker, Geschworene usw., und alle diese verschiednen Gewerbszweige, die ebensoviele Kategorien der gesellschaftlichen Teilung der Arbeit bilden, entwickeln verschiedne Fähigkeiten des menschlichen Geistes, schaffen neue Bedürfnisse und neue Weisen ihrer Befriedigung. Die Tortur allein hat zu den sinnreichsten mechanischen Erfindungen Anlaß gegeben und in der Produktion ihrer Werkzeuge eine Masse ehrsamer Handwerksleute beschäftigt. Der Verbrecher produziert einen Eindruck, teils moralisch, teils tragisch, je nachdem, und leistet so der Bewegung der moralischen und ästhetischen Gefühle des Publikums einen „Dienst". Er produziert nicht nur Kompendien über das Kriminalrecht, nicht nur Strafgesetzbücher und damit Strafgesetzgeber, sondern auch Kunst, schöne Literatur, Romane und sogar Tragödien, wie nicht nur Müllners „Schuld" und Schillers „Räuber", sondern selbst „Ödipus" und „Richard der Dritte" beweisen. Der Verbrecher unterbricht die Monotonie und Alltagssicherheit des bürgerlichen Lebens. Er bewahrt es damit vor Stagnation und ruft jene unruhige Spannung und Beweglichkeit hervor, ohne die selbst der Stachel der Konkurrenz abstumpfen würde. Er gibt so den produktiven Kräften einen Sporn. Während das Verbrechen einen Teil der überzähligen Bevölkerung dem Arbeitsmarkt entzieht und damit die Konkurrenz unter den Arbeitern vermindert, zu einem gewissen Punkt den Fall des Arbeitslohns unter das Minimum verhindert, absorbiert der Kampf gegen das Verbrechen einen andren Teil derselben Bevölkerung. Der Verbrecher tritt so als eine jener natürlichen „Ausgleichungen" ein, die ein richtiges Niveau herstellen und eine ganze Perspektive „nützlicher" Beschäftigungszweige auftun. Bis ins Detail können die Einwirkungen des Verbrechers auf die Entwicklung der Produktivkraft nachgewiesen werden. Wären Schlösser je zu ihrer jetzigen Vollkommenheit gediehn, wenn es keine

182

Seite 182 aus Heft V

Diebe gäbe? Wäre die Fabrikation von Banknoten zu ihrer gegenwärtigen Vollendung gediehn, gäbe es keine ||183| Falschmünzer? Hätte das Mikroskop seinen Weg in gewöhnliche kommerzielle Sphären gefunden (siehe Babbage[128]) ohne Betrug im Handel? Verdankt die praktische Chemie nicht ebensoviel der Warenfälschung und dem Bestreben, sie aufzudecken, als dem ehrlichen Produktionseifer? Das Verbrechen, durch die stets neuen Mittel des Angriffs auf das Eigentum, ruft stets neue Verteidigungsmittel ins Leben und wirkt damit ganz so produktiv wie strikes[1] auf Erfindung an Maschinen. Und verläßt man die Sphäre des Privatverbrechens. Ohne nationale Verbrechen, wäre je der Weltmarkt entstanden? Ja, auch nur Nationen? Und ist der Baum der Sünde nicht zugleich der Baum der Erkenntnis seit Adams Zeiten her? Mandeville in seiner „Fable of the Bees" (1705) hatte schon die Produktivität aller möglichen Berufsweisen usw. bewiesen und überhaupt die Tendenz dieses ganzen Arguments:

„Das, was wir in dieser Welt das Böse nennen, das moralische so gut wie das natürliche, ist das große Prinzip, das uns zu sozialen Geschöpfen macht, die feste Basis, das *Leben und die Stütze aller Gewerbe und Beschäftigungen* ohne Ausnahme; hier haben wir den wahren Ursprung aller Künste und Wissenschaften zu suchen; und in dem Moment, da das Böse aufhörte, müßte die Gesellschaft verderben, wenn nicht gar gänzlich untergehen." [129]

Nur war Mandeville natürlich unendlich kühner und ehrlicher als die philisterhaften Apologeten der bürgerlichen Gesellschaft.}

Was uns bei der Teilung der Arbeit, wie bei allen Formen der kapitalistischen Produktion, schlägt, ist der Charakter des Antagonismus.

[Erstens:] Bei der Teilung der Arbeit *innerhalb* des Ateliers sind die Arbeiter quantitativ nach gewissen Verhältniszahlen, wie das Ganze der Produktion, das Produkt der kombinierten Arbeiten es erheischt, streng und gesetzmäßig unter die einzelnen Operationen verteilt. Betrachten wir dagegen das Ganze der Gesellschaft – die gesellschaftliche Teilung der Arbeit – so befinden sich bald zuviel Produzenten in dem einen Geschäftszweig, bald in dem andern. Die Konkurrenz, wodurch der Preis der Ware bald über ihren Wert steigt, bald unter ihren [Wert] sinkt, gleicht beständig diese Ungleichheit und Disproportion aus, reproduziert sie aber ebenso beständig. Es ist die durch die Konkurrenz vermittelte Bewegung der Warenpreise, die als Regulator die Verteilung der Produktenmassen unter bestimmte Produktionszweige bestimmt, beständige Auswanderung und Einwanderung in den besondren Pro-

---

[1] Streiks

duktionssphären hervorbringt – das sog. Gesetz der Nachfrage und Zufuhr, das einerseits die Preise bestimmt, andrerseits von ihnen bestimmt wird. Ohne hier näher auf diesen Punkt einzugehn, springt der Unterschied dieser anarchischen Verteilung innerhalb der Gesellschaft von den geregelten, festen innerhalb des Ateliers selbst ins Auge.

Zweitens: Innerhalb der Gesellschaft sind verschiedne Geschäftszweige, die selbst bloß verschiedne Phasen der Produktion darstellen, die ein Produkt durchlaufen muß, um seine Schlußform, seine letzte Form, die Gestalt zu erhalten, worin sein Gebrauchswert fertig hergestellt ist, wie z. B. Flachsbauen, Flachsspinnerei, Leinwandweberei – miteinander vermittelt –, so daß sie schließlich zur Herstellung eines Produkts kooperieren – durch die Warenzirkulation. Der Flachs tritt als Ware ||184| dem Spinner, das Garn als Ware dem Weber gegenüber. Warenkauf und Warenverkauf vermitteln hier den Zusammenhang, der innerlich – als innere Notwendigkeit – zwischen diesen unabhängig voneinander betriebnen Produktionszweigen existiert. Die Teilung der Arbeit innerhalb der Manufaktur setzt dagegen *unmittelbare* Kombination der verschiednen Operationen, die *ein bestimmtes* Produkt liefern, voraus. Ware wird dies Produkt erst als Resultat dieser kombinierten Operationen. Dagegen verwandelt sich der Produktteil, den jede dieser Teiloperationen schafft, nicht in Ware. Die Kooperation ist hier nicht dadurch vermittelt, daß das Produkt des einen Prozesses ursprünglich als Ware in den andren hineintritt und dadurch die geteilten Arbeiten sich ergänzen. Vielmehr ist die *unmittelbare* Kombination der Arbeiten hier vorausgesetzt, damit ihr gemeinschaftliches Produkt als Ware auf den Markt trete.

Drittens:

{Nach dem relativen Mehrwert sind absoluter und relativer Mehrwert in ihrer Kombination zu betrachten. Dann die Proportionen des Steigens und Fallens. Danach oder vielmehr davor die Änderung, die die Produktionsweise selbst erleidet, indem sie kapitalistisch wird. Nicht mehr bloß formelle Subsumtion des Arbeitsprozesses unter das Kapital. Die verschiednen Mittel, wodurch das Kapital den relativen Mehrwert schafft, die Produktivkräfte steigert und die Masse der Produkte, sind alles gesellschaftliche Formen der Arbeit, die aber vielmehr als gesellschaftliche Formen des Kapitals – Daseinsweisen des Kapitals selbst innerhalb der Produktion, erscheinen. So daß nicht nur gezeigt wird, wie das Kapital produziert, sondern wie das Kapital selbst produziert wird – seine eigne Genesis. Es zeigt sich dann auch, daß diese bestimmte Form des gesellschaftlichen Produktionsverhältnisses durch die vergangne Arbeit Kapital wird, bestimmter Entwicklungsstufe des materiellen Produktionsprozesses, bestimmten materiellen, aber selbst erst historisch geschaffnen Produktionsbedingungen entspricht, Produktionsbedingungen, deren Ausgangspunkte natürlich einer vorkapitalistischen Produktionsstufe der Gesellschaft angehören, deren Herstellung und Entwicklung mit der Genesis des Kapitals selbst zusammenfällt, bis die Produktion sich auf gewonnener kapitalistischer Basis bewegt, wo jene Produktionsbedingungen dann nur erweitert und reproduziert werden. Ferner erscheint diese Genesis des Kapitals zugleich als Entäußerungsprozeß der Arbeit, Entfremdung, Darstellung als fremder Mächte ihrer eignen gesellschaftlichen Formen. Auch der Masse nach, die die kapitalistische Produktion erheischt, erscheint das Kapital als eine gesellschaftliche Form, nicht der unabhängigen einzelnen Arbeit. Danach ist darzustellen, wie weit das Kapital produktiv, woran sich die Frage über produktive und nichtproduktive Arbeit anschließt. Dann der Arbeitslohn und Mehrwert als *Revenue*, überhaupt die Form der *Revenue*, die uns nötig zum Übergang zur Akkumulation des Kapitals.[130]}

Innerhalb des Ateliers sind die verschiednen Operationen nach einem Plan systematisch geschieden und verschiedne Arbeiter ihnen zugeteilt nach einer Regel, die ihnen als zwingendes, fremdes und von außen ihnen auferlegtes Gesetz entgegentritt. Der Zusammenhang der kombinierten Arbeiten, ihre Einheit, tritt dem einzelnen Arbeiter ebenfalls als *Wille*, persönliche Einheit, Kommando und Oberaufsicht des Kapitalisten entgegen; wie ihre eigne Kooperation ihnen nicht als ihre Tat, ihre eigne gesellschaftliche Existenz, sondern als Dasein des sie zusammenhaltenden Kapitals, als eine Daseinsform des ||185| Kapitals in dem unmittelbaren Produktionsprozeß, Arbeitsprozeß, selbst erscheint. Im Innern der Gesellschaft dagegen erscheint die Teilung der Arbeit frei, d. h. hier *zufällig*, zwar durch einen innern Zusammenhang verbunden, der aber ebensosehr als das Produkt der Umstände wie der Willkür der voneinander unabhängigen Warenproduzenten sich darstellt. Wesentlich unterschieden, wie die Teilung der Arbeit – als spezifisch kapitalistische Produktionsweise – die Teilung der Arbeit im Innern des Ateliers der Teilung der Arbeit im ganzen der Gesellschaft gegenübertritt, bedingen sich beide wechselseitig. Dies heißt in der Tat nur, daß die große Industrie und freie Konkurrenz beide sich wechselseitig bedingende Formen, Gestaltungen der kapitalistischen Produktion sind. Indes ist hier alles Heranziehen der Konkurrenz zu vermeiden, da sie die Aktion der Kapitalien aufeinander ist, also schon die Entwicklung des Kapitals überhaupt voraussetzt.

Die Ware als die elementarischste Form des Reichtums war unser Ausgangspunkt. Ware und Geld sind beide die elementarischen Daseinsweisen, Existenzweisen des Kapitals, entwickeln sich aber erst zu Kapital unter bestimmten Bedingungen. Kapitalbildung kann nicht stattfinden außer auf

Grundlage der Warenproduktion und Warenzirkulation, also auf einer schon gegebnen, zu einem gewissen Umfang gediehnen Stufe des Handels, während umgekehrt Warenproduktion und Warenzirkulation (was Geldzirkulation einschließt) zu ihrem Dasein keineswegs die kapitalistische Produktion voraussetzten, vielmehr als notwendig gegebene historische Voraussetzung der letzteren erscheinen. Andrerseits aber wird die Ware erst die *allgemeine* Form des Produkts, muß alles Produkt die Form der Ware annehmen, ergreifen Kauf und Verkauf nicht nur den Überfluß der Produktion, sondern die Subsistenz selbst und treten die verschiednen Produktionsbedingungen selbst umfassend als Waren, durch Kauf und Verkauf vermittelt, in den Produktionsprozeß selbst ein, nur auf Grundlage der kapitalistischen Produktion. Wenn die Ware daher einerseits als Voraussetzung der Kapitalbildung erscheint, erscheint andrerseits ebensosehr die *Ware* als *allgemeine* Form des Produkts wesentlich als Produkt und Resultat des Kapitals. Produkte nehmen auf andrer Produktionsweise zum Teil die Form der Ware an. Das Kapital dagegen produziert notwendig Ware, sein Produkt als Ware, oder es produziert nichts. Mit der Entwicklung der kapitalistischen Produktion, i. e. des Kapitals, realisieren sich daher auch erst die allgemeinen über die Ware entwickelten Gesetze, z. B. daß der Wert der Ware durch die in ihr enthaltne gesellschaftlich notwendige Arbeitszeit bestimmt ist. Es zeigt sich hier, wie selbst frühern Produktionsepochen angehörige Kategorien auf Grundlage verschiedner Produktionsweise spezifisch verschiedenen Charakter – historischen Charakter erhalten.

Die Verwandlung des Gelds – das selbst nur eine verwandelte Form der Ware – in Kapital findet nur statt, sobald das Arbeitsvermögen (nicht der Arbeiter) in Ware verwandelt ist, also die Kategorie der Ware schon von vornherein einer ganzen, sonst von ihr ausgeschloßnen Sphäre sich bemächtigt hat. Nur sobald die arbeitende Masse der Bevölkerung aufgehört hat, als Warenproduzent auf den Markt zu treten, statt des Produkts der Arbeit vielmehr die Arbeit selbst oder rather[1] ihr Arbeitsvermögen verkauft, wird die Produktion ihrem ganzen Umfang, ihrer ganzen Breite und Tiefe nach *Waren* p r o d u k t i o n, verwandelt sich alles Produkt in Ware und treten die gegenständlichen Bedingungen jeder einzelnen Produktionssphäre selbst als Waren in sie ein. Nur auf Grundlage des Kapitals, der kapitalistischen Produktion, wird Ware in der Tat die allgemeine elementarische Form des Reichtums. Hierin liegt aber schon, ||186| daß die Entwicklung der Teilung der Arbeit in der Gesellschaft, wo sie in zufälliger Form erscheint, und die kapitalistische Teilung der Arbeit im Innern des Atelier[s] einander wechsel-

---

[1] vielmehr

seitig bedingen und produzieren. Damit der Produzent nur Ware produziert, d. h., der Gebrauchswert des Produkts nur als Tauschmittel für ihn existiert – der fact schließt ein, daß seine Produktion ganz auf der gesellschaftlichen Teilung der Arbeit basiert, er also nur ein ganz einseitiges Bedürfnis befriedigt durch seine Produktion. Andrerseits findet diese allgemeine Produktion der Produkte als Waren aber nur auf Grundlage der kapitalistischen Produktion und im Maß ihrer Ausdehnung statt. Hat sich das Kapital z. B. noch nicht der Agrikultur bemächtigt, so wird ein großer Teil des Produkts noch unmittelbar als Subsistenzmittel, nicht als Ware, produziert werden; ein großer Teil der arbeitenden Bevölkerung wird noch nicht in Lohnarbeiter und ein großer Teil der Arbeitsbedingungen noch nicht in Kapital verwandelt sein.

Die kapitalistische Produktion, also die reglementsmäßige Teilung der Arbeit innerhalb des Atelier[s], vermehrt unmittelbar die freie Teilung der Arbeit innerhalb der Gesellschaft (ganz abgesehn von der durch die Massenproduktion bedingten Erweiterung des Austauschzirkels, des Weltmarkts), indem sie die Arbeit einer bestimmten Anzahl Arbeiter effektiver macht, also beständig einen Teil der Arbeitskräfte freisetzt für neue Beschäftigungsweisen und damit zugleich bisher latente oder nicht vorhandne Bedürfnisse und Arbeitsweisen zu ihrer Befriedigung entwickelt. Auch durch die Vermehrung der Bevölkerung, durch die Verwohlfeilerung der zur Reproduktion und Vervielfältigung der Arbeitsvermögen erheischten Lebensmittel; ebenso, indem der Surpluswert, der Teil der Revenue wird, nun in den mannigfaltigsten Gebrauchswerten sich zu verwirklichen sucht.

Wo die *Ware* als herrschende Form des Produkts erscheint und die Individuen nicht nur Produkte, Gebrauchswerte, Subsistenzmittel produzieren müssen, um überhaupt etwas zu produzieren, der Gebrauchswert der Ware für sie vielmehr nur stofflicher Träger des Tauschwerts, Tauschmittel, potentia[1] Geld ist, wo sie also *Ware* produzieren müssen, ist ihr Verhältnis zueinander – soweit der Stoffwechsel ihrer Tätigkeiten, überhaupt ihr Verhältnis innerhalb der Produktion in Betracht kömmt – das von *Warenbesitzern.* Wie sich aber die Ware erst in dem Warenaustausch – i. e. der Warenzirkulation – entwickelt, so der Warenbesitzer in den Charakteren von Verkäufer und Käufer. Verkauf und Kauf, erst die Darstellung des Produkts als Ware, dann die Darstellung der Ware als Geld und die Metamorphose der Ware, worin sie in aufeinanderfolgenden Stadien als Ware Geld, wieder Ware sich darstellt, sind die Bewegungen, wodurch die Produktionen der voneinander

---

[1] dem Vermögen nach

unabhängigen Individuen *gesellschaftlich* vermittelt werden. Die *gesellschaftliche*
Form ihres Produkts und ihrer Produktion, d. h. die gesellschaftliche Beziehung, in welche die Warenproduzenten als solche treten, sind eben nur die
Darstellung ihres Produkts als *Ware* und *Geld* und die Akte, Bewegungen,
worin es diese verschiednen Bestimmungen abwechselnd annimmt, Verkauf
und Kauf.

Welches also immer der innere notwendige aus der Natur ihrer Bedürfnisse und aus der Art der sie produzierenden Tätigkeiten selbst entspringende Zusammenhang sei, der die verschiedenen Gebrauchswerte, also auch
die verschiednen sie produzierenden, in ihnen steckenden Arbeitsweisen zu
einem Ganzen, Totalität, System von Tätigkeiten und Reichtum verbindet –
in welchem Verhältnis immer der Gebrauchswert der einen Ware als Konsumtionsmittel oder Produktionsmittel Gebrauchswert für den andren Warenbesitzer sei –, die *gesellschaftliche* Beziehung, worin die Warenbesitzer treten, ist die Darstellung ihres Produkts als Ware und Geld und die Bewegung,
worin sie als Träger der Metamorphose der Waren ||187| einander gegenüber-
treten.

Wenn das Dasein der Produkte füreinander als Waren und daher der Individuen als Warenbesitzer, weiterentwickelt als Verkäufer und Käufer, daher
an und für sich gesellschaftliche Teilung der Arbeit voraussetzt – denn ohne
dieselbe würden die Individuen nicht Ware, sondern unmittelbar Gebrauchswert, Subsistenzmittel für sich selbst produzieren –, so setzt es ferner eine
bestimmte Teilung der gesellschaftlichen Arbeit voraus, nämlich eine Teilung, die *formell* absolut zufällig ist und dem freien Belieben und Treiben der
Warenproduzenten überlassen bleibt. Soweit diese Freiheit beschränkt ist, ist
sie nicht durch staatliche oder sonstige äußerliche Einflüsse beschränkt, sondern durch die Existenzbedingungen, die Charakteristika, die die Ware zur
Ware machen. Sie muß einen Gebrauchswert haben für die Gesellschaft, d. h.
die Käufer, also bestimmte wirkliche oder eingebildete Bedürfnisse befriedigen. Hier ist eine Basis, auf die der einzelne Warenproduzent baut, aber es ist
seine Sache, ob er vorhandene Bedürfnisse befriedigt oder neue durch seinen
Gebrauchswert hervorruft, oder ob er sich verrechnet und ein nutzloses Ding
geschaffen hat. Es ist seine Sache, einen Käufer aufzufinden, für den seine
Ware einen Gebrauchswert hat. Die zweite Bedingung, die er zu erfüllen hat,
ist, nicht mehr Arbeit auf seine Ware zu verwenden als die zu ihrer Produktion gesellschaftlich notwendige Arbeitszeit, und dies zeigt sich darin, daß er
nicht mehr Arbeitszeit zu ihrer Produktion erheischt als der Durchschnitt der
Produzenten, die dieselbe Ware produzieren. Die Produktion des Produkts als
Ware – wenn die Ware notwendige Form des Produkts, allgemein Form der

Produktion, daher auch die Befriedigung der Lebensbedürfnisse[1] durch Verkauf und Kauf vermittelt — bedingt also eine gesellschaftliche Teilung der Arbeit, die zwar dem Inhalt nach auf einer Basis von Bedürfnissen, Zusammenhang der Tätigkeiten usw. beruht, deren Zusammenhang aber formell nur durch die Darstellung des Produkts als Ware, das Gegenübertreten der Produzenten als Warenbesitzer, als Verkäufer und Käufer *vermittelt* ist, also einerseits ebensosehr als das Produkt einer *verborgenen*, in den Individuen nur als Not, Bedürfnis, Fähigkeit usw. erscheinenden Naturnotwendigkeit erscheint, andrerseits als das Resultat ihres unabhängigen, nur durch das Wesen des Produkts — Gebrauchswert und Tauschwert sein zu müssen — bedingten Beliebens.

Andrerseits: Das Produkt nimmt nur allgemein die Form der Ware an — das Verhältnis der Produzenten zueinander als Verkäufer und Käufer wird nur der sie beherrschende gesellschaftliche Zusammenhang —, wo das Arbeitsvermögen selbst zur Ware für seinen Besitzer, der Arbeiter daher Lohnarbeiter und das Geld Kapital geworden ist. Der gesellschaftliche Zusammenhang zwischen dem Geldbesitzer und dem Arbeiter ist auch nur der von Warenbesitzern. Das Verhältnis modifiziert sich, bringt neue gesellschaftliche Verhältnisse hervor, durch die spezifische Natur der Ware, die der Arbeiter zu verkaufen hat und die eigentümliche Art, worin der Käufer dasselbe konsumiert, ganz wie den besondren Zweck, wozu er es kauft. Die kapitalistische Produktion führt u.a. die Teilung der Arbeit im Innern des Ateliers mit sich, und es ist dies, wie die andren vom Kapital angewandten Produktionsmittel, die die Massenproduktion, daher die Gleichgiltigkeit des Gebrauchswerts des Produkts für den Produzenten, die Produktion für den bloßen Verkauf des Produkts als bloßer Ware ||188| weiterentwickeln.

Daher ergibt sich also, wie die freie, scheinbar zufällige, unkontrollierte und dem Treiben der Warenproduzenten anheimgestellte *Teilung der Arbeit innerhalb der Gesellschaft* der systematischen, planmäßigen[2], reglementsmäßigen, unter dem Kommando des Kapitals vor sich gehenden Teilung der Arbeit im Innern des Ateliers entspricht und beide sich gleichmäßig miteinander entwickeln, sich durch Wechselwirkung produzieren.

In Gesellschaftsformen dagegen, wo die gesellschaftliche Teilung selbst als festes Gesetz, äußere Norm erscheint, Regeln unterworfen ist, findet die Teilung der Arbeit, wie sie die Basis der Manufaktur bildet, nicht oder nur sporadisch und nur in Anfängen statt.

---

[1] In der Handschrift: Lebensmittel
[2] In der Handschrift: systematischen, planmäßigen, systematischen

Z.B. die Zunftgesetze bestimmen ein sehr niedriges Maximum von Gesellen, die ein Meister halten kann. Er wird eben dadurch verhindert, sich zum Kapitalisten zu entwickeln. Die Teilung der Arbeit ist damit von selbst vom Innern des Ateliers ausgeschlossen. (Etwas weiter auszuführen.)

Platos Hauptargument für die Teilung der Arbeit,[1] daß, wenn einer verschiedene Arbeiten verrichtet, die eine oder die andre also als Nebenwerk verrichtet, das Produkt auf die Gelegenheit des Arbeiters warten muß, während sich umgekehrt die Arbeit nach den Erfordernissen des Produkts richten soll, neuerdings von den bleachers und dyers[2] gegen ihre Subsumtion unter die factory acts[89] {*The Bleaching and Dyeing Works Act* came into operation on 1st August 1861[3].} geltend gemacht. Nach dem factory act nämlich, dessen provisions[4] in dieser Beziehung reproduziert für Bleaching etc.:

„während irgendeiner Essenszeit, die irgendeinen Teil der eineinhalb Stunden für Mahlzeiten bildet, soll kein Kind, keine junge Person oder Frau beschäftigt oder ihnen gestattet werden, in irgendeinem Raum zu verweilen, in dem ein Fabrikationsprozeß durchgeführt wird; und alle diese jungen Personen und Frauen sollen ihre Essenszeiten *in der gleichen Tagesperiode* erhalten." („*Factory Report* for the half year ending 31st Oct. 1861":) „Die Bleicher beschweren sich wegen der für sie geforderten Einheitlichkeit der Essenszeiten. Ihr Einspruch gründet sich darauf, daß man zwar die Maschinen in Fabriken ohne Nachteil jederzeit anhalten kann und in diesem Fall außer der Produktion selbst nichts verloren geht. Dagegen kann bei den unterschiedlichen Operationen wie *sengen*, waschen, bleichen, mangeln, kalandern und färben keine von ihnen in einem bestimmten Augenblick gestoppt werden, ohne Schaden zu riskieren ... die gleiche Mittagsstunde für alle Arbeiter durchzusetzen könne gelegentlich wertvolle Güter dem Wagnis aussetzen, welches sich aus unvollständiger Bearbeitung ergibt." (l. c., p. 21, 22.)

(*Dieselbe dinner hour*[5] festgesetzt, weil sonst die Kontrolle unmöglich wird, ob die Arbeiter überhaupt die mealtimes[6] erhalten.)

---

[1] Siehe vorl. Band, S. 276–279
[2] Bleichern und Färbern
[3] *Das Fabrikgesetz für Bleichereien und Färbereien* wurde am 1. August 1861 in Kraft gesetzt
[4] Bestimmungen
[5] Mittagsstunde
[6] Essenszeiten

Verschiedne Arten der Division du travail[1]

„Wir begegnen bei den Völkern, die eine gewisse Stufe der Zivilisation erreicht haben, drei Arten von Teilung der Arbeit: die *erste*, die wir die *allgemeine* nennen, führt die Scheidung der Produzenten in Landwirte, Gewerbetreibende und Kaufleute herbei, sie entspricht den drei Hauptzweigen der nationalen Arbeit; die *zweite*, ||189| die man die *besondere* nennen könnte, ist die Unterteilung innerhalb der einzelnen Erwerbszweige. So z. B. in der *einfachen* Industrie, wo man zwischen dem Beruf des Landmanns und dem des Bergarbeiters unterscheiden muß etc. Die *dritte* Art der Teilung der Arbeit endlich, die man als *Teilung der Arbeitsverrichtung* oder als *Teilung der Arbeit im eigentlichen Sinne* bezeichnen sollte, ist diejenige, *die sich in den einzelnen Handwerken und Berufen herausbildet* und die darin besteht, daß mehrere Arbeiter untereinander ihre Verrichtungen aufteilen, die sie ausüben müssen, um denselben Gegenstand für Gebrauch und Verkauf herzustellen, wobei jeder von ihnen nur eine der Arbeiten zu leisten hat, deren Resultat allein nicht die komplette Herstellung des *fertigen Gegenstandes* ist und wobei dieses Resultat nur durch *die Vereinigung der Verrichtungen aller Arbeiter*, die mit seiner Herstellung beschäftigt sind, zu erreichen ist. Von jener Art ist die Teilung der Arbeit, die in den *meisten Manufakturen* und *Werkstätten* Fuß faßt, wo man eine größere oder kleinere Anzahl Arbeiter mit der Produktion einer *Waren*art beschäftigt sieht, wobei alle *unterschiedliche Verrichtungen ausführen*." (p. 84–86, t. I, *F. Skarbek*, „*Théorie des richesses sociales*", 2. éd., Paris 1839.) „Die dritte Art der Teilung der Arbeit *wird innerhalb der Werkstätten selbst vollzogen* ... sie entsteht von dem Moment an, da Kapitalien vorhanden sind, welche zur Errichtung von Manufakturen bestimmt sind, und da *Werkstattbesitzer existieren*, welche alle notwendigen *Vorauszahlungen leisten, um Arbeiter arbeiten zu lassen,* und welche dank ihrer Fonds in der Lage sind, den Rückfluß der verausgabten Kosten für die Herstellung der Produkte abzuwarten, die sie für den Austausch zur Verfügung stellen." ([p.] 94, 95, l. c.)

Einfache Kooperation

„Ferner muß man feststellen, daß diese partielle Teilung der Arbeit auch dann erfolgen kann, wenn die Arbeiter mit derselben Verrichtung beschäftigt sind. Die Maurer z. B., die Ziegel von Hand zu Hand zu einem höheren Gerüst wandern lassen, tun alle dieselbe Arbeit, und dennoch existiert unter ihnen eine Art von Teilung der Arbeit, die darin besteht, daß jeder von ihnen den Ziegel ein bestimmtes Stück weiterwandern läßt und alle gemeinsam ihn viel schneller an den Bestimmungsort gelangen lassen, als trüge jeder von ihnen seine Ziegel gesondert auf das Gerüst hinauf." (l. c., p. 97, 98.) *(Skarbek.)*

---

[1] Teilung der Arbeit

||190| γ) *Maschinerie*
Anwendung von Naturkräften und Wissenschaft
(steam, electricity, mechanical and chemical agencies[1])

John Stuart Mill[131] bemerkt:

„Es ist fraglich, ob alle bisher gemachten mechanischen Erfindungen die Tagesmühe irgendeines menschlichen Wesens erleichtert haben."

Er hätte sagen sollen, of any toiling human being[2]. Aber die Maschinerie auf Grundlage der kapitalistischen Produktion bezweckt keineswegs, to lighten or shorten the day's toil des Arbeiters[3].

„Waren sind billig, außer sie sind aus Menschenfleisch gemacht." ([John Barnard Byles,] „*Sophisms of Free trade*", London 1850, 7. edit., p. 202.)

Der Zweck der Maschinerie, ganz allgemein gesprochen, ist, den Wert der Ware, ergo ihren Preis, zu vermindern, sie zu verwohlfeilern, d. h., die zur Produktion einer Ware notwendige Arbeitszeit zu verkürzen, keineswegs aber, die Arbeitszeit zu verkürzen, während welcher der Arbeiter mit der Produktion dieser wohlfeilern Ware beschäftigt ist. Es handelt sich in der Tat darum, nicht den Arbeitstag zu verkürzen, sondern, wie bei aller Entwicklung der Produktivkraft auf kapitalistischer Grundlage, die Arbeitszeit zu verkürzen, die der Arbeiter zur Reproduktion seines Arbeitsvermögens, in andren Worten, zur Produktion seines Salairs, bedarf, also den Teil des Arbeitstags zu verkürzen, den er für sich selbst arbeitet, den *bezahlten* Teil seiner Arbeitszeit, und durch die Verkürzung derselben den andren Teil des Tags zu verlängern, den er gratis für das Kapital arbeitet, den *unbezahlten* Teil des Arbeitstags, seine *Surplusarbeitszeit*. Warum überall mit Einführung der Maschinerie die Sucht nach Verschlingung fremder Arbeitszeit wächst und der Arbeitstag – bis die Gesetzgebung einschreiten muß –, statt verkürzt zu werden, vielmehr über seine natürlichen Grenzen verlängert wird, also nicht nur die relative Surplusarbeitszeit, sondern die Gesamtarbeitszeit, dies *Phänomen* betrachten wir im 3. Kapitel[132].

||196| „Jedoch gleichzeitig mit der Erhöhung der Anzahl [der Arbeiter] verstärkt sich auch die Plackerei. Die Arbeit der in den Fabrikprozessen Beschäftigten *ist jetzt dreimal so groß* als bei der Einführung solcher Operationen. Die Maschinerie hat zweifelsohne ein Werk verrichtet, welches die Sehnen und Muskeln von Millionen Menschen ersetzt, aber sie hat auch *erstaunlich* die Arbeit der durch ihre furchtbare Bewegung beherrschten Menschen *vermehrt*." („*Ten hours' Factory Bill*. Lord *Ashley's Speech*", Lond[on] 1844, p. 6.[90])

---

[1] Dampf, Elektrizität, mechanische und chemische Vorrichtungen
[2] irgendeines sich abmühenden menschlichen Wesens
[3] die Tagesmühe des Arbeiters zu erleichtern oder abzukürzen

/190/ Es ist nur in einzelnen Fällen, daß der Kapitalist durch Einführung der Maschinerie *direkte Herabsetzung des Arbeitslohns* bezweckte, obgleich dies stets der Fall, wenn er an die Stelle der geschickten Arbeit einfache und an die Stelle der Arbeit erwachsener Männer die Arbeit von Frauen und Kindern setzt. Der Wert der Ware ist durch die in ihr enthaltne *gesellschaftlich notwendige* Arbeitszeit bestimmt. Bei Einführung neuer Maschinerie, solange die Masse der Produktion noch auf Grundlage der alten Produktionsmittel fortdauert, kann der Kapitalist die Ware *unter* ihrem gesellschaftlichen Wert verkaufen, obgleich er sie über ihrem individuellen Wert verkauft, d. h. über der *Arbeitszeit*, die er unter dem neuen Produktionsprozeß zu ihrer Herstellung bedarf. Hier scheint also der Mehrwert für ihn aus dem Verkauf – der Übervorteilung der andren Warenbesitzer, dem Steigen des Preises der Ware über ihren Wert, herzustammen, nicht aus der Verminderung der notwendigen Arbeitszeit und der Verlängerung der Surplusarbeitszeit. Indes ist auch das nur Schein. Durch die ausnahmsweise Produktivkraft, die die Arbeit hier im Unterschied von der Durchschnittsarbeit in demselben Geschäftszweig erhalten, wird sie im Verhältnis zu derselben höhre Arbeit, so daß z. B. eine Arbeitsstunde derselben gleich $\frac{5}{4}$ Arbeitsstunden der Durchschnittsarbeit, einfache Arbeit auf höherer Potenz. Der Kapitalist zahlt sie aber wie die Durchschnittsarbeit. Eine geringre Zahl Arbeitsstunden wird so gleich einer größeren Zahl Arbeitsstunden der Durchschnittsarbeit. Er bezahlt sie als Durchschnittsarbeit und verkauft sie als das, was sie ist, höhere Arbeit, von der ein bestimmtes Quantum = einem höheren Quantum der Durchschnittsarbeit. Der Arbeiter braucht hier also nur geringre Zeit zu arbeiten, unter der Voraussetzung, als der Durchschnittsarbeiter, um denselben ||191| Wert zu produzieren. Er arbeitet also in der Tat geringere Arbeitszeit – als der Durchschnittsarbeiter – um das Äquivalent für seinen Arbeitslohn oder die zur Reproduktion seines Arbeitsvermögens nötigen Lebensmittel zu produzieren. Er gibt also eine größre Zahl Arbeitsstunden als Surplusarbeit dem Kapitalisten, und es ist nur diese relative Surplusarbeit, die dem letztern beim Verkauf den Überschuß des Preises der Ware über ihren Wert liefert. Er realisiert diese Surplusarbeitszeit, oder, was dasselbe, diesen Surpluswert nur im Verkauf, der also nicht aus dem Verkauf, sondern aus der Verkürzung der notwendigen Arbeitszeit und daher der relativen Vermehrung der Surplusarbeitszeit herstammt. Selbst wenn der Kapitalist, der die neue Maschinerie einführt, höheren als den Durchschnittsarbeitslohn zahlte, rührte der von ihm realisierte Überschuß über den normalen Mehrwert, den von den andern Kapitalisten in demselben Geschäftszweig realisierten Mehrwert, nur davon her, daß der Arbeitslohn nicht *in demselben* Verhältnis vermehrt wird, in welchem diese Arbeit über die Durchschnittsarbeit steigt, daß also stets eine relative Vermehrung der Surplusarbeitszeit stattfindet. Dieser Fall also auch subsumiert unter das allgemeine Gesetz, daß der Mehrwert = Surplusarbeit.

Die Maschinerie – sobald sie kapitalistisch angewandt wird, sich nicht mehr in ihren Anfängen befindet, worin sie meist nichts als machtvolleres Handwerksinstrument ist – setzt die *einfache Kooperation* voraus, und zwar erscheint diese, wie wir weiter sehn werden, als viel wichtigeres Moment in ihr wie in der auf Teilung der Arbeit beruhenden Manufaktur, wo sie sich nur im Prinzip der multiples geltend macht, i. e. nicht nur darin, daß die verschiednen Operationen unter verschiedne Arbeiter verteilt sind, sondern daß Verhältniszahlen stattfinden, worin bestimmte Anzahl von Arbeitern gruppenweis je den einzelnen Operationen zugeteilt, unter sie subsumiert ist. Im *mechanischen Atelier*, der entwickeltsten Form der kapitalistischen Anwendung der Maschinerie, ist es wesentlich, daß viele *dasselbe* tun. Es ist sogar sein Hauptprinzip. Die Anwendung der Maschinerie setzt ferner ursprünglich als Existenzbedingung die auf Teilung der Arbeit beruhnde Manufaktur voraus, indem die *Maschinenfabrikation* selbst – also die Existenz der Maschine – auf einem Atelier beruht, worin das Prinzip der Teilung der Arbeit vollständig durchgeführt. Erst auf weiterer Entwicklungsstufe findet Maschinenfabrikation selbst auf Grundlage der Maschinerie – durch mechanisches Atelier – statt.

„In den Anfängen des mechanischen Ateliers bot eine Werkstatt dem Auge die Teilung der einzelnen Arbeiten in mannigfachen Abstufungen dar; die Feile, der Bohrer, die Drechselbank hatten ein jedes je nach dem Grad der Geschicklichkeit seine Arbeiter; aber die Fingerfertigkeit, mit der Arbeiter mit Feilen oder Bohrern umgingen, ist heute durch Maschinen zum Hobeln, zum Fräsen von Falzen in Holz und zum Bohren versetzt, während die manuelle Arbeit der Eisen- und Kupferdreher von der maschinell betriebenen Drehbank übernommen wurde." (p. 30, 31, *Ure*, t. I, l. c.)

Die in der Manufaktur entwickelte Teilung der Arbeit wiederholt sich einerseits im Innern des mechanischen Ateliers, obgleich in sehr vermindertem Maßstab; andrerseits, wie wir später sehn werden, wirft das mechanische Atelier die wesentlichsten Prinzipien der auf Teilung der Arbeit beruhenden Manufaktur über den Haufen. Endlich vermehrt die Anwendung der Maschinerie die Teilung der Arbeit im Innern der Gesellschaft, die Vervielfältigung der besondren Geschäftszweige und unabhängigen Produktionssphären.

Ihr Grundprinzip ist Ersetzung geschickter Arbeit durch *einfache* Arbeit; also auch Reduktion der Masse des Arbeitslohns auf den Durchschnittsarbeitslohn oder Reduktion der notwendigen Arbeit der Arbeiter auf das

Durchschnittsminimum und Reduktion der Produktionskosten des Arbeitsvermögens auf die Produktionskosten des einfachen Arbeitsvermögens.

|192| Die Vermehrung der Produktivkraft durch die einfache Kooperation und Teilung der Arbeit kostet dem Kapitalisten nichts. Sie sind unentgeltliche Naturkräfte der gesellschaftlichen Arbeit in den bestimmten Formen, die sie unter der Herrschaft des Kapitals annimmt. Die Anwendung der Maschinerie bringt nicht nur Produktivkräfte der gesellschaftlichen Arbeit ins Spiel im Unterschied von der Arbeit des vereinzelten Individuums. Sie verwandelt einfache Naturkräfte in Potenzen der gesellschaftlichen Arbeit, wie Wasser, Wind, Dampf, Elektrizität usw. Dies abgesehn von der Benutzung der mechanischen Gesetze, die in dem eigentlichen, arbeitenden Teil (i. e. direkt das Rohmaterial mechanisch oder chemisch verwandelnden Teil der Maschinerie) wirkt. Indes unterscheidet sich diese Form der Vermehrung der Produktivkräfte, hinc[1] der notwendigen Arbeitszeit dadurch: Ein Teil der bloßen Naturkraft, die angewandt wird, ist in dieser ihrer anwendbaren Form Produkt der Arbeit, wie die Verwandlung von Wasser in Dampf. Wo die bewegende Kraft, wie das Wasser z. B. natürlich als Wasserfall und dgl. vorgefunden wird {höchst charakteristisch, nebenbei bemerkt, daß die Franzosen das Wasser im Lauf des 18. Jahrhunderts horizontal wirken ließen, die Deutschen stets es künstlich brachen[133]}, ist das Medium, wodurch seine Bewegung auf die eigentliche Maschinerie fortgeleitet wird, z. B. Wasserrad, Produkt der Arbeit. Ganz und gar aber gilt dies von der unmittelbar den Rohstoff umformenden Maschinerie selbst. Die Maschinerie also, im Unterschied von der einfachen Kooperation und der Teilung der Arbeit in der Manufaktur, ist produzierte Produktivkraft; sie kostet; sie tritt als Ware (direkt als Maschinerie oder indirekt als Ware, die konsumiert werden muß, um der bewegenden Kraft die erheischte Form zu geben) in die Produktionssphäre, worin sie als Maschinerie wirkt, als ein Teil des konstanten Kapitals. Wie jeder Teil des konstanten Kapitals fügt sie dem Produkt den Wert zu, der in ihr selbst enthalten ist, d. h., verteuert es um die Arbeitszeit, die zu ihrer eignen Produktion erheischt war. Obgleich wir daher in diesem Kapitel das Verhältnis des variablen Kapitals zu der Wertgröße, worin es sich reproduziert, ausschließlich betrachten − in andren Worten, das Verhältnis der in einer Produktionssphäre angewandten notwendigen Arbeit zur Surplusarbeit, daher absichtlich die Betrachtung des Verhältnisses des Mehrwerts zum konstanten Kapital und zur Gesamtsumme des vorgeschoßnen Kapitals ausschließen −, gebietet die Anwendung der Maschinerie, neben dem in Arbeitslohn ausgelegten Teil des Kapitals auch die

---

[1] daher

andren Teile des Kapitals zu betrachten. Das Prinzip nämlich, daß die Anwendung von Mitteln, wodurch die Produktivkraft vermehrt wird, die relative Surpluszeit und damit den relativen Surpluswert vermehrt, beruht auf der Verwohlfeilerung der Waren, daher die Verkürzung der zur Reproduktion des Arbeitsvermögens notwendigen Arbeitszeit infolge dieser contrivances[1], wodurch die Produktivkraft vermehrt wird, d. h., dieselbe Arbeiterzahl[2] in derselben Zeitdauer mehr Gebrauchswerte produziert. Im Fall der Anwendung der Maschinerie wird jedoch dies Resultat nur erreicht durch größere Kapitalauslagen, durch Konsumtion vorhandner Werte, durch Hereinbringen eines Elements, das also im Betrag seines eigenen Werts die Wertgröße des Produkts, der Ware, vermehrt.

Was zunächst das Rohmaterial betrifft, so bleibt sein Wert natürlich derselbe, in welcher Weise es bearbeitet wird – nämlich der Wert, worin es in den Produktionsprozeß eingeht. ||193| Ferner vermindert die Anwendung der Maschinerie das Quantum Arbeit, das von einem bestimmten Quantum Rohmaterial absorbiert wird, oder vermehrt das Quantum Rohmaterial, das in einer bestimmten Arbeitszeit in Produkt verwandelt wird. Diese beiden Elemente betrachtet, enthält die mit Hilfe der Maschinerie produzierte Ware weniger Arbeitszeit als die ohne sie produzierte, stellt kleinere Wertgröße dar, ist wohlfeiler. Dies Resultat wird aber nur erreicht durch die industrielle Konsumtion von Waren – in der Maschinerie existierenden Waren –, deren Wert in das Produkt eingeht.

Da also der Wert des Rohmaterials derselbe bleibt, ob Maschinerie angewandt wurde oder nicht; da das Quantum Arbeitszeit, das ein bestimmtes Quantum Rohmaterial in Produkt, daher in Ware verwandelt, sich mit Anwendung der Maschinerie verringert; so hängt die Verwohlfeilerung der durch Maschine produzierten Waren nur von einem einzigen Umstand ab: Daß die in der Maschinerie selbst enthaltne Arbeitszeit geringer ist als die in dem von ihr ersetzten Arbeitsvermögen enthaltne Arbeitszeit; daß der Wert der Maschinerie, der in die Ware eingeht, geringer ist – i. e. = minus Arbeitszeit – als der Wert der von ihr ersetzten Arbeit. Dieser Wert aber = dem Wert der Arbeitsvermögen, deren verwandte Anzahl durch die Maschinerie verringert wird.

In dem Maße, wie die Maschinerie aus ihrer Kindheitsstufe heraustritt, sich von den Dimensionen und dem Charakter des Handwerkszeugs unterscheidet, das sie ursprünglich ersetzt, wird sie massenhafter und teurer, er-

---

[1] Erfindungen
[2] In der Handschrift: Arbeitszeit

heischt mehr Arbeitszeit zu ihrer Produktion, steigt ihr absoluter Wert, obgleich sie relativ wohlfeiler wird, d. h., obgleich die wirksamre Maschinerie in dem Verhältnis ihrer Wirksamkeit weniger kostet als die minder wirksame, d. h., das Quantum Arbeitszeit, das ihre eigne Produktion kostet, in viel geringrem Verhältnis wächst als das Quantum Arbeitszeit, das sie ersetzt. Jedenfalls aber steigt ihre absolute Teuerkeit progressiv, fügt sie also absolut größern Wert der von ihr produzierten Ware hinzu, namentlich im Vergleich zu dem Handwerkszeug oder selbst den einfachen und den auf Teilung der Arbeit beruhenden Instrumenten, die sie im Produktionsprozeß ersetzt. Daß nun die von ihrem teurern Produktionsinstrument produzierte Ware wohlfeiler sei als die ohne es produzierte; daß die in der Maschinerie selbst enthaltne Arbeitszeit geringer sei als die von ihr ersetzte, hängt von zwei Umständen ab: 1. Je größer die Wirksamkeit der Maschinerie, je mehr sie die Produktivkraft der Arbeit steigert, in dem Verhältnis, worin sie einen Arbeiter befähigt, die Werke vieler Arbeiter zu verrichten, wächst die Masse der Gebrauchswerte und daher der Waren, die mit Hilfe der Maschinerie in derselben Arbeitszeit produziert werden. Es vermehrt *sich so die Anzahl der Waren, worin der Wert der Maschinerie wiedererscheint.* Der Gesamtwert der Maschinerie erscheint nur wieder in der Gesamtheit der Ware, zu deren Produktion sie als Arbeitsmittel assistiert hat; dieser Gesamtwert verteilt sich in aliquoten[1] Teilen[2] unter die einzelnen Waren, aus deren Summe die Gesamtmasse besteht. Je größer also diese Gesamtmasse, um so kleiner der Wertteil der Maschinerie, der in der einzelnen Ware wiedererscheint. Trotz der Wertdifferenz zwischen Maschinerie und Handwerkszeug oder einfachem Arbeitsinstrument wird ein geringrer Wertteil für die Maschinerie in die Ware eingehen als für das Arbeitsinstrument und das Arbeitsvermögen, das die Maschine ersetzt, in dem Verhältnis, wie sich der Wert der Maschine auf eine größre Gesamtsumme von Produkten, Waren verteilt. Eine Spinnmaschine, die dieselbe Arbeitszeit in 1 000 Pfunden Baumwolle absorbierte, erscheint als Wertteil von $\frac{1}{1\,000}$ nur in dem einzelnen Pfund Garn wieder, während, wenn sie nur 100 Pfund in derselben Zeit spinnen hülfe, $\frac{1}{100}$ ihres Werts in dem einzelnen Pfund Garn wiedererschiene, es also in diesem Fall zehnmal mehr Arbeitszeit, zehnmal mehr Wert enthielte, 10mal teurer wäre als in dem ersten. ||194| Maschinerie kann also nur unter Umständen (auf kapitalistischer Grundlage) angewandt werden, wo überhaupt massenhafte Produktion, Produktion auf großer Stufenleiter, möglich.

---

[1] entsprechenden
[2] In der Handschrift: Waren

/201/ „Die Teilung der Arbeit und der Einsatz starker Maschinen sind nur möglich in Anlagen, die genügend Arbeit für alle Gruppen von Arbeitern anbieten und hohe Erträge ergeben. Je beachtlicher die Produktionserträge sind, um so geringer sind *im Verhältnis dazu die Kosten* für Werkzeuge und Maschinen. Wenn zwei Maschinen gleicher Stärke in der gleichen Zeit, die eine 100 000 Meter, die andere 200 000 Meter des gleichen Stoffes produzierten, könnte man sagen, daß die erste Maschine doppelt soviel kostet wie die zweite, daß man in einem der Unternehmen doppelt soviel Kapital eingesetzt hat, wie im anderen." (p. 334, *Rossi, „Cours d'Écon. Politique"*.)

/194/ 2. Schon bei der auf Teilung der Arbeit beruhenden Manufaktur wie bei der handwerksmäßigen Industrie usw. findet es sich, daß die Arbeitsinstrumente (ebenso ein andrer Teil der Arbeitsbedingung, wie Baulichkeiten) ihrem *ganzen Umfang* nach in den *Arbeitsprozeß* eingehn, entweder direkt als Arbeitsmittel oder indirekt als Bedingungen (wie Baulichkeiten), die notwendig sind, damit der Arbeitsprozeß vor sich geht. Aber sie gehn nur *teilweise*, portionsweise, in den *Verwertungsprozeß* ein — nämlich nur zu dem Umfang, wozu sie im Arbeitsprozeß aufgenutzt werden, mit ihrem Gebrauchswert zugleich ihr Tauschwert im Arbeitsprozeß konsumiert wird. Ihr Gebrauchswert als Arbeitsmittel geht in den Arbeitsprozeß ganz ein, aber er erhält sich während einer Periode, die eine Summe von Arbeitsprozessen umfaßt, worin sie wiederholt zur Produktion derselben Art von Waren dienen, d. h., stets von neuem als Arbeitsmittel neuer Arbeit zur Verarbeitung von neuem Material dienen. Ihr Gebrauchswert als solche Arbeitsmittel ist erst abgenutzt am Ende einer solchen kürzeren oder längeren Periode, worin derselbe Arbeitsprozeß stets von neuem wiederholt worden ist. Ihr Tauschwert erscheint also nur ganz wieder in der Gesamtsumme der Waren, in deren Produktion sie während einer solchen Periode gedient haben — der ganzen Periode, von ihrem Eintritt in den Arbeitsprozeß bis zu ihrer Entfernung aus dem Prozeß. In jede einzelne Ware geht daher nur ein bestimmter aliquoter Wertteil derselben. Diente das Instrument während 90 Tagen, so würde in den Waren, die an jedem Tag produziert werden, $\frac{1}{90}$ seines[1] Werts wiedererscheinen. Es tritt hier notwendig eine ideelle Durchschnittsrechnung ein, denn ganz erscheint der Wert des Instruments nur wieder in der ganzen Periode von Arbeitsprozessen, worin es ganz abgenutzt worden — also in der Gesamtsumme der Waren, in deren Produktion es während dieser Periode assistiert hat. Es wird also so berechnet, daß an[2] jedem Tag durchschnittlich ein so großer aliquoter Teil seines Gebrauchswerts abgenutzt wird (dies ist die Fiktion), also ein so großer aliquoter Wertteil desselben im Produkt dieses einen Tags wiedererscheint.

---

[1] In der Handschrift: ihres
[2] In der Handschrift: in

Mit der Einführung der Maschinerie, mit welcher die Arbeitsmittel großen Wertumfang annehmen und sich in massenhaften Gebrauchswerten darstellen, wächst dieser Unterschied zwischen Arbeitsprozeß und Verwertungsprozeß und wird ein bedeutendes Moment in der Entwicklung der
Produktivkraft und dem Charakter der Produktion. Ein Atelier von mechanischen Webstühlen z. B., das während 12 Jahren leistet, ist die Abnutzung der
Maschinerie usw. während des Arbeitsprozesses an einem Tage unbedeutend
und erscheint daher der Wertteil der Maschinerie, der in der einzelnen Ware
wiedererscheint oder selbst in dem Produkt eines ganzen Jahres, relativ unbedeutend. Die vergangene, vergegenständlichte Arbeit tritt hier massenhaft in
den Arbeitsprozeß ein, während nur ein relativ unbedeutender Teil dieses
Teils des Kapitals sich in demselben Arbeitsprozeß abnutzt, also in den Verwertungsprozeß eintritt und daher als Wertteil im Produkt wiedererscheint.
Wie bedeutend daher immer die Wertgröße sei, welche die in den Arbeitsprozeß eingehnde Maschinerie und die mit ihr gegebnen Baulichkeiten usw. darstellen, geht, mit dieser Gesamtwertmasse verglichen, immer nur ein relativ
geringer Teil derselben in den täglichen Ver||195|wertungsprozeß, daher in
den Wert der Ware, ein, verteuert die Ware relativ, aber nur unbedeutend
und in viel geringerem Maße, als die von der Maschinerie ersetzte Handarbeit
sie verteuern würde. Wie groß daher auch der Teil des Kapitals, der in Maschinerie ausgelegt ist, erscheinen möge gegen den Teil, der in der lebendigen
Arbeit ausgelegt ist, welcher diese Maschinerie als Produktionsmittel dient, so
erscheint diese Proportion sehr gering, wenn der Wertteil der Maschinerie,
der in der einzelnen Ware wiedererscheint, verglichen wird mit der in derselben Ware aufgesaugten lebendigen Arbeit, und erscheint der von beiden –
Maschinerie und Arbeit – dem einzelnen Produkt zugesetzte Wertteil gering – im Verhältnis zum Wert des Rohmaterials selbst.

Es ist erst mit der Maschinerie, daß die gesellschaftliche Produktion auf
großer Stufenleiter die Kraft erwirbt, Produkte, die ein großes Quantum vergangner Arbeit darstellen, also große Wertmassen, ganz in den Arbeitsprozeß
eingehen zu lassen, ganz als Produktionsmittel, während nur ein relativ geringer aliquoter Teil derselben in den während des einzelnen Arbeitsprozesses
vor sich gehenden Verwertungsprozesses eingeht. Das Kapital, was in dieser
Form in jeden einzelnen Arbeitsprozeß eingeht, ist groß, aber das Verhältnis,
worin sein Gebrauchswert während dieses Arbeitsprozesses vernutzt, konsumiert wird und sein Wert daher ersetzt werden muß, ist relativ klein. Die
Maschinerie wirkt ganz als Arbeitsmittel, setzt dem Produkt aber nur Wert zu
im Verhältnis, worin der Arbeitsprozeß sie entwertet, eine Entwertung, die

durch den Grad der Abnutzung ihres Gebrauchswerts während des Arbeitsprozesses bedingt ist.

Die unter 1. und 2. aufgezählten Bedingungen, wovon es abhängt, daß die
vom teureren Instrument produzierte Ware wohlfeiler sei als die mit wohlfei-
lerem produzierte oder daß der in der Maschinerie selbst enthaltne Wert kleiner sei als der Wert der Arbeitsvermögen, die sie ersetzt, kommen also darauf
hinaus: Die erste Bedingung ist massenhafte Produktion; hängt von dem
Grad ab, worin die Masse der Waren, die 1 Arbeiter *in derselben Arbeitszeit*
produzieren kann, groß ist im Vergleich zu der, die er ohne die Maschinerie
produzieren würde. In andren Worten, von dem Grad, worin *Arbeit durch die
Maschinerie ersetzt wird,* also die Masse Arbeitsvermögen, die mit Bezug auf
die Masse des Produkts gebraucht wird, möglichst *verkürzt ist,* möglichst viel
Arbeitsvermögen durch die Maschinerie ersetzt wird und der Teil des Kapitals, der in Arbeit ausgelegt ist, relativ klein erscheint gegen den Teil des Kapitals, der in Maschinerie ausgelegt ist. Zweitens aber: Daß, wie groß immer
der in Maschinerie bestehende Teil des Kapitals sei, der Wertteil der Maschine, der in der einzelnen Ware wiedererscheint, der Wertteil also, den die
Maschinerie der einzelnen Ware zusetzt, gering ist im Vergleich zu den in
derselben Ware enthaltenen Wertteilen von Arbeit und Rohmaterial, und
zwar, weil in einer gegebnen Arbeitszeit die Gesamtmaschinerie in den Arbeitsprozeß eingeht, aber nur ein relativ unbedeutender Teil derselben in den
Verwertungsprozeß eingeht; die ganze Maschinerie in den Arbeitsprozeß eingeht, aber stets nur ein aliquoter Teil der Wertgröße der Maschinerie.

Danach zu berichtigen folgende Kritik des Ricardo.

„Ricardo spricht von ,der beim Bau einer Strumpfwirkmaschine verausgabten Arbeitsmenge eines Maschinenbauers' ", als enthalten z. B. in ein Paar Strümpfen, „jedoch die
ganze Arbeit, die jedes einzelne Paar Strümpfe hergestellt hat, falls wir hier von einem einzelnen Paar sprechen, schließt die g a n z e Arbeit des Maschinenbauers ein und nicht nur
`einen Teil; denn eine Maschine macht zwar viele Paare, aber keines dieser Paare hätte un-
ter Verzicht auf irgendeinen Teil der Maschine angefertigt werden können." ([p.] 54, „*Observations* on *certain verbal disputes in Pol. Ec.* ", London 1821.)

|/196/ Der in Rohmaterial ausgelegte Teil des Kapitals wächst noch un-
gleich schneller im Vergleich zu dem in Arbeitslohn ausgelegten als bei der
bloßen Teilung der Arbeit. Es kommt dann noch hinzu die neue und verhältnismäßig große Masse des in Arbeitsmitteln, Maschinerie usw. ausgelegten
Kapitals. Mit dem Fortschritt der Industrie wächst also gleichzeitig der auxiliary Teil des Kapitals [134] im Verhältnis zu dem in lebendiger Arbeit ausgelegten.

||197| Eine der ersten Folgen der Einführung neuer Maschinerie, bevor sie herrschend in ihrem Produktionszweig geworden ist, ist, die Arbeitszeit der Arbeiter *zu verlängern*, die fortfahren, mit den alten unvollkommenen Produktionsmitteln zu arbeiten. Die mit der Maschinerie produzierte Ware, obgleich sie *über* ihrem individuellen Wert verkauft wird, d. h. über dem Quantum in ihr selbst enthaltner Arbeitszeit, wird *unter* dem bisherigen gesellschaftlichen, allgemeinen Wert derselben Produktspezies verkauft. Die gesellschaftlich notwendige Arbeitszeit zur Produktion dieser bestimmten Ware ist daher *gefallen*, nicht aber die für die mit den alten Produktionsinstrumenten arbeitenden Arbeiter. Reichen also 10 Stunden Arbeitszeit hin zur Reproduktion seines Arbeitsvermögens, so enthält sein Produkt von 10 Stunden nicht mehr *10 Stunden notwendiger Arbeitszeit*, nämlich unter den neuen gesellschaftlichen Produktionsbedingungen zur Herstellung dieses Produkts notwendiger Arbeitszeit, sondern vielleicht nur 6 Stunden. Wenn er daher 14 Stunden arbeitet, so stellen diese seine 14 Stunden nur *10 Stunden notwendiger Arbeitszeit* dar, und es sind nur 10 Stunden notwendige Arbeitszeit in ihnen realisiert. Das Produkt hat daher auch nur den Wert eines Produkts von 10 Stunden allgemeiner notwendiger gesellschaftlicher Arbeit. Er müßte die Arbeitszeit verlängern, wenn er selbständig arbeitet. Arbeitet er als Lohnarbeiter, also notwendig auch Surpluszeit, so wird bei aller Verlängrung der absoluten Arbeitszeit die durchschnittliche Surplusarbeit für den Kapitalisten nur herauskommen, indem sein Lohn unter den frühren average[1] fällt, d. h. von den mehr Stunden, die er arbeitet, weniger von ihm selbst angeeignet werden, nicht, weil seine Arbeit produktiver, sondern weil sie unproduktiver geworden, nicht, weil er in kleinrer Arbeitszeit dasselbe Quantum von Produkt schafft, sondern weil das ihm zufallende Quantum verringert wird.

––––––––

Der Mehrwert = Surplusarbeit – absolute sowohl wie relative –, den das Kapital durch Anwendung der Maschinerie erzeugt, entspringt nicht aus den *Arbeitsvermögen*, die die Maschinerie *ersetzt*, sondern aus den Arbeitsvermögen, die sie anwendet.

„Nach Baines kann eine erstklassige Baumwollspinnerei nicht gebaut, mit Maschinerie eingerichtet und mit Dampfmaschinen und Gasanlagen ausgerüstet werden für weniger als 100 000 *l*. Eine Dampfmaschine von 100 Pferdekräften dreht 50 000 Spindeln, die pro Tag 62 500 Meilen feines Baumwollgarn produzieren können. In einer solchen Fabrik spinnen 1 000 Menschen soviel Garn wie 250 000 Menschen ohne Maschinerie." (*S. Laing*, „*The national distress*", London 1844, p. 75.[135])

––––––

[1] Durchschnitt

In diesem Fall stammt der Mehrwert des Kapitals nicht von der ersparten Arbeit von 250 Personen, sondern von der 1 Person, die sie ersetzt; nicht von den 250 000 ersetzten Personen, sondern von den 1 000 Beschäftigten. Es ist ihre Surplusarbeit, die sich im Mehrwert verwirklicht. Der Gebrauchswert der Maschine, und ihr Ersetzen von Menschenarbeit ist ihr Gebrauchswert, bestimmt ihren Wert nicht, sondern die zu ihrer eignen Produktion erheischte Arbeit. Und dieser ihr Wert, den sie vor ihrer Anwendung besitzt, bevor sie in den Produktionsprozeß eintritt, ist der einzige Wert, den sie qua Maschinerie dem Produkt zufügt. Diesen Wert hat der Kapitalist im Ankauf der Maschine bezahlt.

Vorausgesetzt, daß die Waren sich zu ihrem Wert verkaufen, besteht der *relative Mehrwert*, den das Kapital vermittelst der Maschinerie schafft, wie bei der Anwendung aller andern arrangements[1], die die Produktivkraft der Arbeit vermehren und damit den Preis des einzelnen Produkts vermindern, bloß darin, daß die zur Reproduktion des Arbeitsvermögens notwendigen Waren verwohlfeilert, daher die zur Reproduktion des Arbeitsvermögens notwendige Arbeitszeit, die nur ein Äquivalent der im Arbeitslohn enthaltenen Arbeitszeit ist, verkürzt wird; daher bei ||198| gleicher Dauer des Gesamtarbeitstags die Surplusarbeitszeit verlängert wird. (Es finden einige modifizierende Umstände statt, von denen später.) Diese Verkürzung der notwendigen Arbeitszeit ist ein Resultat, das der gesamten kapitalistischen Produktion zugut kömmt und die Produktionskosten des Arbeitsvermögens überhaupt vermindert, weil nach der Voraussetzung die von der Maschinerie produzierte Ware in seine Reproduktion überhaupt eingeht. Es ist dies jedoch kein Motiv für den einzelnen Kapitalisten, Maschinerie einzuführen – ein allgemeines Resultat, das ihm nicht besonders zugut kömmt.

Erstens: Die Einführung der Maschinerie, sei es, daß sie die handwerksmäßige Industrie ersetzt (wie z. B. beim Spinnen), also einen Industriezweig überhaupt erst der kapitalistischen Produktionsweise unterwirft; sei es, daß sie eine früher auf bloßer Teilung der Arbeit beruhende Manufaktur revolutioniert (wie in der Maschinenfabrik); sei es endlich, daß sie frühre Maschinerie durch vervollkommnete verdrängt oder die Anwendung der Maschinerie in einem Atelier auf früher noch nicht von ihr ergriffene Teiloperationen desselben ausdehnt – in allen diesen Fällen verlängert sie, wie oben bemerkt, die *notwendige Arbeitszeit* für die unter die alte Produktionsweise noch subsumierten Arbeiter und verlängert ihren Gesamtarbeitstag. Andererseits aber *verkürzt* sie relativ die notwendige Arbeitszeit in den Ateliers, worin sie neu ein-

---

[1] Maßnahmen

geführt ist. Sind 2 Arbeitsstunden des Handwebers nach der Einführung des Powerlooms[1] nur noch = 1 gesellschaftlich notwendigen Arbeitsstunde, so ist 1 Arbeitsstunde des Powerloomweavers[2] jetzt, bevor der Powerloom allgemein in diese Art Weberei eingeführt ist, größer als die notwendige Arbeitsstunde. Ihr Produkt hat einen höhren Wert als das einer Arbeitsstunde. Es ist dasselbe, als sei einfache Arbeit auf höhrer Potenz oder höhere Sorte Webarbeit in ihr realisiert. Dies nämlich zu dem Umfang, worin der Kapitalist, der den powerloom benutzt, das Produkt 1 Stunde zwar unter dem Niveau der alten Arbeitsstunde verkauft, unter seinem bisherigen gesellschaftlich notwendigen Wert, aber über ihrem individuellen Wert, d. h. über der Arbeitszeit, die er selbst zu seiner Herstellung mit Hülfe des powerloom anzuwenden hat. Der Arbeiter braucht also weniger Stunden zur Reproduktion seines Salairs zu arbeiten, seine notwendige Arbeitszeit ist in demselben Maße verkürzt, worin seine Arbeit höhere Arbeit in derselben Branche geworden ist, das Produkt einer Arbeitsstunde desselben[3] also vielleicht über das Produkt von zwei Arbeitsstunden in den Ateliers, wo noch die alte Produktionsweise herrscht, verkauft wird. Bleibt der Normaltag daher derselbe — gleich lang — so wächst hier die Surplusarbeitszeit, weil die notwendige verkürzt ist. Es fände dies selbst im Fall einer Lohnerhöhung statt, immer unter der Voraussetzung, daß unter den neuen Umständen der Arbeiter nicht *so großen* aliquoten Teil des Tags als vorher zur Ersetzung seines Salairs oder Reproduktion seines Arbeitsvermögens anwendet. Diese Verkürzung der notwendigen Arbeitszeit ist natürlich temporär und verschwindet, sobald die allgemeine Einführung der Maschinerie in diesem Zweig den Wert der Ware wieder auf die in ihr enthalte Arbeitszeit reduziert hat. Indes ist dies zugleich ein Stachel für den Kapitalisten, durch Einführung stets neuer, kleiner Verbesserungen die von ihm angewandte Arbeitszeit über das Niveau der in derselben Produktionssphäre allgemein notwendigen Arbeitszeit zu erheben. Dies gilt, in welchem Produktionszweig die Maschinerie auch immer angewandt werde, und ist unabhängig davon, ob die von ihr produzierten Waren in die Konsumtion des Arbeiters selbst eingehn.

Zweitens. Es ist eine allgemeine Erfahrung, daß, sobald die Maschinerie kapitalistisch angewandt wird — d. h., aus ihrer Kindheitsstufe heraustritt, worin sie in vielen Branchen ursprünglich erscheint, nämlich als bloß produktivere Form des alten Handwerkszeugs, die aber noch in der alten

---

[1] mechanischen Webstuhls
[2] Webers am mechanischen Webstuhl
[3] In der Handschrift: desselben sich

Betriebsweise ||199| von unabhängigen Arbeitern und ihren Familien angewandt wird — sobald sie als eine Form des Kapitals dem Arbeiter gegenüber sich verselbständigt —, die *absolute Arbeitszeit* — der Gesamtarbeitstag — nicht verkürzt, sondern verlängert wird. Die Betrachtung dieses case[1] gehört in Kapitel III [132]. Es sind aber hier die Hauptpunkte anzugeben. Es ist hier zweierlei zu unterscheiden. *Erstens* die neuen Bedingungen, worin sich der Arbeiter versetzt findet und die den Kapitalisten befähigen, gewaltsam die Arbeitszeit zu verlängern. *Zweitens* die Motive, die das Kapital zu dieser Operation bestimmen.

ad 1. Einmal die verwandelte Form der Arbeit, ihre scheinbare Leichtigkeit, die alle Muskelanstrengung auf die Maschinerie wirft, ebenso das Geschick. Die Verlängerung stößt aus dem einen Grund zunächst nicht auf physische Unmöglichkeit; an dem zweiten bricht der Gegensatz des Arbeiters, dem seine noch bei der Manufaktur vorherrschende, jetzt gebrochne Virtuosität nicht mehr erlaubt, sich auf die Hinterfüße zu stellen, vielmehr dem Kapital erlaubt, die geschickten Arbeiter durch ungeschickte und daher seiner Kontrolle mehr unterworfne zu ersetzen. Dann die neue Klasse von Arbeitern, die nun als ein bestimmendes Element hineinkommt, den Charakter des ganzen Ateliers verändert, und ihrer Natur nach der Despotie des Kapitals fügsamer ist. Nämlich das Element der Weiber- und Kinderarbeit. Ist einmal durch Tradition der Arbeitstag gewaltsam verlängert, so erheischt es Menschenalter, wie in England, bevor die Arbeiter fähig sind, ihn wieder auf die Normalgrenzen zurückzuführen. So ist die Verlängerung des Tags über seine natürlichen Grenzen, die Nachtarbeit, ein Absprung des Fabriksystems.

„Es ist klar, daß die lange Arbeitszeit durch den Umstand herbeigeführt wurde, daß man eine so große Anzahl verlassener Kinder aus verschiedenen Teilen des Landes bekommen hat" (aus den Arbeitshäusern), „so daß die Fabrikherren von den Arbeitern unabhängig waren und sie, nachdem sie erst einmal mit Hilfe des auf diese Weise aufgetriebenen armseligen Menschenmaterial die lange Arbeitszeit zur Gewohnheit gemacht hatten, diese auch ihren Nachbarn leichter aufzwingen konnten." (*Fielden, J.*, „*The Curse of the Factory System*", *London 1836*[, p. 11].)

„,Mr. E., ein Fabrikant, unterrichtete mich, daß er ausschließlich Weiber bei seinen mechanischen Webstühlen beschäftigt; es ist im allgemeinen so; er gebe verheirateten Weibern den Vorzug, besonders solchen mit Familie zu Hause, die von ihnen für den Unterhalt abhängt; sie sind viel aufmerksamer und gelehriger als unverheiratete und zur äußersten Anstrengung ihrer Kräfte gezwungen, um die notwendigen Lebensmittel herbeizuschaffen.' So werden die Tugenden, die eigentümlichen Tugenden des weiblichen Charakters, zu seinem Schaden verkehrt*'*— so wird alles Sittliche und Zarte ihrer Natur

---

[1] Falles

zum Mittel ihrer Sklaverei und ihres Leidens gemacht." (p. 20, „*Ten Hours' Factory Bill.
The Speech of Lord Ashley*", London 1844.)

Der obenzitierte Fielden sagt:

„Mit den voranschreitenden Verbesserungen der Maschinerie hat der *Geiz* der Fabrikbesitzer viele von ihnen dazu angestachelt, mehr Arbeit aus ihren Arbeitern herauszupres-
sen, als die Natur sie befähigte zu leisten." (*Fielden*, l. c., [p.] 34.)

Der Heißhunger nach fremder Arbeit (Surplusarbeit) ist dem Anwender
der Maschinerie nicht spezifisch eigen, sondern das treibende Motiv der ganzen kapitalistischen Produktion. Da der factory master[1] sich nun in besserer
Lage befindet, diesem Trieb zu folgen, läßt er ihm ganz natürlich die Zügel
schießen.*

Es kommen jedoch noch besondere Umstände hinzu, die diesem Trieb im
Falle der Anwendung von Maschinerie ganz besondern Stachel geben.

||200| Die Maschinerie etc. verwertet sich in einer längren Periode, worin
derselbe Arbeitsprozeß beständig zur Produktion neuer Ware wiederholt
wird. Diese Periode ist nach Durchschnittsrechnung bestimmt, wonach der
Gesamtwert der Maschinerie in das Produkt übergegangen ist. Durch Verlängerung der Arbeitszeit über die Grenzen des Normalarbeitstags hinaus wird
die Periode abgekürzt, worin das in der Maschinerie ausgelegte Kapital durch
die Gesamtproduktion ersetzt ist. Gesetzt, die Periode sei 10 Jahre, wenn
12 Stunden täglich gearbeitet wird. Wird 15 Stunden täglich gearbeitet, also
der Tag um $\frac{1}{4}$ verlängert, so macht das in einer Woche $1\frac{1}{2}$ Tage = 18 Stunden. Die ganze Woche nach der Voraussetzung 90. $\frac{18}{90} = \frac{1}{5}$[2] Woche. Und so
auf die 10 Jahre würde $\frac{1}{5}$[3] gespart werden; also 2[4] Jahre. Hence[5] in 8[6] Jahren
hätte sich das in Maschinerie ausgelegte Kapital ersetzt. Entweder ist sie
wirklich in der Zeit abgenutzt. Dann ist der Reproduktionsprozeß beschleunigt. Wenn nicht – und sie noch arbeitsfähig ist – so vergrößert sich das
Verhältnis des variablen Kapital zu dem konstanten, weil letztres noch mitar-
beitet, ohne jedoch weiter in den Verwertungsprozeß eingehn zu müssen. Dadurch steigt, wenn nicht der Mehrwert (der schon überhaupt gewachsen ist,

---

* Noch zu bemerken: Die bewegende Kraft, solang sie von Menschen (und selbst Tieren) ausgeht, kann physisch nur bestimmte Zeit des Tags wirken. Eine Dampfmaschine etc. bedarf keiner
Ruhe. Sie kann jede beliebige Zeitdauer fortgesetzt werden.

---

[1] Fabrikbesitzer
[2] In der Handschrift: 72. $\frac{72}{18} = \frac{1}{4}$
[3] In der Handschrift: $\frac{1}{4}$
[4] In der Handschrift: $2\frac{1}{2}$
[5] Also
[6] In der Handschrift: $7\frac{1}{2}$

infolge der verlängerten Arbeitszeit), doch das Verhältnis dieses Mehrwerts — zur Gesamtsumme des ausgelegten Kapitals — und daher der Profit. Es kömmt hinzu: Bei der Einführung neuer Maschinerie folgen sich die Verbesserungen Schlag auf Schlag. So wird beständig ein großer Teil der alten Maschinerie zum Teil entwertet oder ganz unbrauchbar, bevor ihre Zirkulationsperiode durchlaufen oder ihr Wert in dem Wert der Waren wieder erschienen ist. Je mehr die Periode der Reproduktion abgekürzt wird, um [so] geringer diese Gefahr und um so fähiger der Kapitalist, nachdem der Wert der Maschinerie in kürzrer Frist ihm wiedergekehrt ist, die neue verbesserte Maschinerie einzuführen und die alte wohlfeil zu verkaufen, die wieder für einen andren Kapitalisten mit Nutzen angewandt werden kann, da sie in seine Produktion von vornherein als Repräsentant geringerer Wertgröße eintritt. (Hierüber Näheres beim *capital fixe*, wo auch die Beispiele von *Babbage*[136] anzuführen.)

Das Gesagte gilt nicht nur von der Maschinerie, sondern von dem ganzen Kapital fixe, das die Anwendung der Maschinerie in ihrem Gefolge mit sich führt und bedingt.

Indes handelt es sich für den Kapitalisten keineswegs bloß darum, die in dem capital fixe ausgelegte Wertmasse möglichst bald returniert[1] zu erhalten, so vor Entwertung zu schützen und in disponibler Form wieder zu besitzen, sondern es handelt sich vor allem um die profitable Anwendung dieses Kapitals — der großen Masse des Kapitals, das in eine Form eingebaut ist, worin es sowohl als Tauschwert verkömmt wie als Gebrauchswert nutzlos, außer soweit es in Kontakt mit der lebendigen Art Arbeit gebracht wird, deren Kapital fixe es bildet. Da der in Arbeitslohn ausgelegte Teil des Kapitals sich gegen das Gesamtkapital — speziell auch gegen das fixe Kapital, sehr verkleinert hat und die Größe des Mehrwerts nicht nur von seiner Rate, sondern von der Anzahl der gleichzeitig angewandten Arbeitstage, der Profit aber vom Verhältnis dieses Mehrwerts zum Gesamtkapital abhängt, so Abnahme der Profitrate. Um diese zu verhindern, natürlich das einfachste Mittel durch Verlängerung des Arbeitstags die absolute Surplusarbeit möglichst zu verlängern und so das Kapital fixe zum Mittel zu machen, möglichst großes Quantum unbezahlter Arbeit anzueignen. Steht die Fabrik still, so betrachtet das der Fabrikant, als bestehlen ihn die Arbeiter; denn in dem capital fixe hat sein Kapital eine Form erhalten, worin es direkt Anweisung auf fremde Arbeit ist. Es ist dies alles sehr naiv ausgedrückt von Herrn Senior, der noch im Jahr 1837 der Ansicht ||201| war, daß mit Entwicklung der Maschinerie der

---

[1] zurück

Arbeitstag – also die absolute Arbeitszeit – notwendig steigend wachsen müsse.

Senior sagt und führt dabei auch noch Ehren-Ashworth an als seine Autorität:

„Der Unterschied zwischen den Arbeitsstunden, die in der ganzen Welt üblich sind in Baumwollfabriken und anderen Beschäftigungen, rührt aus zwei Gründen her. 1. Das große Übergewicht des fixen im Verhältnis zum zirkulierenden Kapital, das lange Arbeitszeit wünschenswert macht." (p. 11, Senior, „Letters on the Factory Act etc.", Lond[on] 1837.) (XI, [p.] 4 [137].)

Mit dem beständigen Wachstum des capital fixe im Vergleich zum zirkulierenden Kapital:

„wird der Antrieb zur Verlängerung der Arbeitszeit stärker, da dies das einzige Mittel ist, eine große Masse fixen Kapitals profitabel zu machen. ‚Wenn ein Ackersmann', sagte Herr Ashworth zu mir, ‚seinen Spaten niederlegt, macht er für diese Periode ein Kapital von 18 d nutzlos. Wenn einer von unseren Leuten die Fabrik verläßt, macht er ein Kapital nutzlos, das 100 000 [138] l. gekostet hat.'" ([p.] 14, l. c.)

He renders useless! [1] Die Maschinerie ist ja grade da – so großes Kapital in ihr ausgelegt – um ihm Arbeit abzupressen. In der Tat begeht er schon ein großes Verbrechen gegen [139] a capital that has cost 100 000 [138] l. by leaving the mill at all [2]!
(Daher die Nachtarbeit ursprünglich;

„später arbeiteten unsere factories gewöhnlich 80 Stunden per week [3]". (p. 5, XI. [137]))
„Eine Dampfmaschine oder eine andere, die nur einige Stunden oder einige Tage pro Woche in Betrieb sind, stellen vergeudete Kraft dar. Laufen sie den ganzen Tag, produzieren sie mehr, und noch mehr, wenn sie Tag und Nacht arbeiten." (J. G. Courcelle-Seneuil, „Traité Théorique et pratique des entreprises industrielles etc.", 2. éd., Paris 1857, p. 48.)
„Die ersten Maschinen zur Tüllfabrikation waren sehr teuer beim ersten Ankauf, von 1 000 zu 1 200 l. St. Die Besitzer dieser Maschine fanden, daß sie mehr fabrizierten. Da aber die Arbeitszeit der Arbeiter auf 8 Stunden beschränkt war, konnte er in bezug auf den Preis nicht mit der alten Fabrikationsweise lutter [4]. Dieser Nachteil rührte her von der beträchtlichen Summe, die das erste établissement [5] der Maschine kostete. Bald aber bemerkten die Fabrikanten, daß mit derselben Ausgabe von ursprünglichem Kapital und

---

[1] Er macht es nutzlos!
[2] ein Kapital, das 100 000 l. gekostet hat, indem es überhaupt die Fabrik verließ
[3] pro Woche
[4] kämpfen
[5] Aufstellen

einer kleinen addition (Zubuße) zu ihrem fonds de roulement[1] sie dieselben Maschinen während 24 Stunden arbeiten lassen könnten." (p. 279, *Babbage*[, „Traité sur l'économie"].)

/206/ „Es ist selbstverständlich, daß mit der Ebbe und Flut des Marktes und dem abwechselnden Wachsen und Schrumpfen der Nachfrage die Gelegenheiten ständig wiederkehren werden, wo der Fabrikant zusätzliches zirkulierendes Kapital anwenden kann, ohne zusätzliches fixes Kapital zu verwenden ... wenn *zusätzliche Mengen an Rohmaterial ohne zusätzliche Ausgaben für Gebäude und Maschinerie verarbeitet werden können.*" (p. 64, *Torrens, R.,* „*On Wages and Combination*", London 1834.)

Dies überhaupt ein Vorteil bei Verlängerung der Arbeitszeit — saving of an additional expense for buildings and machinery[2].

/201/ *Drittens.* Soweit die Anwendung der Maschinerie die Arbeitszeit abkürzt, worin dieselbe Ware produziert werden kann, vermindert sie den Wert der Ware und macht die Arbeit produktiver, weil sie in derselben Zeit mehr Produkt liefert. Soweit berührt die Maschinerie nur die Produktivkraft der normalen Arbeit. Ein bestimmtes Quantum Arbeitszeit stellt sich aber nach wie vor in derselben Wertgröße dar. Sobald die Konkurrenz daher den Preis der durch Maschinerie produzierten Ware auf ihren Wert reduziert[3] hat, kann die Anwendung der Maschinerie den *Mehrwert,* den Gewinn ||202| des Kapitalisten, nur vermehren, soweit durch Verwohlfeilerung der Ware der Wert des Arbeitslohns oder der Wert des Arbeitsvermögens oder die zu seiner Reproduktion notwendige Zeit verringert wird.

Indes kommt hier ein Umstand hinzu, wodurch selbst ohne Verlängerung des Arbeitstags die Anwendung der Maschinerie die absolute Arbeitszeit vermehrt und daher den absoluten Mehrwert. Es geschieht dies sozusagen durch *Kondensierung der Arbeitszeit,* indem jeder Zeitteil mehr mit Arbeit ausgefüllt wird; die Intensität der Arbeit wächst; nicht nur die Produktivität (also Qualität) der Arbeit vermittelst der Anwendung der Maschinerie wächst, sondern das *Arbeitsquantum* in einem gegebnen Zeitabschnitt wächst. Die Zeitporen werden sozusagen durch Kompression der Arbeit verkleinert. Dadurch stellt 1 Arbeitsstunde dasselbe Arbeitsquantum vielleicht dar, das ⁶/₄ Arbeitsstunden in der Durchschnittsarbeit, worin keine Maschinerie angewandt oder nicht Maschinerie von derselben Vollkommenheit angewandt wird.

Wo nämlich die Maschinerie bereits eingeführt ist, sind die Verbesserungen, die die Zahl der Arbeiter in bezug auf die Masse der produzierten Waren und der angewandten Maschinerie verkleinern, begleitet von dem Umstand,

---

[1] Betriebskapital
[2] Einsparung einer zusätzlichen Ausgabe für Gebäude und Maschinerie
[3] In der Handschrift: produziert

daß die Arbeit des einzelnen Arbeiters, der 1 oder 2 ersetzt, mit der verbesserten Maschinerie wächst, also die Maschinerie ihn nur befähigt zu tun, was früher 2 oder 3 taten, indem sie ihn zwingt, seine Arbeit zu vermehren und jeden Zeitteil intensiver mit Arbeit auszufüllen. Das Arbeitsvermögen wird so in derselben Arbeitsstunde rascher abgenutzt.

Man sehe zunächst, wie in verschiednen Perioden die Berichterstatter über Fabrikarbeiter von der wachsenden Arbeit mit Verbesserung der Maschinerie sprechen. Es folgt dies einerseits aus der größeren Geschwindigkeit der Maschine, der der Arbeiter folgen muß; andrerseits aus dem größern Quantum Maschinenarbeit, das der einzelne Arbeiter zu überwachen hat, wie z. B., wenn die Zahl der Spindeln an der Mule vermehrt wird, dazu doppelte Spindelreihen (double decking) kommt oder 1 Weber 2 oder 3 powerlooms statt 1 zu kontrollieren hat.

„Verglichen mit dem, was vor 30 oder 40 Jahren war, ist die Arbeit, die in den Fabriken zu verrichten, sehr gewachsen. Das ist so infolge der größren Aufmerksamkeit und Tätigkeit, welche die bedeutend vermehrte Geschwindigkeit der Maschinerie von den Kindern erheischt, die sie zu bedienen haben." (p. 32, *J. Fielden, „The Curse of the Factory System"*, Lond[on] 1836.)

Dies also im Jahr 1836. John Fielden war selbst Fabrikant.

Lord Ashley (jetzt Graf Shaftesbury) stated in his speech on the Ten Hours' Factory bill [81] on March 15, 1844[1]:

„Die Arbeit der in den Fabrikprozessen Beschäftigten ist jetzt dreimal so groß, als bei der Einführung solcher Operationen. Die Maschinerie hat zweifelsohne ein Werk verrichtet, welches die Sehnen und Muskeln von Millionen Menschen ersetzt, aber sie hat auch erstaunlich die Arbeit der durch ihre furchtbare Bewegung beherrschten Menschen vermehrt." (l. c. [,p.] 6.) „Die Arbeit, einem Paar Mules während 12 Stunden – so wird ein Arbeitstag berechnet – auf und ab zu folgen, zum Spinnen von Baumwollgarn Nr. 40, schloß im Jahre 1815 das Durchlaufen einer Distanz von 8 Meilen ein. Im Jahre 1832 betrug die im Gefolge eines Mulepaares zum Spinnen derselben Nummer zu durchreisende Distanz 20 Meilen und oft mehr. Im Jahre 1835 hatte der Spinner täglich 820 Auszüge an jeder Mule zu machen, was eine Gesamtsumme von 1 640 Auszügen im Verlaufe des Tages ergab. Im Jahre 1832 hatte der Spinner an jeder Mule 2 200 Auszüge zu machen, zusammen 4 400. Im Jahre 1844 hatte die arbeitende Person, wie es im Bericht eines ausgebildeten, tätigen Spinners heißt, in der gleichen Periode von jeder Mule 2 400 Auszüge zu machen, was insgesamt 4 800 Auszüge im ||203| Verlauf des Tages ausmacht; und in einigen Fällen ist die erheischte Arbeitsleistung noch größer." (p. 6, 7.)

„Ich habe ein Dokument hier, unterzeichnet von 22 tätigen Spinnereiarbeitern aus Manchester, in welchem sie feststellen, daß 20 Meilen die allgemeinste Strecke ist, die sie

---

[1] stellte in seiner Rede zur Zehnstundenbill [81] am 15. März 1844 fest

zu durchreisen haben, und sie halten die Strecke für noch länger. Ich habe hier ein anderes Dokument, das mir 1842 zuging, worin nachgewiesen wird, daß die Arbeit *progressiv zunimmt*, nicht nur, weil eine größere Entfernung zu durchreisen ist, sondern weil die Quantität der produzierten Waren sich vermehrt, während die Händezahl proportional abnimmt; und ferner, weil nun oft schlechtere Baumwolle gesponnen wird, die schwieriger zu bearbeiten ist." (p. 8, 9, l. c.)

„Im Kardierraum" (der Kardierstube) „hat auch *große Zunahme der Arbeit* stattgefunden — eine Person tut jetzt die Arbeit, die früher zwischen zwei verteilt war. In der Weberei, wo eine große Anzahl Personen, meist weiblichen Geschlechts, beschäftigt ist, ... ist die Arbeit während der letzten Jahre um volle 10 Prozent gewachsen infolge der vermehrten Geschwindigkeit der Maschinerie. Im Jahre 1838 war die Zahl der Docken, die wöchentlich gesponnen wurden, 18 000, im Jahre 1843 belief sie sich auf 21 000. Im Jahr 1819 war die Zahl der Schußschläge beim Dampfwebstuhl 60 pro Minute, im Jahre 1842 betrug sie 140, was einen großen Zuwachs an Arbeit anzeigt, weil bei dieser Arbeit mehr Feinheit und Aufmerksamkeit notwendig ist." (p. 9.)

{Solange die Maschinerie einen Fabrikanten befähigt, die Ware über ihrem *individuellen* Wert zu verkaufen, gilt folgendes, was zeigt, daß selbst in diesem Falle der Mehrwert aus einer Verkürzung der notwendigen Arbeitszeit herrührt, selbst eine Form des relativen Mehrwerts ist:

„Der Profit eines Menschen hängt nicht ab von seinem Kommando über das *Produkt* der Arbeit anderer, sondern von seinem Kommando über *Arbeit selbst*. Wenn er seine Waren" (beim Steigen der Geldpreise der Ware) „zu einem höheren Preis verkaufen kann, während die Löhne seiner Arbeiter unverändert bleiben, so zieht er augenscheinlich Gewinn daraus, ob andere Waren steigen oder nicht. Ein kleiner Teil dessen, was er produziert, reicht hin, jene Arbeit in Bewegung zu setzen, und demzufolge verbleibt ihm ein größerer Teil." (p. 49, 50, [John Cazenove,] „*Outlines of Polit. Economy*" (von einem Malthusian) etc., *London 1832*.)}

Die factory Reports beweisen, daß in den Industriezweigen, die (bis April 1860) unter dem Factoryakt standen, also die wöchentliche Arbeit zu 60 Stunden gesetzlich reduziert war, die Löhne nicht gefallen sind, rather[1] gestiegen (1859 verglichen mit 1839), während sie positiv gefallen waren in den Fabriken, worin damals noch

„die Arbeit von Kindern, jungen Personen und Frauen unbeschränkt ist".

Es handelt sich hier um

„Kattundruckereien, Bleichereien und Färbereien, in welchen bis 1860 die Arbeitsstunden jetzt die gleichen bleiben, wie sie seit 20 Jahren waren, in denen die unter dem Fabrik-

---

[1] eher

gesetz geschützten Gruppen zeitweilig 14 und 15 Stunden pro Tag beschäftigt wurden."*

In der ersten Art Fabriken [hat] sich die Produktion verhältnismäßig mehr vermehrt als früher und zugleich, wie die rasche Ausdehnung der Fabriken zeigt, der Profit des Fabrikanten.

„Die großen in Maschinen jeder Art eingeführten Verbesserungen haben deren Produktivkraft sehr gesteigert. Ohne Zweifel gab die Verkürzung des Arbeitstages den Stachel zu diesen Verbesserungen, insbesondere soweit es *die größere Geschwindigkeit der Maschinen* in festgelegter Zeit betrifft. Diese Verbesserungen und die *intensiveren Anstrengungen* der Arbeiter bewirkten ... daß wenigstens ebensoviel Arbeit in dem verkürzten Arbeitstag geliefert werden konnte, wie es früher während des längeren üblich war." ([p.] 10, „*Factory Reports*. For the half year ending October 31, 1858", cf. „Reports for the half year ending 30th April 1860", p. 30 sqq.)

||204| Das Phänomen, daß die Zehnstundenbill[81] den Gewinn des englischen Fabrikanten trotz der Abkürzung des Arbeitstags nicht vermindert[1] hat, erklärt sich aus zwei Gründen:

1. daß die englische Arbeitsstunde über der kontinentalen steht, sich zu ihr als kompliziertere Arbeit verhält (daß also das Verhältnis des englischen Fabrikanten zu dem ausländischen wie das eines Fabrikanten, der neue Maschinerie einführt, zu seinem Konkurrenten).

„Bei sonst gleichen Umständen kann der englische Fabrikant in einer bestimten Zeit eine beträchtlich größere Menge von Arbeit herausbringen als ein ausländischer Fabrikant, so viel, um den Unterschied der Arbeitstage zwischen 60 Stunden wöchentlich hier und 72 bis 80 Stunden anderwärts auszugleichen; und die Transportmittel in England ermöglichen es dem Fabrikanten, seine Waren nahe seiner Fabrik auf die Eisenbahn zu verladen, von wo aus sie fast unmittelbar für den Export verschifft werden können." ([p.] 65, „*Reports of Insp. of Factories*", 31 Oct. 1855, Lond[on] 1856.)

* /204/ Folgende Liste (zu S. 203) zeigt überhaupt, daß mit dem Fortschritt der Industrie seit 20 Jahren der Arbeitslohn in verschiednen Fabrikzweigen bedeutend gefallen ist.

Kattun drucken, färben und bleichen,
60 Stunden pro Woche

	1839	1859
Farbemischer	35 sh	32
Maschinendrucker	40	38
Vormann	40	40
Blockschneider	35	25
Blockdrucker	40	28
Färber	18	16
Wäscher und		
Arbeiter	16 + 15	dito

Barchent färben, 61 Stunden
pro Woche

	1839	1859
Zurichter	18	22
Bleicher	21	18
Färber	21	16
Fertigmacher	21	22

(„*Factory Reports*. For Half Year ending 30 April 1860", p. 32.)

[1] In der Handschrift: vermehrt

2. Was an absoluter Arbeitszeit verkürzt, ist an Kondension der Arbeitszeit gewonnen, so daß in der Tat 1 Arbeitsstunde jetzt gleich $\frac{6}{5}$ Arbeitsstunden oder mehr. Wie die absolute Ausdehnung des Arbeitstags über gewisse Grenzen (über den natürlichen Tag) hinaus an natürlichen Hindernissen scheitert, so hat der kondensierte Arbeitstag seine Grenzen. Es ist fraglich, ob die Masse Arbeit, die jetzt in den Fabriken unter dem Zehnstundengesetz geliefert wird, für 12 Stunden z. B. mit derselben Intensität überhaupt möglich wäre.

„Eine Gruppe von Fabrikanten" (da sie nicht zwei Gruppen Halbzeitler, 6 Stunden arbeitende Kinder unter 13 Jahren, anwenden wollen), „Spinner von Wollgarn, beschäftigt tatsächlich heute selten Kinder unter 13 Jahren, d. h. Halbzeitler. Sie haben verbesserte und neue Maschinen verschiedener Art eingeführt, durch die eine Verwendung von Kindern ganz überflüssig wurde; ein Beispiel zur Illustration: Durch den Anschluß eines Apparates, genannt *Anstückmaschine*, an die schon vorhandenen Maschinen kann die Arbeit von 6 oder 4 Halbzeitlern, je nach Beschaffenheit der einzelnen Maschine, von einer jugendlichen Person geleistet werden ... das Halbzeitsystem hatte durchaus Anteil daran, daß es Anreiz zur Entwicklung der Anstückmaschine gab." (p. 42, 43, „F[actory] Reports for the half year ending 31 Oct. 1858", Lond[on] 1858.)

Jedenfalls zeigt uns diese Wirkung der Verkürzung der absoluten Arbeitszeit, wie die Fabrikanten auf Mittel sinnen, um die relative Surplusarbeitszeit zu verlängern, die notwendige abzukürzen. Es zeigt uns zugleich, wie die Maschinerie nicht nur den einzelnen befähigt, die Arbeit vieler zu verrichten, sondern die von ihm erheischte Arbeitsgröße vermehrt, so der Arbeitsstunde höheren Wert gibt und damit die relativ für den Arbeiter selbst notwendige Zeit zur Reproduktion des Salairs vermindert.

||205| Es geschieht dies, wie gesagt, durch Vermehrung der Geschwindigkeit der Maschine und die größre Masse arbeitender Maschinerie, die der einzelne Arbeiter zu überwachen hat. Dies wird erreicht, indem teils durch veränderte Konstruktion der Maschine, die die bewegende Kraft erzeugt, Maschine von demselben Gewicht mit relativ, oft mit absolut verminderten Kosten, eine größre Masse Maschinerie in Bewegung setzt und in schnellere Bewegung.

„Die durch den [letzten] Bericht festgestellten Tatsachen scheinen zu bedeuten, daß das Fabriksystem reißend rasch um sich greift; daß, *obwohl die gleiche Anzahl Hände im Verhältnis zu den Pferdestärken beschäftigt sind, wie in früheren Perioden, die Zahl der Hände im Verhältnis zur Maschinerie abgenommen hat*; daß die Dampfmaschine durch Ökonomie der Kraft und anderer Methoden ein größeres Maschinengewicht treibt und ein vermehrtes Quantum an Erzeugnissen erzielt infolge verbesserter Arbeitsmaschinen, Herstellungsmethoden, erhöhter Geschwindigkeit der Maschinerie und vieler anderer Ursachen." (p. 20, „Fact. Reports for the half year ending 31st Oct. 1856".) „In dem Bericht für Oktober 1852 zitiert

Mr. L. Horner ... einen Brief des berühmten Ingenieurs James Nasmyth aus Patricroft bei Manchester, in dem die Art der jüngsten Verbesserungen der Dampfmaschine erklärt wird, die bewirken, daß die gleiche Maschine mehr Arbeit verrichten kann bei geringerem Verbrauch von Kraftstoff ... ‚Es würde nicht leicht möglich sein, eine genaue Aufstellung der vermehrten Arbeitsleistung derselben Dampfmaschinen zu erhalten, bei denen einige oder alle diese Verbesserungen angebracht sind. Ich bin aber sicher, daß wir – im Falle eines exakten Berichts – für dasselbe Gewicht Dampfmaschinerie jetzt mindestens *50 %* mehr Dienst oder Arbeit im Durchschnitt erhalten, und daß ... in vielen Fällen dieselbe Dampfmaschine, die zur Zeit der beschränkten Geschwindigkeit von 220 Fuß in der Minute 50 Pferdestärken gab, jetzt über 100 liefert.'" [140]

„Der Bericht von 1838[1]", sagt Horner („Reports", 31 Oct. 1856) „gab die Zahl der Dampfmaschinen und Wasserräder mit der Summe der eingesetzten Pferdestärken an. Zu jener Zeit stellten die Zahlen eine weit korrektere Schätzung der tatsächlich eingesetzten Kraft dar als die Zahlen in den Statistiken von *1850* oder *1856*. Die Zahlen in den Berichten geben alle die *nominale* Kraft der Maschinen und Räder an, nicht aber der tatsächlich eingesetzten Kraft oder der, die eingesetzt werden kann. Die moderne Dampfmaschine von 100 Pferdestärken kann mit weit größerer Stärke als früher betrieben werden, die sich aus den Verbesserungen in ihrer Konstruktion, der Kapazität und Konstruktion der Kessel usw. ergibt, und daher kann die nominelle Kraft einer modernen Dampfmaschine für Fabrikationszwecke lediglich als Index betrachtet werden, aus dem ihre realen Möglichkeiten errechnet werden können." (p. 13/14, l. c.)

Viertens: Ersetzen der einfachen Kooperation durch Maschinerie.

Wie die Maschinerie die zur Teilung der Arbeit entwickelte Kooperation beseitigt oder revolutioniert, so in vielen Fällen die einfache Kooperation. Wenn z. B. Operationen wie Mähen, Säen usw. die gleichzeitige Beschäftigung vieler Hände erfordern, durch Sä- oder Mähmaschinen ersetzt werden. Dito beim Keltern, wenn die Kelterpresse an die Stelle des Fußgetrampels tritt. So, wenn Dampfmaschine angewandt zum Heben der Baumaterialien bis an die Spitze des Gebäudes oder zu der Höhe, wo sie ||206| gebraucht werden sollen.

„Der Streik der Arbeiter im Baugewerbe von Lancashire" (1833) „hat zu einer merkwürdigen Verwendung der Dampfmaschine geführt. Diese Maschine nun in einigen Städten angewandt, statt Handarbeit beim Hochziehen der unterschiedlichen Baumaterialien bis zur Spitze des Gebäudeteils, wo sie verwendet werden sollen." ([p.] 109, *[Tufnell,]* *„Character, Object and Effects of Trades' Unions etc.", Lond[on] 1834.)*

Fünftens. Erfindung und Anwendung von Maschinerie gegen strikes[2] etc. gegen Forderungen der Lohnerhöhung.

Strikes kommen meist daher, entweder Herabsetzung des Lohns zu ver-

---

[1] In der Handschrift: 1828
[2] Streiks

hindern oder Erhöhung des Lohns zu erzwingen oder die Grenzen des Normalarbeitstags festzusetzen. Es handelt sich immer [141], in ihnen die positive oder relative Masse der Surplusarbeitszeit zu beschränken oder Teil davon dem Arbeiter selbst anzueignen. Hiergegen wendet der Kapitalist Einführung von Maschinerie an. Hier erscheint die Maschine direkt als Mittel, die notwendige Arbeitszeit zu verkürzen; dito als Form des Kapitals — Mittel des Kapitals — Macht des Kapitals — *über* die Arbeit — zur Niederschlagung jeder Ansprüche der Arbeit auf Selbständigkeit. Die Maschinerie hier auch der *Intention nach als der Arbeit feindliche Form des Kapitals ins Spiel tretend.* Die selfactors [142], in der Spinnerei die wool-combing-machines, der sog. „condenser"[1] statt der mit der Hand gedrehten „slubbing machine"[2] (auch in der Wollweberei) usw., alles Maschinen, erfunden, um strikes niederzuschlagen.

/207/ So auch der automatische appareil pour les opérations de la teinture et du rinçage[3] erfunden

„unter dem Druck der selben despotischen Vereinigungen", [143]

(nämlich der Arbeiterassociations) (in den Kattundruckereien ist hier die Rede, wo die Anwendung von dampfgetriebenen gravierten Zylindern, mit solchen Zylindern 4—6 Farben zugleich gedruckt). Mit Bezug auf die Erfindung einer neuen Maschine beim Weben sagt Ure:

„So sah sich die Horde der Unzufriedenen, die sich unbezwinglich hinter den alten Linien der Teilung der Arbeit verschanzt glaubten, an den Flanken angegriffen; und nachdem ihre Verteidigungsmittel durch die moderne Taktik der Maschinenkonstrukteure ausgeschaltet worden waren, sah sie sich gezwungen, sich auf Gnade und Ungnade zu ergeben." (p. 142, l. c.)

/206/ Es ist das Resultat dieser neuen Maschine, entweder die frühere Arbeit ganz überflüssig zu machen (wie den Spinner durch den selfactor) oder die Zahl der erheischten Arbeiter zu vermindern und die neue Arbeit (wie die des combers mit combing machines[4]) im Verhältnis zur frühren zu vereinfachen.

„Die häufigste Ursache der Streiks in dem Baumwollgewerbe war die Einführung verbesserter Maschinerie und speziell das Vergrößern von Mulemaschinen, wodurch die Zahl der Spindeln, die ein Spinner fähig ist zu überwachen, sich beständig erhöhte ... ein Besitzer vereinbart bei der Einführung solcher verbesserter Maschinerie in seinem Etablissement mit seinen Spinnern, ihnen pro Stück weniger zu zahlen, aber doch zu solcher Rate, daß, dank der höheren Leistung der Maschine, ihre wöchentlichen Einkünfte steigen statt

---

[1] Maschinen zum Wollkämmen, der sog. „Kondensator"
[2] „Vorspinnmaschine"
[3] Apparat für die Prozesse des Färbens und Spülens
[4] Wollkämmers mit Maschinen zum Wollkämmen

zu fallen ... Aber dieser Handel nachteilig für die Besitzer und Personen in den Fabriken, wo die verbesserte Maschine nicht eingeführt ist." ([p.] 17, 18.) ([Tufnell,] „Character, object and effects of Trades' Unions etc.", Lond[on] 1834.) „1829 ein bedeutender Streik. Kurz zuvor hatten verschiedene Fabrikanten Spinnmaschinen mit 400–500 Spindeln aufgestellt, welche die Spinner, die an ihnen arbeiteten, in die Lage versetzten, für eine bestimmte Menge Arbeit eine geringere Summe im Verhältnis von 3–4 zu erhalten und zu gleicher Zeit *mindestens* die gleiche Lohnmenge wie jene zu erhalten, die an den alten Maschinen beschäftigt wurden. 21 Spinnereien und 10 000 Personen wurden durch diesen Streik für 6 Monate in Untätigkeit versetzt." (p. 19, l. c.) „Der Streik" (1833) „bei Messrs. Hindes and Deham" (Westriding von Yorkshire) „verursachte die Erfindung einer Wollkämmaschine, welche die Arbeit einer Gruppe von Männern überflüssig werden ließ, die als Hauprädelsführer in dieser Angelegenheit aufgetreten waren, womit ihrer Vereinigung ein Schlag versetzt wurde, von dem sie sich nie erholen können." (p. 61, 62.)

||207| Damit „die *Einführung von Dampf* als *Widersacher* der menschlichen Kraft". (*P. Gaskell* (Chirurg), „*Artisans and Machinery* etc.", Lond[on] 1836, p. 23.) „Die überzähligen Hände würden die Fabrikanten befähigen, die Lohnrate zu verringern: aber die Gewißheit, daß einer beträchtlichen Herabsetzung unmittelbar immense Verluste folgen würden durch Streiks, ausgedehnte Arbeitseinstellungen und verschiedene andere Hindernisse, die ihnen in den Weg gelegt würden, läßt sie den langsameren Prozeß mechanischer Verbesserungen vorziehen, durch den sie die Produktion verdreifachen können, aber dennoch keine neuen Arbeiter brauchen." (l. c., p. 314.)

„Die Fabrikarbeiter sollten in heilsamer Erinnerung halten, daß ihre Arbeit in der Tat eine sehr niedrige Sorte geschickter Arbeit ist; daß keine leichter aneigenbar und in Anbetracht ihrer Qualität besser belohnt ist, daß keine durch kurze Unterweisung des minder Erfahrenen in so kurzer Zeit und in solchem Überfluß zugeführt werden kann ... Des Besitzers Maschinerie spielt in der Tat eine viel wichtigere Rolle in dem Geschäft der Produktion als die Arbeit und das Geschick des Arbeiters, die eine Erziehung von 6 Monaten lehren und jeder Bauernknecht lernen kann." (p. 17, 19, „*The Master Spinners and Manufacturers' Defence Fund. Report of the Committee appointed for the receipt and apportionment of this fund to the Central Association of Master Spinners and Manufacturers*", Manchester 1854.)

Mit Bezug auf den „eisernen Mann" (self-acting mule)[142] sagt Ure:

„da das Kapital die Wissenschaft in seine Dienste nimmt, lernt die rebellische Hand der Arbeit, immer gelehrig zu sein".[144]

„Die Notwendigkeit, die Spinnmaschinen zu vergrößern, eine durch Beschlüsse der Arbeiterassoziationen geschaffene Notwendigkeit, hat seit kurzem der mechanischen Wissenschaft einen außerordentlichen Impuls gegeben ... Indem er *die Größe seiner Mule-Jenny-Spinnmaschine*[145] *verdoppelt,* kann sich ihr Eigentümer der mittelmäßigen oder widerspenstigen Arbeiter entledigen und wieder Herr in seinem Hause werden, was ein großer Vorteil ist." (*Ure,* t. II, p. 134.) Dieser Ausweg zielt darauf ab, „den *Lohn eines jeden Spinners* zu erhöhen oder mindestens aufrechtzuerhalten, aber indem die *notwendige Zahl der Arbeiter* für dasselbe Arbeitsergebnis vermindert wird. Auf diese Weise lebten jene, die beschäftigt waren, in Wohlstand, während die Masse der Arbeiter darunter litt." ([p.] 133,

134.) (l. c.) „Der eiserne Mann ... Schöpfung, dazu bestimmt, *die Ordnung* innerhalb der arbeitenden Klassen *wiederherzustellen.*" (p. 138.)

„Die ersten Fabrikanten, die sich völlig auf Handarbeit verlassen mußten, waren periodisch starken unmittelbaren Verlusten ausgesetzt, durch die Halsstarrigkeit ihrer Arbeiter, die die Gelegenheit ergriffen, ihre Forderungen nachdrücklich hervorzubringen, wenn der Markt besondere Lieferungen erforderte ... auch eine Krise nahte rasch heran, die den Fortschritt der Fabrikanten gebremst hätte, als Dampf und seine Anwendung für die Maschinerie auf einmal den Gang der Dinge gegen die Männer wendete." ([p.] 34, 35, *Gaskell*, l. c.)

||208| *Sechstens. Anmaßung der Arbeiter, die durch Maschinerie hervorgebrachte Produktivität ihrer Arbeit sich teilweise aneignen zu wollen.*

„Trades-Unions in ihrer Sucht, den Arbeitslohn aufrechtzuerhalten, *suchen an dem Profit verbesserter Maschinerie teilzunehmen ...* sie verlangen höheren Lohn, weil die Arbeit verkürzt ist ... in anderen Worten: sie streben, *eine Steuer auf industrielle Verbesserungen* zu legen." (p. 42.) (*„On Combination of Trades".* New Edit., London 1834.) „Das Prinzip, Löhne anzupassen an die vermuteten Profite der Auftraggeber, das enthalten ist in der Forderung höherer Entlohnung von verbesserter Maschinerie, ist durchaus unzulässig. Die Anwendung dieses Prinzips ist indes nicht auf irgend eine Art des Profits beschränkt. Die Färber, 7. August 1824, streikten; sie statuierten in einem Anschlagzettel, daß ihre Besitzer eine Preiserhöhung für das Färben erhalten hätten, *mehr* als der Zulage angemessen, die sie fordern ... Löhne ändern so ihren Charakter ganz und absorbieren entweder den Profit oder werden eine dem Wert entsprechende Steuer auf Profite." (p. 43, 44, l. c.)

Siebtens. Mehr continuity of labour[1]. *Benutzung des Abfalls usw. In einem finishing stadium kann mehr gearbeitet werden, sobald mit Hülfe der Maschinerie mehr Rohstoff geliefert.*

Die Kontinuität der Arbeit nimmt überhaupt mit der Anwendung der Maschinerie (überhaupt des capital fixe) zu.

Ferner: Indem die Maschine reichlicher die Zufuhr von Arbeitsmaterial für die Industriezweige liefert, für die ihr Produkt als Rohmaterial dient. Z. B. im 18. Jahrhundert, die handloom weavers[2] hatten immer gelitten von der impossibility of supplying themselves mit materials (Garn) for their labour. Considerable vacations frequently occuring in this respect[3], dann sie in „privations"[4].

---

[1] *Kontinuität der Arbeit*
[2] am Handwebstuhl arbeitenden Weber
[3] Unmöglichkeit, sich selbst mit Materialien (Garn) für ihre Arbeit zu versorgen. Beträchtliche Freizeiten, die in dieser Beziehung häufig auftraten
[4] „Mangel"

„Was jetzt durch die Verbeßrung an der Spinnmaschine gewonnen wurde, rührte *nicht her von einer Erhöhung in der Rate der Zahlung für die Arbeit,* sondern von einem Markt, der im allgemeinen zu gering bevorratet war, und *einer beständig sich erhöhenden Garnproduktion, die es ihnen möglich machte, voll zu arbeiten.*" (*Gaskell,* l. c., p. 27.) Dies ein Hauptresultat der Maschinerie, „diese Möglichkeit, fortgesetzt in der gleichen Abteilung voll zu arbeiten".

Für den selbstarbeitenden kleinen Mann wäre es die Möglichkeit, to work full hours[1]. Für den Kapitalist ist es die Möglichkeit, andre full hours arbeiten zu lassen.

Was hier die Spinnmaschine für die Weberei, indem sie ihr Garn liefert, die Erfindung des cottongin[2] durch Eli Whitney (von Connecticut) 1793, indem sie dem Spinner Baumwolle liefert. Der Plantagenbesitzer hatte Neger genug, um ein großes Quantum von cotton zu säen, aber nicht genug, um die Faser vom Samen zu trennen. Dies verminderte also bedeutend das Quantum der Rohproduktion und vermehrte die Kosten z. B. von einem Pfund Baumwolle.

„Eine durchschnittliche Tagesarbeit war nötig, um ein Pfund Baumwollfasern gründlich vom Samen zu trennen ... Whitneys Erfindung ermöglichte es dem Besitzer seiner Entkörnungsmaschine, täglich je Arbeiter die Samen von [100] Pfund der Fasern zu trennen. Seither erhöhte sich der Wirkungsgrad der Maschine."[146]

||209| Dasselbe in *Indien.*

„Das nächste Übel in Indien, das man schwerlich in einem Lande zu finden erwartet, welches mehr Arbeit exportiert als irgendein andres der Welt, abgesehen vielleicht von China und England − *besteht in der Unmöglichkeit, eine genügende Anzahl von Händen zur Reinigung der Baumwolle zu beschaffen.* Infolgedessen bleiben große Mengen Baumwolle ungepflückt, während ein andrer Teil von der Erde aufgesammelt wird, wenn er abgefallen und selbstverständlich verfärbt und teilweise verfault ist, so *daß wegen Arbeitermangel zur richtigen Saison der Pflanzer tatsächlich gezwungen ist, sich mit dem Verlust eines großen Teils jener Baumwollernte abzufinden,* auf die England so sehr wartet." (*„Bengal Hurkaru",* Bi-Monthly Overland Summary of News, 22nd July 1861.)[147] „Eine gewöhnliche *Churka,* bedient von einem Mann und einer Frau, reinigte 28 Pfund täglich. Die Churka von Dr. Forbes produzierte bei Bedienung durch 2 Männer und einem Knaben pro Tag 250 Pfund." (*„Bombay Chamber of Commerce. Report* for 1859−60", p. 171.) „16 dieser" (zuletzt genannten Maschinen), „mit Ochsen getrieben, würden eine Tonne Baumwolle pro Tag reinigen, was der Durchschnittsarbeit von 750 Leuten entsprach." (*„Paper read before the Society of Arts",* on the 17th *April 1861.*[148])

Durch die Maschinerie können Stoffe verarbeitet werden, die zu schlecht zum Verarbeiten mit Handarbeit sind.

---

[1] voll zu arbeiten
[2] der Baumwollentkörnungsmaschine

„Die Nachfrage nach billigen Waren" (aus Wolle in dem Westriding von Yorkshire) „hat dieser Art von Fabrikation einen ungeheuren Auftrieb gegeben, deren Wirtschaftlichkeit nicht so sehr in der verbesserten Maschinerie und Arbeit sparenden Prozessen besteht, sondern in der Verwendung von minderwertiger Rohwolle und wollenen Lumpen, denen von starken Maschinen der ursprüngliche Wollzustand zurückgegeben wurde und die man dann entweder zu Garn für minderwertiges Tuch oder, mit neuer Wolle vermischt, zu Garn für bessere Tucharten verspann. Diese Fabrikationsart ist nirgendwo in so großem Maße üblich wie in England, obwohl sie auch in Belgien beträchtlich ist." (*[p.] 64, „Reports of Inspectors of Factories for 31 Oct. 1855", London 1856.*)

„Häufig kann sehr viel Material eingespart werden, wenn man bei der Herstellung von Brettern dazu übergeht, sie statt mit der Krummaxt mit der Säge zu bearbeiten, und wiederum ist die Einwirkung natürlicher Wirkstoffe soviel billiger, daß viele Artikel, die unter anderen Bedingungen wertlos waren, heute Aufmerksamkeit verdienen, weil sie jetzt profitabler mit einem gewissen Wert ausgestattet werden können." (*[p.] 72, 73, F. Wayland, „The Elements of P. E.", Boston 1843.*)

Die Abfälle ferner bei der Produktion auf großer Stufenleiter so bedeutend, daß sie selbst wieder leichter Handelsartikel, sei es für Agrikultur oder andre Industriezweige, werden können.

||210| *Achtens. Ersetzen von Arbeit.*

„Wenn die Gewerbe sich vervollkommnen, so bedeutet das nichts anderes als die Entdeckung neuer Wege, auf denen ein Produkt *mit weniger Menschen oder*" (was dasselbe ist) „in *kürzerer Zeit als vorher* verfertigt werden kann." (*Galiani, „Della Moneta", p.158[, 159], Custodi, Parte Moderna.*)

Es gilt dies von der einfachen Kooperation wie der Teilung der Arbeit so gut wie von der Maschinerie — meno gente und minor tempo[1] zur Herstellung eines Produkts sind identisch. Kann einer in 1 Stunde tun, was früher in 2, so kann einer nun in einem Arbeitstag tun, was früher zwei; wozu also früher zwei gleichzeitige Arbeitstage nötig. Alle Mittel also, wodurch die notwendige Arbeitszeit eines einzelnen Arbeiters verkürzt wird, schließt zugleich ein Verminderung der Arbeiteranzahl, die erheischt, um denselben Effekt hervorzubringen. Ist nun bei Anwendung der Maschinerie nur Gradunterschied in dieser Verminderung, oder kommt etwas Spezifisches hinzu?

Steuart (Sir James), „*Prinziples of Pol. Econ.*", lb. I, ch. XIX, sagt:

„Ich sehe also die Maschinen als Mittel an, um" *(ihrer Wirkungsfähigkeit nach)* „die Zahl der tätigen Menschen zu erhöhen, ohne daß man deren mehr zu ernähren braucht." Ebenso fragt er daselbst: „Wodurch unterscheidet sich die Wirkung einer Maschine von derjenigen neuer Einwohner?" (l. c.)

---

[1] weniger Leute und kürzere Zeit

{**Preis** *der* **Ware und Arbeitslohn**. Von Proudhons Blödsinn we speak another place. But what he is replied to by M. *Eugène Forcade*, one of the best economical critics in France, is as false and ridiculous as P's assertions. F. says:[1]

„Wäre P.s Einwurf ... ,der Arbeiter kann sein eigenes Produkt nicht zurückkaufen' [149] " (wegen des Zinses, der darauf geschlagen) „wahr, er träfe nicht nur die Profite des Kapitals, er *würde sogar die Existenzmöglichkeit der Industrie vernichten*. Wenn der Arbeiter gezwungen ist, mit 100 das zu bezahlen, wofür er nur 80 erhalten hat, *wenn der Lohn von einem Produkt nur den Wert zurückkaufen kann*, den er ihm hinzugefügt hat, so bedeutet das, daß der Arbeiter nichts zurückkaufen kann" {also selbst wenn er den *ganzen Wert* wieder erhält, den er dem Produkt hinzugefügt hat, das heißt, wenn keinerlei Profit existiert und keine andere Form von Mehrwert als Ausdruck von Mehrarbeit; und mit solcher Vorstellung glaubt Forcade, irgendetwas von politischer Ökonomie zu verstehen! Proudhons Blödsinn der, daß er glaubt, der Arbeiter müsse mit dem Geld, das er erhält (als Salair), höhren Warenwert zurückkaufen, als in dem Geld enthalten ist, oder die Ware würde *über* ihrem Wert verkauft, weil Profit etc. im Verkauf realisiert ist. Aber nun gar Forcade, der die Industrie für *unmöglich* erklärt, sobald der Lohn von einem Produkt nur den Wert zurückkaufen kann, den der Arbeiter hinzugefügt hat. Die kapitalistische Industrie umgekehrt unmöglich, wenn der Lohn ausreicht, um von einem Produkt den ganzen Wert zurückzukaufen, den ihm der Arbeiter hinzufügte. In diesem Falle gäbe es keinen Mehrwert, keinen Profit, keinen Zins, keine Rente, kein Kapital. In der *Tat*: F.s Bemerkung bezieht sich nicht nur auf den „Arbeiter", sondern auf die Produzenten überhaupt}, „daß der Lohn nichts *bezahlen* kann." (Also in der Tat der allgemeine Satz: Wenn der *Produzent* von einem Produkt nur zurückkaufen kann, was er ihm an Wert hinzufügte, kann der Produzent nichts bezahlen. Nämlich, weil die Ware außer der zugesetzten Arbeit konstantes Kapital enthält.) „In der Tat enthält der *Selbstkostenpreis* immer etwas mehr als den Lohn" (dies schon höchst pöbelhaft. Er will sagen, immer einige Dinge mehr als die Arbeit, die zuletzt hinzugefügt und in der Ware vergegenständlicht wurde), „z. B. den *Preis für den Rohstoff, der oft an das Ausland bezahlt wird*". (Und wenn nicht an das Ausland bezahlt, ändert das nichts an der Sache. Der Einwurf, der ||211| auf grobem Mißverständnis beruht, bleibt derselbe. Der Witz der: Das Quantum von dem Gesamtprodukt, das das Salair zahlt, enthält keine Spur von Wert, der Anteil des Rohmaterialwertes ist usw., obwohl jeder einzelne Gebrauchsgegenstand, für sich betrachtet, aus dem Wert der bis zuletzt hinzugefügten Arbeit und dem Wert des Rohmaterials usw. besteht, unabhängig von dieser Arbeit. Dasselbe gilt von dem ganzen Teil des Produkts, das sich auflöst in Mehrwert. (Profit etc.) Was den Wert des konstanten Kapitals betrifft, so wird er entweder ersetzt durch sich selbst, in natura, oder durch Austausch mit anderen Formen konstanten Kapitals.) „P[roudhon] hat das ununterbrochene Wachsen des nationalen Kapitals vergessen, er hat

---

[1] sprechen wir an anderer Stelle. Aber was ihm M. *Eugène Forcade*, einer der besten Kritiker auf ökonomischem Gebiet in Frankreich, entgegnete, ist ebenso falsch und lächerlich wie P.s Behauptungen. F. sagt:

vergessen, daß dieses Wachsen für alle Arbeitenden feststeht, für die Unternehmer wie für die Arbeiter." ([p.] 998, 999, „*Revue des Deux Mondes*", *tome 24, Paris 1848, Forcade, Eugène.*)

Und mit dieser gedankenlosen Phrase sucht F. der Lösung des Problems zu entrinnen; und er ist unstreitig noch einer der „kritischsten" Ökonomisten!

Wir wollen an dieser Stelle gleich den ganzen Dreck von Proudhon zusammenstellen.} [150]

[Nachträgliche Zusätze zu Punkt 2 und 3]

/I-A/ {Ist das ursprüngliche Verhältnis von notwendiger Arbeit zu Surplusarbeit = 10 Stunden : 2 Stunden = 5 : 1 und würden nun statt 12 Stunden 16 gearbeitet, so also 4 Stunden mehr, so müßte, damit das Verhältnis dasselbe bleibe, der Arbeiter $3\frac{1}{3}$ und der Kapitalist nur $\frac{2}{3}$ Stunden von diesen 4 Stunden erhalten; denn $10 : 2 = 3\frac{1}{3} : \frac{2}{3} = \frac{10}{3} : \frac{2}{3} = 10 : 2$. Aber nach dem mathematischen Gesetz, that[1]

„ein Verhältnis größerer Ungleichheit verringert und von geringerer Ungleichheit erhöht ist, indem beiden Gliedern eine beliebige Menge hinzugefügt wird" [151],

folgt, daß d. ratio[2] des Arbeitslohns zum Mehrwert unverändert ist, selbst wenn in obigen Verhältnissen die overtime[3] geteilt. Früher die [notwendige] Arbeit zu Surplus = 10 : 2 = 5 : 1. ($5\times$ größer.) Jetzt wäre $13\frac{1}{3} : 2\frac{2}{3} = \frac{40}{3} : \frac{8}{3} = 40 [: 8 = 5 : 1.}]$ [36]

|/IV-138a/ 1. Der Mehrwert, den das Kapital durch Entwicklung der Produktivkräfte erhält, fließt nicht daher, daß das Quantum der mit derselben Arbeit geschaffnen Produkte oder Gebrauchswerte vermehrt, sondern daß die *notwendige* Arbeit *vermindert* und in demselben Verhältnis die Surplusarbeit *vermehrt* wird. Der Mehrwert, den das Kapital durch den Produktionsprozeß erhält, besteht überhaupt nur in dem Überschuß der Surplusarbeit über die notwendige Arbeit.

Surpluswert exakt gleich *Surplusarbeit*; die Vermehrung der einen exakt gemessen durch die Verminderung der notwendigen Arbeit. Bei dem *absoluten Mehrwert* ist die Vermindrung der notwendigen Arbeit *relativ*, d. h., sie fällt dadurch relativ, daß die Überarbeit *direkt* vermehrt wird. Ist die notwendige Arbeit = 10 Stunden, die Surplusarbeit = 2 und wird diese nun um 2 Stun-

---

[1] daß
[2] Verhältnis
[3] Mehrarbeit

den vermehrt, i.e., der Gesamtarbeitstag von 12 Stunden auf 14 verlängert, so bleibt die notwendige Arbeit nach wie vor 10 Stunden. Aber früher verhielt sie sich wie 10 : 2 zur Surplusarbeit, d.h. wie 5 : 1, jetzt wie 10 : 4 = 5 : 2, oder früher war sie = $\frac{5}{6}$ des Arbeitstags, jetzt nur noch = $\frac{5}{7}$. Hier hat also die notwendige Arbeitszeit sich *relativ* vermindert, weil die Gesamtarbeitszeit und daher die Surplusarbeitszeit *absolut* gewachsen ist. Dagegen, wenn der Normalarbeitstag gegeben ist und die Vermehrung des *relativen* Surpluswerts durch Vermehrung der Produktivkräfte, *vermindert* sich die *notwendige Arbeitszeit* a b s o l u t, und dadurch vermehrt sich der Surpluswert absolut und relativ, ohne daß der *Wert* des Produkts vermehrt wird. Bei dem absoluten Mehrwert daher *relatives Fallen des Werts* des Arbeitslohns, verglichen mit dem absoluten Wachsen des Surpluswerts; bei dem relativen Mehrwert *absolutes Fallen des Werts* des Arbeitslohns. Dennoch der erste Fall stets schlechter für den Arbeiter. Im ersten Fall fällt der *Preis* der Arbeit absolut. Im zweiten Fall kann der *Preis der Arbeit* steigen.

2. Der Mehrwert des Kapitals vermehrt sich nicht wie der Multiplikator der Produktivkraft, sondern um den Bruchteil des Arbeitstags, der die notwendige Arbeitszeit darstellt, dividiert durch den Multiplikator der Produktivkraft.

3. Je größer der Surpluswert *vor* der neuen *Vermehrung der Produktivkraft*, d.h., je größer bereits der gratis gearbeitete Teil des Tags und je kleiner daher der bezahlte Teil desselben, der Bruchteil des Tags, der das Äquivalent des Arbeiters bildet, desto geringer ist das Wachstum des Surpluswerts, den das Kapital von der neuen Vermehrung der Produktivkraft erhält. Sein Surpluswert steigt, aber in immer geringerem Verhältnis zur Entwicklung der Produktivkräfte. Die Schranke bleibt das Verhältnis zwischen dem Bruchteil des Tags, der die *notwendige Arbeit* ausdrückt, und dem ganzen Arbeitstag. Innerhalb dieser Grenzen kann es sich allein bewegen. Je kleiner schon der Bruchteil, der auf die notwendige Arbeit fällt, je größer also die Surplusarbeit, desto geringer das *Verhältnis*, worin eine Vermehrung der Produktivkraft die notwendige Arbeitszeit vermindert, da der Nenner des Bruchteils um so größer. Die *Rate* der Selbstverwertung des Kapitals wächst daher um so langsamer im Maße, wie es schon verwertet ist. Es geschieht dies aber nicht, weil der Arbeitslohn gewachsen oder der Anteil der Arbeiter am Produkt, sondern weil der Bruchteil des Arbeitstags, der notwendige Arbeit repräsentiert, schon so tief gefallen ist im Verhältnis zum ganzen Arbeitstag.

||II-89| *Zur Teilung der Arbeit*

Th. Hodgskin, „*Popular Polit. Econ.* etc.", *London 1827.*

„Die Erfindung und das Wissen geht notwendig der Teilung der Arbeit voraus. Die Wilden haben gelernt, Bogen und Pfeile herzustellen, Tiere und Fische zu fangen, den Boden zu kultivieren und Tuch zu weben, bevor einige von ihnen sich ausschließlich der Herstellung dieser Werkzeuge für Jagen, Fischen, Bearbeitung des Bodens und Weben widmeten ... Die Kunst der Bearbeitung von Metallen, Leder oder Holz war ohne Frage in gewissem Ausmaß bekannt, bevor es Schmiede, Schuster und Zimmerleute gab. Erst in neuester Zeit wurden Dampfmaschinen und Spinnmaschinen erfunden, bevor einige Männer die Fabrikation von Spinn- und Dampfmaschinen zu ihrer hauptsächlichen oder einzigen Geschäftstätigkeit machten." ([p.] 79, 80.)

„Wichtige Erfindungen sind das Resultat der Notwendigkeit der Arbeit und des natürlichen Wachstums der Bevölkerung. Sind z. B. die wild wachsenden Früchte aufgegessen, so wird der Mensch Fischer usw." ([p.] 85.)

„Notwendigkeit ist die Mutter des Erfindens; und die fortdauernde Existenz dieser Notwendigkeit ist nur durch das ständige Anwachsen der Bevölkerung zu erklären. Z. B. der Anstieg im Preis von Vieh, verursacht durch Wachstum der Bevölkerung und durch die Steigerung ihrer Industrie- oder sonstigen Produkte. Das Ansteigen im Preis des Viehes führt zum Anbau von Futter, erhöhten Düngerverbrauch und zu dieser erhöhten Menge an Produkten, das in diesem Landes fast ⅓." ([p.] 86, 87.) „Niemand zweifelt, daß die *rasche Nachrichtenverbindung* zwischen den verschiednen Teilen des Landes beiträgt zu beidem, zur Erhöhung des Wissens und des Reichtums ... *Zahlreiche* Hirne werden allein durch eine Andeutung augenblicklich in Gang gesetzt; und jede Entdeckung wird sofort gewürdigt und fast ebenso rasch verbessert. Die Möglichkeiten für Verbesserungen groß im Verhältnis, als die *Personenzahl vervielfältigt ist,* deren Aufmerksamkeit sich irgendeinem besonderen Gegenstand widmet. Das Wachsen der Anzahl der Personen bringt die gleiche Wirkung hervor wie die *Kommunikation;* denn die letzte wirkt nur, indem sie viele dazu bringt, über den gleichen Gegenstand nachzudenken." ([p.] 93/94.)

Ursachen der Teilung der Arbeit. „Anfangs Teilung der Arbeit zwischen den Geschlechtern in der Familie. Dann die Altersverschiedenheiten. Dann Eigentümlichkeiten der Konstitution. Der Unterschied von Geschlecht, von Alter, von körperlicher und geistiger Kraft oder der Unterschied der Organisation sind die Hauptquellen der Teilung der Arbeit, und sie wird ständig erweitert im Fortschreiten der Gesellschaft infolge unterschiedlicher Neigungen, Veranlagungen und Talente von Individuen und deren verschiedenartigen Fähigkeiten für unterschiedliche Beschäftigungen." ([p.] 111 sqq.) „Außer der Differenz der Fähigkeit in denen, die arbeiten, gibt es unterschiedliche Eignung und Leistungsfähigkeit bei den natürlichen Werkzeugen, mit denen sie arbeiten. Die Ungleichheit der Böden, des Klimas und der Lage, Eigentümlichkeiten in den ursprünglichen Naturprodukten der Erde sowie der Mineralien in ihrem Inneren lassen gewisse Gegenden auch gewissen Kunstfertigkeiten angepaßt sein ... *territoriale Teilung* der Arbeit." ([p.] 127 sqq.)

Grenzen der Teilung der Arbeit. 1. „*Ausdehnung des Marktes* ... der Gebrauchsgegenstand, den ein Arbeiter produzierte ... bildet in Wirklichkeit und endgültig den Markt für die Gebrauchsgegenstände, die von anderen Arbeitern produziert werden; und sie und ihre Erzeugnisse sind wechselseitig der Markt füreinander ... *die Ausdehnung des Marktes* muß bedeuten die Anzahl der Arbeiter und ihre produktive Kraft, und mehr die erstre als die letztere ... So wie die Zahl der Arbeiter ansteigt, vermehrt sich die produktive Kraft der Gesellschaft im gleichen Verhältnis dieses Ansteigens, vervielfältigt durch die Wirkung der Teilung der Arbeit und der Steigerung des Wissens ... *Verbesserte Transportmethoden,* wie Eisenbahnen, Dampfschiffe, Kanäle, alle Mittel der Erleichterung des Verkehrs zwischen fernen Ländern, wirken auf die Teilung der Arbeit wie eine *tatsächliche Erhöhung der Bevölkerungszahl*; sie bringen mehr Arbeiter in Verbindung miteinander oder mehr Erzeugnisse für den Austausch." ([p.] 115 sqq.)

2. Grenze. The natur of different employments[1]. „Mit dem Fortschritt der Wissenschaft verschwindet diese scheinbare Grenze. Namentlich Maschinerie verrückt sie. Die Verwendung von Dampfmaschinen als Antrieb für mechanische Webstühle befähigt einen Mann, die Funktionen mehrerer zu erfüllen oder so viel Tuch zu weben, wie 3 oder 4 Personen am Handwebstuhl weben können. Das ist eine Verflechtung der Beschäftigungen ... aber dann folgt wieder spätere Vereinfachung ... so beständige Erneuerung der Gelegenheiten für die weitere Teilung der Arbeit." ([p.] 127 sqq.)

||90| *Surpluslabour*

„Durch die Habgier der Kapitalisten usw. *beständige Tendenz, die Zahl der Arbeitsstunden* zu erhöhen und auf diese Weise durch Erhöhung des Angebots an Arbeit die Vergütung dafür herabzusetzen ... Zu demselben Resultat drängt *die Vermehrung des fixen Kapitals.* Denn, wo ein so hoher Wert in Maschinerie und Gebäuden usw. steckt, gerät der Fabrikant in starke Versuchung, soviel Inventar nicht untätig liegen zu lassen, und so wird er keinen Arbeiter beschäftigen, der sich nicht verpflichtet, viele Stunden des Tages dabei zu bleiben. Daher also die niederdrückende Nachtarbeit, die in einigen Einrichtungen praktiziert wird, wo die eine Gruppe von Männern kommt, wenn die anderen gehen." ([p.] 102, G. Ramsay, „*An Essay on the Distribution of Wealth*", Edinburgh 1836.)

Bei dem *absoluten Mehrwert* bleibt das in Arbeit ausgelegte Kapital, das *variable Kapital,* seiner Wertgröße nach dasselbe, während der Wert des Gesamtprodukts wächst; aber deswegen wächst, weil der Wertteil des Produkts, der die Reproduktion des variablen Kapitals darstellt, wächst. In diesem Fall (dies bezieht sich nicht auf den Mehrwert, sondern auf ihn als Profit) wächst außerdem notwendig der Teil des konstanten Kapitals, der sich in Rohstoff und *matières instrumentales*[2] auflöst. Es ist nicht anzunehmen, außer zu einem

---

[1] *Das Wesen der verschiedenen Beschäftigungen*
[2] Produktionshilfsstoffen

sehr geringen degree[1], daß die Auslage (der real déchet[2], wenn auch der *berechnete*) der Maschinerie, Baulichkeiten etc. dadurch zunimmt.

Bei dem *relativen Mehrwert* bleibt der Wertteil des Produkts, worin sich das variable Kapital reproduziert, derselbe; aber seine Verteilung changes. A larger part represents surplus labour und a smaller necessary labour[3]. In diesem Fall wird das gegebne *variable* Kapital vermindert um den Betrag des verminderten Arbeitslohns. Das konstante Kapital bleibt dasselbe, außer was Rohmaterial und matières instrumentales betrifft. Ein Teil des Kapitals, früher in Arbeitslohn ausgelegt, wird frei und kann in Maschinerie etc. verwandelt werden. Wir haben an einem andren Ort untersucht (beim Profit) die changes[4] im konstanten Kapital. Lassen das also hier weg, um nur den change im variablen zu betrachten. Das alte Kapital sei = C (konstantes K[apital]) + 1 000 *l*. Dieses 1 000 stelle das variable Kapital vor. Sage den Wochenlohn von 1 000 Mann. Es kann nun zweierlei unterschieden werden. Das variable Kapital fällt, weil in andren Industriezweigen produzierte necessaries[5] fallen (z.B. Korn, Fleisch, Stiefel etc.). In diesem Fall bleibt C unverändert, und die Zahl der beschäftigten Arbeiter, das Gesamtquantum der Arbeit, bleibt dasselbe. Es ist kein change in den *Produktionsbedingungen* vorgegangen. Gesetzt, das variable Kapital werde dadurch um $\frac{1}{10}$ vermindert (i.e. sein Wert), so fällt es von 1 000 auf 900. Gesetzt, der Mehrwert sei = 500 gewesen, also = der Hälfte des variablen Kapitals. So stellt 1 500 den Gesamtwert der Arbeit der 1 000 Mann vor. (Da nach der Unterstellung ihr Arbeitstag *derselbe* bleibt, seine Größe nicht ändert.) Wie immer diese 1 500 zwischen Kapital und Arbeit sich teilen mögen.

In diesem Falle war das alte Kapital: 1. C + $\overbrace{1\,000}^{v} + \overset{\text{Surpluswert}}{500}$. Also Surplusarbeit = $\frac{1}{3}$ des Arbeitstags;

neue Kapital: 2. C + $\overbrace{900 + 600}$. Also Surplusarbeit = $\frac{2}{3}$ des Arbeitstags. Die Surplusarbeit wäre von $\frac{5}{15}$ auf $\frac{6}{15}$ gestiegen; der Arbeitstag = 12 Stunden, so $\frac{1}{3}$ = 4 Stunden und $\frac{2}{5}$ = $4\frac{4}{5}$ Arbeitsstunden. Nimm an, nach einem interval fiele das variable Kapital (Arbeitslohn) wieder um $\frac{1}{10}$ infolge der Verwohlfeilerung von Lebensmitteln, die nicht in dieser Sphäre produziert werden. So ist $\frac{1}{10}$ von 900 = 90. Das

---

[1] Maße.
[2] *reale* Verlust
[3] ändert sich. Ein größerer Teil repräsentiert Mehrarbeit und ein geringerer notwendige Arbeit
[4] Veränderungen
[5] notwendige Artikel

variable Kapital fiele auf 810. Wir hätten also: v   Surplus

neues Kapital: 3. C + 810 + 690.

Also Surplusarbeit = $^{23}/_{50}$ Arbeitstag oder $^{3}/_{50}$ mehr als vorher. Zugleich wird frei Kapital im ersten Fall 100, im zweiten 90; zusammen = 190 l. Diese Freisetzung des Kapitals ist auch Form der Akkumulation; zugleich Freisetzung von *Geldkapital*, wie wir sie bei Betrachtung des Profits wiederfinden.

$C + \overbrace{V + S}$ ist das Produkt. V + S konstante Größe. Wenn nun unter den gegebnen Umständen Arbeitslohn fällt, so die Formel C + (V − x) + (S + x)[1].

||91| Ist die relative Mehrarbeit dagegen Folge der Verwohlfeilerung des Artikels selbst, also eines *change in den produktiven Bedingungen* desselben, z. B. Einführung der Maschinerie, so z.B. soll von den 1 000 variables Kapital $\frac{1}{2}$ in Maschinerie verwandelt werden. Bleibt variables Kapital von 500 oder Arbeit von 500 Mann statt 1 000. Der Wert ihrer Arbeit = 750, da der der 1 000 = 1 500 l. Also danach hätten wir:

V   S

Altes Kapital $C + \overbrace{1\,000/500}$.

Neues Kapital (C + 500) oder $C + \dfrac{V}{2}$, was wir C′ nennen wollen,

V

$C' + \overbrace{500/250}$.

Indes, da unterstellt ist, daß die surplusvalue[2] wächst infolge der Einführung der Maschinerie, fällt das variable Kapital, sage $^{1}/_{10}$. Wir können nun entweder annehmen, daß die 500 *so viel* verarbeiten (Rohmaterial) wie früher oder mehr. Der Vereinfachung wegen wollen wir annehmen, sie [ver]arbeiten nur so viel. $^{1}/_{10}$ von 500 = 400. [152] Also:

V

V   S

Altes Kapital. $C + \overbrace{1\,000 + 500} = \left(C + \overbrace{1\,000 + \dfrac{V}{2}}\right)$.

V   S   C′   V

Neues Kapital. (C + 500) = C′ + $\overbrace{400 + 350}$ = ($\overbrace{(C + 1/2V)}$ + $\overbrace{400 + 7/8\,V}$).

---

[1] In der Handschrift: C + (V − x) + S + x
[2] der Mehrwert

Es würden so 100 *l.* frei. Indes nur dann, wenn nicht Zusatz zu wenigstens diesem Satz für Rohmaterial und matières instrumentales nötig. Nur in diesem Falle kann durch Einführung der Maschinerie *Geldkapital* freigesetzt werden, das früher was expended in the form of wages[1].

Bei dem absoluten *Surplusvalue* muß wachsen die matières brutes[2] und matières instrumentales, in demselben Verhältnis, worin das absolute Quantum Arbeit wächst.

Altes Kapital. $C + \overset{V \qquad S}{\overbrace{1\,000 + 500}}$. S hier = $\frac{1}{3}$ Arbeitstag von 1 000 Arbeitstagen. War der Arbeitstag = 12 Stunden, so = 4 Stunden. Gesetzt nun, S wachse von 500 auf 600, also um $\frac{1}{5}$, so da der Wert von 12 Stunden × 1 000 = 1 500 *l.*, repräsentiert ein Wert von 100 *l.* 800 Arbeitsstunden für die 1 000 Mann oder $\frac{4}{3}$ Surplusarbeitsstunden per Mann. Es kommt nun drauf an, wieviel Material etc. 1 Mann in 1 Stunde verarbeitet, um zu wissen, wieviel, da die Arbeitsbedingungen dieselben bleiben, er in $\frac{4}{5}$ Stunden verarbeitet. Wir wollen dies x nennen. So:

Neues Kapital. $C + \overset{C'}{x} + \overset{V}{1\,000} + \overset{S \qquad S'}{\overbrace{500 + 100}}$. Das ausgelegte Kapital wächst hier, und das Produkt wächst zweifach; um das ausgelegte Kapital und um den Surpluswert.

Die Hauptsache – Grundlage bleibt die Bestimmung des Werts selbst, also die Basis, daß unabhängig von dem Grad der Produktivität der Arbeit der Wert bestimmt ist durch die notwendige Arbeitszeit; also Geld z. B. als von konstantem Wert ausgenommen sich stets in derselben Geldsumme ausdrückt.

Durch das Urbarium der Maria Theresia, worin die eigentliche Leibeigenschaft in Ungarn abgeschafft, schuldeten die Bauern für die ihnen zufallenden Sessions {lands on each estate, allotted to the maintenance of the serfs, 35–40 English acres[3]} den landlords jährlich *unentgeltliche Arbeit* von 104 days per annum[4], abgesehn von einer Menge kleiner Leistungen, fowls, eggs[5], etc.

---

[1] ausgegeben in der Form des Lohnes

[2] Rohmaterialien

[3] Ländereien auf jedem Grundbesitz, für den Unterhalt der Leibeigenen zugeteilt, 35–40 englische Morgen

[4] Tagen im Jahr

[5] Geflügel, Eier

Seite 91 aus Heft II

||92| Spinnen von 6 Pf. Wolle oder Hanf, geliefert durch den landlord, außerdem noch $\frac{1}{10}$ ihres Produkts für die Kirche und $\frac{1}{2}$ (??)[153] dem landlord. Noch 1771 von 8 millions in Ungarn $\frac{1}{21}$ landlords und nur 30921 artisans[1]: Es sind derartige facts, an denen die Lehre der Physiokraten[53] einen historischen Hinterhalt besitzt.[154]

In den englischen Kohlenwerken wöchentlich 15 Mann killed on an average. Während der 10 Jahre concluding with 1861, killed about 10000 people. Mostly by the sordid avarice of the owners of the coalmines. Dies generally to be remarked. The capitalistic production is − to a certain degree, when we abstract from the whole process of circulation and the immense complications of commercial and monetary transactions resulting from the basis, the value in exchange − most economical of *realized labour*, labour realized in commodities. It is a greater spendthrift than any other mode of production of man, of living labour, spendthrift not only of flesh and blood and muscles, but of brains and nerves. It is, in fact, only at the greatest waste of individual development that the development of general men is secured in those epochs of history which prelude to a socialist constitution of mankind.[2][155]

> „Sollte diese Qual uns quälen,
> Da sie unsre Lust vermehrt,
> Hat nicht Myriaden Seelen
> Timur's Herrschaft aufgezehrt?"[156]

In dem *Wert des Produkts* haben wir zwischen mehr Teilen zu unterscheiden als in dem *Wert* des vorschoßnen Kapitals. Das letzte = C + V. Das erstere = C + A. (Der Teil des Produkts, der die neuzugesetzte Arbeit aus-

---

[1] Handwerker

[2] im Durchschnitt getötet. Während der 10 Jahre einschließlich 1861 wurden etwa 10000 Menschen getötet. Meistens durch den schmutzigen Geiz der Eigentümer der Kohlenbergwerke. Dies im allgemeinen festzustellen. Die kapitalistische Produktion ist − bis zu einem gewissen Grade, wenn wir vom ganzen Prozeß der Zirkulation und den riesigen Verflechtungen kommerzieller und geldlicher Transaktionen, die als Resultat der Basis, dem Wert im Austausch, auftreten, absehen − außerordentlich sparsam mit der *vergegenständlichten Arbeit*, einer Arbeit, realisiert in Waren. Sie ist weit mehr als jede andere Produktionsweise eine große Vergeuderin von Menschen, von lebendiger Arbeit, Vergeuderin nicht nur von Fleisch und Blut und Muskeln, sondern auch von Hirn und Nerven. Es ist, in der Tat, nur durch die ungeheuerste Verschwendung von individueller Entwicklung, daß die Entwicklung der Menschheit überhaupt gesichert wird in der Geschichtsepoche, die der Entwicklung der sozialistischen Konstituierung der Menschheit vorausgeht.

drückt.) A aber = V + S = dem Wert des variablen Kapitals + dem Surpluswert.

Wenn *Konzentration* der Produktionsmittel in den Händen relativ weniger — as compared to the mass of the labouring multitude[1] — überhaupt Bedingung und Voraussetzung der kapitalistischen Produktion, weil, without it, the means of production would not separate themselves from the producers, and the latter would, therefore, not be converted into wages labourers[2] — so diese Konzentration aber auch technologische Bedingung, um die kapitalistische Produktionsweise und mit ihr die gesellschaftliche Produktivkraft zu entwickeln. Kurz, *materielle* Bedingung für Produktion auf großer Stufenleiter. ||93| Durch die Konzentration entwickelt sich die *gemeinsame* Arbeit — Assoziation, Teilung der Arbeit, Anwendung der Maschinerie, Wissenschaft und Naturkräfte. But there is still another point connected with it[3], der bei der *Profitrate*, noch nicht bei der Analyse der *surplus value*, zu betrachten. Die Konzentration von Arbeitern und Arbeitsmitteln auf geringrem Raum etc., economy of power[4], gemeinsamer use[5] durch viele von Mitteln (wie Baulichkeiten etc., Heizung etc.), deren Kosten nicht steigen im Verhältnis wie sie mehreren dienen; endlich auch Arbeit, faux frais of production[6] gespart. Dies zeigt sich namentlich auch bei der Landwirtschaft.

„Im Fortschritt der Bodenbebauung wird alles Kapital und alle Arbeit, die früher zerstreut auf 500 Morgen verwandt wurden, ja vielleicht noch mehr, jetzt auf die gründlichere Bearbeitung von 100 Morgen konzentriert." (p. [190,] 191, R. Jones, *„An Essay on the Distrib. of Wealth* etc.", part. I, *„On Rent",* Lond[on] *1831.)* „Die Kosten, 24 Scheffel auf 1 Morgen zu ziehn, kleiner als die waren 24 auf 2 zu ziehn; der *konzentrierte Raum"* {diese *Konzentration des Raums* auch wichtig in der Manufaktur. Jedoch hier noch wichtiger die Anwendung des gemeinschaftlichen Antriebsinstruments etc. In der Landwirtschaft, obgleich im Verhältnis zum angewandten Betrage von Kapital und Arbeit der Raum enger geworden ist, stellt er doch eine erweiterte Produktionssphäre dar im Vergleich zu der Produktionssphäre, die früher von einem einzigen, unabhängigen Produzenten besessen oder bebaut worden war. Die Sphäre ist absolut größer. Folglich die Möglichkeit, Pferde einzusetzen usw.}, „worauf die landwirtschaftliche Tätigkeit ausgeführt, muß einige Vorteile

---

[1] im Vergleich zur Masse der arbeitenden Menge
[2] ohne sie die Produktionsmittel sich nicht vom Produzenten trennen und die letzteren folglich nicht in Lohnarbeiter umgewandelt werden würden
[3] Aber da ist noch ein anderer Gesichtspunkt mit verbunden
[4] ökonomische Verwendung von Arbeitskraft
[5] Gebrauch
[6] Produktionsnebenkosten

bringen und einige Kosten einsparen; Einfriedung, Dränage, Aussaat, Herbstarbeit usw. weniger, wenn sie auf 1 Morgen beschränkt sind usw." (l. c., [p.] 199.)

Zehnstundenbill[81] und overworking[1]

„Obgleich die *Gesundheit der Bevölkerung* ein so wichtiges Element des nationalen Kapitals ist, fürchten wir, gestehn zu müssen, daß die Kapitalisten durchaus nicht bei der Hand sind, diesen Schatz zu erhalten und wert zu achten. ‚Die Männer des West Riding' " (zitiert die „*Times*" aus dem „Report des *Registrar General*" für Oktober 1861 [157]) „ ‚wurden die Tuchmacher der Menschheit, und so versessen waren sie auf ihre Arbeit, daß die Gesundheit des Arbeitsvolkes geopfert wurde, und in ein paar Generationen wäre die Race degeneriert. Aber eine Reaktion trat ein: Lord Shaftesburys Bill schränkte die Stunden der Kinderarbeit ein usw.' Die Rücksicht auf die G e s u n d h e i t der *Arbeiter wurde*" (setzt die „*Times*" hinzu) „*den Fabrikanten aufgezwungen* durch die Gesellschaft." [158]

In den größeren Schneider shops[2] in London heißt ein gewisses Stück Arbeit, z. B. einer Hose, Rocks etc., Stunde, halbe Stunde. (Die Stunde = 6 d.) Hier ist natürlich durch die Praxis bekannt, wieviel das average[3] Produkt einer Stunde. Kommen neue Moden auf oder besondre Verbesserungen und Reparaturen, so Streit zwischen employer und workmen[4], ob ein bestimmtes Stück Arbeit = 1 Stunde etc., bis auch hier die Erfahrung die Sache festgesetzt. Ähnlich in vielen Londoner Möbelschreinereien etc.

(Es versteht sich von selbst, daß außer einigen Wesen für Lernzeit etc. nur Arbeiter engagiert werden, die das average skill[5] besitzen und die average Masse während des Tags liefern können. In schlechter Geschäftszeit ist, wo nicht continuity of labour[6], dieser letzte Umstand natürlich dem employer gleichgültig.)

---

[1] *Mehrarbeit*
[2] Werkstätten
[3] durchschnittliche
[4] Auftraggeber und Handwerker
[5] die durchschnittliche Geschicklichkeit
[6] Kontinuität in der Arbeit

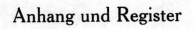

Anhang und Register

Fremdsprachige Zitate

Die fremdsprachigen Zitate, die im Text in deutscher Übersetzung gebracht wurden, werden hier nach der Marxschen Handschrift wiedergegeben. Das betrifft auch solche Zitate, die Marx nicht vollständig ins Deutsche übersetzt. Unterstreichungen werden wie im Haupttext durch Kursivschrift, Doppelunterstreichungen durch gesperrte Schrift hervorgehoben. Offensichtliche Schreibfehler werden stillschweigend korrigiert. Wesentliche Abweichungen gegenüber dem Original sind in Fußnoten vermerkt.

10 «Ce n'est pas la matière qui fait le capital, mais la valeur de cette matière[1].» (*J. B. Say*, «Traité de l'Économie Politique», 3. éd., Paris 1817, t. II, p. 429.)

11 "Capital is commodities." (*J. Mill*, "Elements of Polit. Econ.", Lond[on] 1821, [p.] 74.)

11 "*Currency* employed to productive purposes is *capital.*" (McLeod, "The Theory and Practice of Banking etc.", Lond[on] 1855, t. I, ch. I.)

12 "The zeal for 'encouraging consumption', as supposed necessary for trade in general, springs from the real usefulness of it with regard to the venders of a particular trade." ([p.] 60.) " 'What we want are people who buy our goods' ... But they have nothing in the world to give you for your goods, but what you gave them first. No property can originate in their hands; it must have come from your's. Landlords, placemen, stockholders, servants, be they what they may, their whole means of buying your goods was once your means, and you gave it up to them." ([p. 61/]62.) "The object of selling your goods is to make a certain amount of money; it never can answer to part with that amount of money for nothing, to another person, that he may bring it back to you, and buy your goods with it: you might as well have just burnt your goods at once, and you would have been in the same situation." ([p.] 63.) ("An Inquiry into those Principles respecting the Nature of Demand and the Necessity of Consumption, lately ||17| advocated by Mr. Malthus etc.", London 1821.)

12 "Mr. Malthus sometimes talks as if there were two distinct funds, capital and revenue, supply and demand, production and consumption, which must take care to keep

---

[1] In der Handschrift: ces matières

pace with each other, and neither outrun the other. As if, besides the whole mass of commodities produced, there was required another mass, fallen from Heaven, I suppose, to purchase them with ... The fund for consumption, such as he requires, can only be had at the expense of production." (1.c., [p.] 49, 50.) "When a man is in want of *demand*, does Mr. Malthus recommend him to pay some other person to take off his goods?" ([p.] 55.)

13 "When a thing is bought, in order to be sold again, the sum employed is called money *advanced*; when it is bought not to be sold, it may be said to be *expended.*" (*James Steuart*, "Works etc.", ed. by General Sir James Steuart, his son etc., v. 1, [p.] 274, London 1805.[6])

18 «L'échange est une transaction admirable dans laquelle les deux contractans *gagnent toujours* tous deux.»

20 ("A cannot obtain from B more corn for the same quantity of cloth, at the same time that B obtains from A more cloth for the same quantity of corn.") ("A critical Dissertation on the Nature, Measures and Causes of Value etc.", London 1825, [p. 65].)

21 («L'échange qui se fait de deux valeurs égales n'augmente ni ne diminue la masse des valeurs existantes dans la société. L'échange de deux valeurs inégales ... ne change rien non plus à la somme des valeurs sociales, bien qu'il ajoute à la fortune de l'un ce qu'il ôte de la fortune de l'autre.» *J. B. Say*, «Traité d'Éc. Pol.», 3. éd., t. II, p. 443, 444, Paris 1817.)

23 "Exchange confers no value at all upon products." ([p.] 169, *Wayland, F., "The Elements of Polit. Economy"*, Boston 1843.)

23 "effectual demand consists in the power and inclination, on the part of the consumers, to give for commodities, either by immediate or circuitous barter, some greater portion of all the ingredients of capital than their production costs". (*Col. Torrens, "An Essay on the Production of Wealth"*, Lond[on] 1821, p. 349.)

23 "*Profit*" (dies eine spezielle Form des Mehrwerts), "in the usual condition of the market, *is not made by exchanging. Had it not existed before,* neither could it after that transaction." (*G. Ramsay, "An Essay on the Distribution of Wealth"*, Edinburgh 1836, p. 184.)

24 "The idea of profits being paid by the consumers, is, assuredly, very absurd. Who are the consumers?" etc. (p. 183.)

25 «Tous les ordres de marchands ont cela de commun qu'ils *achètent pour revendre.*» (p. 43, «*Réflexions sur la Formation et la Distrib. des Richesses*», (erschien 1766) in den «*Œuvres» von Turgot*, t. I, Paris 1844. Édit. von Eugène Daire.[10])

26 "Under the rule of invariable equivalents commerce would be impossible." (*[p.] 67, G. Opdyke, "A Treatise on Polit. Econ."*, New York 1851.)

41 {„Verringert die Subsistenzkost der Menschen durch Verringerung des natürlichen Preises von Nahrung und Kleidung, by which life is sustained, and wages will ultimately fall, notwithstanding that the demand for labourers may very greatly increase". (p. 460, Ric[ardo], "Princ. of Pol. Ec.", 3. ed., London 1821.)}

42 {„Aus einer vergleichenden Übersicht über Kornpreise und Arbeitslöhne von der Regierung Edward's III an, also seit 500 Jahren, folgt, daß die earnings of a day's labour in this country häufiger unter als über einem peck Weizen standen; daß 1 peck Wei-

zen eine Art middle point, aber rather above the middle, about which the cornwages of labour, varying according to the demand and supply have oscillated." ([p. 240,] 254, *Malthus, "Princip. of P. Econ. ",* London 1836, 2. ed.)}

43 {«Le simple ouvrier, qui n'a que ses bras et son industrie, n'a rien qu'autant qu'il parvient à vendre à d'autres sa peine ... En tout genre de travail il doit arriver, et il arrive en effet que le salaire de l'ouvrier se borne à ce qui lui est nécessaire pour lui procurer sa subsistance.» ([p.] 10, *Turgot,* «Réflexions sur la Formation et la Distribution des Richesses», (erschien zuerst 1766) «Œuvres», t. I, éd. Eugène Daire, Paris 1844.)}

44 "Mr. Ricardo ingeniously enough, avoids a difficulty, which, on a first view, threatens to encumber his doctrine, that value depends on the quantity of labour employed in production. If this principle is rigidly adhered to, it follows, *that the value of labour* depends on the quantity of labour *employed in producing it* — which is evidently absurd. By a dexterous turn, therefore Mr. Ricardo makes the value of labour depend on the quantity of labour required to produce wages, or, to give him the benefit of his own language, he maintains *that the value of labour is to be estimated* by the quantity of labour required to produce wages, by which he means, the quantity of labour required to produce the money or commodities given to the labourer. This is similar to saying, that the value of cloth is to be estimated, not by the quantity of labour bestowed upon its production, but by the quantity of labour bestowed on the production of silver, for which the cloth is exchanged." ([p.] 50, 51.)

85 "When reference is made to labour as a measure of value, it necessarily implies *labour of one particular kind and a given duration*; the proportion which the other kinds bear to it being easily ascertained by the respective remuneration given to each." ([J. Cazenove, p.] 22, 23, *"Outlines of Pol. Ec. ",* London 1832.)

90 "Labour is the agency by which capital is made productive of wages, profit, or revenue." (p. 161, *John Wade, "History of the Middle and Working classes* etc.", 3. ed., London 1835.)

91 «la valeur fait le produit». (*Say,* «*Cours Complet.* », p. 510.[32])

92 «Le sol est *nécessaire*; le capital est *utile*. Et le travail sur le sol, produit le capital.» ([p.] 288, t. III, Paris 1857, *Colins,* «*L'Économie Politique.* Source des Révolutions et des Utopies prétendues Socialistes.»)

92 "All capital" {hier capital in dem bloß stofflichen Sinn} "consists really in commodities ... The first capital must have been the result of pure labour. The first commodities could not be made by any commodities existing before them." ([p.] 72, *James Mill, "Elements of Pol. Ec. ",* London 1821.)

93 "Labour and Capital ... the one *immediate* labour ... the other, *hoarded labour*, that which has been the result of former labour." ([p.] 75.) (l. c.)

93 "When the labourers receive wages for their labour ... the capitalist is the *owner*, not of the capital only," (in diesem stofflichen Sinn) "but of *the labour also*. If what is paid as wages is included, as it commonly is, in the term capital, it is absurd to talk of labour separately from capital. The word capital, as thus employed, includes labour and capital both." (*James Mill,* l. c., [p.] 70, 71.)

94 "The great object of the monied capitalist, in fact, is to add to the *nominal amount* of his fortune. It is that, if expressed pecuniarily this year by 20 000 *l.* z. B.; it should be *expressed pecuniarily* next year by 24 000 *l.* To advance his capital, *as estimated in money*, is the only way in which he can advance his interest as a merchant. Die importance dieser objects für ihn nicht affiziert durch fluctuations in der currency oder by a change in the real value of money. Z. B. in einem Jahr komme er von 20 auf 24 000 *l.*, durch einen Fall im Wert des Geldes mag er nicht have increased his command über die comforts etc. Dennoch ebensosehr sein Interesse, als wenn das Geld nicht gefallen wäre; denn sonst, his monied fortune would have remained stationary und sein real wealth would have declined in the proportion of 24 to 20 ... commodities also nicht das terminating object des trading capitalist, außer im Verausgaben seiner revenue und in Ankäufen für die sake of consumption. *In the outlay of his capital, and when he purchases for the sake of production, money is his terminating object.*" ([p.] 165/166, *Thomas Chalmers, "On Political Economy in Connection with the Moral State and Moral Prospects of Society", 2. ed., Lond[on] 1832.*)

95 "It is impossible to designate, or express the value of a commodity, except by a quantity of some other commodity." ([p.] 26, l. c.) "Instead of regarding value as a relation between 2 objects, they" (the Ricardians) (und Ric. selbst) "consider it as a positive result produced by a definite quantity of labour." ([p.] 30, l. c.) "Because the values of A and B, according to their doctrine, are to each other as the quantities of producing labour, or ... are determined by the quantities of producing labour, they appear to have concluded, that the value of A alone, without reference to anything else, is as the quantity of its producing labour. There is no meaning certainly in the last proposition." (p. 31, 32.) Sie sprechen von "value as a sort of general and independent property". ([p.] 35, l. c.) "The value of a commodity must be its value in something." (l. c.)

95 "Value is a relation between *contemporary* commodities, because such only admit of being exchanged for each other; and if we compare the value of a commodity at one time with its value at another, it is only a comparison of the relation in which it stood at these different times to some other commodity."

96 "comparing commodities at different periods"

108 "The material undergoes changes ... The instruments, or machinery, employed ... undergo changes. The several instruments, in the course of production, are gradually destroyed or consumed ... The various kinds of food, clothing, and shelter, necessary for the existence and comfort of the human being, are also changed. They are consumed, from /62/ time to time, and their value reappears, in that new vigor imparted to his body and mind, which forms a fresh capital, to be employed again in the work of production." ([p.] 32, *F. Wayland, "The Elements of Polit. Econ.", Boston 1843.*)

129 "These affected ways of talking constitute, in great part, what M. Say calls his *doctrine* ... ‹Si vous trouves›, sagt er p. 36 zu Malthus ‹une physionomie de paradoxe à toutes ces propositions, voyez les *choses* qu'elles expriment, et j'ose croire qu'elles vous paraîtront fort simples et fort raisonnables.› Doubtless; and, at the same time, they will very probably appear, by the same process, not at all original or important.

‹Sans cette analyse je vous défie d'expliquer la totalité des *faits*; d'expliquer par exemple comment *le même* ||72| *capital est consommé deux fois: productivement* par un entrepreneur et improductivement par son ouvrier.› It seems to be agreed, ‹dans plusieurs parties de l'Europe›, to call a fantastical mode of expression a *fact.*" (l. c., p. 110, N. XI.)

130 "He" (the workman) "*is a productive consumer to the person who employs him* and to the state but not strictly speaking *to himself.*" (p. 30, *Malthus, "Definitions in Pol. Ec.", ed. John Cazenove, London 1853.*)

130 "*Circulating Capital* consists only of subsistence and other necessaries advanced to the workmen, previous to the completion of the produce of their labour." ([p.], 23, *Ramsay, George, "An Essay on the Distribution of Wealth", Edinburgh 1836.*) "Fixed capital alone, not circulating, is properly speaking a source of national wealth." (l. c.) "*Were we to suppose* the labourers not to be paid until the completion of the product, there would be no occasion whatever ||73| for circulating capital."

131 „Die Produktion würde ebenso groß sein. Dies beweist, daß *circulating capital* is not an *immediate agent* in production, *not even essential to it at all*, but *merely a convenience rendered necessary by the deplorable poverty of the mass of the people.*" ([p.] 24, l. c.)

131 "merely a convenience rendered necessary by the deplorable poverty of the mass of the people". [p. 24.]

131 "The fixed capital" (Arbeitsmaterial und Arbeitsmittel) "alone constitutes *an element of cost of production* in a national point of view." ([p.] 26, l. c.)

132 «Le capital est cette portion de la richesse *produite* qui est *destinée* à la reproduction.» p. 364.

133 «est-ce» (die matière première) «vraiment là un instrument de production? n'est-ce pas plutôt l'objet sur lequel les instruments producteurs doivent agir?» (p. 367, leçons etc.) Nachher erklärt er: «*instrument de production*, c. à. d. une matière qui agit sur elle même, qui est à la fois l'objet et le sujet, le patient et l'agent». (p. 372, l. c.)

136 «Ceux qui n'envisagent la *science économique que du point de vue des entrepreneurs*, et qui ne considèrent que le produit net et échangeable que chaque entrepreneur peut se procurer, ceux-là ne doivent pas en effet appercevoir de différence entre un homme, un bœuf et une machine à vapeur: il n'est à leurs yeux qu'une question qui soit digne d'une attention sérieuse, c'est la question du prix de revient, la question de savoir, combien coûte à l'entrepreneur ce qu'il demande à la vapeur, au bœuf, à l'ouvrier.» (*Rossi, «De la Méthode en Économie Politique etc.», p. 83, in «Économie Politique. Recueil de Monographies etc.», année 1844, t. I, Bruxelles 1844.*)

137 „Wenn der Arbeiter von seiner Revenue lebt, wenn er von der Retribution seiner Arbeit lebt, comment voulez-vous que la même chose figure deux fois dans le *phénomène de la production*, dans le calcul des *forces productives*, une fois comme *rétribution du travail* et une seconde fois comme *capital*?" (p. 369, leçons.)

141 «Chacun pouvant attendre les produits de son travail, la *forme actuelle du salaire pourrait disparaître.* Il y aurait société entre les travailleurs et les capitalistes, comme il y a société aujourd'hui entre les capitalistes proprement dits et les capitalistes qui sont en même temps travailleurs.» (p. 371.)

141 «Concevoir la puissance du travail, en faisant abstraction des moyens de subsistance des travailleurs, pendant l'œuvre de la production, c'est concevoir *un être de raison.* Qui dit travail, qui dit puissance du travail, dit à la fois travailleurs et moyens de subsistance, ouvrier et salaire ... le même élément reparaît sous le nom de capital; comme si la même chose pouvait faire à la fois partie de deux instruments distincts de la production.» (p. 370, 371, l. c.)

142 „Salaire haben *no productive power;* sie sind der Preis einer productive power. Wages kontribuieren nicht außer der Arbeit, zur Produktion von Waren" {sollte heißen: zur Produktion von Produkten, Gebrauchswerten}, „nicht mehr als der *Preis der Maschinen* dazu kontribuiert along with the machines themselves. *Könnte Arbeit ohne Kauf gehabt werden,* wages might be dispensed with." (p. [90/]91, *John St. Mill,* "Essays upon some unsettled questions of Polit. Econ.", London 1844.)

142 «*Le capital est toujours d'une essence immatérielle, parce que* ce n'est pas la matière qui fait le capital, mais la *valeur* de cette matière, valeur qui n'a rien de corporel.» (*Say,* p. 429, «Traité d'É. Pol.», 3. édit., t. II, Paris 1817.) oder Sismondi: «Le capital est une *idée* commerciale.» (*Sism.,* LX[48], p. 273, t. II, «*Études* etc.».)

143 "Labour and capital ... the one, *immediate* labour ... the other, *hoarded labour,* that which has been the result of former labour." ([p.] 75, *James Mill,* l. c.) ("El[ements] of P[olitical] Ec[onomy]", London 1821.) "Accumulated labour ... immediate labour." (*R. Torrens,* "An Essay on the Production of Wealth etc.", London 1821, ch. I.)

143 *Ric[ardo], "Princ[iples]"*, p. 89. „Kapital ist der Teil des Reichtums eines Landes, der auf die Produktion verwandt wird und besteht aus food, clothing, tools, raw material, machinery etc., notwendig to give effect to labour."

143 „Kapital ist nur a particular species of wealth, nämlich die bestimmt ist nicht to the immediate supplying of our wants, but to the obtaining of other articles of utility." (p. 5, *Torrens,* l. c.) „In dem ersten Stein, den der Wilde auf die Bestie wirft, die er verfolgt, und dem ersten Stock, den er greift, um die Frucht niederzuziehn, die above his reach hängt, sehn wir die Aneignung eines Artikels zum Zweck of aiding in the acquisition of another und thus discover the origin of capital." (*Torrens,* p. 70/71, l. c.)

143 Capital "*all articles possessing exchangeable value*", the accumulated results of past labour. (H. C. Carey, "Princ[iples] o[f] P[olitical] Ec[onomy]", part I, Phil[adelphia] 1837, p. 294.)

143 «Lorsqu'un fonds est consacré à la production matérielle, il prend le nom de *capital.*» ([p.] 207, H. *Storch,* «Cours d'É. Pol.», éd. Say, Paris 1823, t. I.) «Les richesses ne sont des capitaux que tant qu'elles servent à la production.» (p. 219, l. c.) „Die Elemente des Nationalkapitals sind: 1. améliorations du sol; 2. constructions; 3. outils ou instruments de métier; 4. subsistances; 5. matériaux; 6. d'ouvrage fait." (p. 229 sq., l. c.)

143 ||81| «Toute force productive qui n'est ni terre, ni travail, c'est là le *capital.* Il comprend toutes ces forces, ou complètement ou partiellement produites, qu'on applique à la reproduction.» (p. 271, *Rossi,* l. c.)

143 «Il n'y a aucune différence entre un *capital* et toute autre portion de richesse: c'est seulement par *l'emploi* qui en est fait, qu'une chose devient *capital,* c'est-à-dire

lorsqu'elle est employée dans une opération productive, comme matière première, comme instrument, ou comme approvisionnement.» (p. 18, *Cherbuliez*, «Richesse ou Pauvreté[1]», 1841.)

144 „Kapital der Teil des zur Produktion und generally for the purpose of obtaining profit verwandten wealth." ([p.] 75, *Chalmers*, Th., *"On Pol. Ec.* etc.", London 1832, 2. edit.)

144 *"Capital.* That portion of the stock" (i. est accumulated wealth) "of a country which is kept or employed with a view to profit in the production and distribution of wealth." ([p.] 10, *T. R. Malthus*, "Definitions in Polit. Eco.". New Edit. etc. by *John Cazenove*, London 1853.)

144 *"Antecedent labour"* (capital) *"... present labour."* (*Wakefield*, E. G., Note p. [230/]231 zu t. I, A. Smith, "W[ealth] o[f] N[ations]", London 1835.)

145 «Qu'est ce qui fait que la *notion de produit* se transforme tout à coup en celle du *capital*? C'est *l'idée de valeur.* Cela veut dire que le produit, pour devenir capital, doit avoir passé par une évaluation authentique, avoir été acheté ou vendu, son prix débattu et fixé par une sorte de convention légale.» Z.B. «le cuir sortant de la boucherie est le *produit du boucher.* Ce cuir, est-il acheté par le tanneur? Aussitôt celui-ci le porte ou en porte la valeur à son fonds d'exploitation. Par le travail du tanneur, ce capital redevient produit». («*Gratuité du Crédit*» [,p. 178-180].) (Sieh XVI, [p.] 29 etc.[49].)

145 «la *différence pour la société, entre capital et produit n'existe pas.* Cette différence est toute *subjective* aux individus». [p. 250.]

146 "The material which ... we obtain for the purpose of combining it with our own industry, and forming it into a product, is called *capital*; and, after the labour has been exerted, and the value created, it is called a *product*. Thus, the same article may be *product* to one, and *capital* to another. Leather is the product of the currier, and the capital of the shoemaker."

146 «Le *travail* de la terre, celui des animaux et des machines, est aussi une *valeur, parce qu'on* y met un *prix* et qu'on l'achète»[50], nachdem er uns gesagt hat, daß «valeur» ist «c'est qu'une chose vaut» und daß «prix» ist die «valeur d'une chose exprimée.»

147 «le *loyer* d'une faculté industrielle»

147 «ou plus rigoureusement le prix de l'achat d'un service productif industriel».[51]

147 «La *riproduzione di valore* è quella quantità di prezzo che ha la derrata o manifattura, oltre il *valor primo* della materia e la consumazione fattavi per formarla. Nell'agricultura si detraggono la semente e la consumazione del contadino: nelle manifatture ugualmente si detraggono la materia prima e la consumazione dell'artigiano, e tanto annualmente si crea un *valore di riproduzione,* quanto importa questa quantità restante.» ([p.] 26, 27, *P. Verri*, «*Meditazione sulla Economia Politica*», Custodi, *Parte Moderna,* t. XV.)}

148 «Il prezzo comune è quello in cui il compratore può diventar venditore e il venditore compratore senza discapito o guadagno sensibile[2]. Sia per esempio il prezzo comune

---

[1] In der Handschrift: «Riche et Pauvre»
[2] In der Handschrift: possibile

della seta un gigliato per libbra, dico essere egualmente ricco colui che possiede 100 libbre di seta quanto colui che possiede cento gigliati, poichè il primo facilmente può cedendo la seta avere 100 gigliati, e parimenti il secondo cedendo 100 gigliati aver 100 libbre di seta ... *Il prezzo comune è quello, in cui nessuna delle parti* contraenti s'impoverisce.» ([p.] 34, 35.) l. c.}

148 "The immediate market for capital, or field for capital, may be said to be *labour*." ([p.] 20, "An *Inquiry into those Principles* respecting the Nature of Demand and the Necessity of Consumption, lately advocated by Mr. Malthus", London 1821.)

148 "Productive consumption, where the consumption of a commodity is a part of the *process of production* ... In these instances there is *no consumption of value*, the same value existing in a new form." ([p.] 296, *Newman*, S. P., "Elements of Pol. Ec.", Andover and New York 1835.) («Le *capital* se consomme tout aussi bien que le *fonds* de consommation; mais en se consommant, il se *reproduit*. Un capital est une masse de richesses destinée à la *consommation industrielle*, c'est-à-dire à la *reproduction*.» (p. 209, *H. Storch*, «Cours d'Éc[onomie] P[olitique]», éd. Say, Paris 1823, t. I.)

149 "If you call labour a *commodity*, it is not like a commodity which is first produced in order to exchange, and then brought to market where it must exchange with other commodities according to the respective quantities of each which there may be in the market at the time; labour is *created* at the moment it is brought to market; nay it is brought to market *before* it is created." ([p.] 75, 76, "*Observations on certain verbal Disputes in Pol. Ec. etc.*", London 1821.)

149 «Il» (l'ouvrier) «demandait de la *subsistance* pour *vivre*, le chef demandait *du travail* pour *gagner*.» (*S[ismondi]*, l. c., p. 91.)

153 {"Profit is not made by exchanging. Had it not existed before, neither could it after that transaction." (*Ramsay*, [p.] 184, l. c.)} {«Ogni spazio di terra è la materia prima dell'agricultura.» ([p.] 218, P. *Verri*, l. c.)}

154 "In reference to coarse spinning we have received the following statement from a gentleman of high standing:

Sept. 17, 1860	Per lb.		Margin.	Cost of Spinning per lb.
His Cotton cost ---	6¼ d			
His 16's warps		}	--- 4 d -----	3 d
sold for ----------	10¼ d			

Profit 1 d per lb.

Sept. 17, 1861				
His cotton costs ---	9 d			
For his 16's		}	--- 2 d ------	3½ d
warps to ask -------	11 d			

Loss 1½ d per lb."

181 "It is obvious that the relative numbers of persons who can be maintained without agricultural labour, must be measured wholly by the productive powers of cultivation." (p. 159/160, R. *Jones*, "On the Distribution of Wealth", Lond[on] 1831.)

193 "Whatever quantity of labour may be requisite to produce any commodity, the labourer must always, in the present state of society, give a great deal more labour to acquire and possess it than is requisite to buy it from nature. Natural Price so increased to the labourer is Social Price." ([p.] 220, Th. *Hodgskin*, "Pop. Pol. Econ.", London 1827.)

194 ||112| "The amount of capital which can be invested at a given moment, in a given country, or the world, so as to return not less than *a given rate of profits*, seems principally to depend on *the quantity of labour*, which it is possible, by laying out the capital, to induce the then existing number of human beings to perform." ([p.] 20, *"An Inquiry into those Principles respecting the Nature of Demand etc."*, lately advocated by *Mr. Malthus, London 1821.*)

194 "If the labourer can be brought to feed on potatoes, instead of bread, it is indisputably true that then more can be exacted from his labour; i. e., if when fed on bread he was obliged to retain for the maintenance of himself and family the labour of Monday and Tuesday, he will, on potatoes, require only the half of Monday; and the remaining half of Monday and the whole of Tuesday are available either for the service of the state or the capitalist." ([p.] 26, *"The Source and Remedy of the Nation. Diff."*, Lond[on] 1821.)

194 "Whatever may be *due* to the capitalist, he *can only receive* the surplus labour of the labourer; for the labourer *must live*. But it is perfectly true, that if capital does not decrease in value as it increases in amount, the capitalist will exact from the labourers the produce of every hour's labour beyond what it is *possible* for the labourer to subsist on: and however horrid or disgusting it may seem, the capitalist may eventually speculate on the food that requires the least labour to produce it, and eventually say to the labourer: 'You sha'n't eat bread, because barley meal is cheaper. You sha'n't eat meat, because it is possible to subsist on beet root and potatoes.'" ([p.] 23/24, l.c.)

194 "Wealth is disposable time and nothing more." (p. 6, *"The Source and Rem. etc."*.)

195 "Legal constraint" (zur Arbeit) "is attended with too much trouble, violence and noise; creates ill will etc., whereas *hunger* is not only a peaceable, silent, unremitted pressure, but, as the most natural motive to industry and labour, it calls forth the most powerful exertions." ([p.] 15, *"A Dissertation on the Poor Laws."* By a Wellwisher to mankind, 1786 (The Rever. *Mr. J. Townsend*), republished London 1817.)

195 "It seems to be *a law of nature*, that the poor should be to a certain degree improvident, that there always may be some to fulfil the most servile, the most sordid, and the most ignoble affairs in the community. The stock of human happiness is thereby much increased, the more delicate sind befreit von drudgery und können höheren callings etc. ungestört nachgehn." ([p.] 39, l. c.) "The poorlaw tends to destroy the harmony and beauty, the symmetry and order of that system, which god and nature | |113| have established in the world." (p. 41.)

196 «Iddio fa che gli uomini che esercitano mestieri di prima utilità nascono abbondantemente.» (p. 78, *Galiani*, «*Della Moneta*», t. III, bei *Custodi.*)

196 «fait naître cette classe *utile* de la société ... qui se charge des occupations les plus fastidieuses, les plus viles et les plus dégoûtantes, en un mot, qui prenant pour sa part

tout ce que la vie a de désagréable et d'assujettissant, procure aux autres classes le *temps*, la sérénité d'esprit et la dignité conventionnelle de caractère dont elles ont besoin pour se livrer avec succès aux travaux relevés». («*Cours d'Éc. Pol.*», éd. Say (p. 223), t. III, Paris 1823.)

196 «Plus un maître a d'esclaves et plus il est riche; il s'ensuit: que, à égalité d'oppression de masses, plus un pays a de prolétaires et plus il est riche.» ([p.] 331, t. III, *Colins, «L'Économie Politique, Sources des Révolutions et des Utopies prétendues Socialistes», Paris 1857.*)

198 «C'est parce que l'un travaille, que l'autre doit se reposer.» *(Sismondi, «N[ouveaux] Princ. d'Éc[onomie] P[olitique]», t. I, p. 76/77.)*

198 «Dès qu'il y a surabondance» (des products) «de produits, le travail superflu doit être consacré à des objets de luxe. La consommation des objets de première nécessité est limitée, celle des objets de luxe est sans limite.» (p. 78, Sism., t. I, «N[ouveaux] P[rincipes] etc.».) «Le luxe n'est possible, que quand on l'achète avec le *travail d'autrui*; le travail assidu, sans relâche, n'est possible, que lorsqu'il peut seul procurer, non les frivolités, mais les nécessités de la vie.» (p. 79, l. c.)

201 "As to the demand *from* labour, that is, either the giving labour ||115| in exchange for goods, or, if you choose to consider it in another form, but which comes to the same thing, the giving, in exchange for *complete products*, a future and *accruing addition of value* ..., conferred on certain particles of matter entrusted to the labourer. This is the real demand that it is material to the producers to get increased, as far as *any* demand is wanted, extrinsic to that which articles furnish to each other when increased." ([p.] 57, *"An Inquiry into those Principles respecting the Nature of Demand and the Necessity of Consumption etc."*, London 1821.)

201 "To enable a considerable portion of the community to enjoy the advantages of *leisure*, the return to capital must evidently be large." (p. 50, *James Mill, "E[lements] of Pol. Ec."*, London 1821.)

201 «obtenir du capital dépensé» (dem gegen lebendige Arbeit ausgetauschten Kapital), «*la plus forte somme de travail possible*». (p. 62, *J. G. Courcelle-Seneuil, «Traité théorique et pratique des Entreprises industrielles etc.», Paris 1857, 2. édit.*)

204 {"The employer will be always on the stretch to *economize* time and labour." (p. 318, *Dugald Stewart*, vol. I, *"Lectures on Polit. Econ."*, Edinburgh 1855, vol. VIII der "Collected works", ed. by *Sir W. Hamilton.*) ad p. 107, ad Zusatz ad e.}

206 «la journée de sarclage estimée douze perches en imposant une tâche double en étendue de celle que peut exécuter un homme en un jour», namentlich auf den Maispflanzungen. Die journée de sarclage ist in der Tat so eingerichtet durch das règlement «qu'il commence au mois de mai pour finir au mois d'Octobre».

206 ||118| «En Moldavie» sagte einer der großen Bojaren selbst, «les 12 journées de travail du paysan, accordés par le règlement, équivalent en fait à 365 jours.» [p. 311.]

208 "Mr. Leigh, of the Deans gate subdistrict" (Manchester), "makes the following judicious remarks, which deserve the careful attention of the people at Manchester: Very sad there is the life of a child ... The total number of deaths, exclusive of coroner's cases, is 224, and of this number 156 were children under 5 years of age ... So large a

proportion I have *never before* known. It is evident that whilst the ordinary circumstances affecting adult life have been to a considerable extent in abeyance, those militating against the very young have been in great activity ... 87 of the children died under the age of one year. Neglected diarrhoea, close confinement to ill ventilated rooms during hooping cough, *want of proper nutrition, and free administration of laudanum*, producing marasmus and convulsions, as well as hydrocephalus and congestion of brain, these must explain why ... the mortality" (of children) "is still so high."}

208 "The fraudulent mill-owner begins work a quarter of an hour" (sometimes more, sometimes less), "before 6 a. m.; and leaves off a quarter of an hour" (sometimes more, sometimes less) "after 6 p. m. He takes 5 minutes from the beginning and end of the half hour nominally allowed for breakfast, and 10 minutes at the beginning and end of the hour nominally allowed for dinner. He works for a quarter of an hour" (sometimes more, sometimes less) "after 2 p. m. on Saturdays.

Thus his *gain*" {Hier ist der Gain direkt mit der stipitzten Surplusarbeit identifiziert} "is,

before 6 a. m.	15 minutes,	Total in 5	*On Saturdays*	*Total*
after 6 p. m.	15 ditto	days	before 6 a. m. 15 m.	*Weekly*
at[1] breakfast			at breakfast	*Gain*
time	10 »		time 10	340
at dinner		300 minutes	after 2 p. m. 15	minutes
time	20			
	60		40	

209 Or 5 hours and 40 minutes weekly, which multiplied by 50 working weeks in the year, allowing two for holidays and occasional stoppages, are equal *to 27 working days*." (p. 4, 5, "*Suggestions etc.,*" *by Mr. L. Horner* in "*Factories Regulation Acts*[2]. Ordered, by the House of Commons, to be printed, *9 August 1859*".)

"The profit to be gained by it" (overworking over the legal time) "appears to be, to many" (millowners) "a greater temptation than they can resist; they calculate upon the chance of not being found out; and when they see the small amount of penalty and costs, which those who have been convicted have had to pay, they find that if they should be detected there will still be a considerable *balance of gain*." ([p.] 34, "*Report of the Inspectors of Factories for the halfyear ended 31st Oct. 1856.*") "Five minutes a day's increased work, multiplied by weeks, are equal to $2\frac{1}{2}$ days of production in the year." ([p.] 35, l. c.)

209 "In cases where the additional time is gained by a *multiplication of small thefts* in the course of the day, there are insuperable difficulties to the Inspectors making out a case." (p. 35. l. c. An dieser Stelle die so angeeignete overtime direkt als *theft*, „Diebstahl" bezeichnet von den offiziellen englischen Fabrikinspektoren.)

209 /120/ Diese *small thefts* werden auch bezeichnet als "*petty pilferings of minutes*" (p. 48, l. c.), ferner as "*snatching a few minutes*" (l. c.), "or as it is termed, '*nibbling*' or '*cribbling*

---

[1] In der Handschrift: after
[2] In der Handschrift: *Factory Regulations Act*

at meal times' ". (l. c.) " 'If you allow me', said a highly respectable master to me, 'to work only 10 minutes in the day over time, you put one thousand a year in my pocket'." (p. 48, l. c.)

209 "The hours of labour in *printworks* may practically be considered to be unrestricted, notwithstanding the statutory limitation. The only restriction upon labour is contained in 22 of the 'Printwork act'" (8. and 9 Victoria C. 29[86]) "which enacts that no child — that is, no child between the ages of 8 and 13 years — shall be employed *during the night*, which is defined to be between 10 p. m. and 6 a. m. of the following morning. *Children, therefore of the age of 8 years*, may be *lawfully employed* in labour analogous in many respects to factory labour, frequently in rooms in which the temperature is oppressive, *continuously and without any cessation from work for rest or refreshment*, from 6 a. m. to 10 p. m." (16 Stunden); "and a boy, having attained the age of 13, may lawfully be employed day and night for any numbers of hours without any restriction whatever. Children of the age of 8 years and upwards have been employed from 6 a. m. to 9 p. m. during the last half-year in my district." ([p.] 39, *"Reports of the Inspect. of Factories", 31st Oct. 1857*, Report of Mr. *A. Redgrave*.)

210 "An *additional hour* a day, gained by small instalments before 6 a. m. and after 6 p. m., and at the beginning and end of the times *nominally* fixed for meals, is nearly equivalent *to making 13 months in the year*." (*"Reports of the I. of F.", 30th April 1858*, Report of Mr. *L. Horner*, p. 9[, 10].)

210 "It may seem inconsistent that there should be any overworking" {durchaus nicht inkonsistent, daß der Fabrikant während der Krise den größtmöglichsten Teil *unbezahlter* Arbeitszeit zu snatch sucht} "at a time when trade is so bad; but that very badness leads to transgressions by unscrupulous men; they get the *extra-profit of it*." ([p. 10,] *"Reports etc.", 30th April 1858*, Report of Mr. *L. Horner*.)

211 "I continue" (although in den meisten Fabriken wegen der bad time nur half time worked), "however, to receive *the usual number of complaints* that half or 3 quarters of an hour in the day are snatched from the workers by encroaching upon the times allowed for rest and refreshment during the working day, and by starting 5 minutes and more before the proper time in the morning and by stopping 5 minutes or more after the proper time in the evening. These petty pilferings, amounting in the whole to from half to three quarters of an hour daily, are very *difficult of detection*." (p. 25, l. c., *T. J. Howells "Report"*.)

211 "To prove a systematic course of overworking, made up of minutes taken at 6 different times of the day, could manifestly not be done by the observation of an Inspector." ([p. 35,] *"Reports"*, L. Horner, 31st Oct. 1856.) "It is *this general acquiescence in the practice, if not approbation of the principle*, and the general concurrence that the limitation of labour is expedient etc." (*"Reports etc."*, 31st Oct. 1855, p. 77.)

212 "The daily labour of the workman in manufactures and works shall not exceed 12 hours. The government has power to declare exceptions to the above enactment in those cases where the nature of the work or of the apparatus requires it."

212 *"The cleaning of machinery at the end of the day;* work rendered necessary by accident to the moving power, the boiler, the machinery, or the building. Labour may be ex-

tended in the following cases: For 1 hour at the end of the day for washing and stretching pieces in dye works, bleach works, and cotton print works. For 2 hours in sugar factories, and refineries, and in chemical works. For 2 hours during *120 days* a year, at the choice of the manufacturer, and with the sanction of the Préfet, in dye works, print works, and finishing establishments."

212 "I have been assured by several manufacturers that when they have wished to avail themselves of the permission to extend the working day, the workmen have objected upon the ground that an extension of the working day at one moment would be followed by a curtailment of the ordinary number of hours at another ... and they especially objected to work beyond the 12 hours per day, because the law which fixed those hours is the only good which remains to them of the legislation of the Republic."

213 "The *prolongation of the working day* is *optional* with the workmen ... when it is mutually agreed ... the rate per hour" (beyond 12) "is generally higher than their ordinary pay." (p. 80, l. c.)

213 "the labouring population of Rouen and Lille ... have succumbed" become "diminutive in growth" und "many are afflicted with that species of lameness which in England has given to its victims the name of 'factory cripples'". (p. 81, l. c.)

213 "It must be admitted that a daily labour of 12 hours is a sufficient call upon the human frame, and when the requisite intervals for meals, the time required for going to and returning from work, are added to the hours of labour, the balance at the disposal of the workman is *not excessive.*" (p. 81, *A. Redgrave,* l. c.)

213 "One of the many objections made to the Ten Hours' Bill was the danger of throwing upon the hands of the young persons and females *so much leisure time,* which, from their defective education, they would ||123| either waste or misuse; and it was urged that *until* education progressed, and means were provided for occupying in profitable mental or social employment the leisure Hours which the Ten Hours' Bill proposed to award to the Factory population, it was more advisable, in the interests of morality, that the *whole* of *the day should be spent in the factory.*" ([p.] 87, *A. Redgrave,* l. c.)

213 "The practice of setting children prematurely to work, a practice which the state, the legitimate protector of those who cannot protect themselves, has, in our time, wisely and humanely interdicted, prevailed in the 17th century to an extent which, when compared with the extent of the manufacturing system, seems almost incredible. At Norwich, the chief seat of the clothing trade, a little creature of six years old was thought fit for labour. Several writers of that time, and among them some who were considered as eminently benevolent, mention, with exultation, the fact, that in that *single city* boys and girls of tender age, created wealth exceeding what was necessary, for their own subsistence by 12 000 pounds a year. The more carefully we examine the history of the past, the more reason shall we find to dissent from those who imagine that our age has been fruitful of new social evils. The truth is, that the evils are, with scarcely an exception, old. That which is new is the intelligence which discerns and humanity which remedies them." (Macaulays "[History of] *England*", vol. I, p. 417.)

214 "by keeping the children, young persons, and women in the mill to clean the machinery during a part of the mealtimes, and on saturdays after 2 o'clock, in place of that work being done within the restricted time". (p. 12, *L. Horner*, "Reports etc.", *30ᵗʰ April 1856.*)

214 "who are not employed on piece-work, but receive weekly wages". (*L. Horner*, p. [8,] 9, *"Reports of the Insp. o. F.", 30ᵗʰ April 1859.*)

214 "The education of the children, *professedly* provided for, is, in numerous cases, an utter mockery; the protection of the workpeople against bodily injuries and death from unfenced machinery, also *professedly* provided for, has become, practically, a dead letter; the reporting of accidents is, to a great extent, a mere waste of public money ... Overworking to a very considerable extent, still prevails; and, in most instances, with that security against detection and punishment, which the *law itself affords.*" (p. 9, 8, l. c.)

215 "The fact is, that prior to the Act of 1833, young persons and children were worked *all night, all day, or both ad libitum.*" (*"Reports* etc.", 30ᵗʰ April 1860, p. [50,] 51.)

215 "to take their legal hours of labour at any period within 5½ a. m. und 8½ p. m.".

215 "*the bulk of the accidens happened in the largest mills* ... the perpetual scramble for every minute of time, where work is going on by an unvarying power, which is indicated at perhaps a thousand horses, necessarily *leads to danger. In such mills, moments are the elements of profit* – the attention of everybody's every instant is demanded. It is here, where ... there may be seen a perpetual struggle between life and inorganic forces; where the mental energies must direct, and the animal energies must move and be kept equivalent to the revolutions of the spindles. They must not lag, notwithstanding the strain upon them either by excessive excitement or by heat; nor be suspended for an instant by any counter attention to the various movements around, for in every lagging there is loss." (p. 56, "Rep[orts] of the In. of F.", *30ᵗʰ April 1860.)*

215 "The *Children's Employment Commission*, the reports of which have been published several years, brought to light many enormities, and which still continue, – some of them much greater than any that factories and printworks were ever charged with ... Without an organized system of inspection by paid officers, responsible to Parliament, and kept to their duty by halfyearly reports of their proceedings, the law would soon become inoperative; as was proved by the inefficiency of all the Factory Laws prior to that of 1833, and as is the case at the present day in France: the Factory Law of 1841 containing no provision for systematic inspection." ([p.] 10, "Rep. o. t. *Insp. etc.*", *31ˢᵗ Oct. 1858.)*

216 The Factory Acts "have put an end to the premature decrepitude of the former longhour workers; *by making them masters of their own time* they have given them a moral energy which is directing them to the eventual possession of political power". ([p.] 47, "Rep. o. th. I. o. F.", *31ˢᵗ Oct. 1859.)*

216 "A still greater boon is, the *distinction* at last made clear *between the worker's own time and his master's. The worker knows now when that which he sells is ended,* and *when his own begins*; and, by possessing a sure fore knowledge of this, is enabled to pre-arrange *his own minutes* for his *own purposes!*" (l. c., p. 52.)

216 "The master had no time for anything but money the servant had no time for anything but labour." (l. c., p. 48.)

216 "The cupidity of millowners, whose cruelties in the pursuit of gain have hardly been exceeded by those perpetrated by the Spaniards on the conquest of America, in the pursuit of gold." (p. 114, *John Wade, "History of the Middle and W. Classes", 3. ed., Lond[on] 1835.*)

216 ||124a| "Certain classes of workers" (such as the adult males, and female weavers) "have a direct interest in working overtime, and it may be supposed that they exercise some influence over the more juvenile classes, which latter have, besides, a natural dread of dismissal by giving any evidence or information calculated to implicate their employers ... even when detected" (the juvenile workers) "in working at illegal times, their evidence to prove the facts before a Bench of Magistrates, can seldom be relied on, as it is given at the risk of losing their employments." (p. 8, *"Factory Inspectors' Reports", for halfyear ending October 31st 1860.*)

216 "A factory employs 400 people, the half of which work by the 'piece' and have ... a direct interest in working longer hours. The others 200 are paid by the day, work equally long with the others, and get no more money for their overtime. A habit has arisen in some localities of starting systematically 5 minutes before and ceasing 5 minutes after the proper hour. There are 3 starting and 3 leaving off times each day; and thus 5 minutes at 6 different times, equal to half an hour are gained daily, not by one person only, but by 200 who work and are paid by the day. The work of these 200 people for half an hour a day is equal to one person's work for 50 hours, or 5/6 of one person's labour in a week, and is *a positive gain to the employer.*" (l. c., p. 9.)

217 "All persons under 16 years of age must be examined by the certifying surgeon. Children cannot be employed under the age of 8 years. Children between 8 and 13 years of age can only be employed for half-time, and must attend school daily. Females and young persons under the age of 18 years cannot be employed before 6 o'clock in the morning nor after 6 o'clock in the evening, nor after 2 o'clock in the afternoon of Saturdays. Females and young persons cannot be employed during a meal time, nor be allowed to remain in any room in a factory while any manufacturing process is carried on. Children under 13 years of age cannot be employed both before noon and after 1 o'clock on the same day." (p. 22, 23, l. c.) – "The hours of work are governed by a public clock; generally the clock of the nearest railway station ... It is sometimes advanced by way of excuse, when persons are found in a factory either during a meal hour or at some other illegal time, that they will not leave the mill at the appointed hour, and that compulsion is necessary to force them to cease work, especially on saturday afternoons. But, if the hands remain in a factory after the machinery has ceased to revolve, and occupy themselves in cleaning their machines and in other like work, they would not have been so employed if sufficient time had been set apart specially for cleaning etc. either before 6 P. M. or before 2 P. M. on saturday afternoons." (p. 23, l. c.)

218 "One hour and a half must be given to all young persons and females, persons at the same time between 7.30 a. m. and 6 p. m.; of this one hour must be given before

3 p.m., and no person can be employed for more than 5 hours before 1 p.m. without an interval of 30 minutes. The usual mealhours[1] of mechanics throughout the country are, half an hour for breakfast and an hour for dinner." ([p.] 24, l.c.)

218 "The parent is required to cause his child to attend school for 3 hours daily for 5 days in the week. The occupier is restricted from employing children unless he shall have procured on each Monday morning a schoolmaster's-certificate that each child has attended school for 3 hours daily for 5 days in the preceding week." (p. 26.)

218 "When population is scanty, and land abundant, the free laborer is idle and saucy. Artificial regulation has often been found, not only useful, but absolutely necessary to compel him to work. At this day, according to Mr. Carlyle, the emancipated negroes in our West India Islands, having hot sun for nothing, and plenty of pumpkin" (Kürbis) "for next to nothing, will not work. He seems to think legal regulations compelling work absolutely necessary, even for their own sakes. For they are rapidly relapsing into their original barbarism. So in England 500 years ago, it was found, by experience, that the poor need not, and would not work. A great plague in the 14th century having thinned the population, the difficulty of getting men to work *on reasonable terms* grew to such a height as to be quite intolerable, and to threaten the industry of the kingdom. Accordingly, in the year 1349, the Statute 23rd, Edward III, was passed, compelling the poor to work, and interfering with the wages of labor. It was followed with the same view through several centuries by a long series of statutable enactments. The wages of artisans, as well as of agricultural laborers; the prices of piecework, as well as of day-work; the periods during which the poor were obliged to work, nay, *the very intervals for meals*" (as in the Factory acts of the present day) "were defined by law. Acts of Parliament regulating wages, but *against* the laborer, and in favor of the master, lasted for the long period of 464 years. Population grew. These laws were then found, and really became, unnecessary and burdensome. In the year 1813, they were all repealed." (p. 205, 206, [John Barnard Byles,] "*Sophisms of Free Trade* etc.", 7. ed., *London 1850.*)

219 "The Bleaching etc. Works Act limits the hours of work of all females and young persons between *6 a.m. and 8 p.m.*, but does not permit children to work *after 6 p.m.* The Print Works Act limits the hours of females, young persons and children between 6 a.m. und 10 p.m., provided the children have attended some school for 5 hours in any day but Saturday before 6 o'clock p.m." (p. 20, 21, "*Factory Inspector's Reports*" for 31st Oct. 1861.) "The Factory Acts require 1½ hours to be allowed during the day, and that they shall be taken between 7.30 a.m. and 6 p.m. and one hour thereof shall be given before 3 o'clock in the afternoon; and that no child, young person, or female shall be employed more than 5 hours before 1 o'clock in the afternoon of any day without an interval for meal time of at least 30 minutes ... In dem Printing Act *no* requisition ... *for any meal time at all.* Accordingly, young persons and females may work from 6 o'clock in the morning till 10 o'clock at night without stopping for meals." (p. 21, l.c.) "In Print Works a child may work between 6 o'clock in

---

[1] In der Handschrift: meal

the morning and 10 o'clock at night … by the Bleach Works Act a child may only work as under the Factories Act, whilst the labour *of the young persons and females*, with whom it has been previously working during the day, may be continued till 8 o'clock in the evening." ([p.] 22, l. c.)

220 "*To take the silk manufacture* for example, since *1850*, it has been lawful to employ children above 11 years of age" (also von 11−13 Jahren) "in the winding and throwing of raw silk for 10½ hours a day. From 1844 to 1850 their daily work, less Saturday, was limited to 10 hours; and before that period to 9 hours. These alterations took place on the ground that labour in silk mills was lighter than in mills for other fabrics, and less likely, in other respects also, to be prejudicial to health." (p. 26, l. c.) "The allegation put forth in 1850 about the manufacture of silk being a healthier occupation than that of other textile fabrics, not only entirely ‖124e‖ fails of proof, but the proof is quite the other way; for the average death rate is exceedingly high in the silk districts, and amongst the female part of the population is higher even than it is in the cotton districts of Lancashire, where, although it is true that the children only work half time, yet from the conditional causes which render cotton manufacture unhealthy, a high rate of pulmonary mortality might be supposed to be inevitable."

220 "15, not unfrequently 17 hours a day". ("*Ten Hours' Factory Bill*", London 1844, p. 5.) In Switzerland the regulations are very strict: "In the canton of Argovia, no children are allowed to work, under 14 years, more than 12 hours and ½; and education is compulsory on the millowners". In the canton of Zurich "the hours of labour are limited to 12; and children under 10 years of age are not allowed to be employed. … In Prussia, by the law of 1839, no child who has not completed his or her 16th year, is to be employed more than 10 hours a day; none under 9 years of age to be employed at all". (p. [5,] 6.)

221 /V−196/ Subinspector Baker reports ("Factory reports", 1843), as to "having seen several females, who, he was sure, could only just have completed their 18th year, who had been obliged to work from 6 a. m. to 10 p. m., with only 1½ hours for meals. In other cases, he shows, females are obliged to work all night, in a temperature from 70 to 80 degrees … I found" (says Mr. Horner, "Factory reports", 1843) "many young women, just 18 years of age, at work from half past 5 in the morning until 8 o'clock at night, with no cessation except a quarter of an hour for breakfast, and 3 quarters of an hour for dinner. They may be fairly said to labour for 15 hours and a half out of 24. There are" (says Mr. Saunders, "*Fact. Rep.*", 1843) "among them females who have been employed for some weeks, with an interval only of a few days, from 6 o'clock in the morning until 12 o'clock at night, less than 2 hours for meals, thus giving them for 5 nights in the week, 6 hours out of its 24 to go to and from their homes, and to obtain rest in bed." (l. c., [p.] 20, 21.)

221 "In the year 1833, a letter was addressed to me by Mr. Ashworth, a very considerable millowner in Lancashire, which contains the following curious passage: 'You will next naturally inquire about the old men, who are said to die, or become unfit for work, when they attain 40 years of age, or soon after.' Mark the phrase 'old men' at 40 years of age!" (l. c., p. 12.)

221 "Although prepared by seeing childhood occupied in such a manner, it is very difficult to *believe the ages* of men advanced in years, as given by themselves, so complete
is their premature old age." (p. 13, l. c.)[90]

222 ||124f| «Il» (einer der entrepreneurs in der first Zeit der Cottonindustry develope-
ment) «m'a communiqué une idée admirable, je ne sais si elle lui appartient en propre, mais elle est vraiment digne de lui: c'est *d'organiser le travail nocturne*. Les ouvriers
seront répartis en deux troupes, de manière à ce que chacune veille jusqu'au matin, de
deux nuits l'une: les métiers ne se reposeront plus. Le travail, borné à 17 heures, lais-
sait dormir pendant 7 grandes heures un capital énorme, la valeur des métiers, le loyer
etc. Ces 7 grandes heures d'intérêt quotidien ne seront plus perdues. Il m'a exposé
une combinaison, grâce à laquelle il rattrapera, et au-delà, ses frais d'éclairage, rien
que par la manière d'établir le salaire nocturne.» ([p.] 145, 146, «*Sir Richard Arkwright*
etc. (1760 à 1792)», par *St-Germain Leduc*, Paris 1842.)

223 «Pour couvrir la dépense de ces arrangements si bien combinés, et soutenir en général
l'établissement, il était indispensablement nécessaire d'employer ces enfants dans l'in-
térieur des moulins à coton, depuis 6 heures du matin jusqu'à sept heures du soir,
l'été comme l'hiver ... Les directeurs des charités publiques, par un motif d'économie mal entendue, ne voulurent pas envoyer les enfants confiés à leurs soins, à moins
que les propriétaires de l'établissement ne s'en chargeassent dès l'âge de 6, 7 ou
8 ans.» ([p.] 64.) («*Examen Impartial des* Nouvelles Vues de M. Robert Owen et de ses
Établissemens à New-Lanark en Écosse etc.», par *Henry Grey Macnab* etc., traduit par
Laffon de Ladébat etc., Paris 1821.) «Ainsi, les arrangements de M. Dale et sa tendre
sollicitude pour le bien-être de ces enfants, furent en dernier résultat presque entière-
ment inutiles et sans succès. Il avait pris ces enfants à son service, et sans leur travail
il ne pouvait pas les nourrir.» ([p.] 65, l. c.) «Le mal provenait de ce que les enfants |
|124g| envoyés des hospices, beaucoup trop jeunes pour le travail, auraient dû être
gardés quatre ans de plus, et recevoir une première éducation ... Si tel est le tableau
fidèle et non exagéré de la situation de nos apprentis sortants des hospices, *dans notre
système actuel de manufactures*, même sous les règlements les meilleurs et les plus hu-
mains, quelle ne doit pas être la situation déplorable de ces enfants sous un mauvais
régime?» ([p.] 66, l. c.)

224 «Le système de recevoir des apprentis tirés des maisons de charité publique, fut
aboli ... On renonça à l'habitude d'employer des enfants de 6 à huit ans dans les fabriques.» ([p.] 74.)

224 «Les heures de travail, 16 sur les 24, ont été réduites à 10 heures et demie par jour.»

243 "to prosecute for intimidation the agents of the *Carpets' Weavers' Trades Unions*.
Bright's partners had introduced new machinery which would turn out *240* yard of
carpet in the time and with the labour previously required to produce *160* yards. The
workmen had no claim whatever to share in the profits made by the investment of
their employers' capital in mechanical improvement. Accordingly, Mssrs. Bright pro-
posed to lower the rate of pay from $1\frac{1}{2}$ d per yard to 1 d, leaving the earnings of the
men exactly the same as before for the same labour. But there was a nominal reduc-
tion, of which the operatives, it is asserted, had not had fair warning beforehand."[102]

244 "The very existence of the former" (the mastercapitalists) "as a distinct class is dependent on the productiveness of industry." *([p.] 206, Ramsay, "An Essay on the Dist. of Wealth etc.", Edinburgh 1836.)*

244 "If each man's labour were but enough to produce his own food, there could be no property" (wird hier gebraucht für capital). (p. 14, *Piercy Ravenstone, M[aster of] A[rts], "Thoughts on the Funding System, and its Effects", London 1824.*)

245 "'In different stages of society, the *accumulation of capital*, or of the *means of employing labour* is more or less rapid, and must in *all cases depend on the productive powers of labour*. The productive powers of labour are generally greatest, where there is an *abundance of fertile land.*'" (Ricardo.) "If, in the first sentence, *the productive powers of labour mean the smallness of that aliquot part of any produce that goes to those whose manual labour produced it*, the sentence is nearly identical, because the *remaining aliquot part is the fund whence capital can*, if the owner pleases, *be accumulated.* But then this does not generally happen where there is most fertile land. It does in Northamerica, but that is an artificial state of things. It does not in Mexico. It does not in New Holland. The productive powers of labour are, indeed, in *another* sense, greatest where there is much fertile land, viz. the *power of man*, if he chooses it, to raise *much raw produce in proportion to the whole labour he performs.* It is, indeed, a *gift of nature*, that men can *raise more food* than the *lowest quantity* that *they could maintain* and *keep up the existing population on*; but *'surplus produce'"* (the term used by Mr. Richardo, p. 93) "generally means the *excess of the whole price of a thing above that part of it which goes to the labourers who made it*; a part, which is settled by human arrangement, and not fixed." (p. 74, 75, *"Observations on certain verbal Disputes in Pol. Ec., particularly relating to value and to demand and supply", Lond[on] 1821.*)

248 "There are numerous operations of so simple a kind *as not to admit a division into parts*, which cannot be performed *without the cooperation of many pairs of hands*. F. i. the lifting of a large tree on a wain, keeping down weeds in a large field of growing crops, shearing a large flock of sheep at the same time, gathering a harvest of corn at a time when it is ripe enough and not too ripe, moving any great weight; everything in short, which cannot be done unless a good many pairs of hands help each other in *the same undivided employment*, and at the same time." (p. 168, *Wakefield, E. G., "A view of the art of colonization* etc.", *Lond[on] 1849.*)

250 «La forza di ciascun uomo è minima, ma la riunione delle minime forze forma una forza totale maggiore anche *della somma delle forze* medesime, fino a che le forze per essere riunite possono diminuire il tempo ed accrescere lo spazio della loro azione.» (*G. R. Carli*, Note 1, p. 196, zu *Pietro Verri, «Meditazioni sulla Econ. Polit. etc.», t. XV, Custodi, Parte Moderna.*)

251 "It has happened in times past that these Oriental States, after supplying the expenses of their civil and military establishments, have found themselves in possession of a surplus which they could apply to works of magnificence or utility, and in the construction of these *their command over the hands and arms of almost the entire non-agricultural population* [...], and this food, belonging to the monarch and the priesthood, afforded the means of creating the mighty monuments which filled the land ... in

moving the colossal statues and vast masses, of which the transport creates wonder, human labour almost alone was prodigally used ... topes and reservoirs of Ceylon, the Wall of China, the numerous works of which the ruins cover the plains of Assyria and Mesopotamia." *(Richard Jones, "Textbook of Lectures on the Polit. Econ. of Nations", Hertford 1852, p. 77.) "The number of the labourers, and the concentration of their efforts sufficed."* {Anzahl der Arbeiter und Konzentration derselben die Basis der einfachen Kooperation.} "We see mighty coral reefs rising from the depths of the ocean into islands and firm land, yet each individual depositor is puny, weak and contemptible. The non-agricultural labourers of an Asiatic monarchy have little but their individual bodily exertions to bring ||146| to the task; but *their number is their strength,* and the *power of directing these masses* gave rise to the palaces and temples etc. It is *that confinement of the revenues which feed them, to one or a few hands, which makes such undertakings possible."* ([p.] 78, l. c.)

252 „Das mathematische Prinzip, daß das Ganze der Summe seiner Teile gleich ist, wird falsch, auf unsren Gegenstand angewandt. Regarding labour, the great pillar of human existence, it may be said, that das ganze Produkt der kombinierten Anstrengung unendlich alles exceeds, was individuelle und disconnected efforts möglicher Weise erfüllen könnten." (p. 84, *Michael Thomas Sadler, "The law of Population"*[1], t. I.)

257 1. *Concours de forces.* (Simple coopération.) «S'agit-il de se défendre? Dix hommes vont résister aisément à un ennemi qui les aurait tous détruits en les attaquant l'un après l'autre. Faut-il remuer un fardeau? Celui dont le poids aurait opposé une résistance invincible aux efforts d'un seul individu cède tout de suite à ceux de plusieurs qui agissent ensemble. *Est-il question d'exécuter un travail compliqué?* plusieurs choses doivent être faites simultanément; l'un en fait une pendant que l'autre en fait une autre, et toutes contribuent à l'effet qu'un seul homme n'aurait pu produire. L'un rame pendant que l'autre tient le gouvernail, et qu'un troisième jette le filet ou harponne le poisson, et la pêche a un succès impossible sans ce concours.» (l. c., p.78.)

257 «quand plusieurs hommes travaillent réciproquement les uns pour les autres, chacun peut se livrer *exclusivement* à l'occupation pour laquelle il a le plus d'avantages etc.». (p. 79, l. c.)

261 «On se fera plus aisément une idée des effets de la *division du travail* sur l'industrie générale de la société, si on observe comment ces effets opèrent dans quelques manufactures particulières.» [p. 11.][110]

262 «On suppose communément que cette *division* est portée le plus loin possible dans quelques-unes des manufactures où se fabriquent des objets de peu de valeur. Ce n'est pas peut-être que réellement elle y soit portée plus loin que dans les fabriques plus importantes; mais c'est que, dans les premières, qui sont destinées à des petits objets demandés par un petit nombre de gens, la totalité des ouvriers qui y sont employés, est nécessairement peu nombreuse, *et que ceux qui sont occupés à chaque différente branche de l'ouvrage, peuvent souvent être réunis dans le même atelier,* et placés à la fois sous les yeux de l'observateur. Au contraire, dans ces grandes manufactures desti-

---

[1] In der Handschrift: *James Sadler, "On Population?".*

nées à fournir les objets de consommation de la masse du peuple, *chaque branche de l'ouvrage emploie un si grand nombre d'ouvriers, qu'il est impossible de les réunir tous* | |152| *dans le même atelier.* Il est rare qu'on puisse voir autre chose à la fois, que ceux qui sont employés à une seule branche de l'ouvrage. Ainsi quoique, dans ces manufactures, l'ouvrage soit peut-être en réalité divisé en un plus grand nombre de parties que dans celles de la première espèce, cependant la division y est moins sensible, et, par cette raison, a été bien moins observée.» [p. 11/12.]

266 «Dans chaque art, la division du travail, aussi loin qu'elle y peut être portée, donne lieu à un accroissement proportionnel dans les facultés productives du travail. *C'est cet avantage qui paraît avoir donné naissance à la séparation des divers emplois et métiers.* Aussi cette séparation est en général poussée plus loin dans les pays qui jouissent du plus haut degré d'amélioration et d'industrie; et ce qui, dans une société encore un peu grossière, est l'ouvrage d'un seul homme, devient dans une société plus avancée, la besogne de plusieurs.» [p. 15.]

266 «*Cette grande augmentation dans la quantité d'ouvrage qu'un même nombre de mains est en état de fournir,* en conséquence de la division du travail, est due à trois circonstances différentes.» (B. I, ch. I [,p. 18].)

266 «Premièrement, l'accroissement de dextérité dans l'ouvrier augmente nécessairement la *quantité d'ouvrage* qu'il peut fournir, et la division du travail, en *réduisant la tâche de chaque homme à quelque opération très simple*, et en faisant de *cette opération la seule opération de sa vie*, lui fait acquérir nécessairement une très grande dextérité.» [p. 19.]

267 «Quand les deux métiers peuvent être établis *dans le même atelier*, la perte du tems est sans doute beaucoup moindre; avec tout cela, elle ne laisse pas d'être considérable. Ordinairement un homme muse un peu en quittant une besogne pour mettre la main à une autre.» [p. 20/21.]

267 «que c'est à la division du travail qu'est originairement due l'invention de toutes ces machines propres à abréger et à faciliter le travail». [p. 21/22.]

267 «les connaissances philosophiques ou spéculatives deviennent, comme tout autre emploi, la principale ou la seule occupation d'une classe particulière de citoyens». [p.24.]

267 «Dans la réalité, la différence des talens naturels entre les individus est bien moindre que nous ne le croyons, et ces dispositions si différentes qui semblent distinguer les hommes des diverses professions, quand ils sont parvenus à la maturité de l'âge, n'est *point tant la cause que l'effet de* la division du travail ... Chacun aurait eu la même tâche à remplir» (ohne die Division und den échange, den er zum *Grund* der Division du travail macht) «et le même ouvrage à faire, et il n'y aurait pas eu lieu à cette grande différence d'occupations, qui seule peut donner naissance à une grande différence de talens.» [p.33/34.] «Par nature, un philosophe n'est pas de moitié aussi différent d'un porte-faix, en talent et en intelligence, qu'un mâtin l'est d'un lévrier.» [p.35.]

268 «*disposition des hommes à trafiquer et à échanger*», ohne welche «chacun aurait été obligé de se procurer à soi-même toutes les nécessités et commodités de la vie». (B. I, ch. II [,p. 34].)

268 «c'est peut-être que son industrie est découragée par la diversité de ses besoins ou

que son attention trop partagée ne peut suffire pour acquérir de l'habileté dans aucune espèce de travail.» (t. II, p. 128.)

269 «L'artiste éprouve que plus il peut resserrer son attention, et la borner à une partie de quelque ouvrage, plus son travail est parfait, et plus *il augmente la quantité de ses productions.* Tout entrepreneur de manufacture s'aperçoit que ses frais diminuent, et que ses profits croissent à mesure qu'il subdivise les tâches de ses ouvriers, et qu'il *emploie un plus grand nombre de mains à chacun des détails de l'ouvrage* ... la progression du commerce n'est qu'une subdivision continuée des arts méchaniques.» ([p.] 129.)

269 «quand l'attention d'un homme est toute dirigée vers un objet» mit einem einzigen Gegenstand beschäftigt, auffinden, «toutes ces machines propres à abréger et à faciliter le travail». (B. I, ch. I.) [p. 22.]

269 «les méthodes, les moyens, les procédés ... que l'artisan attentif à sa propre affaire, a inventés pour abréger ou faciliter son travail particulier.» (p. 133.)

269 «dans l'avancement de la société, les connaissances philosophiques ou spéculatives deviennent, comme tout autre emploi, la principale ou la seule occupation d'une classe particulière de citoyens». (B. I, ch. I [,p. 23/24].)

269 «Cette méthode qui produit de si grands avantages dans ce qui regarde l'industrie, s'applique avec un égal succès, aux objets d'une plus haute importance, aux divers départements de la police et de la guerre. ... *dans un période où tout est séparé*, peut lui-même former un métier particulier» (p. 131, 136)

269 «Il y aurait même lieu de douter si la capacité générale d'une nation croît en proportion du progrès des arts. Plusieurs arts méchaniques n'exigent aucune capacité; ils réussissent parfaitement, lorsqu'ils sont totalement destitués des secours de la raison et du sentiment; et l'ignorance est la mère de l'industrie, aussi bien que de la superstition. La réflexion et l'imagination sont sujets à s'égarer; mais l'habitude de mouvoir le pied ou la main ne dépend ni de l'une ni de l'autre. Ainsi, on pourrait dire que la perfection, à l'égard des manufactures, consiste à pouvoir se passer de l'esprit» (und speziell, was wichtig in bezug auf das Atelier) «*de manière que, sans effort de tête, l'atelier puisse être* ||157| *considéré comme une machine dont les parties sont des hommes.*» (p. 134, 135.)

270 «En fait d'industrie même, le manufacturier peut avoir l'esprit cultivé, tandis que celui de l'ouvrier subalterne reste en friche. ... L'officier général peut être très habile dans l'art de la guerre, tandis que tout le mérite du soldat se borne à exécuter quelques mouvemens du pied et de la main. *L'un peut avoir gagné ce que l'autre a perdu!*» (p. 135, 136.)

270 «Il pratique en grand les ruses et tous les moyens d'attaque et de défense que le sauvage emploie à la tête d'une petite troupe; ou seulement pour sa propre conservation.» (p. 136.)

270 «Des nations vouées à l'industrie en viennent au point d'être composées des membres qui, excepté leur métier, sont de la plus grande ignorance sur toutes[1] les choses de la vie.» (p. 130.) «Nous sommes des nations entières d'Ilotes, et nous n'avons point de citoyens libres.» (p. 144, 1. c.)

---

[1] In der Handschrift: toute

271 "The first essential towards production is labour. To play its part efficiently in this great business, the labour of individuals must be *combined*; or, in other words, the labour required for producing certain results must be *distributed* among several individuals, and those individuals thus be enabled to cooperate." (p. 76, *Scrope*.)

271 "The principle here referred to is usually called the *division of labour*. The phrase is objectionable, since the fundamental idea is that of *concert* and *cooperation*, not of *division*. The term of division applies only to the *process*; this being *subdivided into several operations*, and these being *distributed* or *parcelled out among a number of operatives*. It is thus a *combination of labourers* effected through a *subdivision of processes*."

271 "The effects of the division of labour, and of the use of machines … both derive their value from the same circumstance, their tendency, to *enable one man to perform the work of many*." (p. 317.) "It produces also an *economy of time*, by separating the work into its different branches, all *of which may be carried into execution at the same moment* … by *carrying on all the different processes at once*, which an individual must have executed separately, it becomes possible to produce a multitude of pins f. i. *completely* finished in the same time as a single pin might have been either cut or pointed." ([p.] 319.)

274 "living automatons … employed in the details of the work", während der "employer will be always on the stretch to economize time and labour". (p. 318.)

274 „Cuncta nihilque sumus." „In omnibus aliquid, in toto nihil."[114]

274 „πολλ' ἠπίστατο ἔργα, κακῶς δ' ἠπίστατο πάντα."[115]

274 „ἄλλος γάρ τ' ἄλλοισιν ἀνὴρ ἐπιτέρπεται ἔργοις"

275 „ἄλλος ἄλλῳ ἐπ' ἔργῳ καρδίην ἰαίνεται".[116]

275 „ἀλλὰ τῷ ὄντι καὶ ἡδονῇ πολὺ διαφέρει τὰ ἀπὸ τῆς βασιλέως τραπέζης. καὶ τοῦτο μέντοι οὕτως ἔχειν οὐδέν τι θαυμαστόν· ὥσπερ γὰρ καὶ ἄλλαι τέχναι διαφερόντως ἐν ταῖς μεγάλαις πόλεσιν ἐξειργασμέναι εἰσὶ (in den großen Städten auf einen ausgezeichneten Grad vervollkommnet sind), κατὰ τὸν αὐτὸν τρόπον καὶ τὰ παρὰ βασιλεῖ σῖτα πολὺ διαφερόντως ἐκπεπόνηται. Ἐν μὲν γὰρ ταῖς μικραῖς πόλεσιν οἱ αὐτοὶ ποιοῦσι κλίνην (derselbe macht Bettstellen), θύραν (Türen), ἄροτρον (Pflüge), τράπεζαν· (πολλάκις δ' ὁ αὐτὸς οὗτος καὶ οἰκοδομεῖ (baut Häuser), καὶ ἀγαπᾷ ἢν καὶ οὕτως ||161| ἱκανοὺς αὐτὸν τρέφειν ἐργοδότας (ἐργοδότης Lohnherr, der die Arbeit verdingt) (hinreichend viele Arbeitgeber findet, um sich zu ernähren) λαμβάνῃ· ἀδύνατον οὖν πολλὰ τεχνώμενον ἄνθρωπον πάντα καλῶς (gut) ποιεῖν·) ἐν δὲ ταῖς μεγάλαις πόλεσι, διὰ τὸ πολλοὺς ἑκάστου δεῖσθαι, ἀρκεῖ καὶ μία ἑκάστῳ τέχνη εἰς τὸ τρέφεσθαι· (wo es für jeden einzelnen viele Käufer gibt (wo viele jedes einzelnen bedürfen), ist auch für jeden einzelnen eine Kunst hinreichend, um ihn zu ernähren. (ernährt auch eine einzelne Kunst ihren Mann.)) πολλάκις δὲ οὐδ' ὅλη μία (ja nicht einmal eine ganze), ἀλλ' ὑποδήματα ποιεῖ ὁ μὲν ἀνδρεῖα (Mannsschuhe), ὁ δὲ γυναικεῖα. (Weiberschuhe.) Ἔστι δὲ ἔνθα καὶ ὑποδήματα ὁ μὲν νευρορραφῶν, (Nähen der Schuhe) μόνον τρέφεται, ὁ δὲ, σχίζων· (Zuschneiden), ὁ δὲ, χιτῶνας (Kleider) μόνον συντέμνων (Zuschneiden), ὁ δέ γε, τούτων οὐδὲν ποιῶν, ἀλλὰ συντιθεὶς ταῦτα. (setzt sie zusammen.) Ἀνάγκη οὖν, τὸν ἐν βραχυτάτῳ διατρίβοντα ἔργῳ (der, welcher die einfachste Arbeit verrichtet), τοῦτον καὶ ἄριστα διηναγκάσθαι τοῦτο ποιεῖν. (he must needs do the thing best. gezwungen sein, sie am besten zu liefern.) Τὸ αὐτὸ

δὲ τοῦτο πέπονθε καὶ τὰ ἀμφὶ τὴν δίαιταν. (Ebenso ist es mit der Kochkunst.) Ὧι μὲν γὰρ ὁ αὐτὸς κλίνην στρώννυσι (die Polster ausbreitet), τράπεζαν κοσμεῖ (den Tisch deckt), μάττει (das Brot knetet), ὄψα ἄλλοτε ἀλλοῖα ποιεῖ (bald diese bald jene Zuspeise bereitet) ἀνάγκη, οἶμαι, τούτῳ, ὡς ἂν ἕκαστον προχωρῇ (wie jedes gerät) (wie es grade gerät) οὕτως ἔχειν· (da muß man es so haben, so hinnehmen, wie es grade gerät.) ὅπου δὲ ἱκανὸν ἔργον ἑνὶ ἔψειν κρέα (Fleisch kochen) ἄλλῳ ὀπτᾶν (braten), ἄλλῳ δὲ ἰχθὺν ἕψειν, ἄλλῳ ὀπτᾶν, ἄλλῳ ἄρτους ποιεῖν (Brot zubereiten), καὶ μηδὲ τούτους παντοδαποὺς ἀλλὰ ἀρκεῖ, ἂν ἓν εἶδος εὐδοκιμοῦν (eine beliebte Art) παράσχῃ, ἀνάγκη, οἶμαι, ταῦτα οὕτω ποιούμενα πολὺ διαφερόντως ἐξειργάσθαι ἕκαστον. Τῇ μὲν δὴ τῶν σίτων θεραπείᾳ τοιαῦτα ποιῶν πολὺ ὑπερεβάλλετο πάντας." (Bei dieser Zubereitung hatten die Speisen von der Tafel des Cyrus vor allen den Vorzug.) (*Xenophon*, „*Cyrop.*", ed. E. Poppo, Lipsiae 1821, l. VIII, c. II.)

276 „Γίγνεται τοίνυν ... πόλις ... ἐπειδὴ τυγχάνει ἡμῶν ἕκαστος οὐκ αὐτάρκης, ἀλλὰ πολλῶν ‖162‖ ἐνδεής." [369 c.]

276 „ποιήσει δὲ αὐτὴν (sc. πόλιν) ... ἡ ἡμετέρα χρεία." [369 c.]

276 „Ἀλλὰ μὴν πρώτη γε καὶ μεγίστη τῶν χρειῶν ἡ τῆς τροφῆς παρασκευὴ τοῦ εἶναί τε καὶ ζῆν ἕνεκα ... Δευτέρα δὴ οἰκήσεως, τρίτη δ᾽ ἐσθῆτος καὶ τῶν τοιούτων." [369 d.]

277 „πῶς ἡ πόλις ἀρκέσει ἐπὶ τοσαύτην παρασκευήν; ἄλλο τι γεωργὸς μὲν εἷς, ὁ δὲ οἰκοδόμος, ἄλλος δέ τις ὑφάντης etc ... ἕνα ἕκαστον τούτων δεῖ τὸ αὑτοῦ ἔργον ἅπασι κοινὸν κατατιθέναι, οἷον τὸν γεωργὸν ἕνα ὄντα παρασκευάζειν σιτία τέτταρσι καὶ τετραπλάσιον χρόνον τε καὶ πόνον ἀναλίσκειν ἐπὶ σίτου παρασκευῇ, καὶ ἄλλοις κοινωνεῖν· ἢ ἀμελήσαντα ἑαυτῷ μόνῳ τέταρτον μέρος ποιεῖν τούτου τοῦ σιτίου ἐν τετάρτῳ μέρει τοῦ χρόνου, τὰ δὲ τρία, τὸ μὲν ἐπὶ τῇ τῆς οἰκίας παρασκευῇ διατρίβειν, τὸ δὲ ἱματίου, τὸ δὲ ὑποδημάτων, καὶ μὴ ἄλλοις κοινωνοῦντα πράγματα ἔχειν, ἀλλ᾽ αὐτὸν δι᾽ αὑτὸν τὰ αὑτοῦ πράττειν; ... οὕτω ῥᾴδιον ἢ 'κείνως ... πρῶτον μὲν φύεται ἕκαστος οὐ πάνυ ὅμοιος ἑκάστῳ, ἀλλὰ διαφέρων τὴν φύσιν, ἄλλος ἐπ᾽ ἄλλου ἔργου πρᾶξιν ... πότερον κάλλιον πράττοι ἄν τις εἷς ὢν πολλὰς τέχνας ἐργαζόμενος, ἢ ὅταν μίαν εἷς; Ὅταν ... εἷς μίαν ... ἐὰν τίς τινος παρῇ ἔργου καιρόν, διόλλυται ... Οὐ γὰρ ... ἐθέλει τὸ πραττόμενον τὴν τοῦ πράττοντος σχολὴν περιμένειν, ἀλλ᾽ ἀνάγκη τὸν πράττοντα τῷ πραττομένῳ ἐπακολουθεῖν μὴ ἐν παρέργου μέρει. Ἀνάγκη. Ἐκ δὴ τούτων *πλείω τε ἕκαστα γίγνεται καὶ κάλλιον καὶ ῥᾷον, ὅταν εἷς ἓν κατὰ φύσιν καὶ ἐν καιρῷ, σχολὴν τῶν ἄλλων ἄγων, πράττῃ.*" [369 d–370 c.]

278 „ὁ γὰρ γεωργός, ὡς ἔοικεν, οὐκ αὐτὸς ποιήσεται ἑαυτῷ τὸ ἄροτρον, εἰ μέλλει καλὸν εἶναι, οὐδὲ σμινύην (Hacke), οὐδὲ τἆλλα ὄργανα ὅσα περὶ γεωργίαν. οὐδ᾽ αὖ ὁ οἰκοδόμος etc." [370 c–d.]

278 „Ἔτι δή τινες ... εἰσὶ καὶ ἄλλοι διάκονοι, οἳ ἂν τὰ μὲν τῆς διανοίας μὴ πάνυ ἀξιοκοινώνητοι ὦσι, τὴν δὲ τοῦ σώματος ἰσχὺν ἱκανὴν ἐπὶ τοὺς πόνους ἔχωσιν· οἳ δὴ πωλοῦντες τὴν τῆς ἰσχύος χρείαν, τὴν τιμὴν ταύτην μισθὸν καλοῦντες, κέκληνται ... μισθωτοί." [371 e.]

278 „ὡμολογοῦμεν δέ που ... ἀδύνατον ἕνα πολλὰς καλῶς ἐργάζεσθαι τέχνας ... Τί οὖν; ... ἡ περὶ τὸν πόλεμον ἀγωνία οὐ τεχνικὴ δοκεῖ εἶναι; ... Ἀλλ᾽ ἆρα τὸν μὲν

σκυτοτόμον διεκωλύομεν μήτε γεωργὸν ἐπιχειρεῖν εἶναι ἅμα μήτε ὑφάντην μήτε οἰκοδόμον, ἵνα δὴ ἡμῖν τὸ τῆς σκυτικῆς ἔργον καλῶς γίγνοιτο, καὶ τῶν ἄλλων ἑνὶ ἑκάστῳ ὡσαύτως ἓν ἀπεδίδομεν, πρὸς ὃ πεφύκει ἕκαστος καὶ ἐφ' ᾧ ἔμελλε τῶν ἄλλων σχολὴν ἄγων διὰ βίου αὐτὸ ἐργαζόμενος οὐ παριεὶς τοὺς καιροὺς καλῶς ἀπεργάζεσθαι· τὰ δὲ δὴ περὶ τὸν πόλεμον πότερον οὐ περὶ πλείστου ἐστὶν εὖ ἀπεργασθέντα; ... Ἡμέτερον δὴ ἔργον ἂν εἴη ... ἐκλέξασθαι τίνες τε καὶ ποῖαι φύσεις ἐπιτήδειαι εἰς πόλεως φυλακήν." [374a–c. e.] (p. 439–441 passim, l. c.)

280 «travail réglementé et en quelque sorte forcé des ouvriers soumis au régime des grandes manufactures» [p. 43.]

280 «Le tort des manufactures ... est d'asservir le travailleur et de le mettre ... lui et sa famille, à la discrétion de l'ouvrage.» [p. 118.] «... Comparez, par exemple, l'industrie de Rouen ou de Mulhouse avec celle de Lyon ou de Nîmes. Toutes deux ont pour objet la filature et le tissage de deux filaments: l'un de coton, l'autre de soie; et cependant elles ne se ressemblent en rien. La première ne s'exerce que dans de vastes établissements, à coup de capitaux ... avec le secours de véritables armées de travailleurs; cantonnés, par centaines, par milliers même, dans d'immenses usines semblables à des casernes, hautes comme des tours, et criblées de fenêtres comme des meurtrières.» (Schießscharten.) «La seconde, au contraire, est toute patriarcale; elle emploie beaucoup de femmes et d'enfants, mais sans les épuiser ni les corrompre; elle les laisse dans leurs belles vallées de la Drôme, du Var, de l'Isère, de Vaucluse, y élever des vers et dévider» (abhaspeln) «leurs cocons.» (Puppen des Seidenwurms:) «Jamais elle n'entre dans une véritable fabrique. Pour être aussi bien observé dans cette industrie que dans la première, le principe de la division du travail s'y revêt d'un caractère spécial. Il y a bien des dévideuses» (Abhasplerinnen), «des moulineurs» (Seidenspinner, Zwirner), «des teinturiers, des encolleurs, puis des tisserands; mais ils ne sont pas réunis dans un même établissement, ne dépendent pas d'un même maître: tous, ils sont indépendants. Leur capital, qui se compose de leurs outils, de leurs métiers, de leurs chaudières, est peu important, mais il suffit pour les mettre avec leur commettants sur un certain pied d'égalité. Là, pas de règlement de fabriques, pas de conditions à subir; chacun stipule pour son compte, en pleine liberté.» (Blanqui ainé, «Cours d'Éc. Industrielle», Recueilli etc. par A. Blaise, Paris (1838–9), p. 44–80 passim.)

281 ||165| «Ciascuno prova coll' esperienza, che applicando la mano e l'ingegno sempre allo stesso genere di opere e di prodotti, egli più facili, più abbondanti e migliori ne trova i risultati, di quello che se ciascuno isolatamente le cose tutte a se necessarie soltanto facesse ... dividendosi in tal maniera per la comune e privata utilità gli uomini in varie classi e condizioni.» ([p.] 28, Cesare Beccaria, «Elementi di Economia Pubblica», t. XI, Custodi, Parte Moderna.)

281 "If my neighbour, by doing much with little labour, can sell cheap, I must contrive to sell as cheap as he." [p. 67.]

282 «décompose un procédé en le réduisant à ses principes constituants et qui en soumet toutes les parties à l'opération d'une machine automatique, und dann kann man confier ces mêmes parties élémentaires à une personne douée d'une capacité ordinaire, après l'avoir soumise à une courte épreuve».[120]

283 „Der auf eine sehr einfache Operation in den Manufakturen Reduzierte in Abhängigkeit von dem, der ihn anwenden wollte. Er produzierte kein vollständiges Werk mehr,
sondern nur einen Teil des Werks, wofür er den concours der Arbeiten andrer ganz so
bedürfte, wie der Rohstoffe, Maschinerie etc. Seine Lage dem Chef d'atelier gegenüber subordiniert ... er beschränkte seine demande auf das nécessaire, sans lequel le
travail qu'il offrait n'aurait pas pu se continuer, tandis que le chef d'atelier profitait
seul de tout l'accroissement des pouvoirs productifs qu'avait opéré la division du travail." (p. 91, 92, *Sismondi*, «*N[ouveaux] Pr[incipes]* etc.», t. I.)

284 "Division of labour shortens the period required for learning an operation." *F. Wayland*, p. 76. ("*The Elements of Pol. Econ.*", Boston 1843.) "In establishing a manufac-
tory, it is important so to adjust the number and kind of workmen, that, when the
different operations of a process have been assigned to different persons, these persons
may be in such proportions *as exactly and fully to employ each other*. The more perfectly
this is accomplished, the greater will be the economy and, this having been once ascertained, it is also evident that the establishment cannot be successfully enlarged,
unless it employ multiples of this number of workmen." (p. 83, l.c.)

284 «Chaque ouvrier se trouve avoir une grande quantité de son travail dont il peut dis-
poser, outre ce qu'il en applique à ses propres besoins; et comme les autres ouvriers
sont aussi dans le même cas, il est à même d'échanger une grande quantité des marchandises fabriquées par lui contre une grande quantité des leurs, ou, ce qui est la
même chose, contre le prix de ces marchandises.»[121]

284 "Easy labour is only transmitted skill." (*Th. Hodgskin*, "*Popul. Polit. Economy*", London
1827, p. 48.)

284 «Pour diviser le travail et distribuer les forces des hommes et des machines de la manière la plus avantageuse, il est nécessaire, dans une foule de cas, d'opérer sur une
grande échelle, ou en d'autres termes de produire les richesses par grandes masses.
C'est cet avantage qui donne naissance aux grandes manufactures.» («Élem. d'Éc.
Pol.», *James Mill*, traduit par J. T. Parisot, Paris 1823 [, p. 11].)

285 "The greater the cost of the product, the smaller will be the number of persons who
are able to purchase it. Hence, the less will be the demand; and hence, also, the less
opportunity will there be for division of labour. And, besides, the greater the cost of
the article, the greater amount of capital is required in order to produce it by division
of labour ... Hence it is, that division of labour is but sparingly used in the manufacture of rich jewelry, and in articles of expensive luxury; while it is so universally used
in the production of all articles of common use. Hence we see, that the benefits of the
use of natural agents and of division of labour, are vastly greater and more important
to the middling and lower classes than to the rich. These means of increased production, reduce the cost of the necessaries and of the essential conveniences of life to the
lowest rate, and, of course, bring them, as far as possible, within the reach of all."
([p.] 86, 87, *F. Wayland*, "*The Elements of Pol. Econ.*", Boston 1843.)

285 "There is a certain *density of population* which is convenient, both for social intercourse, and for that combination of powers by which the produce of labour is increased." ([p.] 50, *James Mill*, "*El. of Pol. Ec.*", London 1821.)

286 "There is no longer any thing which we can call the natural reward of individual labour. Each labourer produces only some part of a whole, and each part, having no value or utility of itself, there is nothing on which the labourer can seize, and say: it is my product, this I will keep for myself." (p.25, [Thomas Hodgskin,] *"Labour defended against the claims of Capital etc.", London 1825.*)

286 «Le progrès de la richesse a amené le partage des conditions et celui des professions; ce n'est plus le *superflu* de chacun qui a été l'objet des échanges, mais la *subsistance elle-même* ... dans cet état nouveau, la vie de tout homme, qui travaille et qui produit dépend non de la complétion et de la réussite de son travail, mais de sa *vente*.» (p.82, t. I, Sism., *«Études».*)

286 "The greater productiveness of human industry, and the diminished price of the necessaries of life, conspire to swell productive capital in modern times." ([p. 88,] 89, *S. P. Newman, "Elements of Polit. Econ.",* Andover and New York 1835.)

287 "Labour *is united* ... whenever employments are divided ... The greatest *division of labour* takes place amongst those exceedingly barbarous savages who never help each other, who work separately from each other; and division of employment, with all its great results, depends altogether on *combination* of labour, *cooperation.*" (p. 24, *Wakefield*, Note t. I zu seiner Ausgabe von *A. Smith, "Wealth of Nations",* London 1835.)

288 "Improved methods of conveyance, like railroads, steam vessels, canals, all means of facilitating intercource between distant countries act upon the division of labour in the same way as an actual increase in the number of people; they bring more labourers into communication etc." [p. 119.]

288 "As the number of labourers increases, the productive power of society augments in the compound ratio of that increase, multiplied by the effects of the division of labour and the increase of knowledge." (p. 120, l. c.)

288 «Ce n'est qu'à l'aide d'un surcroît de capital, que l'entrepreneur d'un genre d'ouvrage quelconque pourra ... établir entre ses ouvriers une division de travail plus avantageuse. Quand l'ouvrage à faire est composé de plusieurs parties, pour tenir chaque ouvrier constamment occupé à remplir sa partie, il faut un capital beaucoup plus étendu que lorsque chaque ouvrier est employé indifféremment à toutes les parties de l'ouvrage, à mesure qu'elles sont à faire.» (*A. Smith*, [«Recherches»,] l. II, ch. III [, p. 338/339].)

288 «Quant à la *puissance de produire*, elle ne peut *s'augmenter dans un même nombre d'ouvriers*, qu'autant que l'on multiplie ou que l'on perfectionne les machines et instrumens qui facilitent et abrègent le travail, ou bien qu'autant que l'on établit une meilleure distribution ou une division mieux entendue du travail.» (l. c. [, p. 338].)

288 «Le propriétaire du capital qui alimente un grand nombre d'ouvriers, tâche nécessairement, pour son propre intérêt, de si bien combiner entr'eux la division et la distribution des tâches, qu'ils soient à même de produire la plus grande quantité possible d'ouvrage. Par le même motif il s'applique à les fournir des meilleures machines dont lui ou eux peuvent s'aviser. *Ce qui a lieu parmi les ouvriers d'un atelier particulier, se trouve avoir lieu pour la même raison parmi ceux de la grande société.* Plus leur nombre est grand, plus ils tendent naturellement à se partager en différentes classes et à subdivi-

ser leurs tâches. Il y a un plus grand nombre de têtes qui s'occupent à inventer les machines les plus propres à exécuter la tâche dont chacun est chargé, et dès-lors il y a d'autant plus de probabilités que l'on viendra à bout de les inventer.» (ch. VIII, l. I, [p. 177/178,] *A. Smith*.)

288 «La société tout entière a cela de commun avec l'intérieur d'un atelier, qu'elle aussi a sa division du travail. Si l'on prenait pour modèle la division du travail dans un atelier moderne, pour en faire l'application à une société entière, la société la mieux organisée pour la production des richesses serait incontestablement celle qui n'aurait qu'un seul entrepreneur en chef, distribuant la besogne selon une règle arrêtée d'avance aux divers membres de la communauté. Mais il n'en est point ainsi. Tandis que dans l'intérieur de l'atelier moderne la division du travail est minutieusement réglée par l'autorité de l'entrepreneur, la société moderne n'a d'autre règle, d'autre autorité, pour distribuer le travail que la libre ||171| concurrence.» (p. 130, [Karl Marx,] *«Misère de la Philosophie»*, Paris 1847). «Sous le régime patriarcal, sous le régime des castes, sous le regime féodal et corporatif, il y avait division du travail dans la société entière selon des règles fixes ... Quant à la division du travail dans l'atelier, elle était très-peu développée dans toutes ces formes de la société. On peut même établir en règle générale, que moins l'autorité préside à la division du travail dans l'intérieur de la société, plus la division du travail se développe dans l'intérieur de l'atelier, et plus elle y est soumise à l'autorité d'un seul. Ainsi, l'autorité dans l'atelier et celle dans la société, par rapport à la division du travail, sont en *raison inverse* l'une de l'autre.» (p. 130, 131, l. c.) «L'accumulation et la concentration d'instruments et de travailleurs précéda le développement de la division du travail dans l'intérieur de l'âtelier ... Le développement de la division du travail suppose la réunion des travailleurs dans un atelier. ... Une fois les hommes et les instruments réunis, la division du travail telle qu'elle existait sous la forme des corporations se reproduisait, se reflétait nécessairement dans l'intérieur de l'atelier.» ([p.] 132, 133, l. c.) «La concentration des instruments de production et la division du travail sont aussi inséparables l'une de l'autre que le sont, dans le régime politique, la concentration des pouvoirs publics et la divison des intérêts privés.» (p. 134, l. c.)

292 «Observez», beginnt dieser Schluß, «dans un pays civilisé et florissant, ce qu'est le mobilier d'un simple journalier ou du dernier des manœuvres, et vous verrez que le nombre des gens dont l'industrie a concouru pour une part quelconque à lui fournir ce mobilier, est au-delà de tout calcul possible. La veste de laine, par exemple, qui couvre ce journalier, toute grossière qu'elle paraisse, est le produit du travail réuni d'une innombrable multitude d'ouvriers» etc. [p. 25.]

292 «Entre le mobilier d'un prince d'Europe et celui d'un paysan laborieux et rangé, il n'y a peut-être pas autant de différence qu'entre les meubles de ce dernier et ceux de tel roi qui règne sur dix mille sauvages nus, et qui dispose en maître absolu de leur liberté et de leur vie.» [p. 28.]

292 "If we trace the most flourishing nations in their origin, we shall find, that, in the remote beginnings of every society, the richest and most considerable men among them were a great while destitute of a great many comforts of life that are now enjoyed by

the meanest and most humble wretches; so that many things which were once looked upon as the inventions of luxury are now allowed even to those that are so miserably poor as to become the objects of public charity ... A man would be laughed at that should discover luxury in the plain dress of a poor creature that walks along in a thick parish gown, and a coarse shirt underneath it; and yet what a number of people, how many different trades, and what a variety of skill and tools must be employed to have the most ordinary Yorkshire cloth?" etc. (*Remark*, P., vol. I, p. 181–183, ed. of 1724.) "What a bustle is there to be made in several parts of the world before a fine scarlet or crimson cloth can be produced; what multiplicity of trades and artificers must be employed! Not only such as are obvious, as woolcombers, spinners, the weaver, the cloth-worker, the scourer, the dyer, the setter, the drawer, and the packer; but others that are more remote, and might seem foreign to it, — as the mill-wright, the pewterer, and the chemist, which yet all are necessary, as well as a great number of handicrafts, to have the ||174| tools, utensils, and other implements belonging to the trades already named."

294 "In some parts of the Highlands of Scotland, not many years ago, every peasant, according to the *Statistical Accounts*, made his own shoes of leather tanned by himself. Many a shepherd and cottar too, with his wife and children, appeared at church in clothes which had been touched by no hands but their own, since they were shorn from their sheep and sown in their flaxfields. In the preparation of these, it is added, scarcely a single article had been purchased, except the awl, needle, thimble, and a very few parts of the iron work employed in the weaving. The dyes, too, were chiefly extracted by the women from trees, shrubs, and herbs." (*"Lectures on Pol. Ec.", v. 1, l. c.*)

295 «Lorsque A. Smith écrivit son ouvrage immortel sur les éléments de l'économie politique, le système automatique d'industrie était encore à peine connu. La division du travail lui parut avec raison le grand principe du perfectionnement en manufacture ... Mais ce qui pouvait servir d'exemple utile du temps du docteur Smith ne serait propre aujourd'hui: qu'à induire le public en erreur relativement au principe réel de l'industrie moderne ... Le dogme scolastique de la division du travail selon les différents degrés d'habileté a enfin été exploité par nos manufacturiers éclairés.» (*Andrew Ure*, «Philosophie des manufactures etc.», t. I, ch. I.) (1835 zuerst erschienen.)

295 1. «Il» (A. Smith) «en conclut donc que l'on peut naturellement approprier à *chacune de ces opérations* un ouvrier dont le salaire corresponde à son habileté. C'est cette *appropriation* qui est l'essence de la division du travail.»

295 «distribution, ou plûtot *l'adaptation des travaux* aux différentes capacités individuelles».

296 «Le travail qui nourrit, habille et loge la totalité des habitans d'un pays, est une charge imposée à la société en masse, mais que nécessairement elle *rejette* sur une partie seulement de ses membres.» (p. 2, l. c.)

296 «et plus par conséquent il y aura de travail employé à les produire, à les préparer» (die Lebensmittel überhaupt), «à les rapprocher des consommateurs. *Dans le même tems*, cependant, et *par une suite de ces mêmes progrès*, la *classe* de gens délivrés de ces travaux manuels augmente dans sa proportion avec l'autre classe. Celle-ci a donc à la

fois, et plus de gens à pourvoir, et une provision plus abondante et plus travaillée à fournir à chacun d'eux. Aussi, à mesure que la société prospère, c. à d., qu'elle augmente en industrie, en commerce, en population etc. ... l'homme voué à une profession mécanique a moins *de tems à épargner.* Plus la société s'enrichit, plus *le tems de l'ouvrier a de valeur»* (ist vielmehr d. valeur) «... Ainsi, plus la société avancera vers un état de splendeur et de puissance, *moins la classe ouvrière aura de tems à donner à l'étude et aux travaux intellectuels et spéculatifs.»* (p. 2–4.)

296 «D'un autre côté, *moins la classe ouvrière a de tems pour exploiter le domaine de la science, plus il en reste à l'autre classe.* Si les hommes de cette dernière classe peuvent se livrer avec suite et assiduité aux observations philosophiques ou aux compositions littéraires, c'est parce qu'ils sont dégagés de tout soin, quant à la production, confection ou transport des objets de leur subsistance journalière, et parce que d'autres se sont chargés pour eux de ces opérations mécaniques. Comme toutes les autres divisions du travail, celle entre le travail mécanique et le travail intellectuel se prononce d'une manière plus forte et plus tranchante à mesure que la société avance vers un état plus opulent. Cette division, comme toutes[1] les autres, est un effet des progrès passés et la cause des progrès à venir ... Le gouvernement doit-il donc travailler à contrarier cette division du ||177| travail, et à la retarder dans sa marche naturelle? Doit-il employer une portion du revenu public pour tâcher de confondre et de mêler deux classes de travail qui tendent d'elles-mêmes à se diviser?» (p. 4, 5, l. c.)

298 "In every stage of society, as increased numbers and better contrivances add to each man's power of production, the number of those who labour is gradually diminished ... Property grows from the improvement of the means of production; *its sole business is the encouragement of idleness.* When each man's labour is barely sufficient for his own subsistence, as there can be no property" {capital}, "there will be no idle men. When one man's labour can maintain five, there will be four idle men for one employed in production: in no other way can the produce be consumed ... the object of society is to magnify the idle at the expense of the industrious, to create power out of plenty. ... the industry which produces is the parent of property; that which aids consumption is its child ... It is the *growth[2] of property, this greater ability to maintain idle men,* and *unproductive industry, that in political economy is called capital.»* (p. 11–13, *Piercy Ravenstone, M[aster of] A[rts], "Thoughts on the Funding System, and its effects", London 1824.*)

299 «Moins nombreuse est la population exploitante, et moins elle est à charge à ceux qu'elle exploite.» ([p.] 69, t. I, *Colins,* «L'Écon. Polit. *Source des Révolutions et des Utopies prétendues socialistes»*, *Paris 1856.*) «Si par progrès social, vers le mal, on comprend l'augmentation de la misère résultant d'un plus grand nombre de la classe exploitante; et, d'un plus petit nombre dans la classe exploitée, il y a eu, du 15 au 19 siècle, progrès social, vers le mal.» *([p.] 70, 71, l. c.)*

299 "The class of capitalists are from the first partially, and then become ultimately *com-*

---

[1] In der Handschrift: tous
[2] In der Handschrift: consumtion is its child ... The *growth*

pletely discharged from the necessity of manual labour. Their interest is that the *productive powers of the labourers they employ* should be the greatest possible. On *promoting that power* their attention is fixed, and almost exclusively fixed. More thought is brought to bear on the best means of effecting all the purposes of human industry; knowledge extends, multiplies its fields of action, and assists industry." (*Rich. Jones, "Textbook of Lectures on the Pol. Econ. of Nations", Hertford* 1852.) (*Lecture III* [, p. 39].)

299 "The employer will be always on the stretch to economize time and labour." (*Dug. Stewart,* p. 318, l. c.) «Ces spéculateurs *si économes du travail des ouvriers* qu'il faudrait qu'ils payassent.» (*J. N. Bidaut,* «Du Monopole qui s'établit dans les arts industriels et le commerce», Paris 1828, p. 13.)

299 "The *numerical increase of labourers* has been great, through the growing substitution of female for male, and above all childish for adult labour. Three girls at 13, at wages of 6 to 8 sh. a week, have massenweise replaced the one man of mature age, at wages varying from 18 to 45 sh." ([p.] 147, Note, [De] *Quincey,* Thomas, *"The Logic of Polit. Economy", Edinb[urgh] 1844.*)

299 «L'économie sur les frais de production, ne peut être autre chose que l'économie sur la quantité de travail employé pour produire.» (*Sismondi,* «*Études* etc.», t. I, p. 22.)

300 «À mesure que le travail vient à se subdiviser, la quantité de matières qu'un même nombre de personnes peut mettre en œuvre augmente dans une grande proportion; et comme la tâche de chaque ouvrier se trouve successivement réduite à un plus grand degré de simplicité, il arrive qu'on invente une foule de nouvelles machines pour faciliter et abréger ces tâches.»

300 «À mesure donc que la division du travail va en s'étendant, il faut, pour qu'un même nombre d'ouvriers soit constamment occupé, qu'on accumule d'avance une égale provision de vivres et une provision de matières et d'outils plus forte que celle qui aurait été nécessaire dans un état de choses moins avancé. *Or le nombre des ouvriers augmente en général* dans *chaque branche d'ouvrage,* en même temps qu'y augmente la division de travail, *ou plutôt c'est l'augmentation de leur nombre qui les met à portée de se classer et de se subdiviser de cette manière.»* (p. 193–94, t. II, *A. Smith.*) (B. II, *«Introduction».*)

300 «De même que le travail ne peut acquérir cette grande extension de puissance productive, sans une accumulation préalable de capitaux, de même l'accumulation des capitaux amène naturellement cette extension. La personne qui emploie son capital à faire travailler, cherche nécessairement à l'employer de manière à ce qu'il fasse produire la plus grande quantité possible d'ouvrage: elle tâche donc à la fois d'établir entre ses ouvriers la distribution de travaux la plus convenable, et de les fournir des meilleures machines qu'elle puisse imaginer ou qu'elle soit à même de se procurer. Les moyens pour réussir dans ces deux objets, sont proportionnés en général à l'étendue de son capital ou au nombre de gens que ce capital peut tenir occupés. Ainsi non seulement *la quantité d'industrie* augmente dans un pays à mesure de l'accroissement du *capital qui la met en activité,* mais encore, par une suite de cet accroissement, la même quantité d'industrie produit une beaucoup plus grande quantité d'ouvrage.» (p. 194/195.)

301 ||181| "Not beyond a fourth part of our whole population provides everything which is consumed by all." ([p.] 14, *Th. Hodgskin, "Popular Polit. Econ.", Lond[on] 1827.*)

301 «L'économie sordide qui le «(le journalier) «suit des yeux avec inquiétude, l'accable des reproches au moindre relâche qu'il paroît se donner, et s'il prend un instant de repos, elle prétend qu'il la vole.» (p. 466, v. II, S. N. *Linguet, «Théorie des Loix*[1] *Civiles», Londres 1767.*)

301 «Dans les progrès que fait *la division du travail*, l'occupation de la trèsmajeure partie de ceux qui vivent de travail, c. à. d., de la masse du peuple, vient à se borner à un très-petit nombre d'opérations simples, très souvent à une ou deux. Or, l'intelligence de la plupart des hommes se forme nécessairement par leurs occupations ordinaires. Un homme dont toute la vie se passe à remplir un petit nombre d'opérations simples, dont les effets sont aussi peut-être toujours les mêmes ou très-approchant les mêmes; n'a pas lieu de développer son intelligence ni d'exercer son imagination à chercher des expédiens pour écarter des difficultés, qui ne se rencontrent jamais; il perd donc naturellement l'habitude de déployer ou exercer ces facultés, et devient en général aussi stupide et aussi ignorant qu'il soit possible à une créature humaine de le devenir; l'engourdissement de ses facultés morales ... l'uniformité de sa vie sédentaire corrompt naturellement et abat son courage ... elle dégrade même l'activité de son corps, et le rend incapable de déployer sa force avec quelque vigueur et quelque constance, dans tout autre emploi que celui auquel[2] il a été élevé. Ainsi sa dextérité dans son métier particulier est une qualité qu'il semble avoir acquise aux dépens de ses qualités intellectuelles, de ses vertus sociales et de ses dispositions guerrières. Or, cet état est celui dans lequel l'ouvrier pauvre, c. à. d. la masse du peuple doit tomber nécessairement dans toute société civilisée et avancée en industrie ... Il n'en est pas ainsi dans les sociétés qu'on appelle communement *barbares*: celles de peuples des chasseurs, des pasteurs et même des agriculteurs, dans cet état informe de l'agriculture qui précède le progrès des manufactures et l'extension du commerce étranger. Dans ces sociétés, les occupations variées de chaque individu l'obligent à exercer sa capacité par des efforts continuels etc. ... Quoique, ||182| dans une société agreste, les occupations de chaque individu ne laissent pas que d'être fort variées, avec cela il n'y a pas une grande variété d'occupations dans la société en général. ... Dans un état civilisé, au contraire, quoiqu'il y ait peu de variété dans les occupations de la majeure partie des individus, il y a une presqu'infinie dans celles de la société en général.» [p. 181–184.]

305 "That what we call evil in this world[3], moral as well as natural, is the grand principle that makes us sociable creatures, the solid basis, the *life and support of all trades and employments* without exception; there we must look for the true origin of all arts and sciences; and the moment evil ceases the society must be spoiled, if not totally destroyed."[129]

312 "during any meal time which shall form any part of the hour and a half allowed for meals no child, young person, or female shall be employed or allowed to remain in any room in which any manufacturing process is then carried on; and all the young

---

[1] In der Handschrift: *Lois*
[2] In der Handschrift: celui ou
[3] In der Handschrift: work

persons and females shall have the time for meals *at the same period of the day.*" ("*Factory Report* for the half year ending 31ˢᵗ Oct. 1861":) "The bleachers complain of the required uniformity of meal times for them, on the plea that whilst machinery in factories may be stopped without detriment at any moment, and if stopped the production is all that is lost, yet in the various operations of *singeing*, washing, bleaching, mangling, calendering and dyeing, none of them can be stopped at a given moment without risk of damage ... to enforce the same dinner hour for all the workpeople might occasionally subject valuable goods to the risk of danger from incomplete operations." (l. c., p. 21, 22.)

313 «Nous rencontrons chez les peuples parvenus à un certain degré de civilisation, trois genres de divisions d'industrie: la *première*, que nous nommerons *générale*, amène la distinction des producteurs en agriculteurs, manufacturiers et commerçans, elle se rapporte aux trois branches principales d'industrie nationale; la *seconde*, que l'on | |189| pourrait appeler *spéciale*, est la division de chaque genre d'industrie en espèces. C'est ainsi, par exemple, que dans l'industrie *primitive* on doit distinguer la vocation du laboureur de celle de l'ouvrier des mines etc. *La 3ᵉᵐᵉ division* d'industrie, celle enfin que l'on devrait qualifier du titre de *division de besogne* ou de *travail* proprement dit, est celle *qui s'établit dans les arts et métiers séparés*, et qui consiste en ce que plusieurs ouvriers partagent entre eux les besognes qu'il faut remplir pour confectionner un même objet d'utilité et de commerce, chacun d'eux n'ayant qu'une espèce de travail à remplir, qui n'a point pour résultat la confection totale de *l'objet fabriqué*, et ce résultat n'ayant lieu que par *la réunion de la besogne de tous les ouvriers* qui sont occupés de son confectionnement. Telle est la division de besogne qui s'établit dans la *plupart des manufactures* et *des ateliers*, où l'on voit un plus ou moins grand nombre d'ouvriers occupés à produire une seule espèce de *marchandise*, tous *remplissant des besognes différentes.*» (p. 84–86, t. I, *F. Skarbek*, «*Théorie des richesses sociales*», 2. éd., Paris 1839.) «La troisième espèce de division d'industrie est celle qui se fait dans *l'intérieur même des ateliers* ... s'établit du moment qu'il y a des capitaux destinés à établir des manufactures et *des chefs d'ateliers* qui font toutes les *avances nécessaires pour faire travailler des ouvriers*, et qui peuvent, au moyen de leurs fonds, attendre la rentrée des frais employés à confectionner les produits qu'ils fournissent à l'échange.» (p. [94,] 95, l. c.)

313 «On doit encore remarquer que cette division partielle de travail peut se faire, quand même les ouvriers sont occupés d'une même besogne. Des maçons, par exemple, occupés à faire passer de mains en mains des briques à un échafaudage supérieur, font tous la même besogne, et pourtant il existe parmi eux une espèce de division de travail, qui consiste en ce que chacun d'eux fait passer la brique par un espace donné, et que tous ensemble la font parvenir beaucoup plus promptement à l'endroit marqué, qu'ils ne le feraient si chacun d'eux portait sa brique séparément jusqu'à l'échafaudage supérieur.» (l. c., p. 97, 98.) *(Skarbek.)*

314 "It is questionable, if all the mechanical inventions yet made have lightend the day's toil of any human being."

314 "Articles are cheap, but they are made of human flesh." ([John Barnard Byles,] "*Sophisms of Free trade*", London 1850, 7. edit., p. 202.)

314 ||196| "Simultaneously, however, with the increase of numbers has been the increase of toil. The labour performed by those engaged in the processes of manufacture, *is three times as great* as in the beginning of such operations. Machinery has executed no doubt, the work that would demand the sinews of millions of men; but it has also *prodigiously multiplied* the labour of those who are governed by its fearful movements." (*"Ten hours' Factory Bill.* Lord *Ashley's Speech"*, Lond[on] 1844, p. 6.[90])

316 «Dans l'enfance de la mécanique un atélier de construction offrait à l'œil la division des travaux dans leurs nombreuses gradations; la lime, le foret, le tour, avaient chacun leurs ouvriers par ordre d'habileté; mais la dextérité des limeurs et des foreurs est maintenant remplacée par des machines à raboter, à couper les rainures des arbres pour recevoir les coins, et à forer; et celle des tourneurs en fer et en cuivre, par le tour à support automatique.» (p. 30, 31, *Ure*, t. I, l. c.)

320 /201/ «La division du travail et l'emploi des machines puissantes ne sont possibles que dans les établissements, qui offrent un travail suffisant à toutes les classes de travailleurs et qui donnent des grands résultats. Plus le produit est considérable et moins est élevée *la dépense proportionnelle* en instruments et machines. Si deux machines de mêmes forces produisaient, dans le même espace de temps, l'une 100 000 mètres, l'autre 200 000 mêtres de la même étoffe, vous pouvez dire que la première machine coûte le double de la seconde, que dans l'une de ces entreprises on a employé un capital double de celui qui est employé dans l'autre.» (p. 334, *Rossi*, «*Cours d'Écon. Politique*.»)

322 „Ricardo spricht von ‚a portion of the labour of the engineer in making machines'" als enthalten z. B. in ein Paar Strümpfen, „yet the *total labour* that produced each single pair of stockings, if it is of a single pair we are speaking, includes the w h o l e labour of the engineer, not a portion; for one machine makes many pairs, and none of those pairs could have been done without any part of the machine." ([p.] 54, *"Observations* on *certain verbal disputes in Pol. Ec.",* London 1821.)

323 "Nach Baines a first rate cottonspinning factory cannot be built, filled with machinery, and fitted with the steam engines and gasworks, under 100 000 *l.* A steamengine of 100 horse power will turn 50 000 spindles, which will produce 62 500 miles of fine cotton thread per day. In such a factory 1 000 persons will spin as much thread as 250 000 persons could without machinery." (*S. Laing, "The national distress"*, London 1844, p. 75.)

326 "It is evident that the long hours of work were brought about by the circumstance of so great a number of destitute children being supplied from the different parts of the country" (aus den workhouses), "that the masters were independent of the hands, and that, having once established the custom by means of the miserable materials which they procured in this way, they could impose it upon their neighbours with the greater facility." (*Fielden, J., "The Curse of the Factory System"*, London 1836 [, p. 11].)

326 "'Mr. E., a manufacturer informed me that he employs females exclusively at his powerlooms; it is so universally; gives a decided preference to married females, especially those who have families at home dependent on them for support; they are at-

tentive, docile, more so than unmarried females, and are compelled to use their utmost exertions to procure the necessaries of life.' Thus are the virtues, the peculiar virtues, of the female character to be perverted to her injury, – thus all that is most dutiful and tender in her nature is to be made the means of her bondage and suffering!" (p. 20, *"Ten Hours Factory Bill. The Speech of Lord Ashley"*, London 1844.[90])

327 "As improvements in machinery have gone on, the *avarice* of masters has prompted many to exact more labour from their hands than they were fitted by nature to perform." (*Fielden*, l. c., [p.] 34.)

329 "The difference between the hours of work usual over the whole world in cotton factories and other employments rührt aus zwei Gründen her. 1. the great proportion of fixed to circulating capital, which makes long hours of work desirable." (p. 11, *Senior*, *"Letters on the Factory Act* etc.", Lond[on] 1837.) (XI, [p.] 4[137].)

329 "the motives to long hours of work will become greater, as the only means by which a large proportion of fixed capital can be made profitable. 'When a labourer', said Mr. Ashworth to me, 'lays down his spade, he renders useless, for that period, a capital worth 18 d. When one of our people leaves the mill, he renders useless a capital that has cost 100 000[138] *l.*' " ([p.] 14, l. c.)

329 «Une machine à vapeur ou autre, qui ne travaillent que quelques heures ou quelques jours par semaine, sont des forces perdues. Si elles travaillent toute la journée, elles produisent davantage, et plus encore si elles travaillent nuit et jour.» (J. G. Courcelle-Seneuil, «*Traité Théorique et pratique des entreprises industrielles* etc.», 2. éd., Paris 1857, p. 48.)

330 /206/ "It is self-evident, that, amid the ebbings and flowings of the market, and the alternate contractions and expansions of demand, occasions will constantly recur, in which the manufacturer may employ additional floating capital without employing additional fixed capital. … if *additional quantities of raw material can be worked up without incurring an additional expense for buildings and machinery.*" (p. 64, Torrens, R., *"On Wages and Combination"*, London 1834.)

331 "The labour now undergone in the factories is much greater than it used to be, owing to the greater attention and activity required by the greatly increased speed which is given to the machinery that the children have to attend to, when we compare it with what it was 30 or 40 years ago." (p. 32, J. Fielden, *"The Curse of the Factory System"*, Lond[on] 1836.)

331 "The labour performed by those engaged in the processes of manufacture, is 3 times as great as in the beginning of such operations. Machinery has executed, no doubt, the work that would demand the sinews of millions of men; but it has also prodigiously multiplied the labour of those who are governed by its fearful movements." (l. c., [p.] 6.) "In 1815, the labour of following a pair of mules spinning cotton yarn of Nos. 40 – reckoning 12 hours to the working day – involved a necessity for walking 8 miles. In 1832, the distance travelled in following a pair of mules spinning cotton-yarn on the same numbers, was 20 miles, and frequently more."

331 "But the amount of labour performed by those following the mules, is not confined

merely to the distance walked. There is far more to be done. In 1835, the spinner put up daily on each of these mules 820 stretches; making a total of 1640 stretches in the course of the day. In 1832, the spinner put upon each mule 2200 stretches, making a total of 4400. In 1844, according to a return furnished by a practised operative spinner, the person working puts up in the same period 2400 stretches on each mule, making a total of 4800 stretches in the ||203| course of the day; and in some cases, the amount of labour required is even greater." (p. 6, 7.)

331 "I have a document here, signed by 22 operative spinners of Manchester, in which they state that 20 miles is the very least distance travelled, and they believe it to be still greater. I have another document sent to me in *1842*, stating that the labour is *progressively increasing* – increasing not only because the distance to be travelled is greater, but because the quantity of goods produced is multiplied, while the hands are, in proportion, fewer than before; and, moreover, because an inferior species of cotton is now often spun, which it is more difficult to work." (p. 8, 9, l. c.)

332 "In the carding room" (der Kardierstube) "there has been also *a great increase of labour* – one person there does the work formerly divided between two. In the weaving room where a vast number of persons are employed, and principally females ... the labour has increased, within the last few years, fully 10 per cent, owing to the increased speed of the machinery. In 1838, the number of hanks spun per week was 18 000; in 1843 it amounted to 21 000. In 1819, the number of picks in powerloom weaving per minute was 60 – in 1842 it was 140, showing a vast increase of labour, because more nicety and attention are required to the work in hand." (p. 9.)

332 "A man's profit does not depend upon his command of the *produce* of other men's labour, but upon his command of *labour itself*. If he can sell" (beim Steigen der money-prices der Ware) "his goods at a higher price, while his workmens' wages remain unaltered, he is clearly benefited by the rise, whether other goods rise, or not. A smaller proportion of what he produces is sufficient to put that labour into motion, and a larger proportion consequently remains for himself." (p. 49, 50, [John Cazenove,] *"Outlines of Polit. Economy"* (von einem Malthusian) "etc.", *London 1832*.)

332 "the labour of children, young persons, and women is unrestricted".

332 "printing, bleaching und dyeing works, in welchen bis 1860 the hours of work remain now the same as they were 20 years since, in which the protected classes under the Factory acts are at times employed 14 and 15 hours per day."

333 "The great improvements that have been made in machinery, of all kinds, have vastly improved their productive powers, improvements to which a stimulus was doubtless given, especially as regards *the greater speed of the machines* in a given time, by the restrictions of the hours of work. These improvements, and the *closer application* which the operatives are enabled to give, have had the effect ... of as much work being turned off in the shortened times as used to be in the longer hours." ([p.] 10, *"Factory Reports*. For the half year ending October 31, 1858") cf. ("Reports for the half year ending 30th April 1860", p. 30 sqq.)

333   *Calico printing, dyeing and*
      bleaching, 60 hours per week

	1839	1859
Colour mixer	35 s.	32
Machine printer	40	38
Foreman	40	40
Block Cutter	35	25
Block printer	40	28
Dyer	18	16
Washer and		
labourer	16 and 15	-ditto

Fustian dyeing. 61 hours per
week

	1839	1859
Dressers	18	22
Bleachers	21	18
Dyers	21	16
Finishers	21	22

("*Factory Reports*. For Half Year ending 30 April 1860", p. 32)

333   "All things being equal, the English manufacturer can turn out a considerably larger amount of work in a given time than a Foreign manufacturer, so much as to counterbalance the difference of the working days, between 60 hours a week here and 72 or 80 elsewhere; and the means of transport in England enable the manufacturer to deliver his goods upon a railway, almost at his factory, whence they may be almost directly shipped for exportation." ([p.] 65, "*Reports of Insp. of Factories*", 31 Oct. 1855, Lond[on] 1856.)

334   "In fact one class of manufacturers" (da sie nicht two sets of half times, 6 Stunden arbeitende Kinder unter 13 Jahren anwenden wollen), "the spinners of woollen yarn, now rarely employ children under 13 years of age, i. e. half-times. They have introduced improved and new machinery of various kinds, which altogether supersedes the necessity of the employment of children, f. i., as an illustration, by the addition of an apparatus, called a *piecing machine*, to existing machines, the work of 6 or 4 halftimes, according to the peculiarity of each machine, can be performed by one young person ... the halftime system had some share in stimulating the invention of the piecing machine." (p. 42, 43, "*F[actory] Reports* for the half year ending 31 Oct. 1858", Lond[on] 1858.)

334   "The facts thus brought out by the Return appear to be that the Factory system is increasing rapidly; that *although the same number of hands are employed in proportion to the horse power as at former periods there are fewer hands employed in proportion to the machinery*; that the steam engine is enabled to drive an increased weight of machinery by economy of force, and other methods, and that an increased quantity of work can be turned off by improvements in machinery, and in methods of manufacture, by increased speed of the machinery, and by a variety of other causes." (p. 20, "*Fact. Reports* for the half year *ending 31ˢᵗ Oct. 1856*.") "In dem Report for October 1852, Mr. Horner, quotes ... a letter from Mr. Jas. Nasmyth, the eminent civil engineer, of Paticroft, near Manchester, explaining the nature of recent improvements in the steam-engine, whereby the same engine is made to perform more work with a diminished consumption of fuel ... 'It would not be very easy to get an exact return as to the increase of performance or work done by the identical engines to which some or all of these improvements have been applied; I am confident, however, that could we obtain

an exact return, the result would show, that from the same weight[1] of steam-engine machinery, we are now at least obtaining *50* per cent more duty or work performed on the average, and that ... in many cases, the identical steam-engines which, in the days of the restricted speed of 220 feet per minute, yielded 50 horsepower, are now yielding upwards of 100.' "[140]

335 "The return of 1838[2]", sagt Horner ("Reports", 31 Oct. 1856), "gave the number of steamengines and of waterwheels, with the amount of horsepower employed. At that time the figures represented a much more accurate estimate of the actual power employed than do the figures in the returns either of *1850* or *1856*. The figures given in the Returns are all of the *nominal* power of the engines and wheels, not of the power actually employed or capable of being employed. The modern steamengine of 100 horsepowers is capable of being driven at a much greater force than formerly, arising from the improvements in its construction, the capacity and construction of the boilers etc., and thus the nominal power of a modern manufacturing steamengine cannot be considered more than an index from which its real capabilities are to be calculated." (p. 13/14, l. c.)

335 „Der Turnout der Lancashire workmen in the building trade" (1833) „has introduced a curious application of the steamengine. Diese Maschine nun in einigen Städten angewandt, statt manual labour, in hoisting the various building materials to the top of the edificies where they are intended to be used." ([p.] 109, [Tufnell,] *"Character, Object and Effects of Trades' Unions etc.", Lond[on] 1834.*)

336 «sous l'influence oppressive de ces mêmes confédérations despotiques»[143]

336 «Ainsi la horde des mécontents, qui se croyaient retranchés d'une manière invincible derrière les anciennes lignes de la division du travail, s'est vue prise en flanc, et ses moyens de défense ayant été annulés par la tactique moderne des machinistes, elle a été obligée de se rendre à discrétion.» (p. 142, l. c.)

336 „Die häufigste Ursache der strikes in dem cotton trade war die Einführung verbesserter Maschinerie und speziell das enlargement of mules, wodurch die Zahl der spindles a spinner is capable of superintending, has been continually increasing ... a master on the introduction solcher verbesserten Maschinerie in seinem établissement stipuliert mit seinen Spinnern ihnen less per piece zu zahlen, aber doch zu solcher Rate, daß, owing to the greater power of the machine, ihre wöchentlichen earnings steigen statt zu fallen ... Aber dieser bargain injurious to the masters and men in the manufacturies where the improved machine is not introduced." ([p.] 17, 18.) ([Tufnell,] *"Character, objet and effects of Trades' Unions etc.",* Lond[on] 1834.) "1829 a serious turnout. A little before this time, several masters had erected mules, carrying from 4–500 spindles, which enabled the spinners who worked at them to receive a less sum in the proportion of 3–4 for a given quantity of work, and zu gleicher Zeit to earn *at least* an equal amount of wages with those who were employed on the old machinery. 21 mills and 10 000 persons were thrown idle for 6 months durch diesen

---

[1] In der Handschrift: receipt
[2] In der Handschrift: 1828

strike." (p. 19, l. c.) "Der strike" (1833) "bei Messrs Hindes and Derham" (Westriding of Yorkshire), "verursachte die invention of a wool-combing-machine, which wholly superseded the labour of that class of men, who were the chief ringleaders in this affair; and which has struck a blow at their combination, that it can never recover." (p. 61, 62.)

337 ||207| So as "the *introduction of steam* as an *antagonist to* human power". (*P. Gaskell* (Surgeon), "*Artisans and Machinery* etc.", Lond[on] 1836, p. 23.) "The surplus hands werden die manufacturers befähigen to lessen the rate of wages: but the certainty that any considerable reduction would be followed by immediate immense losses from turnouts, extended stoppages, and various other impediments which would be thrown in their way, makes them prefer the slower process of mechanical improvement, by which, though they may triple production, they require no new men." (l. c., p. 314.)

337 "The factory operatives should keep in wholesome remembrance the fact that theirs is really a low species of skilled labour; and that there is none which is more easily acquired or of its quality more amply remunerated, or which, by a short training of the least expert can be more quickly as well as abundantly supplied ... The master's machinery really plays a far more important part in the business of production than the labour and skill of the operative, which 6 month's education can teach, and a common labourer can learn." (p. 17, 19, "*The Master Spinners and Manufacturers' Defence Fund. Report of the Committee appointed for the receipt and apportionment of this fund to the Central Association of Master Spinners and Manufacturers*", Manchester 1854.)

337 «Lorsque le capital enrôle la science à son service, la main rebelle de l'industrie apprend toujours à être docile.»[144]

337 «La nécessité d'agrandir les métiers à filer, nécessité créée par les décrets des associations d'ouvriers, a donné depuis peu une impulsion extraordinaire à la science mécanique ... En *doublant la grandeur de son métier mull-jenny*, le propriétaire peut se défaire des ouvriers médiocres ou mutins, et redevenir maître chez lui, ce qui est un grand avantage.» (*Ure*, t. II, p. 134.) Dieses expédient tende «à élever, ou du moins à maintenir les *gages de chaque fileur*, mais en diminuant *le nombre d'ouvriers nécessaires* pour la même quantité d'ouvrage; de manière que ceux qui étaient occupés, prospéraient, tandis que la masse des ouvriers en pâtissait.» ([p.] 133, 134.) (l. c.) «L'homme de fer ... création destinée à *rétablir l'ordre* parmi les classes industrielles.» (p. 138.)

338 „Die ersten manufacturers, who had to trust entirely to hand labour, were subjected periodically to severe immediate losses durch den refractory spirit of their hands, who timed their opportunity, when the market were particularly pressing, to urge their claims ... a crisis was rapidly approaching, die den progress of manufacturers would have checked, when steam and its application to machinery at once turned the current against the men." ([p.] 34, 35, *Gaskell*, l. c.)

338 "Trades Unions in their desire to maintain wages *endeavour to share in the profits of improved machinery* ... sie verlangen höheren Lohn, weil labour is abbreviated ... in anderen Worten: sie streben to establish *a duty on manufacturing improvements*." (p. 42.) (*"On combination of Trades"*, New Edit., London 1834.) „Das Prinzip zu adjustieren wages to the supposed profits of the employer, das involviert ist in der Forderung hö-

herer Remuneration von verbesserter Maschinerie, ist durchaus inadmissable. Die Applikation dieses Prinzips ist indes nicht auf irgend eine Art des Profits beschränkt. Die Färber, 7. August 1824, turned out; sie statuierten in einem Placard, daß ihre Meister an increase of price for dyeing erhalten hätten, *more* than adequate to the advance they claim ... wages ändern so ihren Charakter ganz und absorbieren entweder den Profit, oder werden eine ad valorem Taxe auf Profite." (p. 43, 44, l. c.)

339 „Was jetzt durch die Verbeßrung in der Spinnmaschine gewonnen wurde, rührte *nicht her von an increase in the rate of payment for labour*, sondern from a market generally understocked, and a *constantly increasing production of yarn, which enabled them to work full hours.*" (*Gaskell*, l. c., p. 27.) Dies ein Hauptresultat der Maschinerie, „diese Möglichkeit, fortgesetzt full hours to work in the same department".

339 "It was an average days' work to separate a pound of cotton fiber perfectly from the seed ... Whitney's invention enabled the owner of his gin to separate the seed completely from [100] pounds the fibres per day to the hand, the efficiency of the gin since increased." [146]

339 "The next evil in India is one which one would scarcely expect to find in a country which exports more labour than any other in the world, with the exception perhaps of China and England – *the impossibility of procuring a sufficient number of hands to clean the cotton*. The consequence of this is that large quantities of the crop are left unpicked, while another portion is gathered from the ground, where it has fallen, and of course discoloured and partially rotten, so *that for want of labour at the proper season*, the cultivator is actually forced to submit to the loss of a large part of that crop, for which England is so anxiously looking." (*"Bengal Hurkaru"*, Bi-Monthly Overland Summary of News, 22nd Juli 1861.) "A common *churka* worked by a man and woman turned out 28 lbs daily. Dr. Forbes' Churca worked by 2 men and a boy turns out 250 lbs daily." (*"Bombay Chamber of Commerce. Report* for 1859–60", p. 171) "16 of these" (last named machines), "driven by bullocks, would clean a ton of cotton per day, which was equal to the ordinary days' work of 750 people." (*"Paper read before the Society of Arts"*, on the 17th *April 1861*.[148])

340 "The demand for cheap" (woollen in dem Westriding of Yorkshire) "goods has given an immense impulse to this kind of manufacture, the economy of which consists not so much in improved machinery and labour-saving processes, as in the employment of an inferior staple and woollen rags, brought again, by powerful machinery, to the original condition of wool, and then either spun into yarn for inferior cloths, or mixed with new wool, spun into yarn for better kinds of cloths. This manufacture prevails nowhere to so great an extent as in England, although it is considerable in Belgium." ([p.] *64, "Reports of Inspectors of Factories for 31 Oct. 1855"*, London 1856.)

340 "There is frequently a great saving of materials, as in the change from making boards with the adze, to that of making them with the saw; and again the labor of natural agents is so much cheaper, that many articles which would otherwise have been worthless, are now deserving of attention, as they may now be profitably endowed with some form of value." ([p.] *72, 73, F. Wayland, "The Elements of P. E.", Boston 1843*.)

340 «Quando si perfezionano le arti, che non è altro che la scoperta di nuove vie, onde si possa compiere una manifattura *con meno gente* o» (che è lo stesso) «in *minor tempo di prima*.» (*Galiani*, «*Della Moneta*», p. 158 [, 159], *Custodi, Parte Moderna*.)

340 «Je considère donc les machines comme des moyens d'augmenter» *(virtuellement)* «le nombre de gens industrieux qu'on n'est pas obligé de nourrir.» Ebenso fragt er daselbst: «En quoi l'effet d'une machine diffère-t-il de celui de nouveaux habitants?»

341 „Wäre P.s objection ... ‚l'ouvrier ne peut pas racheter son propre produit'[149]" (wegen des intérêt, das darauf geschlagen), „wahr, sie träfe nicht nur die profits du capital; elle *anéantirait la possibilité même de l'industrie*. Si le travailleur est forcé de payer 100 la chose pour laquelle il n'a reçu que 80, *si le salaire ne peut racheter dans un produit que la valeur, qu'il y a mise*, autant dire que le travailleur ne peut rien racheter" {also selbst wenn er the *whole value* wieder erhält qu'il a mise dans le produit, that is to say, if there exists no profit and no other form of surplusvalue expressing surpluslabour; und mit solcher Vorstellung glaubt Forcade to understand anything whatever of political economy! Proudhons Blödsinn der, daß er glaubt, der Arbeiter müsse mit dem Geld, das er erhält (als Salair), höhren Warenwert racheter als in dem Geld enthalten ist, oder die Ware würde *über* ihrem Wert verkauft, weil Profit etc. im Verkauf realisiert ist. Aber nun gar Forcade, der die Industrie für *unmöglich* erklärt, sobald le salaire ne peut racheter dans un produit que la valeur que le travailleur y a mise. Die kapitalistische Industrie umgekehrt unmöglich, si le salaire suffit à racheter dans un produit toute la valeur y mise par le travailleur. Dans ce cas là, il n'y aurait pas de survalue, ni profit, ni intérêt, ni rente, ni capital. In *fact*: F.s Bemerkung bezieht sich nicht nur auf den „travailleur", sondern auf die Produzenten überhaupt.} „que le salaire ne peut rien *payer*." (Also in fact der allgemeine Satz: si le *producteur* ne peut racheter dans un produit que la valeur qu'il y a mise, le producteur ne peut rien payer. Nämlich, weil die Ware außer der zugesetzten Arbeit konstantes Kapital enthält.) „En effet, *dans le prix de revient*, il y a toujours quelque chose de plus que le salaire" (dies schon höchst pöbelhaft. Er will sagen, toujours quelque chose de plus que le dernier travail ajouté à, et réalisé dans la marchandise), „z. B. le *prix de la matière première souvent payé à l'étranger* ..." (Und wenn nicht payé à l'étranger, ändert das nichts an der Sache. Der Einwurf, der ||211| auf grobem Mißverständnis beruht, bleibt derselbe. Der Witz der: das Quantum von dem Gesamtprodukt, das das Salair zahlt, contains no particle of value due to the value of the rawmaterial etc., although every single commodity, considered for itself, is composed of the value due to the last labour added and to the value of the raw materials etc. independant of that labour. Dasselbe gilt von dem ganzen part des produce, das sich auflöst in surplusvalue. (Profit etc.) As to the value of the constant capital it is replaced either by itself, in natura, or by exchange with other forms of constant capital.) «P[roudhon] a oublié l'accroissement continuel du capital national; il a oublié que cet accroissement se constate pour tous les travailleurs, ceux de l'entreprise comme ceux de la main d'œuvre.» ([p.] 998, 999, «*Revue des Deux Mondes*», tome 24, Paris 1848, Forcade, Eugène.)

342 "a ratio of greater inequality is diminished, and of less inequality increased, by adding any quantity to both its terms"

344 „Die invention und knowledge geht notwendig der Teilung der Arbeit voraus. Die Wilden haben gelernt to make bows and arrows, to catch animals and fish to cultivate the ground and weave cloth before some of them dedicated themselves exclusively to making these instruments, to hunting, fishing, agriculture and weaving ... the art of working in metals, leather or wood, was unquestionably known to a certain extent, before there were smiths, shoemakers und carpenters. In very modern times, steamengines and spinning mules were invented, before some men made it their chief or only business to manufacture mules and steam engines." ([p.] 79, 80.)

344 „Important inventions sind das result of the necessity to labour and of the natural increase of population. Sind z. B. die spontaneous fruits aufgegessen, so wird der Mensch Fischer etc." ([p.] 85.)

344 „Necessity is the mother of invention; und die continual existence of necessity can only be explained by the continual increase of people. Z. B. der rise im price of cattle verursacht durch increase of people and by an increase in their manufacturing or other produce. Der rise im price des cattle leads to cultivating food for them, augmenting manure and occasioning that increased quantity of produce, das in diesem Lande fast 1/3." ([p.] 86, 87.) „Niemand zweifelt, daß die *rapid communication* zwischen den verschiednen Teilen des Landes contributes both to the increase of knowledge and wealth ... *Numbers* of minds are instantly set to work even by a hint; und jede discovery is instantly appreciated und fast ebenso rasch verbessert. Die chances of improvement groß im Verhältnis als die *persons are multiplied* whose attention is devoted to any particular subject. Das increase in the number of persons produces the same effect as *communication*; denn die letzte wirkt nur by bringing numbers to think on the same subject." ([p.] 93/94.)

344 „D'abord Teilung der Arbeit zwischen den Geschlechtern in der Familie. Dann die Altersverschiedenheiten. Dann peculiarities of constitution. The difference of sex, of age, of bodily and mental power, or difference of organization, is the chief source of division of labour, and it is continually extended in the progress of society by the different tastes, dispositions, and talents of individuals, and their different aptitudes for different employments." ([p.] 111 sqq.) „Außer der Differenz der aptitude in denen, die work, gibt es different aptitudes and capacities in the natural instruments they work with. Diversities of soil, climate and situation, and peculiarities in the spontaneous productions of the earth, and of the minerals contained in its bowels, adapt certain spots to certain arts ... *territorial division* of labour." ([p.] 127 sqq.)

344 „1. ‚*Extent of market*' ... the commodity produced by one labourer ... constitutes in reality and ultimately the market for the commodities produced by other labourers; and they and their productions are mutually the market for one another ... the *extent of the market* muß bedeuten die number of labourers und their productive power und mehr die erstre als die letztere ... As the number of labourers increases, the productive power of society augments in the compound ratio of that increase, multiplied by the effects of the division of labour and the increase of knowledge ... *Improved methods of conveyance*, wie rail-roads, steam-vessels canals, all means of facilitating intercourse between distant countries wirken auf die Teilung der Arbeit wie an *actual in-*

crease in the number of people; they bring more labourers into communication miteinander oder more produce to be exchanged." ([p.] 115 sqq.)

345 „Mit dem Fortschritt der Wissenschaft verschwindet diese scheinbare Grenze. Namentlich Maschinerie verrückt sie. The application of steamengines to working powerlooms enables one man to perform the operations of several; or to weave as much cloth as 3 or 4 persons can weave by the handloom. This is a complication of employments ... aber dann folgt wieder subsequent simplification. ... so perpetual renewal of occasions for the farther division of labour." ([p.] 127 sqq.)

345 „Durch die cupidity der capitalists etc. *constant tendency* to extend *the number of working hours*, and thus by augmenting the supply of labour, to lessen its remuneration ... Zu demselben Resultat drängt *the increase of fixed capital*. For where so great a value is lodged in machinery, buildings etc., the manufacturer is strongly tempted not to let so much stock lie idle and, therefore, will employ no workmen who will not engage to remain for many hours during the day. Hence also the horrors of night labour practised in some establishments, one set of men arriving as others depart." ([p.] 102, *G. Ramsay, "An Essay on the Distribution of Wealth", Edinburgh 1836*.)

352 „Im Fortschritt der Kultur all, and perhaps more than all the capital and labour which once loosely occupied 500 acres, are now concentrated for the more complete tillage of 100." (p. [190,] 191, *R. Jones, "An Essay on the Distrib. of Wealth etc.", part I, "On Rent", Lond[on] 1831*.) „Die cost 24 bushels auf 1 acre zu ziehn, kleiner als die war 24 auf 2 zu ziehn; das *concentrated space"* {diese *Konzentration des Raums* auch wichtig in der Manufaktur. Jedoch hier noch wichtiger die Anwendung des gemeinschaftlichen motor etc. In der Agricultur, obgleich, relatively to the amount of capital and labour employed, space is concentrated, it is an enlarged sphere of production, as compared to the sphere of production formerly occupied or worked upon by one single, independent agent of production. Die Sphäre ist absolut größer. Hence the possibility of employing horses etc.}, „worauf die operations der husbandry ausgeführt, must give some advantages and save some expense; the fencing, draining, seed, harvest work etc., less when confined to one acre etc." (l. c. [,p.] 199.)

353 "Though the *health of a population* is so important a part of the national capital, we are afraid it must be said that the class of employers of labour have not been the most forward to guard and cherish this treasure. 'The men of the West Riding'" (zitiert die *"Times"* aus dem "Report des *Registrar General*" für October 1861[157]), "'became the clothiers of mankind, and so intent were they on this work, that the health of the workpeople was sacrificed, and the race in a few generations must have degenerated. But a reaction set in. Lord Shaftesbury's Bill limited the hours of children's labour etc.' The consideration of the h e a l t h of the *operatives was*" (setzt die *"Times"* hinzu) *"forced upon the millowners* by society."[158]

Anmerkungen

1 Auf dem Außenumschlag des Manuskriptes 1861–1863 stehen der Titel „Das Kapital im allgemeinen" und die Nummer des Heftes I. Das Manuskript besteht insgesamt aus 23 Heften mit durchgehender Paginierung von Seite 1 bis 1472 und hat einen Gesamtumfang von etwa 200 Druckbogen. Die ersten fünf Hefte und teilweise die Hefte XIX bis XXIII umfassen den Inhalt des späteren ersten Bandes des „Kapitals". In den Heften XXI bis XXIII werden mehrere Themen des „Kapitals" behandelt, darunter solche des zweiten Bandes. Den Problemen des dritten Bandes sind die Hefte XVI und XVII gewidmet. Die bereits erschienenen „Theorien über den Mehrwert" (siehe Band 26.1–26.3 unserer Ausgabe) umfassen die Hefte VI bis XV und XVIII sowie einige historische Skizzen in anderen Heften. 3

2 An den Beginn eines Heftes setzte Marx gewöhnlich das Inhaltsverzeichnis. Für die Hefte I–V des vorliegenden Manuskriptes 1861–1863 finden sich nur auf den A-Seiten, den inneren Umschlagseiten, der ersten beiden Hefte solche Inhaltsangaben, die offensichtlich nachträglich geschrieben wurden. 4

3 Marx schrieb diesen Abschnitt von August bis September 1861 für die ersten beiden Hefte. Den Beginn der Niederschrift vermerkte er auf der Seite A des Heftes I mit „August 1861", wahrscheinlich, als er das Inhaltsverzeichnis dieses Heftes dazu schrieb. 5

4 Marx bezieht sich auf seine Schrift „Zur Kritik der Politischen Ökonomie" von 1859, in der er zum erstenmal diese Form der Zirkulation darstellt (siehe Band 13 unserer Ausgabe, S. 69–79). 5

5 In den „Grundrissen" weist Marx darauf hin, daß der Tauschwert die soziale Form des Werts ausdrückt, „während der Gebrauchswert gar keine ökonomische Form desselben, sondern nur das Sein des Produkts etc. für den Menschen überhaupt" (siehe Band 42 unserer Ausgabe, S. 758). 9

6 James Steuart, „An inquiry into the principles of political oeconomy ...", erstmals 1767 in London erschienen, wird hier nach der 6bändigen Ausgabe zitiert. 13

7 Im 9. Kapitel des Buches „De republica libri VIII ..." äußert sich Aristoteles zum Verhältnis von Ökonomik (Haushaltungskunst) und Chrematistik (Gelderwerbskunst). Auszüge aus diesem Kapitel befinden sich in einem im Sommer 1858 in London von Marx angefertigten Exzerptheft. Marx verarbeitete diese Auszüge auch in

seiner Schrift „Zur Kritik der Politischen Ökonomie". In dieser Arbeit stellte Marx fest, daß Aristoteles „die beiden Bewegungen der Zirkulation W-G-W und G-W-G in ihrem Gegensatz unter den Namen der ‚Ökonomik' und ‚Chrematistik'" entwickelt hat (siehe Band 13 unserer Ausgabe, S. 115). Entsprechend dem Hinweis auf der Seite 6 des Manuskriptes 1861–1863 exzerpierte Marx im Mai 1863 nochmals dieses Werk von Aristoteles, jedoch ausführlicher als im Jahre 1858. In diesem Fall benutzte er die Ausgabe von A. Stahr, Leipzig 1839.

Gestützt auf diese Auszüge formulierte er die Fußnote 6 im ersten Band des „Kapitals", in der er die Aussagen von Aristoteles zur ‚Ökonomik' und ‚Chrematistik' zusammenstellte. (Siehe Band 23 unserer Ausgabe, S. 167.) 16

 8 Dieses Zitat hat Marx aus seiner Schrift „Zur Kritik der Politischen Ökonomie" übernommen (siehe Band 13 unserer Ausgabe, S. 25). 22

 9 Marx hat diesen Hinweis später hinzugefügt und bezieht sich auf Malthus' Theorie von den unproduktiven Klassen. Er setzte sich damit ausführlich auseinander in den „Theorien über den Mehrwert" (siehe Band 26.3 unserer Ausgabe, S. 7–59). 24

10 Turgot schrieb sein Hauptwerk „Réflexions sur la formation ..." 1766. Es wurde zum erstenmal in den Jahren 1769/1770 von Pierre-Samuel Dupont de Nemours veröffentlicht. 25 43

11 Marx bezieht sich hier auf folgende Stelle in Engels „Umrisse zu einer Kritik der Nationalökonomie": „Dem Unterschiede zwischen Realwert und Tauschwert liegt eine Tatsache zu Grunde – nämlich daß der Wert einer Sache verschieden ist von dem im Handel für sie gegebenen sogenannten Äquivalent, d. h., daß dies Äquivalent kein Äquivalent ist." (Siehe Band 1 unserer Ausgabe, S. 508.) 26

12 Die etymologische Bildung des Wortes Kapital untersuchte Charles du Fresne du Cange in seinem Werk „Glossarium mediae et infimae latinitatis ...", t. 2., Parisiis 1842, p. 139–141. (Siehe auch Band 42 unserer Ausgabe, S. 420/421.) 27

13 Marx verweist hier auf seine ausführlichen Untersuchungen über das zinstragende Kapital, die in den „Theorien über den Mehrwert" enthalten sind (siehe Band 26.3 unserer Ausgabe, S. 445–528). 27

14 In seiner Schrift „Zur Kritik der Politischen Ökonomie" beschäftigt sich Marx ausführlicher mit dieser Frage (siehe Band 13 unserer Ausgabe, S. 93–97). 31

15 Über „Arbeiters" steht in der Handschrift ohne Einfügungszeichen „Subjekts". 36

16 Marx bezieht sich hier auf seine Schrift „Zur Kritik der Politischen Ökonomie" (siehe Band 13 unserer Ausgabe, S. 15–17). 36

17 Im Planentwurf von 1861 bildet der Abschnitt „Lohnarbeit und Kapital" den Punkt 5 (siehe Band II/2 der MEGA, S. 259/260), während der Planentwurf von Januar 1863 (siehe Band 26.1 unserer Ausgabe, S. 389/390) als Punkt 12 den Abschnitt „Schluß. Kapital und Lohnarbeit" enthält. 38 299

18 Über „wertvollern" steht in der Handschrift ohne Einfügungszeichen „teurern". 42

19 Frederic Morton Eden, „The state of the poor ...", London 1797, p. 503. 42

20 Siehe Benjamin Count of Rumford, „Essays ...", vol. 1, London 1796, p. 294. 43

21 *laudator temporis acti (Lobredner vergangener Zeiten)* – Zitat aus Horatius, „Ars poetica". 43

22 Siehe Thomas Babington Macaulay, „The history of England from the accession of James the Second", 10. ed., vol. 1, London 1854, p. 417. 43

23 Über die Kinderarbeit in Fabriken schreibt Marx vor allem im ersten Band des „Kapitals". Dort werden u. a. auch die „Reports of the Inspectors of Factories ... for the half year ending 31st October 1856", London 1857, angeführt. (Siehe Band 23 unserer Ausgabe.) 43

24 Marx bezieht sich hier auf seine Schrift „Zur Kritik der Politischen Ökonomie" (siehe Band 13 unserer Ausgabe, S. 33–36). 50

25 Marx beschäftigt sich ausführlicher mit diesem Problem in den „Theorien über den Mehrwert" (siehe Band 26.3 unserer Ausgabe, S. 84). 65

26 Siehe François Quesnay, „Maximes générales du gouvernement économique ...", veröffentlicht in „Collection des principaux économistes", t. 2, pt. 1, Paris 1846, p. 288 sq., und seine dort, p. 57 sq., veröffentlichte Arbeit „Analyse du tableau économique". 65

27 Mit Wakefields Kolonisationstheorie beschäftigte sich Marx ausführlich im ersten Band des „Kapitals" (siehe Band 23 unserer Ausgabe, S. 794–800). 70

28 Über „aber erscheint" steht in der Handschrift ohne Einfügungszeichen „(Teilprodukt)". 86

29 Siehe Adam Smith, „Recherches ...", t. 1, Paris 1802, p. 59 sqq. (Siehe auch Band 26.1 unserer Ausgabe, S. 45–48.) 87

30 Über „als" steht in der Handschrift ohne Einfügungszeichen „qua". 89

31 Siehe David Ricardo, „On the principles of political economy, and taxation", 3. ed., London 1821, p. 499. (Siehe auch Band 26.2 unserer Ausgabe, S. 402/403.) 89

32 Marx zitiert Say nach Colins, „L'économie politique. Source des révolutions et des utopies prétendues socialistes", t. 3, Paris 1857, p. 358. 91

33 Turgot, „Réflexions sur la formation ...", Paris 1844, p. 34/35. 92

34 Marx zitiert Franklin nach Thomas Bentlys anonym erschienener Schrift „Letters on the utility and policy of employing machines to shorten labour; occasioned by the late disturbances in Lancashire ...", London 1780, p. 2/3. 92

35 Marx verweist auf sein Londoner Exzerptheft VII von 1859–1863. 92

36 Hier ist durch Beschädigung des Papiers ein Textverlust entstanden. 94 95 238 293 294 342

37 Marx bezieht sich auf Baileys Polemik gegen Ricardo (siehe Band 26.3 unserer Ausgabe, S. 151–155). 96

38 Johann Wolfgang von Goethe, „Faust. Der Tragödie erster Teil", Auerbachs Keller in Leipzig. 105

39 Marx hat sich mit dieser Problematik bereits in den „Grundrissen" beschäftigt (siehe Band 42 unserer Ausgabe, S. 242). 107 139

40 Marx bezieht sich auf zwei Arbeiten von Edward Gibbon Wakefield, die anonym erschiene Schrift „England and America. A comparison of the social and political state of both nations", vol. 1, London 1833, und „A view of the art of colonization, with present reference to the British Empire, in letters between a statesman and a colonist", London 1849. 108

41 Siehe William Thomas Thornton, „Over-population and its remedy ...", London 1846, ch. II, p. 19 sqq. 109

42 Im Verlauf der Rechnung änderte Marx die Voraussetzungen. Zunächst geht er von folgendem aus: Rohmaterial 2 £ 10 sh, Verschleiß der Maschinerie 1 £, Arbeitslohn 1 £, Mehrwert 10 sh. Später rechnete er für Rohmaterial nur noch 1 £ 10 sh, so daß das gesamte konstante Kapital 2 £ 10 sh beträgt, d. h. 50 %. Der neu geschaffene Wert beläuft sich dann ebenfalls auf 50 %, und zwar 1 £ 5 sh für Arbeitslohn und 1 £ 5 sh für Mehrwert. Am Schluß der Rechnung schrieb Marx statt $3/_{10}$ versehentlich $10/_3$ und kürzte diesen Bruch auf $3\frac{1}{3}$. 112

43 Über „Stunde" steht in der Handschrift ohne Einfügungszeichen „bestimmte Zeit". 117

44 Über „Wertzusetzung" steht in der Handschrift ohne Einfügungszeichen „Produktivität der Arbeit". 120

45 Hier hat Marx jeweils die Zahl $3\frac{2}{3}$ durch die Zahl $1\frac{1}{9}$ ersetzt. 122

46 Mit dem Handel, besonders dem Geldhandel, befaßt sich Marx ausführlich in den „Theorien über den Mehrwert" (siehe Band 26.3 unserer Ausgabe, S. 489–528). 128

47 Pellegrino Rossi, „Cours d'économie politique", Bruxelles 1843. 132

48 Die Seitenzahl LX bezieht sich auf ein Brüsseler Exzerptheft von 1845. 142

49 Marx verweist auf sein Londoner Exzerptheft XVI von 1851, S. 23–30. 145

50 Marx zitiert Say nach Colins, „L'économie politique ...", t. 3, Paris 1857, p. 376. 146

51 Jean-Baptiste Say, „Traité d'économie politique ...", 3. éd., t. 2, Paris 1817, p. 484, 464, 480. 147

52 Marx verweist hier auf die „Theorien über den Mehrwert" (siehe Band 26.1 unserer Ausgabe, S. 12–38). 147

53 *Physiokraten* – Vertreter einer in der zweiten Hälfte des 18. Jahrhunderts in Frankreich begründeten Schule der bürgerlichen politischen Ökonomie. Im Unterschied zu den Merkantilisten leiteten sie den Mehrwert nicht aus der Zirkulation, sondern aus der Produktion ab und trugen damit zur Erkenntnis ökonomischer Gesetzmäßigkeiten bei. Da nach ihrer Ansicht der Mehrwert allein in der Landwirtschaft entstand, schlugen sie die alleinige Besteuerung des Grundbesitzes vor, wandten sich gegen staatliche Eingriffe in die Wirtschaft und orientierten auf die freie Konkurrenz. (Siehe auch Band 26.1 unserer Ausgabe, S. 12–39.) 147 181 351

54 Im Planentwurf von 1861 bildet „Die ursprüngliche Akkumulation" den Punkt 4 des Abschnittes I „Der Produktionsprozeß des Kapitals". Nach dem Planentwurf von Januar 1863 bildet die „ursprüngliche Akkumulation" gemeinsam mit der „Rückverwandlung von Mehrwert in Kapital" und „Wakefields Kolonialtheorie" den Punkt 6 des ersten Abschnittes. (Siehe Band 26.1 unserer Ausgabe, S. 389.) 151

55 Gemeint ist hier das Heft III der „Grundrisse" von Marx (siehe Band 42 unserer Ausgabe, S. 227–230). 151

56 Siehe „Die Bibel. Das Alte Testament", 1. Buch Mose (Genesis), 25. 152

57 Marx errechnet hier, daß für 10 000 lb. Garn 11 500 lb. Baumwolle notwendig sind. 153

58 Das Manuskript enthält neben den im Text wiedergegebenen Zahlen und Berechnun-

gen u. a. folgende Nebenrechnungen: Zur Berechnung des Abfalls beim Spinnprozeß

$$\frac{10\,000}{1\,500} > \frac{100}{15} \qquad \frac{20}{3}$$

Zur Zusammensetzung des Kapitals und Ermittlung der Gewinne

$$
\begin{array}{ll}
336 & 70 + 60 \\
\underline{84} & 336 \\
70 & \underline{84} \\
\overline{490} & \overline{420} \quad . \quad 154
\end{array}
$$

59 „As the manufacturers ..." [Korrespondenz aus:] Manchester, Tuesday, September 17, 1861, veröffentlicht in „The Manchester Guardian", vom 18. September 1861, S. 2, Sp. 2.

Marx bezeichnet diesen Beitrag „Money Article", weil er unter der Rubrik „Commercial Intelligence", „The Money Market", steht. 154

60 Über „vorgeschoßnen" steht in der Handschrift ohne Einfügungszeichen „verausgabten". 155

61 Auf dem unteren freien Teil der Manuskriptseite nahm Marx folgende Berechnungen vor:

lb.	d
1	11
100	1100 d = 91 sh $\frac{2}{3}$ d
1 000 lbs	910 sh $\frac{20}{3}$ d
10 000	9100 sh $\frac{200}{3}$ d

Dann rechnete Marx die 9100 sh um in 455 £:

$$
\begin{array}{ll}
9100 & |20 \\
\underline{80} & \overline{455} \\
\overline{110} & \\
100 & \\
\overline{100} & \\
\underline{100} & . \quad 155
\end{array}
$$

62 Andrew Ure, „The philosophy of manufactures: or, an exposition of the scientific, moral, and commercial economy of the factory system of Great Britain", London 1835, p. 316/317. 156

63 Über „Wirklichkeit" steht in der Handschrift ohne Einfügungszeichen „Entelechie". 158

64 Marx beschäftigte sich ausführlicher mit dieser Problematik in den „Grundrissen" (siehe Band 42 unserer Ausgabe, S. 338–347). 168

65 Im Juni 1863 berichteten die Londoner Zeitungen vom Tode der Schneiderin Mary Anne Walkley durch Überarbeit (u. a. „The Times" vom 24. Juni 1863 in den Artikeln „Worked to death" (p. 7) und „Ten days ago ..." (p. 11) sowie „Morning Star" vom 23. Juni 1863 in dem Artikel „Our white slaves ..." (p. 4/5)). 170

66 Marx stützt sich vermutlich auf folgende Materialien: „Report addressed to Her Majesty's Principal Secretary of State for the Home Department, relative to the griev-

ances complained of by the journeymen bakers; with app. of evidence. Presented to both Houses of Parliament by command of Her Majesty", London 1862; „Second report addressed to Her Majesty's Principal Secretary of State for the Home Department, relative to the grievances complained of by the journeyman bakers. Presented to both Houses of Parliament by command of Her Majesty", London 1863. 170

67 Im Manuskript waren die ersten Seiten des Heftes III ursprünglich mit 1–6 paginiert. Später paginierte Marx diese Seiten (anschließend an Heft II) mit 95 ff., dabei schrieb er die 100 über die 6, so daß diese Zahl wie 160 aussah. Die folgenden Seiten bezeichnete Marx dann 161 usw., bis er bei S. 179 (richtig S. 119) seinen Fehler bemerkte und die Seitenzahlen berichtigte. 170

68 „Killing no Murder" („Töten ist nicht Mord") – Titel eines Pamphlets, das 1657 in England erschien. Sein Verfasser, der Leveller Edward Sexby, rief dazu auf, den Lord-Protektor Oliver Cromwell als grausamen Tyrannen zu töten, und stellte dies als patriotisches Verdienst dar. 173

69 Marx verweist auf Wakefields anonym erschienene Schrift „England and America. A comparison of the social and political state of both nations", vol. 1, London 1833, p. 55. 173

70 Marx legt bereits in den „Grundrissen" dar, daß die freie Zeit der Raum für die Entwicklung der Menschen ist. (Siehe Band 42 unserer Ausgabe, S. 314/315 und S. 602–607.) 179

71 Dieser später eingefügte Satz ist ein teilweise übersetztes Zitat aus „The source and remedy ...", p. 6, und wurde von Marx zuerst in den „Grundrissen" zitiert (siehe Band 42 unserer Ausgabe, S. 311). 180

72 free hands (freie Arbeitskräfte) nennt James Steuart in seiner Schrift „An inquiry into the principles of political oeconomy ...", vol. 1, Dublin 1770, p. 30/31 sowie p. 48, 151, 153 und 396 insbesondere die durch die Entwicklung der Landwirtschaft für die industrielle Beschäftigung freiwerdenden Arbeitskräfte. (Siehe auch Band 25 unserer Ausgabe, S. 794.) 181 290

73 Als Quelle gab Marx irrtümlich William Jacobs Buch „Considerations on the protection required by British agriculture ...", London 1814, an. Diese falsche Quellenangabe wurde von der Redaktion korrigiert. 195

74 Marx verweist auf Townsends anonym erschienene Schrift „A dissertation on the poor laws ...", London 1817, p. 57/58. 196

75 „Die Bibel. Das Alte Testament", 1. Buch Mose (Genesis), 28. 196

76 Siehe William Jacob, „A letter to Samuel Whitbread ...", London 1815, p. 33. 197

77 auri sacri fames (der Hunger nach dem verfluchten Gold) – von Marx abgewandeltes Zitat aus Vergilius' „Aeneis", 3, 57. 198

78 Richard Jones, „An essay on the distribution on wealth ...", London 1831, p. 4,11. 202

79 Siehe Élias Regnault, „Histoire politique et sociale des principautés danubiennes", Paris 1855, p. 304–311. 205

80 Règlement Organique – 1831 in Kraft getretene erste Verfassung der Donaufürstentümer Moldau und Walachei, die nach dem Russisch-Türkischen Krieg von 1828/1829

aufgrund des Friedensvertrages von Adrianopel vom 14. September 1829 von russischen Truppen besetzt waren. Das Projekt der Verfassung war vom russischen Gouverneur General Pawel Dimitrijewitsch Kisselew ausgearbeitet worden. Nach dem Reglement wurde die gesetzgebende Gewalt in jedem Fürstentum der von den Gutsbesitzern gewählten Versammlung eingeräumt und die ausführende Gewalt den Hospodaren übertragen, die auf Lebenszeit von den Vertretern der Gutsbesitzer, der Geistlichkeit und der Städte gewählt wurden. Die frühere Feudalordnung, darunter auch die Fron, wurde beibehalten. Die politische Macht konzentrierte sich in den Händen der Gutsbesitzer. Gleichzeitig führte das Reglement eine Reihe bürgerlicher Reformen ein: die inneren Zollschranken wurden abgeschafft, die Handelsfreiheit eingeführt, das Gericht von der Verwaltung getrennt; den Bauern wurde gestattet, den Gutsherrn zu wechseln, und die Folter wurde abgeschafft. Während der Revolution von 1848 wurde das Reglement beseitigt. 205

81 Die *Zehnstundenbill* wurde vom englischen Parlament am 8. Juni 1847 angenommen und trat am 1. Mai 1848 in Kraft. Sie beschränkte die tägliche Arbeitszeit von Frauen und Jugendlichen auf 10 Stunden. Viele englische Fabrikanten hielten dieses Gesetz jedoch nicht ein. Sie erfanden allerlei Ausflüchte, um den Arbeitstag von halb 6 Uhr morgens bis halb 9 Uhr abends zu verlängern, wie Fabrikinspektor Leonard Horner z. B. feststellte.

Den Kampf der englischen Arbeiterklasse für den Normalarbeitstag behandelt Marx ausführlich im ersten Band des „Kapitals" (siehe Band 23 unserer Ausgabe, S. 245–320). 206 213 220 331 333 353

82 Gemeint ist das englische Fabrikgesetz von 1850, nach dem der Arbeitstag für Frauen und Jugendliche auf die Zeit von 6.00 bis 18.00 Uhr festgesetzt wurde und täglich $10\frac{1}{2}$ Stunden (sonnabends $7\frac{1}{2}$ Stunden) betragen sollte. (Siehe Band 23 unserer Ausgabe, S. 313.) 206

83 Marx weilte von Ende August bis Mitte September 1861 bei Engels in Manchester und nahm an der Sitzung der British Association for the Advancement of Science während der 31. Jahresversammlung der Assoziation vom 4. bis 11. September 1861 teil. 207

84 Siehe William Newmarch, „Address", veröffentlicht in „Report of the thirty-first meeting ...", London 1862, p. 201–203. 207

85 „On his last circuit ..." In: „The Daily Telegraph, vom 17. Januar 1860.

Der Originaltext lautet: „It was declared by Mr. Broughton, a county magistrate, who filled the chair at a meeting held in the Nottingham Town Hall on Saturday last (Jan. 14, 1860) that there is an amount of suffering and privation among that portion of the local population connected with the lace trade such as is utterly unknown anywhere else in the civilised world ... children of 9 or 10 years are dragged from their squalid beds at 2, 3, or 4 o'clock in the morning, and compelled to work for a bare subsistance until 10, 11, or 12 at night, their limbs wearing away, their frames dwindling, their faces whitening, and their humanity absolutely sinking into stone – like torpor utterly horrible to contemplate ... We are not surprised that Mr. Mallett or any other manufacturer should stand forward an protest against discussion ... The system, as Rev. Montagu Valpy describes it, is one of unmitigated slavery, socially, physically, morally, and spiritually ... What can be thought of an town which holds a public meeting to petition that the *period of labour for men shall be diminished to 18 hours a day* ... We declaim against the Virginian and Carolinian cottonplanters. Is their black-market, however, their lash, and their barter of human flesh, more detestable than this slow sacrifice of humanity, which takes place in order that veils and collars may be fabricated for the benefit of capitalists?" 208

86 Gemeint ist das 29. Gesetz aus dem 8. und 9. Regierungsjahr der Königin Victoria mit dem Titel „An act to regulate the labour of children, young persons, and women, in print works" (30th June 1845), veröffentlicht in „The statutes of the United Kingdom of Great Britain and Ireland ...", London 1845. 209

87 Gemeint ist das 103. Gesetz aus dem 3. und 4. Regierungsjahr Wilhelm IV. mit dem Titel „An act to regulate the labour of children and young persons in the mills and factories of the United Kingdom" (29th August 1833), veröffentlicht in „A collection of the public general statutes ...", London 1833. 211

88 In den „Reports of the Inspectors of Factories ... for the half year ending 30th April 1859", p.9, schrieb Leonard Horner, daß dies voraussichtlich sein letzter Bericht sei. Er setzte aber seine Tätigkeit als Fabrikinspektor fort. Sein letzter Bericht ist veröffentlicht in „Reports of the Inspectors of Factories ... for the half year ending 31st October 1859". (Siehe auch Band 30 unserer Ausgabe, S. 7.) 214

89 Bei den englischen *Fabrikgesetzen (Factory-Acts)* handelt es sich um Gesetze zur Beschränkung der Arbeitszeit, die im 19. Jahrhundert erlassen wurden (siehe auch Anm. 81 und 82).

Das Gesetz von 1833 verbot die Arbeit von Kindern unter 9 Jahren (mit Ausnahme in Seidenfabriken), setzte die Arbeitszeit der Kinder zwischen 9 und 13 Jahren auf 48 Wochenstunden oder höchstens 9 an einem Tag fest, die der Jugendlichen zwischen 14 und 18 Jahren auf 69 Wochenstunden oder höchstens 12 an einem Tage. Als Arbeitstag galt die Zeit zwischen 5.30 und 20.30 Uhr. Es gebot weiterhin ein Minimum von 1½ Stunden Zwischenzeit für Mahlzeiten und verbot die Nachtarbeit für alle Personen unter 18 Jahren. Zugleich wurde die Schulpflicht für alle Kinder unter 14 Jahren eingeführt. Die Ernennung von Fabrikärzten und -inspektoren bewirkte endlich eine bessere, wenn auch nicht völlige Befolgung der Gesetze, weil durch ein ausgeklügeltes System der gestaffelten Beschäftigung (Relais-System) die Kontrollen sehr erschwert wurden.

Im Gesetz von 1844 wurde erstmals die Arbeitszeit von erwachsenen Arbeitern geregelt, und zwar wurde die Arbeitszeit der Frauen der der Jugendlichen gleichgesetzt. Die Arbeitszeit der Kinder wurde auf 6½ Stunden pro Tag reduziert, jedoch ihr Beschäftigungsalter auf 8 Jahre herabgesetzt.

1853 wurde der Arbeitstag der Kinder dem der Frauen und Jugendlichen angeglichen, das heißt, sie arbeiteten auch nur noch zwischen 6.00 und 18.00 Uhr. Damit konnten die größten Arbeitszeitverlängerungen durch das Relais-System verhindert werden. Außerdem wurde durch diese Regelung praktisch der Arbeitstag der Männer begrenzt, weil ohne Zuarbeit der Frauen und Kinder die Produktion nicht aufrechtzuerhalten war.

Mit dem Gesetz vom 15. August 1867 wurden diese Fabrikgesetze auch auf die neuen Industriezweige ausgedehnt. 215 312

90 Anthony Ashley, „Ten hours' factory bill. The speech ... in the House of Commons, on Friday, March 15th, 1844", London 1844. 221 314

91 Siehe John Fielden, „The curse of the factory system ...", London [1836]. 222

92 Marx verweist zwar auf die englische Ausgabe von Babbage, benutzte aber hier die französische Übersetzung „Traité sur l'économie des machines et des manufactures ...", Paris 1833. 223

93 Marx bezieht sich auf Georg Wilhelm Friedrich Hegels „Wissenschaft der Logik", Berlin 1834, S. 45. Es heißt dort: „Der Satz, daß es nicht zwei Dinge gibt, die einander gleich sind, fällt dem Vorstellen − auch nach der Anekdote, an einem Hofe auf, wo ihn Leibniz vorgebracht und die Damen veranlaßt haben soll, unter Baumblättern zu suchen, ob sie nicht zwei gleiche finden." 226

94 *Fluxion* und *Fluente* sind von Isaac Newton geprägte Begriffe, die heute nicht mehr verwendet werden. Dem Begriff der Fluxion entspricht der des Differentialquotienten, dem Begriff der Fluente der einer von einer veränderlichen Größe abhängigen mathematischen Größe (Funktion). 227

95 Siehe George Ramsay, „An essay on the distribution of wealth", Edinburgh, London 1836, p. 168/169. 230

96 John Stuart Mill, „Essays on some unsettled questions of political economy", London 1844, p. 99−104. 231

97 Im Verlauf der Rechnung vertauschte Marx die eingangs gewählte Voraussetzung, nach der der erste Fall das nach der Steigerung der Arbeitsproduktivität eingetretene Verhältnis beinhaltet, während der zweite den Stand vor der Steigerung der Arbeitsproduktivität ausdrückt. Ferner rechnet Marx mit falschen Wertgrößen weiter. Die Rechnung müßte lauten: ... 1 lb. Twist im zweiten Fall = 10 + 20 = 30; im ersten Fall 10 lb. Twist = 200 + 10 = 210; also 1 lb. Twist = 21, und 10 lb. = 210, während 10 lb. im zweiten Fall = 300. 234

98 Marx las seine Numerierung der Manuskriptseite 131 als 137, deshalb kennzeichnete er die folgende Seite als 138. 238

99 Marx korrigierte die Berechnung auf der folgenden Manuskriptseite 139 und fügte hier diese Bemerkung ein. 239

100 Siehe William Jacob, „An historical inquiry into the production and consumption of the precious metals", vol. 2, London 1831, p. 132, 215. 241

101 Marx behandelt diese Problematik bereits in den „Grundrissen" (siehe Band 42 unserer Ausgabe, S. 257−259). 243

102 In den Londoner Zeitungen „The Standard" und „The Evening Standard" vom 26. Oktober 1861 ist der von Marx angeführte Fakt nicht enthalten. 243

103 Diodor von Sicilien, „Historische Bibliothek", Übers. von Julius Friedrich Wurm (Abt. 1), Bdchen. 1, Stuttgart 1827, S. 126. 244

104 Siehe John Elliot Cairnes, „The slave power: its character, career, & probable designs ...", London 1862, p. 47 sq. 247 254

105 Siehe Linguets anonym erschienene Schrift „Théorie des loix civiles ...", t. 1,

Londres 1867. Der erste Band des „Kapitals" enthält hierzu folgende Fußnote: „Linguet in seiner ‚Théorie des Loix civiles' hat vielleicht nicht unrecht, wenn er die Jagd für die erste Form der Kooperation und Menschenjagd (Krieg) für eine der ersten Formen der Jagd erklärt." (Siehe Band 23 unserer Ausgabe, S. 353.) 248

106 Beim Entwurf des Abschnittes „b) Teilung der Arbeit", besonders im ersten Teil (Heft IV), erhielt Marx einige Anregungen aus Dugald Stewarts „Lectures on political economy", enthalten in „The collected works", vol. 8, Edinburgh 1855, p. 310–332. Er hatte Stewart in seinem Londoner Exzerptheft VII exzerpiert und übernahm einige der exzerpierten Stellen in sein Manuskript. In seiner Untersuchung über die Teilung der Arbeit folgte er dieser Quelle auch weitgehend hinsichtlich der Auswahl und Aufeinanderfolge der Ansichten früherer Autoren über diesen Gegenstand. Marx begnügte sich nicht damit, diese Autoren nach dem Buch von Stewart zu zitieren; er zog die in diesem Werk genannten Quellen heran und ging in der Analyse und den Schlußfolgerungen weit über Stewart hinaus. 258

107 Marx bezieht sich hier auf seine Schrift „Zur Kritik der Politischen Ökonomie", wo er schon eine Definition der Teilung der Arbeit gab (siehe Band 13 unserer Ausgabe, S. 37). 259

108 Die Zirkulation der Waren behandelt Marx ausführlich in seiner Schrift „Zur Kritik der Politischen Ökonomie" (siehe ebenda, S. 69–79). 259

109 Gemeint sind Dugald Stewart und die in seinem Buch „Lectures on political economy" genannten Ökonomen, wie James Harris, Adam Ferguson und Adam Smith. 260 265

110 Adam Smith, „Recherches ...", t. 1., Paris 1802, p. 11. 261

111 *disjecta membra poetae (zerstreute Glieder des Dichters)* – Zitat aus Horatius' „Saturae", I, 4. 265

112 Gemeint ist die von Henry Martyn anonym erschienene Schrift „The advantages of the East-India trade to England ...", London 1720. 265 281 291

113 Marx bezieht sich auf das Vorwort von Claude-François Bergier, der Fergusons Buch „An essay on the history of civil society" ins Französische übersetzt hatte. 270

114 Marx zitiert diese Sprichwörter nach einer Anmerkung des Herausgebers William Hamilton zu Stewarts „Lectures on political economy ...", p. 311. 274

115 Dieser Vers aus dem „Margites", einem für homerisch gehaltenen Spottgedicht auf einen Tölpel, ist überliefert in Pseudo-Plato, „Alcibiades secundus", 147 b. 274

116 Marx zitiert diesen Ausspruch von Archilochus nach Sextus Empiricus „Adversus mathematicos", 11,44. 275

117 Thucydides, „De bello Peloponnesiaco libri octo", Lipsiae 1831. 275

118 Der Verfasser war nicht der Diplomat James Harris, später Earl of Malmesbury, sondern dessen Vater James Harris. 276 282

119 Siehe Andrew Ure, „Philosophie des manufactures ...", Bruxelles 1836, p. 28, 30. 282

120 Ebenda, p. 32. 283

121 Adam Smith, „Recherches ...", t. I, Paris 1802, p. 24/25. 284

122 Marx bezieht sich wahrscheinlich auf James Steuarts „An inquiry into the principles of political oeconomy ...", vol. 1, Dublin 1770. 285

123 Gemeint ist das Poem „The grumbling hive: or, knaves turnd honest", London 1705. 292

124 Siehe James Steuart, „An inquiry into the principles of political oeconomy ...", vol. 1, Dublin 1770, p. 166. 293

125 Marx verweist u. a. auf die Einteilung der Nation in drei Klassen von Bürgern bei Quesnay (siehe Band 26.1 unserer Ausgabe, S. 24). 298

126 Siehe Adam Ferguson, „Essai sur l'histoire de la société-civile ...", t. 2, Paris 1783, p. 134—136.

Marx erwähnt diese Stellen in den Fußnoten 66 und 68 des vierten Abschnitts vom ersten Band des „Kapitals" und bemerkt in Fußnote 70: „Ich habe in ‚Misère de la Philosophie' das Nötige über das historische Verhältnis von Ferguson, A. Smith, Lemontey und Say in ihrer Kritik der Teilung der Arbeit gegeben und dort auch zuerst die manufakturmäßige Teilung der Arbeit als spezifische Form der kapitalistischen Produktionsweise dargestellt." (Siehe Band 23 unserer Ausgabe, S. 382—384.) 301

127 Marx ließ den Platz für die genaue Quellenangabe frei. Er bezieht sich vermutlich auf Wilhelm Roscher, „Die Grundlagen der Nationalökonomie", 3., verm. und verb. Aufl., Stuttgart, Augsburg 1858. Dort heißt es auf S. 47 über die Produktion: „Je vorzüglicher diese wird, um so mehr pflegt, als Wirkung und Ursache des Gelingens, auch die Freude des Produzenten an seiner Produktion zu wachsen." 302

128 Siehe Charles Babbage, „Traité sur l'économie ...", Paris 1833, chap. XI. 305

129 Bernard de Mandeville, „The fable of the bees ...", 3. ed., London 1724, p. 428. 305

130 Mit diesen Überlegungen zur Gliederung des Werkes wird im Planentwurf vom Sommer 1861 der 1. Abschnitt über den Produktionsprozeß des Kapitals modifiziert (siehe Band II/2 der MEGA, S. 256—260). Im Januar 1863 entwarf Marx eine neue Gliederung (siehe Band 26.1 unserer Ausgabe, S. 389/390). 307

131 Vermutlich benutzte Marx John Stuart Mills „Principles of political economy ...", vol. 2, London 1848, p. 312. 314

132 Gemeint ist der 3. Abschnitt „Kapital und Profit" (siehe Band II/3.5 der MEGA, S. 1598—1701). 314 326

133 Siehe Johann Heinrich Moritz Poppe, „Geschichte der Technologie seit der Wiederherstellung der Wissenschaften bis an das Ende des achtzehnten Jahrhunderts", Bd. 1, Göttingen 1807, S. 163. 317

134 Den Begriff *auxiliary capital (Hilfskapital)* übernahm Marx von Richard Jones aus dem „Text-book of lectures on the political economy of nations ...", Hertford 1852. 322

135 Samuel Laing gibt als Quellen an Edward Baines, „History of the cotton manufacture in Great Britain ...", London 1835, und John Ramsay MacCulloch, „A statistical account of the British Empire ...", vol. 2, London 1837. 323

136 Siehe Charles Babbage, „Traité sur l'économie ...", Paris 1833, p. 375—378. 328

137 Marx verweist auf sein Londoner Exzerptheft vom Juli 1851. 329

138 In Seniors „Letters on the Factory Act ...", London 1837, p. 14, heißt es 100 *l.*

Wahrscheinlich vermutete Marx einen Druckfehler in dieser Broschüre und korrigierte in 1 00 000 *l.* 329

139 Über diesem Satz steht ohne Einfügungszeichen in der Handschrift „The Workman commits in fact a great crime against (Der Arbeiter begeht in der Tat ein großes Verbrechen gegen)“. 329

140 „Reports of the Inspectors of Factories ... for the half year ending 31st October 1856“, London 1857, p. 14. 335

141 Über „immer“ steht in der Handschrift ohne Einfügungszeichen „(meist)“. 336

142 *selfactor, self-acting mule* – eine automatische Spinnmaschine, erfunden von dem englischen Ingenieur Richard Roberts im Jahre 1825. Die Arbeiter nannten diese Spinnmaschine auch „den eisernen Mann“, weil sie viele Operationen automatisch erledigte, welche bis dahin die Arbeiter mit der Hand ausführten. 336 337

143 Andrew Ure, „Philosophie des manufactures ...“, t. 2, Bruxelles 1836, p. 141/142. 336

144 Andrew Ure, „Philosophie ...“, p. 138, 140. 337

145 Gemeint ist eine in den Jahren 1764 bis 1767 von James Hargreaves erfundene und nach seiner Tochter benannte Spinnmaschine. 337

146 Die Quelle konnte nicht ermittelt werden. Im ersten Band des „Kapitals“ beschreibt Marx den gleichen Sachverhalt. (Siehe Band 23 unserer Ausgabe, S. 413.) 339

147 Marx entnahm dieses Zitat dem unter der Rubrik „Cotton“ erschienenen Artikel „We are afraid ...“. 339

148 Diese Ausführungen machte Dr. John Forbes Watson in der Diskussion zu dem Bericht von John Crawfurd „On the cotton supply“ auf der 18. Ordentlichen Tagung der „Society of Arts“ am 17. April 1861. Das Zitat wurde im „Journal of the Society of Arts“ (London) vom 19. April 1861 veröffentlicht. Marx gab als Jahreszahl 1860 an. Dieser Irrtum zieht sich durch alle vier deutschen Auflagen des „Kapitals“. 339

149 Pierre-Joseph Proudhon, „Qu'est-ce que la propriété?“, Paris 1841, p. 201; Frédéric Bastiat und Pierré-Joseph Proudhon, „Gratuité du crédit“, Paris 1850, p. 207/208. 341

150 Im März 1862 hat Marx die Niederschrift im Heft V unterbrochen und, unter Auslassung des Punktes 4, in dem er u. a. absoluten und relativen Mehrwert in ihrer Kombination behandeln wollte (siehe vorl. Band, S. 306/307), Heft VI mit „5. Theorien über den Mehrwert“ begonnen. Erst im Januar 1863 setzte er die Niederschrift im Heft V fort und begann anschließend Heft XIX. Die Unterbrechung läßt sich nicht genau lokalisieren. Spätestens erfolgte sie auf S. 210, wo die Londoner „Times“ vom 26. November 1862 zitiert wird. Für die Unterbrechung an dieser Stelle spricht auch, daß Marx seine Absicht, hier näher auf Proudhon einzugehen, nicht realisiert hat. 341

151 John Hind, „The elements of algebra ...“, 4. ed., Cambridge 1839, p. 162. 342

152 Beim Fall des variablen Kapitals um $^{1}/_{10}$ bezieht sich Marx nicht auf das neue Kapital V = 500, sondern auf das alte Kapital V = 1000. Deshalb erscheint als Ergebnis nicht 450, sondern 400. Mit diesem Wert rechnet Marx weiter. 347

153 Sowohl Richard Jones (siehe Anm. 154) als auch Marx in seinen Exzerpten aus

Jones im Heft IX, London 1851 (siehe Band IV/8 der MEGA, S. 618), schreiben ⅑. 348

154 Siehe Richard Jones, „An essay on the distribution of wealth ...", London 1831, p. 28–30. 351

155 Siehe „Coal mine accidents. Abstract of return to an address of the Honourable the House of Commons, dated 3 May 1861 ... Ordered by the House of Commons, to be printed, 6 February 1862". 351

156 Johann Wolfgang von Goethe, „An Suleika". 351

157 „Twenty-second annual report of the Registrar-General of births, deaths, and marriages in England. Presented to both Houses of Parliament by command of Her Majesty", London 1861. 353

158 „Every government has its traditions ...", veröffentlicht in „The Times" (London) vom 5. November 1861, p. 6. 353

Literaturverzeichnis

*A. Verzeichnis der zitierten und erwähnten Werke
von Marx und Engels*

Marx, Karl: Das Elend der Philosophie. Antwort auf Proudhons „Philosophie des Elends". (*Werke*, Band 4, S. 63–182.)
– Misère de la philosophie. Réponse à la philosophie de la misère de M. Proudhon. Paris, Bruxelles 1847. 288 289
– Zur Kritik der Politischen Ökonomie. (*Werke*, Band 13, S. 3–160.)
– Zur Kritik der Politischen Oekonomie. Erstes Heft. Berlin 1859. 5 16 22 30 31 36 50 259
Engels, Friedrich: Die Lage der arbeitenden Klasse in England. (*Werke*, Band 2, S. 225–506.)
– Die Lage der arbeitenden Klasse in England. Nach eigner Anschauung und authentischen Quellen. Leipzig 1845. 206
– Umrisse zu einer Kritik der Nationalökonomie. (*Werke*, Band 1, S. 499–524.)
– Umrisse zu einer Kritik der Nationaloekonomie. In: Deutsch-Französische Jahrbücher. Lfg. 1/2. Paris 1844. 26

*B. Verzeichnis der zitierten und erwähnten Arbeiten
anderer Autoren*

Bei den von Marx zitierten Schriften werden, soweit sie sich feststellen ließen, die vermutlich von ihm benutzten Ausgaben angegeben. In einigen Fällen, besonders bei allgemeinen Quellen- und Literaturhinweisen, wird keine bestimmte Ausgabe angeführt. Gesetze und Dokumente werden nur dann aufgenommen, wenn aus ihnen zitiert wird. Einige Quellen konnten nicht ermittelt werden.

Werke und Schriften

An act to regulate the labour of children and young persons in the mills and factories of the United Kingdom. (29ᵗʰ August 1833.) In: A collection of the public general statutes passed in the third and fourth year of the reign of His Majesty King William the Fourth, 1833. London 1833. 211 212

An act to regulate the labour of children, young persons, and women, in print works. (30ᵗʰ June 1845.) In: The statutes of the United Kingdom of Great Britain and Ireland, 8 & 9 Victoria. 1845. London 1845. 209

Aristoteles: De republica libri VIII et oeconomica. (Politica.) Ex rec. Immanuelis Bekkeri. Oxonii 1837. (Opera. T. 10.) 16

Ashley[, Anthony]: Ten hours' factory bill. The speech ... in the House of Commons, on Friday, March 15ᵗʰ, 1844. London 1844. 220 221 314 326 327 331 332

As the manufacturers ... [Korrespondenz aus:] Manchester, Tuesday, September 17, 1861. In: The Manchester Guardian, vom 18. September 1861. (Siehe auch Anm. 59.) 154

Babbage, Charles: On the economy of machinery and manufactures. London 1832. (Siehe auch Anm. 92.) 223 283

— Traité sur l'économie des machines et des manufactures. Trad. de l'anglais sur la 3. éd. par Éd. Biot. Paris 1833. 223 283 305 328–330

[Bailey, Samuel:] A critical dissertation on the nature, measures, and causes of value; chiefly in reference to the writings of Mr. Ricardo and his followers. By the author of essays on the formation and publication of opinions. London 1825. 20 44 45 95 96

Baines, Edward: History of the cotton manufacture in Great Britain ... London 1835. Nach: Samuel Laing: National distress; its causes and remedies, London 1844. 323

Bastiat, Frédéric, [Pierre-Joseph] Proudhon: Gratuité du crédit. Discussion entre M. Fr. Bastiat et M. Proudhon. Paris 1850. 139 145 341

Beccaria, Cesare: Elementi di economia pubblica. In: Scrittori classici italiani di economia politica. [Hrsg. Pietro Custodi.] Parte moderna. T. 11. Milano 1804. 281

[Benthly, Thomas:] Letters on the utility and policy of employing machines to shorten labour; occasioned by the late disturbances in Lancashire; ... London 1780. 92

Die Bibel.

— Das Alte Testament.

1. Buch Mose (Genesis). 152 196

Bidaut, J. N.: Du monopole qui s'établit dans les arts industriels et le commerce, au moyen des grands appareils de fabrication. Livr. 2.: Du monopole de la fabrication et de la vente. Paris 1828. 299

Blanqui, Adolphe: Cours d'économie industrielle. Recueilli et ann. par Ad. Blaise. Paris 1838–1839. 264 280

— Des classes ouvrières en France, pendant l'année 1848. Nach: Reports of the Inspectors of Factories ... for the half year ending 31ˢᵗ October 1855. London 1856. 212

Bombay Chamber of Commerce. Report for 1859–1860. 339 .

Büsch, Johann Georg: Abhandlung von dem Geldumlauf in anhaltender Rücksicht auf die

Staatswirthschaft und Handlung. 2. verm. und verb. Aufl. Th. 1. Hamburg, Kiel 1800. 195

[Byles, John Barnard:] Sophisms of free-trade and popular political economy examined. By a barrister. 7. ed., with corr. and add. London 1850. 218 219 314

Cairnes, John Elliot: The slave power: its character, career, & probable designs: being an attempt to explain the real issues involved in the American contest. London 1862. 247 254

Carey, Henry Charles: Principles of political economy. Part the first: of the laws of the production and distribution of wealth. Philadelphia 1837. 143

[Cazenove, John:] Outlines of political economy; being a plain and short view of the laws relating to the production, distribution, and consumption of wealth ... London 1832. 85 332

Chalmers, Thomas: On political economy in connexion with the moral state and moral prospects of society. 2. ed. Glasgow 1832. 94 95 144

Cherbuliez, Antoine: Richesse ou pauvreté. Exposition des causes et des effets de la distribution actuelle des richesses sociales. 2. éd. Paris 1841. 143 149 150

Coal mine accidents. Abstract of return to an address of the Honourable the House of Commons, datet 3 May 1861 ... Ordered by the House of Commons, to be printed, 6 February 1862. 351

Colins[, Jean-Guillaume-César-Alexandre-Hippolyte]: L'économie politique. Source des révolutions et des utopies prétendues socialistes. T. 1.3. Paris 1856–1857. 91 92 146 147 196 297–299

Courcelle-Seneuil, Jean-Gustave: Traité théorique et pratique des entreprises industrielles, commerciales & agricoles ou manuel des affaires. 2. éd., rev. et augm. Paris 1857. 201 329

Crawfurd, John: On the cotton supply. In: The Journal of the Society of Arts, and of the Institutions in Union, vom 19. April 1861. 339

De Quincey, Thomas: The logic of political economy. Edinburgh, London 1844. 299

Destutt de Tracy[, Antoine-Louis-Claude]: Élémens d'idéologie. Pt. 4.5.: Traité de la volonté et de ses effets. Paris 1826. 18 257

Diodor von Sicilien: Historische Bibliothek. Übers. von Julius Friedrich Wurm. (Abth. 1.) Bdchen 1. Stuttgart 1827. 244 279

Du Cange, Charles Dufresne: Glossarium mediae et infimae latinitatis conditum a Carolo Dufresne Domino Du Cange. Cum suppl. integris monachorum Ordinis S. Benedicti D. P. Carpenterii Adelungii, aliorum, suisque digessit G. A. L. Henschel. T. 2. Parisiis 1842. 27

Eden, Frederic Morton: The state of the poor: or, an history of the labouring classes in England, from the conquest to the present period ... with a large app. Vol. 1–3. Vol. 1. London 1797. 42 43 90 196

Every government has its traditions ... In: The Times, vom 5. November 1861. 353

Factories regulation acts. Ordered, by the House of Commons, to be printed, 9 August 1859. 208 209

Ferguson, Adam: Essai sur l'histoire de la société civile. Ouvrage trad. de l'anglois par Bergier. T. 1.2. T. 2. Paris 1783. 267–271 301
— An essay on the history of civil society. Edinburgh 1767. 271

Fielden, John: The curse of the factory system; or a short account of the origin of factory cruelties ... London [1836]. 221 222 326 327 331

Forcade, Eugène: La guerre du socialisme. II. L'économie politique révolutionnaire et sociale. In: Revue des Deux Mondes. 18. année. Nouv. sér. T. 24. Paris 1848. 341 342

Franklin, Benjamin: A modest inquiry into the nature and necessity of a paper currency. In: The works. With notes and a life of the author. By Jared Sparks. Vol. 2. Boston 1836. 24–26

Galiani, Ferdinando: Della moneta. In: Scrittori classici italiani di economia politica. [Hrsg. Pietro Custodi.] Parte moderna. T. 3.4. Milano 1803. 19 196 340

[*Garnier, Germain:* Notes du traducteur.] In: *Smith, Adam:* Recherches sur la nature ... T. 1.-5. Paris 1802. 296

Gaskell, Peter: Artisans and machinery: the moral and physical condition of the manufacturing population considered with reference to mechanical substitutes for human labour. London 1836. 337–339

General Register Office, Somerset House, 28th October 1857. Nach: Reports of the Inspectors of Factories to Her Majesty's Principal Secretary of State for the Home Department ... for the half year ending 31th October 1857. London 1857. 208

Goethe, Johann Wolfgang von: An Suleika. 351
— Faust. Der Tragödie erster Teil. 105

Harris, James: Dialogue concerning happiness. In: Harris: Three treatises ... 3. ed. rev. and corr. London 1772. 276 282

Hegel, Georg Wilhelm Friedrich: Wissenschaft der Logik. Th. 1: Die objective Logik. Abth. 2: Die Lehre vom Wesen. Hrsg. von Leopold von Henning. Berlin 1834. (Werke. Bd. 4.) 226

Hind, John: The elements of algebra. Designed for the use of students in the university. 4. ed. Cambridge 1839. 342

[*Hodgskin, Thomas:*] Labour defended against the claims of capital; or, the unproductiveness of capital proved. With reference to the present combinations amongst journeymen. By a labourer. London 1825. 286

Hodgskin, Thomas: Popular political economy. Four lectures delivered at the London Mechanics' Institution. London 1827. 193 284 287 288 301 344 345

Homer: Odyssee. 274

Horatius Flaccus, Quintus: Ars poetica. 43
— Saturae. 265

Horner, Leonard: Letter to Senior. May 23, 1837. In: Nassau William Senior: Letters on the factory act ... London 1837. 188

An inquiry into those principles, respecting the nature of demand and the necessity of consumption, lately advocated by Mr. Malthus, from which it is concluded, that taxation and the maintenance of unproductive consumers can be conducive to the progress of wealth. London 1821. 12 128 129 148 194 201

Jacob, William: An historical inquiry into the production and consumption of the precious metals. In 2. vol. Vol. 2. London 1831. 241
– A letter to Samuel Whitbread, being a sequel to considerations on the protection required by British agriculture ... London 1815. 196 197
Jones, Richard: An essay on the distribution of wealth, and on the sources of taxation. London 1831. 181 202 351–353
– Text-book of lectures on the political economy of nations ... Hertford 1852. 249 251 299 322

Laing, Samuel: National distress; its causes and remedies. London 1844. 323
Leduc, [Pierre-Étienne-Denis] Saint-Germain: Sir Richard Arkwright ou naissance de l'industrie cotonnière dans la Grande-Bretagne. (1760 à 1792.) Paris 1841. 222
Lemontey, Pierre Edouard: Influence morale de la division du travail. In: Œuvres complètes. Éd. revue et préparée par l'auteur. T. 1. Paris 1840. 288
[Linguet, Simon-Nicolas-Henri:] Théorie des loix civiles, ou principes fondamentaux de la société. T. 1.2. Londres 1767. 248 301

Macaulay, Thomas Babington: The history of England from the accession of James the Second. 10. ed. Vol. 1. London 1854. 43 213 214
MacCulloch, John Ramsay: The literature of political economy: a classified catalogue of select publications in the different departments of that science, with historical, critical, and biographical notices. London 1845. 265 281 282 291
– The principles of political economy: with a sketch of the rise and progress of the science. Edinburgh, London 1825. 198
– A statistical account of the British Empire ... Vol. 1.2. Vol. 2. London 1837. Nach: Samuel Laing: National distress; its causes and remedies. London 1844. 323
Macleod, Henry Dunning: The theory and practice of banking: with the elementary principles of currency; prices; credit; and exchanges. Vol. 1.2. Vol. 1. London 1855. 11
Macnab, Henry Grey: Examen impartial des nouvelles vues de M. Robert Owen, et de ses établissement à New-Lanark en Écosse, ... Trad. de l'anglais par Laffon de Ladébat, ... Paris 1821. 223 224
Malthus, Thomas Robert: Definitions in political economy, preceded by an inquiry into the rules which ought to guide political economists in the definition and use of their terms; with remarks on the deviation from these rules in their writings. A new ed., with a pref., notes, and suppl. remarks by John Cazenove. London 1853. 130 144
– Principles of political economy considered with a view to their practical application. 2. ed., with considerable add. from the author's own manuscript and an orig. memoir. London 1836. 42

[Mandeville, Bernard de:] The fable of the bees: or, private vices, publick benefits. London 1714. 292 293

  — The fable of the bees: or, private vices, publick benefits. 2. ed. enl. with many add. ... London 1723. 292 293

  — The fable of the bees. Pt. 2. London 1729. 292

  — The fable of the bees: or, private vices, publick benefits. 3. ed. ... London 1724. 292 293 305

  — The grumbling hive: or, knaves turn'd honest. London 1705. 292 305

[Martyn, Henry:] The advantages of the East-India trade to England considered. London 1720. Nach: John Ramsay MacCulloch: The literature of political economy: a classified catalogue ... London 1845. 265 281 282 291

The Masters Spinners & Manufacturers' Defence Fund. Report of the Committee appointed for the receipt and apportionment of this fund, to the Central Association of Master Spinners and Manufacturers. Manchester 1854. Nach: Reports of the Inspectors of Factories ... for the half year ending 31st October 1856 ... London 1857. 337

Mill, James: Élémens d'économie politique. Trad. de l'anglais par J. T. Parisot. Paris 1823. 284

  — Elements of political economy. London 1821. 11 92 93 143 201 285

Mill, John Stuart: Essays on some unsettled questions of political economy. London 1844. 142 201 231

  — Principles of political economy with some of their applications to social philosophy. In 2 vol. Vol. 2. London 1848. 314

Müllner, Adolf: Die Schuld. 302

Newman, Francis William: Lectures on political economy. London 1851. 198

Newman, Samuel Philips: Elements of political economy. Andover, New York 1835. 148 286

Newmarch, William: Address. In: Report of the thirty-first meeting of the British Association for the Advancement of Science; held at Manchester in September 1861. London 1862. 207

Observations on certain verbal disputes in political economy, particularly relating to value, and to demand and supply. London 1821. 149 245 246 322

On combinations of trades. New ed. London 1834. 338

On his last circuit ... In: The Daily Telegraph, vom 17. Januar 1860. 207 208

Opdyke, George: A treatise on political economy. New York 1851. 26

Ortes, Giammaria: Della economia nazionale. Venezia 1774. 195

  — Della economia nazionale. Lib. 6: Veneziano. In: Scrittori classici italiani di economia politica. [Hrsg. Pietro Custodi.] Parte moderna. T. 21. Milano 1804. 195

Our white slaves who are toiled ... In: The Morning Star, vom 23. Juni 1863. 170

Petty, William: An essay concerning the multiplication of mankind: ... In: William Petty: Several essays in political arithmetick: ... London 1699. 281 291

Plato: De republica. In: Opera quae feruntur omnia. Recogn. Georgius Baiterus, Caspar Orellius, Augustus Guilielmus Winckelmannus. Vol. 13. Turici 1840. 275–279 282 312

[Pseudo-Plato:] Alcibiades secundus. (Siehe auch Anm. 115.) 274

Poppe, Johann Heinrich Moritz: Geschichte der Technologie seit der Wiederherstellung der Wissenschaften bis an das Ende des achtzehnten Jahrhunderts. Bd. 1–3. Göttingen 1807–1811. 317

Potter, Alonzo: Political economy: its objects, uses, and principles: considered with reference to the condition of the American people. New-York 1841. 271 273

Proudhon[, Pierre-Joseph]: Gratuité du crédit siehe *Bastiat, Frédéric, [Pierre-Joseph] Proudhon:* Gratuité du crédit

Proudhon, Pierre-Joseph: Qu'est-ce que la propriété? Ou recherches sur le principe du droit et du gouvernement. Premier mémoire. Paris 1841. 341 342

Quesnay, François: Analyse du tableau économique. In: Collection des principaux économistes. T. 2: Physiocrates. Quesnay, Dupont de Nemours, Mercier de la Riviere, L'Abbé Baudeau, Le Trosne, avec une introd. sur la doctrine des physiocrates, des commentaires et des notices historiques, par Eugène Daire. Pt. 1. Paris 1846. 65

– Fermiers. In: Collection des principaux économistes. T. 2: Physiocrates. ... Pt. 1. Paris 1846. 298

– Maximes générales du gouvernement économique d'un royaume agricole, et notes sur ces maximes. In: Collection des principaux économistes. T. 2: Physiocrates. ... Pt. 1. Paris 1846. 65

Ramsay, George: An essay on the distribution of wealth. Edinburgh, London 1836. 23 24 130 131 153 194 230 244 345

Ravenstone, Piercy: Thoughts on the funding system, and its effects. London 1824. 244 298 299

Regnault, Élias: Histoire politique et sociale des principautés danubiennes. Paris 1855. 206

Report addressed to Her Majesty's Principal Secretary of State for the Home Department, relative to the grievances complained of by the journeymen bakers; with app. of evidence. Presented to both Houses of Parliament by command of Her Majesty. London 1862. 170

Reports of the Inspectors of Factories to Her Majesty's Principal Secretary of State for the Home Department ...

– for the quarter ending 30th June, 1843. Nach: [Anthony] Ashley: Ten hours' factory bill. The speech ... in the House of Commons ... March 15th, 1844. London 1844. 221

– for the period ending 30th September, 1843. Nach: [Anthony] Ashley: Ten hours' factory bill. The speech ... in the House of Commons ... March 15th, 1844. London 1844. 221

– for the quarter ending the 30th of September, 1843. Nach: [Anthony] Ashley: Ten hours' factory bill. The speech ... in the House of Commons ... March 15th 1844. London 1844. 221

– for the half year ending 31st October 1855 ... London 1856. 211–213 333 340

– for the half year ending 30th April 1856 ... London 1856. 214

Senior, Nassau William: Letters on the Factory Act, as it affects the cotton manufacture ... London 1837. 187–190 193 328 329

[Sexby, Edward:] Killing no murder. 1657. (Siehe auch Anm. 68.) 173

Sextus Empiricus: Adversus mathematicos. 275

Shakespeare, William: Richard III. 302

Sismondi, Jean-Charles-Léonard Simonde de: Études sur l'économie politique. T. 1.2. Bruxelles 1837–1838. 142 286 298–300

– Nouveaux principes d'économie politique, ou de la richesse dans ses rapports avec la population. 2. éd. T. 1.2. Paris 1827. 10 141 149 150 198 283 284

Skarbek, Frédéric: Théorie des richesses sociales. Suivie d'une bibliographie de l'économie politique. 2. éd. T. 1. Paris 1839. 313

Smith, Adam: An inquiry into the nature and causes of the wealth of nations. With a commentary, by the autor of „England and America" [d. i. Edward Gibbon Wakefield]. Vol. 1–6 [vielm. 1–4]. Vol. 1.2. London 1835. 144 287

– Recherches sur la nature et les causes de la richesse des nations. Trad. nouv., avec des notes et observations; par Germain Garnier. T. 1–5. Paris 1802. 87 260–270 282 284 288 291 292 295 296 300 301

Sophokles: Ödipus. 302

The source and remedy of the national difficulties, deduced from principles of political economy, in a letter to Lord John Russell. London 1821. 180 194

Steuart, James: An inquiry into the principles of political oeconomy: being an essay on the science of domestic policy in free nations. In 3 vol. Vol. 1. Dublin 1770. 181 285 290 293

– An inquiry into the principles of political oeconomy. In: The works, political, metaphisical, and chronological. Now first collect. by James Steuart, his son, from his father's corr. copies, to which are subjoined anecdotes of the author. In 6 vol. Vol. 1.3. London 1805. (Siehe auch Anm. 6.) 13

– Recherche des principes de l'économie politique, ou essai sur la science de la police intérieure des nations libres. Par Jacques Steuart. T. 1. Paris 1789. 340

Stewart, Dugald: Lectures on political economy. Vol. 1. Edinburgh 1855. (The collected works. Ed. by William Hamilton. Vol. 8.) (Siehe auch Anm. 106.) 25 204 260 265 271 274 294 299

Storch, Henri: Cours d'économie politique, ou exposition des principes qui déterminent la prospérité des nations. Avec des notes explicatives et critiques par J.-B. Say. T. 1.3. Paris 1823. 143 148 196 286 287

Symons, Jelinger Cookson: Arts and artisans at home and abroad: with sketches of the progress of foreign manufactures. Edinburgh 1839. 202

Ten days ago a poor girl ... In: The Times, vom 24. Juni 1863. 170

Thornton, William Thomas: Over-population and its remedy; or, an inquiry into the extent and causes of the distress prevailing among the labouring classes of the British Islands, and into the means of remedying it. London 1846. 109

Thucydides: De bello Peloponnesiaco libri octo. Lipsiae 1831. 275 279 280

Tooke, Thomas, William Newmarch: A history of prices, and of the state of the circulation, during the nine years 1848 bis 1856. In 2 vol.; forming the 5. and 6. vol. of the History of prices from 1792 to the present time. Vol. 5.6. London 1857. 207

Torrens, Robert: An essay on the production of wealth; with an app., in which the principles of political economy are applied to the actual circumstances of this country. London 1821. 23 143

– On wages and combination. London 1834. 330

[Townsend, Joseph:] A dissertation on the poor laws. By a well-wisher to mankind. 1786. Republ. London 1817. 195 196

[Tufnell, Edward Carleton:] Character, object and effects of Trades' Unions; with some remarks on the law concerning them. London 1834. 335–337

Turgot[, Anne-Robert-Jacques]: Réflexions sur la formation et la distribution des richesses. In: Œuvres. Nouv. éd. ... par Eugène Daire. T. 1. Paris 1844. (Collection des principaux économistes. T. 3.) (Siehe auch Anm. 10.) 25 43 92

Twenty-second annual report of the Registrar-General of births, deaths, and marriages in England. Presented to both Houses of Parliament by command of Her Majesty. London 1861. 353

Ure, Andrew: Philosophie des manufactures, ou économie industrielle de la fabrication du coton, de la laine, du lin et de la soie, avec la description des diverses machines employées dans les ateliers anglais. Trad. sous les yeux de l'auteur, et augm. d'un chapitre inédit sur l'industrie cotonnière française. T. 1.2. Bruxelles 1836. 282 283 295 316 336–338

– The philosophy of manufactures: or, an exposition of the scientific, moral, and commercial economy of the factory system of Great Britain. London 1835. 156 295

Vergilius Maro, Publius: Aeneis. 198

Verri, Pietro: Meditazioni sulla economia politica ... con annotazioni di Gian-Rinaldo Carli. In: Scrittori classici italiani di economia politica. [Hrsg. Pietro Custodi.] Parte moderna. T. 15. Milano 1804. 147 148 153 250

Wade, John: History of the middle and working classes; with a popular exposition of the economical and political principles which have influenced the past and present condition of the industrious orders. Also an app. ... 3. ed. London 1835. 90 148 216 219

[Wakefield, Edward Gibbon: A commentary to Smith's Wealth of nations.] In: Adam Smith: An inquiry into the nature and causes of the wealth of nations ... In 6 vol. Vol. 1. London 1835. 144 287

– England and America. A comparision of the social and political state of both nations. In 2 vol. Vol. 1. London 1833. 108 173

Wakefield, Edward Gibbon: A view of the art of colonization, with present reference to the British Empire; in letters between a statesman and a colonist. London 1849. 108 248 249

Wayland, Francis: The elements of political economy. Boston 1843. 23 108 146 284 285 340

We are afraid ... In: The Bengal Hurkaru, vom 22. Juli 1861. 339

Worked to death. In: The Times, vom 24. Juni 1863. 170

Xenophon: Cyropaedia. Ed. E. Poppo. Lipsiae 1821. 275 276 280

C. Verzeichnis erwähnter Zeitschriften und Zeitungen

The Bengal Hurkaru – Tageszeitung, erschien von 1795 bis 1866 in Kalkutta. 339

The Daily Telegraph – Tageszeitung, erschien von 1855 bis 1937 in London, zuerst bürgerlich-liberaler, seit den achtziger Jahren konservativer Richtung; führt seit 1937 den Titel „Daily Telegraph and Morning Post". 207 208

Deutsch-Französische Jahrbücher – herausgegeben unter der Redaktion von Karl Marx und Arnold Runge in deutscher Sprache in Paris; es erschien nur die erste Doppellieferung im Februar 1844. 26

The Journal of the Society of Arts, and of the Institutions in Union – Wochenblatt, gegründet 1852 in London; Zeitschrift der Kunst- und Altertumswissenschaft. 339

The Manchester Guardian – Tageszeitung, gegründet 1821, erschien bis 24. August 1859; Organ der Freihändler, seit Mitte des 19. Jahrhunderts der Liberalen. 154

The Morning Star – Tageszeitung, erschien von 1856 bis 1869 in London, Organ der Freihändler. 170

Revue des Deux Mondes – 1831 durch François Buloz in Paris gegründet, erscheint zweimal monatlich. 341

The Standard – konservative Tageszeitung, erschien von 1857 bis etwa 1917 in London; hervorgegangen aus dem „Evening Standard". 243

The Times – Tageszeitung, gegründet am 1. Januar 1785 in London unter dem Titel „Daily Universal Register", erscheint seit dem 1. Januar 1788 unter dem Namen „The Times"; größte englische Zeitung konservativer Richtung. 170 353

Personenverzeichnis

der der Anti-Cornlaw League, mehrmals Minister in liberalen Kabinetten. 243

Brotherton, Joseph (1783–1857) englischer Fabrikant; Mitglied des Parlaments; Anhänger des Freihandels. 194

Broughton siehe *Hobhouse, John Cam*, (seit 1851) *Baron Broughton de Gyfford*

Büsch, Johann Georg (1728–1800) Ökonom; vertrat merkantilistische Ansichten. 195

Byles, Sir John Barnard (1801–1884) englischer Jurist; Mitglied des Privy Council, Tory; Verfasser einiger juristischer und ökonomischer Werke. 219 314

Cairnes, John Elliot (1823–1875) englischer Ökonom und Publizist; Gegner der Sklaverei in den Südstaaten der USA. 247 254

Carey, Henry Charles (1793–1879) amerikanischer Ökonom; Protektionist; ein Begründer der Theorie von der Klassenharmonie. 143

Carli, Giovanni Rinaldo, conte (1720–1795) italienischer Gelehrter, Verfasser einiger Arbeiten über Geld und Getreidehandel; Gegner des Merkantilismus. 250

Carlyle, Thomas (1795–1881) englischer Schriftsteller, Historiker und Philosoph; Verfechter des Heroenkults, kritisierte die englische Bourgeoisie vom Standpunkt des feudalen Sozialismus; Tory, nach 1848 Gegner der Arbeiterbewegung. 218

Cato (Marcus Porcius Censorius, der Ältere) (234–149 v. u. Z.) römischer Staatsmann und Historiker; verteidigte die Privilegien der Sklavenhalteraristokratie. 213

Cazenove, John (1788–1879) englischer Ökonom; Anhänger von Malthus. 85 130 144 332

Chalmers, Thomas (1780–1847) schotti-

scher Theologe und Ökonom; Anhänger von Malthus. 95 144

Cherbuliez, Antoine-Élisée (1797–1869) Schweizer Ökonom; verband die Theorie Sismondis mit Elementen der Lehre Ricardos. 143 149 150

Child, Sir Josiah (1630–1699) englischer Kaufmann und Ökonom; Merkantilist. 214

Colins, Jean-Guillaume-César-Alexandre-Hippolyte, baron de (1783–1859) französischer Ökonom belgischer Herkunft; trat für die Einziehung der Grundrente durch den Staat ein. 92 196 297–299

Courcelle-Seneuil, Jean-Gustave (1813 bis 1892) französischer Ökonom und Kaufmann. 201 329

Culpeper, Sir Thomas (1578–1662) englischer Ökonom; Merkantilist. 214

Custodi, Pietro (1771–1842) italienischer Ökonom; Herausgeber eines Sammelwerkes von Schriften italienischer Ökonomen von Ende des 16. bis Anfang des 19. Jahrhunderts. 19 147 196 250 281 340

Cyrus (Kyros II.) (gest. 529 v. u. Z.) Begründer und König des Perserreiches (559–529 v. u. Z.). 275 276

Daire, Louis-François-Eugène (1798–1847) französischer Schriftsteller und Ökonom; Herausgeber von Werken der politischen Ökonomie. 25 43

Dale, David (1739 bis etwa 1803) schottischer Fabrikant; Philanthrop. 223

De Quincey, Thomas (1785–1859) englischer Ökonom und Schriftsteller, Kommentator Ricardos. 299

Destutt de Tracy, Antoine-Louis-Claude, comte de (1754–1836) französischer Ökonom, sensualistischer Philosoph. 18 257

Diodor (Diodorus Siculus) (etwa

Verzeichnis literarischer und mythologischer Namen

Verzeichnis der Gewichte, Maße und Münzen

Gewichte

Quarter (qrtr., qrs.)	= 28 Pfund	12,700 kg
Pfund (pound)	= 16 Unzen	453,592 g
Unze (ounce)		28,349 g
Peck	= 18 $\frac{1}{2}$ lbs.	8,4671 kg

Längenmaße

Yard	= 3 Fuß	91,439 cm
Elle (preußisch)		66,690 cm

Flächenmaße

acre	= 4 roods	4046,7 m^2
rood		1011,7 m^2

Kubikmaße

cubic inch	= 1000 cubic lines	16,3866 cm^3
cubic lines	= $\frac{1}{1000}$ cubic inch	0,0164 cm^3

Hohlmaße

Quarter (qr.)	= 8 bushel	290,792 l
Bushel (bushel)	= 8 gallons	36,349 l
Gallone (gallon)	= 8 pints	4,544 l
Pinte (pint)		0,568 l

*Münzen**

Pfund Sterling (Pfd. St., pound		
sterling, £)	= 20 Schilling	20,43 *M*
Schilling (shilling, sh)	= 12 Pence	1,02 *M*
Penny (penny, pence, d)	= 4 Farthing	8,51 Pf
Farthing (farthing)	= ¼ Penny	2,12 Pf

---

* Die Umrechnung in Mark und Pfennig bezieht sich auf das Jahr 1871 (1 Mark = $\frac{1}{2790}$ kg Feingold).

Erklärung der Abkürzungen

b. (book) = Buch
c., ch. (chapter, chapitre) = Kapitel
cf. (confer) = vergleiche
d (denarius) = Penny
ed., éd. (edition, édition) = Ausgabe
edit. = herausgegeben
ibid. (ibidem) = ebenda
i. e. (id est) = das ist, das heißt
l. (liber) = Buch
l. (livre, pound Sterling) = Pfund Sterling
£ (livre, pound Sterling) = Pfund Sterling
lb., lbs. (libra, libras) = Pfund
l. c. (loco citato) = am angeführten Ort, ebenda
p. (page, pagina) = Seite, Buchseite
passim = zerstreut, da und dort
p. p. (praemissis praemittendis) = unter Vorausschickung des Vorauszuschickenden; Formel am Anfang von Briefen statt der Anrede und des Titels
sh (shilling) = Schilling
sq. (sequens) = folgende, die folgende Seite
sqq. (sequentes) = folgende, die folgenden Seiten
t. (tom, tome) = Band, Teil
v., vol. (volume) = Band

Sachregister

Inhalt

Anhang und Register

Abbildungen